DIE INTERNATIONALE POLITIK 1981–1982

DIE INTERNATIONALE POLITIK

JAHRBÜCHER
DES FORSCHUNGSINSTITUTS
DER DEUTSCHEN GESELLSCHAFT
FÜR AUSWÄRTIGE POLITIK

DIE INTERNATIONALE POLITIK

1981–1982

Herausgeber

WOLFGANG WAGNER

MARION GRÄFIN DÖNHOFF, GERHARD FELS,

KARL KAISER, PAUL NOACK

Redaktion

ANGELIKA VOLLE

Mitarbeiter

MICHAEL EHRKE, ERHARD FORNDRAN,
UTE GEIPEL, JOACHIM GLAUBITZ,
ARNOLD HOTTINGER, HELMUT HUBEL,
PETER HÜNSELER, HEINRICH-W. KRUMWIEDE,
PETER NUNNENKAMP, KLAUS FRHR. VON DER ROPP,
CHRISTOPH ROYEN, HARALD RÜDDENKLAU,
LOTHAR RUEHL, HERMANN SAUTTER,
HANS-ECKART SCHARRER, EBERHARD SCHULZ,
UDO STEINBACH, WOLFGANG GRAF VITZTHUM,
ANGELIKA VOLLE, HARTMUT WASSER,
OSKAR WEGGEL

R. OLDENBOURG VERLAG MÜNCHEN 1984

Die Deutsche Gesellschaft für Auswärtige Politik hat nach ihrer Satzung die Aufgabe, die Probleme der internationalen, besonders der europäischen Politik, Sicherheit und Wirtschaft zu erörtern und ihre wissenschaftliche Untersuchung zu fördern, die Dokumentation über diese Forschungsfragen zu sammeln und das Verständnis für internationale Fragen durch Vorträge, Studiengruppen und Veröffentlichungen anzuregen und zu vertiefen. Sie unterhält zu diesem Zweck ein Forschungsinstitut, eine Dokumentationsstelle und die Zeitschrift „Europa-Archiv – Zeitschrift für internationale Politik". Die Deutsche Gesellschaft für Auswärtige Politik bezieht als solche auf Grund ihrer Satzung keine eigene Stellung zu internationalen Problemen. Die in den Veröffentlichungen der Gesellschaft geäußerten Meinungen sind die der Autoren.

ISBN 3-486-51781-3

Gesamtherstellung: Hans Richarz Publikationsservice, Sankt Augustin

CIP-Kurztitelaufnahme der Deutschen Bibliothek
Die internationale Politik ...: Jahrbücher d. Forschungsinst. d. Dt. Ges. für Auswärtige Politik. – München: Oldenbourg
Erscheint zweijährl. – Teilw. mit d. Erscheinungsorten München, Wien. – Erhielt früher e. Einzelbd.-Aufnahme
ISSN 0539-158-X
1981/82 (1984)

INHALT

VII WANDLUNGSPROZESSE IM ÖSTLICHEN ASIEN

ANHANG

VORWORT

Als 1958 der erste Band der Jahrbücher DIE INTERNATIONALE POLITIK erschien, kündigten die Herausgeber, Arnold Bergsträßer und Wilhelm Cornides, „ein zum Studium und als Nachschlagewerk gleichermaßen geeignetes Buch“ an, das „der Wissenschaft der internationalen Politik, der Arbeit des Politikers, Beamten und Publizisten und der politischen Bildung im allgemeinen dienlich“ sein sollte. In dem Vierteljahrhundert seitdem hat sich das publizistische Umfeld, in dem die Jahrbücher erscheinen, gewaltig verändert. Jahr für Jahr ergießt sich eine Flut politikwissenschaftlicher und zeitgeschichtlicher Literatur über einen Leser- und Benutzerkreis, der sich zudem in wachsendem Maße daran gewöhnt, sich auch mit fremdsprachigen Publikationen zu beschäftigen. Dennoch hat sich die Zielsetzung der Jahrbücher nicht gewandelt. Sie brauchte sich nicht zu verändern, weil die Jahrbücher einen fundierten Überblick über das Weltgeschehen bieten, den weder Chroniken noch Einzeluntersuchungen zu bieten vermögen. Als Mittel der raschen und doch gründlichen Orientierung über zeitgenössische Entwicklungen in der internationalen Politik haben die Jahrbücher einen festen Platz in der Literatur eingenommen.

In der Geschichte der Jahrbücher lassen sich drei Abschnitte unterscheiden. Die ersten beiden Bände legten den Grundstein; in kühnem Griff versuchten sie eine Analyse und Deutung der Welt, wie sie sich nach dem Zweiten Weltkrieg entwickelt hatte. Die folgenden Bände waren von einem Streben nach möglichst großer Vollständigkeit geprägt. Aber schon in den sechziger und verstärkt in den siebziger Jahren setzte sich das Prinzip einer Konzentrierung auf die jeweils wichtigsten Komplexe durch. Dadurch werden in einzelnen Bänden große regionale Bereiche vernachlässigt, aber das Versäumte wird dann in einem späteren Band in größerem Zusammenhang nachgeholt. Diese Entscheidung hat es erleichtert, die Jahrbücher in einem vertretbaren Umfang zu halten.

Zugleich sind beim Aufbau der einzelnen Bände bewußt Akzente gesetzt worden. Auf den ersten Blick sollte erkennbar werden, wie die Schwerpunkte des internationalen Geschehens sich immer wieder verlagern, wenn auch im Grundmuster der Weltpolitik, hauptsächlich gekennzeichnet durch die Rivalität der großen Mächte und die Bildung ihrer „Lager“, nur zögernd Wandlungen eintreten. Wenn beispielsweise in einem Zeitraum tiefgreifende

Veränderungen der Weltwirtschaft das Bewußtsein beherrschen, so verdienen sie auch den Vorrang vor der Beobachtung der traditionellen zwischenstaatlichen Beziehungen.

Im vorliegenden Band wurde der Tatsache Rechnung getragen, daß das Hauptereignis sozusagen ein Nicht-Ereignis war: Die internationale Politik der Jahre 1981/82 war vor allem durch den Abbruch der vielfältigen Verbindungen zwischen den Vereinigten Staaten und der Sowjetunion charakterisiert. Bei zunehmenden Spannungen zwischen den beiden großen Mächten fand ein Rückzug auf innere Fragen statt, es entstand eine Pause in einem Dialog, der unter dem Zwang der ungelösten Probleme früher oder später wieder aufgenommen werden muß.

Das Europa gewidmete Kapitel stellt heraus, wie sich angesichts dieser „Sprachlosigkeit" der Weltmächte die schon vorher vorhandenen Tendenzen zu erhöhter Eigenständigkeit in beiden Teilen des Kontinents, wenn auch auf verschiedene Weise und in unterschiedlichem Ausmaß, verstärkten. Ob damit eine langfristig unaufhaltsame Bewegung eingeleitet worden ist, muß offen bleiben; erst recht, wohin sie führen könnte. Aus der Darstellung im einzelnen ist abzulesen, daß der Prozeß einer Re-Emanzipierung Europas angesichts der bestehenden Abhängigkeiten fortwährenden Hemmungen unterworfen bleibt.

Auch in diesem Jahrbuch erschien es angebracht, die weltwirtschaftlichen Entwicklungen in einem eigenen Kapitel darzustellen. Die von den westlichen Industriestaaten ausgehende, aber nicht auf sie beschränkte wirtschaftliche Rezession dieser Jahre legte gewissermaßen einen Nebel über das Feld der internationalen Beziehungen, der alle Geräusche dämpfte. Eine vorher nahezu unbekannte Frage, die Überschuldung einer wachsenden Zahl von Staaten, erhob sich plötzlich drohend als eines der schwierigsten und folgenreichsten Probleme der Weltpolitik. Abgesehen von der finanzwirtschaftlichen Seite, gingen davon vielfältige Wirkungen auf das Verhalten zahlreicher Länder aus; neue Rücksichtnahmen wie neue Spannungen veränderten das Netz der zwischenstaatlichen Verhältnisse und beeinflußten das Gewicht internationaler Institutionen.

In der zweiten Hälfte des Jahrbuchs werden ausgewählte Konfliktherde und Entwicklungen auf anderen Erdteilen behandelt. An erster Stelle mußte dabei der Nahe und Mittlere Osten stehen, mit den turbulenten, oft unberechenbaren Umbrüchen, die diese Region seit so vielen Jahren heimsuchen. Maßgebend dafür war nicht nur die Tatsache, daß militärische Aktionen in diesem Raum wiederum einen hohen Blutzoll gefordert haben, sondern vor allem das allgemeine Bewußtsein der Gefahren, die von diesen Konflikten auch auf nicht unmittelbar Beteiligte ausgehen können. Wenn es einen Krisenherd gibt, der für die Welt insgesamt die bedrohlichsten Entwicklungen heraufbeschwören kann, so ist es nach wie vor das Gebiet zwischen dem Mittelmeer und dem Indischen Ozean.

Lateinamerika hat sich im Berichtszeitraum 1981/82 vor allem durch den kurzen, glücklicherweise nicht sehr verlustreichen Krieg um die Falkland-Inseln oder Malwinen in Erinnerung gebracht. Für sich genommen von geringer Bedeutung, hat dieser Konflikt doch Fernwirkungen hervorgerufen, die eine gründlichere Behandlung beanspruchten. Daneben verlangte die Krise in Zentralamerika besondere Aufmerksamkeit, nicht zuletzt wegen des Unbehagens und der Belastungen, die von der Politik der Vereinigten Staaten auf Verbündete in Europa ausgingen.

Die Beiträge zu wichtigen Ereignissen und Entwicklungen in Afrika schließen sich nahtlos an die Ausführungen in den vorhergehenden Jahrbüchern an. Eher selektiv wird diesmal Asien behandelt: hier liegt der Schwerpunkt auf dem östlichen Asien. Im Vordergrund stehen die bemerkenswerten, wenn auch in ihren Folgen noch nicht klar abzuschätzenden Wandlungen in China. Ein weiteres Augenmerk verdiente auch die spannungsreiche Situation in Südostasien. Schließlich wurde ein altes Vorhaben der Jahrbücher realisiert, auch einmal einen Blick auf die wenigen Länder des Kontinents zu werfen, die durch die Übernahme westlicher Vorstellungen zu bedeutenden Zentren des wirtschaftlichen Wachstums geworden sind: Hongkong, Singapur, Taiwan und Südkorea.

Der Dank der Herausgeber gilt allen Autoren und darüber hinaus allen anderen, die an der Erstellung und Gestaltung des Bandes mitgewirkt haben. Wissenschaftlich bearbeitet und redaktionell betreut wurde der Band von der Jahrbuch-Redakteurin, Frau Dr. Angelika Volle; ihr gilt unser besonderer Dank. Für die Hilfe bei der Beschaffung von Quellen- und Literaturangaben sind wir besonders Hanna Jaede und Gisela Gottwald zu Dank verpflichtet. Frau Gottwald hat außerdem mit der Anfertigung der Literaturhinweise im Anhang wesentlich zur Abrundung des vorliegenden Bandes beigetragen. Für die Erstellung des Personen- und Sachregisters danken wir Thomas Schmitt, für das Lesen der Korrekturen Walter Geerken und für das sorgfältige Schreiben der Manuskripte Marianne Göhre.

Bonn, im Juli 1984 Die Herausgeber

ABKÜRZUNGSVERZEICHNIS

AdG	Archiv der Gegenwart, Bonn
AJIL	American Journal of International Law, Washington
AP	Associated Press
APZ	Aus Politik und Zeitgeschichte, Beilage zur Wochenzeitung *Das Parlament*, Bonn
Außenpol.	Außenpolitik, Hamburg
Bd.	Band
BIOST	Bundesinstitut für internationale und ostwissenschaftliche Studien, Köln
BT/Drs.	Bundestagsdrucksache
Cmnd.	Command Paper
CQWR	Congressional Quarterly Weekly Report
Déf. nat.	Défense nationale, Paris
DGAP	Deutsche Gesellschaft für Auswärtige Politik e. V., Bonn
DGFK	Deutsche Gesellschaft für Friedens- und Konfliktforschung, Bonn
EA	Europa-Archiv, Bonn
FA	Foreign Affairs, New York
FAZ	Frankfurter Allgemeine Zeitung, Frankfurt
FI	Forschungsinstitut
FP	Foreign Policy, Washington D.C.
FR	Frankfurter Rundschau, Frankfurt
FT	Financial Times, London
HMSO	Her Majesty's Stationery Office
IA	International Affairs, London
IFRI	Institut Français des Relations Internationales, Paris
IHT	International Herald Tribune, Paris
IP 1955...	Jahrbücher Die Internationale Politik
bzw. IP 1956/57...	Bisher sind erschienen: Die Internationale Politik 1955, München 1958 Die Internationale Politik 1956/57, München 1961 Die Internationale Politik 1958/60, München 1971 Die Internationale Politik 1961, München 1964 Die Internationale Politik 1962, München 1968 Die Internationale Politik 1963, München 1969 Die Internationale Politik 1964/65, München – Wien 1972 Die Internationale Politik 1966/67, München – Wien 1973 Die Internationale Politik 1968/69, München – Wien 1974 Die Internationale Politik 1970–72, München – Wien 1978 Die Internationale Politik 1973/74, München – Wien 1980 Die Internationale Politik 1975/76, München – Wien 1981 Die Internationale Politik 1977/78, München – Wien 1982 Die Internationale Politik 1979/80, München – Wien 1983

MEJ	The Middle East Journal, Washington
NYT	The New York Times, New York
NZZ	Neue Zürcher Zeitung, Zürich
OE	Osteuropa, Stuttgart
RGW	Rat für Gegenseitige Wirtschaftshilfe
UP	University Press
USGPO	United States Government Printing Office
Verl.	Verlag
VWD	Vereinigte Wirtschaftsdienste, Eschborn
WEU	Westeuropäische Union

I

DIE WELTMÄCHTE IN DER PAUSE DES DIALOGS

DIE USA IN DER „ÄRA DER NATIONALEN ERNEUERUNG“ UNTER RONALD REAGAN

Von Hartmut Wasser

VON CARTER ZU REAGAN: MACHTWECHSEL IN DEN USA

Die Präsidentenschaftswahlen vom November 1980 nahmen sich auf den ersten Blick als Erdrutschsieg des Republikaners Ronald Reagan aus. 50,7 Prozent der abgegebenen Wählerstimmen waren auf den Kalifornier entfallen, 41 Prozent auf den amtierenden Präsidenten Jimmy Carter, wobei die Eigentümlichkeiten des amerikanischen Wahlrechts die Machtverhältnisse im „Electoral College“ mit 489:49 drastisch zugunsten des Herausforderers zugespitzt hatten.[1] Drei Ursachenbündel vor allem hatten den Ausschlag zugunsten des früheren Gouverneurs von Kalifornien gegeben: die allgemeine Unzufriedenheit mit Carter, dem man mangelnde Führungskompetenz und konzeptionelle Sprunghaftigkeit vorwarf;[2] die desolate Wirtschaftsverfassung der USA am Ausgang der siebziger Jahre mit einer fast 14prozentigen Inflationsrate, einer Arbeitslosenquote von über 7 Prozent und einer monetären Restriktionspolitik, die das Zinsniveau zeitweilig in die Nähe der

---

[1] Die amtlichen Wahlergebnisse finden sich in: *Congressional Quarterly Weekly Report* (künftig zit. *CQWR*), 17.1.1981, S. 138.

[2] In den USA sprach man von „ABC“-(Anybody But Carter-)Wahlen. Zu Erfolgen und Mißerfolgen der Carter-Administration vgl. Hartmut *Wasser*, Die Carter-Administration. Probleme einer Präsidentschaft, in: *APZ*, 13/1980, S. 3 ff., sowie Gebhard *Schweigler*, Stimmungswandel in den USA, in: IP 1979/80, S. 27 ff.

20-Prozent-Marge hob; schließlich ein seit Jahren zu beobachtender, 1980 fürs erste kulminierender Stimmungsumschwung im Lande in Richtung auf konservative Perspektiven und Problemlösungen.

Daß gleichzeitig die Republikaner erstmals seit 1953 wieder eine Mehrheit im Senat erobern und im Repräsentantenhaus erhebliche Sitzgewinne verbuchen, ja mit den gleichfalls gestärkt aus den Wahlen hervorgegangenen rechten Demokraten auf die Formierung einer Mehrheitskoalition spekulieren konnten,[3] schien die These vom „Rechtsruck" zu erhärten; sie gab Reagans Anspruch Glaubwürdigkeit, ein „konservatives Mandat" zur Erneuerung des „amerikanischen Traumes" erhalten zu haben.

Freilich stellte sich die vielbeschworene „Tendenzwende" nicht bloß im Lichte der schwächsten Wahlbeteiligung bei Präsidentschaftswahlen seit 1824 – nur 52,3 Prozent der Stimmberechtigten gingen zur Urne – weniger eindrucksvoll dar; auch Untersuchungen der Ursachen republikanischer Stimmengewinne und der stupenden Wahlindolenz kamen zu dem Schluß, die Entscheidung lasse sich nur bedingt als Aufforderung an Reagan interpretieren, seine „platform" konsequent zu verwirklichen.[4]

Konservative Strömungen am Beginn der achtziger Jahre

Wenn der Wahlsieg Reagans inner- und außerhalb der USA als Zeichen einer geistig-politischen „Tendenzwende" gedeutet wurde, so gab es dafür mehrere Gründe: Konservative Ideologen und Konzeptionen hatten in den vorausgegangenen Jahren einen wachsenden Sektor der öffentlichen Meinung Amerikas besetzen können, der ideologische Umschwung war durch soziale Realitäten untermauert, und Reagan hatte sich als Bannerträger konservativen Gedankenguts profiliert. Was unter dem Etikett „konservativ" Reagans Herrschaftsanspruch beförderte, stellte eine bunte Mischung unterschiedlicher Positionen und Organisationen dar:[5] ältere konservative Strömungen, die sich nach dem

---

[3] Nach dem Muster übrigens von Einzelstaats-Legislativen etwa in New Mexico, Texas oder New Hampshire, wo sich Ende der siebziger Jahre konservative Regierungskoalitionen etablierten, die Liberale aus Schaltzentralen der Macht herauskatapultierten.

[4] Vgl. dazu Paul R. *Abramson*, John H. *Aldrich*, David W. *Rohde*, Change and Continuity in the 1980 Elections, Washington, D.C. 1982, William *Schneider*, The November 4 Vote for President. What did it Mean?, in: Austin *Ranney* (Hrsg.), The American Elections of 1980, Washington, D.C. 1981, S. 212 ff.

[5] Vgl. George *Nash*, Historische, philosophische und soziologische Wurzeln des Konservativismus, in: Hans *Rühle* und Walter F. *Hahn* (Hrsg.), Der Neo-Konservativismus in den Vereinigten Staaten und seine Auswirkungen auf die Atlantische Allianz (Forschungsbericht 16 der Konrad-Adenauer-Stiftung), Melle 1982, S. 42 ff., Peter *Lösche*, Thesen zum amerikanischen Konservativismus, in: *APZ*, 49/1982, S. 37 ff., Jürgen *Habermas*, Die Kulturkritik der Neokonservativen in den USA und in der Bundesrepublik, in: *Merkur*, 11/1982, S. 1047 ff., A. James *Reichley*, The Conservative Roots of the Nixon, Ford, and Reagan Administrations, in: *Political Science Quarterly*, Winter 1981/82, S. 537 ff.

Zweiten Weltkrieg herauskristallisiert hatten – „klassische" Liberale bzw. „Indeterministen", die im expandierenden Sozialstaat den freiheitliche Existenzformen bedrohenden Erzfeind orteten; „Traditionalisten", die gegen östlichen Totalitarismus und westlichen Säkularismus die ethisch-religiöse Überlieferung von „God's own country" ins Feld führen wollten; ferner kreuzzüglerische Antikommunisten – flossen mit einem „jüngeren" Konservatismus zusammen. Dessen zwei Spielarten, die „neokonservative" und die der „Neuen Rechten", waren als Reaktionen auf die tiefreichenden innen- und außenpolitischen Veränderungen der sechziger und siebziger Jahre entstanden, die mit Stichworten wie „Vietnam-Debakel", „Entspannungstrauma", „Watergate-Skandal", „Emanzipationswelle", „Sozialstaatskrise" und „Wertewandel" grob umrissen sind.

Die Neokonservativen

Wachsende Abscheu vor ausufernder „System-Kritik" von links, Unmut über die Unwirksamkeit des „Great-Society"-Programms der liberalen Reformer, Entrüstung über die grassierende Entspannungseuphorie gegenüber einer pausenlos aufrüstenden Sowjetunion – all dies trieb eine wachsende Zahl Intellektueller nach rechts und ließ sie den publizistischen, bald aber auch politischen Kampf gegen die „Bedrohung Amerikas" aufnehmen. Sozialwissenschaftler renommierter Universitäten wie Daniel Bell, Nathan Glazer, Irving Kristol und Seymour Martin Lipset schufen sich mit *Commentary* oder *The Public Interest* Sprachrohre für die angestrebte geistige „Tendenzwende"; „Think Tanks" und Forschungszentren wie die Hoover-Institution oder das „American Enterprise Institute" munitionierten die ideologische Kampagne argumentativ über Symposien oder Denkschriften. Konservative „Public Interest"-Büros schufen Querverbindungen zur Politik, bekämpften durch gezielten Medieneinsatz „liberale" Abgeordnete und Senatoren, und manche Advokaten der „Tendenzwende" wie Daniel P. Moynihan oder Jeane Kirkpatrick fanden den Weg in die aktive Politik.

Gegen „Big Government" mit seinen wuchernden Bürokratisierungstendenzen und für die Effizienz eines „konservativen Wohlfahrtsstaats" (Irving Kristol); gegen das „sozialistische" Dogma der Egalität von Lebensbedingungen, aber für Start- und Chancengleichheit; gegen Auswüchse eines schrankenlosen Kapitalismus, aber für privatwirtschaftliche Initiativen und Förderung vor allem mittlerer und kleiner Unternehmen; gegen einen neoisolationistischen Nationalismus, aber für die Wiederbelebung eines Patriotismus, der sich in der aktiven Bekämpfung des Weltkommunismus und der Verbreitung amerikanischer Ideale erfüllte: in solchem Für und Wider berührte sich der Neokonservativismus mit der programmatischen Vielfalt des älteren Konservatismus und schied sich zugleich von ihm.

Ideologie und sozialer Wandel

Sozialstrukturelle Gegebenheiten sicherten der alt-neuen Ideologie Aufmerksamkeit und Durchschlagskraft. Nicht zu unrecht hat man den Neokonservatismus als Credo des alten wie des neuen Mittelstandes und verunsicherter Teile der Intelligenz beschrieben[6] und ihn in Verbindung gebracht mit sozialen Status- und Abstiegsängsten bestimmter Gesellschaftsgruppen. Auch wurden zunehmende Affinitäten zwischen der „lower middle class" bzw. der „embourgeoised working class" und republikanischen Politikprioritäten (marktwirtschaftliche Ordnungsprinzipien, finanzpolitische Solidität, starke Landesverteidigung etc.) nachgewiesen. Diese Schichten fürchteten vermeintliche oder reale Nivellierungsgefahren, die aus der wohlfahrtsstaatlichen Umverteilungspolitik erwachsen mochten. Wie auch immer: Der Einklang von neokonservativem Raisonnement und sozialstrukturellen Dispositionen schlug für eine republikanische Partei zu Buche, die sich im Jahre 1980 relativ geschlossen hinter Ronald Reagan zusammenfand.

Die Neue Rechte

Im Programmatischen sich vielfältig mit „Neo-Cons" berührend, gewann die Neue Rechte eigenes Profil durch eine machtpolitische Strategie, die auf die Mobilisierung kleinbürgerlicher Ressentiments im Stile rechtspopulistischer Bewegungen der Vergangenheit setzte, sich gleichzeitig aber virtuos der Organisations- und Kommunikationstechnologien moderner Massengesellschaften bediente.[7] Generell gegen Big Business, Big Labor und Big Government polemisierend, stellte die Neue Rechte „social issues" ins Zentrum ihrer Wahlkampagne, die breiter Aufmerksamkeit gewiß sein durften: Großstadt-Kriminalität und Pornographie; sexuelle Libertinage, staatlich subventionierte Abtreibung und wohlfahrtsstaatliches Parasitentum. Die „Neue Rechte" nutzte die Ängste des Kleinbürgertums, aktivierte aber darüber hinaus im sozialen und moralischen Protestschrei große Teile der „Silent Majority" jenseits von Schichtenlage oder Parteizugehörigkeit und formierte sich 1980 zur Prätorianergarde Reagans innerhalb und außerhalb der Republikanischen Partei.

---

[6] So Iring *Fetscher*, Widersprüche im Neokonservativismus, in: *Merkur*, 2/1980, S. 107 ff.

[7] Zum folgenden vgl. Alan *Crawford*, Thunder on the Right. The „New Right" and the Politics of Resentment, New York 1980. Zu den Organisationen dieser Bewegung vgl. Milton *Ellerin* und Alisa H. *Kesten*, The New Right. An Emerging Force on the Political Scene, in: *USA Today*, März 1981, S. 10 ff.

Der Wahlkämpfer Ronald Reagan

Reagans Wahlkampfaussagen ließen sich zusammen mit der republikanischen „platform“ und ersten Grundsatzverlautbarungen des gewählten Präsidenten auf drei programmatische Zielvisionen und politische Entscheidungsprioritäten reduzieren:[8]

Erstens: Das Postulat des „New Beginning“ bedingte den entschlossenen Kampf gegen „Big Government“, gegen bundesstaatliche Kompetenzausweitung und Bürokratenherrschaft; es erforderte neben einer Umverteilung der Macht – vom Bund auf die Einzelstaaten, vom Staat auf die Gesellschaft, von den Institutionen auf Gruppen wie Individuen – vor allem den Abbau öffentlicher Macht, eine „Deregulierung“ und Verlagerung sozialstaatlicher Aufgaben auf freie Wohlfahrtsvereinigungen, um die ursprünglichen Tugenden der Amerikaner wieder zum Leben zu erwecken.

Zweitens: Der Kampf gegen Inflation, Wirtschaftsstagnation und anhaltende Arbeitslosigkeit erforderte ein radikal neues Wirtschaftskonzept, das durch beträchtliche Steuer- und Abgabenerleichterungen sowie einen bis 1984 zu vollziehenden Budgetausgleich mittels Kürzung „ineffektiver“, zumeist sozialstaatlicher Programme den öffentlichen Zugriff auf das Bruttosozialprodukt verringern, private Spar- und wirtschaftliche Investitionsanreize schaffen und so das Fundament für höhere Wachstumsraten, neue Arbeitsplätze und eine anhaltende Nachfragebelebung legen sollte.

Drittens: Vietnam-Trauma und Entspannungseuphorie waren endgültig zu überwinden, wenn Amerika die Herausforderung durch den weltpolitischen Gegenspieler in Moskau bestehen, mehr noch, künftig die Szenerie der internationalen Politik dominieren wollte. Massive Ausgabenerhöhungen im Verteidigungshaushalt sollten diesem Ziel ebenso dienen wie der entschlossene Kampf gegen den „internationalen Terrorismus“ der „Moskau-Havanna-Achse“ und die Neuverhandlung der „unausgewogenen“ SALT-II-Vereinbarungen.

Reagans konservative Philosophie in Fragen der Rechtspolitik, der öffentlichen Moral und des überkommenen Werte-Kodex der amerikanischen Gesellschaft erreichte die traditionelle Klientel der Republikaner im Mittleren Westen und ermöglichte massive Einbrüche in den fundamentalistischen

---

[8] Dazu gehören u.a. Reagans „Inaugural Address“ vom 20.1.1981, seine „Address Before a Joint Session of the Congress on the Program for Economic Recovery“ vom 18.2.1981 und der am gleichen Tag publizierte „White House Report on the Program for Economic Recovery“, abgedruckt in: Public Papers of the Presidents (Ronald Reagan), 1981, Washington, D.C. 1982, S. 1 ff., S. 108 ff. und S. 116 ff. Deutschsprachige Auszüge aus dem republikanischen Wahlprogramm von 1980 bei Hartmut *Wasser*, Die USA. Der unbekannte Partner, Paderborn 1983, S. 182 ff. Eine detaillierte Beschreibung der innen- und außenpolitischen Ziele der neuen Administration bei Rowland *Evans* und Robert *Novak*, The Reagan Revolution, New York 1981.

Süden. Sein Ausnutzen der verbreiteten Staatsverdrossenheit, der sozioökonomischen Statusängste und außenpolitischen Frustrationen machte darüber hinaus den Demokraten auch „lower-middle-class"- und „blue-collar"-Schichten der hochindustrialisierten Regionen des Nordostens abspenstig.

DIE PRIORITÄT DER INNENPOLITIK

Schon im Wahlkampf hatte Reagan politische Prioritäten festgelegt, deren Schwerpunkt eindeutig nach innen, speziell auf die Wirtschaftspolitik und Reorganisation der Beziehungen von Bund und Einzelstaaten, zielte. Außenpolitische Themen fehlten weitgehend in diesem Katalog oder rückten bloß in sehr allgemeiner Form ins Blickfeld, wenn etwa von der Notwendigkeit die Rede war, die Sowjetunion durch dezidierte Weltmachtpolitik der USA in ihre Schranken zu verweisen.

Wende in der Wirtschafts- und Sozialpolitik

Seit vielen Jahren hatte Reagan seinen wirtschaftspolitischen Konservativismus in programmatischen Reden verkündet. Er hatte weniger Staat und mehr Eigeninitiative im sozio-ökonomischen Raum, eine freie, „deregulierte" Wirtschaft und den Abbau des Wohlfahrtsstaates, ein ausgeglichenes Budget und massive Steuersenkungen gefordert. Unmittelbar nach seinem Einzug ins Weiße Haus schickte er sich an, dieses Programm durch Botschaften und Memoranden an Kongreß und Öffentlichkeit auf den Weg zu bringen.[9] Sie verhießen nichts weniger als einen Bruch mit der Vergangenheit, einen „fundamentally different course", der die hohe Inflationsrate senken, die wirtschaftliche Stagnation überwinden und einem Keynesianismus den Laufpaß geben werde, der die weltwirtschaftlichen Anpassungsprobleme der siebziger Jahre im Zeichen drastischer Ölverteuerung und des Vordringens der industriellen Schwellenländer nicht hatte bewältigen können. Gegen das Konzept staatlicher Nachfragesteuerung setzte Reagan die „supply-side economics", die Konzentration auf die Angebotsdynamik der Wirtschaft. In der Praxis gewann dabei freilich ein wirtschaftspolitisches Amalgam Gestalt, in das Inflationsbekämpfer, Monetaristen, Theoretiker der Budgetpolitik und Wallstreet-Pragmatiker ihre spezifischen, durchaus divergierenden Beiträge einbrachten.[10] Im einzelnen sollten drastische Senkungen der Einkommen- und

---

[9] Vgl. ebd.

[10] Vgl. zur Wirtschafts-(und Sozial-)Politik der Anfangsphase Reagans John L. *Palmer* und Isabel V. *Sawhill* (Hrsg.), The Reagan Experiment, Washington, D.C. 1982, Norman J. *Ornstein* (Hrsg.), President and Congress. Assessing Reagan's First Year, Washington, D.C., London 1982, bes. S. 14ff., Bruce R. *Bartlett*, Reaganomics. Supply-Side Economics in Action, New York 1982.

Kapitalsteuer (5 Prozent ab 1. Oktober 1981, jeweils 10 Prozent 1982 und 1983), flankiert von mancherlei Abschreibungserleichterungen, die Investitions- und Produktionsimpulse auslösen, die ihrerseits zum Rückgang der Arbeitslosigkeit wie der Inflationsrate (durch ein gesteigertes Angebot an wirtschaftlichen Gütern und Dienstleistungen) führen würden. Staatliche Eingriffe in die Wirtschaftsabläufe sollten drastisch verringert werden, etwa im Umweltschutz- und Gesundheitsbereich, aber auch in der Schutzsphäre gegen Rassendiskriminierung. Durch umfangreiche Haushaltskürzungen (außer im Verteidigungsetat) sollte bis 1984 das konservativ-republikanische Ziel des Budgetausgleichs realisiert werden; gleichzeitig würden damit Visionen einer Rückschneidung bürokratischer Wucherungen oder der Auswüchse jener „revolution of rising entitlements" befördert werden, wie sie die „soft society" kultivierte; und nicht zuletzt sollte in diesem Zusammenhang die Verantwortung für zahlreiche Programme im Wohlfahrts- und Erziehungsbereich an Einzelstaaten und Gemeinden rückverlagert werden.

Der Kongreß entsprach 1981 fast allen wirtschaftspolitischen Forderungen des Weißen Hauses.[11] Er verabschiedete ein mehrjähriges Steuersenkungsprogramm, billigte im Budgetentwurf für 1982 kräftige Abstriche bei staatlichen Hilfeleistungen im Bereich der Sozialfürsorge, des sozialen Wohnungsbaus, der Lebensmittelgutscheine, Schulspeisung oder öffentlicher Arbeitsbeschaffungs- und Ausbildungsprogramme[12] und bescherte dafür dem Verteidigungsbudget (auch in der Folgezeit) enorme Zuwachsraten.

Im Verlauf des Jahres 1982 begannen sich allerdings bei wirtschafts-, sozial- oder umweltpolitischen Entscheidungen Risse in der bislang festgefügten Reagan-Mehrheit abzuzeichnen.[13] Je näher die „mid-term elections" zum 98. Kongreß rückten, um so stärker orientierten sich Abgeordnete und Senatoren an Wahlkreis-Klientel und Öffentlichkeit, wo sich Enttäuschung über das Ausbleiben des wirtschaftlichen Aufschwungs, wachsende Einsichten in die konzeptionellen Widersprüchlichkeiten und Zielkonflikte der „Reaganomics" und Unmut über konkrete Streichungen im Sozialhaushalt breit machten.

Allein beim Kampf gegen die Geldentwertung zeigte die Wirtschaftspolitik der neuen Administration Erfolge, so daß zu Jahresbeginn 1983 die Inflationsrate sich auf die 4-Prozent-Grenze zubewegte. Alle übrigen Prognosen

Aus der Sicht der Administration vgl. die Broschüre The Reagan Presidency. A Review of the First Two Years 1981-82. A Report Compiled and Edited by the White House Office of Public Affairs, Washington, D.C. 20.1.1983.

[11] Der 97. Kongreß unterschied sich von seinen Vorgängern durch ein hohes Maß an Einheitlichkeit beim Abstimmungsverhalten in der 1. Sitzungsperiode, vor allem bei republikanischen Senatoren (vgl. *CQWR*, 12.9.1981, S. 1743 ff.) und insgesamt durch kürzere Sitzungszeiten und eine erheblich geringere Zahl verabschiedeter Gesetze (vgl. *CQWR*, 16.10.1982, S. 2679 ff.), was der Forderung Reagans nach Abbau des „Big Government" entgegenkam.

[12] Staatliche Leistungen von ca. 20 Milliarden Dollar, etwa 8 % der bisherigen Sozialausgaben, wurden gestrichen.

[13] Vgl. *CQWR*, 14.8.1982, S. 2017 ff. und 15.1.1983, S. 94 ff.

erwiesen sich dagegen zunächst als illusorisch. Die Industrieproduktion sank weiterhin, die Zahl der Konkurse und Bankrotte nahm drastisch zu, die Arbeitslosenquote erreichte mit rund 10 Prozent gegen Ende des Jahres 1982 eine neue Rekordhöhe in der Nachkriegszeit, und die Zinsen pendelten sich nach kurzatmigem Rückgang wieder auf Höhen um 15 Prozent ein. Während man in einer breiten Öffentlichkeit die Steuersenkungen und „Deregulierungen“ begrüßte, gewährten Finanzmärkte, Kapitalanleger und Investoren der konservativen Regierung dennoch keinen Vertrauensvorschuß, weil ihnen die Risiken der „Reaganomics“ unkalkulierbar hoch erschienen.

Dreh- und Angelpunkt aller Überlegungen blieb der Staatshaushalt. Im Zuge der Angebotspolitik würde er zwar kurzfristig neuen Belastungen ausgesetzt sein: Die Steuersenkungen mußten das Defizit zunächst bis zu dem (ungewissen) Augenblick vergrößern, wo durch die ökonomische Revitalisierung die Staatseinnahmen wieder stiegen. Aber bis 1984 sollte der Haushalt aufgrund einer jährlichen Wachstumsrate des Sozialprodukts um reale 3 Prozent endgültig saniert werden. Statt dessen trieb der Haushalt unaufhörlich neuen Rekorddefiziten zu, die aus dem ambitiösen Aufstocken des Verteidigungsbudgets, unzureichender, weil am Widerstand der Lobbies scheiternder Kürzungen in einer Vielzahl von „entitlement-programs“ und der Stagnation des wirtschaftlichen Wachstums erwuchsen. Die Reagan-Administration fand bis zur Halbzeit ihrer Amtsperiode keinen Ausweg aus dem Teufelskreis, den wachsende Staatsdefizite, steigende Zinsen (bei jährlicher Neuverschuldung von 100 bis zu 200 Milliarden Dollar verschlang die Finanzierung dieses Defizits über 50 Prozent der auf dem Kapitalmarkt vorhandenen Mittel), ausbleibende Wirtschaftsdynamik (und daraus resultierende Wohlfahrts- und Arbeitslosenprobleme), fehlende Steuereingänge und neuerlich anschwellende Staatsschulden bildeten.

Das Programm des „New Federalism“

Deregulierung und Abbau des „Big Government“ in Washington zugunsten einzelstaatlicher oder lokaler Machterweiterung waren seit Jahrzehnten Stereotype republikanischer Politik gewesen. Dennoch signalisierte Reagans „New-Federalism“-Vision, dem Kongreß in der „State of the Union Address“ vom 26. Januar 1982 vorgetragen, in ihrer Radikalität eine Wende.[14] 43 sozialpolitische Programme (mit einem Ausgabenvolumen von circa 47 Milliarden Dollar) sollten vom Bund zu den Einzelstaaten verlagert, die Steuereinnahmen neu verteilt und die Bundeszuschüsse an Einzelstaaten und Kommunen bis 1991 auf den Stand von 1933 zurückgeführt werden.

---

[14] Vgl. *CQWR*, 30.1.1982, S. 176 ff.

Diese drastischen Eingriffe in das föderative Beziehungsgeflecht verfolgten politische und ökonomische Ziele zugleich. Wenn der Bund bislang stets neue Funktionen der unteren Ebenen usurpiert und diese in finanzielle Abhängigkeiten verstrickt hatte, galt es künftig, die Kompetenzen der Einzelstaaten und Kommunen wieder zu kräftigen und gleichzeitig freie Wohlfahrtsvereinigungen zu revitalisieren, um insgesamt die „grassroots“-Demokratie und eherne Tugenden des Amerikanertums wie Eigeninitiative, nachbarschaftliche Kooperation und gesellschaftliche Solidarität wieder zum Leben zu erwecken. Die neue Aufgabenverlagerung sollte überdies mit der Bürgernähe der Verwaltung auch die Effizienz staatlichen Handelns steigern und die Akzeptanz bürokratisch verwalteter Sozialprogramme „vor Ort“ testen; zugleich würde die Deregulierung den wirtschaftlichen Bereich beleben, Produktivitätshemmnisse beseitigen und somit den Erfordernissen der „supply-side-economics“ Rechnung tragen. Aber die Konzeption barg auch ein handfestes Stück Machtpolitik in sich: Die Aufgabenverlagerung nach unten versprach eine „Austrocknung“ bestimmter Ministerien und Agenturen in Washington, die ihre Existenz dem Ausbau des Sozialstaates verdankten, und den Abbau ihres dem „New Deal“ verhafteten Personals, was gleichbedeutend war mit der Eliminierung linksliberaler Demokraten aus dem hauptstädtischen Machtapparat.

Reagans Traum vom „Neuen Föderalismus“ ging jedoch nicht in Erfüllung; übrig blieb bloß die Umwandlung einiger „grants in aid“-Maßnahmen zu „block grant programs“, die den Empfängern der Bundeszuschüsse einen größeren Spielraum beim Einsatz der Mittel zugestehen. Einzelstaaten und Kommunen meldeten Widerspruch an, sobald Kürzungen im Sozialbudget und Steuersenkungsprogramme ihre ohnehin angespannte Haushaltslage zusätzlich belasteten.[15] Das Ziel der republikanischen Administration, von 1980 bis 1986 die Bundeszuschüsse um 32,5 Prozent zu senken, erschien schon deshalb inakzeptabel, weil nirgendwo die Versprechungen verwirklicht wurden, den von der Kürzung Betroffenen neue Steuerquellen aufzuschließen. In dem Maße, wie die Lobbies der „National Governors' Association“, der „National Association of Counties“ und der „U.S. Conference of Mayors“ in Washington Einspruch erhoben, ging auch der Kongreß auf Distanz zum „New Federalism“ des Weißen Hauses, zumal die Verlagerung der Deregulierung in administrative Kompetenz die gesetzgeberische Gewalt des Parlaments zu beschneiden schien und politische Vorteile aufhob, die sich aus der Kontrolle solcher Programme ergaben.

---

[15] Zur praktischen Umsetzung von Reagans „New Federalism“ und den Reaktionen der Betroffenen vgl. *CQWR*, 24.10.1981, S. 2047 ff. und 31.10.1981, S. 2108 ff.

VERSCHIEBUNG DER AUSSENPOLITISCHEN PRIORITÄTEN

Auch im Bereich der internationalen Politik sollte die „Ära der nationalen Erneuerung“ Zeichen setzen, wobei fürs erste bloß Negativpositionen – etwa die Absage an illusionäre Entspannungserwartungen oder selbstauferlegte Rüstungsbeschränkungen – schärfere Umrisse gewannen. Monate verstrichen nach dem Amtsantritt im Weißen Haus, ehe nennenswerte außenpolitische Aktivitäten zu verzeichnen waren: Die Administration wartete auf parlamentarische Billigung ihrer personalpolitischen Entscheidungen, auf die französischen und israelischen Wahlen, auf Ergebnisse internationaler Lageanalysen und das Abflauen der üblichen Rivalitäten zwischen den mit Außenpolitik befaßten Ministerien und Ämtern.[16] Sicher spielte auch die taktische Überlegung mit, es gelte zunächst in der Wirtschaftspolitik erste Erfolge im Kongreß zu erringen, die anschließend auch die außenpolitische Kooperation erleichterten. Entscheidender war aber, daß sich aus Reagans holzschnittartigem Weltbild nur mit Mühe Handlungsanweisungen für den auswärtigen Apparat herausdestillieren ließen und auch die Wahlen kein Mandat für eine konkret definierte Außenpolitik erbracht hatten, förderten doch alle Meinungsbefragungen bloß den Widerspruch zutage, daß die Amerikaner einerseits wieder erstarken wollten, andererseits aber auch neue Rüstungskontroll-Verhandlungen wünschten.

Die Beziehungen zur Sowjetunion

Vielfältige Äußerungen der republikanischen Administration zur Neuregelung des amerikanisch-sowjetischen Verhältnisses machten von Anfang an klar, daß pragmatisch-diplomatische Aktionsmuster künftig durch geopolitisch und ideologisch motivierte Antriebe ersetzt würden.[17] Die Rivalität zwischen den USA und der Sowjetunion wurde wieder zur dominierenden Konfliktfigur der Weltpolitik. Rhetorisch wurden in Washington Roll-back-Visionen mitsamt der Notwendigkeit militärischer Superiorität beschworen; in der Praxis kam eine Neuauflage der Containment-Politik zustande: Der militärischen Herausforderung durch die Sowjetunion sollte durch gesteigerte Rüstungsanstrengun-

[16] Eine Analyse der Außenpolitik Reagans in der Anfangsphase findet sich bei Thomas L. *Hughes*, Up From Reaganism, und bei C. Fred *Bergsten*, The Costs of Reaganomics, in: *FP*, Herbst 1981, S. 3 ff. und S. 24 ff., ebenso bei I.M. *Destler*, Reagan, Congress, and Foreign Policy in 1981, in: *Ornstein* (Hrsg.), a.a.O. (Anm. 10), S. 66 ff.

[17] Zum folgenden vgl. Uwe *Nerlich*, Neuorientierung der amerikanischen Außenpolitik, in: *EA*, 15/1981, S. 461 ff., Wilfried von *Bredow* und Rudolf Horst *Brocke*, Das außenpolitische Konzept der Reagan-Administration, in: *APZ*, 32/1981, S. 20 ff., Hans *Rühle*, Die Außenpolitik der Regierung Reagan, in: *APZ*, 32/1981, S. 48 ff. In dieser Publikation findet sich weiteres Hintergrundmaterial zur Außen- und Sicherheitspolitik der Reagan-Administration.

gen begegnet werden, den anhaltenden sowjetischen Expansionsbemühungen vor allem in sicherheitspolitisch oder weltwirtschaftlich brisanten Regionen durch den Einsatz von Machtmitteln jedweder Art, verdeckten Infiltrationsaktivitäten Moskaus durch geeignete Gegenmaßnahmen und die Regeneration der US-Geheimdienste.

Das vorrangige Ziel antisowjetischer Globalpolitik mußte auch die Zukunft der atlantischen Bündnisbeziehungen, des amerikanisch-japanischen Verhältnisses und der Beziehungen der USA zur Dritten Welt bestimmen. Erhöhte Verteidigungsanstrengungen Westeuropas und Japans, die De-facto-Ausdehnung der vertraglich fixierten NATO-Verantwortlichkeiten über den atlantisch-europäischen Bereich hinaus und Sicherheitsvereinbarungen der Verbündeten mit bedrohten Ländern erschienen der neuen Administration geboten, um den Eindämmungszielen Nachdruck zu verleihen; herkömmliche Entwicklungshilfe war mit strategisch-politischen Interessen der US-Außenpolitik zu harmonisieren und ohne Rücksicht auf Menschenrechtsüberlegungen zur „Sicherheitshilfe" fortzuentwickeln.[18] Von westlichen Hilfsprogrammen sollten künftig vor allem Länder profitieren, die rohstoffpolitische oder regionalstrategische Bedeutung aufwiesen – in Ostasien (Korea, Indonesien, Philippinen, Thailand), in Nahost oder Afrika (Israel, Ägypten, die Golf-Emirate, Saudi-Arabien, Südafrika), in Lateinamerika (Argentinien, El Salvador) und in Europa (Türkei, Griechenland, Spanien, Portugal).

Zwischen Dogmatismus und Pragmatismus

Im Gegensatz zur Wirtschaftspolitik zeitigten Bemühungen der Administration um außenpolitische Kooperation mit dem Kongreß erst allmählich Erfolge. Der Rechtsrutsch von 1980 hatte zwar führende Liberale in Senat und Repräsentantenhaus eliminiert, aber vor den Auswärtigen Ausschüssen beider Häuser haltgemacht, die weiterhin auf Gegenkurs zum neuen Kreuzzugs-Elan hielten, wobei die offenkundigen Dissonanzen der Regierung in Fragen der internationalen Politik die ohnehin vorhandene Skepsis verstärkten. Erst als sich im Spätsommer 1981 der Präsident selbst internationalen Problemen zuwandte und seinen Dogmatismus auch im Umgang mit der Sowjetunion pragmatisch auflockerte, konnte er die in den siebziger Jahren verlorengegangene „bipartisanship" des Kongresses in Fragen der Außenpolitik so weit restaurieren, daß Teilerfolge der Administration möglich wurden. Zwar wirkte der Vietnam-Schock im Kongreß in der Weise fort, daß das Weiße Haus stets auf den Widerstand beider Parteien stieß, wenn es seine außenpolitischen Entscheidungskompetenzen erweitern wollte. Immerhin ließ der Kongreß

[18] Zu diesem Aspekt der amerikanischen Außenpolitik vgl. Myer *Rashish*, Die amerikanische Politik gegenüber Entwicklungsländern, in: *EA*, 17/1981, S. 507 ff.

jedoch zum erstenmal seit drei Jahren wieder ein Auslandshilfegesetz passieren, das die strategisch-militärische Akzentuierung der neuen Dritte-Welt-Politik verriet; ferner genehmigte er mit einer knappen Senatsmehrheit den Verkauf von AWACS-Luftüberwachungssystemen an Saudi-Arabien und billigte, wenngleich mit schrumpfenden Mehrheiten und zunehmenden Auflagen, im Verlauf der Jahre 1981/82 wesentliche Teile von Reagans Verteidigungs- und Rüstungsprogramm.

Im Budget des Pentagon konnte die Administration für Friedenszeiten präzedenzlose Steigerungsraten durchsetzen: der Etat kletterte von 156 Milliarden Dollar 1981 auf 208 Milliarden im Haushalt 1983, was einem inflationsbereinigten Zuwachs von neun und mehr Prozent entsprach. Während sich der Kongreß trotz beängstigender Defizite bei der Verwirklichung des Reaganschen Fünfjahres-Programms, das bis 1986 Verteidigungsausgaben in Höhe von 1,6 Billionen Dollar vorsah, zu keinen einschneidenden Kürzungen aufraffte, bereitete er der Administration bei der Verwirklichung des im Oktober 1981 angekündigten militärischen Modernisierungsprogramms größere Schwierigkeiten. Dieses Programm sollte durch die Produktion von MX- und Trident-II-Raketen sowie von B-1- und Stealth-Bombern und luft- und seegestützten Marschflugkörpersystemen Verwundbarkeiten und Schwächen im strategischen Atomwaffenarsenal der USA beseitigen. Der 97. Kongreß strich jedoch z. B. die Mittel für die Serienproduktion der MX, weil dieses Raketenprogramm zu teuer und verwundbar erschien, und verfügte auch im Bereich anderer Rüstungsprogramme unterschiedliche Restriktionen.

Zwei Jahre nach dem Amtsantritt Reagans hatte die amerikanische Außenpolitik wenigstens partiell wieder zum Pragmatismus zurückgefunden: Sie zeigte Verständnis für die Notwendigkeit, den Nord-Süd-Dialog fortzusetzen und mit internationalen Institutionen wie der Weltbank und dem Internationalen Währungsfonds zu kooperieren; sie begnügte sich mit der Überlebensfähigkeit ihrer strategischen Waffensysteme statt der anfangs geforderten Überlegenheit; ohne weitere „linkage"-Vorbedingungen hatte sie sich auf Rüstungskontroll- und Abrüstungsverhandlungen mit der Sowjetunion eingelassen.[19] Sympathiebekundungen für das Apartheid-Regime in Südafrika wurden gedrosselt und politische Prozesse in der zentralamerikanischen Region nicht länger bloß zum Testfall des Ost-West-Verhältnisses emporstilisiert. Solcher Pragmatismus durfte zum einen als Resultat des wachsenden politischen Protestes in den USA, zum andern als Ausfluß bündnisinterner Willensbildung gelten.

---

[19] Vgl. dazu Robert W. *Dean,* Die aktuelle Rüstungskontrollpolitik der USA, in: *APZ,* 13/1983, S. 3 ff.

Die Atlantische Allianz im weltpolitischen Konzept Reagans

Die neue Administration erstrebte schon deshalb einen Abbau der Divergenzen im internen Allianzgefüge, um ihrer antisowjetischen Politik größeren Nachdruck verleihen zu können. Bündnispflege als „keystone" der neuen Außenpolitik mußte freilich von vornherein mit Schwierigkeiten rechnen, weil zwischen den Machteliten beiderseits des Atlantik eine wachsende Entfremdung zu verzeichnen war, die sich im Zeichen der Reagan-Administration noch vertiefte und deren Allianzintentionen mindestens partiell konterkarierte.[20] Keimende Hoffnungen der Europäer auf neue „leadership"-Impulse im Wechsel von Carter zu Reagan erstarrten rasch wieder in der dissonanten Meinungsvielfalt der neuen Administration; und als sich allmählich schärfere Konturen der US-Außenpolitik herauszukristallisieren begannen, enttäuschte deren spezifische Ausgestaltung, die bestehende Allianzdifferenzen bestenfalls übertünchen konnte.[21]

Bedeutung und Zukunft der Ost-West-, der Nord-Süd- und der bündnisinternen Beziehungen blieben fürs erste allesamt umstritten, wenngleich sich zum Ende des ersten Amtsjahres der Reagan-Administration doch Entscheidungen abzeichneten, die europäischen Forderungen entgegenkamen und die Bündnispolitik auf ein festeres Fundament stellten. Auf der Ebene des Ost-West-Verhältnisses resultierten Meinungsverschiedenheiten aus der unterschiedlichen Bewertung der Entspannungspolitik. Im Bündnis blieb strittig, ob diese Politik mehr Erfolge oder Fehlentwicklungen gebracht habe (demzufolge fortgeführt oder abgebaut werden sollte), und ob sie allein mit globalem Anspruch oder auch in regional (auf Europa) begrenzter Form zu rechtfertigen sei. Meinungsverschiedenheiten bestanden auch darüber, wie Verteidigungspolitik einerseits, Entspannungspolitik andererseits in eine überzeugende Bündniskonzeption gegenüber Moskau eingeschmolzen werden könne und ob wirtschaftliche Kooperation (z.B. beim Gas-Röhren-Geschäft) auf die Dauer sowjetische Hegemonialambitionen ermuntern oder den Kreml zu politischer Mäßigung veranlassen werde. Dabei verlief die Front keineswegs säuberlich zwischen den USA und Westeuropa, sondern sie schied in Amerika

---

[20] Die Konsequenzen für das Bündnis wurden analysiert von Stephen F. *Szabo* (Hrsg.), The Successor Generation. International Perspectives of Postwar Europeans, London 1983, sowie *ders.*, Generationswechsel in Europa. Auswirkungen auf das westliche Bündnis, in: *EA*, 2/1983, S. 37 ff.

[21] Zur Problematik der Allianzbeziehungen vgl. Karl *Kaiser*, Amerikanisch-europäische Beziehungen zu Beginn der Reagan-Administration, in: *EA*, 9/1981, S. 259 ff., Gilbert *Ziebura*, Die deutsch-amerikanischen Beziehungen und die Krise des westlichen Bündnissystems, in: *Österreichische Zeitschrift für Politikwissenschaft*, 2/1982, S. 175 ff., Gebhard *Schweigler*, Europa, Amerika und die Entspannung, in: *APZ*, 28/1982, S. 3 ff., Ernst-Otto *Czempiel*, Die Zukunft der Atlantischen Gemeinschaft, in: *APZ*, 13/1983, S. 10 ff., Eliot A. *Cohen*, The Long-Term Crisis of the Alliance, in: *FA*, Winter 1982/83, S. 325 ff., sowie den Beitrag von Erhard *Forndran* in diesem Band.

zum Beispiel auch die zur Macht gekommene politische Gruppierung von etablierten Wirtschaftskreisen.

Die dissonante Bewertung des Ost-West-Konflikts belastete auch die Entwicklung gemeinsamer Perspektiven im Nord-Süd-Verhältnis. Während die Reagan-Administration Unruheherde in der Dritten Welt von Asien über Afrika bis Lateinamerika den subversiven Aktivitäten des Sowjetkommunismus und seinen weltpolitischen Revolutionierungszielen anlastete, sahen die europäischen Bündnispartner hier eher interne, sozio-ökonomische Konfliktursachen. Dementsprechend interpretierte folgerichtig die eine Seite angemessene Entwicklungspolitik primär als Funktion politisch-strategischer Sicherheitsinteressen, die andere als Beitrag zu einer Politik wirtschaftlicher und gesellschaftlicher Reformen.

Die Rekonsolidierung der Bündnisbeziehungen litt von Anfang an unter dem Widerspruch, daß einerseits die Europäer von Reagan die lange vermißte „leadership" der USA einklagten und doch weiterhin ihr gestiegenes politisches Gewicht bei der Festlegung von Politikpositionen des Bündnisses geltend machten, andererseits die neue Administration der Bündnispflege einen hohen Rang zuerkannte, die machtpolitische Erneuerung Amerikas jedoch auch in allianzinternem Gleichschaltungsdruck demonstrierte. Tieferreichende Konflikte entzündeten sich vor allem im Bereich der Wirtschafts- und Handelsbeziehungen. Hier tat sich zwischen Theorie und Praxis amerikanischer Politik eine breite Kluft auf.

Reagan hatte bei seinem Einzug ins Weiße Haus einen engen Zusammenhang zwischen ökonomischen und außenpolitischen Zielen hergestellt: Niedrigere Inflationsraten in den USA würden globale Preisstabilität, eine revitalisierte Wirtschaftsdynamik den weltwirtschaftlichen Aufschwung nach sich ziehen und überall protektionistische Tendenzen bannen helfen; finanzielle und ökonomische Solidität würde schließlich jenes Rüstungsprogramm ermöglichen, das die Sowjetunion abschrecken und die Sicherheit der Verbündeten gewährleisten werde. In der Praxis aber verschärfte Reagans Wirtschaftspolitik die ökonomischen Probleme in Westeuropa und anderswo, woran auch die Weltwirtschaftsgipfel von Ottawa (1981), Versailles (1982) oder Williamsburg (1983) wenig änderten. Das von den „Reaganomics" zementierte hohe Zinsniveau sorgte für anhaltenden Kapitalabfluß nach den USA, lähmte den Drang nach amerikanischen Auslandsinvestitionen, führte die Wechselkurse unter dem Sog des Dollars in heftige Turbulenzen und drängte die Wirtschaftspartner der USA selbst in ein wachstumsfeindliches Zinsniveau.

Insgesamt erwies sich der neue Wirtschaftskurs eher als schädlich für die gesamte US-Außenpolitik, besonders für das interne Allianzgefüge. Entwicklungsländern, deren Schuldenlast sich drastisch verschärfte, blieb bloß noch der Ausweg einer Sparpolitik, die sozio-politische Spannungen verschärfen, die Exportchancen der Industrieländer verringern und damit insgesamt die Interessen der Sowjetunion fördern mußte. Die Wirtschaftspolitik in Westeuropa schwankte zwischen dem Kurs des französischen Staatspräsidenten François Mitterrand, mit einer verstärkten Ausgabenpolitik der öffentlichen Hand der Rezession zu begegnen, und der britischen oder westdeutschen Praxis, die Hochzinsphase durch eine rigide Fiskalpolitik zu überleben. Beide Modelle liefen Reagans Intentionen zuwider: Das erstere begünstigte einen neuerlichen Inflationsschub, das zweite vereitelte die Verwirklichung guter Vorsätze zur Aufstockung der Verteidigungsetats.

Kooperation und Konflikt

Bei Halbzeit der Reagan-Administration Ende 1982 hielten sich unter bündnispolitischen Aspekten Erfolge und Mißerfolge die Waage. Wesentliche Differenzen waren 1981/82 überbrückt worden. Washington hatte auf Insistieren der Verbündeten wie unter innenpolitischem Druck den Dialog mit dem Kreml über strategische Waffen wiederaufgenommen und Verhandlungen mit der Sowjetunion über Mittelstreckenraketen eingeleitet, einer Fortsetzung des KSZE-Prozesses auf der Folgekonferenz in Madrid zugestimmt, der ursprünglichen Mißachtung des Nord-Süd-Dialogs abgeschworen und internationalen Hilfsorganisationen neue Zuwendungen signalisiert. Nicht zuletzt hatten die USA inzwischen auch von jenen Drohgebärden Abstand genommen, die anfangs europäische Aktivitäten in Lateinamerika und Osteuropa begleitet hatten.

Andererseits blieb der außenpolitische Entscheidungsmechanismus das schwächste Glied im Regierungsapparat Reagans. Im Widerstreit von State Department, Pentagon und Nationalem Sicherheitsrat konnte der Kontext von Grundkonzeption, kompatiblen Zieldefinitionen und sachgerechten Handlungsstrategien keine Konturen erlangen, da es auch weiterhin an überzeugender Führung fehlte. Sie wäre um so dringlicher gewesen, als (stets vorhandene) Asymmetrien in der Atlantischen Allianz im Zeichen der wiederbelebten Konfrontation der Supermächte ebenso wie der sich verschärfenden Nord-Süd-Rivalitäten deutlicher durchschlugen, ohne daß die Westeuropäer selbst darauf durch Intensivierung ihrer Zusammenarbeit reagiert hätten. Vor allem aber schuf die anhaltende Weigerung Reagans, sein innenpolitisches Programm zugunsten außenpolitischer Erfordernisse zu modifizieren und währungspolitische Solidarität mit den Verbündeten zu praktizieren, anhaltende Verstimmungen im nordatlantischen Bündnis.

HALBZEIT-BILANZ DER REAGAN-ADMINISTRATION

Wer sein Urteil an den großen Massenmedien der USA – von der *Washington Post* über die *New York Times* bis zur *Los Angeles Times* – ausrichtete, rubrizierte Ronald Reagans Amtsführung bei Halbzeit unter dem Etikett der „failed presidency“. Wertete man seine Präsidentschaft unter dem Aspekt des Widerhalls, den Programm und Politik seiner Administration im Kongreß und der amerikanischen Öffentlichkeit auslösten, mußte die Bilanz differenzierter ausfallen.

Präsidentschaft und Kongreß zwischen Kooperation und Rivalität

Zwei Daten markierten 1981/82 Reagans Beziehungen zum Kapitol und unterschieden sie zugleich von früheren Administrationen: 1981 konnte sich der Präsident in 82,4 Prozent aller parlamentarischen Abstimmungen durchsetzen – ein Erfolg, der seit Lyndon B. Johnson keinem Amtsvorgänger mehr beschieden gewesen war. 1982 fiel die Erfolgsquote auf 71,9 Prozent – ein prozentualer Rückgang um über 10 Prozent, wie ihn nur Richard M. Nixon hatte hinnehmen müssen.[22] Gleichzeitig sank der parteipolitische Zusammenhalt der Republikaner bei namentlichen Abstimmungen im Kongreß von 76 auf 71 Prozent, stieg derjenige der Demokraten von 69 auf 72 Prozent und verringerte sich der Prozentsatz der Entscheidungen, in denen sich republikanische und demokratische Mehrheiten beider Häuser befehdeten, von 43 auf 40 Prozent.

Solche Zahlen verdeutlichen, daß Reagan im ersten Amtsjahr jene Blockierungen in der gewaltenteiligen Herrschaftsmaschinerie hatte überwinden können, die seit der „imperialen Präsidentschaft“ Nixons das Zusammenwirken der „antagonistischen Partner“ im Weißen Haus und Kapitol erschwerten, sich aber schon im zweiten Jahr der parlamentarische Abgrenzungstrend erneut durchsetzte. Diese Entwicklung hatte ebenso mit den nahenden Zwischenwahlen wie mit dem wachsenden Unbehagen der Öffentlichkeit an einzelnen Resultaten der Politik Reagans zu tun.

Reagan suchte erfolgreich die Fehler Carters im Umgang mit dem Kongreß zu vermeiden.[23] Schon in der Übergangsphase zwischen Wahl und Amtsantritt hofierte er einflußreiche Abgeordnete und Senatoren und formte das „Congressional Liaison Office“ des Weißen Hauses zum effizienten Instrument seiner Politik. Zahlenmäßig begrenzt, mit Profis der Washingtoner Szene besetzt, die ohne geographische oder thematische Arbeitsteilung allen Kongreß-Mitgliedern zur Verfügung standen, setzte es sich schon in den ersten

---

[22] Diese und die folgenden Zahlen sind entnommen aus: *CQWR*, 15.1.1983, S. 94 ff. und 107 ff.

[23] Vgl. hierzu Courtney R. *Sheldon*, How Reagan Rates with Congress, in: *U.S. News and World Report*, 12.10.1981, S. 27 ff., Stephen J. *Wayne*, Congressional Liaison in the Reagan House. A Preliminary Assessment of the First Year, in: *Ornstein* (Hrsg.), a.a.O. (Anm. 10), S. 44 ff.; Congressional Quarterly Inc. (Hrsg.), President Reagan, Washington, D.C. 1981, bes. S. 3 ff.

Monaten der Präsidentenschaft mit großem Geschick auf dem Kapitol in Szene.

Vor allem aber erwies sich Reagan als Meister legislativer Strategie und Taktik. Mit ausgeprägtem Sinn für richtiges „timing" nutzte er die ersten hundert Tage, um die innovatorischen Teile seiner Politik im Haushalt- und Steuerwesen auf den gesetzgeberischen Weg zu bringen und achtete strikt darauf, den Kongreß bloß mit einer begrenzten Anzahl von Initiativen zu konfrontieren und dabei noch klare Prioritäten zu setzen. Geschickte „bargaining"- und „Gesichtspflege"-Manöver gestatteten ihm Einbrüche ins Lager der Opposition, die er durch wirksame TV-Auftritte abzusichern wußte. Im Stile Eisenhowers realisierte und pflegte er beide Aspekte der Präsidentschaft: den symbolischen als Staatsoberhaupt, dessen Autorität und Legitimität sich in permanenter „grassroots response" auflädt, und den effektiven als Regierungschef, der mit den autonomen Machtzentren des Kongresses ebenso zurechtkommen muß wie mit der Vielzahl der innen- und außenpolitischen Kräfte, die auf das Weiße Haus einwirken. Daß dabei mit Howard Baker und Robert Michel zwei Männer an der Spitze der republikanischen Fraktionen in Senat und Repräsentantenhaus standen, die deren Heterogenität wirksam begegnen konnten, trug wesentlich zum Erfolg Reagans bei.

Wenn sich dennoch im Jahre 1982 altvertraute Antagonismen im Beziehungsgefüge von Exekutive und Legislative wieder durchsetzten, so waren dafür thematische Differenzen verantwortlich. Das Schicksal der Regierung mußte sich in erster Linie im Bereich der Wirtschaftspolitik entscheiden. Weil sich die hochgespannten Erwartungen nicht erfüllten und mit der wachsenden Rezession die Zahl der Arbeitslosen drastisch stieg, bröckelte die Mehrheit für Reagan zusehends ab. Der Kongreß registrierte den um sich greifenden Unmut in der Öffentlichkeit und vergrößerte die Distanz zum Weißen Haus in dem Maße, wie die Zwischenwahlen näherrückten.

Gesellschaftliche Opposition gegen Reagan

Befragungen von Gallup und Harris, von NBC und CBS, vom National Opinion Research Center, dem Survey Research Center der University of Michigan und anderen Instituten konstatierten für die Jahre 1981/82 übereinstimmend gewisse Wandlungen im Trend der öffentlichen Meinung in den Vereinigten Staaten.[24] Zwar hatte Reagan seine Popularität relativ unbeschadet über die beiden ersten Amtsjahre hinwegretten können, und glaubte eine große

[24] Da sie allesamt systematisch dargestellt und aufeinander bezogen sind in: *Public Opinion*, April/Mai 1983, S. 20 ff., werden sie im folgenden nicht einzeln zitiert. Zum Thema auch David P. *Calleo*, American Domestic Priorities and the Demands of Alliance, in: *Political Science Quarterly*, Frühjahr 1983, S. 1 ff.

Mehrheit der Amerikaner nach wie vor an Ehrenhaftigkeit, Integrität und Prinzipientreue, selbst an die Führerqualität des Präsidenten; doch sank zugleich die Zahl derer, die mit der Effektivität der Administration zufrieden waren, von 51 auf 35 Prozent, was einen absoluten Tiefstand in der Nachkriegszeit markierte. Besonders stieg die Zahl der Gegner der „Reaganomics", die sich gegen die laufenden Kürzungen in Sozialprogrammen aussprachen und dem Präsidenten mangelnden Sinn für das amerikanische Gleichheits- und Fairness-Ideal bei der Behandlung der verschiedenen Gesellschaftsschichten bescheinigten. Dezidierter Meinungswandel war aber vor allem in der auswärtigen Politik zu verzeichnen. Die Zahl der Befürworter größerer Rüstungsanstrengungen der USA fiel von 51 Prozent (1981) auf 19 Prozent am Jahresende 1982.

Nennenswerte Unterstützung für militärische Interventionen der USA – etwa in Mittelamerika – blieb weiterhin aus; dafür fand die Meinung wachsenden Zulauf, Reagans Außenpolitik sei zu sehr auf Konfrontation angelegt und erhöhe damit die Kriegsgefahr, statt durch verstärkten Druck hinsichtlich der Wiederaufnahme von Rüstungskontroll-Verhandlungen den Frieden sicherer zu machen.

Der Protest in den USA trat in mannigfacher Gestalt auf, wurde aber massenwirksam vor allem in den Kampagnen für einen „nuclear freeze" und für eine strategische Doktrin des „no first use". Die Diskussion um den Ersteinsatz von Atomwaffen hatte in dem Augenblick ein breiteres Echo gefunden, als vier renommierte US-Politiker in der Zeitschrift *Foreign Affairs* (und im *Europa-Archiv*) ihr entschiedenes Nein dokumentierten und gleichzeitig in der katholischen Kirche der USA eine Massenbasis für diese Position entstand.[25] Gegen die gültige NATO-Doktrin der „flexible response", die eben auch die Möglichkeit des „first use" von Kernwaffen einschließt, führten die Autoren ins Feld, daß „jeder Einsatz von Kernwaffen in Europa ... ein hohes und unentrinnbares Risiko der Eskalation in den allgemeinen Atomkrieg" schaffe.[26] Aus dieser Annahme leiteten sie die Notwendigkeit konventioneller Verteidigungsalternativen zur Stabilisierung der militärischen Lage ab. Daß der amerikanische Katholizismus mit rund 50 Millionen Gläubigen zum Resonanzboden solcher und ähnlicher Forderungen geriet, verblüffte angesichts seiner unpolitisch-konservativen Traditionen, mußte aber gerade deshalb als Alarmsignal wirken.

In der Forderung nach einem Stopp der Atomrüstung berührte sich der katholische Protest mit der heterogenen „Freeze"-Bewegung, in der sich

---

[25] McGeorge *Bundy*, George F. *Kennan*, Robert S. *McNamara*, Gerard *Smith*, Kernwaffen und das Atlantische Bündnis, in: *EA*, 7/1982, S. 183 ff. Vgl. dazu die kritische Antwort von Karl *Kaiser*, Georg *Leber*, Alois *Mertes*, Franz-Joseph *Schulze*, Kernwaffen und die Erhaltung des Friedens, in: *EA*, 12/1982, S. 357 ff.

[26] *Bundy* u.a., ebd., S. 189.

Anhänger beider Parteien, aller weltanschaulichen und religiösen Orientierungen und jeglicher Altersgruppe zusammenfanden. Die gleichermaßen an Moskau und Washington gerichtete Forderung, den Rüstungswettlauf zu stoppen und Tests, Produktion und Stationierung von Atomwaffen und Raketen sowie nuklearfähiger Flugzeuge für beide Seiten einzufrieren, wurde von Stadtparlamenten, Kreistagen und den Legislativen einzelner Bundesstaaten zu Resolutionen erhoben; mehr als hundert Aktionsgruppen und Bürgerinitiativen vermittelten den lokalpolitischen „grassroots"-Charakter der Kampagne.

Nationale und übernationale Bedeutung gewann die „Freeze"-Bewegung, als die Senatoren Edward Kennedy (Demokrat aus Massachusetts) und Mark Hatfield (Republikaner aus Oregon) im Frühjahr 1982 deren Forderung als Antrag in den Kongreß einbrachten, wo spontan 166 Mitglieder des Repräsentantenhauses und 24 Senatoren den Entschließungsentwurf unterschrieben.[27] Nur unter Einsatz aller dem Weißen Haus zu Gebote stehenden Mittel konnte Reagan verhindern, daß der 97. Kongreß die Resolution verabschiedete; ganze 2 Stimmen fehlten den „Freeze"-Anhängern im Repräsentantenhaus bei der entscheidenden Abstimmung im August 1982.[28]

Der Inhalt der mehrfach ergänzten Anträge machte wesentliche Unterschiede zwischen der europäischen und der amerikanischen Friedensbewegung sichtbar. Während die Mehrzahl der westeuropäischen Initiativen einem jugendlichen Protestverhalten mit stark pazifistischen und kulturkritischen Untertönen entsprang,[29] verkörperte „Freeze" die Ängste der etablierten „Middle Class" und wartete nicht bloß mit Alternativen zu Reagans Sicherheitspolitik auf, sondern zeigte auch Pragmatismus und Kompromißbereitschaft im Umgang mit der Administration. Wenn in Europa auch einer einseitigen Rüstungsverminderung des Westens das Wort geredet wurde, so bestand die amerikanische Friedensbewegung auf einem beiderseitigen Einfrieren und auf Verifikation getroffener Vereinbarungen. Außerdem betonten Kennedy und Hatfield den Globalismus ihrer Vorschläge, lehnten also ein auf Europa begrenztes Einfrieren der Nuklearrüstung ab.

Die „mid-terms" vom November 1982

Das Ergebnis der Wahlen im November 1982 dokumentierte die wachsende Unzufriedenheit der Amerikaner mit der Außen- und Innenpolitik ihres

[27] Vgl. dazu Edward M. *Kennedy* und Mark O. *Hatfield*, Freeze! How you can Help Prevent Nuclear War, New York 1982.

[28] Am 4.5.1983 verabschiedete das Repräsentantenhaus die Resolution (HJ Res 13) schließlich mit 278 zu 149 Stimmen.

[29] Vgl. hierzu auch den Beitrag von Angelika *Volle* in diesem Band.

Präsidenten. Während die Machtverhältnisse im Senat mit 54 Republikanern und 46 Demokraten unverändert blieben, vollzogen sich im Repräsentantenhaus dramatische Veränderungen.[30] Nicht nur gewannen die Demokraten 26 Sitze hinzu und bauten damit ihre Mehrheit auf 267 zu 166 (republikanischen) Sitzen aus; zugleich zogen 57 Demokraten als „freshmen" in den Kongreß ein, die ihreAbneigung gegen Reagans wirtschafts-, sozial- und sicherheitspolitische Pläne offen bekundeten. Wenig sprach zur Jahreswende 1982/83 dafür, daß sich im 98. Kongreß jene „Reagan-Koalition" reorganisieren lasse, die dem Präsidenten in der ersten Hälfte seiner Amtszeit manchen Triumph beschert hatte.

[30] Vgl. hierzu die ausführliche Wahlanalyse in: *CQWR*, 6.11.1982, S. 2779.

DIE BEDEUTUNG DER ÄRA BRESHNJEW FÜR DIE SOWJETUNION

Von Eberhard Schulz

Der Tod Leonid I. Breshnjews am 10. November 1982 markierte das Ende einer Ära, der Breshnjew seinen persönlichen Stempel aufgedrückt hatte. Seine achtzehnjährige Amtszeit an der Spitze der KPdSU – und damit faktisch auch des Staates, obwohl er den Vorsitz im Präsidium des Obersten Sowjets erst 1977 erreicht hatte – stellte die dritte große Etappe in der sechzigjährigen Geschichte des Sowjetstaates dar.

Nach den Wirren der Revolutionszeit hatte Stalin mit taktischem Geschick und barbarischer Grausamkeit sein Terrorregime errichtet und die Gesellschaft des alten Rußland mit rücksichtsloser Brutalität entsprechend der Ideologie des Leninismus umgeformt. Unter seiner Führung hatte der Sowjetstaat mit knapper Not und unter entsetzlichen Verlusten den Zweiten Weltkrieg überstanden. Der teuer erkämpfte Sieg hatte der Sowjetunion nicht nur ein weites Glacis in Osteuropa, sondern auch den Status einer nuklearen Supermacht eingebracht. In der zweiten Phase hatte Nikita S. Chruschtschow in ungestümen Vorstößen – aber ohne bleibenden Erfolg – versucht, die Willkürherrschaft zu mildern und einen breiteren Konsens zwischen Herrschern und Beherrschten herzustellen. Auch in der Außenpolitik hatte Chruschtschow letztlich glücklos operiert; beim Anlauf zu machtpolitischer Parität mit den USA war er im Kuba-Abenteuer gestrauchelt, und weder China noch die übrigen Entwicklungsländer hatte er auf die Seite der Sowjetunion ziehen können.

ZUNAHME DES WELTPOLITISCHEN GEWICHTS

Unter Breshnjew gewann der Sowjetstaat in jeder Hinsicht an Gewicht:[1] Weltpolitisch kam ihm der amerikanische Präsident Richard M. Nixon bei der Unterzeichnung des SALT-I-Abkommens in Moskau 1972 in einer Weise entgegen, die die sowjetischen Führer nicht ganz zu Unrecht als eine

---

[1] Vgl. hierzu vor allem: Adam B. *Ulam*, Dangerous Relations. The Soviet Union in World Politics, 1970-1982, New York, London 1983; Donald R. *Kelley* (Hrsg.), Soviet Politics in the Brezhnev Era, New York 1980; Gordon B. *Smith* (Hrsg.), Public Policy and Administration in the Soviet Union, New York 1980; T. H. *Rigby* u.a. (Hrsg.), Authority, Power and Policy in the USSR, New York 1980; Ronald J. *Hill*, Soviet Politics, Political Science and Reform, New York 1980; Stephen F. *Cohen* u.a. (Hrsg.), The Soviet Union since Stalin, Bloomington 1980; Archie *Brown* u.a. (Hrsg.), The Soviet Union since the Fall of Khrushchev, London 1975.

Anerkennung der Parität interpretierten. Außenminister Andrej A. Gromyko meinte schon 1971, die internationale Position der Sowjetunion habe sich gefestigt, die Autorität der sowjetischen Außenpolitik sei gestärkt worden, und es gebe kein Problem von irgendwelcher Bedeutung mehr, das ohne oder gegen die Sowjetunion gelöst werden könnte. Innenpolitisch konnte die kooptative Elite ihre Herrschaft konsolidieren.[2] Die bleierne Schwere des bürokratischen Apparats erdrückte freilich schon im Ansatz nicht nur alle freiheitlichen Regungen, sondern auch alle notwendigen Reformbestrebungen.

Das gewachsene außenpolitische Gewicht der Sowjetunion betrachtete Breshnjew zweifellos als einen Erfolg für die Sowjetunion. Zumindest die strategische Parität mit den USA wurde durch die beiden SALT-Abkommen dokumentiert. Die sowjetische Supermacht war seit den siebziger Jahren militärisch weltweit präsent; aber sie hatte damit noch keineswegs die Fähigkeit zu einer dauerhaften Machtprojektion in weit entfernten Gebieten erlangt: Zwar hatte sie unter Breshnjew mit Angola, Mosambik, Äthiopien und Südjemen strategisch interessante Positionen erlangt, dafür aber andere wie Ägypten und Somalia eingebüßt und außerdem keinen dieser Gewinne gegen den amerikanischen Rivalen erzielt. Vor einer direkten Konfrontation mit den USA scheute sie zurück – nicht nur in Europa, sondern auch in der Dritten Welt. Im übrigen konnte bei allem Respekt vor der gewaltig ausgebauten Hochseeflotte, der modernisierten Luftwaffe und der Reichweite der breitgefächerten nuklearen Mittelstreckenraketen wohl niemand ernstlich behaupten, daß die Sowjetunion einen direkten militärischen Konflikt mit den USA in der Dritten Welt erfolgreich bestehen könnte.

Darüber hinaus war der Sowjetunion in der Ära Breshnjew eine politische Nutzung ihrer weltweiten militärischen Präsenz nicht möglich: In keinem Fall gelang es ihr, einen Staat der Dritten Welt mit der Verlockung militärischer Hilfeangebote oder mit der Androhung militärischer Sanktionen dauerhaft, unzweideutig und effektiv zur Unterstützung politischer Ziele der Sowjetunion zu veranlassen. Kuba und Vietnam waren nur scheinbar Ausnahmen; sie hatten, konfrontiert mit weit überlegenen Mächten, keine andere Wahl. Mit ihrem Einmarsch in Afghanistan im Dezember 1979 erreichte die sowjetische Führung sogar das Gegenteil: Nicht nur die islamischen Staaten, sondern fast alle blockfreien und ungebundenen Staaten wandten sich gegen die Sowjetunion. Viele von ihnen, selbst Indien, waren nun mehr als zuvor darauf bedacht, sich gegen mögliche sowjetische Übergriffe zu sichern. Vor allem aber trieb die sowjetische Überrüstung die Westeuropäer und die Japaner zu stärkeren Verteidigungsanstrengungen, und Breshnjews Bemühungen um die

---

[2] Zum Begriff der kooptativen Elite vgl. Eberhard *Schulz*, Charakteristika sowjetischer Westpolitik und ihre Auswirkungen auf die Entspannung, in: Josef *Füllenbach* und Eberhard *Schulz* (Hrsg.), Entspannung am Ende, München, Wien 1980, S. 209 ff.

Wiederbelebung des schon von Stalin angefachten „Friedenskampfes" gesellschaftlicher Kräfte im gegnerischen Lager konnten daran nichts ändern. So trug die sowjetische Machtentfaltung unter Breshnjew schon den Keim ihrer Zersetzung in sich.

In der Innenpolitik machte die Art von Breshnjews Abgang die Kontinuität der russischen politischen Kultur deutlich: Von vier führenden Politikern des Sowjetstaates verloren drei ihre Herrschaft durch den Tod, nämlich Lenin, Stalin und Breshnjew, der vierte, Chruschtschow, durch eine Palastrevolution – wie zur Zarenzeit. In seinen letzten beiden Lebens- und Amtsjahren war Breshnjew nicht mehr in der Lage, die Lücken zu schließen, die der Tod Alexej Kossygins (im Dezember 1980) und Michail Susslows (im Januar 1982) im Politbüro gerissen hatte. Das Durchschnittsalter der Mitglieder des Politbüros betrug schließlich fast genau 70 Jahre, das der Kandidaten 64 Jahre.[3]

Die fortschreitende Sklerose der kooptativen Elite und der durch sie verstärkte Immobilismus der sowjetischen Politik auf allen Gebieten haben Schatten auf das Bild der Ära Breshnjew geworfen. Aber auch ohne sie wäre die Bilanz nicht übermäßig positiv ausgefallen. Zwar stiegen der Lebensstandard und die Versorgung der Bevölkerung mit wichtigen Konsumgütern bis Mitte der siebziger Jahre an, doch blieb die Leistung der Wirtschaft im Verhältnis zu den materiellen Ressourcen und dem technologischen Potential des Landes wegen der Reibungsverluste des bürokratischen Apparats unbefriedigend.[4] Der Freiheitsraum der Menschen wurde eher wieder eingeengt, wenn auch ein Rückfall in Massenterror und Willkür der Stalin-Zeit vermieden wurde. In der Außenpolitik nahm die Sowjetunion unter Breshnjew die Entspannungsbemühungen Chruschtschows wieder auf, brachte sich jedoch durch eine maßlose Rüstung um die Früchte ihrer Politik, so daß eine fruchtbare Kooperation in nennenswertem Umfang weder im Rahmen des Rats für Gegenseitige Wirtschaftshilfe (RGW) noch mit den westlichen Industriestaaten oder gar mit den Entwicklungsländern zustande kam. Die militärische Supermacht Sowjetunion erreichte nahezu das gleiche Machtpotential wie die USA, aber keinen wesentlich größeren politischen Einfluß außerhalb ihres unmittelbaren Hegemonialbereichs und innerhalb dessen nicht einmal eine in die Zukunft weisende Führungsrolle.

---

[3] Vgl. hierzu im einzelnen Eberhard *Schulz*, Die Führung der Sowjetunion vor dem Generationswechsel und die Chancen für einen Systemwandel in Osteuropa, in: Chancen für einen Wandel in Osteuropa? (Arbeitspapier Nr. 21 des FI der DGAP), Bonn 1982.

[4] Vgl. Gertraud *Seidenstecher*, Sowjetische Wirtschaft 1982/83 (Berichte des BIOST, Nr. 18), Köln 1983; Hans-Hermann *Höhmann*, Von Breshnew zu Andropow. Bilanz und Perspektiven sowjetischer Wirtschaftspolitik (Berichte des BIOST, Nr. 10), Köln 1983; Abram *Bergson*, Soviet Economic Slowdown and the 1981–85 Plan, in: *Problems of Communism*, Mai/Juni 1981, S. 24–36.

DER PRIMAT DER INNENPOLITIK

Auch in der Ära Breshnjew, ein halbes Jahrhundert nach der Oktoberrevolution, hatte für die Führungselite die Erhaltung des Systems im Innern und damit die Bewahrung ihrer Macht die absolute Priorität. Chruschtschow hatte das System mit seinen Experimenten in Gefahr gebracht – zuerst mit seiner in keiner Weise psychologisch vorbereiteten Entstalinisierung, aber vor allem mit der Spaltung des Parteiapparats, dessen einer Teil die Verantwortung für die Industrie, der andere die für die Landwirtschaft übernehmen sollte. Breshnjew hat diesen Beschluß sofort rückgängig gemacht und untermauerte seine Herrschaft dadurch, daß er den Trägern der staatstragenden Apparate (Partei, KGB, Armee, Verwaltung, Akademie der Wissenschaften und gesellschaftliche Organisationen) ihre Sicherheit zurückgab und ihre Privilegien erweiterte.

Das Schicksal Chruschtschows hatte gezeigt, daß den Herrschern im Kreml nicht Mißstimmung in der Bevölkerung gefährlich werden konnte, sondern allein Unzufriedenheit in den Apparaten. Deswegen entlastete Breshnjew den Parteiapparat von der unangenehmen unmittelbaren Verantwortung für die Wirtschaftsentwicklung und ließ die Wirtschaftsreform versanden, deswegen beendete er ferner die Kritik an den Willkürakten von KGB und Polizei und organisierte große Propagandakampagnen, in denen die aufopfernde und verantwortungsbewußte Tätigkeit der Sicherheitsorgane gerühmt wurde; und schließlich verbesserte er deswegen die Ausstattung des Heeres mit besseren Uniformstoffen für die Offiziere und überschwemmte die Buchläden und Kioske mit Literatur und Schallplatten über die Heldentaten der Roten Armee.

Einfluß des Militärs

Manche dieser Maßnahmen führten im Westen zu dem Eindruck, unter Breshnjew habe der Einfluß des Militärs auf die sowjetische Außenpolitik zugenommen.[5] Diese Annahme trifft nur bedingt zu.[6] Ohne Zweifel nutzte Breshnjew das Prestige des Militärs, um die Herrschaft der führenden Elite zu festigen. Unbestreitbar ist ferner, daß militärische Gesichtspunkte die Außenpolitik der Sowjetunion in hohem Maße bestimmten. Dies war jedoch auch vorher schon der Fall gewesen und beruhte nicht etwa darauf, daß die Militärs

---

[5] So z.B. Boris *Meissner*, Die Sowjetunion unter Andropow, in: *EA*, 24/1983, S. 750 ff.

[6] Vgl. hierzu Timothy J. *Colton*, The Impact of the Military on Soviet Society, in: Seweryn *Bialer* (Hrsg.), The Domestic Context of Soviet Foreign Policy, Boulder, Co. 1981, S. 119 ff. Nach wie vor wichtig dazu auch William E. *Odom*,The Party Connection, in: *Problems of Communism*, Heft 5, 1973, S. 12 ff. und Malcolm *Mackintosh*, The Soviet Military Influence on Foreign Policy, in: ebd., S. 1 ff.

die Schalthebel der Politik in ihre Hände oder das Politbüro unter ihre Kontrolle gebracht hätten, sondern einfach darauf, daß die zivilen Mitglieder des Politbüros (und im Politbüro saß nach dem Tode Marschall Andrej A. Gretschkos 1976 kein Berufsoffizier mehr) mit den Militärs über die Notwendigkeit einer starken Rüstung im Grundsatz einer Meinung waren.

Wie wohl eine große Mehrheit der Russen war Breshnjew stolz auf seine Rolle (als Politoffizier) im Zweiten Weltkrieg. Durch die SALT-Verhandlungen stieg die Zahl der militärpolitischen Entscheidungen im Politbüro, die der Generalstab vorzubereiten und als Entwürfe im Politbüro durch seine Vertreter vorzutragen hatte. Das war in noch weit höherem Maße während des Krieges in der „stawka", dem militärischen Hauptquartier Stalins, der Fall gewesen.

Es kann jedoch keine Rede davon sein, daß die Militärs über die kooptative Elite der Führung dominierten. Stalin hatte 1937/38 die bekanntesten Heerführer der Sowjetunion „liquidiert", weil sie ihm zu selbstbewußt geworden waren. Den populärsten Marschall des Zweiten Weltkriegs, Georgij K. Shukow, entließ er, sobald er ihn nicht mehr brauchte; und als er ihn zur allgemeinen Überraschung im Oktober 1952 ins ZK der KPdSU berief, war dies ein Ausdruck seiner Angst vor einem Putsch. Chruschtschow machte Shukow im Kampf mit seinen Gegnern in der Parteiführung sogar zum Kandidaten (nicht zum Vollmitglied!) des Politbüros, trennte sich aber sofort von ihm, als Shukow ein eigenmächtiges Verhalten an den Tag legte. Erst 1973 kam mit Marschall Andrej Gretschko, dem Verteidigungsminister seit 1967, wieder ein Berufsoffizier ins Politbüro, und zwar als stimmberechtigtes Mitglied zusammen mit KGB-Chef Jurij W. Andropow und Außenminister Gromyko. Aber als Gretschko starb, folgte ihm in beiden Funktionen Marschall Dmitrij F. Ustinow, der kein Berufsoffizier war und der ebenso wie Nikolaj A. Bulganin in den vierziger Jahren den Marschallsrang nur erhielt, weil ihn die Parteiführung gegen die Militärs aufwerten wollte.

Auch Breshnjew selbst ließ sich zu diesem Zweck den Titel eines Marschalls der Sowjetunion und später auch einen Ehrensäbel verleihen – beides Akte, die bei den Berufsmilitärs offenbar eher gemischte Gefühle auslösten.[7] Zu den ersten Personalveränderungen, nachdem Breshnjew an die Spitze der Partei gerückt war, gehörte schon im November 1964 die Aufnahme des obersten Politkontrolleurs der Streitkräfte, des Armeegenerals Alexej A. Jepischew, als Vollmitglied in das ZK der KPdSU, dem er bis dahin nur als Kandidat angehört hatte. Das war gewiß kein Akt, der den Militärs schmeichelte.

Und doch gibt es Unterschiede in der Haltung Breshnjews und Chruschtschows zu den Militärs: Breshnjew war eher als Chruschtschow ein „soldatischer Typ". Vor allem aber pflegte Breshnjew die konventionellen Streitkräfte und damit die Masse des Offizierskorps mit erhöhten Beförde-

---

[7] Stalin hatte sich nach dem Krieg sogar zum Generalissimus ernennen lassen.

rungschancen, während Chruschtschow auf Kosten der konventionellen Verbände gespart hatte, um den Aufbau der strategischen Nuklearstreitkräfte finanzieren zu können. Breshnjew vermied offensichtlich unpopuläre Prioritätsentscheidungen auf Kosten einzelner Waffengattungen. Aber es wäre wohl kaum richtig, ihn als willfährigen Erfüllungsgehilfen der Militärs zu charakterisieren. Eine seiner letzten Amtshandlungen war eine Rede vor dem militärischen Establishment, in der er nach dem veröffentlichten Bericht weniger Versprechungen machte als zur Pflichterfüllung mahnte.[8]

Probleme der inneren Sicherheit

Was über den politischen Einfluß des Militärs gesagt worden ist, gilt in ähnlicher Weise für den des KGB, obwohl mit Andropow ab 1973 zum ersten Mal seit genau 20 Jahren wieder ein KGB-Chef dem Politbüro angehörte. Die kooptative Elite des Politbüros sicherte ihre Herrschaft unter Breshnjew wie unter seinen Vorgängern dadurch, daß sie die verschiedenen staatstragenden Apparate auf teils sichtbare, teils unsichtbare Weise miteinander verflocht: Kein hoher Offizier der Armee oder des Geheimdienstes kann Entscheidungen treffen, die an den Parteiorganisationen des Apparats vorbeigehen. Es gibt keine Beförderung ohne Prüfung der Personalakte, auf die die Parteiorganisation wesentlichen Einfluß hat. Die Parteiorganisationen wie auch die Armee sind von geheimen Spitzeln der Sicherheitsdienste durchsetzt, und schließlich ist überall jeder Funktionär und Offizier für das Verhalten seiner Kollegen/Kameraden mitverantwortlich; mangelnde „Wachsamkeit" wird empfindlich geahndet.

Breshnjew und die anderen Mitglieder des Politbüros (diese nicht zuletzt zum Schutz gegen das Entstehen einer Ein-Mann-Diktatur des Generalsekretärs)[9] hielten strikt an diesem System der gegenseitigen Überwachung und der gegenseitigen Abhängigkeit fest. Allerdings förderte Breshnjews Neigung, Personalveränderungen auszuweichen, besonders in seinen letzten Lebensjahren die Korruption selbst in höchsten Kreisen, was weit verbreiteten und gelegentlich erstaunlich wenig verhüllten Unmut auslöste.

Zu Breshnjews bedeutendsten Leistungen gehörte die 1977 verabschiedete neue Verfassung der UdSSR – allerdings nicht so sehr wegen ihres Inhalts als wegen der zum Teil recht freimütigen öffentlichen Diskussion, die ihrer

---

[8] Insgesamt wird man wohl kaum behaupten können, daß die sowjetischen Militärs auf Breshnjews Entscheidungen größeren Einfluß ausübten als die amerikanischen auf Präsident Reagan.

[9] Ihnen allen war der Fall von Lawrentij P. Berija noch in bester Erinnerung: Berija war der letzte Geheimdienstchef unter Stalin gewesen. Nach dessen Tod versuchte er, gestützt auf seinen Apparat, die Macht an sich zu reißen. Sein Komplott wurde bald entdeckt; Ende Juni 1953 wurde er verhaftet und später hingerichtet.

Annahme vorausging.[10] Hier zeigte sich, daß der von Breshnjew geförderte Patriotismus von den Bürgern nicht so sehr auf die Sowjetunion als Ganzes, sondern eher auf die einzelnen Nationalitäten bezogen wurde. Schon 1973 war der ukrainische Parteichef Pjotr Schelest wegen „bürgerlichem Nationalismus" abgesetzt worden.

Nun machte sich neben großrussischem auch georgischer Nationalismus stärker bemerkbar, und kleinere Nationalitäten suchten sich der Bevormundung durch andere (nicht immer nur durch die Russen) zu erwehren. Andererseits beanstandete die Armee, daß ein beachtlicher Prozentsatz der nichtrussischen Rekruten die russische Kommandosprache nur unzulänglich beherrschte. Breshnjews relativ liberale Nationalitätenpolitik war in eine Sackgasse geraten.[11] Gleichzeitig traten bei den slawischen wie bei den nichtslawischen „Bruderstaaten" in Osteuropa nationalistische Neigungen immer klarer in Erscheinung – am deutlichsten im Zusammenhang mit der Bildung von Solidarność in Polen. Das ist sicherlich auch darauf zurückzuführen, daß die unter Susslows Leitung zu Dogmatismus erstarrte Ideologie angesichts der Blutleere des bürokratischen Apparats und der Skrupellosigkeit des KGB vollends jede Glaubwürdigkeit verloren hat – mehr noch bei den „Bruderländern" als in der Sowjetunion selbst.

DAS SCHEITERN DER KONSOLIDIERUNG IM EIGENEN BLOCK

Die „sozialistische Staatengemeinschaft" war nie ein Bündnis souveräner Staaten; vielmehr legte Breshnjew wie seine Vorgänger Wert darauf, den „Bruderländern" neben einer im wesentlichen koordinierten Außenpolitik auch die Ideologie des Marxismus-Leninismus und das sowjetische Gesellschaftsmodell aufzuzwingen. Stalin hatte im Gefolge des Zweiten Weltkriegs große Gewinne erzielt, Jugoslawien jedoch nicht an sich binden können; Chruschtschow hatte Kuba gewonnen, aber China, Nordkorea und Albanien verloren und die DDR, Polen und Ungarn nur durch den Einsatz militärischer Gewalt halten können. Breshnjew brachte Vietnam (mit Laos und dem besetzten Kamputschea) an seine Seite, weil sich die Vietnamesen von ihm Hilfe gegen den riesigen Nachbarn China versprachen. Zu keinem der anderen Länder der Dritten Welt, die von sich behaupteten, „den Weg zum Sozialismus" eingeschlagen zu haben, faßte die sowjetische Führung wirklich Vertrauen.

---

[10] Zum Wortlaut der Verfassung und Analysen von Boris *Meissner* u.a. vgl. *OE*, 1/1978.

[11] Vgl. zur Nationalitätenproblematik Eberhard *Schulz*, Das Spannungsverhältnis zwischen nationaler Eigenständigkeit und „proletarischem Internationalismus", in: *Füllenbach/Schulz*, a.a.O. (Anm. 2), S. 293 ff.

Aber auch Breshnjew setzte Waffengewalt ein – mit für ihn befriedigendem Erfolg in der Tschechoslowakei, aber mit so verheerendem Mißerfolg in Afghanistan, daß er eine Wiederholung in Polen gar nicht erst riskierte. Damit ließ er einen interessanten Präzedenzfall entstehen: Die Sowjetunion verließ sich auf die Einsicht in die Disziplin und die Fähigkeit des polnischen Generals Wojciech Jaruzelski, der der Anarchie im Lande durch die (verfassungswidrige) Verhängung des Kriegsrechts am 13. Dezember 1981 zu wehren suchte.[12] Jaruzelskis Schritt war die Konsequenz eines Ultimatums des ZK der KPdSU und des Ministerrats der UdSSR, das Sowjetbotschafter Boris I. Aristow offenbar am 18. September überreicht hatte, nachdem dringende Mahnungen sowjetischer Führer bei persönlichen Begegnungen (Breshnjew am 4. März gegenüber einer Spitzendelegation in Moskau und Susslow am 23. April in Warschau) und ein Mahnbrief des ZK der KPdSU vom 5. Juni keine Ergebnisse gezeitigt hatten.

Das sowjetische Verhalten gegenüber Polen war unter mehreren Aspekten aufschlußreich. Die sowjetischen Führer akzeptierten die Wahl eines Generals (Jaruzelski) zum Nachfolger des am 18. Oktober abgelösten Parteichefs Stanisław Kania gegen alle prinzipiellen Bedenken. Einerseits hatten sie in der Sowjetunion selbst immer strikt darauf geachtet, Berufsoffiziere nicht zu mächtig werden zu lassen, und zum andern mußte sie die Erinnerung an den polnischen Militärdiktator Józef Piłsudski schrecken, der – einst Führer der Polnischen Sozialistischen Partei – 1919/20 dem geschwächten Rußland mit Gewalt weite Territorien abjagte. Vor allem aber ließ Breshnjew Jaruzelski freie Hand, auf welche Weise er versuchen wolle, die Ordnung in Polen wiederherzustellen.

Das Kriegsrecht erwies sich letztlich als eine Drohung mit militärischer Gewalt, von der die Armee selbst praktisch keinen Gebrauch machte. Vielmehr überließ sie es den „Sicherheitskräften" des polnischen Innenministeriums, die „Ruhe" wiederherzustellen. Die sowjetische Führung nahm es auch hin, daß Jaruzelski zwar die von ihnen kritisierten gesellschaftlichen Organisationen auflöste, daß er aber weder zwangsweise Marionettenorganisationen nach sowjetischem Vorbild einführte, noch daß es ihm gelang, die Unterstützung der Bevölkerung für sein Regime zu gewinnen. Das Problem Polen blieb auch 1982 ungelöst.

Das Chaos in Polen hatte weitreichende Folgen für den gesamten Bereich des RGW. Zunächst fielen für die Partnerländer die polnischen Lieferungen (namentlich Kohle) weitgehend aus. Damit nicht genug, gerieten sie alle unter starken Druck, dem bedrängten Partner beizuspringen, um die durch den drastischen Produktionsrückgang verursachten Lücken in der Versorgung des polnischen Binnenmarktes schließen zu helfen. Dies alles zu einer Zeit, da sich die meisten von ihnen (Rumänien, Ungarn, die DDR – weniger die

---

[12] Vgl. hierzu ausführlich den Beitrag von Christoph *Royen* in diesem Band.

Sowjetunion selbst, Bulgarien und die ČSSR) gegenüber dem Westen hoch verschuldet hatten und angesichts der schwachen Konjunktur auf den westlichen Märkten große Mühe hatten, die für die Erfüllung ihrer Zahlungsverpflichtungen erforderlichen harten Devisen zu erwerben.[13]

Sanktionen der USA gegen die Sowjetunion wegen ihres Einmarsches in Afghanistan und gegen Polen wegen des Kriegsrechts, denen sich andere westliche Länder teilweise anschlossen, brachten zusätzliche Komplikationen. In dieser Lage sah die sowjetische Führung keine Möglichkeit, die divergierenden Maßnahmen, die die RGW-Länder zur Reform ihrer Wirtschaftssysteme ergriffen, zu beeinflussen. Die Abstimmung der Wirtschaftspläne im Rahmen des RGW wurde dadurch immer schwieriger. Der Druck der Westverschuldung zwang zwar einige RGW-Länder, ihren Handel wieder mehr auf die Sowjetunion hin zu orientieren, doch wurden die wichtigsten Energierohstoffe infolge der Rezession auf dem Weltmarkt und des besonderen RGW-Preismechanismus erstmals in der Sowjetunion teurer als in den Hartwährungsländern. Insgesamt wurde die Kohäsion der „sozialistischen Staatengemeinschaft" durch das Zusammentreffen der verschiedensten ungünstigen Faktoren weiter geschwächt.

UNVERSTÄNDNIS UND SPRACHLOSIGKEIT GEGENÜBER DEM WESTEN

Die Politik, die die Sowjetunion in der Ära Breshnjew gegenüber dem Westen betrieb, wird eher verständlich, wenn sie vor dem Hintergrund der erfolglosen Unternehmungen Chruschtschows in bezug auf Berlin und in der Kuba-Krise von 1962 gesehen wird. Nach diesen Erfahrungen mußte die sowjetische Führung bestrebt sein, gegenüber der Führungsmacht des Westens, den USA, mehr weltpolitische Handlungsfreiheit zu erlangen. Der Ausbau der strategischen Interkontinentalraketen (vor allem der landgestützten) gegenüber den USA, die Verstärkung der konventionellen Streitkräfte im strategischen Vorfeld (auch durch die ständige Stationierung von sowjetischen Truppen in der ČSSR), die Errichtung eines nuklearen Rundumverteidigungssystems mit Mittelstreckenraketen (vor allem gegen Westeuropa, China und Japan, aber potentiell auch gegen die amerikanischen Flotten im Pazifik, im Indischen Ozean mit dem Persisch-Arabischen Golf und dem Mittelmeer sowie gegen mögliche Basen der von Präsident Jimmy Carter ins Auge gefaßten und von Präsident Reagan weiterverfolgten Schnellen Eingreifverbände im Nahen Osten) und schließlich erstmals in der Geschichte der Sowjetunion der Aufbau einer umfangreichen Hochseeflotte sollten diesem Zweck dienen.

---

[13] Vgl. Jan *Vanous*, East European Slowdown, in: *Problems of Communism*, Juli/August 1982, S. 1–19.

Damit schuf sich die sowjetische Führung die Basis für eine Politik der „friedlichen Koexistenz" mit dem Westen, die Breshnjew Demütigungen, wie sie Chruschtschow in der Kuba-Krise erfahren hatte, ersparen sollte.

Eine Zeitlang schien diese Politik erfolgreich zu sein, zumal das Prestige der USA im Vietnam-Krieg stark angeschlagen wurde. Doch dann rächte sich die totale Fehleinschätzung der amerikanischen Mentalität, die in dem Rüstungsprogramm wie dem Auftreten der Sowjetunion auf der weltpolitischen Bühne zum Ausdruck kam. Nixon und sein Außenminister Henry Kissinger konnten ihre „Geheimdiplomatie" gegenüber Moskau, die unter anderem 1971 zum Viermächteabkommen über Berlin und 1972 zum ersten SALT-Abkommen geführt hatte, nicht mehr beibehalten. Die Denkweise Präsident Carters blieb für die sowjetische Führung unverständlich: Die überraschenden radikalen Abrüstungsvorschläge zu Beginn seiner Amtszeit erschienen in Moskau als eine Verletzung der mit früheren amerikanischen Präsidenten vereinbarten Geschäftsgrundlage; seine messianische Menschenrechtspolitik mußte in Moskau als ein heimtückischer Anschlag auf die Stabilität des kommunistischen Herrschaftssystems, also als eine Art von Aggression empfunden werden. Daß sich in der amerikanischen Öffentlichkeit nach Vietnam und Watergate, nach der selbstbewußten westdeutschen Ostpolitik und der Ausnutzung der zeitweiligen amerikanischen Ohnmacht durch Kuba und die Sowjetunion in Angola das Gefühl ausbreitete, die USA würden in der Welt „herumgeschubst" und dürften sich das nicht länger bieten lassen, wurde in Moskau nicht begriffen.

Der sowjetische Erfolg in Äthiopien mußte die schlimmsten Befürchtungen vieler Amerikaner bestätigen. Der Sturz des amerikafreundlichen Schah von Iran schließlich schien auf eine hemmungslose sowjetische Weltrevolutionspolitik hinzudeuten, zumal die Sowjetunion ihre Unterstützung der USA im Sicherheitsrat der Vereinten Nationen in der Geiselaffäre sofort einstellte, als Präsident Carter ihre Intervention in Afghanistan öffentlich verurteilte. Daß Carter jahrelang über eine Schnelle Eingreiftruppe für die Golf-Region redete, sich dann aber den Sturz des Schah und die Geiselnahme der amerikanischen Botschaftsangehörigen gefallen ließ, mußte die sowjetischen Führer verwirren. Seine heftige Reaktion auf ihren Einmarsch in Afghanistan dürfte sie überrascht haben.

Die sowjetisch-amerikanischen Beziehungen

Die letzten beiden Jahre der Westpolitik Breshnjews standen im Zeichen des neuen amerikanischen Präsidenten Ronald Reagan. Die Kreml-Führer wußten, daß sie von Reagan eine harte, „antisowjetische" Politik zu erwarten hatten, aber sie waren im Zweifel, ob nicht der neue Präsident wie so viele seiner Amtsvorgänger nach relativ extremen Äußerungen in der Wahlkampfzeit später in eine gemäßigtere Richtung einschwenken würde. So begrüßten sie ihn mit abwartender, aber nicht mit feindseliger Zurückhaltung. Ein Kommentator äußerte die Hoffnung, Reagan werde die „Ära der nationalen Erneuerung“, von der er im Wahlkampf gesprochen hatte, außenpolitisch zu einer Rückkehr zu den amerikanisch-sowjetischen Vereinbarungen von 1972, also zu einer Politik der friedlichen Koexistenz benutzen.[14] Breshnjew selbst reagierte auf das Attentat gegen Reagan am 30. März 1981 mit einem Telegramm, in dem er seine Empörung und die entschiedene Verurteilung dieser kriminellen Tat zum Ausdruck brachte und Reagan volle und baldige Genesung wünschte. Die sowjetische Führung beließ es nicht bei Worten, sondern entschloß sich zu einer bemerkenswerten Geste: In den ersten drei Wochen nach Reagans Amtsantritt verzehnfachte sie die vorher übliche Zahl der Ausreisegenehmigungen für sowjetische Juden.[15]

Die offiziellen Kontakte zwischen Moskau und Washington, die 1980 auf ein absolutes Minimum gesunken waren, blieben jedoch auch in den nächsten beiden Jahren spärlich. Zwar wurde Botschafter Anatolij F. Dobrynin schon am 30. Januar 1981 von dem neuen Außenminister, Alexander Haig, empfangen, doch durfte er zu dem Gespräch, dessen Atmosphäre von seiten des State Department als „herzlich“ bezeichnet wurde, mit seinem Auto nicht mehr direkt in die Tiefgarage des Ministeriums einfahren, sondern mußte den für alle ausländischen Botschafter vorgesehenen Eingang benutzen. Für die sowjetische Führung symbolisierte dies das Ende der Einräumung der Parität durch die andere Supermacht und eine Art Rückstufung auf die Ebene anderer Staaten. Als der Direktor des sowjetischen Nordamerika-Instituts, Georgij A. Arbatow, einige Monate später gegenüber amerikanischen Geschäftsleuten den Gedanken äußerte, man könnte doch einen geheimen Verhandlungskanal eröffnen, um einen Weg zur praktischen Verbesserung der gegenseitigen Beziehungen zu schaffen, ohne daß die Regierung Reagan ihr Gesicht verlöre, erteilte ihm Washington auf diplomatischem Wege prompt eine förmliche Abfuhr; selbst wenn Reagan eine Verbesserung zu sowjetischen Bedingungen gewünscht hätte, wäre ihm ein geheimer Verhandlungskanal, wie ihn Kissinger etwa bei den Berlin-Verhandlungen 1971 benutzt hatte, als anstößig erschienen.

Reagan hatte es mit Ost-West-Verhandlungen nicht eilig, weil er überzeugt war, akzeptable Ergebnisse erst erzielen zu können, wenn die Sowjets erkannt hätten, daß er das militärische und politische Gleichgewicht der Kräfte wiederhergestellt hätte. Breshnjew wiederum dachte gar nicht daran, ausgerechnet in einer Zeit des verschärften Antagonismus der amerikanischen

[14] Gennadi *Gerassimow* in der sowjetischen Agentur *Novosti* am 22. 1. 1981, zitiert nach: Monitor-Dienst der Deutschen Welle, Allg. Teil, 23. 1. 1981, S. 1 ff.

[15] Vgl. Michael *Binyon*, Moscow increases Number of Exit Visas for Jews, in: *The Times*, 20. 2. 1981.

Aufforderung zum Rückzug aus Afghanistan und zur Einstellung des SS-20-Programms nachzukommen. Während Reagan die schon von seinem Vorgänger Carter um die Jahreswende 1979/80 wegen Afghanistan eingeführten Sanktionen nach der Verhängung des Kriegsrechts in Polen Ende 1981 noch verschärfte und sie nun auch gegen Polen richtete, beschleunigte die Sowjetunion die Aufstellung der Mittelstreckenraketen in Europa und Asien und ließ keinerlei Bereitschaft erkennen, der westlichen Seite entgegenzukommen.

In Moskau wußte man, daß Reagan sich lediglich aus innenpolitischen Gründen gezwungen sah, einige der Sanktionen am 24. April 1981 wieder aufzuheben. Seine intensiven und überaus hartnäckigen Bemühungen, nicht nur das europäische Gas-Röhren-Geschäft zu verhindern, das nach seiner Auffassung auf eine Subventionierung der sowjetischen Rüstung durch die europäischen Verbündeten hinauslief, sondern möglichst den ganzen Osthandel der westlichen Industriestaaten einzuschränken, zumindest aber Kreditsubventionen und Technologietransfer zu unterbinden, wurden in Moskau als feindselige Akte empfunden, und zweifellos wurde die sowjetische Wirtschaft hierdurch – wenn auch nur marginal – geschädigt. Freilich brachten diese Bestrebungen Reagans den sowjetischen Führern auch Vorteile: Die wachsenden Spannungen in der Atlantischen Allianz schwächten den Westen. Breshnjew erwies sich jedoch als unfähig, diese Vorteile voll zu nutzen und die Position der USA durch Entgegenkommen an die Adresse der Westeuropäer – etwa durch einen rechtzeitigen Abbruch des SS-20-Programms – weiter zu erschweren. Die sowjetischen Abrüstungsvorschläge kamen, soweit sie überhaupt ernsthafte Substanz aufwiesen, samt und sonders viel zu spät.

Die Beziehungen zwischen Moskau und Bonn

Besonders nachteilig machte sich dies für die Sowjetunion in ihren Beziehungen zur Bundesrepublik bemerkbar. Als Breshnjew 1964 die Führung übernahm, hatte sich Chruschtschow gerade angeschickt, mit der Bundesrepublik einen Modus vivendi auf der Basis des Status quo zu suchen, war aber in der eigenen Führung auf Widerstand gestoßen. Breshnjew schwenkte sofort auf den Gegenkurs ein und versuchte, die Bundesrepublik – entsprechend der „Ulbricht-Doktrin“ – zu isolieren. Erst als die Regierung Brandt die Neue Ostpolitik einleitete, ging Breshnjew darauf ein.

Mit dem Abschluß der deutschen Ostverträge, die die sowjetische Vorherrschaft in Osteuropa de facto bestätigten, entwickelte sich – parallel zur amerikanischen Ostpolitik – ein Klima der Entspannung, das gegenüber der Bundesrepublik freundlicher war und länger anhielt als gegenüber allen anderen westlichen Ländern. Erst das sowjetische SS-20-Programm warf einen Schatten auf diese Beziehungen, da sich Breshnjew allen Vorhaltungen der deutschen Seite gegenüber, die seit 1978 an ihn auch persönlich herangetragen wurden, unzugänglich zeigte. Ob die sowjetische Führung zu dieser unvernünftigen Haltung durch das Langzeit-Verteidigungsprogramm der NATO von 1977 oder durch frühe Diskussionen über die Notwendigkeit einer Modernisierung der Pershing-Raketen motiviert wurde, oder ob sie schlicht zu schwerfällig oder auch zu schwach war, das einmal angelaufene SS-20-Programm abzubrechen, oder ob Moskau schließlich die Bedeutung des Problems und die Entschlossenheit der Bundesregierung und der NATO unterschätzte, ist umstritten. Als der NATO-„Doppelbeschluß" im Dezember 1979 verabschiedet worden war, ließ sich mit großer Wahrscheinlichkeit voraussehen, daß die Sowjetunion ihr SS-20-Programm nun erst recht durchziehen würde.

Die diplomatischen Beziehungen zwischen Bonn und Moskau wurden durch diese Entwicklung formal nicht beeinträchtigt. Die Sowjetunion blieb an engen Wirtschaftsbeziehungen zur Bundesrepublik um so mehr interessiert, als die Deutschen allein das Potential und die Bereitschaft besaßen, an der Bewahrung Polens vor einem totalen wirtschaftlichen Zusammenbruch mitzuwirken und zur Konsolidierung der Westschulden der osteuropäischen Staaten beizutragen.

Gegen massiven Druck aus Washington hielt Bonn an dem (wirtschaftlich inzwischen weniger interessant gewordenen) langfristigen Erdgas-Röhren-Geschäft mit der Sowjetunion fest. Die Substanz des politischen Meinungsaustauschs zwischen der Sowjetunion und der Bundesrepublik hatte jedoch schon seit dem Einmarsch in Afghanistan und der Beteiligung der Bundesrepublik am Boykott der Olympischen Spiele in Moskau rapide abgenommen. Die Sowjetunion legte offenbar keinen Wert darauf, den so gut wie abgerissenen Draht nach Washington durch europäische Kanäle zu ersetzen, sondern konzentrierte sich auf den Versuch, die öffentliche Meinung in der Bundesrepublik und namentlich die Friedensbewegung in ihrem Sinne zu beeinflussen. Diesem Ziel diente vor allen Dingen Breshnjews letzter Besuch in Bonn vom 23. bis 25. November 1981, bei dem es auch wieder zu einem Treffen mit dem DKP-Vorsitzenden Herbert Mies kam. Der Erdgas-Röhren-Vertrag war drei Tage vorher unterzeichnet worden.

Als die Bundesregierung Helmut Schmidts am 1. Oktober 1982 gestürzt wurde, führte die Regierung unter Bundeskanzler Helmut Kohl das, was von der Ostpolitik übrig geblieben war, praktisch unverändert weiter. Gegenstand dieser Politik konnte aber unter den gewandelten weltpolitischen Gegebenheiten nicht mehr ein aktiver Beitrag zur Verständigung zwischen Ost und West, geschweige denn eine breit gefächerte Zusammenarbeit zum gegenseitigen Nutzen sein, sondern vielmehr die Begrenzung des Schadens, der durch das Streben nach totaler Sicherheit und die Neigung, sich dabei immer mehr auf militärische Instrumente zu verlassen, entstanden war. Die sowjetische Führung hat diese Entwicklung durch ihre Unbeweglichkeit eingeleitet und damit die Möglichkeit einer dauerhaften fruchtbaren Kooperation mit der Bundesrepublik auf breiter Basis, vor allem im Bereich der Wirtschaft, die Breshnjew bei seinem ersten Besuch in Bonn in leuchtenden Farben an die Wand gemalt hatte, gar nicht erst aufkommen lassen. Die Wirtschaftsintegration im RGW konnte die Sowjetunion, auch wegen der zunehmenden innenpolitischen Probleme der osteuropäischen Staaten, nicht als Ersatz dienen, und in Westeuropa boten weder Großbritannien unter Führung Margaret Thatchers noch Frankreich unter François Mitterrand eine Alternative. Damit hatte Breshnjew in seiner Westpolitik am Ende seiner Herrschaft weitgehend wieder verspielt, was er in den frühen siebziger Jahren gewonnen hatte.

DIE OSTASIEN-POLITIK IN DER SACKGASSE

Die sowjetisch-japanischen Beziehungen

Angesichts der Probleme, in die die sowjetische Politik gegenüber den USA und Westeuropa geraten war, und angesichts der notorischen Angst der sowjetischen Führer vor einer Einkreisung durch die „imperialistischen Staaten" liegt die Vermutung nahe, die Sowjetunion hätte sich nachdrücklich um eine Verbesserung ihrer Beziehungen zumindest zu Japan bemüht – und dies nicht nur aus sicherheitspolitischen Gründen. Immerhin hatte sich Japan in die Spitzengruppe der Industriestaaten emporgearbeitet und stand in der sowjetischen Außenhandelsstatistik 1982 zum ersten Male als wichtigstes nichtkommunistisches Lieferland vor der Bundesrepublik Deutschland. In der Hochzeit der Entspannung, in den frühen siebziger Jahren, hatte auch Japan Interesse an dem sowjetischen Angebot gezeigt, an der Erschließung Sibiriens mitzuwirken – freilich unter der Bedingung, daß sich auch die USA daran beteiligten. Als sich amerikanische Geschäftsleute von den Gewinnchancen der hochgelobten Sibirien-Projekte nicht überzeugen ließen, zog sich auch Japan alsbald zurück und beschränkte sich auf ein relativ bescheidenes finanzielles Engagement.

Die Gründe waren allerdings eher politischer Natur. Einerseits fühlte sich die Volksrepublik China durch die Pläne für die Erschließung Sibiriens bedroht; auch wurden in den USA strategische Bedenken gegen große Ölleitungsprojekte geäußert. China aber hatte seine Beziehungen zu Japan nach der Kulturrevolution seit Mitte der siebziger Jahre normalisiert und stellte die Sowjetunion mit seinen sprunghaft wachsenden Handelsbeziehungen zu Japan bald in den Schatten.[16] Zum andern wurde auch in Japan die Frage laut,

[16] Vgl. hierzu auch den Beitrag von Joachim *Glaubitz* in diesem Band.

ob Sibirien durch eine wirtschaftliche Erschließung nicht auch politisch und strategisch solches Gewicht gewinnen könnte, daß die Sowjetunion seinen militärischen Schutz verstärkte und damit Japans Sicherheit bedrohte. Dazu selbst beizutragen schien der japanischen Regierung nicht eben sinnvoll.[17]

Immerhin blieben die sowjetischen Wirtschaftsbeziehungen zu Japan nicht gänzlich unbedeutend. Für die – strategisch unbedenkliche – Holzgewinnung in Sibirien stellte die japanische Export-Import-Bank im März 1981 einen zinsgünstigen Kredit in Höhe von fast 2 Milliarden DM zur Verfügung. Ende November folgte ein Kredit über 740 Millionen DM, mit dessen Hilfe 700 000 Tonnen Großröhren für die Erdgasleitung nach Westeuropa geliefert werden sollten. Japanische Firmen beteiligten sich ferner an der Erschließung von Erdöl- und Erdgasvorkommen vor der Küste Sachalins und nahmen den Bau einer Flüssiggasleitung von Sachalin nach Hokkaido in Aussicht, über die Japan von 1986 an zwanzig Jahre lang je 3 Millionen Tonnen Flüssiggas beziehen sollte. Mit diesen Projekten stieß Japan allerdings auf den erbitterten Widerstand der amerikanischen Regierung, die im Sommer 1982 ein Embargo für Erdöl- und Erdgasausrüstungen verhängte und damit die japanischen Liefermöglichkeiten gefährdete.

Die größten Probleme aber schuf sich die sowjetische Regierung mit ihrer Rüstungspolitik. Sie war so ungeschickt, nicht nur eine wachsende Zahl von SS-20 östlich des Urals zu stationieren, sondern auch eine Verlegung eines Teils der westlich des Urals stationierten Systeme nach Sibirien zur Diskussion zu stellen. Da Japan weder eigene Kernwaffen besitzt noch eine Stationierung auf seinem Territorium zuläßt, schätzte die japanische Regierung die Bedrohung Japans durch die SS-20 zwar relativ gering ein, erkannte darin aber eine Möglichkeit, den innenpolitischen Widerstand in Japan gegen eine – von den USA immer wieder geforderte – Verstärkung seines Verteidigungspotentials leichter zu überwinden, und erhob lautstark Einspruch gegen die sowjetische Raketenrüstung.

Schon vorher hatte Ministerpräsident Zenko Suzuki nachdrücklich die Rückgabe der südlichen Kurilen als eine Voraussetzung für eine Normalisierung des Verhältnisses zur Sowjetunion bezeichnet. Wenn auch die völkerrechtliche Basis dieser japanischen Forderung von unabhängigen japanischen Experten als nicht übermäßig solide betrachtet wurde, sah man in dem Anspruch auf Verhandlungen über die Inseln doch ein nützliches Mittel, um die sowjetische Regierung unter Druck zu setzen. Damit geriet die sowjetische Führung in das Dilemma, entweder den Japanern in der Inselfrage entgegenzukommen und dadurch die Pazifik-Flotte praktisch in den Häfen einzuschließen, oder sich die militärische Bewegungsfreiheit zu erhalten, damit aber eine

---

[17] So japanische Gesprächspartner gegenüber dem Verfasser im Dezember 1983 in Tokio. Die folgenden strategischen Überlegungen gehen auf die gleichen Quellen zurück.

wachsende militärische Rolle Japans im Pazifik auszulösen. Wie immer in solchen Fällen entschied sich die sowjetische Führung für die zweite Möglichkeit. Damit vermied sie auch die Gefahr, einen Präzedenzfall für eine Veränderung des territorialen Status quo zu schaffen und so ihre Position im Hinblick auf die „ungleichen Verträge" mit China und auf die ungelöste deutsche Frage zu schwächen. Ende 1982 vereinbarten die USA und Japan die Stationierung von zwei Staffeln mit F-16-Bombern in Japan, und Ministerpräsident Yasuhiro Nakasone stellte eine allmähliche Steigerung der japanischen Verteidigungsanstrengungen in Aussicht. Am Ende der Ära Breshnjew hatten die sowjetisch-japanischen Beziehungen wieder den Tiefpunkt der frühen fünfziger Jahre erreicht.

Die sowjetisch-chinesischen Beziehungen

Kaum besser sieht die Bilanz der sowjetisch-chinesischen Beziehungen unter Breshnjew aus.[18] Die öffentlichen Auseinandersetzungen zwischen Moskau und Beijing hatten im Sommer 1963 ihren ersten Höhepunkt erreicht. In wechselseitigen Beschuldigungen der beiden Spitzenpolitiker Chruschtschow und Mao Zedong waren sie auch in hohem Grade personalisiert worden. Der Sturz Chruschtschows im Oktober 1964 schien daher Gelegenheit zu einem Arrangement zu bieten. Zhou Enlais Gespräche mit den Nachfolgern im November führten jedoch nicht zu einer Einigung. Auch Kossygins Besuche in Beijing im Frühjahr 1965 blieben ergebnislos. Nach dem schweren Grenzzwischenfall am Ussuri Anfang März 1969 wurden im Oktober Grenzverhandlungen wiederaufgenommen, die sich zähflüssig und ergebnislos bis zu einer letzten Runde im Herbst 1979 hinschleppten.[19] Nach dem sowjetischen Einmarsch in Afghanistan erklärten die Chinesen weitere Verhandlungen für zwecklos und ließen den Freundschaftsvertrag mit der Sowjetunion nach dreißigjähriger Laufzeit am 11. April 1980 auslaufen. An eine Wiederherstellung der sowjetischen Vormundschaft über die Chinesen in einem gemeinsamen Block glaubte ohnehin niemand; aber auch ein Kompromiß mit dem Ziel der Herstellung von gutnachbarlichen Beziehungen schien unerreichbar.[20]

Mit dem Amtsantritt des neuen amerikanischen Präsidenten Reagan Anfang 1981 änderte sich die Interessenlage. Reagan hätte gern wie schon Sicherheitsberater Zbigniew Brzezinski unter Carter die „chinesische Karte" gegen die Sowjetunion gespielt. Er hatte sich aber im Wahlkampf aus prinzipiellen

---

[18] Vgl. hierzu William E. *Griffith*, Sino-Soviet Rapprochement? in: *Problems of Communism*, März/April 1983, S. 20 ff.

[19] Vgl. hierzu Dieter *Heinzig*, Starre Fronten zwischen der Sowjetunion und der Volksrepublik China, in: IP 1977/78, S. 44 ff.

[20] Vgl. hierzu im einzelnen den Beitrag von Joachim *Glaubitz* in diesem Band.

Gründen auf eine stärkere Unterstützung Taiwans festgelegt. Beides war für den starken Mann Chinas, Deng Xiaoping, unannehmbar, weil es chinesischen Stolz verletzte und damit seinen innenpolitischen Gegnern, die keineswegs völlig eliminiert worden waren, in die Hände gearbeitet hätte.

Die sowjetische Führung erblickte darin eine Chance für einen neuen Versuch und schlug in einer Note vom 25. April 1981 die Wiederaufnahme der Grenzverhandlungen vor. Die Chinesen reagierten zurückhaltend, aber nicht mehr total ablehnend – schon, um die USA unter Druck setzen zu können. Als auch ein gemeinsames Kommuniqué vom 17. August 1982 über die allmähliche Reduzierung der amerikanischen Waffenlieferungen an Taiwan kein für sie befriedigendes Ergebnis brachte, verschlossen sie sich dem sowjetischen Drängen nicht länger und nahmen die Verhandlungen in einer ersten Runde vom 5. bis 23. Oktober 1982 wieder auf. Zwar zeichnete sich auch nach dem Tode Breshnjews trotz einer Reise des chinesischen Außenministers Huang Hua zu den Beisetzungsfeierlichkeiten nach Moskau und Gesprächen mit Andropow und Gromyko eine baldige Einigung nicht ab, doch zeigten sich die Chinesen nun interessiert, ihren Spielraum gegenüber den USA dadurch zu erweitern, daß sie sich nicht mehr auf eine totale Feindschaft gegen die Sowjetunion festlegen ließen.

VERSUCHE DER MACHTPROJEKTION IN DIE DRITTE WELT[21]

Die fortgesetzte sowjetische Truppenpräsenz in Afghanistan erwies sich auch 1981 und 1982 als das größte Handicap der sowjetischen Politik gegenüber den Ländern der Dritten Welt. Eine Lösung des Problems rückte nicht näher, und die sowjetischen Truppen mußten Jahr für Jahr beträchtliche Verluste hinnehmen. Selbst die traditionell recht guten Beziehungen zu Indien wurden durch Afghanistan belastet. In weit höherem Maße traf dies für die Beziehungen zu Iran zu.[22] Alle sowjetischen Sympathieerklärungen für die iranische Revolution konnten daran nichts ändern. Die – für Iran freilich zeitweilig sehr wohlwollende – Neutralität der Sowjetunion im irakisch-iranischen Krieg verstärkte das iranische Mißtrauen. Syrien war der wichtigste Empfänger sowjetischer Waffen auf der arabischen Halbinsel, aber kein verläßlicher Verbündeter; die Sowjetunion vermied es sorgfältig, Bindungen an Syrien einzugehen, die sie in den Nahost-Konflikt und vor allem in einen Waffengang mit den USA unmittelbar verwickeln konnten, wie umgekehrt Syriens Präsident Hafez al-Assad keinerlei Neigung zeigte, sich als Vertreter sowjetischer Interessen einsetzen zu lassen.

---

[21] Vgl. zu diesem Thema ausführlich Eberhard *Schulz*, Probleme im sowjetischen Machtbereich, in: IP 1979/80, S. 153–183.

[22] Vgl. Helmut *Hubel*, Die sowjetische Nah- und Mittelost-Politik (Arbeitspapier Nr. 20 des FI der DGAP), Bonn 1982.

Trotz ihrer massiven militärischen Unterstützung für Syrien – besonders, nachdem Israel im Juni 1982 den Syrern in der Bekaa-Ebene schwere Verluste zugefügt hatte – fand die Sowjetunion keinen Ansatzpunkt für eine Beeinflussung der Entwicklung im Palästina-Konflikt. Ein Gespräch zwischen den Außenministern Yitzhak Shamir und Gromyko, das auf israelischen Wunsch am 24. September 1981 zustande gekommen war, führte ebensowenig weiter wie die Aufnahme diplomatischer Beziehungen zwischen der Sowjetunion und der PLO am 20. Oktober. Auf dem XXVI. Parteitag der KPdSU hatte Breshnjew den sowjetischen Vorschlag wiederholt, eine internationale Konferenz unter Teilnahme der Sowjetunion einzuberufen. König Hussein von Jordanien hatte dem bei seinem Besuch in Moskau im Mai 1981 zugestimmt, Israel und die USA lehnten jedoch ab, weil sie darin keinen Fortschritt zu einer für sie akzeptablen Lösung erkennen konnten. Die sowjetischen Beziehungen zu Ägypten verschlechterten sich sogar, als Präsident Anwar as-Sadat im September den sowjetischen Botschafter und weitere Diplomaten unter dem Vorwurf der Spionage des Landes verwies. Nach Sadats Ermordung am 6. Oktober sorgte dessen Nachfolger Hosni Mubarak zwar für eine vorsichtige Korrektur des ägyptischen Kurses, doch änderte dies nichts an der Unfähigkeit der Sowjetunion, den Lauf der Dinge wesentlich zu beeinflussen.

In Afrika hatte der sowjetische Einfluß zu Beginn der Breshnjew-Ära in den sechziger Jahren seinen Höhepunkt erreicht. In der Frühphase der Entkolonisierung glaubten dort viele Politiker, der von der Sowjetunion propagierte Sozialismus könne ihnen helfen, ihre Probleme zu lösen. Aber seit Ende der sechziger Jahre verschwand von den Parteigängern der Sowjetunion einer nach dem andern von der Bildfläche. Schließlich war es im wesentlichen noch die militärische Hilfe, die für afrikanische Staaten attraktiv erschien, ohne sie jedoch zu veranlassen, sich außenpolitisch und ideologisch bedingungslos auf die Seite Moskaus zu stellen. Im Mai 1981 schloß die Volksrepublik Kongo einen Freundschaftsvertrag mit der Sowjetunion. Das hinderte Staatschef Oberst Denis Sassou-Nguesso im Dezember nicht zu betonen, daß der Kongo sowohl mit der Sowjetunion als auch mit Frankreich zusammenarbeiten, aber mit keinem der beiden Länder privilegierte Beziehungen unterhalten wolle.

Als einen Einbruch in ihren Hinterhof betrachteten die USA die zunehmende Aktivität der Sowjetunion in Lateinamerika und der Karibik.[23] Die Sowjetunion unterstützte verbal den „Freiheitskampf" der Guerrillakämpfer in El Salvador, bestritt aber, dorthin Waffen zu liefern. Nicaragua gewährte sie wirtschaftliche und auch militärische Hilfe. Anfang 1981 wurde bekannt, daß die Sowjetunion den prokubanischen Ministerpräsidenten Grenadas, Maurice Bishop, unterstützte. Mit ihrer und kubanischer Hilfe wurden in Sperrzonen militärische Anlagen errichtet. Im Juli 1982 stattete Bishop der Sowjetunion einen offiziellen Besuch ab. Er erhielt Güterspenden im Wert von 1 Million

---

[23] Vgl. hierzu den Beitrag von Heinrich-W. *Krumwiede* in diesem Band.

Rubel und im Rahmen eines Handelsabkommens über fünf Jahre einen Kredit in Höhe von 5,5 Millionen Rubel mit einer Laufzeit von zehn Jahren bei 3 Prozent Zinsen.

Breshnjews Tod führte nicht wie der Stalins dreißig Jahre zuvor zu einer Periode außenpolitischer Unsicherheit. Jurij W. Andropow, sein Nachfolger in allen Ämtern, ging energisch und selbstbewußt an die Arbeit. Schon bei den Beisetzungsfeierlichkeiten für Breshnjew – den ersten für einen führenden Bolschewiken, an dem offizielle Delegationen nichtkommunistischer Staaten teilnahmen – setzte er neue Akzente. Den USA bot er in einem Interview Zusammenarbeit sowohl bei der Rüstungsverminderung als auch bei der Beseitigung von Konflikten z.B. im Nahen Osten an. Gleichzeitig machte er allerdings deutlich, daß er die sowjetischen Interessen nicht weniger hartnäckig zu vertreten gedachte als sein Vorgänger. Das verhieß für die nähere Zukunft keine Verbesserung der internationalen Atmosphäre.

DIE NEUEN RÜSTUNGSKONTROLL-VERHANDLUNGEN

Von Lothar Ruehl

Die Jahre 1981/82 waren von verstärkten politischen Aktivitäten zwischen Ost und West und von innenpolitischen Auseinandersetzungen über den Fortgang der Rüstungskontroll-Verhandlungen und die beiderseitigen Rüstungsprogramme gekennzeichnet. Dabei standen neben den amerikanischen Rüstungsentscheidungen nach dem Regierungswechsel in den Vereinigten Staaten die Aufnahme der amerikanisch-sowjetischen Verhandlungen über beiderseitige Begrenzung der Mittelstreckenwaffen und eine Verringerung der strategischen Interkontinentalwaffen im Vordergrund. Die Wiener Konferenz über gegenseitigen ausgewogenen Truppenabbau in Mitteleuropa (MBFR) war trotz neuer Vorschläge von beiden Seiten in den Hintergrund getreten und konnte auch in diesen Jahren nicht aktiviert werden. 1981 trat in Madrid das zweite Nachfolgetreffen der KSZE zusammen, bei dem der Ausbau der sogenannten „Vertrauensbildenden Maßnahmen" (CBM) und die Einberufung einer „Konferenz über Vertrauensbildung und Abrüstung in Europa"[1] die rüstungskontrollpolitischen Themen bezeichneten.

In den USA bestimmte die Überprüfung und Revision der Rüstungs- und Rüstungskontroll-Politik Jimmy Carters durch die Administration Ronald Reagans die Sicherheitspolitik und bald auch zu einem guten Teil die Diskussion über die Strategie und Außenpolitik der Vereinigten Staaten, insbesondere im Verhältnis zu den Verbündeten, im Nahen und Mittleren Osten und in Ostasien. Die Entwicklung der Beziehungen zur Sowjetunion und damit des Ost-West-Verhältnisses rückte mit der Fragestellung, ob nach der „Ära der Verhandlungen", wie Richard Nixon 1969 zu Beginn seiner Präsidentschaft diese Beziehungen angesprochen hatte, wieder eine „Ära der Konfrontation" beginnen würde, in den Mittelpunkt des weltpolitischen Horizonts. Damit standen 1981/82 die nordatlantische Bündnispolitik und das Verhältnis zwischen der amerikanischen Schutzmacht und Westeuropa im Zeichen einer konfrontativen Politik der USA gegenüber der Sowjetunion zur Diskussion. Ein großer Teil des politischen Interesses und der diplomatischen Aktivitäten konzentrierte sich auf diese Frage, d. h. auf die Zukunft der westlichen Sicherheitspolitik und auf den dafür unerläßlichen Interessenausgleich zwischen den Vereinigten Staaten und den Ländern Westeuropas, die an der Perspektive der Politik der Entspannung festhielten, die das politische

---

[1] Vgl. hierzu im einzelnen den Beitrag von Harald *Rüddenklau* in diesem Band.

Credo der Atlantischen Allianz seit Mitte der sechziger Jahre gewesen war, nun aber zumindest in Washington, allerdings auch in London in Frage stand.[2]

Dabei stellte sich wie stets zuvor bei Orientierungsentscheidungen im atlantischen Bündnis auch die prinzipielle Frage nach dem Zweck und der Tragweite der Rüstungskontrolle: Vehikel der Entspannungspolitik, Voraussetzung für Entspannung oder Resultat? Im „Harmel-Bericht“, den der Nordatlantikrat im Dezember 1967 gebilligt und gemeinsam mit der neuen Bündnisdoktrin der „flexiblen Reaktion“ (flexible response) in Kraft gesetzt hatte, war eine Politik der Verhandlungen und der Zusammenarbeit mit Osteuropa nicht als Alternative, sondern als Ergänzung zur Abschreckungsstrategie dargestellt worden – mit dem Ziel, Entspannung zu fördern, um das Ost-West-Verhältnis im Sinne gemeinsamer Sicherheit stabil zu gestalten.[3] Diese doppelte Aufgabe der Allianz wurde 1981/82 zu einem kontroversen Thema des transatlantischen Dialogs über die gemeinsame Sicherheitspolitik mit dem besonderen Aspekt der Rüstungskontrolle.[4]

Schließlich bestätigten nach langwierigen und schwierigen Diskussionen zwischen den europäischen NATO-Partnern, Kanada und den Vereinigten Staaten im Mai 1981 die Außenminister der NATO im Nordatlantikrat in ihrem „Signal von Rom“[5] die doppelte Aufgabenstellung und räumten der Rüstungskontroll-Politik mit dem potentiellen Gegner denselben Rang als „integraler Bestandteil der Sicherheitspolitik“ ein. Diese Bewertung war von großer bündnispolitischer Bedeutung und von beträchtlichem Einfluß auf die außenpolitische Orientierung der Reagan-Administration, deren erster Außenminister, der frühere NATO-Oberbefehlshaber Alexander Haig, zwischen Washington und Europa als Vermittler des transatlantischen Interessenausgleichs wirkte und dabei von den europäischen Regierungen als Vertreter der europäischen Interessen an der Fortsetzung der Sicherheitspolitik und des Dialogs mit der Sowjetunion angesehen wurde.[6] In diesem Sinne der Kontinuität schrieben das Luxemburger Kommuniqué der Außenminister im

---

[2] Vgl. dazu Alexander *Haig*, KSZE-Verpflichtungen der Sowjets werden nichtig. Rede auf der KSZE-Folgekonferenz, in: *Amerika-Dienst*, 10.2.1982; *ders.*, Pressekonferenz in Madrid, in: *Wireless Bulletin*, Nr. 29, 11.2.1982; Hugo *Bütler*, Blockierter Helsinki-Prozeß, in: *NZZ*, 15.2.1982; Peter *Schlotter*, Das zweite KSZE-Treffen in Madrid, in: DGFK-Jahrbuch 1982/1983, Baden-Baden 1983, S. 154.

[3] Vgl. das Kommuniqué über die Ministertagung des Nordatlantikrats vom 13.–14.12.1967 in Brüssel („Harmel-Bericht“), in: *EA*, 3/1968, S. D 73 ff., sowie Wolf Graf von *Baudissin*, NATO-Strategie im Zeichen der Friedenserhaltung. Politische und militärische Überlegungen zur Strategie der „flexiblen Reaktion“, in: *EA*, 17/1968, S. 627–638.

[4] Vgl. Karl *Kaiser*, Amerikanisch-europäische Beziehungen zu Beginn der Reagan-Administration, in: *EA*, 9/1981, S. 259–270.

[5] *EA*, 13/1981, S. D 339–343.

[6] Vgl. hierzu Uwe *Nerlich*, Neuorientierung der amerikanischen Außenpolitik. Grundlagen des Wandels unter Präsident Reagan, in: *EA*, 15/1981, S. 461–468.

Nordatlantikrat im Mai 1982[7] und die „Bonner Erklärung" der Staats- und Regierungschefs im Juni 1982 die vereinbarte Politik des Bündnisses fort.[8] Rüstungskontroll-Politik als dritte Aufgabe war damit zum ergänzenden Gegenstück zur Bündnisstrategie und zur Verteidigung bestimmt.

Dabei mußten 1981/82 vor allem die Auswirkungen der fortdauernden sowjetischen Okkupation und Kriegführung in Afghanistan, die latente sowjetische Drohung gegen Polen seit dem Winter 1980/81 und die gleichfalls latente, aber langfristige riskante Bedrohung der westlichen Interessen im Nahen und Mittleren Osten bewältigt werden. Das 1979 von den Ereignissen in Iran und seit Sommer 1980 durch den irakisch-iranischen Krieg hervorgerufene neue amerikanische Interesse an der Bereitstellung westlicher militärischer Potentiale für einen Einsatz zur Krisenbewältigung und Stabilisierung des Mittleren Ostens komplizierte die Bündnisbeziehungen und die Rüstungskontroll-Verhandlungen mit der Sowjetunion. Die amerikanische „Rapid Deployment Force" und die Exerzitien der von den USA eingeleiteten „South West Asia Impact Study" über die Wechselwirkungen zwischen Krisen außerhalb des nordatlantischen Bündnisgebietes und der Sicherheit des nordatlantischen und mittelmeerischen Raumes erwiesen sich als politisch bedeutsame und für die Allianzharmonie kritische Faktoren.[9]

DIE GENFER VERHANDLUNG ÜBER MITTELSTRECKENWAFFEN IN EUROPA

Ende Oktober 1980 waren in Genf zwischen Vertretern der Sowjetunion und der USA Vorgespräche zur Einleitung der von den NATO-Partnern im sogenannten „Doppelbeschluß" vom 12. Dezember 1979 angebotenen Verhandlungen über eine beiderseitige Begrenzung nuklear bestückter Mittelstreckensysteme in Europa aufgenommen worden. Dabei hatte sich erwiesen, daß die Sowjetunion in diese Verhandlung die amerikanischen „Forward Based Systems" (FBS) einbeziehen wollte, d. h. Kampfflugzeuge, die mit Kernwaffen von überseeischen oder „vorgeschobenen" Stützpunkten außerhalb Amerikas sowjetisches Gebiet erreichen könnten.[10] Außerdem forderten die sowjetischen Unterhändler in Genf den Einbezug der britischen und französischen strategischen Raketen und Bomber.[11] Schließlich blieb die sowjetische Seite bei

---

[7] *EA*, 14/1982, S. D 336–340.

[8] Ebd., S. D 342–345.

[9] Vgl. hierzu u. a. Karl *Kaiser*, Winston *Lord*, Thierry *de Montbrial*, David *Watt*, Die Sicherheit des Westens. Neue Dimensionen und Aufgaben, Bonn 1981, S. 35 ff.

[10] Vgl. zum Berichtszeitraum 1979/80 Lothar *Ruehl*, Belastungen des amerikanisch-europäischen Verhältnisses, in: IP 1979/80, S. 42 ff., hier S. 60 f.

[11] Vgl. Walter *Schütze*, Die Bedeutung der französischen Kernwaffen, in: *APZ* B 46/83, S. 3 ff.

der Weigerung, die Generalsekretär Leonid Breshnjew schon vor dem Doppelbeschluß, am 6. Oktober 1979, in Ost-Berlin formuliert hatte, den Vereinigten Staaten ein Recht auf die Stationierung neuer Mittelstreckensysteme und der NATO das Recht auf die beschlossene Modernisierung ihrer regional gebundenen Kernwaffen größerer Reichweite oder Mittelstreckensysteme (LRTNF) zuzuerkennen.[12] Dies bedeutete praktisch, daß die Sowjetunion das westliche Verhandlungsangebot ablehnte, obwohl sie es pro forma schließlich auf Drängen der europäischen Staaten angenommen hatte. Doch schon im Oktober/November 1980 hatte sich in Genf gezeigt, daß die Sowjetunion über die britischen und französischen Waffensysteme entgegen den Aussagen Breshnjews und Außenminister Andrej A. Gromykos am 30. Juni und 1. Juli 1980 in Moskau gegenüber Bundeskanzler Helmut Schmidt und Außenminister Hans-Dietrich Genscher keinerlei Zugeständnis machen wollte. Im Sommer 1980 im Kreml hatten Gromyko und Breshnjew auf Schmidts Frage ausdrücklich erklärt, daß die Waffensysteme Frankreichs und Großbritanniens wie die Chinas nicht Gegenstand dieser Verhandlung werden, sondern in SALT III behandelt werden sollten; die INF-Verhandlung sollte ausschließlich über die amerikanischen „FBS“ und die neuen amerikanischen Flugkörper mittlerer Reichweite geführt werden.[13] Allerdings hatte damals in Moskau die sowjetische Militärführung, vertreten durch Verteidigungsminister Dmitrij Ustinow und Generalstabschef Nikolaj Ogarkow, den beiden deutschen Staatsmännern einen Kräftevergleich vorgelegt, in dem die britischen und französischen Raketen und Flugzeuge auf westlicher Seite neben den amerikanischen bilanziert waren.[14]

Vor den amerikanischen Präsidentschaftswahlen im November 1980 waren die Genfer INF-Gespräche vertagt worden. Nach seiner Amtseinführung ließ Präsident Ronald Reagan sich bis zum Herbst 1981 Zeit, bevor er seinen Außenminister Haig in New York bei den Vereinten Nationen Vorgespräche mit Gromyko über den Beginn oder Wiederbeginn der INF-Verhandlung in Genf führen ließ. Diese Vorgespräche waren allerdings im Laufe des Sommers zwischen Haig und dem sowjetischen Botschafter in Washington, Anatolij Dobrynin, vorbereitet worden. Die Bundesregierung in Bonn hatte einen beträchtlichen Anteil an dem Zustandekommen dieser Präliminarien, vor denen beide Seiten zurückgescheut waren: die US-Administration, weil sie zunächst eine neue Verhandlungsposition entwerfen und ihre eigene Rüstungs- und Sicherheitspolitik konzipieren wollte, die Sowjetregierung, weil sie von

---

[12] Vgl. die Rede Breshnjews in: *EA*, 21/1979, S. D 556–560.

[13] Vgl. die Erklärung der sowjetischen Führungsgremien zum Schmidt-Besuch am 4. 7. 1980, in: *EA*, 15/1980, S. D 443.

[14] Zur Problematik vgl. Lothar *Ruehl*, So schlecht steht die NATO gar nicht da, in: *Die Zeit*, 11. 7. 1980. Zur sowjetischen Position vgl. auch den Abdruck eines Grundsatz-Artikels der *Prawda* vom 15. 7. 1980, abgedruckt in: *SZ*, 17. 7. 1980.

Anfang an vorzog, die USA und die NATO unter Druck zu setzen, um sich die für einen Kompromiß erforderlichen Konzessionen zu ersparen.[15] Zu diesem Zweck versuchte die Sowjetführung, den in Europa ohnehin verbreiteten Eindruck, daß die Reagan-Administration nicht verhandeln wolle, zu verstärken.

Inoffizielle Vertreter der Sowjetunion wie die Moskauer Institutsprofessoren Georgij Arbatow, Daniil Proektor und Michail Milstein, und Sprecher der KPdSU wie Leonid Samjatin, Wladimir Sagladin und Valentin Falin, aber auch Außenminister Gromyko, Generalsekretär Breshnjew und Verteidigungsminister Ustinow behaupteten in zahlreichen öffentlichen Erklärungen, Aufsätzen und Gesprächen mit westlichen Besuchern oder Diskussionspartnern stets, die Reagan-Administration wolle nicht wirklich verhandeln, sondern vielmehr nur Zeit gewinnen, um den Anschluß an den vorgesehenen Stationierungsbeginn Ende 1983 zu finden. Dabei verband die Sowjetführung ihre kategorische Weigerung, einer Stationierung amerikanischer Mittelstreckenwaffen in Europa zuzustimmen, mit Angeboten eines „Moratoriums" (das Breshnjew schon am 6. Oktober 1979 angeboten hatte) und schließlich einer Reduzierung von Mittelstreckenwaffen in der europäischen Sowjetunion, stets für den Fall, daß die USA und die NATO auf die Ausführung des Modernisierungsplans verzichteten. Schließlich stellte Breshnjew die einseitige Verringerung der Zahl auch der modernen sowjetischen Mittelstreckenraketen vom Typ SS-20 im europäischen Gebietsteil in Aussicht, um ein Verhandlungsergebnis zu erleichtern. Solche Verringerungen würden im Vorgriff auf ein Abkommen erfolgen.[16] Dieses Angebot war auch der Hauptinhalt seiner Offerte in Bonn im November 1981 kurz vor der vereinbarten Wiederaufnahme der INF-Verhandlungen. Von besonderer Bedeutung war Breshnjews Bonner Tischrede vom 23. November, in der er anbot, keine weiteren SS-20 im europäischen Teil der UdSSR zu stationieren, einen „gewissen Teil" dieser Waffen zu reduzieren, ein Abkommen zu schließen, nach dem „Hunderte Einheiten der Waffen dieser Klasse" reduziert werden könnten, sich „auf den Verzicht auf sämtliche Arten nuklearer Waffen mittlerer Reichweite zu verständigen, welche auf Objekte in Europa gerichtet sind", und alle Kernwaffen aus Europa abzuziehen, so daß „Europa von allen Kernwaffen frei sein wird, von taktischen wie von solchen mittlerer Reichweite".[17]

Breshnjew hatte in den Bonner Gesprächen mit Bundeskanzler Schmidt einen Kräftevergleich vorgelegt, in dem die britischen und französischen Waffensysteme figurierten und der den USA in und um Europa gut 700 „FBS"-Flugzeuge einschließlich der britischen und französischen als „NATO-Systeme" zuschrieb, dazu eine Karte von Europa und den umliegenden

[15] Vgl. *Nerlich*, a.a.O. (Anm. 6), S. 468.
[16] Vgl. *EA*, 1/1982, S. D 6–8.
[17] Ebd., S. D 7 und 8.

Seegebieten, auf der beiderseits die von der UdSSR als „Mittelstreckensysteme" angesprochenen Waffensysteme („Angriffsmittel mittlerer Reichweite") eingezeichnet waren. Diese Karte für den von der UdSSR vorgeschlagenen Vertragsraum zeigte auch den sibirischen Teil des Militärbezirks Ural und Teile Kasachstans mit dem kaukasischen Gebiet als Europa für INF-Begrenzungen zugeordnet.

Die sowjetische Verhandlungsposition, die am 30. November 1981 in Genf abgesteckt wurde, entsprach in allen Punkten dieser Darstellung und den von Breshnjew in Bonn vorgetragenen Forderungen und Vorschlägen. Am 16. März 1982 proklamierte Breshnjew in einer Rede vor dem 17. Kongreß der Sowjetgewerkschaften in Moskau ein einseitiges Moratorium für den europäischen Teil der UdSSR:[18] keine Vermehrung der „Kernwaffen mittlerer Reichweite", „Einfrierung" der Bestände an SS-4 und SS-5 und keine zusätzlichen SS-20. Dieses einseitige Moratorium sollte entweder bis zu einem Abkommen oder bis zum Beginn der Stationierung von Pershing II und Marschflugkörpern durch die USA in Europa gelten. Breshnjew wiederholte auch sein Bonner Angebot zur Reduzierung der Zahl der Mittelstreckenraketen im europäischen Teil der UdSSR und die Behauptung, daß zwischen Ost und West in Europa ein Gleichgewicht auch auf der Ebene der INF-Systeme bestehe – eine Behauptung, die er schon 1978 gegenüber Bundeskanzler Schmidt aufgestellt hatte, als die Sowjetunion noch nicht, wie Ende 1981, über etwa 200 SS-20-Startsysteme gegenüber Europa verfügte.[19] Schmidt hatte Breshnjew am 23./24. November 1981 in Bonn daran erinnert und ihm entgegnet, daß angesichts der inzwischen vollzogenen Verstärkungen auf sowjetischer Seite in Europa 1981 logischerweise kein Gleichgewicht mehr bestehen könne, wenn 1978 eines bestanden habe.

Am 18. Mai präzisierte Breshnjew vor dem 19. Komsomol-Kongreß in Moskau das von ihm im März verkündete einseitige Stationierungsmoratorium für Mittelstreckensysteme:[20] „keine zusätzliche Stationierung von Raketen mittlerer Reichweite dort, von wo aus die BRD und andere Länder Westeuropas in ihrer Reichweite liegen würden"; „Einstellung der Vorbereitungen zur Stationierung von [Mittelstrecken-]Raketen einschließlich des Baus von Startrampen für solche Raketen"; „Reduzierung" der Zahl der im europäischen Gebietsteil der UdSSR stationierten Raketen mittlerer Reichweite. Breshnjew lehnte die Ausdehnung dieses Moratoriums auf Ostasien als „absurd" ab, stellte aber Bereitschaft zu Verhandlungen darüber „mit denen, in deren Händen sich die Kernwaffen befinden, denen unsere Raketen gegenüberstehen", in Aussicht.

---

[18] Abgedruckt in: *EA*, 8/1982, S. D 211–214.
[19] Vgl. *EA*, 18/1978, S. D 516.
[20] Abgedruckt in: *EA*, 13/1982, S. D 309 f.

Dabei machte Breshnjew weder einen Unterschied zwischen den alten SS-4/5 mit je einem Sprengkopf und den modernen SS-20 mit je drei Sprengköpfen, noch erwähnte er überhaupt das seit 1979 vom NATO-Angebot spezifizierte Kriterium „Gefechtsköpfe auf Startgeräten". Er präzisierte auch nicht, ob nur Startgeräte oder mit diesen auch Raketen und deren Gefechtsköpfe demontiert und wie diese gegebenenfalls behandelt werden sollten. Aus seinen Worten war zu schließen, daß die Sowjetunion sich vorbehielt, aus dem europäischen Teil abgezogene Mittelstreckenraketen im Fernen Osten wiederaufzubauen; dies würde praktisch die verlegbaren und landbeweglichen, nachladefähigen SS-20 betreffen. Das Angebot, alle Mittelstreckenraketen außer Reichweite zu Westeuropa zu ziehen, wurde in Genf und in Moskau gegenüber westlichen Besuchern in Gesprächen mit dem Hinweis präzisiert, daß keine Systeme westlich des 80. Längengrades stationiert, daß also die Europa-orientierte Dislozierung nicht vergrößert würde.[21]

Doch auch das einseitig verkündete Mittelstreckenraketen-Moratorium für die europäische UdSSR wurde nach Mai 1982 nicht strikt eingehalten, obwohl Verteidigungsminister Ustinow und sowjetische Presseorgane dies behaupteten. Tatsächlich wurde die Stationierung fortgesetzt, bis Anfang 1983 alle 243 gegenüber Europa stationierten SS-20-Startgeräte technisch einsatzfähig waren. Die Sowjetregierung spielte dabei mit Worten: mit dem Unterschied zwischen dem „Bau von Startrampen" (den sie tatsächlich ohnehin nie zur Disposition gestellt, sondern von allen Vorschlägen freigehalten hatte) und der Fertigstellung von Infrastruktur und technischen Anlagen in den Stellungsbereichen. Tatsächlich wurden diese technischen Arbeiten in den noch nicht vollendeten Stellungsbereichen in der europäischen UdSSR während des Jahres 1982 fortgesetzt. In drei Bereichen in den westlichen Militärbezirken wurde daran gearbeitet: Die Vorbereitungen für die Einsatzbereitschaft von drei Regimentern mit zusammen 27 SS-20-Systemen wurden ungeachtet des „Moratoriums" vom 16. März und der Erklärung vom 18. Mai zu Ende geführt.

Die irreführende Erklärung Breshnjews vom 18. Mai 1982 mochte verschiedene Gründen haben, wie auch das Dementi westlicher Mitteilungen durch Ustinow, der im Juli 1982 von der „Ehre der Sowjetunion" sprach, die in Frage gestellt würde.[22] Tatsächlich hatte schon der ZK-Funktionär Sagladin im Dezember 1981 in einem internationalen Seminar in Genf von 243 SS-20 gegenüber Europa gesprochen, als nach der amerikanischen Aufklärung nur etwa 200 SS-20 gegen Europa einsatzbereit waren.[23] Die Differenz deutet auf

---

[21] Vgl. Der Bundesminister der Verteidigung (Hrsg.), Weißbuch 1983. Zur Sicherheit der Bundesrepublik Deutschland, Bonn 1983, S. 206.

[22] Dimitri *Ustinow*, Die Gefahr eines Kernwaffenkrieges abwenden, in: *ND*, 13. 7. 1982.

[23] Vgl. Weißbuch 1983, a.a.O. (Anm. 21), S. 202 und 213.

zweierlei hin: Die Sowjetunion hatte die feste Absicht, vor einem Moratorium ihren Stationierungsplan zu verwirklichen; nach ihrer Auffassung durfte jeder begonnene Stellungsbau zur Bestückung vollendet werden, auch unter der Ägide eines „Moratoriums".

Die Verhandlungsvorschläge beider Seiten für INF-Begrenzungen

Die Vereinigten Staaten hatten mit der Rede Präsident Reagans vom 18. November 1981 die seit 1980 von den Regierungsparteien der sozial-liberalen Koalition in Bonn geforderte „Null-Lösung" für ein Abkommen zur Grundlage ihrer Verhandlungsposition gemacht: „Die Vereinigten Staaten sind bereit, auf ihre Dislozierung der Pershing II und der landgestützten Marschflugkörper zu verzichten, wenn die Sowjetunion ihre SS-20-, SS-4- und SS-5-Raketen abbaut."[24] Reagan hatte dieses Angebot mit der Feststellung verbunden, daß während der vergangenen sechs Jahre (seit 1974), während die USA keine neuen Raketen mittlerer Reichweite einführten und aufstellten, die Sowjetunion „750 Gefechtsköpfe auf mobilen, zielgenauen ballistischen Flugkörpern stationiert" habe, so daß sie nunmehr über 1 100 Gefechtsköpfe auf den SS-20-, SS-4- und SS-5-Raketen verfüge. Dagegen hätten die USA seit 1979 1 000 nukleare Gefechtsköpfe aus Europa abgezogen und verfügten nicht über gleichartige Raketen; die letzten Raketen dieser Art seien vor mehr als 15 Jahren aus Europa abgezogen worden.[25]

Das Angebot der „Null-Lösung" – des beiderseitigen weltweiten Verzichts auf Raketen und Marschflugkörper für Start vom Boden mit mittlerer oder „intermediärer" Reichweite – sollte nur für die beiden SALT-Partner gelten. Am 2. Februar 1982 legten die Vereinigten Staaten in Genf einen entsprechenden Vertragsentwurf vor, der insbesondere vorsah: keine ballistischen (GLBM) und aerodynamischen (GLCM) boden-gestützten Flugkörpersysteme mittlerer Reichweite, d.h. einer Reichweite zwischen 1 800 und 5 500 km, zu erproben, zu produzieren und zu stationieren; alle derartigen Systeme binnen Jahresfrist nach Vertragsschluß zu zerstören; keine GLBM und GLCM mit Reichweiten von 925 bis 1 800 km zu erproben, zu produzieren und zu stationieren; die Reichweite von Systemen dieser Klasse nicht zu vergrößern; solche Systeme mit einer Reichweite zwischen 550 und 1 800 km nicht mit Mehrfach-Gefechtsköpfen zu bestücken. Die Einhaltung des Vertrags sollte mit nationalen technischen Aufklärungsmitteln von außerhalb des Staatsgebietes der anderen Seite verifiziert werden. Die im Moskauer SALT-Abkommen

---

[24] *EA*, 24/1981, S. D 657.

[25] Präsident Reagan verwies damit auf den Abzug der „Thor"- und „Jupiter"-Mittelstreckenraketen 1963; außerdem hatten die USA 1969 auch die letzten ihrer Marschflugkörper „Mace" 8 aus Deutschland abgebaut.

geschaffene Ständige Kommission in Genf (SCC) sollte für Datenvergleich, gegenseitige Information, Überprüfung und Überwachung der Vertragspraxis benutzt werden.[26]

Der Vertragsentwurf schloß die Möglichkeit von Verhandlungen über eine beiderseitige Begrenzung der Zahl und Reichweite von INF-Kampfflugzeugen in einer zweiten Phase ein. Die Vertragsdauer war nach dem amerikanischen Vorschlag unbegrenzt; alle fünf Jahre war eine Überprüfungskonferenz vorgesehen. Mit dem Vertrag sollte die Verpflichtung zu Verhandlungen über weitergehende Reduzierungen verbunden sein (bei Waffensystemen geringerer Reichweite, die vom Vertrag nicht oder nur für Begrenzung auf dem bestehenden Stationierungsstand erfaßt würden). In einem zu vereinbarenden Annex sollten die Daten der vom Vertrag erfaßten Systeme festgehalten werden.

Der amerikanische Entwurf vom 2. Februar 1982 ließ alle see- und luftgestützten Flugkörpersysteme von jeder Beschränkung frei. Er bezog sich ausschließlich auf amerikanische und sowjetische Systeme und Streitkräfte und sah weltweite Geltung vor. Er entsprach, wie auch die späteren Abänderungen und neuen Vorschläge im Jahre 1983, den von Reagan aufgestellten wesentlichen Kriterien: Das Abkommen sollte weltweit gelten, es sollte sich nur auf die Waffensysteme der beiden Weltmächte beziehen, nicht auf die Waffensysteme „dritter Länder", und es sollte sich um ein paritätisches Abkommen mit gleichen Rechten und Obergrenzen (bei Null) auf beiden Seiten handeln.

Zweck des Entwurfs war es, im Sinne der westlichen Sicherheitsinteressen die schwersten und gefährlichsten Bedrohungen im Mittelstreckenbereich weltweit und vollkommen zu beseitigen, die Zahl und Reichweite sowie die Tragfähigkeit der sowjetischen Flugkörpersysteme für Bodenstart auf dem zum Jahresbeginn 1982 erreichten Stand einzufrieren und die verbündeten europäischen Nuklearmächte Frankreich und Großbritannien frei von jeder Begrenzung zu lassen. Die von der UdSSR als „FBS" bezeichneten amerikanischen nuklearfähigen Flugzeuge, die zu den NATO-Luftstreitkräften zählen und konventionelle Einsatzaufgaben haben, sollten aus einem INF-Abkommen ausgeklammert werden, ebenso die entsprechenden sowjetischen Flugzeuge in Europa. Das Abkommen sollte die Gefechtsköpfe auf Startgeräten erfassen und das Entstehen einer neuen „grauen Zone" am unteren Reichweitenbereich der INF-Systeme verhindern. Die sowjetische SS-20-Rüstung sollte weltweit beseitigt, eine Verlagerung von Mittelstreckenraketen aus Europa nach Fernost vereitelt werden.

Die Sowjetunion machte, nachdem sie Breshnjews Vorschlag vom 23. November 1981 schon bei Konferenzeröffnung in Genf am 30. November in aller Form vorgelegt hatte, am 25. Mai 1982 einen Gegenvorschlag, der vorsah: Die Zahl der am 1. Juni 1982 in Europa vorhandenen Mittelstrecken-Systeme beider Seiten, einschließlich Frankreichs und Großbritanniens, sollte binnen

[26] Vgl. *EA*, 17/1972, S. D 412.

fünf Jahren auf je 300 verringert und die Stationierung von „neuen Typen" von Systemen mittlerer Reichweite in Europa und in angrenzenden Seegebieten verboten werden. Alle FBS der USA, also alle nuklearfähigen Kampfflugzeuge auf Startbasen in Europa und angrenzenden Seegebieten, von denen sie sowjetisches Gebiet erreichen könnten, sollten in der Gesamtzahl von 300 enthalten sein. Unter dem Plafond von 300 sollte eine besondere Obergrenze für Raketen gelten, und dabei sollte die Zahl der britischen und französischen Raketen als Maßstab für die Zahl der sowjetischen dienen (162 zu 162).

Nach einem weiteren Vorschlag der Sowjetunion vom 15. Juni 1982 sollten die Begrenzungslinien für Flugkörper und für Flugzeuge unterschiedlich sein: der 80. Längengrad im Osten für Flugkörper und der 40. Grad im Westen, der 60. Längengrad im Osten für Flugzeuge und der 40. Grad im Westen. (Später änderte die UdSSR ihren Entwurf noch leicht ab, indem sie die Grenze für Flugkörper im Osten auf eine Linie von Nowosibirsk in nordöstlicher Richtung gerade auf die Lena-Mündung zurücknahm.)

Der sowjetische Vorschlag vom Mai 1982, der später verschiedentlich ergänzt und abgeändert wurde, blieb für 1982/83 die Grundlage der sowjetischen Verhandlungsführung. Er zielte auf die Verdrängung des größten Teils der nuklearfähigen amerikanischen Kampfflugzeuge verschiedener Gefechtsreichweite aus Europa und damit auf eine strukturelle Schwächung nicht nur der gesamten Bewaffnung der NATO mit „taktischen" Nuklearwaffen, sondern auch der konventionellen Stärke der NATO-Luftstreitkräfte in Europa. Er wollte die Stationierung landgestützter amerikanischer Mittelstreckenwaffen in Europa verhindern und ein sowjetisches Monopol auf moderne landgestützte Mittelstreckenraketen in Europa vertraglich festschreiben. Die britischen und französischen strategischen Raketen, zum Maßstab der jeweiligen sowjetischen Rüstung bestimmt, sollten einbezogen werden (während alle seegestützten sowjetischen Flugkörper, die Westeuropa erreichen könnten, ebenso ungebunden blieben wie die sowjetischen Flugzeuge gegenüber Europa). Ein auf dieser Grundlage geschlossenes Abkommen hätte besondere Sicherheitsbedingungen für Europa, unabhängig von den sowjetisch-amerikanischen strategischen Beziehungen, ausgeprägt, d. h. die strategische Einheit des nordatlantischen Bündnisgebietes wäre aufgelöst worden. Die Sowjetunion hätte in Asien östlich des 80. Längengrades ein SS-20-Angriffspotential aufbauen können, während durch die Einbeziehung des gesamten Ostatlantik östlich Grönlands und der Azoren sowie des Mittelmeers die Seestationen westlicher Flugzeugträger in diesem weiten Seeraum den Bestimmungen des Abkommens unterworfen worden wären.

Der sowjetische Vertragsentwurf bezog sich auf landgestützte Raketen mit Reichweiten zwischen 1 000 und 5 500 km und auf Startvorrichtungen für ältere, vor 1965 in Dienst gestellte seegestützte Raketen auf U-Booten, die in westlichen Flotten nicht mehr im Dienst waren, in der sowjetischen Ostseeflotte aber noch mit 18 SS-N-5 geführt wurden. Die Sowjetunion hatte in den von ihr vorgeschlagenen Geltungsbereich auch den asiatischen Teil des Militärbezirks Ural und Transkaukasien einbezogen. Die sowjetische FBS-Definition bedeutete, daß auf westlicher Seite alle amerikanischen Flugzeuge der Typen F-111 (in Großbritannien), FB-111 (in den USA), F-4 (auch auf See) und A-6/7 (auf See) eingerechnet wurden, insgesamt mehr als 700. Da die sowjetische Zählweise 255 INF-Systeme im Westen als stationiert berechnete,[27] hätten die USA nur noch 45 Flugzeuge behalten können – z. B. ein Drittel ihrer F-111.[28]

Im Dezember 1982 machte der neue Generalsekretär der KPdSU, Jurij Andropow,[29] den Vorschlag, daß die Sowjetunion neben älteren SS-4/5 auch „mehrere Dutzend" moderne SS-20-Systeme demontieren und jeweils nicht mehr landgestützte Mittelstreckenraketen behalten solle als Frankreich und Großbritannien; damit war die Rüstung dieser beiden Länder zum Maßstab der sowjetischen Rüstung mit landgestützten modernen Mittelstreckenraketen erhoben.

Der sowjetische Vorschlag war im Unterschied zum amerikanischen auf Startgeräte (launchers), nicht auf Gefechtsköpfe angelegt, so daß die drei Gefechtsköpfe der SS-20 bei den Berechnungen nicht zu Buche schlugen (erst 1983 veränderte Andropow diese Position). Die Frage, wie die Flugkörper oder Raketen zu behandeln wären, blieb 1982 in den sowjetischen Einlassungen offen (erst 1983 wurde von Andropow und Marschall Achromejew in Moskau auch die Zerstörung von Raketen zusammen mit den zu demontierenden Startgeräten angeboten).[30] Auch der Transfer von im europäischen Gebietsteil zu demontierenden Systemen nach Ostasien blieb während des Jahres 1982 als sowjetische Option möglich; Gromyko beharrte darauf sogar noch im Frühjahr 1983, bevor später diese Position aufgegeben wurde.[31]

Alles in allem behielt sich die Sowjetunion 1981/82 vor, den größten Teil ihrer gegenüber Europa aufgestellten SS-20-Raketen mit je drei Gefechtsköpfen einsatzbereit zu bewahren. Es sollten jeweils so viele SS-20 gegenüber der NATO stationiert bleiben, wie Frankreich und Großbritannien strategische Raketen einsatzbereit hätten. In Ostasien wollte die Sowjetunion freie Hand

---

[27] Vgl. Weißbuch 1983, a.a.O. (Anm. 21), S. 206.

[28] Dazu im einzelnen: Weißbuch 1983, ebd., S. 213. Zum Kräftevergleich vgl. auch James J. *Martin*, Die nuklearen Kräfteverhältnisse in Europa 1970–1980, in: Uwe *Nerlich* (Hrsg.), Sowjetische Macht und westliche Verhandlungspolitik im Wandel militärischer Kräfteverhältnisse, Baden-Baden 1982, S. 135 ff.

[29] *EA*, 4/1983, S. D 95.

[30] So Achromejew auf einer Pressekonferenz in Moskau am 14. 9. 1983. Vgl. TASS, 14. 9. 1983.

[31] Vgl. die Rede von Außenminister Gromyko am 17. 1. 1983 in Bonn, abgedruckt in: *EA*, 5/1983, S. D 137–139. Vgl. auch die Ausführungen von Andrej Gromyko in einem Prawda-Interview zum Stand der Genfer Gespräche über die Begrenzung und Reduzierung der Raketenkernwaffen, abgedruckt in: *ND*, 24. 2. 1983.

mit Mittelstreckenraketen behalten. In einem Abkommen sollte nur die Zahl der Startgeräte begrenzt werden, nicht aber die der Flugkörper für ihre nachladefähigen SS-20 und nicht die Zahl der Gefechtsköpfe. Schließlich sollte möglich bleiben, aus Europa abzuziehende Raketen nach Asien zu verlagern und dort östlich des 80. Längengrades aufzustellen.

Am 27. Mai 1982 legte die sowjetische Delegation in Genf den Entwurf eines Zusatzprotokolls vor, in dem die zu erfassenden britischen und französischen Systeme aufgezählt wurden: 64 Polaris A-3 Abschußvorrichtungen, 47 Vulcan 8-2 Flugzeuge, 18 S-3 MRBM-Abschußvorrichtungen, 80 M-20 SLBM-Abschußvorrichtungen, 46 Mirage IV-A Flugzeuge – insgesamt 255 Systeme.

Der „Waldspaziergang“ und das Nitze-Kwizinskij-Denkmodell

Im Sommer 1982 diskutierten die beiden Hauptunterhändler Paul Nitze und Julij Kwizinskij außerhalb der Konferenz Möglichkeiten eines Kompromisses. Die Initiative dazu war vom amerikanischen Delegationsleiter Nitze ausgegangen. Er wollte vermeiden, daß die Verhandlungen (wie das SALT-II-Abkommen) scheiterten. Außerhalb der förmlichen Verhandlung wollte er deshalb mit Kwizinskij einen gemeinsamen definitiven Entwurf für ein Abkommen vereinbaren, den die beiden Unterhändler inoffiziell behandeln und ihren Regierungen zur Zustimmung vor einem Abschluß in der Konferenz vorlegen sollten. Zu diesem Zweck unternahmen Nitze und Kwizinskij Spaziergänge in einem Wald oberhalb von Genf, zuletzt am 16. Juli 1982.

Das Resultat dieser ambulanten Diskussion war ein gemeinsames Denkmodell: Auf jeder Seite sollte es 75 Startgeräte geben, wobei die UdSSR nur SS-20-Startgeräte, die USA ausschließlich Startgeräte für Marschflugkörper haben sollte. Die Sowjetunion würde damit 225 SS-20-Gefechtsköpfe auf Werfern gegenüber Europa einsatzbereit halten, die USA 300 Gefechtsköpfe für die Marschflugkörper in Europa ($3 \times 75 = 225$ und $4 \times 75 = 300$). Jede Seite sollte außerdem 150 INF-Flugzeuge im Dienst halten dürfen. Die UdSSR würden den Stationierungsstand ihrer SS-20 in Fernost (im Juli 1982 handelte es sich um 90 SS-20-Werfer) behalten, aber keine zusätzlichen mehr stationieren dürfen.

Diese Denkfigur bezeichnete ein ungefähr ausgewogenes Abkommen bezogen auf Europa, ohne amerikanische Pershing-II-Raketen und ohne Anrechnung der britischen und französischen Raketen und Flugzeuge. Die Vereinigten Staaten konsultierten ihre Verbündeten im Sommer 1982 darüber nicht. Nitze und Kwizinskij vereinbarten Stillschweigen nach außen, und der sowjetische Unterhändler nannte dem amerikanischen den Namen eines sowjetischen Diplomaten in Washington, der ihm zu gegebener Zeit ein Signal über die Aufnahme des Modells in Moskau geben sollte. Doch dieses Signal blieb aus. Im Nationalen Sicherheitsrat der USA wurde dem Modell zunächst im Prinzip zugestimmt, danach wurden jedoch vom Verteidigungsministerium Einwände erhoben, insbesondere wegen des Verzichts auf Pershing-Raketen und wegen des Freikontingents für die Sowjetunion in Fernost. Nitze wurde immerhin ermächtigt, auf der eingeschlagenen Linie weiterzuverhandeln.

Als die Außenminister George Shultz und Andrej Gromyko im September 1982 in New York bei den Vereinten Nationen zu Gesprächen zusammentrafen, war von dem Nitze-Kwizinskij-Kompromißmodell nicht die Rede. Bei der Wiederaufnahme der Genfer Konferenz teilte Kwizinskij Nitze mit, daß das Modell für die Sowjetregierung nicht annehmbar sei und weitere Diskussionen darüber zwecklos wären. Die Sowjetführung hatte den Kompromiß abgelehnt. Zur Begründung erklärte Kwizinskij die vier Forderungen seiner Regierung an ein INF-Abkommen: 1. keine neuen amerikanischen Mittelstreckenwaffen in Europa; 2. Einbeziehung aller amerikanischen FBS in eine Obergrenze von 300 Systemen; 3. Anrechnung der britischen und französischen Systeme; 4. vollkommene Dispositionsfreiheit der UdSSR auf ihrem Staatsgebiet außerhalb des europäischen Raumes, also keine Begrenzung der SS-20-Stationierung in Ostasien. Damit war der „Waldspaziergang" als Annäherungsversuch gescheitert. Keine der beiden Regierungen hatte sich zu dem in Aussicht genommenen Modell verstehen können; die Moskauer Ablehnung war uneingeschränkt und schroff, die Washingtoner Führung ließ weitere Versuche offen.

Die Sowjetführung war im Jahre 1982 nicht mehr in der Lage, ihre einmal eingenommene Position wesentlich zu verändern. Das Ende der Breshnjew-Ära war für jedermann sichtbar gekommen; die Nachfolge im Kreml warf ihren Schatten auf die Genfer Verhandlungen.[32] Allem Anschein nach war die Position, keiner amerikanischen Waffenstationierung in Europa zuzustimmen, d.h. keinen Kompromiß zu schließen, sondern bei den alten Forderungen zu bleiben und abzuwarten, noch einmal im Politbüro der KPdSU bekräftigt worden: Die Instruktionen, die Kwizinskij präsentierte, trugen die Paraphe Jurij Andropows. Erst nach dem Führungswechsel in Moskau konnte der neue Generalsekretär von der Linie abweichen – doch er tat dies nur in einigen Modalitäten. So ging das Jahr 1982 ohne erhebliche Veränderungen in der Verhandlungslage zu Ende.

DIE VERHANDLUNG ÜBER INTERKONTINENTALE SYSTEME (START)

Nach der sowjetischen Intervention in Afghanistan Ende Dezember 1979 hatte Präsident Jimmy Carter den Ratifikationsprozeß für den SALT-II-Vertrag vom Juni 1979 im Senat der Vereinigten Staaten unterbrochen, da er

[32] Vgl. hierzu auch den Beitrag von Eberhard *Schulz* in diesem Band.

keine Aussicht mehr auf Zustimmung von zwei Dritteln der Senatoren sah. Sein Gegenkandidat Ronald Reagan trat im Wahlkampf von 1980 als dezidierter Gegner des Wiener Abkommens auf und erklärte, er werde als Präsident SALT II nicht in Kraft setzen. Seine Kritik konzentrierte sich auf die Konzessionen, die der UdSSR für deren schwere Interkontinentalraketen SS-18 ohne Gegenleistung gemacht worden waren, ferner auf die Ausklammerung des „Backfire"-Bombers. Reagan sah in dem Vertragswerk kein geeignetes Instrument, die strategische Parität zwischen den beiden Partnern zu wahren. In diesem Sinne forderte er statt der vereinbarten Begrenzungen tiefgreifende Verringerungen der strategischen Waffenarsenale und Vorkehrungen gegen eine Vermehrung der Gefechtskopfzahl und die Ausnutzung des größeren Start- und Wurfgewichts der sowjetischen Raketen zu diesem Zweck.

Reagan und seine Berater nahmen damit die Kritik wieder auf, die schon der Verteidigungsminister der Nixon-Administration, James Schlesinger, in seiner politischen Auseinandersetzung mit Außenminister Henry Kissinger über SALT in den Jahren 1974/75 vorgetragen hatte. (Diese Kritik war der Anlaß für Schlesingers Entlassung als Verteidigungsminister durch Präsident Ford gewesen.) Reagan befand sich auch in fundamentaler Übereinstimmung mit solchen Kritikern von SALT wie dem demokratischen Senator Henry Jackson, der 1972 die Gesetzesresolution durchgesetzt hatte, auf die Reagan sich berief: Diese Resolution verlangte Gleichheit zwischen beiden SALT-Partnern bei der Festsetzung von Obergrenzen für landgestützte interkontinentale Waffensysteme.[33]

Mit der Wahl Reagans zum Präsidenten im November 1980 war klar, daß SALT II von den Vereinigten Staaten nicht ratifiziert werden würde, zumal der republikanische Präsident auch eine republikanische Mehrheit im Senat an seiner Seite hatte. Damit trat ein Bruch mit zehn Jahren amerikanischer SALT-Politik ein: Von Nixon bis Carter hatte Washington das Ziel ungefähr ausgewogener Begrenzungen und Verringerungen der Zahl und der Qualität strategischer Waffen auf beiden Seiten stetig und geduldig verfolgt. Drei Administrationen hatten sich dabei von der Überzeugung leiten lassen, daß die Mittel Amerikas stets ausreichen würden, die globalstrategische Stabilität der gegenseitigen Abschreckung im Verhältnis zur Sowjetunion zu bewahren und alle überseeischen Verbündeten und Interessen der USA nuklearstrategisch ausreichend abzudecken.

Zweifel an dieser Fähigkeit waren zwar immer wieder laut geworden, ferner auch Einwände von Gewicht wie die Schlesingers hinsichtlich der potentiellen Gefährdung des ohnehin nicht genau austarierten Gleichgewichts durch das größere Wurfgewicht der schwereren sowjetischen Interkontinentalraketen, das zur Eindeckung der „Minuteman"-Raketensilos mit einer Vielzahl von

[33] Vgl. Senate Debate on the Jackson Amendment to Public Law 92–448, in: Roger P. *Labrie* (Hrsg.), SALT Handbook, Washington 1979, S. 144 ff.

Gefechtsköpfen genutzt werden könnte. Die „Silo-Gefährdung" durch die relativ zielgenauen SS-18 und SS-19 war ein Thema der strategischen Diskussion in den USA, lange bevor Reagan Kandidat wurde. Doch die Diskussionen waren von der Überlegung beherrscht geblieben, daß die SALT-Begrenzungen den Vereinigten Staaten noch immer eine genügend breite Sicherheitsmarge für ihre strategischen Rüstungen lassen würden und daß keine Situation drohte, in der die Sowjetunion alles auf einen erfolgreichen Erstschlag gegen die in Silos verbunkerten amerikanischen Raketen setzen würde, da mehrere hundert amerikanische Raketen auf U-Booten unverletzlich und damit einsatzfähig für einen Vergeltungsschlag blieben.

Die neue Administration brauchte mehrere Monate für eine Überprüfung der gesamten Rüstungs- und Rüstungskontroll-Politik. Die europäischen NATO-Partner drängten Washington gemeinsam mit Kanada zur Wiederaufnahme der Verhandlungen über strategische Waffen mit der Sowjetunion. Dabei mußte vorausgesetzt werden, daß Reagan und die Senatsmehrheit SALT II nicht ratifizieren würden; der SALT-Prozeß mußte also auf andere Weise wiederaufgenommen werden.

Die Reagan-Administration ließ sich Zeit bis zum November 1981, bevor sie ihre Bereitschaft erklärte, über strategische und Mittelstreckensysteme mit dem Ziel einer Verringerung der Waffenzahl zu verhandeln. Diese Verzögerung war auch durch die Überprüfung der von der Carter-Administration stornierten bzw. noch nicht entschiedenen Rüstungsprogramme verursacht. Die Reagan-Administration mußte zunächst Klarheit über die Fortführung verschiedener Rüstungslinien und über die mittelfristige Planung des Verteidigungshaushalts gewinnen. Reagan hatte sich vorgenommen, nur von einer gesicherten und starken Rüstungsposition aus mit der Sowjetunion über Begrenzungen und Verringerungen bestimmter Rüstungen zu verhandeln. Er wollte keine strategische Unterlegenheit, wie der frühere Verteidigungsminister Schlesinger sie als Risiko definiert hatte, akzeptieren, sondern eine reale strategische Parität zwischen beiden Supermächten sichern.

Im Bereich der Rüstungskontrolle bestand Reagan auf gleichwertigen und ausgewogenen Verringerungen, denen er den Vorzug vor bloßen Begrenzungen gab. Wie Schlesinger in den Jahren 1973 bis 1975 tendierte der neue Präsident zu tief in die strategischen Arsenale eingreifenden Reduzierungen auf beiden Seiten, zu einer überproportionalen Verringerung des Wurfgewichts der sowjetischen Interkontinentalraketen und zu einer Verringerung der Zahl der Angriffsträger mit Mehrfachsprengköpfen. Wie Carter und Cyrus Vance 1977 strebte er nach einer linearen Reduzierung des gesamten strategischen Raketenarsenals auf beiden Seiten mit einem Abbau des sowjetischen SS-18-Angriffspotentials, das Carter mit dem „Vance-Vorschlag" vom März 1977 für SALT II hatte halbieren wollen.

Doch diese Kontinuität stand in einer Spannung zur Diskontinuität in der strategischen Konzeption: Die Reagan-Administration definierte 1981/82 strategische Aquivalenz weit rigoroser, als es die drei Administrationen vor ihr getan hatten; Reagan und sein Verteidigungsminister Caspar Weinberger standen in ihrer Perzeption und mit ihren Grundauffassungen Schlesinger und Jackson näher als etwa den republikanischen Verteidigungsministern Melvin Laird und Donald Rumsfeld unter den Präsidenten Richard Nixon und Gerald Ford. „Essential equivalence" oder Gleichwertigkeit im Wesentlichen im Vergleich zwischen den strategischen Streitkräften der Vereinigten Staaten und der Sowjetunion wurde nun exakter bestimmt, als es im pragmatischeren Paritätsdenken von Nixon, Kissinger, Laird und später den Ministern Carters konzipiert war.

Die zuerst von Schlesinger 1974 aufgezeigte Gefahr einer Neutralisierung der Interkontinentalraketen der USA durch wirksame Bedrohung der Raketensilos trat in den Mittelpunkt der strategischen Diskussion. Damit kam der Entscheidung für eine überlebensfähige Dislozierungsart der modernen MX-Raketen und über die Einführung des von Carter zurückgestellten B-1-Bombers eine zentrale Bedeutung für die Rüstungs- und Rüstungskontroll-Politik der Vereinigten Staaten zu. Eine Ratifizierung des SALT-II-Abkommens, das der Sowjetunion ihre 300 schwersten landgestützten ICBM, die SS-18, gelassen hatte, kam für Reagan nicht mehr in Betracht. Die Vorstellung einer Verwundbarkeit der strategischen Waffen in Amerika durch einen präventiven Entwaffnungsschlag mit SS-18 und SS-19 mit der Folge, daß die amerikanische Reaktionsfähigkeit für Gegenschläge mit zielgenauen Waffen auf ausgewählte Ziele in der UdSSR gelähmt wäre, beherrschte den Horizont für die Jahre 1985 bis 1990 in der amerikanischen Diskussion.

Reagan nahm an dieser öffentlichen Diskussion mit Erklärungen seiner Berater und seines Verteidigungsministers Weinberger teil, die den Eindruck erwecken konnten, die USA strebten wieder nach strategischer Überlegenheit. Zwar bestritten Reagan und Weinberger dies und wiesen diese Auslegung ihrer Forderung nach einer Stärkung der strategischen und militärischen Stellung der Vereinigten Staaten gegenüber der Sowjetunion zurück. Doch in Westeuropa, insbesondere in der Bundesrepublik Deutschland, bemächtigte sich die Debatte über den Doppelbeschluß des Bündnisses von 1979 und über das amerikanische Interesse an Rüstungskontrolle solcher Äußerungen und der amerikanischen Kritik an der Reagan-Administration, um den Nachweis zu führen, daß die amerikanische Strategie sich geändert habe.[34]

Schließlich legten die Vereinigten Staaten im Juni 1982 in Genf ihren Vorschlag für „START" vor – wie Reagan nun die neuen Verhandlungen über interkontinentale Waffensysteme benannte (Strategic Arms Reduction Talks = Gespräche über die Verminderung der strategischen Rüstungen). Er sah eine Verringerung der Zahl der Gefechtsköpfe an strategischen Trägersystemen um ein Drittel auf je 5 000 und eine Begrenzung der Zahl der ICBM-Gefechtsköpfe

---

[34] Vgl. hierzu auch den Beitrag von Angelika *Volle* in diesem Band.

auf je 2 500 sowie eine gemeinsame Obergrenze für strategische Raketensysteme bei insgesamt 850 Startgeräten (ICBM und SLBM) mit Zwischenplafonds für schwere und mittelschwere ICBM bei 210 und für schwere allein bei 110 vor.[35] Dieser Plan ging noch beträchtlich über den Vance-Vorschlag der Carter-Administration von 1977 hinaus. Seine Annahme durch die Sowjetunion hätte eine erhebliche Verringerung der strategischen Rüstungen und einen Übergang in eine degressive Phase der Nuklear-Rüstungen beider Mächte, das heißt in eine neue Entwicklung im Sinne einer beiderseitigen Abrüstung bedeutet.

Die Sowjetunion lehnte den Vorschlag mit derselben Entschiedenheit ab wie fünf Jahre zuvor den Vance-Vorschlag. Andropow erwiderte mit einem Vorschlag, der nur die Begrenzung der strategischen Rüstungen auf dem erreichten Stand in Aussicht nahm,[36] also keine Reduzierungen vorsah. Dieser sowjetische Gegenvorschlag bedeutete eine bloße Einfrierung des Rüstungsstandes, nach der im Sinne des Wiener Abkommens von 1979 über künftige Reduzierungen verhandelt werden sollte.

Die START-Verhandlung hatte offensichtlich für die Sowjetunion keinen zeitlichen Vorrang vor der INF-Verhandlung, deren Gang den der START-Verhandlung – jedenfalls bis Ende 1982 – bestimmte. Desgleichen schien die MBFR-Verhandlung in Wien über einen beiderseitigen Truppenabbau in Mitteleuropa den sowjetischen Erwartungen und Verhandlungszügen in der Genfer INF-Verhandlung untergeordnet; Fortschritte wurden trotz des Austausches zusätzlicher Vorschläge zu Modalitäten nicht erzielt.

Das INF-Rüstungskontroll-Problem bestimmte 1981/82 die Ost-West-Sicherheitsbeziehungen. Die Stabilität des Verhältnisses zwischen beiden Weltmächten und ihren europäischen Bündnissen war dabei zu keinem Zeitpunkt, auch nicht unter der Wirkung des Golf-Krieges im Mittleren Osten und der Konfliktlage im Nahen Osten, gefährdet.

---

[35] Vgl. hierzu auch *EA*, 13/1982, S. D 299 ff.

[36] *EA*, 1/1983, S. D 18.

II

EUROPA IM SPANNUNGSFELD DER SUPERMÄCHTE

TENDENZEN ZU GRÖSSERER EIGENSTÄNDIGKEIT WESTEUROPAS

Von Erhard Forndran

Beobachter der internationalen Beziehungen konzentrierten in den letzten Jahrzehnten ihren Blick in aller Regel auf das Ost-West-Verhältnis und den Nord-Süd-Konflikt. In den folgenden Überlegungen stehen die Beziehungen der Westeuropäer zum wichtigsten Bündnispartner – den Vereinigten Staaten von Nordamerika – im Vordergrund; aber auch die Einstellung zur Sowjetunion wird dort anzusprechen sein, wo westeuropäische Politik in den letzten Jahren verstärkt eine selbständige Konzeption entwickelt hat. Dies trug mit dazu bei, das Konfliktpotential im westlichen Bündnis zu erhöhen, die Reaktionsmöglichkeiten westlicher Politik auf sowjetische Absichten und Maßnahmen zu begrenzen und der sowjetischen Politik einen erhöhten Spielraum der Einflußnahme auf die westliche Politikentwicklung einzuräumen.

Das wechselnde Verhältnis der Westeuropäer zu den Vereinigten Staaten ist kein neues, freilich ein im letzten Jahrzehnt immer gewichtigeres Thema.[1] Das

---

[1] Aus der Fülle der Literatur vgl. Erhard *Forndran*, Deutsch-amerikanische Beziehungen. Irritationen und Perspektiven, in: *Gegenwartskunde*, 3/1982, S. 393 ff.; Uwe *Nerlich*, Washington und Bonn. Entwicklungsstrukturen im deutsch-amerikanischen Verhältnis, in: Karl *Kaiser* und Hans-Peter *Schwarz* (Hrsg.), Amerika und Westeuropa, Stuttgart und Zürich 1977, S. 330 ff., und Gilbert *Ziebura*, Die Krise des transatlantischen Systems und die Zukunft der deutsch-amerikanischen Beziehungen, in: Ulrich *Albrecht* u. a. (Hrsg.), Weltpolitik. Jahrbuch für internationale Beziehungen, Bd. 2, Frankfurt, New York 1982, S. 15 ff.

westliche Bündnis hatte im Lauf der letzten Jahrzehnte intern mit einer kaum noch zu übersehenden Fülle politischer und ökonomischer Konflikte zu tun. Nur selten fand es zu einer Geschlossenheit, wie sie das osteuropäische Gegenbündnis nach außen meist vorzugeben in der Lage war. Aber in aller Regel konnte das westliche Bündnis diese Krisen doch in einer Form handhaben, daß es handlungsfähig blieb, sich auf eine gemeinsame Sicherheitspolitik und seit dem Harmel-Bericht des Jahres 1967 auch auf die Grundlagen einer gemeinsamen Entspannungspolitik gegenüber Osteuropa zu einigen vermochte und die gravierendsten ökonomischen Konflikte zumindest so weit überwinden konnte, daß das gesamte Wirtschaftssystem der westlichen Industriestaaten nicht grundsätzlich in Frage gestellt zu sein schien.

Die Beziehungen zwischen den verschiedenen Partnern des westlichen Bündnisses blieben dabei durchaus unterschiedlich. Zwischen den USA und Großbritannien schien zumindest zeitweise so etwas wie eine traditionelle „special relationship“ zu bestehen, die zum Beispiel im Abkommen von Nassau aus dem Jahr 1962 einen Höhepunkt fand und sich zu Beginn der achtziger Jahre sowohl in einer starken Zurückhaltung gegenüber der Entspannungspolitik als auch in einer – wenn auch weitgehend unabgesprochenen – ähnlichen neoliberal-konservativ-monetaristischen Wirtschaftspolitik erneut niederzuschlagen schien.

Frankreich spielte fast während des gesamten Zeitraums im Bündnis eine gewisse Sonderrolle, akzeptierte wesentliche Punkte westlicher Sicherheitspolitik nicht und ging in ökonomischen Fragen – wie dem Beitritt Großbritanniens zur Europäischen Gemeinschaft – vorübergehend eigene Wege bis hin zu dem Versuch, eigene ökonomische Interessen gegen die Vereinigten Staaten durchzusetzen, ohne freilich die wichtigsten Grundlagen der westlichen Gemeinschaft in Frage zu stellen.

Ein wesentlicher Gesichtspunkt für die Entwicklung des westlichen Bündnisses war spätestens seit 1952 das deutsch-amerikanische Verhältnis. Dies war nie frei von Spannungen und divergierenden Interessen, auch wenn sich die Führungseliten beider Staaten letztlich der Notwendigkeit enger Beziehungen immer bewußt blieben. Von Bedeutung war das Dilemma der Politik Adenauers und später der Atlantiker und Gaullisten in CDU/CSU zwischen einer europazentrierten Außenpolitik, die vor allem auf die Aussöhnung mit Frankreich gerichtet war, und der Einsicht, daß die deutsche Sicherheit nur im engen Bündnis mit den Vereinigten Staaten zu erreichen war. Zwar wuchs auch in der deutschen Politik der zweiten Hälfte der sechziger Jahre die Einsicht, daß Spannungen und Kalter Krieg die deutschen Interessen – vor allem die Frage der Wiedervereinigung – nicht einer Lösung näherbringen konnten; aber der Bilateralismus zwischen den beiden Großmächten schien andererseits die Gefahr zu beinhalten, daß sich die beiden Großen auf Kosten der Bündnispartner einigten. Zum anderen entwickelten sich die deutsch-amerikanischen Beziehungen zu Beginn der siebziger Jahre in einer Form, daß

Beobachter den Eindruck gewannen, die Bundesrepublik könne die Rolle eines Maklers innerhalb des westlichen Bündnisses übernehmen. Die Geschichte der siebziger Jahre verlief dann unter dem Schock der Weltwirtschaftskrise und der konservativen Trendwende in den Vereinigten Staaten völlig anders. Am Ende des Jahrzehnts galt vor allem das deutsch-amerikanische Verhältnis als besonders belastet, und auch nach dem Regierungswechsel in Bonn am 1. Oktober 1982 zeigte sich trotz mancher verbaler gegenseitiger Zustimmung, daß diese Spannungen nicht nur eine Frage der jeweiligen Regierung waren, sondern grundsätzlichen Charakter besaßen.

Dazu trugen nicht nur Veränderungen in den Strukturen der Konfliktlösung im Bündnis, sondern auch sich verschiebende ökonomische Interessen bei. Parallel zur Entwicklung größerer Eigenständigkeit der westeuropäischen Staaten vor allem im Zusammenhang mit und als Reaktion auf die amerikanische Wirtschaftspolitik und auf die Folgen der ersten Erdölkrise rückten die verschiedenen Konflikte immer stärker in den Bereich unmittelbarer, zweiseitiger und häufig eben konfrontativer Regierungstätigkeiten, da die Schutzfunktion der prästabilisierenden Harmonie multilateraler Organisationen des Westens und die Konformität des multilateralen Konsenses weitgehend verlorengingen, auch wenn diese Schutzfunktion schon zuvor meist nur dort gegolten hatte, wo multilaterale Gremien die gesamte Gemeinschaft der atlantischen Staaten erfaßt hatten. Die Existenz des Gemeinsamen Marktes der EG mit seinen Außenzöllen gegenüber Drittländern führte zum Beispiel fast durchgehend zu einem Handelskrieg zwischen den Vereinigten Staaten und Westeuropa, der auch durch die verschiedenen im Rahmen von GATT geführten Verhandlungen im Hinblick auf den amerikanischen Wunsch einer Liberalisierung des atlantischen Handelssystems nicht gelöst wurde. Anfang der siebziger Jahre verkehrten sich dann die Fronten. Dies begann schon mit der Aufkündigung des Systems von Bretton-Woods und der gleichzeitigen 10prozentigen Einfuhrabgabe, die im August 1971 durch die Regierung Nixon verordnet wurde.

Insgesamt aber war das atlantische Bündnis bis weit in die siebziger Jahre hinein in der Lage, mit diesen internen Konflikten umzugehen. Sie waren in all den Jahren geradezu ein Mittel, die westlichen Staaten zu neuer Funktionsfähigkeit zu führen. Die Konfliktfelder zeigten zwar einerseits Erosionserscheinungen im westlichen System; dessen Reaktions- und Anpassungsfähigkeit wurde aber andererseits nicht entscheidend eingeschränkt. Es stellt sich daher die Frage, ob, warum und in welchem Umfang die Tendenzen zu größerer Eigenständigkeit der westeuropäischen Staaten gegenüber den Vereinigten Staaten in den internationalen Beziehungen vor allem zu Beginn der achtziger Jahre eine neue Qualität erreichen, die Ausdruck einer grundsätzlichen Krise des Westens innerhalb der Weltgemeinschaft sein könnte.

DAS VERHÄLTNIS WESTEUROPAS ZU DEN VEREINIGTEN STAATEN ALS REFLEX AUF DIE OST–WEST-BEZIEHUNGEN

Die Folgen gewandelter Einstellungen

Seit Ende der siebziger Jahre änderten sich die Konfliktbedingungen im westlichen Bündnis in einer politisch kaum noch steuerbaren Geschwindigkeit. Dabei gab es unterschiedliche Politikfelder, auf denen sich die Ansichten der entscheidenden Führungseliten in den Vereinigten Staaten und in wichtigen westeuropäischen Staaten auseinanderentwickelten. Entscheidend für wesentliche Teile des amerikanisch-westeuropäischen Verhältnisses in den Jahren 1981/82 blieben die Beziehungen zwischen den Großmächten. Da sich die ökonomischen Konflikte innerhalb der westlichen Industriestaaten aber gleichzeitig dramatisch verstärkten, wuchs die Tendenz zur Vermengung von Streitpunkten innerhalb der atlantischen Gemeinschaft mit denen des Ost-West-Verhältnisses.

Erstens lief die Einschätzung der Rolle der Entspannungspolitik und der Stellung, die der Sowjetunion für die Zukunft vom Westen zugedacht war, in verschiedene Richtungen. Das sowjetische Verhalten in der Dritten Welt sowie ihre massive Aufrüstung in den siebziger Jahren wurden in ihrer Bedeutung für den Westen unterschiedlich interpretiert. Schon lange vor dem Regierungsantritt der Administration Reagan geriet die amerikanische Politik vor allem durch die Veränderungen in der Golf-Region unter einen massiven Schock, der die amerikanische Politik auf den Weg „von der Defensive zu neuer Konfrontation" gegenüber der Sowjetunion führte.[2] Die amerikanische Regierung antwortete auf die sowjetische Besetzung Afghanistans mit verschiedenen Sanktionen. Unter anderem ersuchte der Präsident den Senat, die Ratifizierungsdebatte über den SALT-II-Vertrag auszusetzen. Die sich schon vorher abzeichnende Tatsache, daß es für diesen Vertrag keine Mehrheit im amerikanischen Senat geben würde, machte aber bereits deutlich, daß nach amerikanischer Ansicht das Ende der Entspannungspolitik schon zuvor gekommen war; die Ereignisse Ende 1979 und die folgende amerikanische Reaktion waren nur noch ein dramatisches Signal für diese Entwicklung. Die Entspannungspolitik hatte in der Sicht der sowjetischen und amerikanischen Führungseliten nicht gehalten, was man sich von ihr versprochen hatte.

Die sowjetische Führung versuchte allerdings in dieser Situation, wenigstens in ihren Beziehungen zu Westeuropa die Entspannungspolitik zu erhalten. Diese sowjetische Teilung der Detente-Politik stieß auf europäische Interessen und führte zu einem der entscheidenden Konfliktpunkte in den amerikanisch-westeuropäischen Beziehungen. Ganz besonders wirkten diese Unterschiede

---

[2] Vgl. Wolfgang *Wagner*, Von der Detente zu neuer Konfrontation, in: IP 1979/80, S. 1–26.

in der Einschätzung der Funktion der Entspannung auf das deutsch-amerikanische Verhältnis, da der Bundesrepublik fälschlicherweise die Absicht zugeschrieben wurde, Makler zwischen den Bündnissen spielen zu wollen. Da sich aber auch die anderen westeuropäischen Staaten nur zögernd den amerikanischen Sanktionen gegen Iran und besonders die Sowjetunion anschlossen, erhöhte dies erheblich die Spannungen im westlichen Bündnis. Die Ereignisse in Polen im Sommer 1980 und in der folgenden Zeit mußten als weitere Herausforderung an die einheitliche und geschlossene Reaktionsmöglichkeit des Westens gelten.

Zweitens gab es auch in der Einschätzung der Menschenrechtspolitik Unterschiede; zum einen, weil westeuropäische Politiker die laute Betonung dieser Frage gegenüber der Sowjetunion vor allem durch die Administration Carter für wenig erfolgversprechend hielten, zum andern, weil die amerikanische Politik die Frage der Menschenrechte offensichtlich unterschiedlich handhabte. Neben der deutlichen Verurteilung der Vorgänge in Afghanistan und Polen standen relativ harmlose amerikanische Äußerungen zu Menschenrechtsverletzungen zum Beispiel in El Salvador und der Türkei. Dahinter verbargen sich letztlich unterschiedliche Einstellungen der amerikanischen und der westeuropäischen Eliten zum Verhältnis der westlichen Industriestaaten gegenüber den Staaten der Dritten Welt.

Schließlich wurden drittens die ökonomischen Interessenkonflikte in der westlichen Welt immer schärfer. Die verschiedenen Lösungsversuche der westlichen Regierungen, der weltwirtschaftlichen Dauerrezession mit wachsenden Inflationsraten, höherer Arbeitslosigkeit und Staatsverschuldung bei sinkendem Wachstum und gestörtem außenwirtschaftlichem Gleichgewicht zu begegnen, zeigten durchweg keinen durchschlagenden Erfolg, führten aber dazu, daß nationalstaatliche Lösungsversuche der Wirtschaftskrise immer stärker gemeinsame atlantische Versuche zurückdrängten. Vor allem die Vereinigten Staaten versuchten ihre Wirtschaftsprobleme ohne Berücksichtigung der Interessen der Bündnispartner zu lösen. Diese Entwicklungen stellten die Funktionsfähigkeit des westlichen Wirtschaftssystems und des darauf aufbauenden Modells sozialer Ordnung und damit die Systemstabilität immer mehr in Frage. Besonders dramatisch war dabei, daß diese Krisenfaktoren nicht nur gleichzeitig in den westlichen Staaten auftraten, sondern sich gegenseitig noch steigerten.

Der Regierungsantritt Ronald Reagans im Januar 1981 verstärkte diese Tendenzen. Er war Ausdruck eines gewandelten Selbstverständnisses und neuer Prioritäten in der amerikanischen Innen- und Außenpolitik.[3] Erstes Ziel war nun die Wiederbelebung der amerikanischen Wirtschaft bei gleichzeitiger Zurückdrängung der sozialpolitischen Funktionen der Bundespolitik. In der

---

[3] Vgl. dazu Uwe *Nerlich*, Neuorientierung der amerikanischen Außenpolitik. Grundlagen des Wandels unter Präsident Reagan, in: *EA*, 15/1981, S. 461 ff.

Sicherheitspolitik stand der unmittelbare Schutz der eigenen strategischen Waffen im Vordergrund, während eine fortdauernde westeuropäische Zurückhaltung in Fragen der gemeinsamen Verteidigung den amerikanischen Unilateralismus in den Verteidigungsprogrammen verstärken mußte. Die Reagan-Administration machte auch schon frühzeitig deutlich, daß westeuropäische Zurückhaltung bei amerikanischen Bemühungen im Falle einer Zuspitzung in der Golf-Region mit einem denkbaren Einsatz militärischer Potentiale zu einem drastischen Abbau amerikanischer Bereitschaft zum Schutze Westeuropas führen könne. Rüstungskontroll-Politik als denkbares letztes Feld der Entspannungspolitik zwischen Ost und West verlor in der amerikanischen Politik vorübergehend fast völlig an Bedeutung, da sie als ein Geschäft mit einseitigen Nachteilen für den Westen interpretiert wurde. Westeuropäisches Drängen in diese Richtung wurde als störend bei dem Versuch angesehen, zunächst einmal die angenommene militärische Unterlegenheit des Westens gegenüber dem Osten zumindest auszugleichen – wenn möglich sogar in eine Überlegenheit zu verwandeln.

Entscheidend für die amerikanische Außenpolitik wurden damit die Neuregelung der Beziehung zur Sowjetunion, der mit mehr Härte begegnet werden sollte, da sie nun wieder vor allem als ein auf Machtexpansion ausgerichteter Gegner in der Politik – vor allem in der Dritten Welt – begriffen wurde, und der Versuch, die eigenen Partner vor allem in Westeuropa und Japan für diese Politik zu gewinnen. Diese Umorientierung der amerikanischen Politik erfolgte auf der Basis einer Neueinschätzung der Sowjetunion und des sowjetischen Herrschaftsbereiches. Vor allem Außenminister Alexander Haig ging von einer wachsenden Instabilität des sowjetischen Herrschaftssystems aus, verfolgte aber nicht mehr das Ziel, diese denkbare Instabilität durch westliches Entgegenkommen zu mildern, sah andererseits aber die besonderen Gefahren für den Westen durch die Nutzbarkeit militärischer Fähigkeiten der Sowjetunion – sei dies nun durch innere Schwächen oder fortgesetzte Stabilität des Regimes bedingt.

Wichtige westeuropäische Führungseliten sahen die Dinge anders. Sie glaubten nicht an eine entscheidende militärische Überlegenheit der Sowjetunion, schätzten den sowjetischen Expansionsdrang in der Dritten Welt geringer ein und meinten vor allem, daß kooperative Beziehungen mit der Sowjetunion für den Westen gefährliche Instabilitäten innerhalb des Ostblocks auffangen helfen könnten. Sowohl die amerikanischen als auch die westeuropäischen Führungseliten waren sich allerdings bewußt, daß jede Strategie der Eindämmung der Sowjetunion ohne Zutun Westeuropas zum Scheitern verurteilt wäre.

Diese Vorgänge wurden – und das war in diesem Umfang für das westliche Bündnis neu – aus der Ebene der reinen Regierungsbeziehungen herausgehoben; sie wurden zum Kristallisationspunkt gesellschaftlicher Auseinandersetzungen. So schätzten zum Beispiel weite Teile der interessierten amerikanischen Öffentlichkeit die „Fundamentalopposition" in der Bundesrepublik Deutschland als Ausdruck einer grundsätzlichen Veränderung der Stellung der Bundesrepublik im westlichen Bündnis ein, während westeuropäische Beobachter den wiedererwachten Leistungs- und Führungswillen der Vereinigten Staaten skeptisch betrachteten, da klare Handlungskonzepte zu fehlen schienen.[4] Eine Kontinuität und Erwartungsstabilität amerikanischer Politik war kaum zu erkennen. Schon die Administration Carter zeichnete sich durch permanente und abrupte Konzeptionswechsel aus, während der Regierung Reagan zumindest in den ersten Monaten ein Konzeptionenpluralismus vorgeworfen wurde. Multilateralismus und amerikanischer Unilateralismus standen unverbunden nebeneinander und führten dazu, daß viele meinungsbestimmende Westeuropäer vor allem sicherheitspolitische und ökonomische Fragen der atlantischen Gemeinschaft plötzlich viel grundsätzlicher diskutierten als in der Vergangenheit. Das Problem für die Westeuropäer aber war, daß vermehrte Eigenständigkeit in der Weltpolitik einerseits notwendiger als in der Vergangenheit, andererseits aber mit einem besonderen Risiko gerade für die westeuropäischen Staaten verbunden zu sein schien.

Die ökonomischen Beziehungen zu Osteuropa

Nach dem Einmarsch der sowjetischen Truppen in Afghanistan in den letzten Dezembertagen 1979 hatte die amerikanische Administration unter anderem mit einem teilweisen Wirtschaftsboykott reagiert. Getreideexporte im Werte von 2,6 Milliarden Dollar wurden unterbunden. Die westeuropäischen Bündnispartner verpflichteten sich lediglich, das amerikanische Getreideembargo nicht zu unterlaufen und den Export „militärisch relevanter" Güter stärker einzuschränken.[5] Nach der Aufhebung des Getreideembargos Ende April 1981 erklärte die amerikanische Regierung, daß die Politik der Stärke auch im ökonomischen Bereich gegenüber der Sowjetunion fortgesetzt werde.

Die Felder der wirtschaftlichen Auseinandersetzungen mit der Sowjetunion wurden lediglich gewechselt. Nicht mehr der Verkauf landwirtschaftlicher Produkte, sondern der moderner Technologie sollte eingeschränkt werden. Mit dieser Akzentverschiebung, die vor allem den Handel Westeuropas mit der Sowjetunion treffen mußte, verstärkte die neue amerikanische Administration zugleich einen Konfliktherd innerhalb der westlichen Gemeinschaft. In den folgenden zwei Jahren beherrschte der Streit um das von europäischen Firmen betriebene Erdgasgeschäft nicht nur die Beziehungen zwischen Washington

---

[4] Bezeichnenderweise erfolgte erst im Sommer 1983 eine klare amerikanische Stellungnahme zum Verhältnis der USA gegenüber der Sowjetunion. Vgl. Excerpts from Shultz Statement on Soviet Relations to Senate Committee, abgedruckt in: *NYT*, 16.6.1983, S.16.

[5] Vgl. *Wagner*, a.a.O. (Anm.2), S.19f.

und Moskau, sondern vor allem zwischen den USA und den westeuropäischen Staaten. Neben dem Argument der Bestrafung sowjetischer aggressiver Politik wurde nun als ein zweites Argument von der amerikanischen Seite geltend gemacht, die westeuropäischen Länder würden sich durch dieses Geschäft in einem strategisch gefährlichen Umfang in die Abhängigkeit von sowjetischer Energielieferung begeben. Insgesamt zeigten die ersten Äußerungen der neuen Administration, daß nach ihrer Ansicht die Handelspolitik der westlichen Staaten stärker als früher in die allgemeine Außenpolitik eingebunden werden sollte, daß politische Ziele Vorrang vor wirtschaftlichen Überlegungen haben müßten und der Handel nicht in „splendid isolation" zur Außenpolitik stehen könne.

In der Folgezeit warnte die amerikanische Regierung immer wieder vor dem Gas-Röhren-Geschäft, ohne daß die Westeuropäer zunächst den Eindruck gewannen, Washington werde das Projekt noch aktiv zu verhindern suchen. Vor allem die deutsche Regierung hielt an dem Geschäft fest, sah keine entscheidende energiepolitische Abhängigkeit, da die deutsche Energieversorgung auch bei Verdoppelung der Erdgasbezüge aus der Sowjetunion nur im Umfang von 5 bis 6 Prozent von dieser abhängig sein würde, und betonte, daß der Sowjetunion nur marktübliche Kreditbedingungen – der Kredit sollte 10 Milliarden DM umfassen – eingeräumt werde, da sie Zinssubventionen aus Steuergeldern ausschloß. In der Kritik an der deutschen Politik wurde vor allem auf die sowjetische Möglichkeit verwiesen, mit Hilfe des Kredits ihre Hochrüstung voranzutreiben. Zusätzlich wurde die politische Signalwirkung der deutschen Bereitschaft zum Handel mit der Sowjetunion gegen amerikanischen Widerstand genannt. Allerdings ging diese Kritik teilweise zu weit, da auch Bonn die Sowjetunion warnte, eine sowjetische Intervention in Polen würde neben politischen Konsequenzen auch die gesamten Wirtschaftsbeziehungen zwischen Ost und West bedrohen. Die deutsche Industrie zählte nicht zu den Kritikern des Geschäfts mit der Sowjetunion.

Die Lage verschärfte sich im Laufe des Jahres 1981. Die amerikanische Regierung bemühte sich offensichtlich um Zustimmung ihrer westeuropäischen Bündnispartner, die Embargoliste (CoCom) für die Lieferung von Spitzentechnologie an die Sowjetunion auszudehnen. Der amerikanische Technologieboykott gegenüber der Sowjetunion mußte durch die Arbeitsteilung in der westlichen Industriewelt Firmen im Maschinenbau- und im Elektronikbereich in den westeuropäischen Staaten treffen. Andererseits zeigten französische, britische, italienische, aber auch japanische Banken eine große Bereitschaft, Moskau günstige Finanzierungsbedingungen einzuräumen, was trotz des amerikanischen Boykotts westeuropäische Konkurrenz um den sowjetischen Markt erwarten ließ. Auch auf der Konferenz der sieben wichtigsten westlichen Industrienationen in Ottawa im Juli 1981[6] drängte die

[6] Vgl. hierzu *EA*, 16/1981, S. D 423 ff.

amerikanische Regierung weiter darauf, das Gas-Röhren-Geschäft nochmals zu überdenken. Gleichzeitig deutete sie an, sie sei bereit, andere Lösungen des westeuropäischen Energiebedarfs – wie vermehrte amerikanische Kohlelieferungen – vorzuschlagen, ohne daß es zu einer Annäherung der Standpunkte im westlichen Bündnis kam. Deutlich wurde allerdings, daß es sich nicht nur um ein deutsch-sowjetisches, sondern um ein westeuropäisch-sowjetisches Geschäft handelte.

Mit der Verkündigung des Kriegsrechts in Polen am 13. Dezember 1981 verstärkte die amerikanische Regierung ihren Druck auch auf ihre Bündnispartner. Sie antwortete mit Sanktionen gegen Polen und die Sowjetunion, die unter anderem die Genehmigungspflicht für die Ausfuhr solcher Güter verschärften, die bei der Öl- und Erdgasförderung eingesetzt werden. Die Westeuropäer gingen zunächst davon aus, daß das Gas-Röhren-Geschäft damit nicht gefährdet werde. Verzögerungen des Projekts wurden allerdings nicht mehr ausgeschlossen, auch wenn der deutsche Wirtschaftsminister sich entschieden für die Fortsetzung der Wirtschaftskontakte mit dem Osten einsetzte. Zwischen den Westeuropäern und der amerikanischen Regierung war die Wirksamkeit eines Handelsembargos grundsätzlich umstritten und konnte auch auf dem Weltwirtschaftsgipfel in Versailles im Juni 1982[7] nicht geklärt werden.

Schon wenige Tage nach dem Versailler Gipfel verschärfte Reagan seine Sanktionspolitik gegenüber der Sowjetunion, indem er nun auch die Geschäfte der europäischen Firmen im Gas-Röhren-Sektor in das Embargo einbezog und den Geltungsbereich der amerikanischen Sanktionen auch auf ausländische Unternehmen, die amerikanische Technologie beziehungsweise Lizenzen gebrauchten, ausweitete. Die Westeuropäer betonten demgegenüber ihre vertraglichen Verpflichtungen mit Moskau. Damit war endgültig aus einer Ost-West-Krise ein innerwestlicher Konflikt geworden, aber auch eine Auseinandersetzung innerhalb der amerikanischen Administration in der Bewertung dieser Sanktionspolitik gegenüber Moskau.

London, Paris und Bonn blieben gegenüber diesem amerikanischen Druck unnachgiebig, selbst als die amerikanische Administration tatsächlich Lieferungen amerikanischer Produkte und Technologietransfer an französische, britische, italienische und deutsche Firmen, die am Röhrengeschäft mit der Sowjetunion beteiligt waren, verbot. Teilweise wiesen die Regierungen Unternehmen an, gegenüber der Sowjetunion vertragstreu zu bleiben. Wichtiger für die Änderung der amerikanischen Politik war aber wohl der wachsende Widerstand in den Vereinigten Staaten selbst unter konservativen Kongreß-Abgeordneten.

---

[7] Vgl. hierzu *EA*, 19/1982, S. D 324 ff.

Washington begab sich auf die Suche nach einer neuen Sanktionspolitik, die eine Duldung des Gas-Röhren-Geschäfts beinhalten sollte. Diese Phase der richtungslosen Osthandelspolitik Washingtons führte zunächst zu verschärften Sanktionen gegen Polen bei gleichzeitigen neuen Angeboten – vor allem im Bereich des Getreidegeschäftes – an Moskau, bis diese Kapriolen schließlich durch die Aufhebung der Sanktionen gegen das Erdgas-Röhren-Geschäft Mitte November 1982 abgeschlossen wurden und durch ein Suchen der westlichen Staaten nach einer gemeinsamen Strategie gegenüber der Sowjetunion ersetzt wurden, wobei vor allem die amerikanischen Sorgen über den Technologietransfer berücksichtigt werden sollten.[8]

Es gab verschiedene Gründe für das Auseinanderbrechen der westlichen Politik in der Sanktionsfrage gegenüber der Sowjetunion. Zum einen wurde die Wirksamkeit wirtschaftlicher Boykottmaßnahmen von den westeuropäischen Regierungen bestritten. Entscheidend für den Erfolg derartiger Maßnahmen ist, ob der boykottierte Staat die Warenlieferungen, die Gewinnung von Krediten und die Möglichkeiten zum Transport der Waren durch Alternativen ersetzen kann.[9] Die westeuropäischen Staaten schätzten diese sowjetischen Möglichkeiten sehr viel höher ein als die amerikanische Regierung und verwiesen zusätzlich darauf, daß die sowjetische Wirtschaft sich trotz möglicher kurzfristiger Probleme zwangsläufig langfristig nach anderen Handelspartnern oder stärker autarkiefördernden Modellen umsehen würde, was westliche Möglichkeiten der Beeinflussung sowjetischer Politik durch beiderseits vorteilhafte wirtschaftliche Kooperation auf längere Sicht reduzieren müsse. Allerdings war auch den westeuropäischen NATO-Partnern klar, daß bei radikaleren politischen Schritten der Sowjetunion – wie einem Einmarsch der Sowjetunion in Polen – die Wirtschaftsbeziehungen zu Osteuropa betroffen sein würden – auch das Gas-Röhren-Geschäft.[10]

Sicherlich gab es auch egoistische Gründe der Westeuropäer für ihre Zurückhaltung in der Sanktionspolitik. In der ersten Hälfte der siebziger Jahre hatte sich der Handel dieser Staaten mit dem RGW-Bereich erheblich ausgeweitet und war nach einem geringen Rückgang am Ende der Dekade zwar im Vergleich zum gesamten Ex- und Import der EG-Staaten mit 17 Milliarden Dollar Export und 16 Milliarden Dollar Import nicht entscheidend, aber eben doch vor allem in der Zusammensetzung der Waren des Wirtschaftsaustausches interessant.[11] Allerdings konnte in Westeuropa nicht übersehen werden, daß

[8] Vgl. Jürgen *Nötzold* und Werner *Beitel*, Die Bedeutung des Technologietransfers in den Wirtschaftsbeziehungen mit der Sowjetunion, in: *EA*, 2/1983, S. 45 ff.

[9] Vgl. Ryszard *Lawniczak*, Wirtschaftliche Sanktionen der USA gegenüber Polen, in: *Osteuropa-Wirtschaft*, 3/1982, S. 190.

[10] Vgl. Stephen *Woolcock*, Amerikanisch-europäische Interessendivergenzen im Ost-West-Handel, in: *EA*, 4/1982, S. 95 ff., hier S. 103.

[11] Vgl. hierzu im einzelnen *Wagner*, a. a. O. (Anm. 2), S. 22.

der Osthandel nur noch langsam wuchs,[12] die Konkurrenz im Ostgeschäft immer härter wurde und politische Klimaverschlechterungen retardierenden Einfluß auf den Osthandel hatten.

Die schwere Belastung der Bündnisbeziehungen durch die amerikanische Sanktionspolitik gegenüber der Sowjetunion und durch das zögernde Verhalten der Westeuropäer hatte allerdings wohl noch allgemeinere Gründe. Die „Politisierung der Ökonomie und Ökonomisierung der Politik"[13] als Antwort auf die sowjetische Invasion in Afghanistan und auf die Vorgänge in Polen spiegelte nicht nur die Globalisierung der Sicherheitsinteressen der beiden Weltmächte wider, sondern gehörte auch zum amerikanischen Versuch einer erneuten, diesmal aber im Gegensatz zu den frühen siebziger Jahren konfrontativ angelegten Bipolarisierung statt Bilateralisierung von Weltpolitik und Weltwirtschaft, der sich die Westeuropäer aus ökonomischen, aber auch politischen Gründen nicht anzuschließen beabsichtigten. Die Aufhebung der amerikanischen Boykottmaßnahmen gegenüber dem Gas-Röhren-Geschäft war allerdings weniger ein Sieg der Westeuropäer im Bündnis als vielmehr ein Ergebnis der Unfähigkeit der amerikanischen Regierung, „ein klares Konzept zu formulieren und dann innenpolitisch auch durchzusetzen".[14]

Die Sicherheits- und Rüstungskontroll-Politik

Die Frage nach dem Stellenwert der Sicherheits- und Rüstungskontroll-Politik zwischen Ost und West war innerhalb des atlantischen Bündnisses schon vor dem Regierungsantritt Reagans strittig und wurde durch die Akzentverschiebungen der neuen Administration nur verstärkt.[15] Hatte die amerikanische Politik nach 1945 zunächst ihre Weltführungsrolle durch das Konzept der „one world" und der Vereinten Nationen, nach dessen Scheitern durch den Aufbau mehrerer gegen die Sowjetunion gerichteter Vertragssysteme zu sichern versucht, so begann mit der Kennedy-Administration eine Zeit differenzierterer Sichtweise in bezug auf den Ost-West-Konflikt. Die Politik der Regierung Nixon bedeutete schließlich, die einstige Hegemonialposition weder durch Fortsetzung des Wettrüstens gegen die Sowjetunion noch durch massiven regionalen Einsatz militärischer Potentiale – wie im

---

[12] Vgl. *ifo-schnell-dienst*, Nr. 14, 15. 5. 1981, und Deutsches Institut für Wirtschaftsforschung, *Wochenbericht*, 46/82, 18. 11. 1982.

[13] *Ziebura*, a. a. O. (Anm. 1), S. 25.

[14] Heinrich *Vogel*, Die Embargo-Politik der USA gegenüber der Sowjetunion und Afghanistan, in: *EA*, 20/1981, S. 615 ff., hier S. 624.

[15] Vgl. Erhard *Forndran*, Die Sicherheits- und Rüstungskontrollpolitik im Entspannungsprozeß, in: DGFK-Jahrbuch 1982/83. Zur Lage Europas im globalen Spannungsfeld, Baden-Baden 1983, S. 163 ff., und Lothar *Ruehl*, Belastungen des amerikanisch-europäischen Verhältnisses, in: IP 1979/80, S. 42–69.

Vietnam-Krieg – noch schließlich durch Wirtschaftskonkurrenz mit den eigenen Bündnispartnern sichern zu wollen, sondern die Sowjetunion durch Betonung des Bilateralismus in die Weltpolitik einzubeziehen. Gegen Ende der siebziger Jahre setzte sich in der amerikanischen Öffentlichkeit die Kritik an der Entspannungspolitik durch.[16] Die Folge war die Entwicklung eines vierten Konzepts amerikanischer Sicherheitspolitik, deren Exponent Reagan werden sollte. Nicht mehr die politisch-gesellschaftliche Dimension des Ost-West-Konflikts, nicht mehr Entspannungspolitik und Rüstungskontrolle, sondern militärische Aufrüstung wurde zum entscheidenden Instrument, die amerikanische Position in der Welt – jetzt wieder gegen die Sowjetunion und global gedacht – zu behaupten.[17] Allerdings wurde diese Politik nicht völlig konsequent durchgeführt. So wurden die Beziehungen zur Volksrepublik China nicht entscheidend weiterentwickelt und die innenpolitische Absicherung dieser Politik in den Vereinigten Staaten nicht ausreichend problematisiert.[18]

Diese neuen Akzente in der amerikanischen Sicherheitspolitik stießen auf Widerstände bei den europäischen Bündnispartnern, die zum einen möglichst viel der Entspannungspolitik wenigstens in Europa zu retten suchten und zum andern die These vertraten, daß die politischen Probleme in der Dritten Welt weniger durch die Sowjetunion erzeugt als vielmehr nur von ihr ausgenutzt wurden. Der Globalisierung des ursprünglich eurozentrierten Ost-West-Konflikts versuchten sich die Europäer zu widersetzen. Dem – von Washington aus gesehen – sich entwickelnden Dualismus zwischen zwei rivalisierenden Weltmächten wurde von den westeuropäischen Bündnispartnern nicht das gleiche Gewicht zugebilligt. Diese unterschiedliche Einschätzung der weltpolitischen Situation stellte die nordatlantische Gemeinschaft vor entscheidende Probleme in den Jahren 1981/82, da die westeuropäischen Regierungen die Durchführbarkeit des amerikanischen Zieles, die globalen amerikanischen Interessen mit militärischer Überlegenheit gegenüber der Sowjetunion wieder sichern zu wollen, bezweifelten. Umgekehrt sah man in Washington die wachsende Gefahr, daß auch ohne Krieg bei einem Niedergang der amerikanisch-europäischen Kooperation in der Sicherheitspolitik und abnehmender Bereitschaft der Westeuropäer, ausreichende Rüstungsanstrengungen zu akzeptieren und zu realisieren, in Westeuropa eine neue politische Konstellation mit vermehrten Einflußmöglichkeiten der Sowjetunion entstehen könnte.

---

[16] Vgl. Lawrence *Freedman*, Hat die Rüstungsbeschränkung Zukunft?, in: *EA*, 11/1981, S. 345 ff.

[17] Vgl. auch den Vortrag von Richart *Burt* am 23. 9. 1981, wiedergegeben in: *EA*, 21/1981, S. D 572 ff.

[18] Vgl. Wolfgang *Pordzik*, Die inneramerikanische Diskussion über Rüstungskontrolle, in: *EA*, 16/1982, S. 487 ff.

Auch in Einzelfragen der Sicherheitspolitik verschärften sich die Gegensätze zwischen den USA und den Westeuropäern.[19] Schon in den Auseinandersetzungen um die Neutronenwaffe hatte sich gezeigt, daß es im Bündnis keine klare Entscheidung über die weitere nukleare Bewaffnung und die nukleare Strategie mehr gab. Mit der Frage der Stationierung amerikanischer Mitttelstreckenwaffen in Europa setzte sich diese Unsicherheit über die Funktionsfähigkeit der Strategie der flexiblen Reaktion und die strategische Einheit des Bündnisgebiets fort. Die Westeuropäer befürchteten eine Regionalisierung eines Kriegs. Jedes nukleare Waffenprogramm und fast jedes Modernisierungsprogramm für die konventionelle Rüstung konnten in Westeuropa diese Befürchtungen verstärken.

Die in der US-Administration entwickelte Vorstellung, man könne einen Kernwaffenkrieg auf Europa begrenzen und gewinnen, mußte die Westeuropäer erschrecken. Die militärisch notwendige Modernisierung der westlichen Mittelstreckenwaffen, die – bedingt durch den SALT-Prozeß – gerade von den Westeuropäern gefordert worden war, wurde zu einer politischen Belastung des Bündnisses. Die Entwicklung war insoweit überraschend, als sich die öffentliche Debatte in Westeuropa vor allem an die westliche Führungsmacht richtete und nicht an die Sowjetunion, die doch durch den Aufbau vor allem der SS-20-Potentiale Anlaß des Problems war. Die politische Beweislast der Verhandlungsbereitschaft verlagerte sich nach Washington. Damit eröffnete sich für die Sowjetunion die Möglichkeit, den Interessenkonflikt zwischen den Vereinigten Staaten und ihren Bündnispartnern politisch zu nutzen. In der Einschätzung der Bedeutung des SALT-II-Abkommens, das die Reagan-Administration nicht weiter verfolgte, zeigte sich zum Beispiel eine gewisse Interessenübereinstimmung zwischen den westeuropäischen Staaten und der Sowjetunion. Das gleiche galt für die Frage der Fortsetzung der Rüstungskontroll-Verhandlungen.

Die westeuropäischen Regierungen hatten aus dem SALT-Verhandlungsprozeß unter anderem den Schluß gezogen, daß die USA die europäische Dimension der nuklearen Abschreckung unzureichend in ihren Verhandlungskonzepten berücksichtigt hatten. Sie setzten sich zwar meist trotzdem für die Ratifizierung von SALT II ein, wünschten aber einen stärkeren Einfluß auf die bündnisinternen Vorbereitungen der weiteren SALT-Verhandlungen. Dieser Anspruch stieß insoweit ins Leere, als die Regierung Reagan zunächst überhaupt kein Interesse an Rüstungskontroll-Verhandlungen zeigte. Nun hatte der Doppelbeschluß in seiner Anlage – Verhandlungen und bei ihrem Scheitern Nachrüstung – die NATO vor ein Dilemma gestellt, da das Verhältnis von Verhandlungsbereitschaft mit dem Ziel eines Gleichgewichts durch Rüstungskontrolle und dem Ziel der Optimierung der eigenen Strategie nicht völlig klar war. Die Regierung Carter hatte sich gegenüber der

---

[19] Vgl. hierzu und im folgenden auch den Beitrag von Lothar *Ruehl* in diesem Band.

europäischen Forderung nach einem westlichen Gegengewicht zu den sowjetischen Mittelstreckenpotentialen reserviert gezeigt. Die Vorbehalte der Regierung Reagan betrafen demgegenüber den Verhandlungsteil. Die Westeuropäer – vor allem die Regierung in Bonn – sahen sich vor die überraschende Tatsache gestellt, daß sie auch auf den eigenen Verhandlungsführer Druck ausüben mußten, um ihn im Sinne des Doppelbeschlusses verhandlungsbereit zu machen. Dies war wohl der eigentliche Sinn der deutschen Politik bis zum Regierungswechsel, die Frage der Stationierung der amerikanischen Mittelstreckenwaffen wieder offen zu halten und vom Verhandlungsablauf abhängig zu machen. Die Zielvorgabe der Null-Option sollte diesen Verhandlungsdruck verstärken, obwohl sie kein Bestandteil des Doppelbeschlusses war und daher bei anderen Verhandlungsergebnissen auch zur Disposition stehen mußte.

Der westeuropäische Druck auf die USA, aber wohl auch innenpolitische Veränderungen in den Vereinigten Staaten selbst führten schließlich zu amerikanischer Verhandlungsbereitschaft.[20] Die amerikanische Administration schlug nun als Verhandlungsziel die globale Null-Lösung für die Mittelstreckenwaffen vor[21] und ergänzte ihr Angebot zu Rüstungskontroll-Verhandlungen durch Vorschläge für die Verminderung der strategischen Rüstungen (START) im Mai 1982.[22] Damit waren die Rüstungskontroll-Verhandlungen wieder in Gang gekommen. Aber die Inhalte der amerikanischen Positionen und ihre relativ geringe Kompromißbereitschaft ließen selbst dann in der westeuropäischen Öffentlichkeit die Ernsthaftigkeit des amerikanischen Verhandlungswillens zweifelhaft erscheinen, als Kenner der Materie diesen nicht mehr bezweifeln konnten. So blieb die Frage nach dem Ziel der Mittelstreckenverhandlungen ein Punkt bündnisinterner Auseinandersetzungen, die noch dadurch verstärkt wurden, daß die westeuropäischen Regierungen gegenüber den USA nicht mit einer einheitlichen Konzeption auftraten.

DAS VERHÄLTNIS WESTEUROPAS ZU DEN VEREINIGTEN STAATEN AUSSERHALB DES OST-WEST-BEZUGES

Die Veränderungen in den Beziehungen zwischen den westlichen Staaten waren nicht nur die Folge unterschiedlicher Reaktionen auf die sowjetische Politik. Auch unabhängig davon, wenn auch mit dieser Entwicklung teilweise verknüpft, traten die unterschiedlichen Interessen und Konzepte westeuropäischer und amerikanischer Politik stärker in den Vordergrund.

---

[20] Vgl. Gemeinsame amerikanisch-sowjetische Mitteilung vom 23. 9. 1981 betr. die Aufnahme von Rüstungsbegrenzungs-Verhandlungen, in: *EA*, 20/1981, S. D 561 f.

[21] Vgl. Präsident Reagans Vorschläge für die Verhandlungen über nukleare Mittelstreckenwaffen vom November 1981, in: *EA*, 24/1981, S. D 654 ff. und S. D 660, und Vorlage der amerikanischen Verhandlungsvorschläge im Februar 1982, in: *EA*, 8/1982, S. D 201 ff.

[22] Vgl. die entsprechenden Dokumente in: *EA*, 13/1982, S. D 299 ff.

Ein wesentliches Feld wachsender Spannungen ergab sich aus der Wirtschaftspolitik der Regierung Reagan und deren Folgen für die anderen westlichen Industrienationen. Der wiedererwachte ökonomische Führungsanspruch der USA ging von einer Position relativer Schwäche aus und berücksichtigte unzureichend die weltwirtschaftlichen Zusammenhänge. Die Schwierigkeiten der amerikanischen Wirtschaft kamen in zweistelligen Inflationsraten, einer Investitions- und Produktivitätsschwäche und nachlassender internationaler Wettbewerbsfähigkeit zum Ausdruck. Hinzu kam, daß die Vereinigten Staaten in den siebziger Jahren die Staatsausgaben, vor allem im sozialen Bereich, erheblich ausgeweitet hatten. Als Folge all dieser Bedingungen hatte die amerikanische Wirtschaft in den siebziger Jahren wichtige Anteile des Binnenmarktes – so bei der Stahl- und Automobilindustrie – an ausländische Konkurrenten verloren, und der Anteil der USA am Welthandel war erheblich zurückgegangen. Mit der Bundesrepublik[23] und Japan waren der amerikanischen Wirtschaft zwei gewichtige ökonomische Konkurrenten erwachsen.

Das Ziel der Administration Reagan war es, die Rezession durch investitionsfreundliche und leistungsfördernde Steuersenkung zu überwinden und den Sozialstaat einzugrenzen. Da die Staatsausgaben im allgemeinen und die Rüstungsausgaben im besonderen weiterhin stiegen, mußte dies zu einer höheren Staatsverschuldung führen. Da die Inflationsbekämpfung eine restriktive Geldpolitik erforderte, waren steigende Zinsen die zwangsläufige Folge. Diese amerikanische Politik ließ auch in Europa die Zinsen steigen, weil auch hier hohe Staatsdefizite, hohe Inflationsraten und niedrige Investitionsrenditen die Attraktivität von Kapitalanlagen minderten und deshalb nur über höhere Geldzinsen der Gefahr des Devisenabflusses begegnet werden konnte. Die Folge waren weniger Investitionen und höhere Arbeitslosigkeit. Die Westeuropäer spürten plötzlich, wie sehr die unilateralen amerikanischen wirtschaftspolitischen Maßnahmen sie herausforderten. Die Kombination von steigenden Staatsdefiziten, Inflationsbekämpfung und forcierter Umstrukturierung der Wirtschaft mußte den Wettbewerb zwischen den westlichen Industrienationen verschärfen und die Weltwirtschaft belasten, zumal auch die Regierung Reagan protektionistischen Versuchungen nicht widerstehen konnte. Die atlantische Arbeitsteilung im ökonomischen Bereich schlug um in eine verstärkte atlantische Konkurrenz.[24] Auch die Gipfeltreffen der westlichen Industriestaaten im Juli 1981 in Ottawa und im Juni 1982 in Versailles zeigten die Unfähigkeit dieser Staaten, gemeinsame Lösungen der weltwirtschaftlichen Probleme zu finden. Beide Treffen unterstrichen die Tatsache, daß die

---

[23] Vgl. Peter *Schaal*, Die Wirtschaftsbeziehungen zwischen den USA und der Bundesrepublik Deutschland, in: *APZ*, B 13/1983, S. 22 ff.

[24] Vgl. *Ziebura*, a. a. O. (Anm. 1), S. 18 ff. Zu den Einzelheiten dieses Konflikts vgl. den Beitrag von Ute *Geipel* in diesem Band.

Europäer nicht mehr bereit waren, der amerikanischen Politik vorbehaltlos zu folgen, sondern eigene Interessen und Prioritäten zur Grundlage ihrer Politik machten.

In ihrer handelspolitischen Grundsatzerklärung vom Juli 1981 blieb die amerikanische Regierung bei den Prinzipien der liberalen Marktwirtschaft. Dieses amerikanische Beharren stieß in zwei Punkten auf den Widerstand der Westeuropäer: zum einen bezweifelten sie die Möglichkeiten einer rein marktwirtschaftlichen Hilfe für die Staaten der Dritten Welt, zum andern wollten sie ihren eigenen Markt durch Zölle schützen und die eigenen Exporte teilweise subventionieren. Kristallisationspunkt der Auseinandersetzungen um Schutzzölle wurde erneut die Agrarmarktpolitik der EG und der Auseinandersetzungen um die Exportsubventionierung im Stahlbereich. Zwischen den Vereinigten Staaten und Japan war die Politik im Bereich der Automobilindustrie umstritten.

Ihren Höhepunkt fanden diese Konflikte im Zusammenhang mit der 38. Tagung der Ministerkonferenz des Allgemeinen Zoll- und Handelsabkommens (GATT) im November 1982.[25] Die Amerikaner forderten den Abbau der Exportsubventionierung und die stärkere Öffnung der Märkte der anderen Industrienationen und der Schwellenländer der Dritten Welt, ohne allerdings selbst diese Politik konsequent durchzuhalten. So wurden zinsverbilligte Kredite für die Ausfuhr amerikanischer Pharmaprodukte bereitgestellt, Stahlimporte in die USA erschwert und die Drohung unterstrichen, die amerikanische Regierung werde sich den Forderungen des Kongresses nach massiven Einfuhrbeschränkungen und Exportfördermaßnahmen nicht länger widersetzen.[26] Der Streit um diese Fragen ging fast hin bis zum Bruch. Anders als bei ähnlichen früheren Konflikten verloren die supranationalen Organe dabei einen Teil ihrer Pufferfunktion, da die westlichen Industriestaaten vermehrt die Neigung zeigten, den internationalen Handelsaustausch durch bilaterale Vereinbarungen zu steuern.[27]

Die verschiedenen sich überschneidenden Interessen in diesem Konflikt verdeutlichten in mancher Hinsicht symptomatisch die besondere Komplexität der Wirtschaftsbeziehungen zwischen den westlichen Industrienationen. Nicht nur in der amerikanischen Politik gab es die Unterschiede zwischen postulierter und praktizierter Politik. Auch die Europäer sprachen nicht mit einer Stimme. Neben der Haltung der EG-Gremien, die vor allem die Agrarpolitik verteidigten, standen unterschiedliche wirtschaftliche Verhaltensmuster der Mitgliedstaaten. Die stärker exportabhängige deutsche Wirtschafts-

---

[25] Vgl. die Dokumente in: *EA*, 5/1983, S. D 121 ff.

[26] Vgl. zu den Forderungen der Protektionisten im US-Kongreß *NZZ*, 10. und 18. 12. 1982, und *Handelsblatt*, 10. und 17. 12. 1982.

[27] Vgl. Elke *Thiel*, Atlantischer Wirtschaftskonflikt vor und nach Versailles, in: *Außenpol.*, 4/1982, S. 372 ff., hier S. 379 ff.

politik hielt sich in der Frage der Exportsubventionierung der Stahlindustrie stärker zurück als zum Beispiel Frankreich. Bonn bezog Position gegen den Protektionismus und forderte lediglich einen befristeten Schutz gegen Formen des Verdrängungswettbewerbs, während die französische Politik einen umfangreichen Schutz des Agrarmarkts und die Subventionierung der Stahlindustrie anstrebte. Ein gemeinsames Auftreten der EG bei den GATT-Verhandlungen erwies sich daher als schwierig. Zwar gelang es im November 1982 nochmals, einen offenen Handelskrieg zwischen den westlichen Industrienationen zu verhindern. Jedoch wurden alle diese Konfliktfelder nicht ernsthaft gelöst; die Mechanismen der Konfliktaustragung hatten sich gegenüber früheren Wirtschaftskonflikten verändert.[28]

Die Wirtschaftspolitik war nicht das einzige Feld wachsender Bemühungen der Westeuropäer um eine gewisse Eigenständigkeit in den internationalen Beziehungen, auch wenn die Europäische Politische Zusammenarbeit (EPZ) in den Jahren 1981 und 1982, abgesehen vom Falkland-Konflikt[29] und Erklärungen zu verschiedenen Themen der internationalen Beziehungen, keine entscheidende Rolle spielte. Allerdings einigten sich die Außenminister im November 1981 im „dritten Bericht über die EPZ" auf Verbesserungsvorschläge, die der britische Außenminister gemacht hatte.[30] Grundsätzlicher schienen zunächst die neuen Anstöße in Richtung auf eine Europäische Union zu sein. Im Januar 1981 und erneut im September 1981 machten der deutsche und der italienische Außenminister, Hans-Dietrich Genscher und Emilio Colombo, entsprechende Vorschläge,[31] die vor allem die Zusammenarbeit auf den Gebieten der Kultur und der Sicherheit verbessern sollten. Rom und Bonn arbeiteten am Entwurf einer europäischen Akte, die der EG neben der wirtschaftlichen Integration eine zweite Säule von Aufgaben zuordnen sollte. Vor allem den Regierungschefs und dem Europäischen Parlament war eine stärkere Bedeutung zugedacht. Im November 1981 wurden diese Pläne dem Ministerrat und dem Parlament präsentiert. Eine Einigung über die Reform der Gemeinschaft gelang allerdings nicht. Die besorgniserregende Wirtschaftslage der EG und die divergierenden Interessen der Mitgliedstaaten überlagerten alle anderen politischen Aktivitäten.

Dieser wirtschaftliche Problemdruck und die mangelnde Fähigkeit zur gemeinsamen Lösung der Westeuropa betreffenden Fragen, verbunden mit der Tatsache, daß die Westeuropäer in der Wirtschafts- und Sicherheitspolitik sowie bei der Sicherstellung der Rohstoffzufuhr aus dem Nahen Osten von den

---

[28] Vgl. hierzu ausführlicher Ulrich *Steger*, Gefährden wirtschaftspolitische Konflikte das westliche Bündnis?, in: *EA*, 24/1982, S. 737 ff.

[29] Vgl. hierzu den Beitrag von Michael *Ehrke* in diesem Band.

[30] Vgl. Klaus *Hänsch*, Europäische Politische Zusammenarbeit, in: *Die neue Gesellschaft*, 10/1982, S. 967 ff.

[31] Vgl. die Dokumente in: *EA*, 6/1981, S. D 163 ff.

Vereinigten Staaten abhingen, schränkten ihren politischen Spielraum für eine eigenständige Politik ein. Doch trotz dieser kaum zu übersehenden und zumindest nicht rasch aufhebbaren Rahmenbedingungen westeuropäischer Politik schienen sich die Fundamente der amerikanisch-westeuropäischen Beziehungen viel grundsätzlicher als in den Interessenkonflikten früherer Jahre zu verändern. Ursache dieser tiefergehenden Verschiebungen waren zum einen Entwicklungen im politischen Bewußtsein und in der Perzeption der Interessenlagen bei den verschiedenen Führungseliten und zum andern die Ausdehnung der politischen Konflikte aus der Ebene der Regierungstätigkeiten auf die der gesellschaftlichen Auseinandersetzungen.

In den Vereinigten Staaten hatte es schon in den siebziger Jahren eine deutliche Verschiebung der Einflußmöglichkeiten von den Eliten der Nordost-Staaten hin zu denen des Südens und des Westens gegeben. Dies hatte nicht nur innenpolitische Auswirkungen, sondern spätestens mit der Wahl Reagans auch eine Veränderung der außenpolitischen Prioritäten zur Folge. Die neue politische Führungselite agierte nicht mehr in gleichem Umfang wie frühere Regierungen europazentriert und zeigte eine Neigung, im Ziel-Mittel-Katalog amerikanischer Außenpolitik stärker unilateral zu denken und die militärische Dimension von Außenpolitik vemehrt zu instrumentalisieren.[32] Die Ungeduld gegenüber den in der Sicherheitspolitik und in der konfrontativen Wirtschaftspolitik gegenüber dem Osten zögernden Westeuropäern wuchs. Mancher amerikanische Beobachter sah die Westeuropäer schon auf dem Wege zu einem neuen neutralistischen politischen System.

Andererseits veränderte sich im Laufe der siebziger Jahre auch das Bild von den Vereinigten Staaten in Westeuropa allmählich. Diese Veränderungen schlugen sich schließlich in den Einstellungen großer Teile der westeuropäischen Öffentlichkeit in den Auseinandersetzungen um die Beziehungen zu Osteuropa Anfang der achtziger Jahre nieder. Hatten die USA noch in den fünfziger und frühen sechziger Jahren als Vorbild für die Organisation moderner Gesellschaften und für eine demokratisch orientierte Außenpolitik gegolten, so zeigten sich für viele Westeuropäer im Gefolge des Vietnam-Kriegs und in der spezifischen Ausformung der postindustriellen Gesellschaft in Amerika die Schwächen dieses politischen Systems. Die Regierung Carter schien dieser Entwicklung konzeptionslos gegenüberzustehen, und die Regierung Reagan schwankte in den Augen vieler Westeuropäer zwischen ideologisch begründeter Weltverbesserung und nüchterner, einseitig an den amerikanischen Interessen orientierter Machtpolitik. Die Europäer übersahen dabei meist nicht nur, daß die USA sich diese typisch amerikanische Dynamik eher leisten konnten als die Westeuropäer, sondern auch, daß dieser Prozeß mit seinen deutlichen Ausschlägen durch den dämpfenden Einfluß des Kongresses

---

[32] Vgl. hierzu auch den Beitrag von Hartmut *Wasser* in diesem Band.

und durch die sich rasch ändernden Einstellungen der amerikanischen Öffentlichkeit doch Merkmale der Kontinuität aufwies.

Der zurückhaltende westeuropäische Beobachter wird einer Dramatisierung der Entwicklung der europäisch-amerikanischen Beziehungen nicht nur deshalb widersprechen, weil der Spielraum Westeuropas für eine eigenständige Politik in der internationalen Arena klein ist, sondern auch, weil gerade wichtige Sektoren der innenpolitischen Entwicklung beiderseits des Atlantik auch Merkmale der Annäherung signalisieren. Wenn auch durch die Regierung Reagan unterbrochen, gab es in der amerikanischen Politik des letzten Jahrzehnts insgesamt Tendenzen in Richtung auf den Aufbau eines Sozialstaats, während in Westeuropa durch die Alternativkultur deutlich die staatlichen Traditionen zugunsten gesellschaftlicher Verantwortung an Gewicht verloren. Diese langfristig wirksamen Prozesse könnten sehr wohl eine neue Grundlage für eine stärker gemeinsame Politik abgeben.

INNERE WANDLUNGEN IN WESTEUROPA

Von Angelika Volle

EINE NEUE GENERATION MIT VERÄNDERTEN WERTEN

Der europäische Jugendprotest von 1968, teilweise mit revolutionärem Schwung initiiert, war an der Wende zu den siebziger Jahren versickert.[1] Immerhin hatte das soziale Engagement, das diese Bewegung ausgezeichnet hatte, aber starke Auswirkungen auf die Mentalität der Generation, die im Laufe der siebziger Jahre in maßgebliche Positionen aufrückte. Während des neuen Jahrzehnts, dessen politisches Klima wesentlich von der Entspannung zwischen Ost und West geprägt war, wuchs eine ganze Generation junger Menschen heran, deren Leben durch sichere wirtschaftliche und politische Verhältnisse bestimmt war, die aber gerade aus dieser Sicherheit heraus begannen, Kritik an den bestehenden Zuständen zu üben. Hauptansatzpunkte ihrer Kritik waren die Zerstörung der Umwelt, die wachsende Bürokratisierung und Gängelung des einzelnen durch eine aufgeblähte Verwaltung, der fehlende Dialog zwischen Politikern und Bevölkerung, die zunehmende Entfremdung zwischen dem Menschen und der Technik. In politischer Freiheit und materieller Sicherheit zu leben, war für diese Generation eine Selbstverständlichkeit geworden. Daß dieses Dasein durch militärische Abschreckung mit hohem Aufwand und mit inhumanen Massenvernichtungsmitteln gesichert werden müsse, war ihr ein fremder Gedanke.

Der Wertekatalog dieser jugendlichen Generation – deren häufig bemängelte Verständnislosigkeit gegenüber der geschichtlichen Vergangenheit nicht zuletzt durch die simplistische Betrachtungsweise der Medienwelt gefördert wurde – unterschied sich von dem früherer Generationen. Sie nahm Anstoß an den Widersprüchen zwischen steigenden Rüstungsausgaben und einem Überfluß an Lebensmitteln in der westlichen Industriegesellschaft einerseits und dem Massenelend und den Hungersnöten in der Dritten Welt andererseits. Gerade weil der materielle Wohlstand gesichert erschien, konnten bei den 15- bis 24jährigen andere Werte in den Vordergrund treten: persönliche Selbstverwirklichung, Solidarität in kleinen Gruppen, unmittelbare Mitwirkung an politischen und sozialen Entscheidungen.[2] Bei diesen kritischen Jugendlichen, mit einem deutlichen Schwerpunkt bei Schülern und Studenten, handelte es

---

[1] Vgl. hierzu Alfred *Hildebrand*, Die Studentenunruhen in Westeuropa, in: IP 1968/69, S. 20–44.

[2] Ergebnisse der Studie des Jugendwerks der Deutschen Shell, Jugend '81. Lebensentwürfe, Alltagskulturen, Zukunftsbilder, Bd. 1–3, Hamburg 1981, zit. nach Günther *Schmid*, Zur Soziologie der Friedensbewegung und des Jugendprotestes. Strukturmerkmale – Inhalte – Folgewirkungen, in: *APZ*, B 24/1982, S. 20.

sich um eine engagierte, relativ gut informierte Minderheit, die mit einer gewissen Selbstverständlichkeit für sich beanspruchte, wegen ihrer besseren Informiertheit Sprecher der Mehrheit zu sein. Großenteils stammten sie aus Bildungsschichten, aus denen sich künftige gesellschaftliche Führungsgruppen rekrutieren sollten. Mit ihrer höheren Schulbildung, nicht selten mit einem Universitätsabschluß,[3] konnten manche von ihnen es sich leisten, zugunsten größerer individueller Freiheit aus „dem System" auszusteigen. Ein erster Kristallisationspunkt war der massive Widerstand gegen den Bau von Kernkraftwerken; später mehrten sich unkonventionelle Protestformen wie Hausbesetzungen, Hungerstreiks und z. T. gewalttätige Demonstrationen.[4]

Idealismus und neoromantische Zivilisationskritik verbanden sich mit einer nicht genau definierten Angst, mit Mißtrauen und Sympathie für radikale Veränderungen. Das Zukunftsbild dieser Jugendlichen, die in einer Überflußgesellschaft aufgewachsen waren, hatte ausgesprochen pessimistische Züge: Arbeitslosigkeit, Rohstoffknappheit, Wirtschaftskrisen; Technik und Chemie, ja die gesamte industrielle Zivilisation wurden für die Umweltzerstörung und den Verlust von Arbeitsplätzen verantwortlich gemacht. Die Entscheidungskompetenz der demokratisch legitimierten Verfassungsorgane, die diese Probleme nicht bewältigt hatten, wurde von ihnen vielfach bezweifelt. Sie bezeichneten sich selbst als die „No future"-Generation.

Politisch kamen die Angehörigen dieses neuen Jugendprotestes aus den unterschiedlichsten Richtungen, in ihrer Weltsicht waren sie beeinflußt von Schriftstellern wie Hermann Hesse, Philosophen wie Mahatma Gandhi und Rudolf Steiner, Psychologen wie Erich Fromm. Sie fanden sich zusammen in den vielfältigsten Gruppen:[5] Es gab die Aussteiger, die die Übernahme von Verantwortung bzw. die Integration in eine ihnen nicht genehme Gesellschaft in Form eines „bürgerlichen Berufs" ablehnten. Es gab diejenigen, die sich, mit wachem Bewußtsein für Umweltprobleme, lokalen Bürgerinitiativen anschlossen, um mit Gleichgesinnten Veränderungen in einem überschaubaren Raum durchsetzen zu können. Es gab ferner Gruppen, die sich aus Unzufriedenheit mit der Konsum- und Leistungsgesellschaft verstärkt als Christen in den Kirchen engagierten und eine „neue Innerlichkeit" praktizierten oder aber sich religiösen Sekten zuwandten. Allen gemeinsam war eine Verdrossenheit über

---

[3] Zu Beginn der achtziger Jahre studierten drei- bis viermal so viele Europäer als noch in den fünfziger Jahren. Vgl. Stephen *Szabo*, Generationswechsel in Europa. Auswirkungen auf das westliche Bündnis, in: *EA*, 2/1983, S. 38.

[4] Vgl. *Schmid*, a. a. O. (Anm. 2), S. 20, sowie Gerhard *Wettig*, Die Friedensbewegung der beginnenden 80er Jahre, Berichte des BIOST 9/1982, bes. S. 9 ff.

[5] Vgl. hierzu und im folgenden ausführlich Werner *Kaltefleiter* und Hans-Peter *Schwarz*, Demoskopische Trends und Wandlungen der politischen Kultur in der Bundesrepublik Deutschland, in: Hans-Joachim *Veen* (Hrsg.), Die Zukunft der deutsch-amerikanischen Beziehungen, Melle 1983, S. 36–47 sowie Günther *Schmid*, Sicherheitspolitik und Friedensbewegung. Der Konflikt um die „Nachrüstung", Akademiebeiträge für Lehrerbildung, Bd. 11, München 1982.

die etablierten politischen Parteien, die ihrer Auffassung nach keine Alternativkonzepte vorweisen konnten.[6]

DER WIDERSTAND GEGEN DEN NATO-DOPPELBESCHLUSS

Das kritische Klima in der jüngeren Generation der meisten Länder Westeuropas fand zu Beginn der achtziger Jahre einen neuen Kristallisationspunkt in der Sicherheitspolitik. Größere Auseinandersetzungen um die Sicherheitspolitik, wie sie in den fünfziger Jahren z. B. in Form der Ostermärsche stattgefunden hatten, waren in den folgenden Jahrzehnten – zumindest öffentlich – nicht mehr geführt worden. Die Tatsache, daß die Sicherheit Westeuropas wesentlich auf der Drohung mit dem Einsatz von Kernwaffen beruhte, wurde von der Öffentlichkeit hingenommen und weder hinterfragt noch kritisiert; Diskussionen über die Militärstrategie der NATO blieben auf einen Expertenkreis beschränkt. Erst in den Jahren 1977/78 erwachte im Rahmen der sehr emotional geführten Debatte über die Neutronenwaffe[7] ein größeres öffentliches Interesse an Verteidigungsfragen. Schon dabei wurde erkennbar, daß die innenpolitische Toleranz für neue sicherheitspolitische Entscheidungen begrenzt war. Dennoch wurde von den Regierungen wenig getan, um die Bevölkerungen besser auf solche Entscheidungen vorzubereiten, obwohl gleichzeitig ein besonders schwerwiegender Beschluß dieser Art – der dann am 12. Dezember 1979 verabschiedete „NATO-Doppelbeschluß“ – geplant wurde.

Von den außenpolitischen Zusammenhängen und Zielsetzungen der Sicherheitspolitik im Rahmen der NATO, vom Frieden durch nukleare Abschrekkung, vom Verlust der nuklearen Vormachtstellung der USA, von der atomaren Bedrohung Westeuropas durch die in der Zeit der Entspannung aufgestellten sowjetischen SS-20-Mittelstreckenraketen wußte die europäische Öffentlichkeit noch bis 1980 nur wenig. Auch die Medien hatten sich dieser komplizierten Thematik bis dahin nicht ausgiebig angenommen. Erst als sich die Friedensbewegungen in mehreren Staaten Westeuropas des Themas „Wettrüsten“ bemächtigten, eine Kampagne gegen die beabsichtigte Stationierung amerikanischer Mittelstreckenraketen in Europa starteten und die Behauptung verbreiteten, diese Raketen stellten eher eine Bedrohung als einen Schutz der westeuropäischen Völker dar, sahen sich Regierungen, Fachleute und Journalisten zu einer offenen Diskussion der NATO-Strategie gezwungen.[8]

---

[6] Vgl. hierzu auch besonders: Bundesministerium für Jugend, Familie und Gesundheit, Zur alternativen Kultur in der Bundesrepublik Deutschland, in: *APZ*, B 39/1981, S. 3–15.

[7] Vgl. hierzu Lothar *Ruehl*, Das Ringen um die Neutronenwaffe, in: IP 1977/78, S. 142–150.

[8] Allein von Mitte Mai bis Anfang Juni 1981 verdoppelte sich der Prozentsatz der deutschen Bevölkerung, die den wesentlichen Inhalt des NATO-Doppelbeschlusses korrekt wiedergeben konnte, von 6 auf 12 %. (Vgl. *Schmid*, a. a. O. [Anm. 5], S. 19.)

Die ersten offiziellen Stellungnahmen der Politiker, gespickt mit Zahlenangaben, mußten allerdings den Durchschnittsbürger überfordern: Hastig nachgereichte Erklärungen zum Doppelbeschluß, von Experten mehr für Experten als für Laien formuliert, waren meist zu abstrakt und zu technisch, um eine kritisch gestimmte Öffentlichkeit zu überzeugen. Abkürzungen wie TNF, später INF, oder der verharmlosende Ausdruck „Waffenmix" (als Bezeichnung für die 572 in Westeuropa nach Scheitern der Genfer Verhandlungen aufzustellenden Mittelstreckensysteme Pershing II und Cruise missiles) trugen ebenfalls nicht zum Verständnis bei. Von Anfang an war das Vertrauen darauf, daß die – nach längerem Zögern – zuerst von der Sowjetunion, dann der neuen amerikanischen Administration eingeleiteten Genfer Verhandlungen über eine Begrenzung der Mittelstreckensysteme beider Seiten in Europa erfolgreich enden würden, stark gedämpft. „Einfache" Erklärungsmodelle wurden gefordert, die aber dem schwierigen Sachverhalt nicht gerecht werden konnten. Die Politiker appellierten an die Rationalität der Bürger, die Friedensbewegungen hingegen an die Stimmung in der Bevölkerung – und sie hatten damit mehr Erfolg. Keine Regierung, kein Experte konnte eine überzeugende Antwort auf die Frage geben: Wieviele Waffen sind genug?

Den europäischen Regierungen wurde ihre Aufgabe auch nicht erleichtert, weil amerikanische Regierungsmitglieder mit Äußerungen über die angebliche „Führbarkeit und Gewinnbarkeit eines begrenzten Atomkriegs" (Verteidigungsminister Caspar Weinberger) erhebliche Verwirrung stifteten. Auch das (aus dem Zusammenhang gerissene) Wort von Außenminister Alexander Haig, es gebe „wichtigere Dinge als im Frieden zu leben", ließ in einigen Ländern Europas die Furcht vor einem möglichen Einsatz von Atomwaffen durch einen amerikanischen Präsidenten, der – nach seiner Rhetorik zu schließen – anscheinend notfalls zum Äußersten entschlossen war, drastisch ansteigen. Sich im dichtbesiedelten Europa einen Atomkrieg von begrenzter Wirkung vorzustellen, war den meisten Europäern nicht möglich. Durch derartige Formulierungen, wie sie immer wieder aus Amerika zu hören waren,[9] verlor der Abschreckungseffekt der Atomwaffen in weiten Kreisen der europäischen Bevölkerungen an Glaubwürdigkeit.

Die Argumente der Friedensbewegungen

Die Führer der Friedensbewegungen in den hauptsächlich betroffenen Ländern Europas nutzten diese Stimmung aus und malten die Katastrophe

[9] Vgl. hierzu ausführlich den Beitrag von Lothar *Ruehl* in diesem Band.

eines Nuklearkrieges für jeden verständlich bis ins Detail aus; sie verbreiteten sich über die furchtbare Vernichtungswirkung von Atomwaffen und schürten damit die Angst vor den grausamen Folgen eines möglichen Atomkrieges – gewöhnlich ohne sich zu den realen Kriegen in den Jahren 1981/82 wie den Konflikten zwischen Iran und Irak, in Libanon oder um die Falkland-Inseln zu äußern. Sie bezweifelten, daß das politische Instrument des Doppelbeschlusses die beiden Weltmächte zum Abschluß eines Rüstungsbegrenzungsabkommens bewegen werde, das den Sicherheitsinteressen Europas Rechnung trage. Vor allem aber stellten sie in Frage, daß die neuen Waffensysteme in Europa überhaupt erforderlich seien, um ein Gleichgewicht zwischen den NATO-Ländern und den Warschauer-Pakt-Staaten herzustellen. Sie wollten „Frieden schaffen ohne Waffen". Daneben nahmen ihre Argumente einen besonderen Akzent an, indem sie die ausschließliche amerikanische Verfügungsgewalt über die neuen Waffen hervorhoben und zugleich die Reagan-Administration als eine Gruppe verantwortungsloser Machtpolitiker hinstellten.

Gegenargumente der Befürworter des Doppelbeschlusses, der ja überhaupt erst auf Drängen und mit unmittelbarer Beteiligung europäischer Regierungen zustande gekommen war, wurden von ihnen kaum ernsthaft zur Kenntnis genommen. Beflügelt von einer Gesinnungsethik, die keinen anderen Standpunkt gelten läßt, stützten die Friedensbewegungen ihre emotionale Argumentation auf angeblich endgültige, unwiderlegbare Wahrheiten. Zwar schlugen sie die Erprobung alternativer Sicherheitsmodelle vor: von der Schaffung einer atomwaffenfreien Zone (Polen bis Portugal, lautete das Schlagwort) über militärische Verteidigung durch Defensivwaffen und passiven Widerstand bis hin zu einseitiger Abrüstung; dabei handelte es sich jedoch um theoretische und meist idealistische Modelle oder Wunschvorstellungen, nicht aber um politisch durchführbare Konzepte. Kritiker warfen ihnen daher ein „parasitäres sicherheitspolitisches Aussteigertum in Reinkultur"[10] vor.

Der Antagonismus zwischen Befürwortern und Gegnern des Doppelbeschlusses steigerte sich in den Jahren 1981/82 derart, daß beide Seiten, Regierungen wie Friedensbewegungen, die den eigenen Positionen entgegenstehenden Ansichten nicht mehr in die eigenen Überlegungen einbezogen. Zahlenbeispiele der einen Seite wurden angeblich durch Zahlenbeispiele der anderen entkräftet. Ein unüberbrückbares Mißtrauen schloß jede Verständigung oder auch nur eine Annäherung der Standpunkte aus.

---

[10] Hans-Peter *Schwarz*, Die Rückkehr der Schwärmer, Fragen an die Christen in der sogenannten Friedensbewegung, in: *Die politische Meinung*, Heft 205, November/Dezember 1982, S. 20.

Einfluß der wirtschaftlichen Entwicklung

Das wachsende Engagement in den westeuropäischen Friedensbewegungen in den Jahren 1981/82 geschah vor dem Hintergrund einer zunehmenden Arbeitslosigkeit, die vor allem bei Jugendlichen eine Perspektivlosigkeit hervorrief. Allerdings waren die Reaktionen nicht in allen westeuropäischen Ländern gleich. Besonders in der Bundesrepublik Deutschland und in den Niederlanden verbreiteten sich Aussteigertum und Einstieg in die sogenannte Alternativszene, zugleich erhöhte sich aber auch die politische Mobilisierbarkeit.[11] Ende 1982 war die Arbeitslosigkeit in der EG auf 12 Millionen Arbeitslose angestiegen, darunter 4,5 Millionen Jugendliche unter 25 Jahren – das waren 40 Prozent aller Arbeitslosen.[12]

Die Arbeitslosigkeit sorgte auch dafür, daß im Zusammenhang mit der Neutronenwaffe und dem NATO-Nachrüstungsbeschluß immer wieder die hohen Verteidigungsausgaben in den einzelnen westeuropäischen Ländern in den Vordergrund gerückt wurden. Viele Jugendliche, die in der Periode der Entspannung aufgewachsen waren, konnten nicht verstehen, daß für eine gründliche Bekämpfung der Arbeitslosigkeit kein Geld vorhanden sein sollte (die EG-Kommission stellte dafür 4,5 Milliarden DM jährlich zur Verfügung), wenn die größeren europäischen NATO-Staaten jährlich 40 bis 50 Milliarden DM für Armeen ausgaben, von denen sie selbst sagten, ihr Einsatz sei nicht vorgesehen. Auffangbecken derart Enttäuschter wurden die unterschiedlichsten Protest- bzw. Ein-Thema-Bewegungen: Bürgerinitiativen, Frauengruppen, Vereinigungen von Kriegsdienstverweigerern, Jugendverbände vieler politischer Parteien, Gruppen aus der Alternativszene, dem kirchlichen Bereich, dem ökologisch ausgerichteten Spektrum.

Die meisten dieser ideologisch verschiedenartigen Gruppierungen hatte es schon längere Zeit gegeben, aber nun fanden sie zum ersten Mal einen Minimalkonsens, einen gemeinsamen Nenner, auf den sich auch die nichtorganisierten Sympathisanten und Mitläufer einigen konnten: Opposition gegen den NATO-Doppelbeschluß, Widerstand gegen die Aufstellung von 572 amerikanischen Mittelstreckenwaffen in der Bundesrepublik Deutschland, Holland, Belgien, Italien und Großbritannien. Die überwiegend jugendlichen Kritiker der offiziellen Regierungspolitik bezeichneten sich in allen diesen Ländern – wie auch in Amerika – als „Friedensbewegung".

---

[11] Hieraus erklärt sich ebenfalls der scheinbare Widerspruch, daß 1981/82 zwar die Ablehnung gegen alles Militärische, also auch die Kriegsdienstverweigerung, ihren Höhepunkt erreichte, daß aber die Zahl der Freiwilligen, die sich z. B. zum Dienst in der Bundeswehr meldeten, noch nie so hoch war: 77 % der 17- bis 19jährigen erklärten sich 1982 zum Dienst mit der Waffe bereit. Vgl. *Schmid*, a. a. O. (Anm. 2), S. 23.

[12] Vgl. Bewältigung des Arbeitsplatzmangels in den achtziger Jahren, hrsg. von der Kommission der EG, KOM (83) 148 endg., 21.–22. 3. 1983, S. 4.

Die Rolle der Kirchen gegenüber der Friedensbewegung

Zahlreiche praktizierende Christen, ganz überwiegend im protestantischen Bereich, waren schon seit den fünfziger Jahren in der europäischen Friedensbewegung aktiv gewesen.[13] Waren es anfangs nur einige wenige bekannte Köpfe gewesen, die für pazifistische Ideen eintraten, so änderte sich dies abrupt zu Anfang der achtziger Jahre. Die Kirchen mußten sich insgesamt mit dem wachsenden Zustrom vor allem jüngerer Menschen auseinandersetzen, die die Kirche als Vehikel für ihren Protest gegen die Haltung der Regierungen zu Abrüstung und Sicherheit nutzen wollten. Allerdings gab es dabei große Unterschiede: Ihr Schwergewicht hatte die Friedensbewegung in den protestantischen Ländern Europas, vor allem in der Bundesrepublik Deutschland und Holland, während die romanischen und katholischen Länder weit weniger betroffen waren. Daher waren es in Europa in erster Linie die protestantischen Kirchen, die sich mit der neuen Bewegung auseinanderzusetzen hatten.[14]

In der Bundesrepublik Deutschland war die Einstellung der Evangelischen Kirche (EKD) zum Thema Frieden von den Heidelberger Thesen von 1959 bestimmt. In der auch von der offiziellen Denkschrift der EKD vom November 1981 weiterhin akzeptierten These 8 heißt es: „Die Kirche muß die Beteiligung an dem Versuch, durch das Dasein von Atomwaffen einen Frieden in Freiheit zu sichern, als eine heute noch mögliche christliche Handlungsweise anerkennen."[15] Die sich wachsender Beliebtheit bei der Jugend[16] erfreuenden deutschen Kirchentage wurden weithin Foren der Auseinandersetzung über Fragen der Friedenserhaltung. Von Jahr zu Jahr waren sie stärker beherrscht von – überwiegend jugendlichen – Anhängern der Friedensbewegung. Weder 1981 noch 1982 fanden protestantische Politiker, die den NATO-Beschluß verteidigten, bei der Mehrheit der Versammelten Verständnis oder gar Unterstützung. Das Zentralkomitee der deutschen Katholiken unterstützte zwar ausdrücklich die Position der Bundesregierung zum NATO-Doppel-

---

[13] Vgl. zum Einfluß der Kirchen auf die westeuropäischen Friedensbewegungen vor allem den Band: Pacifisme et Dissuasion, hrsg. von Pierre *Lellouche*, Paris (IFRI) 1983; dpa – Hintergrund – Dokumentation, Teil III: Friedensbewegung in Westeuropa und USA, 10. 11. 1981, Nr. HG 2994, sowie Christopher *Coker* und Heinz *Schulte*, Strategiekritik und Pazifismus. Zwei Haupttendenzen in den westeuropäischen Friedensbewegungen, in: *EA*, 14/1983, S. 413–420.

[14] Dies liegt u. a. daran, daß der Protestantismus die sogenannte Kirchenfrömmigkeit relativiert und sich stärker als der Katholizismus auf weltliche Probleme, auf „Weltängste" orientiert hat. In der Bundesrepublik Deutschland drängt sich bei der politischen Engagiertheit der Protestanten der Begriff „Ersatzpatriotismus" auf.

[15] Zitiert nach: Hans-Gerhard *Klatt*, Evangelische Kirche und Friedensbewegung, in: Hans *Pestalozzi*, Ralf *Schlegel*, Adolf *Bachmann* (Hrsg.), Frieden in Deutschland, München 1982, S. 22/23.

[16] Dies war eine Tatsache, obwohl nach einer Umfrage unter Nachkriegseuropäern 1980 von den 16- bis 29jährigen nur noch 2 % regelmäßig zur Kirche gingen. 1963 waren es noch 11 % gewesen. (Vgl. *Szabo*, a. a. O. [Anm. 3], S. 38 und 44.)

beschluß und spiegelte damit wohl auch die Meinung der Mehrheit der deutschen Katholiken wider, aber auch katholische Studenten- und Jugendverbände waren an zahlreichen Demonstrationen der Friedensbewegung in den Jahren 1981/82 beteiligt.

Weit größeren politischen Einfluß hatten die Kirchen in den Niederlanden.[17] Der 1966 gegründete „Interkirchliche Friedensrat" (IKV), offizielles Organ der neun wichtigsten Kirchen (auch der katholischen) galt als Zentrum der holländischen Friedensbewegung. Zu ihm zählten etwa 400 lokale Gruppen mit 20 000 Anhängern, die sich selbst als neutralistisch und pazifistisch bezeichneten. Der IKV befürwortete Abrüstungsvorleistungen des Westens in der Hoffnung auf entsprechende Reaktionen des Ostens, ohne allerdings auf einer völlig einseitigen Abrüstung zu bestehen. Ebenfalls hielt der IKV am Verbleib der Niederlande in der NATO fest, womit er der Meinung der holländischen Öffentlichkeit entsprach. Den Aktivitäten des IKV war es zum großen Teil zuzuschreiben, daß die holländische Regierung die Entscheidung, 48 Marschflugkörper auf ihrem Hoheitsgebiet stationieren zu lassen, vorerst aufschob. Bei den Wahlen im September 1982 forderte der Friedensrat die Wähler – allerdings ohne durchschlagenden Erfolg – auf, nur Parteien zu wählen, die den Doppelbeschluß der NATO ablehnten, wie die sozialistische Arbeiterpartei (PvdA).

In Skandinavien war der Einfluß der Kirchen weniger groß, schon weil in der Bevölkerung die kirchliche Bindung meist schwächer ist. In Großbritannien gehörte Monsignore Bruce Kent, der ranghöchste britische katholische Priester, zu den führenden Köpfen der britischen Friedensbewegung im Rahmen der „Kampagne für nukleare Abrüstung" (CND), die 1982 über 41 000 Aktivisten in ungefähr 1 000 über das Land verteilten Sektionen verfügte.[18] Diese Bewegung wandte sich 1981 und 1982 in zahlreichen Demonstrationen gegen die geplante Stationierung von 160 Marschflugkörpern auf den amerikanischen Luftwaffenstützpunkten Greenham Common und Molesworth.

Die Rolle der kommunistischen Parteien

Der Einfluß der kommunistischen Parteien auf die Friedensbewegung wurde von konservativen Kreisen und Politikern in der Regel weit überschätzt. Bei den kommunistischen Gruppen handelte es sich in den hauptsächlich

[17] Vgl. hierzu besonders Alfred van *Staden*, Pays-Bas et Belgique: La tentation neutraliste, in: Pacifisme et Dissuasion, a. a. O. (Anm. 13), S. 89–106.

[18] 1977 verfügte CND nur über knapp 3 000 Mitglieder. Vgl. Malvern *Lumsden*, Nuclear Weapons and the New Peace Movement, in: World Armaments and Disarmament (SIPRI Yearbook) 1983, London, New York 1983, S. 107.

betroffenen westeuropäischen Ländern um eine kleine, allerdings gut organisierte und finanzierte und sehr aktive Minderheit, die zwar im Interesse der Sowjetunion ihren Einfluß in den Friedensbewegungen geltend machte, aber sicherlich nicht in der Lage war, sie zu steuern. Größer war jedenfalls der Einfluß, den amerikanische Politiker durch taktische und politische Fehler ausübten. Die Sowjetunion konnte sich darauf beschränken, solche Fehler zu vermeiden und immer wieder ihren Friedenswillen zu proklamieren, um die pazifistischen und neutralistischen Strömungen in den Friedensbewegungen zu stärken.

In der Bundesrepublik Deutschland hatten linksextreme bzw. kommunistische Gruppen in unterschiedlichem Grade Einfluß auf einige Organisationen wie die „Aktion Sühnezeichen/Friedensdienste" (ASF), die „Deutsche Friedens-Union" (DFU), praktisch eine kommunistische Hilfsorganisation, und das „Komitee für Frieden, Abrüstung und Zusammenarbeit" (KOFAZ). Die DFU hatte beispielsweise gemeinsam mit der Deutschen Kommunistischen Partei (DKP) den im November 1980 verabschiedeten „Krefelder Appell" initiiert, in dem die Bundesregierung aufgefordert wurde, ihre Zustimmung zur Stationierung von Pershing II und Marschflugkörpern zurückzuziehen. Der Appell, der innerhalb eines Jahres von zwei Millionen Bundesbürgern unterzeichnet wurde,[19] sagte nichts über die Bedrohung Westeuropas durch die sowjetischen SS-20-Raketen aus.

In Frankreich, wo die organisierte Friedensbewegung (Mouvement de la Paix) zu einem großen Teil kommunistisch geprägt ist und von der KPF finanziert wird, konnte die Partei keine spektakulären Erfolge vorweisen. Kommunisten wie Sozialisten (die nicht zugleich Mitglied der Friedensbewegung sein durften)[20] hatten schon in den siebziger Jahren die „unabhängige" Sicherheitspolitik von General Charles de Gaulle akzeptiert; vom NATO-Doppelbeschluß war Frankreich nicht unmittelbar betroffen. Ohne wesentliche Proteste der Bevölkerung konnte sich Präsident François Mitterrand daher für die Nachrüstung des Westens aussprechen.

Die starke Kommunistische Partei Italiens, die die Zugehörigkeit des Landes zur NATO seit langem nicht in Frage stellte und die Stationierung von 112 Mittelstreckenraketen bei Comiso auf Sizilien „theoretisch sogar für möglich" hielt,[21] bemühte sich zwar, aus der italienischen Friedensbewegung eine einflußreiche Bewegung zu machen. Der Durchschnittsitaliener allerdings war an Demonstrationen gegen einen theoretischen Atomkrieg nicht interessiert;

---

[19] Vgl. Christoph *Strässer*, Der Krefelder Appell, in: *Pestalozzi* u. a. (Hrsg.), a. a. O. (Anm. 15), S. 89 ff.

[20] Vgl. Assembly of WEU, Proceedings, 28th Ordinary Session, First Part, Paris, Juni 1982 (Assembly Documents), Document 918, S. 289.

[21] Sergio *Rossi* und Virgilio *Ilari*, Pacifisme à l'italienne, in: Pacifisme et Dissuasion, a. a. O. (Anm. 13), S. 147.

allenfalls beunruhigten ihn die Sicherheitsprobleme im Mittelmeerraum. Daher gelang es den Kommunisten auch nicht, Angst vor einem möglichen Dritten Weltkrieg, ausgelöst durch die Amerikaner, zu schüren.[22]

Die von Großbritannien ausgehende Friedensbewegung „Campaign for Nuclear Disarmament in Europe" (END) war in ihrer Ausrichtung immer ausgesprochen antikommunistisch gewesen und hatte seit ihrer Gründung eine internationale Ausweitung auch auf osteuropäische Länder vorgeschlagen. Sie stand damit im Gegensatz zur einflußreicheren britischen Friedensbewegung „Campaign for Nuclear Disarmament" (CND), die sowohl enge Beziehungen zur (einflußlosen) Kommunistischen Partei Großbritanniens als auch zur Labour Party unterhielt. Deren Führer, Michael Foot, war schon während der sechziger Jahre aktives Mitglied von CND gewesen. Der Forderung der extrem linken Friedensgruppierung „Russell-Peace-Foundation" nach einem „atomwaffenfreien Europa von Polen bis Portugal" schloß sich die Labour Party an und übernahm im September 1980 auf ihrem Parteitag diese Forderung sogar in ihr Programm.[23]

Neutralismus, Nationalismus, Antiamerikanismus

Von (nicht nur) konservativen Kreisen in Europa wurde gegen die Friedensbewegungen vielfach der Vorwurf erhoben, sie verträten Positionen des Neutralismus, des Nationalismus und des Antiamerikanismus. Untersuchungen über die Einstellung der Europäer ergaben zwar, daß die Zahl der Neutralisten unter ihnen zunahm; die Mehrheit war aber weiterhin für den Verbleib ihres Landes in der NATO und sprach sich gegen eine einseitige Abrüstung und gegen neutralistische Tendenzen aus.[24] Besonders französische und amerikanische Journalisten, aber auch Politiker, warnten mit starken Worten vor einem deutschen Neutralismus bzw. einem wiedererwachenden Nationalismus, der das Ziel verfolge, durch ein „Arrangement" mit der Sowjetunion die Wiedervereinigung beider deutscher Staaten zu erreichen.[25] Die Wortführer eines Austritts der Bundesrepublik aus dem westlichen

---

[22] Hielten im April 1980 noch 32 % der Italiener diesen für möglich, so waren es im Oktober 1982 nur noch 14 %. Vgl. ebd., S. 151.

[23] Vgl. NATO Today. The Alliance in Evolution, A Report to the Committee on Foreign Relations, United States Senate, Washington, April 1982, S. 81, sowie Lawrence *Freedman*, Grande-Bretagne. La nouvelle contestation anti-bombe, in: Pacifisme et Dissuasion, a. a. O. (Anm. 13), S. 73–88.

[24] Gegen eine neutrale Position ihres Landes entschieden sich im März 1981: 67 % in Großbritannien, 67 % in der Bundesrepublik Deutschland, 60 % in Italien, 62 % in den Niederlanden und 74 % in Norwegen. (Vgl. Kenneth *Adler* und Douglas *Wertman*, Is NATO in Trouble? A Survey of European Attitudes, in: *Public Opinion*, August/September 1981, S. 10.)

[25] Vgl. Françoise *Sirjacques-Manfrass*, Grundzüge der französischen Sicherheitspolitik in der Ära Mitterrand, in: *Die Neue Gesellschaft*, Heft 2/1983, S. 138.

Bündnis, wie der Westberliner Historiker Peter Brandt und der Saarbrücker Oberbürgermeister und Vorsitzende der saarländischen SPD, Oskar Lafontaine, stellten aber innerhalb des weiten Spektrums der Friedensbewegung in der Bundesrepublik eine Minderheit dar, wenn auch die neue Partei der Grünen nach und nach auf diesen Kurs einschwenkte. Gerade die jüngeren Deutschen, von denen sich viele für die Friedensbewegung engagierten, waren, wie Meinungsumfragen in Westeuropa bestätigten, „... die am wenigsten nationalistischen aller Altersgruppen und am wenigsten an der Wiedervereinigung interessiert."[26] Die Zahl der Bundesbürger, die eine neutralistische Politik verfolgt sehen wollten, ging von 36 Prozent 1975 auf 33 Prozent 1981 zurück. Weniger als 10 Prozent waren im November 1981 für einen Austritt der Bundesrepublik aus der NATO.[27]

In Frankreich, das sich selbst aufgrund seiner von der NATO unabhängigen Sicherheitspolitik fast als neutral empfand, entschieden sich in einer Umfrage vom März 1981 sogar 40 Prozent für einen neutralen Status.[28] Auch in Holland, einem Land mit einer langen Tradition der Neutralität, war besonders in der jüngeren Generation der Trend zu einer eher unabhängigen Außen- und Sicherheitspolitik zu verfolgen. In Belgien – und hier vor allem in Flandern – war der historisch gewachsene Nationalismus Grundstein eines wachsenden Engagements für die Neutralität des Landes, wenngleich in beiden Ländern von der Mehrheit der Bevölkerung der Verbleib in der NATO gewünscht wurde.[29] In den beiden skandinavischen NATO-Staaten Dänemark und Norwegen war die NATO 1981 populärer als je zuvor;[30] der Nachrüstungsbeschluß wurde von den Regierungen beider Länder – allerdings gegen die Mehrheitsmeinung der Bevölkerung – gebilligt. Im Verhältnis zu den hitzigen Debatten um den Beitritt Norwegens und Dänemarks zur Europäischen Gemeinschaft waren die Auseinandersetzungen um die Sicherheits- und Friedenspolitik weit weniger virulent.

Was den Vorwurf angeht, die Friedensbewegungen seien von einem emotional geschürten Antiamerikanismus geprägt,[31] ist eine Unterscheidung

---

[26] *Szabo*, a. a. O. (Anm. 3), S. 41. Selbst Peter Brandt mußte in einem Interview zugeben, daß die meisten Deutschen und kaum jemand in der Friedensbewegung mehr glaubten, daß eine Wiedervereinigung möglich sei. (*The Washington Post*, 31. 7. 1983.)

[27] Emnid-Umfrage des *Spiegel* von November 1981, zitiert nach: Peter Graf *Kielmannsegg*, Friedensbewegung in der Bundesrepublik aus deutscher Sicht, in: *Veen* (Hrsg.), a. a. O. (Anm. 5), S. 62.

[28] Ausgenommen die Wahlen von 1981 (16 %) hatte die Kommunistische Partei Frankreichs immer über 20 % der Stimmen erhalten. (Vgl. *Adler/Wertman*, a. a. O. [Anm. 24], S. 10.)

[29] Vgl. hierzu van *Staden*, a. a. O. (Anm. 17), S. 89–106.

[30] Auf die Frage: „Soll das Land der NATO angehören" antworteten 1971 50 % der befragten Norweger und 58 % der Dänen mit ja, 1981 sogar 59 % Norweger und 64 % Dänen. (Vgl. Ingemar *Dörfer*, La Scandinavie ou la défense de la virginité nucléaire, in: Pacifisme et Dissuasion, a. a. O. (Anm. 13), S. 123.

[31] Vgl. Wilfried von *Bredow*, Die Friedensbewegungen in Frankreich und der Bundesrepublik Deutschland. Ein Vergleich, in: *Beiträge zur Konfliktforschung*, Jg. 12, Heft 3, 1982, S. 53.

notwendig. Zwar war gerade in der jüngeren Generation die Desillusionierung über die amerikanische Gesellschaft groß, und die Politik der Reagan-Administration stieß auf scharfe Kritik. Aber damit ging keine feindselige Stimmung gegen die amerikanische Bevölkerung einher. Meinungsumfragen von 1981 bestätigten, daß in Westeuropa im allgemeinen eine proamerikanische Haltung vorherrschte. In der Bundesrepublik gaben im September 1981 mehr Menschen denn je seit 1965 an, sie seien gegenüber den Amerikanern „positiv eingestellt".[32]

DIE POLITISCHE BEDEUTUNG DER FRIEDENSBEWEGUNG

Die Beeinflussung der Bevölkerung

Die Appelle der Friedensbewegungen an das Gefühl und weniger an den Verstand hatten vor allem bei jüngeren Menschen Erfolg: Die im Herbst 1981 in ganz Westeuropa veranstalteten Friedensdemonstrationen zogen eine unerwartet hohe Zahl von Menschen an. In Bonn demonstrierten am 10. Oktober mehr als 250000 Menschen, z. T. organisiert in 760 verschiedenen Gruppen; am 24. Oktober fanden sich in Rom 150000, in London 70000 Menschen zusammen. Paris folgte am 25. Oktober mit 50000 und Wien mit 100000 Friedensdemonstranten. Am 28. Oktober kamen in Helsinki 150000 Anhänger der Friedensbewegung zu einer Demonstration zusammen, und am 15. November demonstrierten sogar 500000 Menschen in Madrid für den Frieden, während sich am selben Tag in Athen 300000 versammelten. Die Serie der Demonstrationen „für den Frieden" im Herbst 1981 wurde mit einer Großdemonstration in Amsterdam am 21. November mit 350000 Teilnehmern beendet.

Zwar waren die westeuropäischen Friedensbewegungen „zunächst einmal nationale Phänomene, gespeist aus den jeweiligen historischen, sozialen, politischen und spirituellen Gepflogenheiten". Dennoch zeigten die Demonstrationen in den europäischen Hauptstädten die Internationalität der Bewegung. Diese wurde auch durch die Redner auf den Veranstaltungen verdeutlicht, zu denen in der Regel auch Vertreter von Friedensbewegungen anderer Länder gehörten.[33]

Der Einfluß der Friedensbewegungen auf die westeuropäische Bevölkerung in der Frage der Nachrüstung war nicht ausschließlich auf derartige spektaku-

---

[32] NATO Today, a. a. O. (Anm. 23), S. 76.

[33] Vgl. hierzu besonders Wilfried von *Bredow*, Zusammensetzung und Ziele der Friedensbewegung in der Bundesrepublik Deutschland, in: *APZ*, B 24/1982, S. 7 ff. sowie *ders.*, a. a. O. (Anm. 31), S. 55.

läre Veranstaltungen oder die Überzeugungskraft der Argumente prominenter Vertreter der Friedensbewegung zurückzuführen; eine wesentliche Rolle spielte auch die überproportionale Berichterstattung in den Massenmedien. Bei einem gewissen Wohlwollen gegenüber dem Enthusiasmus der jugendlichen Anhänger der Friedensbewegung hielten zwar die meisten maßgebenden Journalisten kritische Distanz; aber das Thema Friedensbewegung bestimmte seit Mitte 1981 die Schlagzeilen und führte bei vielen zu einer Überbewertung ihres tatsächlichen Einflusses. Dieser Einfluß, besonders auf die Regierungspolitik in Westeuropa, war nämlich weit geringer, als die Medienberichterstattung vermuten ließ.

Einfluß auf die Regierungspolitik in den Stationierungsländern

Auch nach den Friedensdemonstrationen vom Herbst 1981 sprachen sich am 3. Dezember 1981 alle im deutschen Bundestag vertretenen Parteien für den NATO-Doppelbeschluß aus. Vor allem im Jahr 1982 bröckelte der Konsens in der Sicherheitspolitik zwischen den Partnern in der sozialliberalen Regierungskoalition in Bonn allerdings zusehends ab. Prominente SPD-Politiker wie Erhard Eppler, Oskar Lafontaine und Egon Bahr traten mit eigenen Interpretationen des Doppelbeschlusses hervor. So hieß es nun etwa: „Würden die USA nicht ernsthaft verhandeln, würde die SPD nicht mehr an die Zusage der Stationierung gebunden sein.“[34] Immer mehr SPD-Bezirksparteitage wichen von der Position der Bundesregierung ab und forderten einen Verzicht auf Stationierung von Mittelstreckenwaffen, besonders der Pershing II, in der Bundesrepublik. Der Münchner Parteitag der SPD im April 1982 billigte dann den Leitantrag des SPD-Vorstands, in dem das Druckmittel gegenüber Moskau, nämlich die im Doppelbeschluß vorgesehene automatische Verknüpfung zwischen einem Scheitern der Verhandlungen und der Aufstellung von Raketen, aufgegeben und die Entscheidung von der – subjektiv zu bewertenden – „Ernsthaftigkeit“ der Verhandlungen in Genf abhängig gemacht wurde, worüber sich ein im Herbst 1983 einzuberufender neuer Parteitag ein Urteil bilden sollte.[35]

Das Auseinanderfallen der sozialliberalen Koalition in Bonn und der Regierungswechsel im Oktober 1982 waren nicht zuletzt auf die unterschiedlichen Auffassungen in der Sicherheitspolitik zurückzuführen. Die Regierungspolitik von Bundeskanzler Helmut Schmidt und Außenminister Hans-

---

[34] So Egon *Bahr*, Zehn Thesen über Frieden und Abrüstung, in: Sicherheitspolitik contra Frieden? Ein Forum zur Friedensbewegung, Berlin, Bonn 1981, S. 12.

[35] Vgl. hierzu ausführlich Harald *Rüddenklau*, Aspekte der innenpolitischen Kontroverse um die Sicherheitspolitik, in: Erhard *Forndran*, Gert *Krell*, Hans-Joachim *Schmidt*, Kernwaffen im Ost-West-Vergleich, Baden-Baden 1984, S. 415–440.

Dietrich Genscher hatte sich von der – sich auf die Friedensbewegung zubewegenden – Position der „Basis" innerhalb der SPD, aber auch von Teilen der Jungdemokraten und Jungliberalen entfernt. Die seit Oktober 1982 die Regierung stellende CDU/CSU hatte dagegen nicht die geringste Absicht, von der seit Jahren bewährten, im Rahmen der NATO praktizierten Sicherheitspolitik abzuweichen und stand geschlossen hinter dem Doppelbeschluß. Sie befand sich hierbei im Einklang mit der Mehrheit der Bevölkerung in der Bundesrepublik: Im Juli 1981 sprachen sich 52 Prozent für eine Stationierung der Raketen bei einem Mißerfolg der Verhandlungen in Genf aus; im März 1982 waren es sogar über 60 Prozent. Nur 39 Prozent hegten Sympathien für die Friedensbewegung.[36]

Die in Großbritannien regierende Konservative Partei unter Ministerpräsidentin Margaret Thatcher, die unter lebhafter Unterstützung der britischen Bevölkerung im Juni 1982 den Krieg um die Falkland-Inseln geführt hatte, ließ sich von der Friedensbewegung mit ihren prominenten intellektuellen Fürsprechern wie dem Historiker Edward P. Thompson, der Universitätsdozentin Mary Kaldor oder dem katholischen Monsignore Bruce Kent in ihrer Haltung zur Stationierung der 160 Cruise missiles in Großbritannien nicht beirren. Die italienischen Christdemokraten, die einflußreichste Partei in den häufig wechselnden Regierungskoalitionen Italiens, ließen sich ebensowenig wie die Sozialisten unter Parteiführer Bettino Craxi von den Manifestationen der Friedensbewegung beeinflussen. Am 20. Oktober 1981 wies die italienische Abgeordnetenkammer den kommunistischen Vorschlag, die Stationierung abzulehnen, mit 261 zu 192 Stimmen zurück.[37] Die belgische und die niederländische Regierung vertagten hingegen ihre Entscheidung über die Stationierung von Marschflugkörpern auf ihrem Boden bis zum Herbst 1983, in dem sie angesichts des Verhandlungsstandes in Genf erneut darüber beraten wollten. Sie ließen sich in ihrer Haltung von der öffentlichen Meinung beeinflussen, die unter dem Eindruck der Aktivitäten der Friedensbewegung in beiden Ländern in ihrer Mehrheit die Stationierung ablehnte: Schon im August 1981 waren fast 75 Prozent der Holländer und im April 1981 50 Prozent der Belgier (1980 noch 42 Prozent) dagegen; jede zehnte holländische Gemeinde erklärte sich zum „atomwaffenfreien Gebiet".[38]

Insgesamt zeigten sich die Wähler in allen westeuropäischen Ländern bei den Parlamentswahlen Anfang der achtziger Jahre weitaus stärker interessiert an den wirtschaftlichen und sozialen Problemen ihres Landes als an sicherheits-

---

36 Vgl. WEU Assembly, a.a.O. (Anm. 20), S. 289, sowie NATO Today, a.a.O. (Anm. 23), S. 78.

37 Vgl. WEU Assembly, a.a.O. (Anm. 20), S. 290. Der linke Flügel der Sozialisten votierte allerdings mit den Kommunisten.

38 Vgl. *Adler/Wertman*, a.a.O. (Anm. 24), S. 50 und WEU Assembly, a.a.O. (Anm. 20), S. 287 und 291.

politischen Fragen. In diesem Sinne gaben sie auch ihre Stimme ab und bestätigten im Berichtszeitraum die Position derjenigen Parteien und Regierungen, die den NATO-Doppelbeschluß befürworteten. Dagegen wurden die sozialistischen bzw. sozialdemokratischen Parteien in der Bundesrepublik Deutschland, in Holland, Belgien, Großbritannien und den skandinavischen Ländern von den Friedensbewegungen erheblich beeinflußt.

DIE FRIEDENSBEWEGUNGEN – EIN PROBLEM FÜR DIE ALLIANZ?

Die westeuropäischen Friedensbewegungen waren in diesen Jahren ausschließlich auf die Verhütung der Nachrüstung fixiert. Sie beschworen die Rückkehr zu einer Welt ohne Atomwaffen, ohne indessen eine einleuchtende Antwort auf die Frage zu geben, wie Regierungen und Bevölkerung mit der wachsenden realen nuklearen Bedrohung auch in Zukunft leben sollten. Sie konzentrierten sich eindimensional nur auf die Verhinderung der Stationierung von Mittelstreckenraketen in Westeuropa und liefen damit Gefahr, „nach einem Mißerfolg zu zerfallen wie die außerparlamentarische Opposition Ende der sechziger oder die Anti-Atombewegung der fünfziger Jahre."[39] Ihr Erfolg, 1981 und 1982 große Massen in Europa für ihre Ziele mobilisiert zu haben, verleitete sie zu der Annahme, über genügend Bündnispartner in Westeuropa zu verfügen. Sie übersahen dabei, daß mehr als die Hälfte der westeuropäischen Bevölkerungen in dieser Zeit für eine Fortsetzung der NATO-Mitgliedschaft ihrer Länder war[40] – und damit zumindest gegen die radikalen Ziele der Friedensbewegung.

Einen Erfolg konnten die Friedensbewegungen allerdings für sich verbuchen: Die Bevölkerungen in Westeuropa waren sich des Themas „Atomwaffen und Frieden" stärker bewußt geworden als je zuvor. Die Regierungen sahen sich gezwungen, auf die öffentlichen Massendemonstrationen in den Jahren 1981/82 mit eigenen Informationen und Aufklärungsmaßnahmen zu reagieren. Die Politiker mußten erkennen, daß sie es zu lange versäumt hatten, die Bevölkerung in dem sensiblen Bereich der Sicherheitspolitik gründlich aufzuklären. Die wachsende Opposition gegen die Atomwaffen gab außerdem Anlaß, die Grundlagen einer Sicherheitspolitik, die auf der nuklearen Abschreckung beruht, zu überdenken.[41] Das Paradoxon, „daß die Abschrekkungstheorie die Führbarkeit eines nuklearen Krieges demonstrieren muß, um

---

[39] Peter *Glotz*, Am Widerstand scheiden sich die Geister, in: *Die Zeit*, 24.6.1983.

[40] Vgl. die Umfrageergebnisse in: *Adler/Wertman*, a.a.O. (Anm. 24), S. 9.

[41] Vgl. hierzu auch Christoph *Bertram*, Der Kampf um den Konsens, in: Helga *Haftendorn*, Lothar *Wilker*, Claudia *Wörmann*, Die Außenpolitik der Bundesrepublik Deutschland, Berlin 1982, S. 232.

ihn zu verhindern",[42] hatte dazu geführt, daß viele Menschen in Westeuropa – geschürt durch die Friedensbewegungen – mehr Angst vor den dort ab 1983 zu lagernden Atomwaffen hatten als vor den tatsächlich auf Westeuropa gerichteten SS-20-Raketen in der Sowjetunion.

Doch die Regierungen mußten angesichts der Aktivitäten der Friedensbewegung nicht nur ihre Sicherheitspolitik rechtfertigen. Vor akuten Haushaltsproblemen stehend, mußten sie sich auch der Frage stellen, wie weit ihre Bevölkerungen bereit sein würden, Einbußen im sozialen Bereich hinzunehmen und gleichzeitig einem stetig wachsenden Verteidigungsetat für immer teurere Rüstungsgüter zuzustimmen.[43] Die von den USA geforderte reale Steigerung der Verteidigungsausgaben aller NATO-Länder um drei Prozent war angesichts der wirtschaftlichen Stagnation zu Beginn der achtziger Jahre in Westeuropa, wenn überhaupt, so nur unter größten Schwierigkeiten durchzusetzen. Falls aber die Abhängigkeit der Sicherheit Europas von Atomwaffen reduziert werden sollte, wie es die Friedensbewegungen forderten, stellte sich noch mehr als bisher die Aufgabe, die konventionelle Verteidigung zu verstärken – eine Alternative, die jedoch erheblich kostspieliger sein würde als die nukleare Abschreckung.

---

[42] Karl *Kaiser*, in: Sicherheitspolitik contra Frieden, a. a. O. (Anm. 34), S. 40.

[43] Vgl. Wolf-Dieter *Eberwein* und Catherine M. *Kelleher*, Sicherheit – zu welchem Preis? Die Zukunft der westlichen Allianz, München, Wien 1983, S. 21 und S. 74.

DIE „INTERNE LÖSUNG" IN POLEN

Von Christoph Royen

DAS RINGEN UM DIE „ERNEUERUNG" DES POLITISCHEN SYSTEMS[1]

Die im Dezember 1980 bei den Gedenkfeiern für die Opfer der Unruhen von 1970 demonstrierte Gemeinsamkeit zwischen den Machthabern und der neuen Massengewerkschaft „Solidarität"[2] endete bereits am ersten Werktag des neuen Jahres. Die polnische Regierung gab unter Hinweis auf die ungünstige wirtschaftliche Entwicklung bekannt, daß sie die im Danziger Abkommen vom 31. August 1980[3] zu Punkt 21 enthaltene Forderung der „Solidarität" nach allgemeiner Einführung des arbeitsfreien Samstags vorläufig nicht in vollem Umfang erfüllen könne. Während der Streit darüber von der zentralen Gewerkschaftsführung in Danzig gelenkt wurde, kam es in verschiedenen Städten Süd-Polens zu Gebäudebesetzungen und Warnstreiks, mit denen insbesondere die Bauern gegen Schikanen und korrupte Praktiken der örtlichen Behörden protestierten. Ebenfalls schalteten sich im Januar die Studenten in die Protestbewegung ein. Durch einen Besetzungsstreik an der Hochschule in Łódź erreichten sie es, daß der zuständige Minister dem Verlangen nach größerer organisatorischer und didaktischer Autonomie an den Universitäten sowie nach Zulassung eines neuen unabhängigen Studentenverbandes nachgab.

Eine Regierung der „nationalen Rettung"

Die Regierung unter Ministerpräsident Józef Pińkowski bot infolgedessen zunehmend den Eindruck der Konzeptlosigkeit und ermutigte die Protestierer durch ihre zwischen Unnachgiebigkeit und Einlenkbereitschaft schwankende Haltung. Um dem drohenden Autoritätsverfall des Staates zu begegnen,

---

[1] Vgl. dazu insgesamt Hermann *Volle* und Wolfgang *Wagner* (Hrsg.), Krise in Polen. Vom Sommer 80 zum Winter 81. Beiträge und Dokumente aus dem *Europa-Archiv*, Bonn 1982. Der Dokumentarteil des Sammelbandes enthält auch von Tilmann *Chladek* verfaßte periodische Überblicke über den Fortgang der Ereignisse. Als ausführliche Darstellungen sind ferner heranzuziehen: Neil *Ascherson*, The Polish August. The Self-Limiting Revolution, New York ³1982; die dreiteilige Analyse von Erik-Michael *Bader* in: *EA*, 8/1982, S. 219–230, *EA*, 9/1982, S. 277–286 und *EA*, 12/1982, S. 381–392 – alle drei Teile sind auch in dem genannten Sammelband von *Volle/Wagner*, S. 89–122 abgedruckt; Georg W. *Strobel*, NSZZ „Solidarność". Beitrag zur politischen Wirkungsanalyse einer sozialen Sammlungsbewegung, Köln (Berichte des BIOST, 9) 1983.

[2] Vgl. dazu Christoph *Royen*, Die polnische Protestbewegung, in: IP 1979/80, S. 195–208.

[3] Vgl. den deutschen Text in: *EA*, 24/1980, S. D 673–682.

entschloß sich das ZK der Polnischen Arbeiterpartei (PVAP) auf seiner 8. Plenartagung Anfang Februar 1981, Pińkowski durch Verteidigungsminister General Wojciech Jaruzelski zu ersetzen.

Die Übernahme der Regierung durch den Chef der bewaffneten Streitkräfte wurde der Öffentlichkeit empfohlen mit dem ausdrücklichen Hinweis darauf, daß Jaruzelski sich bei den vorausgegangenen Unruhen des letzten Jahrzehnts stets geweigert habe, die Armee gegen die streikenden Arbeiter einzusetzen.[4] Da der General in sein Kabinett den nicht nur in der Partei als „liberal" und reformbereit geltenden Chefredakteur der Wochenzeitung *Polityka*, Mieczysław F. Rakowski, als einen seiner Stellvertreter aufnahm, der insbesondere für die Koordination der Verhandlungen mit den Gewerkschaften zuständig sein sollte, schienen die Aussichten auf eine partnerschaftliche Zusammenarbeit mit der „Solidarität" beträchtlich gestiegen.[5] Aber schon die Debatte auf dem 8. Plenum hatte deutlich gemacht, daß die Mehrheit der Redner mit dem neuen Regierungschef in erster Linie die Erwartung verband, er werde „Recht und Ordnung" im Lande wieder herstellen. Erst recht galt dies für die Kommentare in den sozialistischen Nachbarländern. Anfang März kam es im Anschluß an den 26. Parteitag der KPdSU in Moskau zu einer Begegnung der sowjetischen Führung mit Kania und Jaruzelski. Dabei sprach zwar die sowjetische Seite den polnischen Genossen erneut ihr Vertrauen aus, doch verband sie damit die Erwartung, es werde den polnischen Führern gelingen, den „Gang der Ereignisse umzukehren".[6]

Zwei Wochen später wurden in Bydgoszcz (Bromberg) anläßlich einer polizeilichen Räumungsaktion Vertreter der dortigen „Solidarität" und der unabhängigen Bauerngewerkschaftsbewegung krankenhausreif geschlagen. Während die Regierung sich von dem Vorfall distanzierte und eine Untersuchungskommission einsetzte, sah sich die „Solidarität" herausgefordert, unzweideutig ihre Stärke und Geschlossenheit zu beweisen. Ein vierstündiger landesweiter Generalstreik wurde mit der Ankündigung verbunden, wenige Tage darauf in einen unbefristeten Generalstreik zu treten, wenn nicht bis dahin in den Verhandlungen zwischen Arbeiterführer Lech Wałęsa und Rakowski eine befriedigende Zusage zur Regelung der wichtigsten noch offenen Streitfragen in den Beziehungen zwischen Regierung und Gewerkschaft erreicht werde.

Die Entscheidung zur Beilegung des Konflikts fiel auf einer dramatischen Sitzung des ZK der PVAP am 29. März, als für viele Beobachter überraschend die Tendenz überwog, unnachgiebigen Auffassungen, wie sie etwa durch

---

[4] Vgl. die Rede des Ersten Sekretärs des ZK der PVAP, Stanisław Kania, vor dem Sejm am 11.2.1981, in: *EA*, 12/1981, S. D 316–318.

[5] Kurz zuvor hatte Rakowski einen Artikel unter der Überschrift „Szanować partnera" (Den Partner achten) veröffentlicht in: *Polityka*, Nr. 3, 17.1.1981, S. 1/4.

[6] Vgl. das Kommuniqué in: *Prawda*, 5.3.1981, S. 1; *Trybuna Ludu*, 5.3.1981, S. 1; *Volle/Wagner*, a.a.O. (Anm. 1), S. 210, bzw. *EA*, 12/1981, S. D 326.

Stefan Olszowski und Tadeusz Grabski, beide Mitglieder des Politbüros und des Sekretariats des ZK der PVAP, vertreten wurden, eine klare Absage zu erteilen. Tags darauf gelang es den beiden Unterhändlern, eine Einigung zu erzielen, die nicht nur die Zusage umfaßte, die Schuld an den Übergriffen von Bydgoszcz aufzuklären, sondern auch ankündigte, die Gesetzgebungsarbeit betreffend die Tätigkeit der Gewerkschaften, einschließlich der Schaffung der rechtlichen Voraussetzungen für die Zulassung einer Gewerkschaft der Individualbauern, beschleunigt abzuschließen.[7] Bei der Mehrheit der Anhänger der „Solidarität" herrschte Erleichterung darüber, daß die gefährliche Zuspitzung des Konflikts gebannt war.

Der Sonderparteitag der PVAP

In der Tat blieben die nächsten drei Monate weitgehend frei von spektakulären Zusammenstößen zwischen den beiden Kontrahenten. Anfang Mai erlangte die Bauern-„Solidarität" ihre Zulassung. Für die „Solidarität" ging es nun vor allem darum, ihre binnen weniger Monate gewonnene Stellung als authentische Repräsentantin von Millionen polnischer Arbeiter, Bauern und Angehörigen der Intelligenz organisatorisch zu verarbeiten und eine programmatische Standortbestimmung vorzunehmen bis zu dem für den Spätsommer geplanten ersten Landeskongreß der Gewerkschaft. Für die Partei stellte sich eine entsprechende Aufgabe – unter umgekehrtem Vorzeichen: Um den in der politischen Struktur des kommunistischen Systems begründeten Anspruch auf die „führende Rolle in Staat und Gesellschaft" zu wahren, mußte sie so schnell wie möglich die Verwirrung in den eigenen Reihen zu überwinden suchen und auf einem Sonderparteitag die aus der veränderten Lage zu ziehenden personellen und programmatischen Schlußfolgerungen für die Zukunft festlegen.[8]

Insbesondere die Parteimitglieder der Grundorganisation in den Betrieben und die unteren und mittleren Funktionäre sahen sich fast täglich mit Situationen konfrontiert, in denen sie vergeblich auf klare Richtlinien der Führung warteten. Zehntausende schlossen sich der „Solidarität" an oder erklärten sogar ihren Austritt aus der Partei. Andere begannen unter Umgehung des Prinzips des „demokratischen Zentralismus" mit der Einrichtung sogenannter „horizontaler Strukturen", um Erfahrungen miteinander auszutauschen und gemeinsame Initiativen zu entwickeln. Dabei drängten sie nicht allein auf die Bestrafung der an der Katastrophe schuldigen Mitglieder der

---

[7] Vgl. hierzu den deutschen Text der gemeinsamen Erklärung der beiden Verhandlungsdelegationen in: *EA*, 12/1981, S. D 333–334.

[8] Zur Entwicklung in Polen bis zum 9. (außerordentlichen) Parteitag der PVAP vgl. Christoph *Royen*, Polen zwischen Beharrung und Erneuerung. Die politischen Institutionen im Prozeß des Wandels, in: *APZ*, B 31/81, 1. 8. 1981, S. 3–27.

alten Parteiführung, sondern auch auf die Schaffung institutioneller Garantien für die Sicherung eines demokratischen Willensbildungsprozesses in der Partei.

Unterdessen zeichnete sich an der Parteispitze und im Zentralkomitee das Ringen dreier Tendenzen ab: Einer relativ kleinen Gruppe von Befürwortern tiefgreifender Reformen des Systems stand eine ebenso kleine, aber entschlossene Zahl konservativer „Hartköpfe" gegenüber. Zwischen beiden Flügeln befand sich die von Kania, Jaruzelski sowie dem Politbüromitglied und ZK-Sekretär Kazimierz Barcikowski angeführte Mehrheit der „Zentristen", die sich auch im Hinblick auf die Bundesgenossen im östlichen Bündnis allen extremen Alternativen bei der Bewältigung der Krise entgegenstemmte. Den „Zentristen" kam zustatten, daß Anfang Juni ein in scharfem Ton gehaltenes Schreiben des ZK der KPdSU an das ZK der PVAP bekannt wurde, in welchem sowohl Kania als auch Jaruzelski namentlich für die Fortdauer der polnischen Krise verantwortlich gemacht wurden.[9] Einerseits verfehlte diese erneute Mahnung aus Moskau, die an die Ereignisse im August 1968 in der Tschechoslowakei erinnerte, nicht ihren Eindruck auf die Gesamtpartei. Andererseits ließ die sowjetische Attacke gegen die beiden polnischen Spitzenpolitiker auch eine gewisse Solidarisierung um die Angegriffenen in den Reihen der Partei entstehen. Als daher der Parteitag am 14. Juli begann, konnte die Führung der PVAP seinem Ablauf bereits mit begründeter Zuversicht entgegensehen.

Die äußere Form der Beratungen bot freilich ein recht ungewohntes Bild. Wohl zum ersten Mal in der Geschichte des Kommunismus in Osteuropa wurden die Wahlen zu allen neuen Spitzengremien der Partei – auch die des Ersten Sekretärs – im Wege der geheimen Abstimmung und unter Konkurrenz von Kandidaten durchgeführt. Gleichwohl behielt die Führungsgruppe die Regie des Kongresses jederzeit in der Hand, weil die große Zahl von unerfahrenen Parteitagsneulingen, die die Delegiertenwahlen gezeitigt hatten, zu keiner einheitlichen Willensbildung imstande war. So wurde die Ausarbeitung eines neuen Parteiprogramms einer auf dem Parteitag gebildeten Sonderkommission übertragen.[10] Selbst das neue Parteistatut konnte nur in einer vorläufigen Fassung verabschiedet werden,[11] und die Neufassung der in

---

[9] Deutscher Text in: *EA*, 17/1981, S. D 470–472.

[10] Zum Verlauf des Parteitags vgl. Gotthold *Rhode*, Partei im raschen Wandel. Vom IX. (Außerordentlichen) Kongreß der polnischen Kommunisten bis Kanias Sturz, in: *OE*, 6/1982, S. 469 ff. Speziell zu den Wahlen vgl. Bernd *Knabe* und Alarich *Scholz*, Zum Verlauf des 9. Außerordentlichen Parteikongresses der Polnischen Vereinigten Arbeiterpartei, in: Polen im Sommer 1981. Neue Analysen zu innen- und außenpolitischen Problemen, Köln (Sonderveröffentlichung des BIOST), August 1981, S. 22–40.

[11] Der endgültig redigierte Text findet sich in deutscher Sprache in dem von der polnischen Presseagentur „Interpress" herausgegebenen Sammelband: IX. Außerordentlicher Parteitag der Polnischen Vereinigten Arbeiterpartei 14.–20. Juli 1981. Dokumente und Materialien, Warschau 1981, S. 351–403.

den letzten Monaten so heiß umstrittenen Parteiwahlordnung mußte sogar der Beschlußfassung durch eine zukünftige Landesdelegiertenkonferenz vorbehalten bleiben. Vor allem aber gab der Parteitag der polnischen Öffentlichkeit keinerlei Hinweis darauf, welchen Weg die Partei einzuschlagen gedachte, um die Zerrüttung des Wirtschaftslebens im Lande aufzuhalten.

In der Zusammensetzung des neuen Politbüros und des ZK-Sekretariats deutete sich dagegen eine bezeichnende Veränderung an: Bis zu dem Sonderparteitag konnte die Zentristengruppe sich mit Unterstützung des Reformflügels der Attacken der „Hartköpfe" einigermaßen erwehren. Jetzt verfügte der konservative Flügel in den neuen Spitzengremien, denen weiterhin so erfahrene und einflußreiche Apparatschiks wie Olszowski und der bisherige Innenminister Mirosław Milewski angehörten, ergänzt um den rabiaten Bauarbeiterfunktionär Albin Siwak, über stärkeren Einfluß, weil die Vertreter des Reformkurses als Neulinge im zentralen Apparat wenig zu sagen hatten. Insgesamt waren daher die Weichen gestellt für eine Allianz der Zentristen mit den Konservativen – ein Ergebnis, das offensichtlich auch den Präferenzen der sowjetischen Führung entsprach.

Der Landeskongreß der „Solidarität"

Angesichts der Resultate des Parteitags und in der zutreffenden Erwartung, die Partei werde alsbald die Auseinandersetzung mit ihrem Herausforderer wieder aufnehmen, gab die „Solidarität" die zeitweilig geübte Zurückhaltung bei der Geltendmachung ihrer Forderungen auf. Zunehmend gewann bei der Gewerkschaftsführung und deren Beratern der Gedanke Anklang, die „Solidarität" müsse nunmehr selbst die Initiative ergreifen, um die Mitkontrolle über die Wirtschaftspolitik zu erlangen. Ende Juli begann die Gewerkschaft daher, sogenannte „Hungerprotestmärsche" gegen die sich verschärfenden Versorgungsmängel zu organisieren. Zugleich verlangte sie den Aufschub angekündigter Preissteigerungen für Lebensmittel sowie die Kontrolle des Systems der Lebensmittelverteilung im staatlichen Handel durch Beauftragte der „Solidarität".

Bei den daraufhin aufgenommenen Verhandlungen mit der Regierungskommission für Gewerkschaftsfragen unter Leitung des Vizepremiers Rakowski konterte die staatliche Seite mit einem Bündel weitreichender grundsätzlicher Forderungen an die Gewerkschaft. Darüber kam es zum Abbruch der Verhandlungen und zu einer anschließenden scharfen Kampagne in der Parteipresse und im Fernsehen. Die „Solidarität" ließ sich allerdings davon nicht beeindrucken. Die seit dem August 1980 in allen Bereichen des gesellschaftlich-politischen Lebens in Polen eingetretenen Veränderungen gaben der „Solidarität" die Zuversicht, über einen breiten moralischen Rückhalt zu verfügen, ja den Auftrag der polnischen Nation zu besitzen, ihre

Rolle als „einziger Garant des Erneuerungsprozesses"[12] unbeirrt fortzusetzen. Die permanenten Warnungen vor einem möglichen gewaltsamen Eingriff der Sowjetunion und ihrer Verbündeten hatten ebenso wie die beständigen Meldungen über Truppenmanöver in und um Polen allmählich ihre Wirkung eingebüßt.

Aus dieser Stimmung heraus beschlossen die Delegierten des Landeskongresses in Danzig bereits während des ersten der beiden Tagungsabschnitte (5. bis 10. September), dem Parlament mit einem Referendum in den Betrieben zu drohen für den Fall, daß die Gesetzesvorlage über die Arbeiterselbstverwaltung in den Staatsbetrieben nicht im Sinne der gewerkschaftlichen Forderungen abgeändert werde. Noch klarer kam das ständig steigende Selbstbewußtsein der Delegierten in der sensationellen Botschaft des Landeskongresses „an die Werktätigen Osteuropas" zum Ausdruck, die die Arbeiter in den Staaten des östlichen Bündnisses sowie in Albanien ermunterte, ebenfalls freie Gewerkschaften zu gründen, wobei ihnen Unterstützung versprochen wurde.[13]

Ehe der Kongreß seine Beratungen wieder aufnahm (26. September bis 7. Oktober),[14] überreichte der sowjetische Botschafter in Warschau ein neues Schreiben des ZK der KPdSU an die polnische Führung, in dem massive Kritik geäußert wurde an den Aktivitäten „antisozialistischer" Elemente in Polen. Doch richtete sich die Aufforderung, diesem Treiben Einhalt zu gebieten, konkret allein auf „antisowjetische" Manifestationen und enthielt sich einer Stellungnahme zur inneren politischen Ordnung in Polen.[15] Gleichzeitig gab das Politbüro des ZK der PVAP eine eigene Erklärung heraus, die die „Solidarität" dringend davor warnte, den eingeschlagenen Kurs des offenen Machtkampfes bei den weiteren Beratungen fortzusetzen.[16]

Die im weiteren Verlauf des Kongresses bekanntgegebene Selbstauflösung der Dissidentenvereinigung KSS „KOR" war indessen kaum geeignet, die Sorgen der Parteiführungen in Warschau und in den anderen östlichen Hauptstädten zu zerstreuen; denn die Begründung, die Vereinigung habe ihre Aufgabe erfüllt und wirke künftig an der Arbeit der „Solidarität" mit, bestätigte eher die Behauptung der offiziellen Propaganda, die „Solidarität" werde maßgeblich von den intellektuellen Ratgebern des „KOR" beeinflußt. Wie sehr sich die Leitvorstellungen der „Solidarität" über die zukünftige

---

[12] So schon die „Leitlinien für die Tätigkeit der ‚Solidarität' in der gegenwärtigen Situation des Landes" vom April 1981. Deutsche Textauszüge in: *EA*, 17/1981, S. D 460–465.

[13] Vgl. den deutschen Text in: *EA*, 4/1982, S. D 103. Ein Antrag, in dem Statut der Gewerkschaft die seinerzeit zugestandene Anerkennung der „führenden Rolle" der Partei zu streichen, verfiel allerdings der Ablehnung.

[14] Ausführliche Berichte über den Verlauf der Debatten des Kongresses sowie die Texte der gefaßten Beschlüsse brachte die Wochenzeitung der „Solidarität", *Tygodnik Solidarności*, im September und Oktober 1981.

[15] Deutscher Text in: *EA*, 4/1982, S. D 105–106.

[16] Vgl. die deutsche Übersetzung in: *EA*, 4/1982, S. 103–105.

Gestalt des politischen Systems in Polen bereits von denen der Partei unterschieden, zeigte das nach teilweise heftigen Diskussionen mit großer Mehrheit angenommene Programm der Gewerkschaft.[17] Im Zentrum seiner Aussagen stand die Forderung nach der Errichtung einer „selbstverwalteten Republik“. Allein an dieser Formulierung ließ sich ablesen, wie sehr der Neugestaltungsanspruch der „Solidarität“ seit dem August 1980 eskaliert war: Ging es damals noch um eine selbstverwaltete Gewerkschaft, so war im Laufe des Frühjahrs bereits ein radikales Modell der Arbeiterselbstverwaltung in den Betrieben entstanden,[18] das als Vorstoß für eine vom Prinzip einer pluralistischen Selbstverwaltung der Gesellschaft beherrschte generelle Ordnung Polens dienen sollte.

Konkret äußerte sich diese Zielvorstellung, die es „Schritt für Schritt zu verwirklichen gelte“, etwa dort, wo das Programm die alsbaldige Bildung eines „Gesellschaftlichen Volkswirtschaftsrats“ zur öffentlichen Kontrolle der Wirtschaftspolitik der Regierung und des Parlaments forderte, oder auch, wo es für die Wahlen zu den Volksvertretungen auf allen Ebenen, einschließlich des Sejm, unbeschränkte Freiheit bei der Aufstellung der Kandidaten sowie ihre Chancengleichheit verlangte. Der Beifall des Auditoriums ließ mehrfach erkennen, daß die Sympathien der Mehrheit den radikalsten Rednern gehörten. Dies bekam selbst Wałęsa zu spüren: Bei den Wahlen zum Vorsitzenden des Präsidiums der neuen Landeskommission der „Solidarität“ behielt er zwar gegen drei dem Konfrontationskurs anhängende Gegenkandidaten mit 55 Prozent der Stimmen im ersten Wahlgang die Oberhand, aber er mußte vielfältige Kritik einstecken wegen seines gelegentlich autoritären Stils, mit dem er seine noch immer relativ gemäßigte Position bei den Verhandlungen mit der Regierung gegen den Widerstand seiner Kollegen bisher durchzusetzen verstanden hatte.

Mit Blick auf die sowjetische Bündnisvormacht erklärte das Programm zwar, die Gewerkschaft achte „das nach dem Zweiten Weltkrieg in Europa entstandene Kräfteverhältnis“ und wolle das „begonnene Werk der großen Veränderungen“ in Polen „ohne Bruch der internationalen Bündnisse“ durchführen. Doch dürfte die sowjetische Führung den Wert dieses Versprechens nicht zuletzt an einer anderen Passage des Programms gemessen haben, mit der gefordert wurde, „die Ausgaben für Waffen auf das absolute Minimum zu beschränken und die freiwerdenden Mittel und Kapazitäten zur Steigerung der (zivilen) Produktion einzusetzen“.[19]

---

[17] Vgl. die Auszüge in: *EA*, 4/1982, S. D 106–114.

[18] Vgl. dazu den Entwurf für ein Gesetz über das „gesellschaftliche Unternehmen“, abgedruckt in: *Życie Warszawy*, 9. 7. 1981, Beilage „Życie i Nowoczesność“, S. IV.

[19] Abschnitt III, These 3, Ziffer 7, zitiert nach dem vollständigen polnischen Text in der Sonderbeilage zu: *Tygodnik Solidarności*, Nr. 29, 16. 10. 1981.

Die Entscheidung des Machtkampfs durch Gewalt

Die Bemühungen um Konsolidierung der eigenen Reihen hatten also bei beiden Kontrahenten bis zum Herbst nicht die Fähigkeit zum Kompromiß hervorgebracht, sondern die Gegensätze verschärft.[20] Gleichzeitig rückte ein Winter näher, der befürchten ließ, daß die unzureichende Versorgung mit Lebensmitteln, Bekleidung und Energie die Bevölkerung äußerst hart treffen werde. Vor diesem Hintergrund beschloß das auf dem Parteitag gewählte neue ZK der PVAP auf seiner 4. Plenarsitzung am 18. Oktober, Stanisław Kania abzulösen und dem Regierungschef und Verteidigungsminister, Wojciech Jaruzelski, auch das Amt des Ersten Sekretärs zu übertragen.

Eine Woche nach dem Wechsel an der Parteispitze begann die Regierung, in der außer Jaruzelski seit Ende Juli bereits drei weitere Generäle als Minister für Innere Angelegenheiten, für Verwaltung, lokale Wirtschaft und Umweltfragen sowie für Bergbau und Energie amtierten, sogenannte „Territoriale Einsatzgruppen" aufs Land zu schicken, um, wie es hieß, Disziplin und Effizienz bei der Versorgung der Bevölkerung vor Einbruch des Winters sicherzustellen. Dies erschien der „Solidarität" und ihren Anhängern plausibel, zumal Jaruzelski weiterhin als auf Ausgleich bedachter Politiker galt. In den Betriebsgruppen und in den Regionalgliederungen der „Solidarität" hatte jedoch unterdessen die Überzeugung zugenommen, daß von Verhandlungen zwischen Gewerkschaft und Regierung auf der Spitzenebene nur noch wenig zu erwarten sei, und daß die Erfüllung konkreter Forderungen am besten vor Ort gegen die zuständigen Stellen unter Anwendung der Streikwaffe zu erzwingen sein würde. Die Anzahl der Arbeitsniederlegungen und anderer Formen des Protests der Arbeiter, der Bauern und der Studenten stieg daher sprunghaft an. Zwar suchte die Gewerkschaftszentrale in Danzig, die Streikwelle unter Kontrolle zu bringen. Aber die nach wie vor geltende dezentrale Organisationsstruktur der „Solidarität" behinderte solche Versuche. Um dennoch die Geschlossenheit der Gewerkschaft zu demonstrieren, veranstaltete die „Solidarität" am 28. Oktober einen einstündigen landesweiten Generalwarnstreik.

Am 4. November kam Jaruzelski mit dem Nachfolger des Ende Mai verstorbenen Kardinalprimas Stefan Wyszyński, Erzbischof Józef Glemp, und mit Wałęsa zu einem Dreiergespräch zusammen. Wenn auch das anschließend veröffentlichte Kommuniqué[21] keine Übereinstimmung in Sachfragen erkennen ließ, so erweckte es doch den Eindruck, als würden weitere Begegnungen dieser Art folgen, um so der von Jaruzelski propagierten „Front der nationalen Verständigung" näher zu kommen. Indessen ergaben sich aus dem Dreiertref-

---

[20] Vgl. dazu die Wiedergabe der Diskussion auf dem 4. und 6. Plenum des ZK der PVAP, in: *Nowe Drogi*, Nr. 11 und 12 (1981).

[21] Deutscher Text in: *EA*, 4/1982, S. D 115.

fen keinerlei sichtbare positive Folgen. In der zweiten Novemberhälfte gingen einzelne Betriebsgruppen der „Solidarität" dazu über, die in ihren Betrieben tätigen Parteizellen ultimativ aufzufordern, die auf dem Werksgelände benutzten Räumlichkeiten entweder zu räumen oder zumindest dafür eine Miete zu entrichten.[22] Das 6. Plenum des ZK der PVAP nahm das Ende November zum Anlaß, um die bereits einen Monat zuvor durch die Regierung an den Sejm gerichtete Aufforderung, gesetzliche Grundlagen für ein amtliches Streikverbot zu schaffen, als dringlich zu wiederholen.[23] Gleichzeitig wurde bekannt, daß die Regierung die „Territorialen Einsatzgruppen" nunmehr in die Städte entsende, um dort Winterhilfe zu leisten.[24]

Am 3. Dezember 1981 tagte das Präsidium der Landeskommission der „Solidarität" zusammen mit den Regionalvorsitzenden der Gewerkschaft in Radom. Die auf der Sitzung angenommene Resolution wies nicht nur auf die wichtigsten Bedingungen der „Solidarität" für eine nationale Verständigung hin, sondern kündigte für den Fall der Billigung der Gesetzesvorlage einen 24stündigen allgemeinen Proteststreik, sowie für den Fall der Anwendung der Sondervollmacht durch die Regierung den sofortigen unbefristeten Generalstreik an.[25] Der staatliche Rundfunk sendete kurz darauf Tondbandausschnitte aus der Radomer Debatte, um nachzuweisen, daß die „Solidarität" nunmehr eindeutig die offene Konfrontation suche.[26] Primas Glemp bemühte sich mit Briefen an Jaruzelski, den Sejm-Präsidenten und Wałęsa, auf die beiderseits geplanten Schritte zur Eskalation zu verzichten. Das Präsidium der Landeskommission kam am 11. Dezember wieder zur Beratung in Danzig zusammen. Beschluß der Sitzungsteilnehmer: am 17. Dezember im ganzen Land Kundgebungen zur Erinnerung an den Arbeiteraufstand von 1970 durchzuführen. Außerdem bestätigte das Präsidium seine an das Parlament und die Regierung gerichtete Generalstreikwarnung. Ferner sollte alsbald ein Referendum in den Betrieben durchgeführt werden, bei dem über die Politik der Regierung und über die Abhaltung freier Wahlen abgestimmt werden würde.[27] Jaruzelskis Antwort: In der Nacht vom 12. auf den 13. Dezember wurden die meisten Mitglieder der Gewerkschaftsführung in einer Blitzaktion verhaftet. In den frühen Morgenstunden des 13. Dezember verkündete Jaruzelski über den Rundfunk, der Staatsrat der Volksrepublik Polen habe gemäß Art. 33 Abs. 2

---

[22] Vgl. dazu die Angaben in der von der Forschungs- und Analyseabteilung des Senders Radio Free Europe in München herausgegebenen Zusammenstellung: Poland. A Chronology of Events August-December 1981, RAD Background Report, Chronology 4 (Poland), 16.7.1982, S. 76–77.

[23] Vgl. die Auszüge aus dem Beschluß des Plenums in: *EA*, 4/1982, S. D 117–118.

[24] Vgl. *Życie Warszawy*, 26. 11. 1982, S. 2.

[25] Vgl. die deutsche Übersetzung in: *EA*, 4/1982, S. D 118–120.

[26] Zum Teil auch wiedergegeben in: *Trybuna Ludu*, 7.12.1981, S. 2.

[27] Eine deutsche, durch *AP* übermittelte Übersetzung in: *FR*, 16.12.1981, S. 6.

der Polnischen Verfassung[28] den (inneren) „Kriegszustand“ verhängt. Unter seinem Vorsitz sei ein „Militärrat zur nationalen Rettung“ gebildet worden, der bis auf weiteres die Sicherung und die Kontrolle der staatlichen Exekutivgewalt übernehme.[29]

Polens kommunistische Partei: Offenbarungseid ohne Konkurs

Vieles deutet darauf hin, daß die am 13. Dezember 1981 getroffenen Maßnahmen seit Monaten unter strikter Geheimhaltung in einem engen Kreis und in Zusammenwirken mit entsprechenden sowjetischen Stellen als überraschende Aktion für einen noch unbekannten Termin geplant waren. Es läßt sich nicht mit Gewißheit beurteilen, ob erst ein bestimmtes Verhalten der „Solidarität“ den Ausschlag gab, oder ob die politische Führung der Volksrepublik Polen auf jeden Fall zur Zerschlagung der „Solidarität“ entschlossen war.

Im Grunde waren die polnischen Kommunisten seit jeher außerstande, das sowjetische Vorbild der Diktatur einer Kaderpartei in Polen durchzusetzen. Ebensowenig aber war die PVAP fähig, die dauerhafte Grundlage für ein konzeptionell durchdachtes und praktisch realisierbares Reformmodell zu entwickeln.[30] Es war der PVAP jahrelang nur gelungen, zwischen den gegensätzlichen Ansprüchen der Systemkohärenz im Bündnis und der eigenen Gesellschaft geschickt hindurchzumanövrieren, bis schließlich gegen Ende der Ära Gierek nicht länger zu verbergen war, daß die Partei für die aufgestauten Probleme der materiellen und geistigen Entwicklung Polens keine Antwort hatte. So entstand ein politisches Vakuum, in das die von der „Solidarität“ geführte Erneuerungsbewegung eindrang, ehe die Partei endlich auf die letzte ihr noch verbliebene Machtreserve zurückgriff: die nach sowjetischem Vorbild voll in die Parteispitze integrierte militärische Führung Polens.[31]

---

[28] Zur verfassungsrechtlichen Problematik vgl. insbesondere Siegfried *Lammich*, Die rechtliche Regelung des Kriegszustands in Polen, in: *OE*, 5/1982, S. 386–392, sowie *ders.*, Kriegszustand in Polen – juristische Aspekte, in: *Die Friedenswarte*, Band 63 (1980), Nr. 1–4, S. 115–132.

[29] Vgl. den Text der Ansprache Jaruzelskis in: *EA*, 4/1982, S. D 126–129.

[30] Auf die Schwächen der Partei weisen *Ascherson* und *Bader*, a.a.O. (Anm. 1), hin. Vgl. außerdem die scharfe Kritik Mieczysław F. *Rakowskis* an der PVAP auf dem 9. Parteitag am 15. 7. 1981 (Auszüge in: *Trybuna Ludu*, 16. 7. 1981, S. 6) sowie seine schon 1979 verfaßte, aber erst 1981 veröffentlichte Analyse: „Rzeczpospolita na progu lat osiemdziesiątych“ (Die Republik an der Schwelle der achtziger Jahre), Warschau 1981.

[31] Diesen Sachverhalt übersieht die verbreitete Auffassung, in Polen herrsche seit dem 13. Dezember 1981 „das Militär“ und die Verhängung des Kriegsrechts bedeute die Entmachtung der Partei. Die Verhängung des Kriegsrechts führte allerdings zu einer erneuten Stärkung der Exekutivorgane der Partei, indem eine Reihe von Bestimmungen des neuen Parteistatuts, die der inneren Demokratisierung hatten dienen sollen, durch eine Instruktion der Parteispitze suspendiert wurden. Vgl. Józef *Cegla*, „Po VII Plenum KC PZPR, Grudzień, luty i dalej ...“ (Nach dem 7. Plenum des ZK der PVAP. Dezember, Februar und weiter ...), in: *Polityka*, Nr. 3, 6. 3. 1982, S. 1/9.

POLEN UNTER DEM KRIEGSRECHT

Es lag in der inneren Logik der Verhängung des Kriegsrechts, daß der Militärrat zunächst mit den ihm zur Verfügung stehenden Mitteln jeden wirklichen und potentiellen Widerstand ersticken mußte. Im ganzen Lande wurden Internierungslager für die Funktionäre der „Solidarität“ und andere als Gegner des Regimes geltende Personen eingerichtet. Nach offiziellen Angaben betrug die Zahl der Internierten Anfang Januar rund 6 000. Außerdem zogen Verstöße gegen die Ausführungsbestimmungen des Kriegsrechts zahlreiche Verhaftungen und Verurteilungen zu Gefängnisstrafen nach sich. Die „Solidarität“ war darauf praktisch völlig unvorbereitet. Während die wenigen der Internierung entgangenen Mitglieder der Gewerkschaftsführung versuchten, aus dem Untergrund erste Kontakte miteinander zu knüpfen und Stellungnahmen zu formulieren, kam es unter den Arbeitern vereinzelt zu spontanen Besetzungsstreiks, die jedoch sämtlich binnen weniger Tage unterdrückt wurden. Die Einsätze der dabei verwandten Sondereinheiten der Polizei verursachten, obwohl dem Militärrat daran lag, jedes Blutvergießen zu vermeiden, insgesamt acht Todesopfer.

Die westlichen Regierungen reagierten scharf, wenngleich unterschiedlich auf die interne Verhängung des Kriegsrechts durch die polnischen Machthaber. Einig waren sich die Mitglieder der EG und der NATO hingegen darin, daß die Normalisierung des Verhältnisses zur polnischen Regierung von drei Bedingungen abhing: erstens der Aufhebung des Kriegsrechts, zweitens der Freilassung aller Internierten und drittens von der Wiederaufnahme des Dialogs mit der Kirche und mit der „Solidarität“.[32]

Obwohl gerade die westlichen Beschränkungen der Wirtschaftsbeziehungen zu Polen die Lage der polnischen Wirtschaft weiter verschlechterten, kam für die polnische Regierung ein Nachgeben nicht in Betracht. In gewissem Umfang erhielt sie als Ausgleich vermehrte Hilfe durch die Sowjetunion. Diese zwangsläufige Hinwendung zu den sozialistischen Wirtschaftspartnern ging einher mit einer Diskussion unter polnischen Wirtschaftsfachleuten über die Notwendigkeit einer generellen Umorientierung der polnischen Wirtschaft auf den RGW-Raum. Gleichzeitig hielt die Regierung trotz der veränderten inneren Bedingungen an ihrem Zeitplan zur Einführung eines wirtschaftlichen Reformprogramms fest, mit dem die Grundsätze der „Selbständigkeit“, der „Selbstfinanzierung“ und der „Selbstverwaltung“ der Betriebe in die Praxis umgesetzt werden sollten. Immerhin gelang es im Verlauf der zweiten Jahreshälfte, das ständige Absinken der Leistungen der polnischen Volkswirtschaft seit 1979 zu bremsen und die gravierendsten Engpässe in der Versorgung der Bevölkerung zu überwinden.[33]

---

[32] Vgl. die entsprechenden Erklärungen in: *EA*, 6/1982, S. D 164–165 bzw. D 167–170.

[33] Einen detaillierten Überblick über die wirtschaftliche Entwicklung Polens unter dem Kriegsrechtszustand bietet Hubert *Gabrisch*, Polen 1982/83. Voraussetzungen für dauerhafte

Beigetragen dazu hat, daß in den von Militärkommissaren überwachten Wirtschaftsbetrieben Unruhen sich nicht ausbreiten konnten. Ebenso nahmen allmählich die Zahl und die Intensität der immer wieder aufflackernden Manifestationen des Protests auf der Straße ab. Der Militärrat ging daher dazu über, die Bewegungs- und Kommunikationsbeschränkungen aufzuheben. Nach Abschluß einer personellen „Verifizierung“ in den Redaktionen der Informationsmedien erschienen auch die meisten Zeitungen wieder, und der größte Teil der Internierten wurde schrittweise freigelassen, einschließlich des unter Sonderbedingungen internierten Lech Wałęsa.

Aus den schon im Dezember 1981 gebildeten lokalen „Bürgerkomitees zur nationalen Rettung“ wurde im Juli 1982 eine landesweite „Patriotische Bewegung der nationalen Wiedergeburt“ als Nachfolgerin der ehemaligen „Nationalen Einheitsfront“ gegründet, an der auch die beiden kleineren Parteien sowie die drei im Parlament vertretenen katholischen Abgeordnetengruppen beteiligt waren, um ein offenes Forum der Diskussion aller verfassungstreuen gesellschaftlichen Kräfte zu bilden.[34] Kein Erfolg war den Bemühungen beschieden, die Untergrundführung der „Solidarität“ und Wałęsa dazu zu überreden, sich auf die Bedingungen der Machthaber für eine Wiederaufnahme der vorläufig nur suspendierten Tätigkeit der Gewerkschaft einzulassen. Darum ließ die Regierung im Sejm ein Gesetzgebungspaket beschließen, das sowohl die „Solidarität“ als auch die Bauerngewerkschaft verbot. An die Stelle der „Solidarität“ traten nominell unabhängige Betriebsgewerkschaften, die erst nach einer abgestuften Übergangsperiode das Recht zum regionalen und landesweiten Zusammenschluß erlangen sollten. Das Streikrecht wurde jedoch – und dies ist ein Unikum für den Osten – nicht aufgehoben, sondern mit einschränkenden Verfahrensregeln versehen und auf nichtpolitische Streikziele begrenzt.[35]

Erheblichem Widerstand begegnete die Regierung auch bei den Berufsvereinigungen der Journalisten, Schriftsteller, Künstler und Schauspieler. Um ihn zu brechen, griff sie hier ebenfalls zur Auflösung der alten Verbände, die anschließend durch der Regierung ergebene Neugründungen ersetzt wurden. Weithin unangetastet blieb hingegen der Freiraum der katholischen Kirche, da die weltlichen Machthaber bestrebt waren, sich den mäßigenden Einfluß des Episkopats auf die Gläubigen zu erhalten. Allerdings stießen die Bemühungen der Kirchenführung um die Wahrung des inneren Friedens im Lande bei dem

Überwindung der Krise noch nicht geschaffen, in: Die wirtschaftliche Entwicklung in ausgewählten sozialistischen Ländern Osteuropas zur Jahreswende 1982/83 (Veröffentlichungen des HWWA-Instituts für Wirtschaftsforschung), Hamburg 1983, S. 110–156. Aus polnischer Sicht Michał *Dobroczyński*, Die Wirtschaft Polens. Krise und Chancen, in: *EA*, 11/1983, S. 335–344.

[34] Zur Tätigkeit der „Patriotischen Bewegung“ vgl. Christoph *Royen*, Polens Lage nach der Suspendierung des Kriegsrechts, in: *Außenpol.*, 2/1983, S. 154–168, hier S. 160f.

[35] Auszüge aus dem Text des neuen Gewerkschaftsgesetzes in: *EA*, 6/1983, S. D 187–192.

Teil des Klerus, der besonders eng mit der Tätigkeit der „Solidarität“ verbunden gewesen war, auf Kritik und Ablehnung.[36]

Insgesamt konnte die Militärregierung ein Jahr nach der Verhängung des Kriegsrechts feststellen, daß sie das Ziel der Zerschlagung der inneren Opposition in Polen jedenfalls bis zu einem Grade erreicht hatte, der es erlaubte, zum 31. Dezember 1982 die meisten der noch geltenden Bestimmungen des Kriegsrechts aufzuheben. Überdies waren in der Zwischenzeit die rechtlichen und administrativen Vorkehrungen getroffen worden, um auch in Zukunft jedem Anzeichen erneuter Auflehnung sofort entgegentreten zu können. Der gewählte Weg zur Wahrung der Führungsrolle der polnischen Kommunisten aber hatte nicht nur dem Stolz der polnischen Nation einen schweren Schock versetzt.

Zugleich bedeutete dieser Rückschlag auch für den gesamten europäischen Kontinent einen Verlust. Denn die jahrelang von der polnischen Außenpolitik angestrebte Brückenfunktion Polens bei der Entspannung der Ost-West-Beziehungen in Europa hatte vorerst ihre innere Grundlage eingebüßt. Mehr noch, Polen war selbst zum Streitobjekt in der allgemeinen Verschärfung der Auseinandersetzung zwischen Ost und West geworden.[37]

---

[36] Zur Rolle der Kirche seit der Verhängung des Kriegsrechts vgl. Hansjakob *Stehle*, Kirche und Papst in der polnischen Krise, in: *EA*, 6/1983, S. 161–170, sowie Dieter *Bingen*, Die polnische Kirche, der Papst und die polnische Krise, Köln (Bericht des BIOST, 34) 1982. Eine Dokumentation der Stellungnahmen der polnischen Kirche und des Papstes zur Entwicklung unmittelbar vor dem 13. Dezember 1981 sowie aus dem Jahre 1982 bietet Peter *Raina*, Jan Paweł II. Prymas i Episkopat Polski o stanie wojennym – kazania, listy, przemówienia i komunikaty (Johannes Paul II. Der Primas und der polnische Episkopat zum Kriegszustand – Predigten, Briefe, Ansprachen und Kommuniqués), London 1982.

[37] Zu diesem Zusammenhang vgl. Eberhard *Schulz*, Die Auswirkungen der Polen-Krise auf die Ost-West-Beziehungen. Unterschiedliche Konzeptionen im westlichen Bündnis, in: Polen 1982. Analysen der innenpolitischen Situation und der außenpolitischen Auswirkungen, Köln (Sonderveröffentlichung des BIOST), Juli 1982, S. 164–179; Christoph *Royen*, Das Ende des „polnischen Sommers“ und die Zukunft des Systemswandels in Osteuropa. Gedanken zu einer friedenspolitischen Strategie, in: *OE*, 12/1982, S. 1012–1030; *ders.*, Sicherheit und Entspannung in Europa vor dem Hintergrund der polnischen Krise, in: Boris *Meissner* und Axel *Seeberg* (Hrsg.), Wandel und Kontinuität in den Ost-West-Beziehungen, in: Moderne Welt. Jahrbuch für Ost-West-Fragen, Köln 1983, S. 251–284.

DIE KSZE-FOLGEKONFERENZ VON MADRID

Von Harald Rüddenklau

VON BELGRAD NACH MADRID

Das Vorhaben, die Konferenz für Sicherheit und Zusammenarbeit (KSZE) von Helsinki zu institutionalisieren, d.h. Folgekonferenzen zu veranstalten, war Bestandteil der KSZE-Schlußakte vom 1. August 1975; es war Ausdruck der „Entschlossenheit, den durch die Konferenz eingeleiteten multilateralen Prozeß fortzusetzen".[1] Die erste dieser Folgekonferenzen fand vom 7. Oktober 1977 bis zum 9. März 1978 in Belgrad statt. Dabei wurden auch Termin und Ort des nächsten Treffens festgelegt: 11. November 1980 in Madrid.[2] Die Belgrader Konferenz erfüllte die speziell in der Menschenrechtsfrage gehegten Erwartungen des Westens nicht. Einige Teilnehmer werteten deshalb das Ergebnis als Fehlschlag, da es nicht gelungen sei, zu ergänzenden Abmachungen hinsichtlich der Menschenrechte zu gelangen; andere wiederum sprachen im Blick auf die Einigung über eine weitere Folgekonferenz von einem „bedeutungsvollen Minimum".[3]

Hatten die sich verschlechternden Ost-West-Beziehungen – die Menschenrechtspolitik des amerikanischen Präsidenten Jimmy Carter und der Widerstand Moskaus dagegen sowie die sowjetische Hochrüstung und Moskaus Interventionen in Afrika und Südostasien – schon einen negativen Einfluß auf das Belgrader Treffen gehabt, so drohte die militärische Besetzung Afghanistans durch die Sowjetunion (Dezember 1979) die Absicht des Madrider Treffens überhaupt zunichte zu machen.

Die unterschiedliche Interessenlage der 35 Teilnehmerstaaten an der Folgekonferenz wurde im Spiegel ihrer Aktivitäten „nach Afghanistan" bald sichtbar: Spanien als vorgesehenes Gastgeberland war von Anfang an entschlossen, das Konferenzobjekt über alle politischen Klippen zu steuern. Dasselbe galt, mit unterschiedlichen Akzenten, für die europäischen NATO-Staaten sowie die paktungebundenen und neutralen Staaten. Auch der Ostblock unter Führung der Sowjetunion stellte die Fortsetzung des KSZE-

---

[1] Wortlaut der KSZE-Schlußakte von Helsinki in: *EA*, 17/1975, S. 437 ff., hier D 483 ff. Vgl. zur Helsinki-Konferenz Christian *Meier*, Die Auswirkungen der Konferenz von Helsinki im gesamteuropäischen Rahmen, in: IP 1975/76, S. 91–115.

[2] Abschlußdokument von Belgrad, in: *EA*, 8/1978, S. D 247 f.

[3] So z. B. Ljubivoje *Aćimović*, Das Belgrader KSZE-Folgetreffen, in: *EA*, 9/1978, S. 271 ff.; vgl. auch: David A. *Andelmann*, The Road to Madrid, in: *FP*, Nr. 39, 1979/80, S. 159 ff. Zur Belgrader Folgekonferenz vgl. Jürgen *Nötzold*, Die KSZE-Folgekonferenz in Belgrad. Wirtschaftliche Zusammenarbeit und Menschenrechtspolitik, in: IP 1977/78, S. 115–131.

Dialogs formell nicht in Frage. Eine andere Sache war es, ob nicht die inhaltlichen Differenzen, vor allem im Rückblick auf die andauernden Verletzungen von Menschenrechten im Ostblock und im Hinblick auf „Afghanistan" sowie auf den „Fall Sacharow"[4], den Entspannungsprozeß in eine Sackgasse geführt hatten. Zu dieser Einschätzung neigte die amerikanische Seite.

Ihre Auffassung bestand darin, in aller Deutlichkeit die östlichen Vertragsbelastungen anzusprechen; dabei konnte sich die amerikanische Regierung auf eine breite Zustimmung im eigenen Land stützen. Dies hieß zugleich, daß von amerikanischer Seite aus um der Konferenz willen am stillschweigenden Übergehen der sowjetischen Menschenrechtsverletzungen sowie der sonstigen Verstöße gegen die Prinzipien der Entspannung kein Interesse bestand. Eher umgekehrt sah die Bundesregierung in Bonn das Problem: Gewiß sollten keine politischen Belastungen oder gar offenkundige Verletzungen der Schlußakte verschwiegen werden; vorrangig aber sei der Fortgang des Dialogs als solcher.[5] Folglich scheute Bonn keine diplomatischen Anstrengungen, um Hindernisse auf dem Weg zu einer weiteren Folgekonferenz aus dem Weg zu räumen.

Das KSZE-Wissenschaftsforum in Hamburg

Einen ersten Prüfstein, ob unter dem aktuellen Eindruck des sowjetischen Krieges in Afghanistan und der Verbannung des Physikers Andrej Sacharow überhaupt an die Vorbereitung der für den Herbst 1980 geplanten Konferenz zu denken war, stellte deshalb das „Wissenschaftliche Forum" der KSZE dar, das vom 17. Februar bis 2. März 1980 in Hamburg tagte. An ihm nahmen etwa 400 Wissenschaftler aus den KSZE-Staaten teil.[6] Der allgemein positiv bewerteten Tatsache der großen Beteiligung führender Wissenschaftler aus Ost und West, die trotz der belasteten Atmosphäre zustande kam, stand freilich der politische Streit um die Frage der Menschenrechte und die Freiheit und Freizügigkeit von Wissenschaftlern gegenüber. Erst in buchstäblich letzter Minute konnte eine Einigung über die beiden meist umstrittenen Passagen – Beachtung der Menschenrechte sowie Reisemöglichkeiten für Wissenschaftler[7]

---

[4] Der sowjetische Physiker Andrej Sacharow wurde am 22. 1. 1980 wegen seiner menschenrechtlichen Aktivitäten nach Gorki verbannt.

[5] Vgl. hierzu: Erklärung des Bundesministers des Auswärtigen zum 5. Jahrestag der Unterzeichnung der Schlußakte von Helsinki, in: *Bulletin*, Nr. 89, 5. 8. 1980, S. 761 f.

[6] Vgl. Waltraud *Tenge-Moore* und Arwed H. *Meyl*, Bemühungen um globale Probleme, in: *Forschung* (Mitteilungen der Deutschen Forschungsgemeinschaft), 2/80, S. 27 ff.

[7] Vgl. den Bericht des „Wissenschaftlichen Forums" der KSZE, abgedruckt in: *EA*, 9/1980, S. D 225 ff.

– erzielt werden. Die Delegationen handelten unter dem Druck, daß andernfalls kein Weg nach „Madrid“ führen werde.[8]

Das Vorbereitungstreffen in Madrid

Die Eröffnung des Vorbereitungstreffens der KSZE-Folgekonferenz in der spanischen Hauptstadt am 9. September 1980 stand im Zeichen der tiefgreifenden Kontroversen über den Helsinki-Prozeß. Sie hatten sich im Verlaufe des Jahres eher verschärft. Schon durch die Sensibilisierung der westlichen Öffentlichkeit war die Überprüfung der Einhaltung der Schlußakte in den Mittelpunkt westlichen Interesses gerückt.[9]

Die gegenteilige Zielsetzung verfolgte die Sowjetunion.[10] Zwar rechnete man im Ostblock nicht ernsthaft damit, daß die Erörterung unliebsamer Themen wie „Afghanistan“ oder Menschenrechtsverletzungen gänzlich vermieden werden könnte, doch suchte Moskau diese Thematik so weit wie möglich herunterzuspielen: „Afghanistan“ begegnete man mit dem Hinweis auf den sowjetisch-afghanischen Freundschaftsvertrag sowie Artikel 51 (Recht auf Selbstverteidigung) der UN-Charta. Im übrigen argumentierten die östlichen Delegationen mit der These von der „Teilbarkeit der Entspannung“ und unterstellten dem Westen, die KSZE-Folgekonferenz in ein „antisowjetisches Tribunal“ umfunktionieren zu wollen. Moskau und seine Verbündeten versuchten dementsprechend, das Schwergewicht der Tagesordnung auf mehr in die Zukunft gerichtete Elemente wie z. B. die Pläne für eine Umwelt- und eine Transportkonferenz zu legen. Dabei wurde zugleich ihr Hauptziel sichtbar, nämlich das Mandat „Madrids“ für eine Europäische Abrüstungskonferenz.

Bei der Abrüstung, so wurde argumentiert, gehe es in Wirklichkeit um das „Recht auf Leben“, das „Menschenrecht Nummer eins“, demgegenüber alle anderen KSZE-Verpflichtungen „Nebensächlichkeiten“ seien.[11] Die westlichen Delegationen versuchten, die sowjetische Taktik zu durchkreuzen, indem sie das vom Ostblock seinerzeit selbst gebilligte Organisationsdokument des ersten Folgetreffens von Belgrad dem Konferenzablauf in Madrid zugrunde legen wollten. Dieses „Gelbe Buch“ sah die Aufteilung der Folgekonferenz in

---

[8] Vgl. Günter *Haaf*, Sacharows Schatten an der Elbe, in: *Die Zeit*, 22. 2. 1980, sowie Klaus *Wagner*, Dokument der Hamburger KSZE-Konferenz verpflichtet zur Zusammenarbeit, in: *FAZ*, 4. 3. 1980. Dazu vgl. Peter *Schlotter*, Das zweite KSZE-Folgetreffen in Madrid, in: DGFK-Jahrbuch 1982/83, Baden-Baden 1983, S. 145, Anm. 7 und 8.

[9] Vgl. hierzu auch Jonathan *Alford*, Vertrauenbildende Maßnahmen und Sicherheit in Europa, in: *EA*, 19/1980, S. 589 ff.

[10] Leo *Wieland*, Moskaus Weg nach Madrid, in: *FAZ*, 22. 8. 1980.

[11] Vgl. Hugo *Bütler*, Das Thema Abrüstung am KSZE-Treffen, in: *NZZ*, 16. 9. 1980. Dazu ebenfalls Margit *Roth*, Die zweite KSZE-Folgekonferenz in Madrid, in: *APZ*, B 46/83, S. 17.

zwei Phasen vor: ein erster Abschnitt sollte der Überprüfung der Schlußakte gewidmet bleiben; erst danach sollte einem zweiten Abschnitt die Diskussion neuer Vorschläge vorbehalten sein.

Doch die Verlagerung der politisch substantiellen Streitigkeiten auf die scheinbar nur technisch-formale Ebene führte nicht – wie von westlicher Seite gehofft – zu einer leichteren Einigung auf eine Tagesordnung. Eher war das Gegenteil der Fall, schien es doch zeitweise, daß nunmehr die Sowjetunion durch Beharren auf ihre nicht einigungsfähigen Vorstellungen das Zustandekommen der Hauptkonferenz überhaupt in Frage stellen wollte. Sie drohte damit, daß es ohne Tagesordnung keine Hauptkonferenz geben könne; gleichzeitig verwarf sie sofort alle Vermittlungsvorschläge neutraler und nichtpaktgebundener Staaten. So steuerte man rasch auf einen kritischen Punkt zu.

Er wurde erreicht, als die Delegation der Tschechoslowakei Ende September den Vorschlag einbrachte, die Überprüfungsphase (Implementierung) der Hauptkonferenz zusammen mit der Phase der Einbringung neuer Vorschläge auf die Zeit zwischen dem 19. November und dem 19. Dezember zu begrenzen. Nach der so geforderten Zusammenlegung der Abschnitte „Überprüfung" und „Verbesserungen" sollte sich der zweite Abschnitt der Folgekonferenz dann lediglich noch mit der Redaktion eines Schlußdokuments befassen. In dessen Mittelpunkt sollte das Mandat einer europäischen Abrüstungskonferenz stehen.[12] Die ursprünglichen westlichen Vorstellungen einer zeitlich unbegrenzten Implementierungsphase waren damit in den Bereich des Unrealistischen abgedrängt worden.

Nach langwierigen Beratungen hatte man sich innerhalb des Westens schließlich darauf geeinigt, vier Wochen für die Überprüfung, vier Wochen für das Einbringen neuer Vorschläge und zwei Wochen für die Schlußredaktion eines Abschlußdokuments vorzusehen. Außerdem sollte auch nach Abschluß der Implementierung jederzeit über Verstöße gegen die Schlußakte gesprochen werden können. Dies wurde vorrangig im Blick auf die krisenhafte Entwicklung in Polen sowie „Afghanistan" gefordert.[13]

Jedem war klar, daß es nicht um die Tagesordnung als solche ging – es ging um außenpolitische Zielsetzungen, und die waren zwischen Ost und West gegensätzlich. Nicht nur die Tagesordnung diente zur Durchsetzung der politischen Ziele als Instrument, sondern die Auslegung der Schlußakte von Helsinki selbst. Letztlich stand dahinter die unterschiedliche Auffassung darüber, was „Entspannung" sei.

Damit beschäftigt, die unterschiedlichen Standpunkte einander entgegenzustellen, trat die Vorkonferenz wochenlang auf der Stelle. Die sowjetische

---

[12] Vgl. dazu Gerhard *Wettig*, Sicherheitspartnerschaft oder Sicherheitsgegnerschaft, in: *APZ*, B 19/82, S. 3 ff.

[13] Vgl. *Schlotter*, a. a. O. (Anm. 8), S. 144.

Haltung schien sich weiter zu versteifen. Zusätzlich zur Forderung nach einer kurzen Implementierungsdebatte schob sie das Ansinnen nach, in der Tagesordnung festschreiben zu lassen, daß in dem „prospektiven Teil" der Folgekonferenz nicht mehr auf Punkte der Überprüfungsdebatte eingegangen werden dürfe. Diese Forderung, in westlichen Kreisen „Guillotine-Prinzip" genannt, stieß auf mehrheitliche Ablehnung.

Kompromißvorschläge Bonns führten zu Widersprüchen im westlichen Bündnis: so z.B. auch der Vorschlag von Außenminister Hans-Dietrich Genscher, „es sei besser, auf der Vorkonferenz keine Regelungen zu vereinbaren als schlechte Regeln zu akzeptieren".[14] Speziell die amerikanische Delegation argumentierte, daß ohne Vereinbarung einer klaren Implementierungsphase die Folgekonferenz selbst sinnlos wäre. Bis zur – im wahren Sinne des Wortes – letzten Minute war eine Annäherung der Standpunkte in Madrid nicht zu sehen.

DIE KONFERENZ IN MADRID

Eröffnung der Generaldebatte und Bilanzphase

Dennoch wollte keine Seite das Odium eines endgültigen Scheiterns des KSZE-Prozesses auf sich nehmen. Nach dem dramatischen „Anhalten der Uhren" konnte deshalb schließlich doch noch die Hauptkonferenz am 10. November 1980 eröffnet werden – ohne Tagesordnung. Um sie wurde weiter erbittert gerungen. Erst drei Tage später konnte der aufreibende Streit durch einen Kompromiß beendet werden.[15] Statt der vom Osten ursprünglich konzedierten 14 Tage für die Überprüfungsdebatte wurde nunmehr die Zeit bis zur Weihnachtspause für Eingangserklärungen, Generaldebatte und Implementierung zugestanden. Auch sollten bereits in dieser Phase neue Vorschläge eingebracht, jedoch noch nicht diskutiert werden können. Für die Zeit nach dem 27. Januar 1981 bis zum 11. Februar war dann die eigentliche Phase für die Vorlage neuer Vorschläge anberaumt. Doch sollten einführende Erklärungen über neue Vorschläge bereits bis zur Weihnachtspause abgegeben werden.

Wie bereits in Belgrad, wurden auch für den Konferenzverlauf in Madrid unter Leitung des Plenums „subsidiäre Arbeitsorgane" geschaffen, denen jeweils einer der drei „Körbe" der Schlußakte zugewiesen war: 1. Fragen der Sicherheit; 2. Fragen der Zusammenarbeit in den Bereichen der Wirtschaft, der Wissenschaft, der Technik und der Umwelt sowie 3. Fragen der Zusammenarbeit in humanitären und anderen Bereichen. Zusätzlich wurden noch zwei

---

[14] *SZ*, 6. 11. 1980.

[15] Schlußdokument des Vorbereitungstreffens, abgedruckt in: *EA*, 3/1981, S. D 54–59.

weitere Arbeitsgruppen vereinbart: eine für Fragen der Sicherheit im Mittelmeerraum und eine andere für „Konferenzfolgen".

Nach Vorlage der Tagesordnung konnte die Debatte beginnen. Kein Thema blieb ausgespart: Von „Afghanistan" über die Lage in Polen, von der sowjetischen Unterdrückung der Dissidentengruppen, von der schikanösen Behandlung von Ausreise-Antragstellern, speziell in der DDR, bis zur bürokratisch ausgeklügelten Behinderung journalistischer Arbeit im Ostblock (wiederum speziell im Hinblick auf die DDR), von der Behinderung des innerdeutschen Reiseverkehrs durch die neuerliche Erhöhung des Zwangsumtauschs und die Einbeziehung von Rentnern und Kindern bis zur Störung westlicher Rundfunksender durch die Sowjetunion und ihre Verbündeten reichte die Palette westlicher Beschwerden in Madrid.

Die Sowjetunion und die anderen Ostblockstaaten ließen die geradezu katalogweise vorgebrachten westlichen Angriffe wegen der Verletzung der KSZE-Schlußakte teils über sich ergehen, teils nutzten sie andere Themenbereiche („wirtschaftliche Boykottmaßnahmen", „Einmischung in die inneren Angelegenheiten anderer Staaten"), um den Anklagedruck zu mindern und zu massiven Gegenattacken übergehen zu können. Insbesondere wurden die (vor allem amerikanischen) Vorwürfe zurückgewiesen, die sowjetische Hochrüstung belaste das Klima der Entspannung und den Rüstungskontroll-Dialog.[16] Die Sowjetunion taktierte dabei äußerst geschickt, indem sie einerseits den ursprünglich französischen Vorschlag einer Abrüstungskonferenz aufgriff, ihn andererseits aber durch die polnische Delegation inhaltlich verändern ließ. Während das französische Projekt ein klar abgestuftes Vorgehen in zwei Phasen vorsah – erstens vertrauensbildende Maßnahmen, zweitens Abrüstung – rühmte die Sowjetunion am polnischen Vorschlag gerade den Umstand, daß er eine „Konferenz ohne Vorbedingungen" vorsah.[17]

Um die Flut von Vorschlägen hinsichtlich der weiteren Ausgestaltung des KSZE-Prozesses tagesordnungsmäßig bewältigen zu können – zu Ende der Bilanzierungsdebatte vor der Weihnachtspause lagen bereits über 80 derartige Anträge vor –, sollten die fünf verbleibenden Arbeitswochen je zur Hälfte auf die Ausarbeitung neuer KSZE-Maßnahmen sowie die Redaktion des Schlußdokuments verwendet werden. Doch dieser konstruktive Optimismus stand nicht im Einklang mit der politischen Wirklichkeit in Madrid.

---

[16] Vgl. *NZZ*, 21.11.1980.

[17] Texte der jeweiligen Vorschläge und Memoranden abgedruckt in: *EA*, 18/1980, S. D 506 ff.

Das Projekt der Abrüstungskonferenz und die Verlängerung des Folgetreffens

Die vorgesehene Arbeitsplanung bis zum in Aussicht genommenen Abschluß der Konferenz Anfang März 1981 wurde – wie von vielen befürchtet – nicht eingehalten. Letztlich waren dieselben Gründe dafür maßgebend, die schon die Konferenzeröffnung belastet hatten: Wollte die Sowjetunion (und mit ihr die anderen Ostblockstaaten) die eingehende Überprüfung der von ihr vielfältig verletzten Schlußakte dadurch verhindern, daß sie die Bilanzierungsphase zugunsten der Behandlung neuer Projekte, wie der Abrüstungskonferenz, einzuschränken trachtete, so nutzte sie nun den von ihr favorisierten Plan der Abrüstungskonferenz, um verbindliche Verbesserungen auf dem Feld der Menschenrechte zu vereiteln. Allenfalls sei die Sowjetunion, so verlautete bald aus östlichen Delegationskreisen, zu einer generellen Bekräftigung und Verbesserung der Schlußakte selbst bereit.

Das Projekt der Abrüstungskonferenz war damit zum beherrschenden Thema der Folgekonferenz geworden. Die westlichen Absichten zielten dagegen auf „signifikante" vertrauensbildende Maßnahmen, die, eingedenk der schlechten Erfahrungen mit dem Ostblock bei der Anwendung der vertrauensbildenden Maßnahmen aus der KSZE-Schlußakte, „verbindlich und verifizierbar" sein sollten. Dagegen wandte sich die Kritik der Sowjetunion. Doch mehr noch als darüber entbrannte der Streit über den Geltungsbereich der Abrüstungskonferenz. Dieses Thema führte zu einer Dauerkontroverse, die, von Ost und West mit unterschiedlicher Zielsetzung als Hebel benutzt, erst die Folgekonferenz selbst aufs Spiel setzte, dann für ihre Verlängerung ins zeitlich Uferlose verantwortlich war.

Die ursprüngliche sowjetische Absicht, nur einen Streifen von circa 250 km sowjetischen Territoriums dem Geltungsbereich der Abrüstungskonferenz zuzuschlagen, andererseits aber die Einbeziehung des restlichen Europa bis zum Atlantik zu fordern, wurde zwar bald fallengelassen. Der sowjetische Parteichef Leonid Breshnjew sprach anläßlich des 26. Parteitags der KPdSU[18] sogar von „Gesamteuropa". Doch erwiesen sich die westlichen Stimmen, die nun von einem Durchbruch sprachen, als verfrüht. Die Sowjetunion verlangte Kompensationen dafür und forderte bisweilen sogar die Einbeziehung der Territorien der USA und Kanadas. Der Westen hatte den 250-km-Streifen als völlig inakzeptabel verworfen, weil maßgebliche Teile der Sowjetarmee, die für einen Einsatz gegen die Bundesrepublik Deutschland und Westeuropa vorgesehen waren, damit außerhalb des angestrebten Rüstungskontrollbereichs verbleiben würden. Darüber entspann sich nun der Streit.[19]

---

[18] Vgl. dazu: *EA*, 6/1981, S. Z 58.

[19] Vgl. Günter *Leuschner*, Chance für den Erfolg des KSZE-Treffens nutzen, in: *ND*, 17.3.1981; vgl. auch: David S. *Yost*, Rüstungskontrolle im KSZE-Prozeß, in: *EA*, 18/1982, S. 545 ff.

Trotzdem wollte man von seiten des Westens an dem Konferenzfahrplan festhalten. So wurde auf einer Plenarsitzung am 11. Februar 1981 die Erörterungsphase, in der die Vorschläge zur Weiterentwicklung des KSZE-Prozesses diskutiert wurden, beendet und gemeinsam beschlossen, im Plenum sowie in den Arbeitsgruppen mit der Redaktion des vorgesehenen Schlußdokuments zu beginnen. Doch das alles vermochte die Konferenz nicht aus ihrer festgefahrenen Lage zu befreien. Am 27. Februar 1981 wurde einstimmig beschlossen, den ursprünglich auf den 5. März 1981 festgelegten Schluß „mindestens" bis zum 13. März zu verschieben. In der Redaktionsphase waren von den westlichen Ländern in sämtlichen Arbeitsgruppen Texte für ein Schlußdokument eingebracht worden. Dabei hatte man sich nicht nur darum bemüht, die unterschiedlichsten Ansichten von neutralen, blockfreien und Warschauer-Pakt-Staaten zu berücksichtigen, sondern die insgesamt 87 Vorschläge soweit wie möglich aufzugreifen.

Dieses Bemühen blieb seitens der Sowjetunion und ihrer Verbündeten ohne Resonanz. Lediglich in der Öffentlichkeit – auf Pressekonferenzen – sprachen die Ostblock-Vertreter von „substantiellen Fortschritten"; in den Konferenzgremien selber wurde dagegen von den Sowjets alles unternommen, um jedes Vorankommen zu blockieren und das Interesse auf ein einziges Thema zu konzentrieren: die Europäische Abrüstungskonferenz.[20] Doch selbst eine Annäherung der Standpunkte bezüglich dieses Projekts wurde von Moskau durch unüberwindliche Hürden vereitelt. Der einmütigen Position der NATO-Staaten im Hinblick auf Phasen und Substanz der Abrüstungskonferenz ließ die Sowjetunion – vertreten vor allem durch die DDR, die ČSSR und Bulgarien – die Forderung nach Einbeziehung des nordamerikanischen Kontinents entgegensetzen. Zugleich ließ die Sowjetunion verlauten, daß sie natürlich auch für „militärische Bedeutsamkeit" zu vereinbarender Maßnahmen sei und eingegangene Verpflichtungen auch verifizierbar sein sollten. Dies wurde als Selbstverständlichkeit hingestellt.

Mit dieser östlichen Taktik schleppte sich die Konferenz in einer Atmosphäre substanzloser Polemik dahin.[21] Weder eine Vereinfachung der Arbeitsmethode – statt offizieller Anträge informelle Vorschläge –, noch eine dreiwöchige Osterpause, noch eine verwässerte Vermittlungsaktion der neutralen und ungebundenen Staaten vermochte die Konferenz von der Stelle zu bringen. Die einzige Übereinstimmung schien darin zu bestehen, die Konferenz nicht ergebnislos abzuschließen. Doch das Motiv dafür lag in der Uneinigkeit über den Abschluß selbst.

---

[20] Vgl. Hugo *Bütler*, Harte Positionskämpfe am KSZE-Folgetreffen, in: *NZZ*, 16.3.1981.

[21] Vgl. Walter *Haubrich*, Pessimismus bei der KSZE in Madrid, in: *FAZ*, 16.3.1981, ebenso: Hugo *Bütler*, Scharfe Kontroverse an der Madrider KSZE, in: *NZZ*, 15.5.1981.

DIE VERLÄNGERUNG DER KONFERENZ

Bei der Wiedereröffnung am 5. Mai 1981 waren die Aussichten auf konstruktiven Fortgang allerdings nicht besser als vor der Osterpause. Freilich konnte die Konferenz auch nicht völlig „sterben". Das lag zum einen an dem allgemeinen Bewußtsein, daß damit der Entspannungsprozeß endgültig beendet gewesen wäre, wofür niemand – vor allem in Westeuropa – die Verantwortung übernehmen wollte. Zum andern lag dies an der Zähigkeit, mit der die Sowjetunion nebst Verbündeten ihr Interesse verfolgte, „die politische Entspannung in die militärische" überzuleiten. Das hieß, das Mandat des Nachfolgetreffens für eine Abrüstungskonferenz in der von der UdSSR gewünschten Form zu erlangen. Zuvor mußte aber die Menschenrechtsdiskussion vermieden werden. Deshalb erstrebte die Sowjetunion mit der Mandatserteilung für die Abrüstungskonferenz zugleich auch eine Loslösung vom lästig gewordenen KSZE-Prozeß.

Vor allem die USA verfolgten allerdings wegen der Menschenrechtsfrage die umgekehrte Zielsetzung. Auch wurde auf westlicher Seite, besonders bei der Bonner Delegation, die Auffassung vertreten, solange die Konferenz andauere, werde die Sowjetunion an einer Intervention in Polen gehindert. Damit hatte die Folgekonferenz einen neuen Sinn erhalten und der sprach für Fortsetzung ohne zeitliche Begrenzung. Die amerikanische Position – ohne Fortschritte in der Menschenrechtsfrage keine Fortschritte in der Abrüstungsfrage – trug unabhängig von dem Problem des Abrüstungsprojekts selber wiederum zur Blockade der Konferenz bei. Dies auch deshalb, weil die Sowjetunion und ihre Verbündeten in demonstrativen Akten, gewissermaßen als schrille Konferenz-Begleitmusik, vor aller Welt die Menschenrechte im Ostblock mit Füßen traten.[22]

Allmählich entstand der Eindruck, die KSZE-Folgekonferenz sei in ein Vorbereitungstreffen für das Abrüstungsprojekt übergegangen. Er erhielt gerade durch den Umstand laufend neue Nahrung, daß die Festlegung eines Schlußdatums für Madrid ausdrücklich abgelehnt wurde, um den „Konferenzerfolg" nicht in Frage zu stellen.[23] Schien gegen Ende Juni 1981 einen Moment lang Einmütigkeit darüber zu bestehen, Mitte Juli unter Vorlage eines „ausgewogenen und inhaltsvollen" Schlußdokuments die Folgekonferenz abzuschließen, so wurde bald darauf das Sich-Weiter-Hinschleppen begründet: Der Faktor „Inhalt" sollte Vorrang vor dem Faktor „Zeit" haben, damit auf diese Weise den Gefahren eines Scheiterns der Konferenz und damit des gesamten Entspannungsprozesses entgangen werde. Ende Juli 1981 vertagte sich die Konferenz durch einstimmigen Beschluß auf den 27. Oktober 1981.

---

[22] Vgl. Claus *Gennrich*, Hat die Sowjetunion das Interesse an der KSZE verloren?, in: *FAZ*, 16. 6. 1981.

[23] Vgl. *EA*, 14/1981, S. Z 148, und *EA*, 16/1981, S. Z 166.

Das Kriegsrecht in Polen und die Frage des Konferenzabbruchs

Die als „Denkpause" gedachte Unterbrechung der Folgekonferenz brachte keine Neuansätze, die das Siechtum der Verhandlungen beendet hätten. Hin und wieder waren Hoffnungen aufgekeimt; doch sie hatten sich als trügerisch erwiesen. Erweckt wurden sie von der Sowjetunion, die das Instrument „Geltungsbereich vertrauensbildender Maßnahmen" geschmeidig zu handhaben verstand. Einmal bot sie Konzessionen an, dann wieder verstieg sie sich zu unannehmbaren Forderungen wie die Ausdehnung „angrenzender Seegebiete" bis an die Gestade Nordamerikas. Die Verhängung des Kriegsrechts in Polen am 13. Dezember 1981 warf die Frage der weiteren Existenz der Konferenz erneut auf. Am 22. Dezember 1981 vertagte man sich in Madrid auf den 9. Februar 1982 – ein Licht am Ende des Tunnels war allerdings weniger denn je in Sicht.

Es lag auf der Hand, daß die Polen-Frage zu einer schweren Belastung der Nachfolgekonferenz werden mußte, wurden doch durch das „Kriegsrecht" ziemlich alle Verpflichtungen aus der KSZE-Schlußakte verletzt. Von einer „Fortentwicklung" des KSZE-Prozesses konnte unter diesen Umständen überhaupt keine Rede mehr sein. Innerhalb des westlichen Bündnisses kam es zu tiefgreifenden Meinungsverschiedenheiten darüber, welche Schlußfolgerungen daraus zu ziehen seien.[24] Die europäischen NATO-Staaten, voran Bonn, aber auch die meisten der neutralen und ungebundenen Staaten, sprachen sich für die Beibehaltung des Madrider Forums aus. Demgegenüber neigte die amerikanische Seite zu einer mehrmonatigen Vertagung, wenn nicht sogar zum Abbruch der Konferenz.[25] Vor allem Außenminister Genscher war es zu danken, daß auf der NATO-Ratssitzung Anfang Februar 1982 die USA schließlich auf die Linie ihrer europäischen Verbündeten einschwenkten. Diese sah vor, auf der Ebene von Außenministern die Sitzungen in Madrid neu zu eröffnen und erst dann eine Neueinschätzung hinsichtlich der Fortführung der Konferenz vorzunehmen.[26]

Polen selbst drohte massiv mit dem Boykott der Folgekonferenz, falls es auf die Anklagebank gesetzt werde. Vom gesamten Ostblock wurde die Behandlung der Polen-Frage als „Einmischung in die inneren Angelegenheiten Polens" und damit als grobe Verletzung „von Geist und Buchstaben" der Schlußakte von Helsinki gebranntmarkt.[27] Dementsprechend versuchten Moskau und seine Parteigänger, den Ablauf der Außenminister-Debatte in

---

[24] Hugo *Bütler*, Die *KSZE* im kritischen Zustand, in: *NZZ*, 8.12.1981.

[25] Heinz *Stadlmann*, NATO uneins über Haltung bei der KSZE-Konferenz, in: *FAZ*, 5.2.1982.

[26] Vgl. dazu auch das Kommuniqué über die Ministertagung des Nordatlantikrats in Luxemburg am 17. und 18.5.1982, abgedruckt in: *EA*, 14/1982, S. D 336 ff. sowie die Schlußdokumente der Tagung des Nordatlantikrats in Bonn am 10.7.1982 in: *ebd.*, S. D 342 ff.

[27] Vgl. z. B. *ND*, 9.2.1982.

Madrid durch Geschäftsordnungsreden zu unterbinden. Eine Vertagung der Konferenz wurde unumgänglich. Doch selbst um den Beschluß darüber (auf den 9. November 1982) mußte fast einen Monat lang gerungen werden.

DER WEG ZUM KONFERENZABSCHLUSS

Auch die dann folgende fast achtmonatige „Denkpause“ brachte zunächst keinerlei Fortschritte. Die Sowjetunion zielte nach wie vor auf die Erlangung des Mandats für die Abrüstungskonferenz. Die USA wollten dies nutzen, um eine Beziehung zum realen politischen Verhalten Moskaus herzustellen. Andere Staaten suchten nur ein Forum, um die Polen-Frage behandeln zu können. Die Bundesregierung unterstützte dieses Argument, das in der Presse auf eine positive Resonanz stieß, weil sie darin eine Rechtfertigung für ihre Politik des „Dialogs an sich“ sah.

Die politische Atmosphäre hatte sich 1982 nicht aufgehellt: Die sowjetische Besetzung Afghanistans dauerte an, die Unterdrückung in Polen ebenso. Die letzten Menschenrechtsvereinigungen (Helsinki-Gruppen) in der Sowjetunion lösten sich unter Druck des KGB selbst auf. Inzwischen hatte die Sowjetunion auch den Telefonverkehr mit dem Ausland drastisch eingeschränkt; die Zahl der Ausreisegenehmigungen war mittlerweile zu einem Rinnsal verkümmert; die sowjetisch-amerikanischen Beziehungen blieben gespannt und die Abrüstungsgespräche – speziell die INF-Verhandlungen in Genf – traten auf der Stelle. Die Kommentare der Weltpresse anläßlich der Wiedereröffnung stimmten deshalb in ihren düsteren Lageeinschätzungen überein.[28]

Allmählicher Wandel der Konferenz

Die sechswöchige Sitzung der Folgekonferenz (sie hatte am 9. November 1982 begonnen) war inhaltlich durch scharfe Kontroversen der bekannten Art gekennzeichnet. Der Hauptstreitpunkt hinsichtlich einer Abrüstungskonferenz, die Frage des Anwendungsgebiets also, konnte nicht ausgeräumt werden; doch gab es Fortschritte. Am 17. Dezember vertagte sich die Konferenz auf den 8. Februar 1983. Wie schon üblich, wurde die Pause zu zahlreichen bi- und multilateralen Kontakten der Teilnehmer benutzt. Ein Ergebnis war, daß die neutralen und ungebundenen Staaten ihren Entwurf eines Schlußdokuments

---

[28] Vgl. dazu beispielsweise Dieter *Buhl*, Ein Schwanengesang? Nach der Abrechnung ein neuer Anfang?, in: *Die Zeit*, 5. 11. 1982; Udo *Bergdoll*, Neubeginn mit höheren Forderungen. Beim Madrider KSZE-Treffen gibt es wenig Aussichten auf Verständigung, in: *SZ*, 11. 11. 1982; Hugo *Bütler*, Verhandlungstaktische Einigung des Westens?, in: *NZZ*, 11. 11. 1982; James M. *Markham*, Madrid Conference reopens as West sets new Conditions, in: *NYT*, 10. 11. 1982.

(Stand September 1981) erneut einbringen wollten. Man sah die Chance, auf dieser Basis doch noch – und sogar bald – zu einem Abschluß kommen zu können. Zwar erwiesen sich die Zeitvorstellungen als illusionär.[29] Jedoch war, insgesamt gesehen, der gemeinsame Wille, die Konferenz doch noch zu einem guten Abschluß zu bringen, in der Zwischenzeit stärker geworden. Auch waren Anfang 1983 über die vorhandenen internationalen Spannungen hinaus keine neuen Beeinträchtigungen der Konferenzatmosphäre eingetreten.

Vorsichtiger Optimismus griff um sich, obwohl die westlichen Staaten seit dem Herbst 1981 Zusatzforderungen bezüglich der Menschenrechte erhoben hatten, die von Moskau bis dahin strikt abgelehnt worden waren. Dazu gehörten als wichtigste die „freie Betätigung in und für Gewerkschaften", die Freiheit für sogenannte Helsinki-Gruppen, die Freiheit religiöser Betätigung sowie das Verbot von Störsendern. Auch die USA akzeptierten „mit Zurückhaltung und trotz des Wissens um die fortgesetzte Verletzung der Schlußakte von Helsinki durch die Sowjetunion" den Plan der Konferenzbeendigung. Ende Mai 1983 ließ sich eine Einigung der westlichen Delegationen auf den Entwurf der Neutralen und Ungebundenen absehen.

Verzögerungen bis zuletzt

Änderungswünsche, vor allem in der Menschenrechtsfrage, wurden jedoch von den Sowjets und ihren Verbündeten nach wie vor abgelehnt.[30] Das bedeutete einen neuerlichen Rückschlag für die Konferenz. Nach zähem Ringen um Kompromisse brachte schließlich ein Vermittlungsvorschlag des spanischen Ministerpräsidenten Felipe Gonzáles die Wende: Man solle den Entwurf der Ungebundenen und Neutralen unter Hinzufügung einiger, wenngleich nicht aller westlicher Verbesserungsvorschläge annehmen. Die Sowjets schwenkten schließlich auf den spanischen Vorschlag ein.[31] Bereits vorher war es gelungen, den Streit um den Anwendungsbereich einer Abrüstungskonferenz endgültig beizulegen; die vertrauens- und sicherheitsbildenden Maßnahmen sollten nun „ganz Europa sowie das angrenzende Seegebiet und den angrenzenden Luftraum umfassen". Mit der Einigung (Anfang Juli 1983) auf das Projekt einer Fachkonferenz über menschliche Kontakte waren die letzten Hürden, die noch auf dem Weg zum Abschluß der Konferenz bestanden, beseitigt worden.

Nach harten Wochen der Redaktionsarbeit und der Zustimmung aller Delegationen – mit Ausnahme Maltas – zur Schlußfassung des Abschlußdo-

---

[29] Vgl. Hugo *Bütler*, Ende der KSZE-Pause, in: *NZZ*, 9.2.1983.

[30] Vgl. dazu: Alois *Mertes*, Probleme und Ergebnisse des Madrider KSZE-Folgetreffens, in: *Bulletin*, 7.7.1983, S. 701 ff.

[31] Hugo *Bütler*, Ein Durchbruch an der Madrider KSZE, in: *NZZ*, 3.7.1983.

kuments kam es dann noch einmal zu einer Störung: Malta lehnte das Schlußdokument ab, um seiner allgemein zurückgewiesenen Forderung nach einer Konferenz über Sicherheit im Mittelmeer Nachdruck zu verleihen.[32] Es bedurfte massiven Drucks, bis Malta endlich einlenkte und die Blockade des Konferenzabschlusses aufgab. Am 9. September 1983 wurde die Konferenz mit einem Treffen der Außenminister aller KSZE-Unterzeichnerstaaten abgeschlossen.

Doch wie der Beginn der Folgekonferenz annähernd drei Jahre zuvor unter keinem guten Stern gestanden hatte, so war auch das Ende in Madrid durch den Abschuß eines südkoreanischen Verkehrsflugzeugs durch sowjetische Jagdflugzeuge aufs schwerste beeinträchtigt. Die Reden der Außenminister standen weniger im Zeichen des mühsam zusammengebrachten „Entspannungs"-Dokuments, als vielmehr unter dem Eindruck der starken Spannungen, die aufs neue ausgebrochen waren.[33] Einzig sichtbares, konkretes Ergebnis blieb die in Madrid vereinbarte Konferenz für Vertrauensbildung und Abrüstung (KVAE), die am 17. Januar 1984 in Stockholm eröffnet wurde. Sie stellte eine der Folgeveranstaltungen im KSZE-Prozeß dar, zu der auch das für den 4. November 1986 anberaumte weitere Überprüfungstreffen in Wien zählt.

---

[32] Vgl. Walter *Haubrich*, Der Widerstand Maltas bei der KSZE-Konferenz in Madrid dauert an, in: *FAZ*, 26. 7. 1983.

[33] Das Abschlußdokument ist abgedruckt in: *EA*, 20/1983, S. D 537 ff. Zur Bewertung des Schlußdokuments vgl. vor allem die im *EA* vorab veröffentlichten Beiträge von *Brunner, Kastl, Konarski, Korey* und *Mates*, in: Hermann *Volle* und Wolfgang *Wagner* (Hrsg.), Das Madrider KSZE-Folgetreffen. Der Fortgang des KSZE-Prozesses in Europa, Bonn 1984, sowie Claus *Gennrich*, Der Westen registriert Teilerfolge, in: *FAZ*, 15. 9. 1983.

III

KRISENERSCHEINUNGEN IN DER WELTWIRTSCHAFT

STAGNATION UND REZESSION IN DEN WESTLICHEN INDUSTRIELÄNDERN UND INTERNATIONALE LÖSUNGSVERSUCHE

Von Ute Geipel

Die westlichen Industrieländer erlebten nach der zweiten Ölpreisexplosion von 1979/80 die längste Wachstumsstockung der Nachkriegszeit. In einigen Ländern kam es zu einer schweren Rezession. Die Stagnationsphase dauerte über drei Jahre, länger als es die nationalen und internationalen Konjunkturexperten erwartet hatten. Im Jahr 1980 war ein Aufschwung für 1981 vorausgesagt worden; 1981 wurde er ins Jahr 1982 verlegt. Aber die weltweite Stagnation hielt an; der Welthandel stagnierte, 1982 schrumpfte er sogar.

DIE WELTWEITE WIRTSCHAFTSSCHWÄCHE UND IHRE URSACHEN

Die wirtschaftlichen Schwierigkeiten wurzelten zu einem großen Teil in einer tiefgreifenden Schwäche der Weltwirtschaft. Die rapide Geldentwertung der siebziger Jahre war Ausdruck dieser Schwäche und verstärkte zugleich die wirtschaftlichen Probleme. In vielen Ländern hatten sich Anfang der siebziger Jahre hohe Budgetdefizite herausgebildet, die durch die expansive Geldpolitik finanziert wurden. Dies nährte die Inflation und Inflationserwartungen. Die erste Ölverteuerung 1973 hätte nicht diese preistreibenden Wirkungen gehabt, und die spätere Rückkehr zu mehr Geldwertstabilität wäre nicht so kostspielig geworden, wenn der Boden für ein Durchwirken der Ölverteuerung nicht schon bereitet gewesen wäre und die Regierungen nicht versucht hätten, den Einkommensentzug aus der Ölteuerung durch eine expansive Geld- und Finanzpolitik zu überspielen. Nach dem zweiten Ölpreisschub in den Jahren 1979/80 sahen sich die meisten Regierungen der westlichen Industrieländer deshalb dazu veranlaßt, der Inflationsbekämpfung den Vorrang zu geben. Sie taten es zum Teil mit einer enormen Verknappung des Geldes. So kamen zu den kontraktiven Wirkungen der Ölverteuerung die rezessiven Wirkungen der Inflationsbekämpfung hinzu.[1]

Die Anpassung an das teure Öl war nach 1973 zunächst weniger durch eine Umstrukturierung der Produktion in den einzelnen Ländern als durch die Kontraktion der Weltwirtschaft und die damit einhergehende Minderung der Ölnachfrage erreicht worden. Ebensowenig gelöst waren die nötigen Anpassungen im übrigen. Strukturkrisen, etwa in der Stahl-, Kohle- oder Werftbranche und Fehlleitungen und Verschwendung von Ressourcen, wie im europäischen Agrarsystem, erwiesen sich als äußerst hartnäckig und wurden mehr und mehr zu einem drängenden Problem. Die zunehmende Behinderung des freien internationalen Handels durch die Industrieländer schadete nicht nur den Entwicklungsländern, sie wirkte auch auf die Industrieländer zurück.[2]

Zu lange haben wohl die einzelnen Regierungen darauf gesetzt, daß das internationale Kreditsystem die nötige Elastizität aufbringt, um die im Gefolge der beiden Ölpreisexplosionen entstandenen riesigen Leistungsbilanzdefizite vieler Entwicklungsländer beliebig lange zu finanzieren. Der Rückfluß der von den Ölförderländern angesammelten Einnahmen hat in einigen Ländern – vor allem in mehreren Schwellenländern Südamerikas und Südostasiens – die Finanzierung ehrgeiziger und teurer Projekte erleichtert. Das Erlahmen der Weltwirtschaft, der steile Anstieg der Zinsen und der starke Dollar brachten in den Jahren 1981/82 mehrere Länder an die Grenzen ihrer Kreditfähigkeit.[3] Besorgnis löste vor allem aus, daß diese Grenzen nicht mehr nur in wenigen Einzelfällen erreicht waren. Die hohe Interdependenz im internationalen Finanzsystem ließ Beunruhigung über die Möglichkeit eines weltweiten Kollaps wie in den frühen dreißiger Jahren aufkommen.

Die Vereinigten Staaten haben in den Jahren 1981/82 die weltwirtschaftliche Entwicklung in hohem Maße geprägt. Dem steilen Anstieg der amerikanischen Zinsen und dem Sog eines erstarkten Dollar konnten sich die anderen Länder kaum entziehen. Sie konnten es vor allem deswegen nicht, weil die

---

[1] Vgl. hierzu Gerhard *Fels*, Der zweite Ölschock und seine Auswirkungen, in: IP 1979/80, S. 209 ff.

[2] Vgl. Helga *Henselder-Barzel*, Gefahr der handelspolitischen Diskriminierung der Schwellenländer, in: IP 1979/80, S. 223 ff.

[3] Vgl. hierzu auch den Beitrag von Hans-Eckart *Scharrer* in diesem Band.

binnenwirtschaftlichen Schwierigkeiten – strukturelle Probleme, hohe Haushaltsdefizite und in einigen Ländern eine unverändert hohe Inflation – immer noch groß waren. So waren die meisten Länder in diesen Jahren gezwungen, wie die Vereinigten Staaten eine restriktive Geldpolitik zu betreiben, wollten sie nicht einen größeren als ohnehin zu beobachtenden Wertverlust ihrer Währung hinnehmen.

Auf der Suche nach einem Ausweg aus der lang anhaltenden Stagnation war es nicht immer leicht, die kurz- und längerfristigen Erfordernisse für eine Wiederbelebung der Wirtschaft in einem angemessenen Verhältnis zu berücksichtigen. Die Anpassung an veränderte weltwirtschaftliche Bedingungen voranzutreiben, ohne die Gefahr zu vergrößern, in eine ausgedehnte wirtschaftliche Abwärtsbewegung zu geraten, erwies sich als ein schwieriger Pfad, den die Wirtschaftspolitik in diesen Jahren beschreiten mußte.

DIE WIRTSCHAFTLICHE ENTWICKLUNG IN EINZELNEN LÄNDERN

Das „wirtschaftspolitische Experiment" in den Vereinigten Staaten

Die Wirtschaft der Vereinigten Staaten stand in den Jahren 1981/82 im Zeichen des wirtschaftspolitischen Kurswechsels nach der Amtsübernahme von Präsident Ronald Reagan. Im Zuge der politischen Neuorientierung wurden die wirtschaftspolitischen Weichen neu gestellt. Über niedrigere Einkommensteuersätze und großzügigere Abschreibungsregelungen sollte das Sparen angeregt und das Investieren lohnender gemacht werden. Darüber hinaus sollte das Federal Reserve Board die Inflation, die in den siebziger Jahren stark gestiegen war, durch eine restriktive Geldmengensteuerung zurückführen. Schließlich wollte man die vielfältigen Regulationen in der Wirtschaft abbauen. Neben den umfangreichen Steuersenkungen waren auch Ausgabenkürzungen vorgesehen. Dies galt vor allem für den Sozialbereich. Dagegen sollten die Rüstungsausgaben kräftig erhöht werden. Dennoch ging man davon aus, daß das Budget des Bundeshaushalts durch die von den Leistungsanreizen erhofften Mehreinnahmen bis zum Jahre 1984 ausgeglichen sein werde.

Die Ausgabenkürzungen konnten im ersten Jahr der neuen Regierung leicht durchgesetzt werden. Dagegen stießen die vorgesehenen Kürzungen von mehr als 35 Milliarden Dollar im Haushaltsjahr 1982 auf erhebliche Widerstände im Kongreß. Im Sommer 1981 wurden Einkommensteuerentlastungen und Abschreibungserleichterungen verabschiedet. Die Einkommensteuer wurde vom 1. Oktober 1981 an um 5 Prozent und zur Jahresmitte 1982 und 1983 um jeweils 10 Prozent gesenkt. Überdies beschloß die Administration großzügigere Abschreibungsmöglichkeiten für Investitionen.

Die belebenden Wirkungen, die man sich von dieser Politikmischung erwartet hatte, blieben in den Jahren 1981/82 jedoch aus. Das Gegeneinander von knapper Geldversorgung und steil ansteigenden Staatsdefiziten – sie hatten sich bereits ein Jahr nach Amtsantritt auf 110 Milliarden Dollar nahezu verdoppelt – führte zu einem steilen Zinsanstieg. Als sich abzeichnete, daß das Haushaltsdefizit 1983 auf 200 Milliarden Dollar anwachsen würde, leitete die Regierung im Juni 1982 Maßnahmen zur Begrenzung der ausufernden Defizite ein. Im wesentlichen geschah dies auf der Einnahmenseite: Verbrauchssteuern wurden angehoben und in einigen Bereichen wurden Steuervergünstigungen für Investoren rückgängig gemacht. Dennoch zeichnete sich keine Eindämmung der weiter wachsenden Haushaltsdefizite ab. So gaben die langfristigen Zinsen nur sehr langsam nach, obwohl durch die restriktive Geldpolitik die Inflationsrate 1982 nurmehr halb so hoch war wie im Jahre 1980. Im Verhältnis zum Preisanstieg waren die Zinsen mittlerweile spektakulär hoch geworden. Damit einher ging eine rapide Aufwertung des Dollar. Gegenüber der D-Mark etwa gewann er von Anfang 1981 bis Ende 1982 um nahezu 20 Prozent an Wert.

Hohe Haushaltsdefizite, eine restriktive Geldpolitik, hohe Zinsen und die Aufwertung des Dollar führten dazu, daß es zu einem schweren wirtschaftlichen Einbruch kam. Die Investitionen stockten, obwohl den Unternehmern großzügige Steuervergünstigungen gewährt wurden und die Tarifabschlüsse einzelner Sektoren der Wirtschaft für mehrere Jahre nur geringe Lohnsteigerungen vorsahen. Die Exportmöglichkeiten waren angesichts der verschlechterten Wettbewerbsfähigkeit amerikanischer Unternehmen spürbar reduziert. Die Arbeitslosigkeit nahm erheblich zu. Den Forderungen nach Abschottung der amerikanischen Märkte wurde mehr und mehr nachgegeben. Die erwartete Revitalisierung der amerikanischen Wirtschaft sollte sich 1982 noch nicht zeigen.

Nachlassende Dynamik in Japan

Die Schwäche des Welthandels, der sich ausbreitende Protektionismus und die hohen amerikanischen Zinsen erschütterten Japans Wirtschaft in den Jahren 1981/82 schwer. Nur vorübergehend war selbst in Japan eine Abkopplung vom internationalen Zinstrend möglich, in einem Land, in dem die Bedingungen dafür angesichts der hohen Leistungsbilanzüberschüsse und der relativ guten binnenwirtschaftlichen Konstitution am günstigsten schienen. Im Jahre 1981 konnte die japanische Notenbank die Zinsen zwar noch senken, obwohl der Zinstrend in der Welt aufwärts gerichtet war. Als Preis dafür mußten allerdings erhebliche Kapitalabflüsse in Kauf genommen werden. Als sich diese in den ersten Monaten 1982 verstärkt fortsetzten und der Yen merklich an Wert verlor, mußte die Bank von Japan die Zinsen wieder anheben, wollte sie nicht die Erfolge bei der Preisstabilisierung aufs Spiel setzen oder die Erleichterungen im Kapitalverkehr, die 1982 vorgenommen wurden, rückgängig machen. So wurden die Zinsen 1982, vergleicht man sie mit der stark gesunkenen Inflationsrate, extrem hoch. Diese hohen Zinsen und die schlechten Exportaussichten drückten die Investitionen; die Wachstumsdynamik der japanischen Wirtschaft ließ nach.

Im Herbst 1981 begann die japanische Ausfuhr zurückzugehen und im Jahre 1982 war es den Unternehmen nicht mehr möglich, ihre Exporte zu steigern, obwohl sie im Zuge des Wertverlusts des Yen und des vergleichsweise starken Rückgangs der Inflationsrate wettbewerbsfähiger waren als in den Jahren davor. Die Entwicklung des japanischen Weltmarktanteils, der von 1973 bis 1980 insgesamt einen steigenden Trend aufwies, hatte bis dahin in engem Zusammenhang mit der Entwicklung des realen Wechselkurses gestanden. In den Jahren 1981/82, als die japanische Ausfuhr zunehmend durch vielfältige Handelshemmnisse behindert wurde, war dies nicht mehr der Fall. Daß die japanischen Unternehmen trotz verbesserter Wettbewerbsfähigkeit in diesen Jahren ihren Weltmarktanteil nicht ausdehnen konnten, beschränkte nicht nur die Wachstumsdynamik der japanischen Wirtschaft. Diese ungünstige Entwicklung beeinflußte wohl auch die Erwartungen an den Devisenmärkten. Die Besorgnis über die Verwundbarkeit der japanischen Wirtschaft durch den zunehmenden Protektionismus dürfte zu der niedrigen Bewertung des Yen in diesen Jahren beigetragen haben.

Mangelnde Konvergenz in der Europäischen Gemeinschaft

In den Ländern der Europäischen Gemeinschaft mangelte es auch in den Jahren 1981 und 1982 an Konvergenz der Wirtschaftspolitiken und der wirtschaftlichen Entwicklung.[4] Dies schlug sich nicht zuletzt in vier Leitkursanpassungen im Europäischen Währungssystem (EWS) während dieser beiden Jahre nieder.

Die Differenzen im Inflationstempo, unterschiedliche Prioritäten in der Finanzpolitik und ein unterschiedliches Stabilitätsbewußtsein der Tarifpartner in den Teilnehmerländern am EWS blieben eine andauernde Quelle neuen Anpassungsbedarfs. Nach der Gründung des EWS im Jahre 1979 nahm die Streuung der Inflationsraten noch zu. Gegenüber der Europäischen Rechnungseinheit (ECU) war die D-Mark Ende 1982 nahezu 8 Prozent mehr wert als 1979. Dagegen hatten die Währungen von Frankreich, Belgien und Luxemburg, Italien und Dänemark zwischen 12 und 18 Prozent ihres ur-

---

[4] Vgl. auch Ute *Geipel*, Wirtschaftspolitische Divergenzen in der Europäischen Gemeinschaft, in: IP 1979/80, S. 237 ff.

sprünglichen Wertes verloren. Ein großer Teil dieser Verschiebung erfolgte in der Zeit nach Oktober 1981, in der die D-Mark nicht mehr geschwächt war und die stärker inflationierenden Währungen durch Leistungsbilanzdefizite und Finanzprobleme große wirtschaftliche Schwierigkeiten hatten.

Die Schwächephase der D-Mark, die mit den hohen Leistungsbilanzdefiziten der Bundesrepublik einhergegangen war und die wesentlich zu den in den Jahren 1979 und 1980 geringen Spannungen im EWS beigetragen hatte, ging im Frühjahr 1981 zu Ende. Im März wurde die Lira wegen des wachsenden Inflationsgefälles gegenüber den Partnerländern um 6 Prozent abgewertet. Doch die Spannungen ließen nicht nach. Nach den französischen Präsidentschaftswahlen im Mai 1981 kam der Franc zunehmend unter Druck. Nur durch Devisenkontrollen und massive Interventionen konnte er innerhalb der durch den Währungsverbund festgelegten Bandbreiten gehalten werden. Auch die belgische Währung verlor aufgrund der ausbleibenden Erfolge bei der Rückführung des hohen Leistungsbilanzdefizits an Wert, und die Lira blieb angesichts der hohen Inflationsdifferenz zu den Partnerländern schwach. Ab Mai mußte die Lira mit Hilfe eines Zwangsdepots erneut gestützt werden. Anfang Oktober 1981 sowie im Februar und im Juni 1982 kam es zu weiteren Anpassungen, im Zuge derer der französische Franc, die Lira, der belgische Franc, die dänische Krone und das irische Pfund abgewertet und die D-Mark und der Gulden aufgewertet wurden. Beim belgischen und französischen Franc war die Abwertung mit der Zusage interner Stabilisierungsbemühungen verknüpft.

Bereits 1981 hatte die Europäische Kommission angesichts der mangelnden Konvergenz der wirtschaftlichen Entwicklung in ihrem fünften mittelfristigen Programm neben einer verstärkten währungspolitischen Zusammenarbeit eine engere Koordinierung der Wirtschaftspolitik im allgemeinen gefordert. Das Programm sollte als Basis für die Wirtschaftspolitik in den einzelnen Ländern dienen. Als grundlegende Ziele wurden die Verringerung der Inflation und die Forcierung des Strukturwandels genannt. Dazu sollte die Geldpolitik durch eine an den mittelfristigen Produktionsmöglichkeiten ausgerichtete Geldmengenausweitung beitragen. Die öffentliche Defizite sollten in vielen Ländern verringert werden, vor allem dadurch, daß der Anstieg der öffentlichen Ausgaben unterhalb der Zunahme der gesamtwirtschaftlichen Produktion gehalten wird. Gefordert wurde weiterhin eine Mäßigung in der Lohnpolitik, vor allem eine Abschaffung der Indexierung. Die internationale Wettbewerbsfähigkeit der Unternehmen in der Gemeinschaft sollte gestärkt werden. Schließlich wollte man Bedingungen schaffen, die Investoren, Tarifpartnern und Verbrauchern mehr Raum für eine wirksame Anpassung an Marktsignale ermöglichten. Hiermit waren vor allem die vielfältigen Marktverzerrungen in der Stahlindustrie oder im Agrarsektor gemeint.

Erste Verbesserungen bei den von der Kommission aufgezeigten Schwachstellen der europäischen Wirtschaft zeichneten sich 1982 ab, zum Teil waren diese freilich mit hohen Kosten an anderer Stelle verbunden. So verfolgten einzelne Länder in den Jahren 1981/82, teils durch die hohen amerikanischen Zinsen gezwungen, eine restriktive Geldpolitik, die vielfach zu einem beträchtlichen Rückgang der Inflation führte. Der Anstieg der Verbraucherpreise konnte im Durchschnitt der EG-Länder von über 12 Prozent im Jahre 1980 auf unter 10 Prozent im Jahre 1982 gedrückt werden. Besonders kräftig zu Buche schlug der Rückgang der Inflationsrate in Großbritannien von 18 Prozent im Jahre 1980 auf 8 Prozent im Jahre 1982. Der Preis dafür war allerdings hoch: mehr als 3 Millionen Menschen waren Ende 1982 ohne Arbeit. Die mit der Inflationsbekämpfung einhergehenden Einbußen bei der Beschäftigung waren auch in anderen Ländern beträchtlich. Die Arbeitslosigkeit in der Gemeinschaft nahm 1981/82 – auch bedingt durch demographische Faktoren und durch eine Zunahme der Erwerbsquote – bedrohliche Ausmaße an. Ende 1982 waren in der Europäischen Gemeinschaft über 11 Millionen Menschen arbeitslos, etwa jeder zehnte Arbeitnehmer.

Die Tarifabschlüsse dieser Jahre standen deutlich unter dem Eindruck der allseits schlechten gesamtwirtschaftlichen Lage. Dies zeichnete sich auch bei den Löhnen ab. In den Niederlanden etwa kam es 1981/82, wie auch schon 1980, zu einer Senkung der Reallöhne. In Belgien wurde im Zusammenhang mit der Abwertung des Franc im Februar 1982 eine Änderung der Lohnindexierung beschlossen. In einigen staatlichen Bereichen wurden sogar Lohnkürzungen dekretiert. In Italien dagegen stiegen die Reallöhne weiter kräftig an.

Um die Verringerung der öffentlichen Defizite waren in diesen Jahren mehr und mehr Länder der Gemeinschaft bemüht, auch wenn man dies am Gesamtdefizit, das aufgrund der schlechten Konjunktur noch anstieg, nicht immer ablesen konnte. In vielen Mitgliedstaaten verminderte sich im Laufe des Jahres 1982 der Anstieg der öffentlichen Ausgaben so stark, daß das staatliche Budgetdefizit zurückging. Spektakulär war dies vor allem in Großbritannien und der Bundesrepublik. In beiden Ländern gelang es, den Anstieg der Staatsausgaben von 1980 bis 1982 in etwa zu halbieren. In Großbritannien machte das Budgetdefizit 1982 nurmehr etwa 1 Prozent des Bruttosozialprodukts aus.

Das „Experiment Frankreich“ – Grenzen der Expansionspolitik in einer offenen Wirtschaft

Frankreich war neben den Vereinigten Staaten das zweite große Industrieland, das 1981 einen wirtschaftspolitischen Kurswechsel vollzog. Erstes und unmittelbares Ziel der Regierung von François Mitterrand war ein Abbau der hohen Arbeitslosigkeit. Dazu entschied sie sich für einen expansiven Kurs der Finanzpolitik. Zur Vermeidung inflationärer Tendenzen sollte versucht werden, über wachstumsfördernde Maßnahmen das Güterangebot zu erhöhen. Darüber hinaus hoffte die Regierung auf mehr Konsens in der Einkommenspolitik, der den Anstieg der Löhne in Grenzen halten sollte. Differenzierte Preiskontrollen, auch Preisstopps, waren zur Inflationsbekämpfung zusätzlich vorgesehen. Die Möglichkeiten der direkten Einwirkung auf die Investitionsentscheidungen der Wirtschaft wurden ausgedehnt; viele Privatbanken und mehrere große Industrieunternehmen wurden verstaatlicht.

Im öffentlichen Dienst richtete die Regierung im Jahre 1981 über 50 000 neue Stellen ein. Im Entwurf für das Haushaltsjahr 1982 legte sie den Schwerpunkt weiterhin auf kurzfristig beschäftigungswirksame Maßnahmen und auf die Förderung von Investitionen. Darüber hinaus unterstützte sie finanziell die arbeitszeitverkürzenden Maßnahmen, die die Tarifparteien aus beschäftigungspolitischen Gründen vereinbarten. Zur Finanzierung dieser Maßnahmen erhöhte sie die Steuern für hohe Einkommen, erhob Sondersteuern auf gewisse Ausgabenarten und auf außerordentliche Gewinne und führte eine Vermögensteuer ein.

Anders als in den übrigen Ländern der Gemeinschaft kam es in Frankreich 1981 zwar nicht zu einem Beschäftigungsrückgang und es wurde, nicht zuletzt wegen des Anstiegs der Konsumausgaben und der Staatsausgaben, mehr produziert als im Vorjahr. Aber die im Verhältnis zu den übrigen EG-Ländern unterschiedliche Entwicklung und das geschwächte Vertrauen in die künftige Leistungsfähigkeit der französischen Wirtschaft führten schon bald zu erheblichen außenwirtschaftlichen Schwierigkeiten. Angesichts eines rapide steigenden Fehlbetrags in der Leistungsbilanz und zunehmender Kapitalabflüsse sah sich die Regierung 1982 Schritt für Schritt zu Kurskorrekturen gezwungen. Sie beschloß Steuererleichterungen für Unternehmen sowie Zinssubventionen für bestimmte Investitionen und stellte zusätzliche Mittel zur Förderung von Investitionen in der privaten und der staatlichen Industrie bereit. Im Juni 1982 dekretierte sie einen viermonatigen Preis- und Lohnstopp, von dem nur wenige Bereiche ausgenommen waren. Im Sozialbereich nahm sie Versprechungen zurück und entschied sich für zusätzliche Einsparungen.

Unmittelbar flankiert wurden diese Maßnahmen durch Beschränkungen der Importe. Im August setzte die Regierung eine Kommission ein, die den Import beobachten und in gewissen Fällen auch reglementieren sollte. Im Oktober traf sie für verschiedene Güter strenge Einfuhrregelungen. Die Kapitalabflüsse versuchte sie über Devisenkontrollen in Schach zu halten. So wurden die Grenzen einer Expansionspolitik in einer offenen Wirtschaft in den Jahren 1981/82 am Beispiel Frankreichs deutlich. Die Unausweichlichkeit von mehr Konvergenz der Wirtschaftspolitik in Europa war offensichtlicher denn je.

Strukturelle Verkrustungen in der EG

Während mehrere Mitgliedstaaten der EG eine Konsolidierung ihrer Staatshaushalte in Angriff nahmen oder vorantrieben, war für den Haushalt der Europäischen Gemeinschaft weiter nicht abzusehen, wie die kräftige Ausdehnung der Ausgaben nachhaltig eingeschränkt werden könnte. Die günstige Entwicklung des Jahres 1981, als die Marktordnungsausgaben wegen des kräftigen Anstiegs der Weltmarktpreise und der starken Aufwertung des Dollar nur geringfügig zunahmen, minderte für die Gemeinschaft den Zwang, rasch durchgreifende Reformmaßnahmen in der Agrarpolitik zu beschließen. So wurde nicht nur die Entscheidung über einschneidende Maßnahmen verschoben, sondern man gab auch dem Druck auf rasche Preisanhebungen nach, der von dem Rückgang der landwirtschaftlichen Realeinkommen in vielen Ländern ausging. Zu diesem Zeitpunkt wurde noch nicht gesehen, daß das Abrutschen der Weltmarktpreise im Jahre 1982 und die damit verbundenen höheren Ausgleichszahlungen die Gemeinschaft in eine schwere Haushaltskrise stürzen könnten. Eine grundlegende Reform der EG-Agrarpolitik wurde abermals vertagt.

Die strukturellen Verkrustungen manifestierten sich jedoch nicht nur in der Agrarpolitik der EG. So wurde etwa die europäische Stahlmarktregelung, ursprünglich nur als einmaliger und bis zum 30. Juni 1981 terminierter Eingriff gedacht, verlängert. Für einen Großteil der Erzeugnisse führte man wieder ein System obligatorischer Produktionsquoten ein, das zunächst nur für die Dauer eines Jahres gedacht war. Dieses wurde im Juni 1982 abermals verlängert.

Selbst der Warenaustausch innerhalb der Europäischen Gemeinschaft wurde zunehmend durch nichttarifäre Handelshemmnisse behindert. Komplizierte Vorschriften im grenzüberschreitenden Warenverkehr, uneinheitliche Sicherheitsbestimmungen oder andere einzelstaatliche Regelungen boten genügend Möglichkeiten zur Protektion. Mehr und mehr Märkte waren in Europa von Eingriffen betroffen. Dies trug zu den Starrheiten der europäischen Wirtschaft bei.[5] Bis Ende 1982 zeichnete sich noch nicht ab, ob und wie den Forderungen der EG-Kommission nach mehr Raum für die Wirksamkeit von Marktsignalen nachgekommen und in welcher Hinsicht der Strukturwandel vorangetrieben würde.

---

[5] Vgl. hierzu auch den Beitrag von Erhard *Forndran* in diesem Band.

ZUNEHMENDE UNORDNUNG IM WELTWIRTSCHAFTSGEFÜGE

Beeinträchtigung des Welthandels durch erratische Währungsschwankungen

Das Auf und Ab wichtiger Währungen der Welt hat sich in den Jahren 1981 und 1982 verstärkt. Die Wechselkursbewegungen waren vornehmlich durch die Stärke des Dollar geprägt. Dieser schoß bis Mitte 1981 zunächst steil nach oben. Vor allem gegenüber den europäischen Währungen erzielte der Dollarkurs seit langem unerreichte Höhen. Noch im Herbst 1980 entsprachen 100 Dollar etwa 70 ECU, zur Jahresmitte 1981 mußten dafür 100 ECU aufgewandt werden. Große Kursverluste erlitt nicht zuletzt die D-Mark. Zu Anfang 1981 mußten für einen Dollar noch 2,10 DM bezahlt werden, Mitte August waren es 2,57 DM. Auch der Yen verlor erheblich an Wert.

Nach der Jahresmitte kam es zu einer vorübergehenden Umkehr; der Dollar wurde wieder schwächer. So hatte er im November 1981 etwa gegenüber der D-Mark bereits um mehr als 12 Prozent an Wert verloren. Doch schon Anfang 1982 setzte eine neue steile Aufwärtsbewegung ein, die den Kursverlust binnen einiger Wochen mehr als ausglich. Selbst wenn man in Abzug bringt, daß die Preise in den Vereinigten Staaten weniger stiegen als im Durchschnitt der übrigen Länder, also real rechnet, so blieb doch im Jahre 1982 eine beträchtliche Dollaraufwertung. Beim Yen kam es dagegen im Jahresverlauf zu einem rapiden Wertverfall. Dieser war in realer Rechnung noch größer, da die Preissteigerung in Japan deutlich hinter der im Ausland zurückblieb.

Der europäisch-amerikanische Stahlstreit

Die starke Aufwertung des Dollar und die weltweite Wachstumsschwäche waren wichtige Gründe für den in den Jahren 1981/82 sich ausbreitenden Protektionismus. Die amerikanische Administration gab im Juni 1982 den Klagen heimischer Stahlproduzenten statt, wonach Stahlimporte aus Europa durch Subventionen wettbewerbswidrig verbilligt waren. Der Druck auf die amerikanischen Hersteller war freilich durch die Aufwertung des Dollar immer stärker geworden. Unter Berufung auf den Subventionskodex des Allgemeinen Zoll- und Handelsabkommens (GATT) wurden abgestufte Einfuhrabgaben erhoben, die sich nach der jeweils ermittelten Subventionsmarge ergaben. Die Europäische Gemeinschaft versuchte, die Rechtmäßigkeit der amerikanischen Einfuhrabgaben zunächst dadurch zu bestreiten, daß sie auf den vorübergehenden Charakter der Stahlsubventionen hinwies. Dies konnte die Vereinigten Staaten aber wenig überzeugen, zumal bei der Strukturanpassung in der europäischen Stahlindustrie kaum Fortschritte erkennbar waren.

Ende Oktober 1982 wurde zwischen den Vereinigten Staaten und der Europäischen Gemeinschaft ein Selbstbeschränkungsabkommen geschlossen, das für die Jahre 1982 bis 1985 eine Senkung des Anteils europäischer Importe auf dem amerikanischen Stahlmarkt um etwa ein Zehntel vorsah. Schon damals war klar, daß dies keine dauerhafte Lösung, sondern lediglich ein Kurieren an Symptomen war. Die im Stahlstreit zutage getretenen handelspolitischen Grundprobleme wären wesentlich besser in den Griff zu bekommen gewesen, hätten sich beide Parteien auf eine allseits verbindliche Konkretisierung der Bestimmungen des GATT-Subventionskodex geeinigt.[6] An diesem Beispiel zeigte sich auch deutlich, daß Eingriffe in den Welthandel auf der einen Seite schon bald Eingriffe auf der anderen Seite nötig machen. Kurz nach Inkrafttreten des Abkommens zwischen der Europäischen Gemeinschaft und den Vereinigten Staaten strengte die EG Maßnahmen an, die Stahlimporte aus Drittländern beschränken sollten.

Protektionismus im Textilbereich

Auch auf dem Weltmarkt für Textilien verhärteten sich die Fronten weiter. Zum Schutz der Textilunternehmen in den Industrieländern war 1973 das Welttextilabkommen geschlossen worden. Im Jahre 1981 wurde es ein weiteres Mal verlängert. Schon 1980 war es den Industrieländern gelungen, den Marktanteil der Textil- und Bekleidungsimporte aus Entwicklungsländern auf unter 30 Prozent zu begrenzen. Im Jahre 1981 strebten die Europäische Gemeinschaft wie auch die Vereinigten Staaten in den bilateralen Neuverhandlungen mit den Textilexporteuren noch restriktivere Beschränkungen an. So sollte etwa eine „plötzliche und erhebliche" Einfuhrerhöhung auch dann nicht erlaubt sein, wenn die Importmengen unter den vereinbarten Kontingenten lagen. Dies wurde letztlich durchgesetzt.

Nicht nur bei den Importen, sondern auch bei den Exporten wurde der freie Welthandel beeinträchtigt. Einzelne Länder ließen ihren Industrien Wettbewerbsvorteile zukommen, indem sie die Bedingungen für die Exportfinanzierung beeinflußten, Zinsen subventionierten, tilgungsfreie Jahre gewährten oder Teile der Exportkosten aus der staatlichen Entwicklungshilfe finanzierten. Der OECD-Konsens über staatlich geförderte Export-Kredite hatte diese Unterstützungsmaßnahmen kaum in Grenzen halten können. Am 6. Juli 1982 trat nach längeren Verhandlungen eine neue Regelung in Kraft.[7] Die OECD-Länder verpflichteten sich, bei Mindestzinsen und gewissen Laufzeiten von den gemeinsamen Regelungen nicht mehr abzuweichen.

---

[6] Die Dokumente der Ministerkonferenz des GATT vom 24.–29.11.1982 sind abgedruckt in: *EA*, 5/1983, S. D 121–132.

[7] Abgedruckt in: *BMWJ-Tagesnachrichten*, 9.7.1982.

INTERNATIONALE KOOPERATIONSVERSUCHE

Die zunehmende Interdependenz der Weltwirtschaft und damit der weltwirtschaftlichen Probleme ließen eine Kooperation der Wirtschaftspolitik wichtiger Länder dringender werden. Im Bereich nationaler Politik, aber auch hinsichtlich des Weltwährungssystems, des internationalen Handels und der Situation vieler Entwicklungsländer stand ein erheblicher Handlungsbedarf an, wenn die Fehlentwicklungen in der Weltwirtschaft korrigiert werden sollten.

Der Weltwirtschaftsgipfel in Ottawa

Die Ergebnisse der Gipfelgespräche der Staats- und Regierungschefs der sieben wichtigsten Industrieländer in Ottawa 1981 und in Versailles 1982 gaben in vieler Hinsicht zu Enttäuschung Anlaß. In Ottawa wurde deutlich, daß sich mit der Amtsübernahme durch Präsident Reagan und Staatspräsident Mitterrand die Bandbreite der Wirtschaftspolitiken der sieben Gipfelländer erheblich vergrößert hatte. Keiner der teilnehmenden Regierungschefs war bereit, Abstriche von seinem Kurs zu machen oder auf die internationale Verträglichkeit seiner Politik zu achten.

Breiten Raum nahm die Diskussion um die hohen amerikanischen Zinsen ein, die aus der Spannung zwischen der expansiven Finanzpolitik und der restriktiven Geldpolitik resultierten und der Weltwirtschaft hohe Kosten auferlegten. Der amerikanische Präsident wies darauf hin, daß die übrigen Regierungschefs, nachdem sie über Jahre hinweg die Inflationierung der Weltwirtschaft durch die Vereinigten Staaten beklagt hätten, nun nicht die entschlossene Inflationsbekämpfung der neuen Regierung mißbilligen könnten. Die Welt müsse so lange mit hohen Zinsen und einem tendenziell starken Dollar leben, solange die Inflation und die Inflationserwartungen nicht gebrochen seien. Die übrigen Länder müßten hieraus ihre Konsequenzen ziehen. Einverständnis bestand zwar darüber, daß das Ziel der amerikanischen Regierung, mehr Preisstabilität anzustreben, positiv zu würdigen sei, daß aber die damit verbundenen Kosten für die Vereinigten Staaten und für die Welt nicht so hoch sein müßten, gelänge es, die Budgetdefizite in Schranken zu halten.

Inflation und Arbeitslosigkeit sollten, so die in der Schlußerklärung von Ottawa dargelegte Meinung,[8] gleichzeitig bekämpft werden – eine Aufgabe, die der Quadratur des Kreises gleichkam. Denn bereits damals zeichnete sich ab, daß die Eindämmung der Inflation mit einer längeren Phase sinkender Beschäftigung einhergehen würde. Weiterhin bekräftigten die Teilnehmer, daß

---

[8] *EA*, 16/1981, S. D 423–427.

es in einer Welt stark verflochtener Finanz- und Kapitalmärkte und großer Leistungsbilanzdefizite im Interesse aller läge, die Stabilität des internationalen Bankensystems und die Solidität der internationalen Finanzinstitutionen in vollem Umfang zu wahren. Begrüßt wurde vor allem die 1980 erweiterte Tätigkeit des Internationalen Währungsfonds (IWF) bei der Finanzierung von Leistungsbilanzdefiziten. Doch schon bald wurden in einigen Ländern Stimmen laut, die das verstärkte Engagement des IWF und anderer internationaler Institutionen bei der Bewältigung des Schuldenproblems vieler Länder anprangerten.

Anders als bei früheren Gipfelgesprächen trat mit Präsident Reagan die Frage einer Beschränkung des Ost-West-Handels in den Vordergrund. Die amerikanische Administration glaubte, über mehr wirtschaftliche Macht gegenüber dem Osten die militärische Macht stärken zu können. Ein Interessenkonflikt zwischen der Europäischen Gemeinschaft und den Vereinigten Staaten war hiermit vorgezeichnet, zumal die europäische Wirtschaft weit mehr auf den Ost-West-Handel angewiesen war als die amerikanische Wirtschaft.[9]

Eher zögernd als couragiert waren in Ottawa die Bekenntnisse zum freien Handel. Bekräftigt wurde lediglich, die liberale Handelspolitik und ein wirksames Funktionieren eines offenen multilateralen Handelssystems, wie es im GATT verkörpert ist, aufrechtzuerhalten. Wichtige anstehende Probleme wurden auf ein Treffen auf Ministerebene im Jahre 1982 vertagt. Als Lippenbekenntnis erwies sich schließlich auch die Verpflichtung der Teilnehmer, den Entwicklungsländern in Zukunft substantielle, in vielen Fällen steigende Mittel zur Verfügung zu stellen.

Der Gipfel von Versailles

Auch bei dem Gipfeltreffen in Versailles vom 4. bis 6. Juni 1982 ist man hinsichtlich der Bewältigung der schwerwiegenden und hartnäckigen internationalen Probleme kaum einen Schritt vorangekommen. Einer der zentralen Sätze aus der gemeinsamen Schlußerklärung[10] lautete zwar, daß „jedes Land auf die Auswirkung seiner politischen Maßnahmen auf die anderen achtet", und ebenso bedeutsam ist die Aussage, daß die beteiligten Länder „in Zusammenarbeit die Entwicklung in der Welt vorantreiben" wollen. Doch in der Folgezeit wurde eher weniger als mehr auf eine gegenseitige Ergänzung und auf internationale Verträglichkeit der Wirtschaftspolitiken geachtet.

Weitgehende Einigkeit bestand zwar darin, daß ein Weg aus der Rezession nur über die Förderung privater Investitionen und des technischen Fortschritts führen kann, daß die Höhe der Zinsen eine schwerwiegende Behinderung der

---

[9] Vgl. hierzu auch die Beiträge von Hartmut *Wasser* und Erhard *Forndran* in diesem Band.
[10] Vgl. *EA*, 14/1982, S. D 324–327.

Investitionstätigkeit darstellt, und daß das riesige amerikanische Haushaltsdefizit eine entscheidende Ursache für das Zinsniveau in den Vereinigten Staaten und in der Welt ist. Doch es wurden kaum Schritte eingeleitet, die geeignet gewesen wären, die hohen amerikanischen Zinsen zu senken.

Die Differenzen zwischen den Vereinigten Staaten und einigen übrigen Teilnehmern hinsichtlich des in Einzelproblemen einzuschlagenden Weges waren groß. Umstritten war insbesondere, ob eine Stabilisierung der Wechselkurse über Interventionen an den Devisenmärkten angestrebt werden sollte. Große Differenzen bestanden in dieser Frage vor allem zwischen den Vereinigten Staaten und Frankreich. Die Schlußerklärung hebt zum einen eine stärkere Konvergenz der Wirtschaftspolitiken als erste Voraussetzung für eine Stabilisierung der Wechselkurse hervor und anerkennt zum andern die Notwendigkeit von Devisenmarktinterventionen zur Vermeidung kurzfristiger extremer Wechselkursschwankungen. Ein neues Element der gemeinsamen Vereinbarungen war, daß der IWF an einer gemeinsamen Überwachung der Währungspolitik jener fünf Währungen beteiligt wird, die im Korb der Sonderziehungsrechte enthalten sind (der Dollar, die D-Mark, der französische Franc, das Pfund Sterling und der Yen).

Neu und auf persönlichen Wunsch des französischen Staatspräsidenten wurde die Frage nach der Bedeutung von Zukunftstechnologien für mehr Beschäftigung eingebracht. Die neuen Technologien wurden als unermeßliche Chance für die Schaffung von mehr Arbeitsplätzen in der Zukunft gesehen. Die Staats- und Regierungschefs setzten eine Arbeitsgruppe ein, die ausarbeiten sollte, wie die Schranken, die der Entwicklung neuer Technologien entgegenstehen, beseitigt werden könnten.

Enttäuschende Ergebnisse

Die in den Einzelbereichen vielversprechenden Ansätze – Lippenbekenntnisse gab es erneut zu einem offenen Welthandelssystem – blieben jedoch schon bald im Keim stecken. So hat etwa die amerikanische Administration außer einiger geringfügiger Interventionen, die wohl eher als „window-dressing" zu bezeichnen sind, die extremen Wechselkursschwankungen des Dollar in der Folgezeit nicht zu verhindern versucht. Und von der Wahrung eines offenen Welthandelssystems konnte in diesen Jahren keine Rede sein; vielmehr uferten protektionistische Eingriffe weiter aus.

Die Ministerkonferenz, die im Rahmen des GATT vom 24. bis 29. November 1982 in Genf einberufen wurde, konnte dem wuchernden Protektionismus keinen Einhalt gebieten. Als Erfolg wurde bereits gewertet, daß das Treffen nicht platzte. Die Teilnehmer waren angetreten, Zeichen zu setzen in Richtung auf mehr Freihandel und das Investitionsklima zu verbessern. Doch keiner war bereit, Verpflichtungen einzugehen.

Protektionistische Maßnahmen sind innenpolitisch populär. Die Jahre 1981 und 1982 zeigten deutlich, daß mit fortdauernder Stagnation und Rezession und mit anhaltend überbewerteten Währungen der Druck, mehr Schutzmaßnahmen zu ergreifen, immer größer wurde. Diese Jahre zeigten aber auch, daß Protektionismus keine Arbeitsplätze schafft und daß der Schein, man könne damit langfristig Arbeitsplätze sichern, trügt.

Für das Fehlschlagen der GATT-Konferenz waren alle Parteien verantwortlich. Streit entfachte sich in erster Linie zwischen der EG und den Vereinigten Staaten. Die amerikanische Administration, die in dieser Zeit unter dem starken Druck der Landwirte stand, attackierte die Agrarsubventionen der EG, die nach ihrer Auffassung den Regeln des GATT widersprächen und den europäischen Bauern zu größeren Marktanteilen verholfen hätten. Die Europäer fühlten sich dagegen nicht in die Rolle eines Angeklagten gedrängt, da die Amerikaner selbst in hohem Maße ihre Landwirtschaft subventionierten. Überdies wies die EG darauf hin, daß die Vereinigten Staaten zum Abschluß der Tokio-Runde den Europäern ausdrücklich bescheinigt hätten, daß sie mit ihren Agrarsubventionen nicht gegen die GATT-Regeln verstießen.

Das Schlußkommuniqué der GATT-Tagung[11] enthielt Vorstöße in vier Richtungen, die jedoch allesamt vage blieben und die vor allem keine bindenden Verpflichtungen für die teilnehmenden Regierungen beinhalteten. Auf Anregung der Vereinigten Staaten hin sollten die GATT-Regeln auf den internationalen Dienstleistungsbereich ausgedehnt und auf den Agrarhandel verstärkt angewendet werden. Für die Verfolgung beider Belange wurden zunächst Arbeitsgruppen eingesetzt. Greifbare Ergebnisse gab es auch nicht bei der Konkretisierung der seit langem umstrittenen Schutzklausel, die temporäre Importbeschränkungen bei Gefährdung wichtiger Industrien erlaubt. Auch in dieser Frage wurden weitere Studien in Auftrag gegeben. Einige konkretere Ergebnisse gab es nur hinsichtlich der Verbesserung der Schlichtungsverfahren bei Handelsstreitigkeiten.

Der Ausgang dieses Treffens war nicht nur deshalb enttäuschend, weil man in der Sicherung eines freien Welthandels keinen Schritt vorangekommen war, sondern vor allem, weil die einzelnen Minister sich ohne verbindliche Regelungen dem starken protektionistischen Druck im Innern ihres Landes noch weniger widersetzen konnten. Verlierer bei den zunehmenden Erschwernissen im internationalen Handel gab es viele, nicht zuletzt die Entwicklungsländer. Mit ihrem noch überwiegend landwirtschaftlich ausgerichteten Exportangebot standen sie vor weitgehend geschlossenen Märkten. Dies trug dazu bei, daß viele dieser Länder die Devisen zur Bedienung ihrer Auslandsschuld nicht mehr erwirtschaften konnten.[12]

---

[11] *EA*, 5/1983, S. 121–131.

[12] Vgl. hierzu die Beiträge von Hans-Eckart *Scharrer* und Peter *Nunnenkamp* in diesem Band.

Als ein Charakteristikum dieser Jahre kann wohl der Mangel an bindenden Verpflichtungen bei internationalen Kooperationsversuchen hervorgehoben werden. Dies gilt sowohl für die Ergebnisse der Wirtschaftsgipfel als auch für das GATT-Ministertreffen. Die unverbindlichen und dehnbaren Verabredungen konnten von jedem einzelnen Land nahezu beliebig interpretiert werden. „Leben und leben lassen" ist ein Leitmotiv für eine Welt autonomer Länder und autarker Volkswirtschaften. Die siebziger und beginnenden achtziger Jahre waren aber mehr als die Dekaden davor durch eine wachsende Interdependenz der Weltwirtschaft gekennzeichnet – im Handel wie vor allem in der finanziellen Sphäre. Dies hätte mehr Bereitschaft zu einer internationalen Kooperation in der Wirtschafts-, Finanz- und Handelspolitik erfordert.

DIE INTERNATIONALE VERSCHULDUNG ALS KRISENFAKTOR DER WELTWIRTSCHAFT

Von Hans-Eckart Scharrer

URSPRÜNGE UND MERKMALE DES SCHULDENPROBLEMS

Die Verschuldung von weniger entwickelten Ländern im Ausland ist weder ein neues Phänomen – die Auslandsverschuldung hat in der ganzen Nachkriegszeit kontinuierlich zugenommen – noch eine Erscheinung, die prinzipiell Anlaß zur Besorgnis geben müßte. Vielmehr ist sie zunächst einmal Ausdruck der einkommensbedingt geringen Ersparnisbildung dieser Volkswirtschaften sowie ihres Mangels an Realkapital und damit ein Gegenposten zu ihrem „strukturellen" Leistungsbilanzdefizit,[1] d. h. zu dem entwicklungspolitisch erwünschten Nettotransfer realer Ressourcen aus den kapitalreichen Industriestaaten im Zuge des Wachstumsprozesses.

Daß es im Berichtszeitraum 1981/82 zu regionalen Verschuldungskrisen kam und zeitweilig sogar ein Abgleiten in eine globale Finanzkrise („Big Crash") für möglich gehalten wurde, läßt sich unmittelbar zurückführen auf die starke Expansion der Bankfinanzierungen in den siebziger Jahren und gleichzeitige Fehler und Versäumnisse in der Wirtschaftspolitik der Schuldnerländer; virulent wurde die Problematik mit dem scharfen Umbruch in den weltwirtschaftlichen Rahmenbedingungen seit 1980.

Die Rolle der Banken

Der Ölpreisschub von 1973/74 hatte dem bis dahin schleichenden Verschuldungsprozeß Triebkraft und Brisanz verliehen. Der massive Einkommenstransfer in die OPEC-Länder und die damit verbundenen Nachfrageausfälle und Absatzrisiken hatten ein Nachlassen der Investitionstätigkeit in den Industrieländern und damit einen Rückgang der privaten Kreditnachfrage zur Folge. Die Banken, durch die Finanzmittelanlagen der OPEC-Länder hoch liquide, wandten sich seit der Mitte der siebziger Jahre verstärkt den RGW- und Schwellenländern zu, Ländern, denen gegenüber ihr Kreditengagement noch gering war. Diese Volkswirtschaften waren bereit, die günstigen Konditionen auf den internationalen Finanzmärkten (negative Realzinsen) zu nutzen. Sie benötigten Kredite nicht nur für den Import von Maschinen,

---

[1] Andere Gegenposten sind unentgeltliche Übertragungen und Direktinvestitionen aus dem Ausland.

Anlagen und Vorleistungen im Rahmen ihrer mittelfristig orientierten Industrialisierungs- und Wachstumsstrategie, sondern auch zur Aufrechterhaltung ihres Konsumniveaus bei gestiegenem Ölpreis. Investitions- und Recyclingbedarf zusammen begründeten eine starke Kreditnachfrage, der die Banken – dem Herdentrieb folgend – um so bereitwilliger nachkamen, als sie die ökonomischen Zukunftsperspektiven dieser Länder unkritisch positiv beurteilten. Tatsächlich kam es in dieser „euphorischen" Phase zu einem scharfen Wettbewerb der Banken bei der Kreditvergabe, der sich in einer starken Kompression der Zinsspanne („Spread") und einer Verlängerung der Kreditlaufzeiten niederschlug.[2] Die (Brutto-)Verschuldung der Nichtölentwicklungsländer expandierte zwischen 1973 und 1979 mit einer Jahresrate von 20 Prozent, die (Netto-)Verschuldung der RGW-Länder sogar mit einer Rate von über 30 Prozent.[3]

Der zweite Ölpreisschub änderte an den Finanzierungsbedingungen zunächst nur wenig. Gespeist durch neue OPEC-Gelder blieb der Markt flüssig, auch wenn sich die Kreditlaufzeiten 1980 etwas verkürzten und der durchschnittliche Spread leicht anstieg. Was sich indessen änderte, war das ökonomische Umfeld. Bereits 1979 hatte die amerikanische Notenbank mit der Abkehr von der Zinsorientierung und dem Übergang zur Geldmengensteuerung den Kurswechsel auf eine ausgeprägte Stabilisierungspolitik hin vollzogen. Damit ging nicht nur die Phase negativer Realzinsen in den USA zu Ende. Mit der Wahl Ronald Reagans zum Präsidenten der Vereinigten Staaten setzte 1981 auch der Dollar zu einem Höhenflug an, während die Zinsen im Zuge des sprunghaft zunehmenden amerikanischen Budgetdefizits kräftig weiter stiegen. Die Hochzinspolitik in den USA, eine betont stabilitätsorientierte Wirtschaftspolitik auch in Europa und Japan und die Entzugseffekte durch den neuerlichen Realeinkommenstransfer an die OPEC trugen dazu bei, daß die Industriestaaten in eine hartnäckige Rezession abglitten, die die Verschuldung der Schwellen- und RGW-Länder zu einem Problem werden ließ.[4] Diese Länder sahen sich mehreren ungünstigen Einflüssen zugleich ausgesetzt: der stagnierenden Nachfrage nach ihren „neuen" Industrieprodukten; dem Nachfragerückgang nach Rohstoffen und damit einem Preisverfall

---

[2] Vgl. die Zeitreihen 1976–1982 in: Georg *Koopmann* u. a., Weltwirtschaftliche Konsequenzen realer Ölpreissteigerungen (Untersuchung im Auftrage des Bundesministeriums für Wirtschaft), Hamburg 1983, S. 105 f.

[3] Vgl. IMF (Hrsg.), World Economic Outlook, Washington, D. C. 1983, S. 200 und 218. Es erscheint sinnvoll, bei den Entwicklungsländern die Bruttoverschuldung, bei den RGW-Staaten hingegen die Nettoverschuldung (d.h. abzüglich Einlagen bei ausländischen Banken) zu betrachten: Die ausländischen Vermögensanlagen privater Wirtschaftssubjekte aus Entwicklungsländern sind dem Zugriff der dortigen Währungsbehörden weitgehend entzogen und können nur begrenzt für den Schuldendienst herangezogen werden; bei den Anlagen der RGW-Länder handelt es sich um staatliche Vermögenstitel.

[4] Vgl. hierzu auch den Beitrag von Ute *Geipel* in diesem Band.

ihrer wichtigsten Exporterzeugnisse; einem wechselkursbedingten Anstieg des Realwerts ihrer Verschuldung; und einer drückenden Zinsbelastung, nicht nur für Neukredite, sondern – wegen der Zinsanpassungsklauseln – für ihre gesamten ausstehenden Verbindlichkeiten gegenüber Banken.

Zur Jahreswende 1980/81, und damit am Beginn des Berichtszeitraums, erreichte die gesamte Auslandsverschuldung der Entwicklungsländer (ohne OPEC) 474 Milliarden Dollar, die Verschuldung gegenüber Banken 195 Milliarden Dollar. Zwei Drittel davon, nämlich 130 Milliarden Dollar, konzentrierten sich auf Lateinamerika und hier insbesondere auf Brasilien, Mexiko und Argentinien.[5] Hoch verschuldet erschien mit 74 Milliarden Dollar (netto) auch der Ostblock.[6] Von hier ging auch der erste Impuls für die Verschuldungskrisen aus, die die Weltwirtschaft seit 1981 gefährdeten.

DIE POLNISCHE VERSCHULDUNGSKRISE

Den Auftakt zu den Verschuldungskrisen der Jahre 1981/82 und danach bildeten die wachsenden Zahlungsschwierigkeiten und schließlich – am 26. März 1981 – die Zahlungseinstellung Polens. Nach dem Arbeiteraufstand im Dezember 1970 hatte die neue polnische Führung unter Parteichef Edward Gierek den ehrgeizigen Versuch gestartet, die Investitionsquote ohne Beeinträchtigung des (bescheidenen) Konsumstandards der Bevölkerung kräftig zu steigern. Hierfür wurde ein Rückgriff auf die finanziellen und realen Ressourcen der westlichen Industrieländer notwendig, wobei ein rascher Anstieg der Verschuldung mit Blick auf die für Mitte der siebziger Jahre erwartete Zunahme der Exportfähigkeit bewußt in Kauf genommen wurde.[7]

Schon 1976 wurde freilich deutlich, daß die Rechnung nicht aufging. Wegen schwerwiegender Mängel im ökonomischen System waren die hohen Investitionen nicht in eine entsprechende Steigerung der Produktion, viel weniger noch in eine kräftige Ausweitung der Exporte in den Westen umgesetzt worden. Die daraufhin eingeleitete halbherzige Wende in der Wirtschaftspolitik mußte die Disproportionalitäten noch verschärfen, da sie sich im Ergebnis einseitig auf die Drosselung der Investitionstätigkeit und die Senkung der Einfuhr notwendiger Produktions-Inputs richtete.

Die Besetzung Afghanistans durch sowjetische Truppen am Jahresende 1979 hatte zwar keine direkten Konsequenzen für die Kreditgewährung westlicher

---

[5] Vgl. IMF, a.a.O. (Anm. 3), S. 200, sowie Bank for International Settlements (Hrsg.), International Banking Developments, laufende Folgen im Berichtszeitraum.

[6] Vgl. IMF, a.a.O. (Anm. 3), S. 218.

[7] Vgl. hierzu im einzelnen Hubert *Gabrisch*, Polens Krise und außenwirtschaftliche Entwicklung, Hamburg 1983, S. 29ff., sowie Richard *Portes*, The Polish Crisis. Western Economic Policy Options, London 1981.

Banken an den Ostblock. Wohl aber lenkten die wachsenden politischen Spannungen im Ost-West-Verhältnis die Aufmerksamkeit der Kreditgeber auf die ökonomischen Schwächen des RGW. Diese Schwächen waren im Falle Polens offenkundig: ein Rückgang der gesamtwirtschaftlichen Produktion um 2,3 Prozent 1979; die Verringerung der Investitionen um 7,9 Prozent; ein nach Qualität und Quantität unzureichendes Exportangebot; ein wachsender Importbedarf an Getreide und Futtermitteln; die zunehmende Abhängigkeit von (teurem) westlichem Erdöl, bei steigenden Preisen auch für die (begrenzten) sowjetischen Öllieferungen, und Schuldendienstverpflichtungen von 8,1 Milliarden Dollar 1980, die über 80 Prozent der im West-Export erzielten Erlöse aufzehrten.

Zwar konnte die Finanzierungslücke 1980 noch durch eine Kombination von Neukrediten westlicher Banken und Regierungen (darunter ein 1,2 Milliarden-DM-Kredit deutscher Banken mit einer Bundesbürgschaft von 400 Millionen DM), den Abbau der Währungsreserven und durch sowjetischen Finanzierungsbeistand geschlossen werden. Die Volkserhebung im August 1980 mußte jedoch, bei aller Sympathie für das Anliegen der polnischen Bevölkerung, die Zweifel der Gläubiger an der wirtschaftlichen Leistungskraft und damit der Zahlungsfähigkeit Polens verstärken.

Diese Zweifel überschatteten auch von Anfang an die Gespräche zwischen Polen und seinen offiziellen und privaten Kreditgebern über die Deckung des Finanzmittelbedarfs 1981. Bei einer Verschuldung von 25,1 Milliarden Dollar brutto (24,5 Milliarden Dollar netto) per Ende 1980[8] wurde dieser Bedarf von polnischer Seite zunächst auf 11 Milliarden Dollar beziffert: 3,1 Milliarden Dollar für die Tilgung von Bankverbindlichkeiten, 4,4 Milliarden Dollar für die Ablösung fälliger Regierungskredite und 3,4 Milliarden Dollar zur Finanzierung des laufenden Leistungsbilanzdefizits (einschließlich Zinsen).[9]

Umschuldungsverhandlungen mit den Gläubigern

Die Verhandlungen zwischen Polen und seinen Gläubigern vollzogen sich auf drei Ebenen: mit westlichen Regierungen, Banken und der Sowjetunion. Polen strebte dabei eine möglichst langfristige Umfinanzierung mit neuen Kreditlaufzeiten bis zu zehn Jahren sowie die Bereitstellung zusätzlicher mittelfristiger Kredite zur Refinanzierung der Zinszahlungen, zur Beendigung begonnener Investitionsprojekte und für Nahrungsmitteleinfuhren an.

Die Gespräche mit den im „Pariser Club" vereinigten fünfzehn westlichen Gläubigerländern wurden am 22./23. Dezember 1980 in Paris aufgenommen. Westliches Verhandlungsziel war es, das polnische Liberalisierungsexperiment

---

[8] OECD (Hrsg.), *Financial Market Trends*, Nr. 24, März 1983, S. 17.

[9] Vgl. *VWD/Finanz- und Wirtschaftsspiegel*, Nr. 46, 7. 3. 1981, sowie andere Presseberichte.

nicht zu gefährden, die wirtschaftliche Stabilisierung zu fördern und eine angemessene Beteiligung der Sowjetunion an der Finanzierung zu erreichen. Die Verhandlungen, die auf multilateraler Ebene ebenso wie bilateral geführt wurden, zogen sich vier Monate hin. Als kritische Punkte erwiesen sich nicht nur die Gewährung neuer Kredite und Kreditbürgschaften, sondern auch die Laufzeit der Umschuldungsdarlehen, der vom Westen gewünschte Finanzierungsbeitrag der UdSSR, die Frage eventueller wirtschaftspolitischer Auflagen und das Problem, wie die „Subventionierung" einer möglichen sowjetischen Militärintervention auszuschließen sei.

Die Verhandlungen fanden ihren (vorläufigen) Abschluß am 26. April 1981 mit einem Rahmenabkommen, das vor allem die folgenden Elemente enthielt:[10] 1. 90 Prozent der im zweiten bis vierten Quartal 1981 fälligen Schuldendienstleistungen (Zinsen und Tilgungen) von 2,8 Milliarden Dollar für öffentliche und staatlich garantierte Kredite der „Club"-Mitglieder wurden auf acht Jahre, bei vier Freijahren, gestundet. 2. Für die 1982 und 1983 fällig werdenden Zahlungen wurde eine entsprechende Lösung in Aussicht genommen. Mit der Vertagung dieser Frage wollten die Gläubigerländer den Zusammenhang mit den laufenden Verhandlungen zwischen Polen und seinen privaten Gläubigern (Banken) unterstreichen und überdies der Sowjetunion das finanzielle Risiko eines militärischen Eingreifens vor Augen führen. 3. Die westlichen Regierungen nahmen Kenntnis von den zur Stabilisierung der polnischen Wirtschaft geplanten Maßnahmen. Sie verzichteten aber, entgegen der Praxis bei früheren Umschuldungen (z. B. Türkei, Peru, Zaire), auf bindende wirtschaftspolitische Auflagen. 4. Polen erklärte sich bereit, mit den übrigen Gläubigerländern, einschließlich des RGW, gleichartige Vereinbarungen auszuhandeln.

Damit war für 1981 zumindest ein Teilerfolg erzielt, auch wenn die Aufbringung des von Polen zu leistenden 10prozentigen Finanzierungsanteils ökonomisch noch nicht gesichert war, die Neukredite noch offenblieben und schließlich die Rahmenvereinbarungen noch der Ausfüllung durch bilaterale Abkommen mit den einzelnen Teilnehmerländern bedurften.

Auch die Verhandlungen Polens mit der UdSSR verliefen, trotz des sowjetischen Argwohns hinsichtlich der innenpolitischen Entwicklungen, zügig. Die sowjetische Führung ließ sich dabei offenbar von dem Ziel leiten, den westlichen Einfluß auf Polen einzudämmen und ein Übergreifen der polnischen Zahlungskrise auf den RGW insgesamt zu verhindern. In einem Mitte Februar 1981 geschlossenen Abkommen gewährte Moskau einen Tilgungsaufschub um vier Jahre für Kredite von 1 Milliarde Rubel, und zwar zusätzlich zu bereits im Oktober und Dezember 1980 eingeräumten Krediten von 690 Millionen Dollar und 1,1 Milliarden Dollar.[11] Tatsächlich leistete die

---

[10] Vgl. *VWD/Finanz- und Wirtschaftsspiegel*, Nr. 81, 29. 4. 1981, sowie andere Presseberichte.

[11] Vgl. *SZ*, 24. 2. 1981.

Sowjetunion im ersten Quartal 1981 offenbar wesentliche Beiträge zur Aufrechterhaltung der polnischen Zahlungsfähigkeit. Nur so ist es zu erklären, daß Polen trotz des Abzugs westlicher Bankeinlagen von 500 Millionen Dollar Schuldendienstzahlungen in Höhe von 1,8 Milliarden Dollar im wesentlichen termingerecht leisten konnte.

Die außenwirtschaftliche Liquidität des Landes brach zusammen, als Moskau, wohl unter dem Eindruck der zunehmenden politischen Destabilisierung in Polen, dem Land im März 1981 seinen finanziellen „Schirm" entzog. Am 26. März 1981 mußte Polen seine Zahlungsunfähigkeit gegenüber westlichen Banken eingestehen.

Die Haltung der Banken nach der Zahlungsunfähigkeit Polens

Prinzipiell waren die meisten Banken zwar bereit, die fälligen Kredite für die Dauer der Verhandlungen zu stunden und sie im übrigen umzuschulden, nicht jedoch, Polen neue Kredite zur Finanzierung der Zinszahlungen oder des Handelsbilanzdefizits einzuräumen. Während die europäischen und japanischen Banken hinsichtlich der Umschuldungskonditionen eine eher weiche Linie verfolgten und auf den raschen Abschluß eines Umschuldungsabkommens drängten, steuerten die amerikanischen Institute einen härteren Kurs. Dies bezog sich nicht nur auf die Zinskonditionen der Umschuldungskredite, sondern auch auf eine Herausnahme fälliger Projektkredite aus der Umschuldung und die Forderung nach einem wirtschaftspolitischen Sanierungsprogramm als Bestandteil der Umschuldungsvereinbarung; im übrigen wollten sie den Abschluß des Abkommens bis zum Jahresende verschieben.

Der als Kompromiß zwischen den beiden Lagern im Sommer 1981 formulierte Zweistufenplan bildete die Grundlage der Vereinbarungen, die mit Polen am 1. Oktober 1981 getroffen wurden.[12] Danach sollten 95 Prozent der im zweiten bis vierten Quartal 1981 fälligen Tilgungsbeiträge von 2,4 Milliarden Dollar auf sieben Jahre, bei vier Freijahren, umgeschuldet werden, während die restlichen 5 Prozent 1982 zahlbar wurden. Das Abkommen sollte nach Eingang der 1981 fälligen Zinsen im Dezember 1981 in Kraft treten. Auf wirtschaftspolitische Auflagen wurde verzichtet, doch sagte die polnische Regierung offenbar eine regelmäßige, umfassende Information zu. Überdies stellte sie Anfang November 1981, wenige Tage nach Ungarn, den Antrag auf erneute Mitgliedschaft im Internationalen Währungsfonds (IWF), dem das Land bis 1950 bereits angehört hatte.

Tatsächlich verzögerte sich die Unterzeichnung des Abkommens durch die Unfähigkeit Polens, die im vierten Quartal 1981 fällige Zinsrate von 500 Millionen Dollar fristgerecht aufzubringen, bis zum Frühjahr 1982. Die

---

[12] Vgl. z. B. *FAZ*, 2. 10. 1983.

Vereinbarungen gerieten dadurch in die politischen Turbulenzen im Ost-West-Verhältnis nach der Installierung des Militärregimes am 13. Dezember 1981. Am 11. Januar 1982 beschlossen die Außenminister der NATO-Staaten, Polen kommerzielle Kredite nur noch für den Kauf von Lebensmitteln zu gewähren und die Verhandlungen über die Umschuldung der 1982 fälligen öffentlichen und staatlich garantierten Kredite von etwa 3,2 Milliarden Dollar für die Dauer der Gültigkeit des Kriegsrechts auszusetzen.[13] Mehr noch, in Washington setzten sich Verteidigungsminister Caspar Weinberger und eine Gruppe von Kongreßabgeordneten nachdrücklich dafür ein, eine Verzugserklärung für die polnischen Kredite als Sanktion gegen die von Moskau betriebene innenpolitische Wende zu verhängen,[14] eine Forderung, die nicht nur die im Ostgeschäft besonders stark exponierten deutschen Banken zittern machte. Der Eingang der letzten Zinszahlungen für 1981 im März 1982 und die Unterzeichnung des Abkommens am 6. April 1982 ließen deshalb Erleichterung aufkommen.

Allerdings mußten die Banken erkennen, daß die Umschuldungsverhandlungen 1982 unter erschwerten Bedingungen ablaufen würden. Erstens konnten sie diesmal nicht auf eine Vorreiterrolle der Regierungen setzen, ja sie mußten befürchten, mit ihren Verhandlungen in Widerspruch zur offiziellen Regierungsposition zu geraten. Zweitens war deutlich geworden, daß die Kreditinstitute mit ihrem Beharren auf der Leistung des vollen Zinsendienstes die – zunehmend geschwächte – polnische Volkswirtschaft überfordert hatten. Und drittens hatte die „Schirmtheorie", nach der der RGW, und insbesondere die Sowjetunion, eine kollektive Haftung für den Schuldendienst der Mitgliedstaaten übernehmen würden, angesichts der wirtschaftlichen Probleme aller RGW-Länder offensichtlich ihre Gültigkeit verloren.

WIRTSCHAFTS- UND FINANZKRISE IM RGW

Tatsächlich war die wirtschaftliche und finanzielle Anspannung des RGW insgesamt nicht zu übersehen. Hatte die Region ihre (Brutto-)Verschuldung bei westlichen Banken, gerechnet zu konstanten Wechselkursen, 1980 noch um 7 Milliarden Dollar steigern und damit den Zinsendienst knapp bestreiten können, so vermochten die RGW-Länder 1981 nur noch 4,8 Milliarden Dollar aufzunehmen. 1982, als der Polen-Effekt schmerzhaft spürbar wurde, gingen

---

[13] Vgl. Edward *Cody*, Western States Suspend all Talks on Rescheduling '82 Polish Debt, in: *IHT*, 16. 1. 1982.

[14] Vgl. *VWD/Finanz- und Wirtschaftsspiegel*, 6. 2. 1982; Felix G. *Rohatyn*, We cannot Create a „Municipal Assistance Corporation" for Poland. Let it Go Bankrupt, in: *NYT*, 11. 1. 1982. Zur Praxis der US-Administration vgl. die Ausführungen des Assistant Secretary of State, Robert *Hormats*, in: *Wireless Bulletin*, 10. 2. 1982; ferner *NZZ*, 4. 2. 1982.

ihre Bankverbindlichkeiten sogar um 4,7 Milliarden Dollar auf 53,3 Milliarden Dollar zurück.[15] Der erschwerte Zugang zu den Finanzmittelmärkten bei gleichzeitig steigenden Zinsen, aber auch das politische Bestreben, die Abhängigkeit von westlichen Kreditgebern zu lockern, erzwangen seit 1981 überall eine scharfe Drosselung der Westimporte, die das Wirtschaftswachstum vor allem in den osteuropäischen Ländern außerhalb der UdSSR um so mehr beeinträchtigte, als zugleich die Importpreise (unter anderem für Erdöl) weiter stiegen. Finanzielle Hilfe für Polen war demnach vom RGW nicht zu erwarten. Im Gegenteil, weitere Zahlungseinstellungen waren zu befürchten oder sogar bereits eingetreten.

Rumänien

Am meisten Sorgen bereitete Rumänien. Das Land, das Ende 1981 mit rund 11 Milliarden Dollar (brutto) im Westen verschuldet war, hatte seit Herbst 1981 erhebliche Zweifel an seiner Zahlungsfähigkeit und Zahlungsmoral aufkommen lassen: Exporteure waren mit dem Verlangen konfrontiert worden, ihre fälligen Lieferantenkredite um bis zu zwölf Monate unverzinslich zu verlängern; Banken hatte das Land um eine Prolongation fälliger kurzfristiger Verbindlichkeiten ersucht; Devisenterminkontrakte waren nicht erfüllt worden. Anfang März 1982 hatte Rumänien überdies den Tilgungsdienst für seine mittelfristigen Kredite eingestellt und eine Umschuldung von 80 Prozent der 1981 und 1982 fällig werdenden Kredite beantragt.[16] Zwar war Rumänien Mitglied des IWF und der Weltbank und hatte Mitte Juni 1981 ein neues Bereitschaftskreditabkommen mit dem Fonds über 1,1 Milliarden Sonderziehungsrechte (rund 1,25 Milliarden Dollar) und einen 195-Millionen-Dollar-Kredit aus der Fazilität zur Exporterlösstabilisierung ausgehandelt. Allerdings war bereits die Auszahlung der zweiten Rate im November 1981 vom IWF gestoppt worden, da Rumänien die vereinbarten Anpassungskriterien nicht erfüllt hatte.

Ungarn

Ungarn genoß zwar wegen des hervorragenden Managements seiner Nationalbank bei westlichen Kreditinstituten ein hohes Renommee. Seinen Schuldendienstverpflichtungen war es stets zuverlässig nachgekommen. Andererseits erschien es mit 8,8 Milliarden Dollar (brutto, Ende 1981),[17] gemessen an

---

15 Vgl. *Nachrichten für Außenhandel,* 1. 6. 1982.

16 Vgl. Stephen *Jukes,* Romania Asks Rescheduling of Commercial Debt to West, in: *IHT,* 3. 3. 1982.

17 Vgl. *Financial Market Trends,* a.a.O. (Anm. 8).

seiner Bevölkerungszahl und seinen West-Exporten, relativ hoch verschuldet. Das polnische Zinsenmoratorium stellte auch Ungarns Liquidität in Frage. Im ersten Quartal 1982 zogen westliche Banken Einlagen in Höhe von 1,5 Milliarden Dollar ab. Es war deutlich, daß Ungarn – ebenso wie die DDR und die ČSSR, die ebenfalls, aus unterschiedlichen Gründen, noch einen verhältnismäßig guten Ruf auf den internationalen Finanzmärkten hatten – vor allem um die Aufrechterhaltung seiner eigenen Zahlungsfähigkeit besorgt sein mußte.

Sowjetunion

Was schließlich die Sowjetunion betraf, so verfügte sie zwar über Gold, Diamanten und Erdöl, das eben erst erneut kräftig im Preis gestiegen war. Mit Einlagen von 8,5 Milliarden Dollar (Ende 1981) besaß sie überdies ein gutes Devisenpolster. Andererseits ließen wiederholte schwere Mißernten, so auch 1981, einen hohen Finanzierungsbedarf für Nahrungsmitteleinfuhren entstehen. Auf eine enger werdende Finanzdecke deutete unter anderem das im Dezember 1981 an deutsche Kreditinstitute herangetragene Verlangen hin, im Rahmen des Finanzierungspakets für die Urengoy-Erdgasleitung den für deutsche Lieferungen zu leistenden Barzahlungsanteil von 300 Millionen DM ebenfalls kreditiert zu bekommen. Und schließlich war die UdSSR seit dem Einmarsch ihrer Truppen in Afghanistan und der Errichtung des Militärregimes in Polen Objekt westlicher Handels- und Kreditsanktionen.

Insgesamt war nicht zu übersehen, daß die polnischen Zahlungsschwierigkeiten, verstärkt um die rumänischen Probleme, im Frühjahr 1982 auf den gesamten Ostblock übergegriffen hatten. Damit war ein Regionalisierungseffekt eingetreten, wie er später – mit der Mexiko-Krise – auch für Lateinamerika charakteristisch wurde.

Westlicher Kreditbeistand für RGW-Länder

Während für Rumänien, Ungarn und die DDR kooperative Lösungen möglich erschienen und dann teilweise auch realisiert wurden, war Polen nach Errichtung des Militärregimes politisch isoliert. Rumänien konnte mit dem IWF im Juni 1982 eine Wiederaufnahme der Zahlungen unter dem Bereitschaftskreditabkommen erreichen und Ende Juli 1982 eine Umschuldung seiner Zahlungsverpflichtungen gegenüber westlichen Regierungen aushandeln. Damit war auch der Rahmen für die Umschuldung der Bankkredite abgesteckt, die sich dann im Herbst 1982 nach den Vorstellungen Rumäniens vollzog. Ungarn konnte seit dem Frühjahr auf eine kurzfristige Kreditlinie der Bank für Internationalen Zahlungsausgleich (BIZ) und einiger westlicher

Zentralbanken von 500 Millionen Dollar zurückgreifen und wurde überdies im Mai 1982 in den IWF aufgenommen, mit dem es im Herbst dann ein Bereitschaftskreditabkommen abschloß. Der demonstrative Beistand der Zentralbanken trug dazu bei, das Vertrauen in das Land wiederherzustellen, so daß es im August 1982 sogar einen Eurokredit über 260 Millionen Dollar aufnehmen konnte, den ersten Kredit an ein osteuropäisches Land seit der Verhängung des Kriegsrechts in Polen. Die DDR konsolidierte ihre Finanzschwierigkeiten im wesentlichen durch rigorose interne Anpassungsmaßnahmen, wobei die regelmäßigen Zahlungen aus der Bundesrepublik zur Sicherung ihrer internationalen Kreditwürdigkeit beitrugen. Auch die ČSSR, die in der Vergangenheit eine konservative Verschuldungspolitik betrieben hatte, konnte die Probleme aus eigener Kraft lösen.

Polen „profitierte" letztlich von einem Stillhalteabkommen zwischen den Banken, das einseitige Verzugserklärungen ausschloß, jedoch am 10. September 1982 ablief. Nicht zuletzt unter dem Eindruck der anhaltenden Diskussion in den USA – und nun auch in Polen – über die Zweckmäßigkeit einer offiziellen Zahlungsunfähigkeitserklärung einigten sich die Banken im Herbst auf ein gemeinsames Konzept, das den Vorstellungen Polens entgegenkam. Am 3. November 1982 wurde ein Umschuldungsabkommen unterzeichnet.[18] Danach wurden 95 Prozent der 1982 fälligen Kredite von 2,3 Milliarden Dollar auf sieben Jahre, bei vier Freijahren, umgeschuldet, 5 Prozent wurden 1983 zahlbar gestellt. Anders als im Vorjahr erklärten sich die Banken bereit, Polen einen revolvierenden Dreijahreskredit in Höhe von 50 Prozent der Zinszahlungen, d. h. von 550 Millionen Dollar, zur Einfuhrfinanzierung einzuräumen, damit das Land in die Lage versetzt wurde, dringend benötigte Ersatzteile und Vorprodukte einzukaufen, die unmittelbar seine Exportfähigkeit erhöhen würden.

Mit diesem Abkommen hatten die Banken – diesmal ohne vorheriges Musterabkommen der Regierungen – einen Schritt nach vorn im internationalen Krisenmanagement getan. Die für die Polenverhandlungen entwickelten institutionellen Strukturen und die im Umgang mit diesem Großschuldner gesammelten Erfahrungen sollten sich in den Verschuldungskrisen der lateinamerikanischen Länder bewähren. Kritisch bleibt zu konstatieren, daß wiederum nur eine Ad-hoc-Lösung für das laufende Jahr gefunden wurde, obwohl nach allen Indikatoren deutlich war, daß es sich um ein Problem handelte, das noch bis mindestens 1985 andauern würde. Die schematische Verschiebung der Fälligkeiten barg zudem das Risiko einer Wiederholung der Probleme in der zweiten Hälfte der achtziger Jahre.

---

[18] Vgl. *FAZ*, 4. 11. 1982.

DAS ÜBERGREIFEN DER VERSCHULDUNGSKRISE AUF LATEINAMERIKA

Die Zahlungsschwierigkeiten Polens und Rumäniens 1981 gaben den unterschwelligen Befürchtungen zahlreicher Bankiers und Wirtschaftspolitiker vor einer internationalen Verschuldungskrise neue Nahrung. Der 50. Jahrestag der Weltfinanzkrise von 1931 war Anlaß zu zahlreichen Vergleichen zwischen damals und heute. Einige Parallelen drängten sich auf: der deflationäre Kurs der Wirtschaftspolitik in den Industrieländern; Zusammenbrüche oder doch Zahlungsschwierigkeiten großer Industrieunternehmen (AEG, International Harvester, Massey-Ferguson); die hohe, z. T. kurzfristige internationale Verschuldung von Staaten; die Fehlleitung von Krediten in konsumtive Zwecke; die mangelnde Bereitschaft der Gläubigerländer, den für die Leistung des Schuldendienstes notwendigen Realtransfer aus den Schuldnerländern zu akzeptieren. Allerdings hatte die Krise von 1931 das Bewußtsein für die Interdependenz der Weltwirtschaft – und damit auch für das Risiko des Übergreifens nationaler Krisen auf andere Länder – geschärft. Krisenmanagement wurde daher als eine internationale Aufgabe erkannt.

Vor allem auf dem finanziellen Sektor war die Kooperation zwischen den nationalen Währungsbehörden unter Nutzung des Potentials, das internationale Institutionen wie IWF, BIZ und Weltbank bieten, vertieft worden. Auf nationaler Ebene und im Rahmen des Cooke-Komitees der BIZ arbeiteten die Bankenaufsichtsbehörden an einer Anpassung und Harmonisierung der Bilanzstrukturregeln zur besseren Berücksichtigung von Länderrisiken. Freilich entzog sich der riesige Euromarkt nach wie vor einer wirksamen Kontrolle – der Zusammenbruch des Banco Ambrosiano und das Schicksal seiner Luxemburger Tochter im Sommer 1982 demonstrierten deutlich die Lücken im Sicherheitsnetz. Es war eine Frage der Zeit, bis die Krise der Finanzmärkte, die in Osteuropa ausgebrochen war, andere Regionen erfassen würde.

Daß die Schuldenkrise zuerst auf Lateinamerika übergriff, läßt sich mit dem Zusammentreffen mehrerer ungünstiger Faktoren erklären. Lateinamerika war gegenüber dem internationalen Bankensystem besonders hoch verschuldet. Zwei Drittel der Bankkredite an Entwicklungsländer waren in diese Region geflossen. Der Anstieg der Zinsen und der Verfall der Rohstoffpreise hatten – zusammen mit dem Wachstum der Verschuldung selbst – zu Schuldendienstverpflichtungen geführt, die in Relation zu den Exporterlösen im internationalen Maßstab exorbitant erschienen. Hinzu kam, daß sich die lateinamerikanischen Länder – zum Teil über Niederlassungen der Banken in den Euromarktzentren – seit Ende 1980 besonders stark kurzfristig verschuldet hatten, da dies kostengünstiger war. Die Verschlechterung der Fristenstruktur mußte sich in einer kritischen Sitution fatal auswirken. Hohe Staatsdefizite und Defizite staatlicher Versorgungsunternehmen, die sich z. B. im Falle Mexikos auf rund 10 Prozent des Bruttosozialprodukts beliefen, sowie eine Entwicklungsstrategie, die durch ihre auf Importsubstitution gerichtete Orientierung den Aufbau international nicht wettbewerbsfähiger Produktionen begünstigt hatte, ließen die Zukunftsperspektiven dieser Länder – insbesondere im Vergleich mit den Schwellenländern Ostasiens[19] – als besonders risikobehaftet erscheinen.

Die Verschuldung Argentiniens

Dennoch bedurfte es eines besonderen Auslösers, um die Lawine ins Rollen zu bringen. Dieser Auslöser war der Falkland(Malwinen)-Konflikt im Frühjahr 1982.[20] Er bedeutete eine schwere Belastung für das wirtschaftlich zerrüttete und mit 36 Milliarden Dollar Ende 1981 hoch verschuldete Argentinien.[21] Zahlreiche Firmen, vor allem in der verarbeitenden Industrie und im Baugewerbe, waren wegen des raschen Abbaus der Protektion, dem weit überbewerteten Wechselkurs und hoher Realzinsen praktisch bankrott, viele Finanzinstitutionen illiquide und insolvent. Zudem hatte die Kombination von hohen Zinsen und einer anhaltenden „realen" Aufwertung der argentinischen Währung die Verschuldung im Ausland begünstigt und einen Zustrom kurzfristigen, spekulativen Kapitals verursacht. So waren Mitte 1981 von den argentinischen Verbindlichkeiten gegenüber Banken von 23 Milliarden Dollar mehr als die Hälfte, nämlich 11,8 Milliarden Dollar, innerhalb eines Jahres fällig.[22]

Zwar gelang es dem neuen Wirtschaftsminister Lorenzo Sigaut 1981, durch kräftige Peso-Abwertungen die frühere Überbewertung der Währung teilweise zu korrigieren und das Leistungsbilanzdefizit trotz steigender Dollarzinsen um 700 Millionen Dollar auf 4,1 Milliarden Dollar zurückzuführen. Doch sah sich das Land nun einem starken Kapitalexport ausgesetzt, der zusätzliche Finanzierungsanstrengungen erforderlich machte. Der inflations- und rezessionsbedingte beträchtliche Rückgang der Realeinkommen und die hohe Arbeitslosigkeit (Probleme, die sich durch die Ende 1981 eingeleitete Austeritätspolitik noch verschärften) steigerten überdies die sozialen Spannungen im Lande, aber auch die Gegensätze innerhalb der Militärjunta, so daß eine dauerhafte Stabilisierung der wirtschaftlichen Lage immer weniger wahrscheinlich wurde.

Der Falkland(Malwinen)-Konflikt verlieh den wirtschaftlichen und politischen Risiken eine zusätzliche Dimension. Am 4. April 1982 ordnete die

---

[19] Vgl. hierzu den Beitrag von Hermann *Sautter* in diesem Band.

[20] Vgl. hierzu den Beitrag von Michael *Ehrke* in diesem Band.

[21] Vgl. zum folgenden: José Maria Dagnino *Pastore,* Progress and Prospects for the Adjustment Program in Argentina, in: John *Williamson* (Hrsg.), Prospects for Adjustment in Argentina, Brazil and Mexico. Responding to the Debt Crisis, Washington, D. C. 1983, S. 7 ff., und Miguel A. *Kiguel,* Discussion, in: ebd., S. 27 ff.

britische Regierung die Sperrung der argentinischen Bankguthaben in London von 1,4 Milliarden Dollar an und untersagte überdies den britischen Banken, Argentinien neue Kredite zu gewähren. Im Gegenzug stellte Argentinien den Schuldendienst gegenüber den britischen Kreditinstituten ein. Der Strom neuer Kredite aus Europa, den USA und Japan versiegte, zumal der Entzug des amerikanischen politischen Schirms – die Vereinigten Staaten stellten sich im Falkland(Malwinen)-Konflikt auf die Seite Großbritanniens – auch Zweifel an der bis dahin unterstellten Bereitschaft der USA aufkommen ließen, Argentinien im Notfall finanziell zu stützen. Damit sah sich Argentinien von Mitteln abgeschnitten, die es zur Leistung des auf rund 10 Milliarden Dollar (1982) bezifferten Schuldendienstes dringend benötigte.[23]

Die Bemühungen Argentiniens, seinen internationalen Zahlungsverpflichtungen dennoch pünktlich nachzukommen, waren daher trotz günstiger Exportentwicklung von vornherein zum Scheitern verurteilt. Nachdem Großbritannien die finanziellen Sanktionen auch nach Einstellung der Kampfhandlungen Ende Juni 1982 nicht aufhob, machte der argentinische Regierungschef General Reynaldo Bignone Anfang Juli in einer Rede deutlich, daß er Umschuldungsverhandlungen mit den Gläubigerbanken wünschte. Zu diesem Zeitpunkt befand sich Argentinien bereits mit Zahlungen von 2,3 Milliarden Dollar im Rückstand. Zugleich hatte auch in bezug auf die anderen Länder Lateinamerikas die durch Ernüchterung und wachsende Besorgnis der Banken gekennzeichnete Phase des Kreditzyklus eingesetzt und den Strom neuer Kredite („fresh money") dünner werden lassen.

Die Zahlungsschwierigkeiten Mexikos

Wie die argentinischen Zahlungsschwierigkeiten lag auch die am 13. August 1982 erklärte Zahlungsunfähigkeit Mexikos primär im internen wirtschaftspolitischen Mißmanagement begründet, das freilich durch die Hypereuphorie der Banken unter dem Eindruck der Ölbonanza seit 1978 wesentlich unterstützt worden war.[24] Die Erschließung reicher Ölfelder und die Ölpreiserhöhungen 1979 und 1980 hatten in Mexiko die Hoffnung geweckt, in einem „großen Sprung" den Entwicklungsrückstand aufholen und Beschäftigung, Wohlstand und Einkommensverteilung merklich und dauerhaft verbessern zu können. Die hohen Öleinkünfte und eine massive Verschuldung im Ausland sollten die Mittel dafür liefern. Tatsächlich verzeichnete die mexikanische Wirtschaft

---

[22] Vgl. Bank for International Settlements (Hrsg.), The Maturity Distribution of International Bank Lending, laufende Folgen im Berichtszeitraum.

[23] Vgl. *Auslandsmärkte – Marchés étrangers,* Nr. 8, 21. 4. 1982.

[24] Vgl. zum folgenden besonders Ariel *Buira,* The Exchange Crisis and the Adjustment Program in Mexico, in: *Williamson* (Hrsg.), a.a.O. (Anm. 21), S. 51 ff. und William R. *Cline,* Discussion, in: ebd., S. 61 ff.

zwischen 1978 und 1981, gestützt auf hohe öffentliche und private Investitionen, jährliche Zuwachsraten des Bruttosozialprodukts von über 8 Prozent, der Beschäftigung von 5 Prozent. Dieses Wachstumstempo überforderte freilich schon bald die Anpassungskapazität der Volkswirtschaft. Die zunehmenden ökonomischen Engpässe fanden in einer sich rasch beschleunigenden Inflation ihren Niederschlag.

Die wirtschaftspolitische Reaktion auf diese Fehlentwicklungen beschränkte sich auf den untauglichen Versuch, die Inflation durch Subventionen zu unterdrücken oder ihre sozialen Folgen zu mildern. Auf diese Weise entwickelte sich rasch ein strukturelles Haushaltsdefizit, das 1982 in einem Budgetfehlbetrag von 16,5 Prozent des Bruttosozialprodukts seinen Niederschlag fand. Die Leistungsbilanz geriet ungeachtet hoher Öleinkünfte 1981 in ein 12,8-Milliarden-Dollar-Defizit.

Hatte bis dahin das Nominalzinsgefälle zwischen Mexiko und den USA in Verbindung mit der Erwartung eines anhaltend stabilen Wechselkurses die Verschuldung im Ausland begünstigt, so setzte sich nun unter dem Eindruck des hohen Haushalts- und Leistungsbilanzdefizits die Erwartung durch, daß der Wechselkurs auf die Dauer nicht gehalten werden könne. Dies provozierte eine starke Kapitalflucht, die sich 1982 noch beschleunigte. Die mexikanische Regierung sah sich dadurch veranlaßt, sich zur Finanzierung der Kapitalabflüsse direkt oder über staatliche Unternehmen noch über das Maß hinaus im Ausland zu verschulden, das zur Finanzierung des Leistungsbilanzdefizits ohnehin erforderlich gewesen wäre. Eine Abwertung des Peso um 67 Prozent im Februar 1982 brachte keine Entlastung. Insgesamt stieg die mexikanische Auslandsverschuldung zwischen Ende 1978 und Mitte 1982 von 37 auf 80 bis 85 Milliarden Dollar.[25]

Ab Anfang August 1982 spitzte sich die Lage dann dramatisch zu. Um die staatliche Alimentierung der sich beschleunigenden Kapitalflucht zu stoppen, verfügten die mexikanischen Behörden am 5. August eine Spaltung des Devisenmarkts in einen reglementierten und einen „freien" Peso. Nur eine Woche später, am 13. August, wurde das Verfügungsrecht über die privaten 12 Milliarden Dollar, die auf Devisenkonten bei mexikanischen Banken gehalten wurden, drastisch – nämlich auf Auszahlungen in Peso – beschränkt und der Devisenmarkt für sechs Tage geschlossen. Am gleichen Tag traf der neue Finanzminister, Jesús Silva Herzog, zu Krisengesprächen in Washington ein: Die Devisenreserven Mexikos waren erschöpft, das Land zahlungsunfähig.

Allen Verantwortlichen war klar, daß diese Nachricht eine Schockwelle im internationalen Bankensystem auslösen mußte. Mexiko war das mit Abstand am höchsten verschuldete Entwicklungsland: Seine Verschuldung gegenüber Banken war mit 65 Milliarden Dollar höher als die des gesamten RGW (42

---

[25] Vgl. OECD (Hrsg.), External Debt of Developing Countries (1982 Survey), Paris 1982, S. 19; *NZZ*, 12. 8. 1982.

Milliarden Dollar netto) und betrug ein Vielfaches der Verschuldung früherer Problemländer wie Argentinien (23 Milliarden Dollar) oder Polen (12,5 Milliarden Dollar netto), ganz zu schweigen von der Türkei (2,9 Milliarden Dollar) oder Zaire (1 Milliarde Dollar).[26] Vor allem amerikanische Banken hatten Forderungen in einem Umfang, deren Ausfall zu einem Verlust wesentlicher Teile des Eigenkapitals führen mußte. Unabsehbar schienen die Konsequenzen eines finanziellen Kollapses Mexikos auch für die übrigen Länder Lateinamerikas.

Ein „Sicherheitsnetz“ für Mexiko

Die amerikanischen Behörden handelten schnell. Noch am Wochenende des 14./15. August stellte die amerikanische Regierung 1 Milliarde Dollar als Vorauszahlung für künftige Öllieferungen für die strategische Ölreserve bereit und eröffnete eine 1-Milliarde-Dollar-Kreditlinie für Getreideimporte. Zugleich erzielten Silva Herzog – gegen den Widerstand des mexikanischen Präsidenten José López Portillo – und der Geschäftsführende Direktor des IWF, Jacques de Larosière, eine Grundsatzvereinbarung über die Gewährung eines 4-Milliarden-Dollar-Kredits des IWF; bereits in der folgenden Woche reiste eine IWF-Delegation zu Verhandlungen in die mexikanische Hauptstadt. Auch die Zentralbanken der westlichen Industrieländer erklärten sich bereit, Mexiko über die BIZ einen auf drei Monate, d.h. bis zur erwarteten Auszahlung des IWF-Kredits befristeten Überbrückungskredit einzuräumen.

In den Verhandlungen über den BIZ-Kredit stellten die beteiligten Zentralbanken nicht nur eine Verbindung zu dem mexikanischen Kreditantrag beim IWF her: sie beharrten auch auf einem Finanzierungsbeitrag der privaten Kreditinstitute. Ermutigt von dem Kreditantrag beim IWF, der eine Stabilisierung der wirtschaftlichen Lage verhieß, und unter dem faktischen Zwang der Zahlungsunfähigkeit Mexikos sowie dem politischen Druck der Zentralbanken stimmten die Vertreter von 115 Banken am 20. August in New York dem mexikanischen Wunsch zu, 10 Milliarden Dollar öffentliche Schulden, die innerhalb des nächsten Vierteljahres fällig wurden, um 90 Tage zu stunden und sich um die Aufbringung neuer Kredite von 500 Millionen bis zu 1 Milliarde Dollar zu bemühen. Mexiko verpflichtete sich, die Zinsen weiterhin zu zahlen.[27] So schien die Lage zehn Tage nach der Zahlungsunfähigkeitserklärung „im Griff“.

---

[26] Vgl. Bank for International Settlements (Hrsg.), International Banking Developments, laufende Folgen im Berichtszeitraum.

[27] Vgl. Alan *Friedman*, Western Banks grant Mexico three Month Debt Moratorium, in: *FT*, 21.8.1982.

Zahlungsprobleme in anderen lateinamerikanischen Staaten

Dies war auch nötig, denn die Zahlungskrise hatte inzwischen auf andere lateinamerikanische Länder übergegriffen. Der rasche Verfall des chilenischen Pesos signalisierte gravierende ökonomische Fehlentwicklungen in einem Land, das in früheren Jahren als „Paradebeispiel" für monetaristische Politik nach den Lehren Milton Friedmans gegolten hatte. Kuba, in der Zange zwischen fallenden Zuckerpreisen und hohen Dollarzinsen, hatte seine Gläubiger um Zahlungsaufschub und Umschuldungsverhandlungen bitten müssen. Auch Bolivien war faktisch zahlungsunfähig. Die Situation Argentiniens verschlechterte sich zusehends. Über Ecuador kursierten Gerüchte von Zahlungsschwierigkeiten und bevorstehenden Umschuldungsverhandlungen. Vor allem aber wurden zunehmend Zweifel an der Liquidität des dritten lateinamerikanischen Großschuldners, Brasilien, laut, dessen Bankverbindlichkeiten mit 55 Milliarden Dollar nur wenig hinter denen Mexikos zurückblieben und das ein ähnlich ungünstiges Verhältnis zwischen Schuldendienstverpflichtungen und Exporterlösen aufwies wie Mexiko und Argentinien. Liquidität und Bonität eines ganzen Kontinents, mehr noch, des mit Abstand am höchsten verschuldeten Kontinents, standen plötzlich in Frage. Ein funktionierendes Krisenmanagement erschien daher das Gebot der Stunde.

Die Entschärfung der Schuldenkrise

Die Erleichterung der Banken und Notenbanken über das rasch gespannte Sicherheitsnetz für Mexiko wich neuer Besorgnis, als das Land die Verhandlungen mit dem IWF – Eckpfeiler des Netzwerks offizieller und privater Kredite – am 1. September 1982 durch die Einführung umfassender Devisenkontrollen und die Verstaatlichung der Geschäftsbanken einer erheblichen Belastung aussetzte; Maßnahmen, die in klarem Widerspruch zur „Philosophie" des Fonds standen. Die innenpolitischen Auseinandersetzungen in Mexiko, aber auch in Argentinien, dessen Wirtschaftsminister José Maria Dagnino Pastore nach kurzer Amtszeit wegen der „nationalistischen" Reaktion der Militärs auf die Schuldenkrise verbittert aus dem Amt schied, stellten plötzlich den IWF-gestützten Stabilisierungsansatz in Zweifel. Nun rächte es sich, daß der Fonds in Lateinamerika jahrelang als Instrument des amerikanischen Wirtschaftsimperialismus verteufelt worden war. Die plötzliche Hinwendung zum IWF mußte die politische Anpassungsflexibilität der sozialen Gruppen überfordern. Tatsächlich war abzusehen, daß die Aushandlung wirtschaftspolitischer Stabilisierungsprogramme mit dem Fonds – Voraussetzung für seine Kreditgewährung – allen Gruppen Opfer abverlangen würde: den Unternehmen der Verzicht auf staatliche Nachfragestimulierung und damit auf leicht „verdiente" Gewinne; den breiten Bevölkerungsschichten

Realeinkommenseinbußen und der Verlust von Arbeitsplätzen; und den Regierungen der Abschied von liebgewordenen wirtschaftspolitischen Doktrinen, die ihnen die Zustimmung der Massen sicherten.

Auf der Jahresversammlung des Internationalen Währungsfonds vom 6. bis 10. September in Toronto kam deshalb „Endzeitstimmung" auf. Ein Wort des früheren britischen Schatzkanzlers Denis Healey machte die Runde: „Das Risiko einer größeren Zahlungskrise, die eine Kettenreaktion auslöst, wächst von Tag zu Tag." Auch Finanzminister und Bankiers mochten in Kulissengesprächen die Möglichkeit eines „Big Crash" nicht mehr ausschließen. Überlegungen über ein 20-Milliarden-Dollar-Sicherheitsnetz des IWF wurden diskutiert, wenn auch letztlich verworfen, das Gespenst eines Schuldnerkartells an die Wand gemalt.

Es war wohl die Einsicht, daß Konfrontationslösungen den Schuldnerländern noch härtere wirtschaftliche Opfer abverlangen würden als die durch neue öffentliche und private Kredite versüßte „Unterwerfung" unter den Fonds, die es letztlich den gemäßigten Kräften erlaubte, sich gegen die radikalen Isolationisten durchzusetzen. Dies galt für Argentinien, dessen Finanzminister am Rande der IWF-Jahresversammlung eine Vereinbarung mit Großbritannien über die gegenseitige Aufhebung der finanziellen Sanktionen traf und damit ein wesentliches Hindernis gegen die Aufnahme von Umschuldungs- und Finanzierungsverhandlungen mit den Banken und dem IWF aus dem Wege räumte. Es galt aber auch für Mexiko, wo Silva Herzog ungeachtet der nationalistischen Stimmung im Lande seine Gespräche mit dem Fonds unter Ausschluß der Öffentlichkeit fortsetzte.

Ende Oktober schloß Argentinien unter heftigen innenpolitischen Kontroversen eine Grundsatzvereinbarung mit dem IWF über einen 2-Milliarden-Dollar-Beistandskredit ab, die u. a. die Rückkehr zu einem einheitlichen Wechselkurs, staatliche Ausgabenkürzungen und den Abbau des Staatsdefizits vorsah.[28] Am 10. November folgte eine Vereinbarung zwischen dem IWF und Mexiko, die dem Land bei Erfüllung der Stabilisierungsauflagen einen Kredit von bis zu 3,9 Milliarden Dollar in Aussicht stellte; darüber hinaus sollte Mexiko bis zu 880 Millionen Dollar auf die IWF-Fazilität zur Finanzierung von Exporterlösausfällen ziehen können.[29] Die Bedeutung der Vereinbarungen mit beiden Ländern ging aber weiter. IWF-Chef de Larosière konfrontierte die Banken mit dem Verlangen, ihrerseits 6,5 Milliarden Dollar an neuen Krediten für Mexiko und 2,6 Milliarden Dollar für Argentinien aufzubringen.[30] Hatten bisher die Banken den Abschluß von Bereitschaftskreditabkommen mit dem Fonds zur Voraussetzung für Umschuldungen gemacht, so drehte de Larosière

[28] Vgl. Andrew *Thompson*, Junta takes Steps to Satisfy IMF, in: *The Times*, 1. 11. 1982.

[29] Vgl. *VWD/Finanz- und Wirtschaftsspiegel*, 1. 11. 1982, sowie andere Presseberichte.

[30] Vgl. Alexander *Nicoll*, Kooperation mit den Banken, in: *Die Welt*, 23. 11. 1982; Peter *Montagnon*, Rescheduling Plans Prepared for Mexican and Argentine Debts, in: *FT*, 11. 12. 1982.

nun den Spieß um, indem er die Billigung der (vorläufigen) Grundsatzvereinbarung durch den Exekutivrat des IWF von der Bereitstellung zusätzlicher Bankenmittel abhängig machte und mit diesem Junktim die Kreditinstitute unter Zugzwang setzte. So sahen sich die Banken unerwartet einer gemeinsamen Front von Schuldnerländern und IWF gegenüber.

Es war wohl nicht zuletzt die direkte Verknüpfung von IWF-Krediten mit BIZ-Linien und „fresh money" der Banken, die Brasilien Ende November dazu veranlaßte, ebenfalls an den Fonds heranzutreten und damit die drohende Zahlungskrise abzuwenden. Bereits drei Wochen später, am 16. Dezember, wurde über eine Grundsatzvereinbarung, die Brasilien IWF-Kredite von 6 Milliarden Dollar in Aussicht stellte, Einvernehmen erzielt.[31] Ein amerikanischer Regierungskredit von 1,2 Milliarden Dollar und eine Kreditlinie der BIZ in gleicher Höhe flankierten die Vereinbarung, die seitens des IWF unter dem Vorbehalt abgeschlossen wurde, daß die Banken ihrerseits zu Umschuldungen und der Injektion neuer Mittel bereit waren.

Am Jahresende 1982 hatten die drei größten lateinamerikanischen Schuldnerländer (vorläufige) Finanzierungs- und Stabilisierungsvereinbarungen mit dem IWF getroffen. Die BIZ hatte diese Vereinbarungen durch Überbrükkungskredite honoriert. Die politischen Hindernisse für eine kräftige Quotenerhöhung des IWF waren am 11. Dezember in Kronberg beim Treffen der Finanzminister der fünf großen Industrieländer aus dem Wege geräumt worden. Auch die Verhandlungen der Schuldnerländer verliefen planmäßig und erfolgversprechend. Selbst wenn nicht alle Verhandlungsziele erreichbar schienen, so waren Panikreaktionen nun doch weitgehend ausgeschlossen. Zur Jahreswende wurde „Entwarnung" gegeben: Die unmittelbare Liquiditätskrise war überwunden.

AUSBLICK

Mit der Entschärfung der Schuldenkrise ist zunächst einmal nur Zeit gewonnen. Eine dauerhafte Lösung des Schuldenproblems bedarf weitergehender Ansätze. Zunächst ist die Einsicht erforderlich, daß es kurz- und mittelfristig nicht darum gehen kann, daß die Schuldnerländer ihre Schulden „zurückzahlen". Dies würde anhaltende Leistungsbilanzüberschüsse dieser Länder, d.h. einen Transfer realer Ressourcen an die Gläubigerländer (Industriestaaten) voraussetzen. Ein solcher Ressourcentransfer erscheint für Entwicklungs- und Schwellenländer widersinnig, er wird von den Industrieländern auch offenkundig – siehe die Handelshemmnisse – gar nicht gewünscht. Es kann sich daher „nur" darum handeln, das angemessene Ausmaß und Tempo der Verschuldung zu bestimmen.

---

31 Vgl. Claus *Dertinger*, Brasilien. Kreditabkommen mit IWF, in: *Die Welt*, 17.12.1982.

In der rein finanziellen Sphäre bleibt als ungelöste Aufgabe die Überleitung der unter akuten Liquiditätsengpässen getroffenen, kurzfristigen Ad-hoc-Lösungen in eine mittelfristig orientierte Finanzierungsstrategie. Es geht darum zu vermeiden, daß Umschuldungsverhandlungen zur Regel werden.

Wichtiger ist der Ansatz bei den ökonomischen Ursachen der Schuldenprobleme. Hier ist zunächst an weltwirtschaftliche Fehlentwicklungen zu denken, die den Schuldendienst zur Bürde werden ließen: die hartnäckige Rezession, das „Überschießen“ des Dollarkurses, die hohen Dollarzinsen. Hier sind vor allem die Industrieländer gefordert, durch eine stetige, angebotsorientierte Wirtschaftspolitik und eine konsequente potentialorientierte Geld- und Budgetpolitik die Voraussetzungen für anhaltendes, inflationsfreies Wachstum zu schaffen. Dies würde den Schuldnerländern nicht nur höhere Exporterlöse sichern, sondern auch – mit der Verringerung der Inflationsrisikoprämie im Zins – ihre jährlichen Schuldendienstzahlungen sinken lassen.

Mindestens ebenso wichtig ist freilich eine drastische Korrektur der antiökonomischen Wirtschaftspolitik vieler Schuldnerländer. Es war letztlich die Überforderung der Produktionskapazitäten durch staatliche Nachfragestimulierung (hohe Budgetdefizite), die Verzerrung des Preismechanismus durch überhöhte Wechselkurse und staatliche Subventionen, und die dadurch ausgelöste Fehlspezialisierung, die entscheidend zum Ausmaß des Schuldenproblems beigetragen haben. Ein wirtschaftspolitischer Kurswechsel in den Schuldnerländern kann freilich nur dann voll wirksam werden, wenn die Industriestaaten bereit sind, die Anpassung in den RGW- und Schwellenländern durch Offenhaltung und weitere Öffnung ihrer Märkte zu flankieren und zu honorieren. Es wäre ein folgenschwerer Irrtum, eine „Lösung“ des Problems allein von finanziellen Maßnahmen: Verschärfung der Bankenaufsicht einerseits, Quotenerhöhungen des IWF und Zuteilung neuer Sonderziehungsrechte andererseits zu erwarten.

Ein Jahr nach der Überwindung der Liquiditätskrise waren erste Erfolge auf dem Wege zur finanziellen Konsolidierung erkennbar. Die Rezession in den Industrieländern schien überwunden, die RGW-Länder, Mexiko, Brasilien und andere lateinamerikanische Staaten konnten, teilweise unter beträchtlichen wirtschaftlichen und sozialen Opfern (Rückgang des Realeinkommens und der Beschäftigung), eine kräftige Korrektur ihrer hohen Leistungsbilanzdefizite erreichen. Starke und wachsende innenpolitische Spannungen in vielen Ländern geben freilich Anlaß zu der Frage, wie lange dieser Kurs durchgehalten werden kann und ob die Erfolge dauerhaft sind. Unverändert gering ist die Bereitschaft der Kreditinstitute zur „freiwilligen“ Kreditgewährung; Umschuldungsverhandlungen sorgen noch immer für Schlagzeilen; ein Übergreifen der Krise auf Asien (z. B. auf die Philippinen) erscheint weiterhin denkbar. Bis zur Rückkehr zur Normalität ist es noch ein weiter Weg.

DIE VERÄNDERUNG DES NORD-SÜD-DIALOGS DURCH KRISENERSCHEINUNGEN IN DER WESTLICHEN INDUSTRIEWELT

Von Peter Nunnenkamp

WIRTSCHAFTSKRISE UND EXPORTENTWICKLUNG IN DER DRITTEN WELT

Schon im Verlauf der siebziger Jahre hatten sich die Exportbedingungen für die nicht-erdölexportierenden Entwicklungsländer verschlechtert. Der Rückgang der wirtschaftlichen Aktivität in den Industriestaaten, der sich bereits vor der ersten Ölpreiskrise von 1973/74 abgezeichnet hatte und durch diese beträchtlich verstärkt worden war, hatte zu einem merklichen Nachfrageausfall für die Dritte Welt geführt.[1] Da die Industrieländer nach wie vor die wichtigsten Märkte für die Exporte der Entwicklungsländer stellten, hatte die kräftig expandierende Importnachfrage der Ölförderstaaten die rückläufigen Ausfuhren in die Industrieländer nicht kompensieren können; dies galt um so mehr, als die OPEC-Staaten ihre Importe hauptsächlich im Bereich verarbeiteter Industriegüter aufgestockt hatten, aus dem vor allem die weniger entwickelten Länder der Dritten Welt kaum hatten Nutzen ziehen können.

Mit den erneuten Ölpreiserhöhungen von 1979/80 ging das gesamtwirtschaftliche Wachstum in den Industrieländern weiter zurück. Hatten die OECD-Staaten im letzten Drittel der siebziger Jahre noch reale Zuwachsraten von 3 bis 4 Prozent verzeichnet, stieg das Bruttosozialprodukt nach Abzug der Preissteigerungen in den beiden folgenden Perioden 1980 und 1981 nur noch um jeweils gut 1 Prozent; im Jahre 1982 sank das reale Bruttosozialprodukt der OECD-Staaten gegenüber dem Vorjahr sogar um 0,5 Prozent.[2] Die internationale Wachstumsschwäche ging einher mit einem platzgreifenden Protektionismus der Industrieländer.[3] Vor allem viele Formen des sogenannten „Neuen Protektionismus"[4] richteten sich in erheblichem Maße gegen die zunehmende

---

[1] Vgl. Jamuna P. *Agarwal*, Hans H. *Glismann*, Peter *Nunnenkamp*, Ölpreisschocks und wirtschaftliche Entwicklung. Anpassungsprobleme in der Dritten Welt (Kieler Studien Nr. 176), Tübingen 1983; vgl. auch Konrad *Seitz*, Die Krise der Entwicklung in der Dritten Welt, in *EA*, 14/1981, S. 417–427.

[2] Vgl. Adolf *Ahnefeld* u. a., Industrieländer. Konjunkturelle Besserung nach expansiver Geldpolitik, in: *Die Weltwirtschaft*, Heft 1/1983, S. 1–16, bes. Tabelle 1*; sowie auch den Beitrag von Ute *Geipel* in diesem Band.

[3] Vgl. International Monetary Fund (Hrsg.), Annual Report on Exchange Arrangements and Exchange Restrictions, insbes. 1981 und 1982, Washington; General Agreement on Tariffs and Trade (Hrsg.), International Trade 1981/82, Genf 1982, S. 9–24.

[4] Vgl. beispielsweise Bela *Balassa*, The „New Protectionism" and the International Economy, in: *Journal of World Trade Law*, Bd. 12, Nr. 5, 1978, S. 409–436.

Zahl solcher Entwicklungsländer, die mit international wettbewerbsfähigen Produkten auf den Weltmarkt drängten. Das Multifaserabkommen, dessen Vorläufer ursprünglich lediglich dazu erdacht worden war, der Textilindustrie in den Industrieländern einen zeitlich begrenzten Importschutz einzuräumen, wurde im Dezember 1981 ein weiteres Mal (bis zum 31. Juli 1986) verlängert. Die anhaltenden Schwierigkeiten der heimischen Textilindustrie veranlaßten die Regierungen der Industrieländer, die quantitativen Restriktionen eher noch zu verschärfen. Allein die Europäische Gemeinschaft hatte Anfang 1982 28 bilaterale Abkommen im Rahmen des Multifaserabkommens abgeschlossen, in denen sich die Exportländer aus der Dritten Welt verpflichteten, ihre Textilausfuhren zu begrenzen.

Derartige, als freiwillig bezeichnete Exportselbstbeschränkungsabkommen fanden auch in anderen Wirtschaftszweigen zunehmende Verbreitung, vor allem in solchen Branchen, die sich in den Industrieländern durch strukturelle Schwächen wie dauerhaft rückläufiges Nachfragewachstum und sinkende internationale Wettbewerbsfähigkeit auszeichneten. Am stärksten wurden hiervon neben Japan einige weltmarktorientierte asiatische Schwellenländer (beispielsweise Hongkong, Singapur, Südkorea, Taiwan), aber auch Staaten wie Indien und Pakistan in ihrer Exportentwicklung gehemmt, außer im Textilbereich vor allem in den Sektoren Feinkeramik, Schuh- und Lederwaren, Stahl, elektrische Ausrüstungen und Petrochemie.[5] Auch andere einfuhrbeschränkende Maßnahmen der Industrieländer, wie die Anwendung von Schutzklauseln und Anti-Dumping-Maßnahmen, konzentrierten sich auf Sektoren, in denen die heimische Industrie kaum noch international wettbewerbsfähig war. Zudem versuchten die Industrieländer, sich vor der Exportoffensive einer Reihe von Entwicklungsländern in diesen Bereichen zu schützen, indem sie sektorspezifische Subventionsprogramme entwarfen, um die inländische Produktion künstlich zu verbilligen.

Das allenfalls geringe gesamtwirtschaftliche Wachstum und der zunehmende Protektionismus der wichtigsten Welthandelsnationen seit 1980 hatten erhebliche Auswirkungen auf die Exportentwicklung der nicht-erdölexportierenden Entwicklungsländer. Während die Exporteinnahmen dieser Ländergruppe nach der ersten Erdölpreiskrise im Zeitraum 1973 bis 1980 jahresdurchschnittlich um mehr als 20 Prozent zugenommen hatten, sank der Zuwachs im Jahre 1981 drastisch auf gut 3 Prozent. In der folgenden Periode gingen die Devisenerlöse aus Exporten gegenüber dem Vorjahr sogar um fast 6 Prozent zurück. Besonders stark war der nominale Exportrückgang für die

[5] Vgl. Peter *Nunnenkamp*, Exportselbstbeschränkungsabkommen, in: *Wirtschaftswissenschaftliches Studium*, Heft 11, November 1981, S. 541–544 sowie Helga *Henselder-Barzel*, Gefahr der handelspolitischen Diskriminierung der Schwellenländer, in: IP 1979/80, S. 223–235 sowie den Beitrag von Hermann *Sautter* in diesem Band.

afrikanischen Staaten, deren Ausfuhreinnahmen sich schon 1981 um 16 Prozent reduzierten; das folgende Jahr brachte eine erneute Einbuße in vergleichbarem Ausmaß. Relativ gut schnitten dagegen die asiatischen Entwicklungsländer ab, obwohl sich die Zuwachsraten auch für diese Staatengruppe deutlich verminderten.[6] Nur dieser Region gelang es, das Ausfuhrvolumen (d. h. die Exporte zu konstanten Preisen) sowohl 1981 als auch 1982 weiter zu steigern – um jeweils circa 8 Prozent gegenüber 12 Prozent in den siebziger Jahren. Die wohl größtenteils durch die verschlechterten weltwirtschaftlichen Rahmenbedingungen erzwungenen Exportpreissenkungen blieben mit 10 Prozent im Jahre 1982 gegenüber 1980 für die asiatischen Entwicklungsländer überdies vergleichsweise geringfügig. In beiderlei Hinsicht bildeten die Staaten Afrikas den Gegenpol: In beiden Jahren mußten sowohl merkliche reale Exporteinbußen als auch überdurchschnittliche Preissenkungen hingenommen werden.[7] Die Staaten Lateinamerikas nahmen sowohl im Hinblick auf die reale Ausfuhrentwicklung als auch hinsichtlich der Exportpreiseinbrüche eine mittlere Stellung ein.

Diese Betrachtung deutet darauf hin, daß der Teil der Dritten Welt, der bereits über eine stärker diversifizierte, international wettbewerbsfähige Produktpalette verfügte, den Rückgang der Devisenerlöse in Grenzen halten konnte, obwohl sich der Protektionismus der Industrieländer auf die verarbeiteten Exporte dieser Länder konzentrierte. Demgegenüber waren es vor allem die auf Rohstoffexporte angewiesenen Entwicklungsländer, die unter den verschlechterten Absatzbedingungen auf den Weltmärkten litten; ihre Ausfuhren erwiesen sich als besonders abhängig von der internationalen Konjunkturlage und als besonders preisreagibel in Zeiten rückläufiger Nachfrage.

Besondere Absatzprobleme der nicht-erdölexportierenden Entwicklungsländer im Rohstoffsektor

Während die Rohstoffpreise in den siebziger Jahren trotz der bereits deutlich verschlechterten weltwirtschaftlichen Rahmenbedingungen noch mit der international beschleunigten Inflation angestiegen waren, vollzog sich seit 1980 ein drastischer Wandel.[8] Im Jahre 1981 lagen die Preise für Rohstoffe (außer

---

[6] Hier lauteten die nominalen Änderungsraten ca. 7 % für 1981 und –1,5 % für 1982 gegenüber jahresdurchschnittlich 25 % im Zeitraum 1973–1980. Die Exporteinnahmen der lateinamerikanischen Länder entwickelten sich im Betrachtungszeitraum ähnlich wie für die nicht-erdölexportierenden Staaten der Dritten Welt insgesamt.

[7] Im ersten Halbjahr 1982 lagen die erzielten Exportpreise Afrikas um 17 % niedriger als 1980.

[8] Vgl. United Nations Conference on Trade and Development (UNCTAD), Commodity Issues. A Review and Proposals for Further Action, TD/273, Belgrad, Juni 1983.

Erdöl) in US-Dollar gerechnet im Durchschnitt um circa 16 Prozent unter denen der Vorperiode. In der Folgezeit setzte sich der Preisverfall fort: In den ersten drei Quartalen des Jahres 1982 fielen die Rohstoffpreise um weitere 17 Prozent gegenüber dem entsprechenden Zeitraum des Vorjahres. In realer Hinsicht, d.h. relativ zur Preisentwicklung für die Exporte verarbeiteter Produkte aus den Industrieländern,[9] stellte sich die Situation noch ungünstiger dar. Im Jahre 1982 lag der Index der relativen Rohstoffpreise mit knapp 80 Punkten um circa 25 Punkte unter dem durchschnittlichen Wert für die siebziger Jahre. Für eine Reihe einzelner Rohstoffe, wie zum Beispiel Mais, Reis, Zucker, Tee, Erdnüsse, Kopra, Baumwolle, Jute und Sisal, betrug der 1982 erzielte relative Preis nur ungefähr die Hälfte des Niveaus der fünfziger oder sechziger Jahre.

Die ungünstige Preisentwicklung im Rohstoffbereich schlug voll auf die Devisenerlöse der Entwicklungsländer durch, da die gehandelten Mengen nach 1979 kaum noch zunahmen und das Exportvolumen vieler Rohstoffe in jüngster Vergangenheit sogar deutlich zurückging. Nach Schätzungen der UNCTAD belief sich die Einbuße an (Rohstoff-)Exporterlösen für die Jahre 1981 und 1982 zusammengefaßt auf circa 21 Milliarden Dollar.[10] Obwohl der Anteil der Rohstoffausfuhren an den Gesamtexporten der Dritten Welt innerhalb des letzten Jahrzehnts merklich (von 66 Prozent auf 42 Prozent) gesunken war, war dieser hohe Erlösausfall geeignet, die wirtschaftlichen Probleme der Entwicklungsländer nachhaltig zu verschärfen, vor allem angesichts der Tatsache, daß zwei Drittel der nicht-erdölexportierenden Entwicklungsländer nach wie vor zu mehr als 70 Prozent von Rohstoffexporten abhängig waren.[11]

Eine Betrachtung der zehn sogenannten Kernrohstoffe des Integrierten Rohstoffprogramms,[12] die spätestens seit der Nairobi-Konferenz im Jahre 1976 (UNCTAD IV) im Zentrum des Interesses gestanden hatten, unterstreicht die schwierige Lage der Entwicklungsländer im Rohstoffbereich. Greift man einige wichtige Anbieter der Dritten Welt für diese Rohstoffe heraus[13] und

[9] Der Rohstoffpreisindex (ohne Öl) wird bei dieser Betrachtung mit einem entsprechenden Index für die Industriegüterexporte der Industrieländer deflationiert.

[10] Die Exporterlöse der Entwicklungsländer (ohne Öl), die sich 1980 auf 74 Milliarden Dollar belaufen hatten, sanken auf 66 Milliarden (1981) und 53 Milliarden Dollar (1982).

[11] Vgl. UNCTAD, a.a.O. (Anm. 8), bes. Anhangtabelle 6.

[12] Die Kernrohstoffe umfassen Zucker, Kaffee, Kakao, Tee, Baumwolle, Jute, Hartfasern, Kautschuk, Kupfer und Zinn. Vgl. Rolf J. *Langhammer*, Industrie- und Entwicklungsländer in der Auseinandersetzung um eine Neue Weltwirtschaftsordnung, in: IP 1975/76, S. 35–56.

[13] Die folgende Berechnung basiert auf der Exportentwicklung der nachstehend aufgeführten Entwicklungsländer für die in Klammern bezeichneten Rohstoffe: Ägypten (Baumwolle), Bangladesch (Jute), Bolivien (Zinn), Brasilien (Zucker, Kaffee), Chile (Kupfer), Dominikanische Republik (Zucker), Elfenbeinküste (Kakao), Kolumbien (Kaffee), Malaysia (Kautschuk, Zinn), Mexiko (Baumwolle), Philippinen (Zucker), Sambia (Kupfer), Sri Lanka (Tee), Sudan (Baumwolle), Tansania (Sisal), Thailand (Kautschuk, Zinn).

vergleicht deren Exporterlöse in den Jahren 1981 und 1982 mit denen von 1980, ergibt sich ein zusammengefaßter Erlösrückgang von einem Drittel.[14] Die überdurchschnittlichen Einbußen für die Kernrohstoffe deuten darauf hin, daß das von der UNCTAD propagierte Rohstoffprogramm weitestgehend gescheitert war. Die Befürworter des Integrierten Rohstoffprogramms zeigten sich davon überzeugt, daß sich der Preisverfall im Rohstoffbereich erheblich hätte abmildern lassen, wenn die Verwirklichung des Gemeinsamen Fonds in der Vergangenheit schneller vorangetrieben und eine größere Anzahl von Rohstoffabkommen abgeschlossen worden wären.[15] Was den im Jahre 1980 vereinbarten Gemeinsamen Fonds betraf, hatten von den 88 Signatarstaaten (Stand 1. Dezember 1982) lediglich 37 das Abkommen auch ratifiziert; der ursprüngliche Stichtag (31. März 1982) wurde um 18 Monate hinausgeschoben. Die Voraussetzungen dafür, daß der Fonds wirksam werden konnte, waren also mehr als dreieinhalb Jahre nach der grundsätzlichen Einigung über seine Einrichtung[16] immer noch nicht gegeben.[17]

Die Fortschritte beim Abschluß einzelner Rohstoffabkommen waren eher noch bescheidener. Von den geplanten 18 Abkommen war im Rahmen des Integrierten Rohstoffprogramms bisher nur ein einziges zustande gekommen, das für Kautschuk.[18] Daneben existierten vier weitere internationale Vereinbarungen für Kaffee, Kakao, Zinn und Zucker. Alle diese Abkommen kämpften mit erheblichen Schwierigkeiten und waren bisher kaum erfolgreich darin, die Rohstoffpreisschwankungen innerhalb der vorgesehenen Bandbreiten zu halten. Die Stützungskäufe der Ausgleichslager-Manager konnten beispielsweise im Falle des Kautschukabkommens nicht verhindern, daß die Preise für Kautschuk zur Jahreswende 1982/83 auf ihren niedrigsten Stand seit 1981 fielen. Auch in anderen Fällen mißlang es, den Mindestpreis zu halten. Teilweise waren die Finanzmittel für Bufferstock-Interventionen schon nach kurzer Zeit erschöpft. Schwerwiegende Probleme ergaben sich oftmals dadurch, daß wichtige Produzenten- und Verbraucherländer den Abkommen nicht beitraten und die dort vereinbarten Regeln umgingen. Besonders wettbewerbsfähige rohstoffexportierende Entwicklungsländer waren eher

---

[14] Die für die in Anm. 13 aufgeführten Länder und Rohstoffe aggregierten Exporterlöse sanken 1981 gegenüber dem Vorjahr um ca. 23 %, in der Folgeperiode um weitere 12 %.

[15] Vgl. UNCTAD, a.a.O. (Anm. 8), bes. S. 14. Eine kritische Darstellung des rohstoffpolitischen Programms der Entwicklungsländer bietet Bernd *Stecher*, Der „Gemeinsame Rohstoff-Fonds“. Gestärkte Entwicklungsländer-Position oder Pyrrhussieg?, in: *EA*, 2/1981, S. 57–64.

[16] Vgl. Peter *Nunnenkamp*, EG und Dritte Welt. Lomé II und der Nord-Süd-Dialog, in: IP 1979/80, S. 261–276.

[17] Hierfür war nach Angaben der UNCTAD die Ratifizierung durch mindestens 90 Staaten erforderlich, durch die etwa zwei Drittel des Fondskapitals aufzubringen waren.

[18] Vgl. Klaus Peter *Krause*, Die Rohstoffabkommen der UNCTAD haben ihren Zweck verfehlt, in: *FAZ*, 9. 6. 1983. Obwohl schon im Oktober 1979 beschlossen, wurde das Kautschukabkommen erst am 15. 4. 1982 endgültig in Kraft gesetzt.

daran interessiert, ihre Weltmarktanteile auszuweiten, als Preisstabilisierungsabkommen abzuschließen, da letztere nicht selten auch Verpflichtungen zur Exportbeschränkung enthielten. Diese Erfahrungen mit den bestehenden Abkommen ließen die oben erwähnte Hoffnung unrealistisch erscheinen, daß eine weitergehende Realisierung des Integrierten Rohstoffprogramms die wirtschaftlichen Schwierigkeiten der Entwicklungsländer im Rohstoffbereich nachhaltig hätte lindern können.

DIE OPEC IN DER KRISE

Ähnliche Probleme traten in zunehmendem Maße auch im Kartell erdölexportierender Staaten, OPEC, auf, das den rohstofforientierten Entwicklungsländern lange Zeit als vorbildliches Beispiel für die Organisation der Interessen der Dritten Welt gegenüber den Industrieländern gegolten hatte. Angesichts der nach 1979 deutlich rückläufigen internationalen Rohölnachfrage wurde es für die 13 OPEC-Mitgliedstaaten erheblich schwieriger, ein Auseinanderbrechen des Kartells zu verhindern. Der durch die gesamtwirtschaftliche Wachstumsschwäche der wichtigsten Verbraucherstaaten bedingte Nachfrageausfall wurde noch durch erfolgreiche Bemühungen dieser Länder verstärkt, das drastisch verteuerte Erdöl durch andere Energieträger zu substituieren. Vor diesem Hintergrund ging die weltweite Ölförderung kontinuierlich zurück.[19]

Das Produktionsvolumen der OPEC sank überdurchschnittlich stark; vom Rekordniveau von fast 32 Millionen Faß zu je 159 Liter pro Tag (1979) fiel der Ausstoß über 26,5 Millionen (1980) und 22,5 Millionen (1981) im Jahre 1982 zeitweise auf circa 16 Millionen Faß pro Tag. Der Förderanteil der OPEC, der im Jahre 1979 noch circa 48 Prozent ausgemacht hatte, reduzierte sich in den folgenden drei Perioden um jeweils 4 bis 5 Prozentpunkte und lag 1982 unter 35 Prozent. Hierfür waren vor allem zwei Faktoren verantwortlich: Zum einen drängten verstärkt neue Anbieter wie Großbritannien, Norwegen, Mexiko und Ägypten auf den Weltmarkt für Erdöl, die dem OPEC-Kartell nicht beitraten und als Außenseiter erfolgreich ihre Marktanteile auszuweiten trachteten. Zum andern führte der schrumpfende Weltmarkt dazu, daß die wirtschaftlichen Interessengegensätze zwischen den OPEC-Staaten offen aufbrachen. Zudem brachte das neue politische Regime in Iran eine stärkere Politisierung des Entscheidungsprozesses innerhalb der OPEC mit sich, die die Kluft zwischen radikalen und gemäßigten Förderländern erweiterte.[20] Die wirtschaftlichen

---

[19] Die jährlichen Änderungsraten betrugen –4 % 1980, –6,5 % 1981 und –5 % 1982. Zu diesen und zu den folgenden Angaben vgl. vor allem die laufenden Ausgaben des *Middle East Economic Survey*, des *Petroleum Economist* und des *Petroleum Intelligence Weekly*.

[20] Vgl. Karim *Pakravan*, If OPEC Falls Oil Price Won't, in: *The Journal of Commerce*, 19. 2. 1981.

und politischen Differenzen erschwerten eine marktgerechte Preis- und Mengenpolitik des OPEC-Kartells beträchtlich.

Im Dezember 1980 hatte die OPEC einen Basispreis für Erdöl von 32 Dollar beschlossen, wobei für das hochwertige afrikanische Öl Preise bis zu 41 Dollar gefordert werden durften. Bereits wenige Wochen später war der Weltölmarkt durch ein Überangebot gekennzeichnet. Die vereinbarten Preise schienen nur dann zu halten zu sein, wenn das Kartell sich auf eine Produktionskürzung einigen konnte. Der wichtigste Öl-Produzent, Saudi-Arabien, machte seine Zustimmung jedoch von mehreren Bedingungen abhängig.[21] Zunächst wurde eine Rückkehr zu einem gemeinsamen OPEC-Preis durch einen drastischen Abbau der Qualitätszuschläge gefordert. Darüber hinaus verlangte Saudi-Arabien, eine gemäßigte langfristige Preisstrategie zu vereinbaren, wonach die Ölpreise vierteljährlich an die weltweiten Inflations- und Währungsschwankungen angepaßt werden sollten, um die Ölpreisentwicklung zu verstetigen.[22] Eine derartige Preispolitik lag im Interesse Saudi-Arabiens, das aufgrund seiner riesigen Ölreserven verhindern wollte, daß die Verbraucherländer die Substitution des Öls durch andere Energieträger so verstärkten, daß auf längere Sicht keine nennenswerten Ölexporteinnahmen mehr zu erwarten gewesen wären. Dem standen jedoch die Interessen anderer Förderländer entgegen, die einen akuten Devisenbedarf hatten, entweder weil sie einen Krieg finanzieren mußten (Iran – Irak), oder weil sie ehrgeizige Industrialisierungsvorhaben in Angriff genommen hatten, die umfangreiche Importe erforderten.

Um die anderen OPEC-Mitglieder zur Ölpreisstabilisierung und zur Rückkehr zu einem einheitlichen Ölpreis zu zwingen, sorgte Saudi-Arabien durch eine hohe Auslastung seiner Produktionskapazitäten[23] für ein zunehmendes Überangebot auf dem Weltmarkt für Erdöl.[24] Dennoch setzten sich Länder wie Iran, Algerien, Libyen, Nigeria und Ecuador weiterhin für höhere Preise ein. Auf zwei Konferenzen im Jahre 1981 konnte keine Einigung über die Förderpolitik erzielt werden: Während Saudi-Arabien die hohe Produktion zunächst aufrechterhielt, wollten die anderen OPEC-Staaten ihren Ausstoß um 10 Prozent kürzen; neue Preisbeschlüsse konnten nicht gefaßt werden. Die Folge war, daß vor allem teures Öl aus Algerien, Libyen und Nigeria immer schwieriger abzusetzen war; die verkauften Mengen halbierten sich für diese Länder teilweise, so daß für die in Angriff genommenen Entwicklungsvorha-

[21] Zur Rolle Saudi-Arabiens vgl. auch Hanns W. *Maull*, Zukunftsperspektiven für den Ölmarkt, in: *EA*, 14/1982, S. 439–446.

[22] Daneben wurde eine Beteiligung am realen Wachstum der Verbraucherländer angestrebt.

[23] Saudi-Arabien produzierte zeitweise mehr als 10 Millionen Faß pro Tag; der Anteil dieses Landes an der OPEC-Gesamtproduktion stieg im Laufe des Jahres 1981 über 40 % (zum Vergleich: 1978 lag er bei 28 %).

[24] Im Mai 1981 wurde die Überproduktion trotz der Angebotsausfälle aufgrund des Krieges zwischen Iran und dem Irak auf 2 bis 3 Millionen Faß pro Tag, d. h. auf rund 10 % der OPEC-Produktion, geschätzt.

ben zunehmende Finanzierungsengpässe auftraten. Auf den freien Ölmärkten bewirkte das anhaltende Überangebot einen merklichen Preisdruck.

Die OPEC versuchte weiterhin, sich den Marktentwicklungen entgegenzustemmen. Die von Saudi-Arabien angeregte Langzeitstrategie trat gegenüber dem kurzfristigen Krisenmanagement völlig in den Hintergrund. Im Oktober 1981 beschloß eine weitere Ministerkonferenz einen Kompromiß, der den Basispreis um 2 auf 34 Dollar erhöhte; gleichzeitig sollte die Spanne der erlaubten Auf- und Abschläge reduziert werden. Die wichtigste Bedingung für eine erfolgreiche Kartellpolitik wurde jedoch nicht erfüllt, da man sich nicht auf festgesetzte Fördermengen einigen konnte. Obwohl Saudi-Arabien seine Produktion von nun an kontinuierlich drosselte,[25] herrschte auf dem Weltmarkt weiterhin ein Überangebot an Erdöl. Zwischen den einzelnen OPEC-Staaten entbrannte ein Kampf um Weltmarktanteile. Es wurde immer deutlicher, daß einzelne Anbieter die offiziell gefaßten OPEC-Beschlüsse umgingen, indem sie verdeckte Rabatte oder verlängerte Zahlungsziele einräumten.

Nachdem Großbritannien im März 1982 den Preis für Nordseeöl um 4 auf 31 Dollar gesenkt hatte, das Geschehen auf dem Weltölmarkt immer stärker durch kartellfremde Anbieter bestimmt wurde, und die internationalen Ölgesellschaften ihre Läger abbauten und die OPEC-Bezüge senkten, weil sie mit weiteren Preisnachlässen rechneten, verschärfte sich die wirtschaftliche Situation der meisten OPEC-Mitgliedstaaten dramatisch. Nur noch die dünn besiedelten Wüstenstaaten Saudi-Arabien, Katar und die Vereinigten Arabischen Emirate setzten genug Öl ab, um Leistungsbilanzdefizite zu vermeiden. Obwohl viele Industrialisierungsprojekte bereits gestrichen oder verschoben worden waren, wurde das aggregierte Leistungsbilanzdefizit der OPEC-Staaten für 1982 auf 10 Milliarden Dollar geschätzt. Angesichts dieser Lage einigte sich das Kartell schließlich darauf, den Ölausstoß um 2,5 Millionen Faß pro Tag auf 18 Millionen Faß zu begrenzen.[26] Erstmalig wurden länderspezifische Förderquoten festgelegt. Man hoffte, auf diese Weise den Basispreis von 34 Dollar verteidigen zu können.

Die Förderbegrenzung erwies sich jedoch schon bald als nicht ausreichend. Der Weltmarkt blieb weiterhin durch einen Angebotsüberhang gekennzeichnet. Der Kampf um Weltmarktanteile brach in verschärftem Maße aus. Es kam zu offenen Unterbietungen der offiziell festgelegten Preise durch einzelne OPEC-Staaten. Steigende Defizite im Staatshaushalt und in der Leistungsbilanz bewirkten, daß sich Ende 1982 schon die Hälfte der Kartellmitglieder nicht mehr an die eigenen Preisbeschlüsse hielt. Auch die vereinbarten Produktions-

---

[25] Im November 1981 lag die saudi-arabische Produktion bei 8,5 Millionen Faß pro Tag; sie sank im ersten Halbjahr 1982 weiter auf 6 Millionen Faß, später sogar darunter.

[26] Zusätzlich gab Saudi-Arabien eine autonome Fördereinschränkung von 0,5 Millionen Faß pro Tag bekannt.

quoten wurden, vor allem von Iran, nicht eingehalten. Eine gütliche Einigung war nicht zu erreichen,[27] so daß die Anbieter, die sich bisher an die Kartellabsprachen gehalten hatten, damit drohten, nun auch ihrerseits die Preise zu senken und ihre Quoten zu überschreiten. Der saudi-arabische Erdölminister, Mohammed Zaki el-Yamani, kündigte dem Iran sogar einen „Ölkrieg" an. Dies machte deutlich, daß die nicht marktkonforme Preissetzung der OPEC, gepaart mit der fehlenden Einigkeit über eine wirksame Kartellpolitik, die Organisation in eine schwere Krise gestürzt hatte.

REAKTIONEN DER ENTWICKLUNGSLÄNDER AUF DIE WELTWIRTSCHAFTLICHEN RAHMENBEDINGUNGEN

Ursachenanalyse und Therapievorschläge

Wie schon in den siebziger Jahren suchten die nicht-erdölexportierenden Entwicklungsländer vorwiegend außerhalb ihrer eigenen Verantwortlichkeit nach Ursachen für ihre schwerwiegenden wirtschaftlichen Schwierigkeiten am Beginn der achtziger Jahre. Auch die OPEC-Staaten blieben weitestgehend von Anklagen verschont, obwohl die neuerlichen drastischen Ölpreisverteuerungen von 1979/80 die Wirtschaftskrise der Ölimportländer in der Dritten Welt offensichtlich erheblich verschärft hatten. Als Hauptschuldige wurden vielmehr die Industrieländer angesehen. Ihnen wurde vorgeworfen, zunehmende Zahlungsbilanzprobleme der Entwicklungsländer durch immer restriktivere Importbeschränkungen verursacht zu haben.[28] Die Kritik richtete sich auch gegen das Allgemeine Zoll- und Handelsabkommen (GATT), das sich als unfähig erwiesen hätte, den platzgreifenden Protektionismus zu stoppen. Es wurde zutreffend festgestellt, daß ein immer größerer Teil des internationalen Handels außerhalb der vereinbarten GATT-Regeln reglementiert wurde; dies verschlechterte die Exportchancen der Entwicklungsländer nicht zuletzt im Agrarbereich.

Die Industrieländer begegneten dieser Kritik hauptsächlich mit unverbindlichen Bekenntnissen zu einem möglichst freien Welthandel. Gleichzeitig rechtfertigten sie bestehende Handelsrestriktionen mit eigenen wirtschaftlichen Problemen, die sie auf diese Weise lindern zu können glaubten. Überdies

---

[27] Eine im Dezember 1982 einberufene Ministerkonferenz, die sich mit der Neuverteilung der Quoten befassen sollte (höhere Quoten wurden von Iran, Venezuela, Nigeria, Indonesien und Libyen gefordert), scheiterte an dieser Kernfrage; es wurde lediglich vereinbart, das OPEC-Produktionsziel um 1 Milliarde auf 18,5 Milliarden Faß pro Tag zu erhöhen.

[28] Vgl. UNCTAD, Protectionism. Trade Relations and Structural Adjustment, TD/274, Belgrad, Juni 1983.

verwiesen sie darauf, daß die Entwicklungsländer selbst ebenfalls ihre Importe durch vielfältige Eingriffe beschränkten. Besonders von den fortgeschrittenen Staaten der Dritten Welt wurde verlangt, daß sie sich in zunehmendem Maße mit allen Rechten und Pflichten in das internationale Handelssystem integrieren würden.

Neben dem Protektionismus der Industrieländer war nach Auffassung der Dritten Welt deren anhaltende Stabilisierungspolitik für die weltweiten wirtschaftlichen Schwierigkeiten verantwortlich. Vernachlässigt wurden auch hier die nachteiligen Auswirkungen der zweiten Ölpreiskrise. Vielmehr wurde eine Belebung der weltwirtschaftlichen Aktivität für möglich gehalten, wenn nur die Industrieländer sich wirtschaftspolitisch umorientieren würden.[29] Neben der Öffnung der Märkte sollte eine expansive Geld- und Fiskalpolitik der Industrienationen die Nachfrage beleben. Eine solche Politik wurde gleichzeitig als geeignet angesehen, das international sehr hohe Zinsniveau zu senken. Ferner sollten die nationalen Wirtschaftspolitiken unter besonderer Berücksichtigung der Entwicklungsländerinteressen besser als bisher koordiniert werden,[30] einschließlich einer Stabilisierung der Wechselkurse durch abgestimmte Devisenmarktinterventionen. Daneben wurden erhebliche zusätzliche Finanzmittel für erforderlich gehalten, um das gesamtwirtschaftliche Wachstum in der Dritten Welt zu stärken. In diesem Zusammenhang wurde vorgeschlagen, deutliche Quotenerhöhungen beim Internationalen Währungsfonds (IWF) zu beschließen, zusätzliche Sonderziehungsrechte zu schaffen, die Vergabe von IWF-Krediten zu erleichtern, die Mittelvergabe von Weltbank und Internationaler Entwicklungsagentur zu erhöhen, die öffentliche Entwicklungshilfe der Industrieländer aufzustocken sowie Schuldenerleichterungen einzuräumen.

Gegenüber diesen kurzfristigen Forderungen trat das Verlangen der Dritten Welt, die sogenannte Neue Weltwirtschaftsordnung zu errichten, in den Hintergrund. Angesichts der akuten weltwirtschaftlichen Schwierigkeiten ging es den Entwicklungsländern stärker als bisher darum, die wirtschaftliche Aktivität durch gemeinsame Anstrengungen wieder zu beleben, während die Vorstellung, vorhandenes Einkommen von Norden nach Süden umzuverteilen, an Gewicht verlor. Es blieb jedoch offen, ob sich hierin auch auf längere Sicht eine größere Realitätsnähe der Entwicklungsländer zeigen würde: Die Forderung nach der Neuen Weltwirtschaftsordnung blieb auf der Tagesordnung; möglicherweise würde ihr wieder die höchste Priorität eingeräumt werden, sobald sich die weltwirtschaftlichen Rahmenbedingungen verbesserten.

---

[29] Vgl. hierzu: Action to Spur World Recovery and Development Urged by UNCTAD Secretariat, in: *UNCTAD Bulletin* (Genf), Nr. 192, April 1983, S. 1–5.

[30] Vgl. auch Shridath *Ramphal*, the North-South Debate. Summit Promises a New Sense of Direction, in: *FT*, 15. 9. 1981.

Die Industrieländer standen den fiskal-, geld- und finanzpolitischen Vorstellungen der Dritten Welt recht skeptisch gegenüber. Zwar leugneten sie nicht, daß neben den Ölpreisverteuerungen auch ihre bisher verfolgte Stabilisierungspolitik negative Rückwirkungen auf die Entwicklungsländer gehabt hatte. Die wirtschaftlichen Probleme der Dritten Welt hielten sie jedoch teilweise für hausgemacht.[31] Wirtschaftspolitische Fehler wurden vor allem in künstlich überbewerteten nationalen Währungen, hohen und steigenden Defiziten in den Staatshaushalten sowie allgemein in einer unzureichenden Bereitschaft gesehen, sich an veränderte weltwirtschaftliche Rahmenbedingungen anzupassen. Nach der Auffassung der Industrieländer ging es zunächst darum, derartige Fehlentwicklungen zu korrigieren. Die Möglichkeiten der entwickelten Staaten, der Dritten Welt bei der Überwindung ihrer Probleme zu helfen, wurden durch hohe Haushaltsdefizite sowie die Folgen der anhaltenden Wachstumsschwäche in den Industrieländern selbst stark eingeengt. Ausgehend vor allem von den Vereinigten Staaten gewann zudem die Auffassung Verbreitung, daß allein eine Stärkung der Marktkräfte und der privatwirtschaftlichen Initiative einen Ausweg aus der weltweiten Wirtschaftskrise böte.[32] Sowohl national als auch international sollten staatliche Eingriffe in das wirtschaftliche Geschehen deshalb möglichst vermieden werden. Eine antizyklische staatliche Wirtschaftspolitik nach keynesianischem Muster galt überwiegend als gescheitert.[33] Den Entwicklungsländern empfahl man, bessere Bedingungen für eine Verstärkung der privaten Kapitalströme in die Dritte Welt zu schaffen; private Direktinvestitionen sollten durch ein günstiges Investitionsklima angelockt werden.[34]

Die Energiefrage

Auseinandersetzungen darüber, ob sich wirtschaftliche Schwierigkeiten eher durch staatliches Handeln oder durch privatwirtschaftliche Initiativen überwinden ließen, kennzeichneten auch die Konferenz der Vereinten Nationen über neue und erneuerbare Energiequellen, die im August 1981 in Nairobi

---

[31] Vgl. auch Juergen B. *Donges*, Der Nord-Süd-Dialog in der Sackgasse? Eine Nachlese zum Brandt-Bericht im Hinblick auf das Cancun-Gipfeltreffen, in: *Kieler Diskussionsbeiträge*, Nr. 78 (Institut für Weltwirtschaft), Kiel, August 1981.

[32] Vgl. Myer *Rashish*, Die amerikanische Politik gegenüber Entwicklungsländern, in: *EA*, 17/1981, S. 507–511.

[33] Vgl. z. B. Jacques de *Larosière*, Der Internationale Währungsfonds und die Hauptprobleme der Weltwirtschaft, in: *EA*, 15/1981, S. 451–460.

[34] Vgl. beispielsweise die Erklärung der Staats- und Regierungschefs der Bundesrepublik Deutschland, Frankreichs, Großbritanniens, Italiens, Japans, Kanadas und der Vereinigten Staaten zum Abschluß ihres Treffens in Ottawa am 20. und 21. 7. 1981, in: *EA*, 16/1981, S. D 423 – D 427.

stattfand. Ziel der Energiekonferenz war es, die Nutzung und Verwertung von 14 nicht konventionellen Energiearten voranzutreiben, die bisher nur 15 Prozent des Weltenergiebedarfs deckten. Durch diese Beschränkung der Energieproblematik blieb es der OPEC weitestgehend erspart, ihre Ölpreispolitik rechtfertigen zu müssen, die auch für die ölimportierenden Staaten der Dritten Welt erhebliche Anpassungsschwierigkeiten hervorrief. Die Forderungen der Entwicklungsländer konzentrierten sich statt dessen auf die Industrienationen. Diese sollten zusätzlich zu der bereits geleisteten Entwicklungshilfe neue Mittel bereitstellen, um Energieprojekte in der Dritten Welt und den Transfer entsprechender Technologien vom Norden in den Süden zu finanzieren.[35] Es wurde vorgeschlagen, zur finanziellen Abwicklung energiewirtschaftlicher Investitionen ein neues Tochterinstitut der Weltbank, eine Energiefiliale, zu schaffen. Darüber hinaus sollte sich nach den Vorstellungen der Entwicklungsländer eine neue Sonderorganisation der Vereinten Nationen dem Themenkreis „neue und erneuerbare Energien" auf Dauer widmen.

Weder mit ihren finanziellen noch mit ihren institutionellen Forderungen konnte sich die Gruppe der 77 durchsetzen. Verbindliche finanzielle Verpflichtungen wurden von den Industrieländern nicht eingegangen, ebensowenig wie von den OPEC-Staaten oder den entwickelten Zentralverwaltungswirtschaften. Zwar sah das verabschiedete Aktionsprogramm vor, daß verstärkt Mittel für Energieprojekte bereitgestellt werden sollten. Die Industrieländer verstanden darunter jedoch hauptsächlich die Umschichtung der bereits gewährten Entwicklungshilfe zugunsten von Vorhaben im Bereich der nicht konventionellen Energien. Zudem pochten vor allem die Vereinigten Staaten auf die Rolle des privaten Sektors bei der Mobilisierung finanzieller Mittel, der Entwicklung neuer Energiequellen und dem Transfer von Technologien sowie auf die Eigenverantwortlichkeit der Dritte-Welt-Staaten, geeignete energiepolitische Rahmenbedingungen zu schaffen. Die Vereinigten Staaten waren es auch, die die Gründung einer Energiefiliale der Weltbank ablehnten, während sich die anderen Industrieländer in diesem Punkt kompromißbereit zeigten. Einig war man sich dagegen auf seiten der Industrieländer, eine spezielle Energie-Institution innerhalb der Vereinten Nationen abzulehnen; nach ihrer Auffassung sollten bereits bestehende Organe, wie der Wirtschafts- und Sozialrat der Vereinten Nationen, genutzt werden, um die Energiefrage weiter zu erörtern. Man verständigte sich schließlich mit der Gruppe der 77 darauf, einen Interimsausschuß zu bilden, der neue Vorschläge für die UN-Generalversammlung erarbeiten sollte.

Die technologischen, wirtschaftlichen und sozialen Aspekte der angestrebten stärkeren Nutzung nicht konventioneller Energieträger traten gegenüber dem Streit um finanzielle Mittel und institutionelle Wege in den Hintergrund.

---

[35] Vgl. Günter *Krabbe*, „Prinzip der Additionalität" steht bei der Energiekonferenz im Vordergrund, in: *FAZ*, 17. 8. 1981.

In den entsprechenden Teilen des Aktionsprogramms fanden sich zwar Empfehlungen hinsichtlich der verschiedensten Energieträger (so sollte nicht zuletzt die Brennholzkrise in der Dritten Welt durch Aufforstungsmaßnahmen entschärft werden), zum Umweltschutz, zu soziokulturellen Anpassungsmaßnahmen und vielem anderen mehr; es war jedoch zu erwarten, daß diese Überlegungen angesichts der fehlenden Einigung über Mittel und Wege weitgehend wirkungslos bleiben würden.

Die Probleme der ärmsten Entwicklungsländer

Nach allgemeiner Auffassung waren die ärmsten Staaten der Dritten Welt von allen Entwicklungsländern am stärksten auf einen stetigen Fluß von Entwicklungshilfemitteln aus dem Norden angewiesen. Sie hatten bisher kaum international wettbewerbsfähige Produktionen aufgebaut, und ihre Exporte beschränkten sich meistens auf einen oder wenige Rohstoffe, für die sich die Ausfuhrmöglichkeiten oftmals drastisch verschlechtert hatten. Neben den bilateralen Hilfeleistungen waren es vor allem die besonders günstigen Kredite der Internationalen Entwicklungsagentur (IDA), von denen diese Staaten abhängig waren. Es war deshalb nicht verwunderlich, daß die Kürzung der IDA-Mittel, die hauptsächlich wegen der Zurückhaltung der Vereinigten Staaten drohte, die IDA finanziell besser auszustatten,[36] von den betroffenen Entwicklungsländern heftig beklagt wurde.

Vor diesem Hintergrund setzte sich im September 1981 eine Konferenz der Vereinten Nationen in Paris über die ärmsten Entwicklungsländer das Ziel, die Lage dieser Staaten nachhaltig zu verbessern. Im Vordergrund stand dabei das Bestreben, verstärkt finanzielle Mittel bereitzustellen. In dem beschlossenen Aktionsprogramm bekundeten die meisten Geberländer ihre Bereitschaft, in den folgenden Jahren 0,15 Prozent ihres Bruttosozialprodukts den 31 ärmsten Dritte-Welt-Staaten als Entwicklungshilfe zu gewähren. Einige Industrieländer kündigten an, ihre finanziellen Leistungen an diese Staatengruppe zu verdoppeln.[37] Diese Zugeständnisse wurden überwiegend als Erfolg verbucht, obwohl sie den Forderungen der Entwicklungsländer nicht voll gerecht wurden. Die von ihnen gewünschte Festlegung, die Entwicklungshilfe-Ziele bis 1985 zu erreichen und die Leistungen im Zeitraum 1985 bis 1990 auf 0,2 Prozent des Bruttosozialprodukts zu erhöhen, kam nicht zustande.[38] Unklar

---

[36] Vgl. Willy *Brandt* (Hrsg.), Hilfe in der Weltkrise. Ein Sofortprogramm. Der 2. Bericht der Nord-Süd-Kommission, Reinbek 1983, bes. S. 34 ff.

[37] Vgl. UNCTAD (Hrsg.), Progress in the Implementation of the Substantial New Programme of Action for the 1980s for the Least Developed Countries, TD/276, Belgrad, Juni 1983, bes. S. 19 ff.

[38] Die weitere Aufstockung der Entwicklungshilfe an die ärmsten Staaten auf 0,2 % des Bruttosozialprodukts war auch innerhalb der Gruppe der 77 nicht unumstritten. Die Entwick-

blieb, ob die Zusagen, die Hilfe zu verdoppeln, in realer Hinsicht, das heißt zu konstanten Preisen, oder lediglich in nominaler Hinsicht galten. Einzelne wichtige Industrieländer, vor allem die Vereinigten Staaten, weigerten sich schließlich, überhaupt irgendwelche Zusagen zu machen; dies traf auch für die OPEC-Staaten sowie für die Zentralverwaltungswirtschaften Osteuropas zu. Das Aktionsprogramm sah ferner vor, die Modalitäten der Entwicklungshilfe zu verbessern; so sollten verstärkt nicht rückzahlbare Zuschüsse anstelle von Krediten eingeräumt werden. Daneben fanden sich unter anderem auch Vereinbarungen über eine verbesserte technische Hilfe und handelspolitische Erleichterungen für die ärmsten Dritte-Welt-Staaten. All dies blieb jedoch sehr vage und unverbindlich.

Voraussetzung für die Zugeständnisse der Industrieländer hinsichtlich des Ausmaßes der Entwicklungshilfe war es, daß die Dritte Welt die hohe Bedeutung von Eigenanstrengungen zur Verbesserung ihrer wirtschaftlichen Lage anerkannte. Zum ersten Male wurden im Rahmen des Nord-Süd-Dialogs die in den Entwicklungsländern selbst zu ergreifenden Maßnahmen ausführlich erörtert. Die Formulierung geeigneter Politiken, um in verstärktem Maße heimische Ressourcen zu mobilisieren, wurde zum Bestandteil des Aktionsprogramms, etwa in Hinblick auf die Außenhandels- und Wechselkurspolitik, den öffentlichen Sektor und die Landwirtschaft. Vor allem für die Agrarpolitik wurde die Anreizfunktion von unverzerrten Knappheitspreisen betont, um die Eigenversorgung mit Agrarprodukten sicherzustellen.

War auf der einen Seite die Bereitschaft der Gruppe der 77, die nationale Wirtschaftspolitik der Entwicklungsländer zu überdenken, die Voraussetzung für materielle Zugeständnisse der Geberländer, so war auf der anderen Seite die Erfüllung der Zusagen durch die Industriestaaten Bedingung dafür, daß die ehrgeizigen Entwicklungsziele des Aktionsprogramms von den ärmsten Staaten auch tatsächlich realisiert werden konnten. Um so schwerwiegender war es, daß sich bereits wenig später eine sehr unbefriedigende Entwicklung der Hilfeleistungen abzeichnete. Statt der von der UNCTAD erwarteten 14 Milliarden Dollar würden die Geberländer nach Schätzungen dieser Organisation im Jahre 1985 voraussichtlich lediglich 8 Milliarden Dollar Entwicklungshilfe bereitstellen.[39] Für 1981 ergab sich – sowohl in realer als auch in nominaler Hinsicht – ein Rückgang der Leistungen an die ärmsten Länder, der

---

lungsländer mit mittlerem Einkommen fürchteten, dies würde in zunehmendem Maße auf ihre Kosten gehen, da angesichts der Haushaltsprobleme in den Geberländern lediglich eine Umschichtung der Hilfeleistungen an die ärmsten Länder zu erwarten war. Vgl. Thomas G. *Weiss* und Anthony *Jennings*, What are the Least Developed Countries and what Benefits may Result from the Paris Conference?, in: *World Development*, Bd. 11, Nr. 4, 1983, S. 337–357.

[39] Vgl. UNCTAD, Progress in the Implementation, a.a.O. (Anm. 37), bes. S. 2. Auch *Weiss/Jennings* (a.a.O. [Anm. 38], bes. S. 348 ff.) berechneten, daß die Entwicklungshilfe selbst unter optimistischen Annahmen erheblich geringer ausfallen würde, als auf der Pariser Konferenz erwartet worden war.

sich im folgenden Jahr weiter fortzusetzen schien. Es bestand deshalb die Gefahr, daß das Aktionsprogramm allenfalls eine begrenzte Wirkung haben würde und die in ihm enthaltenen positiven Ansätze einer Politikreform in den Entwicklungsländern verkümmern würden.

DAS NORD-SÜD-GIPFELTREFFEN IN CANCUN

Schon seit Jahren konnte man beobachten, daß sich der Nord-Süd-Dialog in seinen traditionellen Formen immer stärker festgefahren hatte. Nach verbreiteter Auffassung lag dies u. a. darin begründet, daß es den meisten Konferenzen aufgrund der Fülle der erörterten Themen an einer inhaltlichen Konzentration fehlte. Dieser Kritik wurde zumindest teilweise Rechnung getragen, wie die Energiekonferenz in Nairobi sowie die Pariser Konferenz über die ärmsten Entwicklungsländer zeigten. Als Hemmnis für substantielle Fortschritte in den Beziehungen zwischen Industrie- und Entwicklungsländern wurde jedoch auch die unübersehbare Vielzahl umfangreicher Delegationen angesehen, die sich üblicherweise alle Gehör verschaffen wollten und damit eine gestraffte Verhandlungsführung nahezu unmöglich machten. Um dem zu begegnen, hatte die sogenannte Brandt-Kommission in ihrem 1980 vorgelegten Bericht vorgeschlagen, ein Gipfeltreffen zu den drängenden Nord-Süd-Fragen mit stark begrenzter Teilnehmerzahl einzuberufen, auf dem ein Ausweg aus der Sackgasse gesucht werden sollte.[40]

Vor diesem Hintergrund trafen sich im Oktober 1981 die Repräsentanten von 22 Staaten[41] im mexikanischen Cancun, um schwerpunktmäßig die Themen Landwirtschaft und Ernährung, internationaler Handel, Energie sowie Währung und Finanzen zu erörtern, ohne feste Tagesordnung und ohne daß konkrete Beschlüsse gefaßt werden sollten. Trotz des eher informellen Charakters wurden hohe Erwartungen an das Gipfeltreffen geknüpft, hatten doch die Industrieländer anläßlich ihrer Zusammenkunft in Ottawa wenige Monate zuvor ihre Bereitschaft bekundet, die Verhandlungen mit der Dritten Welt voranzutreiben,[42] und besonders die Vereinigten Staaten eine flexiblere

---

[40] Vgl. die Zusammenfassung der Empfehlungen der Nord-Süd-Kommission in: *EA*, 8/1980, S. D 200 – D 208, sowie *Nunnenkamp*, a.a.O. (Anm. 16).

[41] Auf seiten der Entwicklungsländer waren vertreten: Algerien, Bangladesch, Brasilien, Elfenbeinküste, Guayana, Indien, Jugoslawien, Mexiko, Nigeria, Philippinen, Saudi-Arabien, Venezuela und die Volksrepublik China; auf seiten der Industrieländer nahmen teil: Bundesrepublik Deutschland, Frankreich, Großbritannien, Japan, Kanada, Österreich, Schweden und die Vereinigten Staaten. Die UdSSR und andere Zentralverwaltungswirtschaften Osteuropas hatten eine Teilnahme abgelehnt, da sie sich für die Probleme der Dritten Welt nicht verantwortlich fühlten. Kuba war auf Betreiben der Vereinigten Staaten wieder ausgeladen worden.

[42] Vgl. die Erklärung der Staats- und Regierungschefs, in: *EA*, 16/1981, S. D 423 – D 427.

Haltung gegenüber den Forderungen der Entwicklungsländer erkennen lassen.[43]

Derartige Hoffnungen erwiesen sich jedoch großenteils als verfrüht. Präsident Ronald Reagan verfocht weiterhin die Auffassung, um wirtschaftliche Schwierigkeiten zu überwinden sei vor allem auf das freie Spiel der Marktkräfte und auf private Investitionen zu setzen. Statt einer massiven Einkommensumverteilung von Norden nach Süden seien erhebliche Eigenanstrengungen der Entwicklungsländer gefragt;[44] so sollten beispielsweise korrekte, d.h. die Knappheiten widerspiegelnde Preisanreize für inländische Produzenten gesetzt werden und den ausländischen Investoren ausreichende Sicherheiten geboten werden.[45] Wie schon auf der Pariser Konferenz über die ärmsten Entwicklungsländer wurde die Bedeutung von Eigenanstrengungen auch in Cancun von der Dritten Welt anerkannt. Die Industrieländer müßten diese Bemühungen um Selbsthilfe jedoch mit Hilfe von außen nachhaltig unterstützen. Vor allem die indische Premierministerin Indira Gandhi trat als Wortführerin einer eher pragmatischen und moderaten Haltung auf, die das notwendige Nebeneinander von privatem und staatlichem Sektor in den Entwicklungsländern betonte, wobei der Staat die dringend erforderlichen Infrastrukturmaßnahmen ergreifen müsse.

Trotz der im Vergleich zu früher deutlich realistischeren Haltung der Entwicklungsländer blieben viele Fragen sehr umstritten, wobei es in aller Regel die Vereinigten Staaten waren, die sich recht unnachgiebig zeigten. Dies galt etwa für die schon in Nairobi geforderte Energiefiliale der Weltbank; diese wurde, nachdem sich in Cancun auch Saudi-Arabien für die Gründung ausgesprochen hatte, nur noch von den Vereinigten Staaten abgelehnt, die lediglich verstärkte Anleihen für Energieprojekte innerhalb der bestehenden Weltbank-Organisation befürworteten. Einig waren sich die Industrieländer darin, sich den von den Entwicklungsländern geforderten Strukturänderungen des Internationalen Währungsfonds zu widersetzen; auch eine Aufweichung der IWF-Konditionalität bei der Vergabe von Krediten sollte nicht zugelassen werden. Von allen Seiten wurden die Vereinigten Staaten dagegen wegen ihrer Zinspolitik kritisiert, die es vor allem den hochverschuldeten Staaten der Dritten Welt erschwerte, ihre Auslandsverbindlichkeiten zu bedienen. Ein Vorschlag Österreichs, die Industrie- und Ölförderstaaten sollten eine Art Marshall-Plan für die Entwicklungsländer finanzieren, stieß ebenfalls auf amerikanische Ablehnung. Unumstritten war hingegen, im Bereich der Landwirtschaft der Selbstversorgung der Entwicklungsländer Priorität einzu-

---

[43] Vgl. William *Chislett*, Cancun Summit Agenda Agreed, in: *FT*, 3.8.1981.

[44] Vgl. auch die Rede des amerikanischen Außenministers, Alexander M. Haig, vor der Generalversammlung der Vereinten Nationen am 21.9.1981, abgedruckt in: *EA*, 23/1981, S. D 630 – D 635.

[45] Vgl. Horst-A. *Siebert*, Markt und Privatinitiative, in: *Die Welt*, 19.10.1981.

räumen; internationale Nahrungsmittelhilfeleistungen sollten auf Krisenfälle beschränkt bleiben, um den Aufbau heimischer Produktionen nicht zu entmutigen.

Im Zentrum des Interesses stand das Schicksal der seit Jahren geplanten Globalverhandlungen über die wichtigen Nord-Süd-Probleme. Vor allem in dieser Frage wurde in Cancun ein Durchbruch erwartet. Obwohl über die Inhalte dieser Verhandlungen zwischen Industrie- und Entwicklungsländern weiterhin keine volle Übereinstimmung bestand, unterstützten bis auf die Vereinigten Staaten alle Teilnehmer des Gipfeltreffens die Aufnahme des Globaldialogs im Rahmen der Vereinten Nationen, wenn die Entwicklungsländer die Zuständigkeit der Sonderorganisationen, vor allem des IWF und des GATT, akzeptierten. Der amerikanische Präsident forderte dagegen weitere Vorbereitungsgespräche und formulierte einige zusätzliche Voraussetzungen. So sollten die Verhandlungen sich auf genau spezifizierte Themenkreise konzentrieren, auf ein weltweit gestärktes Wirtschaftswachstum statt auf umfangreiche Einkommensumverteilung zielen, die nationalen Wirtschaftspolitiken kritisch überprüfen und in einer kooperativen Atmosphäre stattfinden. Über konkrete Schritte auf dem Weg zu Globalverhandlungen konnte man sich deshalb auch in Cancun nicht verständigen.[46]

Dennoch waren die Entwicklungsländer nicht völlig unzufrieden mit den Ergebnissen des Gipfeltreffens; sie sahen Fortschritte, wenn auch nur geringfügige. Dies war um so überraschender, als die Vereinigten Staaten der Dritten Welt zwar das freie Spiel der Marktkräfte als den besten Lösungsmechanismus für wirtschaftliche Probleme anpriesen, selbst aber kaum konkrete Schritte unternahmen, marktwidrige Handelsbeschränkungen zum Schutz amerikanischer Produzenten vor Exporten der Entwicklungsländer abzubauen.[47] Kritische Beobachter wie der Vorsitzende der Nord-Süd-Kommission, Willy Brandt, vermißten zudem die Behandlung wichtiger Themen, etwa die Bereitstellung zusätzlicher finanzieller Mittel für die Entwicklungsländer zur Verhinderung internationaler Finanzkrisen und die grundlegende Reformierung der internationalen Institutionen.[48] Wenn die Entwicklungsländer Cancun dennoch eher positiv einschätzten, so deutet dies auf einen verstärkten Pragmatismus auf seiten der Dritten Welt hin. Es blieb jedoch offen, ob die Entwicklungsländer auch dauerhaft von den Vorstellungen einer Neuen Weltwirtschaftsordnung abrücken würden, oder vielmehr wieder auf ihre alten

---

[46] Auch Mitte 1982 war man noch nicht viel weiter. Die wichtigsten Industriestaaten erklärten sich in Versailles zwar wiederum bereit, an Globalverhandlungen teilzunehmen (vgl. die Erklärung des Gipfeltreffens westlicher Industriestaaten in Versailles vom 4. bis 6.6.1982, in: *EA*, 14/1982, S. D 324 – D 327); die Vereinigten Staaten bestanden aber weiterhin auf vorbereitenden Konsultationen, forderten zunächst eine Einigung über die Tagesordnung und wollten die Verhandlungen von vornherein zeitlich begrenzen.

[47] Vgl. Hobart *Rowen*, Forebodings of „Supply-Side Imperialism", in: *IHT*, 21.10.1981.

[48] Vgl. Willy *Brandt*, Progress by the Millimetre at Cancun, in: *Economist*, 28.11.1981.

Positionen einschwenken würden, sobald deutlicher erkennbar wurde, daß Cancun nicht den erstrebten Ausweg aus der Sackgasse gebracht hatte, in den der Nord-Süd-Dialog geraten war.[49]

VERSUCH EINER NEUEN POSITIONSBESTIMMUNG DER DRITTEN WELT

Die Möglichkeit einer erneuten Positionsbestimmung bot sich schon wenige Monate später auf einer durch eine indische Initiative zustande gekommenen Konferenz von 44 Entwicklungsländern in Delhi (22. bis 24. Februar 1982). Hier sollten einerseits dem Nord-Süd-Dialog, andererseits aber auch der Zusammenarbeit innerhalb der Dritten Welt neue Impulse verliehen werden. Von Anfang an waren die Voraussetzungen hierfür jedoch eher ungünstig. Viele Teilnehmerstaaten verzichteten darauf, hochrangige Delegationen nach Delhi zu entsenden; ein so wichtiges Land wie Saudi-Arabien blieb der Zusammenkunft sogar gänzlich fern. Für diese Zurückhaltung gab es verschiedene Gründe. Vor allem die schwarzafrikanischen Staaten mit einer nur geringen Wirtschaftskraft fürchteten, daß Indien das Treffen dazu nutzen wollte, sich als Führungsmacht der Gruppe der 77 zu profilieren, und sahen die Gefahr einer wirtschaftlichen Hegemonie weniger bereits fortgeschrittener Entwicklungsländer innerhalb der Dritten Welt. Die OPEC-Staaten mit Leistungsbilanzüberschüssen dagegen fühlten sich in die ungeliebte Rolle gedrängt, verstärkt finanzielle Mittel für die ölimportierenden Länder des Südens bereitstellen zu sollen.

Das als Süd-Süd-Konferenz geplante Treffen wurde nicht zuletzt deshalb zu „Beratungen“ herabgestuft. Mit Blick auf die wirtschaftliche Kooperation zwischen den Entwicklungsländern war man sich einig, daß den früheren Absichtserklärungen bisher kaum konkrete Schritte gefolgt waren. Es sollten in verstärktem Maße präferentielle Handelsabkommen innerhalb der Gruppe der 77 abgeschlossen werden, der Technologietransfer innerhalb der Dritten Welt erhöht, und vermehrt industrielle Joint Ventures vereinbart werden sowie die regionalen Energie- und Wasservorkommen gemeinsam genutzt werden. Schwierig wurde es jedoch, als es um die Finanzierung derartiger Projekte ging. Die Ölförderstaaten, von denen erwartet wurde, daß sie zukünftig einen größeren Teil ihrer Öleinnahmen auf direktem Wege in die ölimportanhängigen Entwicklungsländer zurückschleusen würden, zeigten wenig Neigung, Gelder für die Süd-Süd-Kooperation bereitzustellen. Man verständigte sich lediglich darauf, eine indische Anregung zur Gründung einer multilateralen Finanzierungsinstitution zu befürworten und weiterzuverfolgen; die Mittel

[49] Vgl. Art *Pine*, North-South Summit may Bear Fruit or it could Anger the Third World, in: *Wall Street Journal*, 28.10.1981.

hierfür sollten durch freiwillige Kapitalzuschüsse von Ländern der Dritten Welt aufgebracht werden. Es gelang folglich auch in Delhi nicht, maßgebliche Fortschritte in der wirtschaftlichen Zusammenarbeit zwischen den Entwicklungsländern zu erzielen.

Die Süd-Süd-Kooperation wurde nicht als Ersatz für verbesserte Beziehungen zwischen Industrie- und Entwicklungsländern angesehen. Die Teilnehmer des Delhi-Treffens forderten deshalb vom Norden, die Handelsschranken gegenüber Exporten der Dritten Welt abzubauen und einen weiteren Rückgang der geleisteten Entwicklungshilfe zu verhindern. Im Zentrum der Diskussionen stand jedoch das Verlangen, endlich mit den seit langem geplanten Globalverhandlungen zu beginnen. Auf welche Weise man diesem Ziel näherkommen konnte, blieb umstritten. Eine Reihe von Entwicklungsländern plädierte dafür, in Fragen der Vorgehensweise dem Norden durch eine stärkere Flexibilität entgegenzukommen. Es gelang diesen Staaten aber nicht, die weniger kompromißbereiten Teilnehmer des Treffens für eine gemeinsame Strategie gegenüber den Industrieländern zu gewinnen. Dies galt besonders für die Fragen, wie man der amerikanischen Forderung nach einer Vorkonferenz zur Festlegung der Tagesordnung für die Globalverhandlungen sowie der Weigerung des Nordens begegnen sollte, die Kompetenzen von IWF, Weltbank und GATT einzuschränken.

Der Versuch Indiens, die Haltung zu wichtigen Süd-Süd- und Nord-Süd-Problemen in der Gruppe der 77 untereinander abzustimmen, erwies sich folglich weitestgehend als Fehlschlag. Das Treffen in Delhi bot vielmehr vielfältige Anzeichen dafür, daß die Interessengegensätze im Lager der Entwicklungsländer weiter zugenommen hatten.

DER NORD-SÜD-DIALOG 1981/82 – EINE ZUSAMMENFASSUNG

Die Verhandlungen zwischen Industrie- und Entwicklungsländern am Anfang der achtziger Jahre standen stark im Zeichen der weltwirtschaftlichen Krisenerscheinungen. Die erneuten drastischen Ölpreisverteuerungen in den Jahren 1979/80, sinkende Preise für andere Rohstoffe und eine rückläufige Importnachfrage der Industrieländer sowie dadurch begünstigte hohe Leistungsbilanzdefizite und deutlich verringerte gesamtwirtschaftliche Zuwachsraten in der Dritten Welt hatten zur Folge, daß die längerfristigen Forderungen der Entwicklungsländer nach einer Neuen Weltwirtschaftsordnung in den Hintergrund gedrängt wurden. Es ging vielmehr primär darum, Sofortmaßnahmen zur Linderung der akuten Probleme zu ergreifen. Von den Industriestaaten wurden eine expansivere Wirtschaftspolitik sowie ein Abbau des platzgreifenden Protektionismus erwartet; vor allem für die ärmsten Länder sollte darüber hinaus der Rückgang der Entwicklungshilfe gestoppt werden. Ein stärkerer Realismus in den Vorstellungen der Gruppe der 77 zeigte sich auch darin, daß sie die hohe Bedeutung von Eigenanstrengungen in den Entwicklungsländern akzeptierte und erstmalig bereit war, im Rahmen des Nord-Süd-Dialogs ausführlich über nationale Wirtschaftspolitiken zu beraten.

Wenn die Nord-Süd-Verhandlungen 1981/82 dennoch ohne substantielle Fortschritte blieben und kein Ausweg aus der Sackgasse gefunden wurde, so lag dies zumindest teilweise darin begründet, daß die Industrieländer den von ihnen verfochtenen Prinzipien oftmals selbst untreu wurden. Das beste Beispiel hierfür boten die zunehmend restriktiven Außenhandelspraktiken, die den marktwirtschaftlichen Grundsätzen diametral entgegenstanden. Trotz der stärker kooperativen Haltung der Dritten Welt verharrten die entwickelten Industrienationen in ihrer eher defensiven Verhandlungsposition. Erschwert wurden Fortschritte im Nord-Süd-Dialog möglicherweise auch dadurch, daß sich innerhalb der Gruppe der 77 zunehmend unterschiedliche Interessen herausbildeten; eine einheitliche Position der Entwicklungsländer war nur noch in den wenigsten Fragen zu erkennen.

Die verbreitete Enttäuschung darüber, daß man entgegen den Hoffnungen auf einen Durchbruch im Nord-Süd-Dialog mit der Lösung der drängenden Probleme kaum vorangekommen war, veranlaßte die Brandt-Kommission, einen zweiten Bericht vorzubereiten. Mit dem Ziel, eine weltweite wirtschaftliche Krise ähnlich der der dreißiger Jahre abzuwenden, sollte ein Sofortprogramm für die Bereiche Finanzen, Handel, Ernährung und Energie erarbeitet werden. Trotz der allenfalls begrenzten Wirkung des ersten Berichts der Nord-Süd-Kommission hoffte man, daß von diesem Programm neue Impulse für die Verhandlungen zwischen Industrie- und Entwicklungsländern ausgehen würden, nicht zuletzt für die für den Juni 1983 geplante UNCTAD VI in Belgrad.

DAS SEERECHTSÜBEREINKOMMEN DER VEREINTEN NATIONEN

Von Wolfgang Graf Vitzthum

Am 10. Dezember 1982 wurde die im Jahre 1973 eröffnete Dritte Seerechtskonferenz der Vereinten Nationen[1] abgeschlossen und das Seerechtsübereinkommen der Vereinten Nationen den Mitgliedstaaten zur Zeichnung unterbreitet. Der Text des Übereinkommens war von der Konferenz am 30. April 1982 mit 130 Stimmen angenommen worden, bei vier Gegenstimmen (USA, Türkei, Israel, Venezuela) und 17 Enthaltungen (je sechs Mitgliedstaaten der EG und des Warschauer Pakts, aber auch etwa Liberia und Thailand). Der neue Kodex erfaßte sämtliche Bereiche und Nutzungen der Meere. Er bestand aus 320 zum Teil umfangreichen Artikeln und neun Anhängen, sechssprachig in gleichermaßen verbindlichem Wortlaut, verfaßt in der Diktion internationaler Vertragsexperten.[2]

Die USA lehnten das Übereinkommen, wie Präsident Ronald Reagan am 9. Juli 1982 ankündigte, wegen seiner Regelungen für den Tiefseebergbau ab.[3] Großbritannien, Italien, Belgien, Luxemburg und die Bundesrepublik Deutschland konnten sich nicht zur Unterzeichnung – oder Nichtunterzeichnung – entschließen. Die übrigen EG-Länder, die Hälfte der NATO-Länder, Japan, alle Ostblockländer – insgesamt 130 Staaten – unterzeichneten, 117 Staaten bereits am Schlußtag der Seerechtskonferenz. Ägypten, die Bahamas, Belize, Fidschi, Ghana, Mexiko und Sambia ratifizierten das Seerechtsübereinkommen, das ein Jahr nach der 60. Ratifikation in Kraft treten kann.

Das Übereinkommen ist nicht Ausdruck einheitlich geformter Motive und Prinzipien. Es entstand im Widerstreit, in der Anwendung leitender Ideen unterschiedlicher Richtung auf die Wirklichkeit. Zu den Orientierungspunkten gehörten moderne Nutzungs- und Regelungsbedürfnisse sowie geographische und machtpolitische Lagen. Küstenstaatliche Souveränität und Meeresfreiheit, internationale Kontrolle der Rohstoffgewinnung vom Tiefseeboden

---

[1] Text abgedruckt in: Renate *Platzöder* und Wolfgang Graf *Vitzthum*, Seerecht – Law of the Sea, Baden-Baden 1984, S. 69 ff., ebenfalls in: United Nations, The Law of the Sea, New York 1983, S. 1 ff. Zu den Konferenzdokumenten vgl. Renate *Platzöder*, Third United Nations Conference on the Law of the Sea. Documents, Dobbs Ferry, New York 1982 ff.

[2] Überblick über das UN-Seerechtsübereinkommen in: U.N. Press Release, SEA/494, 30.4.1982; Günther *Jaenicke*, Die Dritte Seerechtskonferenz der Vereinten Nationen, in: *Neue Juristische Wochenschrift*, 35/1983, S. 1936 ff.

[3] Vgl. John Temple *Swing*, Der neue Kurs der Vereinigten Staaten in der Seerechtspolitik, in: *EA*, 3/1983, S. 73 ff.; Leigh *Ratiner*, The Law of the Sea. A Crossroads for American Foreign Policy, in: *FA*, Bd. 60, Nr. 2/1982, S. 1006 ff.; Richard G. *Darman*, The Law of the Sea. Rethinking U.S. Interests, in: *FA*, Bd. 56, Nr. 2/1978, S. 373 ff.

sowie Verteilungsgerechtigkeit im Nord-Süd-Verhältnis standen unter den großen richtunggebenden Prinzipien im Vordergrund.[4]

Das Resultat war ein Kompromiß. Die Meeresvorkommen waren, anders als die internationalen Schiffahrtswege, nicht mehr allen gemeinsam. Die Fisch-, Erdöl- und Erdgasressourcen etwa wurden im wesentlichen den Küstenstaaten zugeordnet. Wichtige Abrüstungsfortschritte wurden nicht erzielt. Für Organisation, Überwachung und Durchführung des Tiefseebergbaus sollte eine internationale Behörde gegründet werden. Die Rechts-, Raum- und Ressourcengewinne wurden weltweit unterschiedlich verteilt. Dies veränderte die politische und wirtschaftliche Situation aller Staaten.

MEERESTECHNISCHE UND -INDUSTRIELLE REVOLUTION

Die technologischen und wirtschaftlichen Veränderungen bei der Erforschung und Nutzung des Meeres seit den sechziger Jahren erlaubten den Industriestaaten intensivere Nutzungsformen, während viele Entwicklungsländer weiter zurückfielen. Neue Felder menschlicher Entfaltung und damit wirtschaftlicher und militärischer Vorherrschaft taten sich auf. Diese außerrechtlichen Gegebenheiten schlugen bei der rechtspolitischen Verteilung und Kontrolle der Meere durch – die Wirklichkeit ist der Ankerpunkt des Seevölkerrechts.

Seeschiffahrt

Die meerestechnische Revolution zeichnete sich frühzeitig bei der Seeschiffahrt ab.[5] Neue Antriebsarten revolutionierten den Schiffbau: Die Tankerschiffahrt brachte wahre Dinosaurier hervor; die Welthandelstonnage vervierfachte sich innerhalb von 30 Jahren; die Verkehrsdichte auf dem Meer nahm sprunghaft zu; mehr als zwei Drittel aller auf der Erde transportierten Güter nahmen ihren Weg über See. Die Umwelt- und Sicherheitskosten der Schiffindustrialisierung waren hoch. Gewiß, die Praxis, leere Treibstofftanks mit Meerwasser auszuspülen und die dabei entstehende Wasser-Öl-Mischung einfach auf offener See zu „dumpen" (was vielfach billiger ist als die Entsorgung in Häfen), konnte weitgehend eingedämmt werden. Aber es fehlten vielerorts nach wie vor Vorkehrungen, die Unfälle sicher verhindern oder ausgelaufenes Öl rasch beseitigen konnten. Manche Flaggenstaaten und

---

[4] Vgl. u.a. Renate *Platzöder*, Politische Konzeptionen zur Neuordnung des Meeresvölkerrechts, Ebenhausen (SWP-S 250) 1976, S. 51 ff.

[5] Hierzu Hans Jürgen *Stöcker*, Chancen und Risiken der Seeschiffahrt, in: Wolfgang Graf *Vitzthum* (Hrsg.), Die Plünderung der Meere, Frankfurt/M. 1981, S. 97 ff.

Häfen taten hier, auch aus Wettbewerbsgründen, zu wenig. Schweren Unfällen von Schadstofftankern gegenüber wäre man weitgehend hilflos gewesen. Eine großräumige Seeverkehrsüberwachung stand noch völlig am Anfang, ebenso eine obligatorische Ausrüstung von Schiffen mit Datenaufzeichnungsgeräten zur Verbesserung der Ermittlung von Unfallursachen.

Fischerei

Die Technisierung bisheriger Nutzungsarten erfaßte auch die Fischerei.[6] Der Weltfischerei-Ertrag wuchs zwischen 1950 und 1980 von circa 21 auf fast 72 Millionen Tonnen. Für das Jahr 2000 wurde der Weltfischfang auf circa 130 Millionen Tonnen geschätzt. Der Exportwert der Fänge stieg. Allerdings nahm auch der Befischungsdruck zu. Von „Unerschöpflichkeit der Vorkommen" (so Hugo Grotius, Verfechter der Freiheit der Meere, in seiner Rechtfertigung der Fischereifreiheit im Jahre 1609) konnte vielerorts schon Ende der sechziger Jahre unseres Jahrhunderts nicht mehr die Rede sein. Die Effektivität der modernen Ortungs- und Fangtechniken sowie Meeresverschmutzung und Offshore-Bergbau gefährdeten einige Vorkommen stark, z. B. die Heringe in der Deutschen Bucht. Das Mittelmeer, das Schwarze Meer, aber auch die Ostsee galten inzwischen als überfischt. Häufig wurden von der Industriefischerei selbst noch nicht geschlechtsreife Konsumfische zu Fischmehl verarbeitet.

Schadstoff-„Beseitigung" im Meer

Die intensivierte Meeresnutzung umfaßte auch die Ablagerung von Schadstoffen im Meer.[7] Diese erfolgte durch Einleiten und Verklappen von Abfällen der Kommunen und der chemischen Industrie in küstennahen Gebieten sowie durch Einbringung toxischer und nuklearer Materialien[8] „weiter draußen". Allein unter OECD-Aufsicht wurden bisher über 100 000 Fässer mit schwach-

---

[6] Hierzu Dieter *Uthoff*, Seerechtsentwicklung und Fischwirtschaft, in: *Die Erde*, Jg. 114, Heft 1/1983, S. 29 ff.; Elisabeth *Mann Borgese*, Die Seewirtschaft, in: *Vitzthum*, ebd., S. 97 ff.

[7] Vgl. *Geographische Rundschau*, Heft 6/1983 (Thema: Konfliktfeld von Ökologie und Ökonomie – Nordsee); Sachverständigenrat für Umweltfragen, Umweltprobleme der Nordsee, BT-Drs. 9/692 vom 24. 7. 1981; Hjalmar *Thiel*, Verschmutzung und Vergiftung der Meere, in: *Vitzthum*, a.a.O. (Anm. 5), S. 131 ff.; Sonja *Boehmer-Christiansen*, Nuclear Waste in the Marine Environment, in: *Marine Policy Reports*, Bd. 6, Nr. 2, 1983, S. 1 ff.; Peter *Ehlers* und Philip *Kunig*, Abfallbeseitigung auf Hoher See, Hamburg 1978; Werner *Bischof*, Internationale und innerstaatliche Rechtsgrundlagen der Meeresversenkung radioaktiver Abfälle, in: M. *Laser* (Hrsg.), Versenkung spezieller radioaktiver Abfälle in der Tiefsee, Jülich (Jül-Conf-40) 1980, S. 10 ff.

[8] Einzelheiten bei Siegfried *Nagel*, Atommüllkippe Meer?, in: *Umweltmagazin*, Nr. 3/1982, S. 26 ff.

oder mittelradioaktivem Abfall in der Iberischen Tiefsee versenkt. Das Meer wurde geradezu ein Auffangbecken für unbewältigte Probleme an Land. Sicherlich waren Ursachengefüge und Folgen der Verschmutzung und Vergiftung der Meere hochkomplex. Aber man wußte inzwischen zumindest, wie verwundbar die lebengebenden Meere waren. Ihre Größe schützte sie nicht mehr. Wie dem Unendlich-Großen die Meeresfreiheit entsprach, trat diese nun zurück hinter Forderungen nach mehr küstenstaatlicher oder internationaler Kontrolle.

Marine Energie- und Rohstoffgewinnung[9]

22 Prozent der Weltproduktion an Erdöl (Erdgas: 18 Prozent) stammten im Jahre 1982 aus dem unterseeischen Rand der Kontinente. Ein Viertel der gesamten Rohöleinfuhren der Bundesrepublik Deutschland kam aus Nordseevorkommen. Die Förderung von Erdöl und Erdgas machte weltweit nahezu 60 Prozent der seewirtschaftlichen Erträge aus, womit diese Nutzungsart die Schiffahrt mit fast 35 Prozent auf Platz 2 verwies. Im 21. Jahrhundert, so wurde erwartet, würde auch ein wachsender Anteil des Weltbedarfs an NE-Metallen aus dem Meer gewonnen werden, aus Manganknollen und -krusten sowie aus den erst seit Ende der siebziger Jahre erforschten Buntmetallsulfiden. Die Gründe der Tiefsee bergen das größte Vorkommen der Welt für die Metalle Nickel, Kobalt sowie Mangan. Nach erfolgreich durchgeführten Aufsuchungs- und Explorationsarbeiten erreichte die Tiefseebergbauindustrie das Stadium von Probe- und Pilotphasen; mit einem Abbau größeren Stils war im laufenden Jahrhundert allerdings kaum zu rechnen.

Die Kontinentalrandlinie trennt, vergröbernd betrachtet, jenen Off-shore-Energieraum von diesem Ozean-Rohstoffraum. Um das submarine Vorland der Kontinente zu nationalisieren, bezogen angelsächsische Juristen, internationale Ölgesellschaften und energiehungrige Küstenstaaten den gesamten Kontinentalrand (Festlandsockel, Kontinentalabhang plus -anstieg) frühzeitig in die normative Definition des Festlandsockels ein. Sie erhoben also die nur mit komplizierten geologischen Parametern fixierbare natürliche unterseeische Grenze, die Außengrenze des Kontinentalrandes, zur juristischen Basislinie der neuen Meeresherrschaftskarte. Die dazu herangezogenen „naturrechtlichen“ Argumente waren nur der Faltenwurf, der handfeste Ölinteressen

[9] Vgl. u.a. Hans-Günther *Stalp,* Tiefseebergbau zwischen nationaler Rohstoffvorsorge und internationaler Wirtschaftsordnungspolitik, in: *Vitzthum,* a.a.O. (Anm. 5), S. 215 ff.; *ders.,* Entwicklungen des Meeresbergbaus und die Auswirkungen auf die Rohstoffmärkte, in: Schriften des Vereins für Socialpolitik, Neue Folge, Bd. 108, 1980, S. 259 ff.; Alexandra M. *Post,* Deepsea Mining and the Law of the Sea, Den Haag u.a. 1983, S. 3 ff., 33 ff.; John M. *Edmond* und Karen von *Damm,* Heiße Quellen am Grund der Ozeane, in: Ozeane und Kontinente, *Spektrum der Wissenschaft* 1983, S. 216 ff.

drapierte.[10] Australien, Neuseeland, Norwegen, Indonesien, Kanada, die UdSSR, die USA, Japan, Argentinien und Mexiko erhielten den größten submarinen Gebietszuwachs.

Es gab Anfang der achtziger Jahre verschiedene nationale und internationale Tiefseebergbauunternehmen. Deutsche Firmen hatten ein leistungsfähiges nationales Konsortium nicht auf die Beine zu stellen vermocht. Die Bundesrepublik Deutschland hatte in den Seerechtsverhandlungen, anders als Frankreich, Indien, Japan und die UdSSR, ein nationales Bergbaufeld nicht beansprucht. So beteiligten sich die deutschen Firmen, in der Arbeitsgemeinschaft meerestechnisch gewinnbare Rohstoffe (AMR) zusammengeschlossen, mit 25 Prozent an einem in den USA beheimateten Konsortium. Die westlichen Industrieländer investierten hohe Summen in den Tiefseebergbau, doch meldeten z. B. auch die Sowjetunion und Indien ihr Interesse nachdrücklich an.

Die Bundesrepublik Deutschland muß Mangan, Kupfer, Nickel und Kobalt,[11] also die Hauptkomponenten der polymetallischen Knollen, beinahe zu 100 Prozent importieren. Für die USA wie die Gesamt-EG gilt ähnliches bei Mangan und Kobalt. Die Einfuhr erfolgt überwiegend aus innenpolitisch instabilen oder in bezug auf die Lieferung unsicheren Ländern. Es ging 1981/82 aber nicht nur um industriepolitische, sondern auch um militärstrategische Fragen. Auch aus dieser Perspektive betrachtete die amerikanische Administration unter Präsident Reagan die Tiefseebodenfrage, hat doch der Zugang zu Schlüsselrohstoffen in militärischen Planungen stets eine Rolle gespielt.

Auch technisch ging es um Ausmaße wie bei der Weltraumfahrt. Die Bundesrepublik Deutschland hätte ihren Status als Land der Spitzentechnologie aufs Spiel gesetzt, hätten ihre Firmen aufgegeben. Die Entwicklung der Tiefseetechnologie konnte international zu einer Meßlatte für das wissenschaftlich-technische Niveau eines Landes werden. Mit ihrer im Seerechtsübereinkommen verankerten Forderung nach Transfer gerade dieser Technologie[12] setzten machtsensible Schwellenländer insofern an einem wesentlichen Punkt an.

---

[10] Vgl. Wolfgang Graf *Vitzthum*, Der Rechtsstatus des Meeresbodens, Berlin 1972, S. 54 ff., 73 ff., 87 ff.; Louis *Henkin*, International Law and „the Interests". The Law of the Seabed, in: *AJIL*, Bd. 63, Nr. 3/1969, S. 504 ff.; Ulf-Dieter *Klemm*, Die seewärtige Grenze des Festlandsokkels, Berlin u.a. 1976; Ross *Eckert*, The Enclosure of Ocean Resources, Stanford (Hoover Institution) 1979, S. 20 ff.

[11] Nickel und Mangan werden etwa für die Stahlproduktion, Kobalt wird für den Flugzeugbau benötigt.

[12] Art. 144 des Seerechtsübereinkommens sowie Art. 5, Annex III.

DIE DRITTE SEERECHTSKONFERENZ DER VEREINTEN NATIONEN

Als eine von durchschnittlich 150 Staaten beschickte neunjährige Großveranstaltung bildete die Dritte UN-Seerechtskonferenz 1973 bis 1982 den Versuch, auf Wegen des Völkerrechts und der Diplomatie die stürmische Industrialisierung, Terranisierung und Militarisierung der Meere unter gemeinsamen wirtschafts-, raumordnungs- und friedenspolitischen Gesichtspunkten in den Griff zu bekommen. Ihr Resultat, das Seerechtsübereinkommen von 1982, kodifizierte nicht nur bestehendes Recht. In wesentlichen Teilen enthielt es vielmehr noch nicht in Kraft befindliche Normen, teilweise sogar den Grundriß einer „sektoralen Weltordnung" für das Meer. Die alten und die neuen Elemente des Übereinkommens besaßen also unterschiedliche Verbindlichkeit.

Reformbedarf, Zielkonflikt, Reformkurs

Die immer intensivere und vielfältigere Erforschung und Nutzung der Meere und ihrer Ressourcen schuf einen hohen Bewirtschaftungs- und Normierungsbedarf. Die Meere, einstmals nahezu ohne Grenzen und ohne Ende, konnten sich nicht mehr gegen den Menschen verteidigen und jede Grenzziehung wieder aufheben. Nur Verschmutzung und Fische kannten weiterhin keine Grenzen. Der Grundsatz der Freiheit der Meere hatte das internationale Recht der See zwei Jahrhunderte hindurch beherrscht. Auf der Ersten UN-Seerechtskonferenz 1958 war dieses Prinzip erneut festgeschrieben worden. Es war indes auf die Bedürfnisse und Machtverhältnisse der vor- und frühindustriellen Epoche zugeschnitten und mußte nun adjustiert, d. h. zu einer weitgehend administrierten und international-sozialstaatlich temperierten Freiheit weiterentwickelt werden. Das verlangte bereits das Ziel einer Milderung des durch Meeresfreiheit und -industrialisierung verstärkten Nord-Süd-Gefälles. Insofern gehörten auch die Ideen der ausgleichenden Gerechtigkeit, der sozialen Verantwortung und der Unterstützung der sich industrialisierenden Länder zu den Werten, die sich auf der Dritten UN-Seerechtskonferenz verwirklichen sollten.[13]

Nationalegoistische und ideologische Ansprüche kamen zu den technisch-wirtschaftlichen sowie entwicklungs-, rüstungskontroll- und umweltpolitischen Reformgründen hinzu. Bald ging es vielen Ländern primär um eine Politik der Beute, weniger um Fortschritte an internationaler politischer Zivilisation. So proklamierten allein zwischen 1967, dem Jahr der maltesischen

---

[13] Vgl. Wolfgang Graf *Vitzthum*, Materiale Gerechtigkeitsaspekte der Seerechtsentwicklung, in: *ders.* (Hrsg.), Aspekte der Seerechtsentwicklung, München 1980, S. 329 ff.

Seerechtsinitiative in der UNO, und 1973, dem Beginn der Dritten UN-Seerechtskonferenz, 81 Staaten mehr als 230 neue Seerechtsansprüche.[14] Als 1974 dann auf der Seerechtskonferenz die multilateralen Verhandlungen u. a. über die Erweiterung der Küstenmeerbreite auf maximal 12 Seemeilen (sm) begannen, hatten bereits 69 Staaten unilateral ein Küstenmeer von mindestens dieser Ausdehnung in Anspruch genommen. Allein schon die Inangriffnahme einer gemeinsamen Fortbildung hatte im überkommenen internationalen Recht der See eine starke Erschütterung ausgelöst und bestehende tiefgreifende Meinungsunterschiede aufgedeckt.

Das Resultat der gegenläufigen Entwicklung – also der internationalistischen Vorsätze und der nationalistischen Praxis – war, schlagwortartig formuliert, eine Nationalisierung des Wirtschaftspotentials des Küstenvorfeldes und eine Internationalisierung der Rohstoffgewinnung vom Tiefseeboden. Kein Wunder, daß das Seerechtsübereinkommen schließlich nicht vom Konsens aller Staaten getragen wurde. Es vermehrte die Ungleichheit unter den Nationen. Ein Ausgleich zwischen den Interessen der Küstenstaaten und denen des „Restes der Welt“ kam kaum zustande. Ebensowenig überzeugte die nun gewählte Ausgestaltung der präferentiellen Behandlung der Entwicklungsländer (von der Auswahl der sonstigen Privilegierten und dem Umfang der Solidarpflichten ganz zu schweigen). Auch die Forderung, die bestmögliche Nutzung und effektive Erhaltung der Fischereibestände im Gemeininteresse zu gewährleisten, wurde nicht erfüllt.[15]

Der Gedanke einer auf gegenseitige Ergänzung abgestellten Solidarität der Nationen, die Vorstellung einer allgemeinen Verbundenheit der Völker, schlug sich kaum nieder. Der Nationalstaat hatte sich eben nicht verbraucht; er erwies sich als lebendiger denn je. Die Völkergemeinschaft öffnete den Küstenstaaten das Tor zu einem neuen Groß-Nationalismus: Sie war zwar relativ demokratisch im Hervorbringen der neuen Ordnung, doch aristokratisch in dem, was dabei herauskam. Insgesamt wurde die Dritte UN-Seerechtskonferenz zu einer „Wetterecke“, aus der vieles an Bewegung in andere Bereiche der Völkerrechtsordnung vordrang. Das Völkerrecht mußte künftig auch vom Seerechtsübereinkommen, die Kodifikation und Fortbildung des Völkerrechts auch von der Dritten UN-Seerechtskonferenz her gedacht werden.

---

[14] Vgl. John Temple *Swing*, Who will Own the Oceans?, in: *FA*, Nr. 4, Bd. 54, April 1976, S. 5.

[15] Vgl. Wilfried *Prewo* u.a., Die Neuordnung der Meere. Eine ökonomische Kritik des neuen Seerechts, Tübingen 1982, S. 20 ff. Demgegenüber allerdings Eckert, a.a.O. (Anm. 10), S. 116 ff.

Vorbereitung und Verfahren der Seerechtskonferenz[16]

In prozeduraler Hinsicht wies die Dritte UN-Seerechtskonferenz insbesondere folgende Besonderheiten auf:

– Die an sich zuständige UN-Völkerrechtskommission wurde nicht eingeschaltet. Alle Staaten, nicht nur die Mitglieder dieses engeren Gremiums, wollten an dem politischen Verteilungskampf, der internationalen Rechtsetzung und der Vertragsformulierung von Anbeginn an direkt beteiligt sein.

– Auf der Seerechtskonferenz selbst waren neben einzelnen Schlüsselstaaten und -delegierten die Präsidenten der Konferenz, die Ausschußvorsitzenden und der Redaktionsausschuß diejenigen, die weitgehend das Geschehen bestimmten. Virtuos bedienten sie sich des vereinbarten Konsensverfahrens,[17] beispielsweise um extreme Forderungen schrittweise als Außenseiterpositionen abzuqualifizieren. An der Meinungsbildung selbst waren pro Ausschuß nur etwa 20 Delegationen beteiligt. Eine Ausnahme bildete der Erste Ausschuß (Regime des Tiefseebodens), weil dort die Gruppendynamik der Entwicklungsländer eine besondere Rolle spielte.

– Bereits in der Vorbereitungsphase (1970) bzw. in der ersten nichtprozeduralen Verhandlungsrunde (1974) der Konferenz fielen die wesentlichen materiell-rechtlichen Grundentscheidungen: die Erklärung des küstenfernen Meeresbodens zum „gemeinsamen Erbe der Menschheit“, die prinzipielle Beibehaltung der Rechtsordnung für die militärische Nutzung der Meere, die Klärung der Meerengenfrage sowie die Einführung der „Ausschließlichen Wirtschaftszone“. Die Meeresbodengrundsätze-Deklaration der UN-Generalversammlung von 1970[18] wurde hinsichtlich des Tiefseeregimes zur Grundlage des Teils XI des Seerechtsübereinkommens von 1982. Während der Konferenz kam es zu einer raschen Verfestigung der zunächst nur provisorischen und informellen Verhandlungsergebnisse.

– Die Konferenz verhandelte praktisch ohne offizielles Kartenmaterial. Die Konsequenzen mancher Vorschläge und Konferenztexte, etwa hinsichtlich des Festlandsockels, blieben deshalb teilweise verschwommen.

---

[16] Abdruck der Verfahrensregeln der Dritten Seerechtskonferenz in: *Platzöder/Vitzthum*, a.a.O. (Anm. 1), S. 287 ff. Zum Verfahren vgl. Jean-Pierre *Lévy*, La Conférence des Nations Unies sur le Droit de la Mer, Paris 1983, S. 49 ff., 81 ff., 107 ff.; Klaus Dieter *Wolf*, Die Dritte Seerechtskonferenz der Vereinten Nationen, Baden-Baden 1981, S. 124 ff.; William *Wertenbaker*, A Reporter at large – The Law of the Sea, Part I, Part II, in: *The New Yorker*, 1983, S. 38 ff., 56 ff.; Wolfgang Graf *Vitzthum*, Peaceful Change through International Law-making, in: *Law and State*, Bd. 23, 1981, S. 7 ff.; Günther *Jaenicke*, Die Dritte Seerechtskonferenz der Vereinten Nationen, in: *ZaöRV*, Bd. 38, 1978, S. 438 ff. (444 ff., 452 ff.); Rainer *Lagoni*, Multilaterale Vertragsschlußverfahren nach der III. Seerechtskonferenz, in: *VN*, 3/1983, S. 74 ff.

[17] „Konsens“ ist in Art. 161, Abs. 8 (e) des Seerechtsübereinkommens als „das Fehlen jeden förmlichen Einspruchs“ definiert.

[18] Text abgedruckt in: *Platzöder/Vitzthum*, a.a.O. (Anm. 1), S. 365 ff.

– Auch verhandelte zwischen 1973 und 1982 z. T. ein anderer Personenkreis als auf den Seerechtskonferenzen von 1930, 1958 und 1960. Diese Konferenzen hatten im wesentlichen der Seefahrt und verwandten Gebieten gegolten, und damals waren Diplomaten und Experten tonangebend, die die See und die gemeinsamen Interessen kannten und würdigten. Auf der Dritten UN-Seerechtskonferenz waren es demgegenüber primär Politiker, Militärs und, jedenfalls im Westen, landgebundene Industrielle. Diese rückten, vor allem nach Abschluß der Verhandlungen, einzelstaatliche und unternehmerische Eigeninteressen in den Vordergrund.

– Der Ost-West-Gegensatz, der die Erste und Zweite UN-Seerechtskonferenz 1958 bzw. 1960 beherrscht hatte, wurde abgelöst durch die trilaterale Machtkonstellation West-Süd-Ost.

Strategien und Allianzen der Verhandlungen

In der Strategie der Verhandlungen waren die Entwicklungen im Küsten- und Tiefseebereich verzahnt. Die Staaten der Dritten Welt waren an der Schaffung des überkommenen, in ihren Augen „imperialistischen, kolonialistischen und tyrannischen Laissez-faire-Systems" überwiegend noch nicht beteiligt gewesen. So wollten sie es nicht behutsam anpassen, sondern – womit sie keineswegs allein standen – durch ein von Grund auf neues, von ihnen geprägtes Regime ersetzen. Dieses sollte vor allem ihren realen und bevorrechtigten Zugang zu den Meeresschätzen sicherstellen, also den nationalen und sozialen Gedanken stärker in das internationale Seerecht eintreten lassen.

Zu diesem Zweck schlossen die Entwicklungsländer zwei informelle Allianzen: die eine mit den Langküstenstaaten zwecks Erweiterung der Küstenmeer-, Fischerei- und Festlandsockelzonen; die andere mit den terrestrischen Bergbaunationen zur Verzögerung eines konkurrenzträchtigen Tiefseebergbaus. Mittels dieser Bündnispolitik wurden die armen Länder Asiens, Afrikas und Lateinamerikas zu einer Kraft, die das Seerechtsübereinkommen mitbestimmte. Gezielt entwicklungsländerfreundlich fiel die Neuordnung gleichwohl nicht aus. Der Zugang verschiedener Länder der Dritten Welt zu den Fischvorkommen der Meere – insbesondere der von Mexiko, Mosambik, der Solomon-Inseln, von Malaysia, Sri Lanka, Pakistan, Somalia, Indien, der Seychellen und der Philippinen – wurde zwar verbessert, und insgesamt stellte die Wirtschaftszonenregelung (vergleicht man nicht die Gebietszuwächse, sondern die Fangsituation von 1972 und 1982) die Dritte Welt besser als das alte Seerecht.[19] Aber die 14 afrikanischen Binnenstaaten

[19] Vgl. Lothar *Gündling*, Die 200 Seemeilen-Wirtschaftszone. Entstehung eines neuen Regimes des Meeresvölkerrechts, Berlin u.a. 1983, S. 333 f.

etwa, die Ärmsten der Armen, gingen ressourcenwirtschaftlich betrachtet nahezu leer aus.

Das komplizierte politische Umfeld der Seerechtskonferenz kam, auch was die westliche Staatengruppe anging, den liberalen Ordnungsvorstellungen der Bundesrepublik Deutschland nicht entgegen. Aber welche Bedingungen hatte Bonn zu schaffen versucht, um wesentliche Positionen zu wahren, etwa in der Pionierphase des Tiefseebergbaus, hinsichtlich der Durchfahrts- und Überflugrechte in der Ostsee, oder bei der Nutzung des EG-Festlandsockels? War ein Resultat wirklich unvermeidlich, wonach der deutschen Fischwirtschaft, die als einzige in der EG noch in größerem Umfang auf Fernfischerei angewiesen war, ihre traditionellen Hauptfanggebiete vor Island, Neufundland und in der Barents-See entzogen wurden? 1982 fingen die deutschen Hochseefischer jedenfalls nur noch halb so viel Fisch wie zehn Jahre zuvor, und durch die Teilaussperrung fremder Fischereiflotten – parallel zur Einführung des neuen Seerechts – trat eine Stagnation der Fangmengen ein,[20] insbesondere im Nordatlantik und im Nordostpazifik.

NATIONALISIERUNG DES WIRTSCHAFTSPOTENTIALS DER KÜSTENVORFELDER

In der Frage des Küstenvorfelds beschleunigte, kanalisierte und sanktionierte die Dritte Seerechtskonferenz eine sich im letzten Jahrzehnt zunehmend herausbildende, völkerrechtlich aber bis dahin überwiegend nicht legitime Praxis: die ressourcenwirtschaftliche Beschlagnahme des landwärtigen Drittels der Ozeane sowie der Rand- und Binnenmeere durch die Küsten- und Inselstaaten. Meeresflächen, so groß wie die gesamte Landfläche der Erde, wurden vermessen, verzont, verteilt. Das Seerechtsübereinkommen fixierte eine Vielzahl funktional abgestufter nationaler Off-shore-Zonen zur Befriedigung unterschiedlichster Interessen.

Mit der Errichtung „Ausschließlicher Wirtschaftszonen" von 200 sm Breite – der großen Neuerung der Seerechtsentwicklung (mit den USA, Australien, Indonesien, Neuseeland, Kanada, der UdSSR und Japan als den Hauptbegünstigten) – fielen nahezu neun Zehntel der Fischvorkommen unter die Jurisdiktion der Küstenstaaten. Mit Ausnahme der Bundesrepublik Deutschland erhielten alle bedeutenden Industrienationen enorme Ressourcen zur ausschließlichen Verfügung. Das faktische Ende der Fischereifreiheit konnte indes kaum verwundern. Bislang gab es nur circa ein Dutzend Fernfischereinationen, und unter ihnen mit Rumänien, Korea und Taiwan allenfalls drei Entwicklungsländer.[21] Verschiedene Grenzen und Zuständigkeiten, etwa in

[20] Vgl. *Uthoff*, a.a.O. (Anm. 6), S. 36 ff., 40 ff.

[21] Vgl. Lewis M. *Alexander*, Indices of National Interests in the Oceans, in: *Ocean Development and International Law Journal*, Bd. 1, Nr. 1, 1973, S. 21 ff. (28).

der Wirtschaftszone und hinsichtlich der Außengrenze des Festlandsockels, wurden im Seerechtsübereinkommen nur undeutlich abgesteckt, so daß der Staatenpraxis, der Rechtsprechung sowie der wissenschaftlichen Auseinandersetzung ein weites Feld eröffnet wurde.

EG-Meer und EG-Probleme[22]

Die Europäische Gemeinschaft wird das Seerechtsübereinkommen unterzeichnen können, sobald das sechste EG-Land (bis Jahresende 1982 waren es nur fünf) unterzeichnet und der Ministerrat einen einstimmigen Beschluß für die Zeichnung gefaßt hat. Das Europäische Parlament und die EG-Kommission empfahlen der Gemeinschaft 1982 diesen Schritt. Über die EG könnte die Bundesrepublik Deutschland, trotz ungünstiger geographischer Lage, von den Seenahmen ihrer Nachbarn bzw. der EG als Ganzem profitieren. Das Seerechtsübereinkommen erkannte ein EG-Meer jedenfalls ausdrücklich an.[23]

Mit zunehmender Integration werden die Ressourcen der EG-Staaten mehr und mehr den Angehörigen aller Mitgliedsländer zugänglich werden. Insofern konnte man hier langfristig auf eine europäische, die Bundesrepublik Deutschland dann nicht nur mittelbar begünstigende Lösung hoffen. Dies war auch, neben dem Druck von Erdölgesellschaften und Off-shore-Industrie, ein Grund dafür, daß Bonn die Bestrebungen der geographisch Begünstigten, den Festlandsockel potentiell noch über die 200-sm-Grenze hinaus auszudehnen, schließlich unterstützte und die aktive Mitarbeit in der Verhandlungsgruppe der Binnenländer und geographisch benachteiligten Staaten einschränkte. Vorerst allerdings brachten der Bundesrepublik Deutschland die Verheißungen der EG, auch bezüglich der EG-Fangmöglichkeiten vor Drittstaaten, wenig ein. Unsicherheiten hinsichtlich der EG-Fischerei und -Festlandsockelpolitik bestanden fort, auch im Verhältnis zu den RGW-Staaten auf dem Sektor von Fischereibeziehungen auf Gegenseitigkeit.[24]

---

[22] Vgl. Erkki *Bernhard,* Der Festlandsockel im Recht der Europäischen Gemeinschaften, München 1982, S. 59 ff., 84 ff.; Hans Peter *Ipsen,* Die Europäische Gemeinschaft und das Meer, in: *Vitzthum,* a.a.O. (Anm. 5), S. 300 ff.; Dierk *Booß,* Probleme der gemeinschaftlichen Fischereipolitik, in: Hans R. *Krämer* (Hrsg.), Die wirtschaftliche Nutzung der Nordsee und die Europäische Gemeinschaft, Baden-Baden 1979, S. 35 ff.

[23] In vielen Punkten hatte auf der Dritten UN-Seerechtskonferenz die jeweilige EG-Präsidialmacht bereits für die Gesamt-EG verhandelt. Die EG selbst hatte nur Beobachterstatus.

[24] Die DDR gehörte wie die Bundesrepublik Deutschland in die mehr als 50 Staaten umfassende Verhandlungsgruppe der Binnen- und geographisch benachteiligten Staaten. Weder Bonn noch Ost-Berlin konnten Wirtschafts- und Festlandsockelzonen mit nennenswerten Ressourcen für sich beanspruchen. Da indes die UdSSR das Seerechtsübereinkommen billigte, tat die DDR ein gleiches.

Seerechtsübereinkommen und Völkergewohnheitsrecht[25]

Ein Küstenmeer von maximal 12 sm Breite – kombiniert mit einem Offenhalten der Meerengen – sowie Festlandsockel- und Fischereizonen bis zur 200-sm-Breitenlinie waren 1982 mehr als nur rechtspolitische Konzepte. Viele Nutznießer hatten entsprechende Ansprüche bereits einseitig proklamiert. Zur Rechtfertigung hatten sie sich, und z. T. auch der Internationale Gerichtshof, auf den Verhandlungsstand der Konferenz oder die Staatenpraxis berufen, so u. a. die USA, Mexiko, Mosambik, Norwegen, Kanada, die EG-Länder, alle Ostsee-Anlieger, Indien, Pakistan, Sri Lanka, die Malediven, die Solomon-Inseln und die Seychellen bei ihrer jeweiligen Proklamation von 200-sm-Fischerei- oder Wirtschaftszonen zwischen 1975 und 1978. Die Staatengemeinschaft nahm das hin. Der Prozeß der Gewohnheitsrechtsbildung setzte auf breiter Front ein.

Die Küstenvorfeldgewinne waren indes 1982 nicht bereits in ihrer Gesamtheit völkergewohnheitsrechtlich gedeckt. Allgemeinverbindlich den Küsten- und Inselstaaten zugeordnet waren z. B. weder wesentliche, über die 200-sm-Breitenlinie hinausreichende Teile des Kontinentalrandes, noch die nicht fischereibezogenen Monopolrechte in der Wirtschaftszone, ganz zu schweigen von den archipelagischen Gewässern und ihren Ressourcen. Auch die Regeln des Seerechtsübereinkommens über die wissenschaftliche Meeresforschung und den Schutz der Meeresumwelt hatten sich noch nicht völkergewohnheitsrechtlich verfestigt. Die Teile des Übereinkommens über die Beilegung von Streitigkeiten und die Errichtung einer Internationalen Meeresbodenbehörde konnten ohnehin nicht Gewohnheitsrecht werden. Zudem war die Verzonung des Küstenvorfeldes politisch abhängig von der Zustimmung zum internationalen Tiefseebodenregime.

Es bleibt abzuwarten, wie sich die von einzelnen Staaten geübte Praxis, sich das eine zu nehmen ohne das andere zu geben, auf die Durchsetzung des Seerechtsübereinkommens und auf die normative Befestigung der Staatenpraxis auswirken wird. Ende 1982 jedenfalls berechtigten und verpflichteten die neuen Regeln, soweit sie nur Vertragsrecht waren, niemanden – das Seerechtsübereinkommen war ja noch nicht in Kraft getreten. Indes sprach manches

---

[25] Vgl. Thomas *Schweisfurth*, The Influence of the Third United Nations Conference on the Law of the Sea on International Customary Law, in: *ZaöRV*, Bd. 43, 1983, S. 566 ff.; *Gündling*, a.a.O. (Anm. 19), S. 311 ff.; Rudolf *Bernhardt*, Verfall und Neubildung von Gewohnheitsrecht im Meeresvölkerrecht, in: Hans Peter *Ipsen* und Karl-Hartmann *Necker* (Hrsg.), Recht über See. Festschrift für Rolf Stödter, Hamburg, Heidelberg 1979, S. 155 ff.; D. P. *O'Connell* und I.A. *Shearer*, The International Law of the Sea, Oxford 1982, S. 165 ff., 256 ff., 328 ff., 463 ff., 570 ff.; R.J. *Jennings*, What is International Law and how do we Tell it when we See it?, in: Schweizerisches Jahrbuch für internationales Recht, Bd. 37, 1981, S. 59 ff. (79 ff.); Shabtai *Rosenne*, The Reconciliation of the old and the new Law of the Sea, in: Choon-ho *Park* (Hrsg.), The Law of the Sea in the 1980s, Hawaii 1983, S. 63 ff.

dafür, daß sich das Übereinkommen in wichtigen Teilen allmählich zu generellem Gewohnheitsrecht verfestigen und den Prozeß der universellen Völkerrechtsbildung abkürzen wird. Zwar ist keine einzige Vorschrift des Seerechtsübereinkommens allein deshalb geltendes Gewohnheitsrecht, weil sie in dem Übereinkommen steht. Aber man kann davon ausgehen, daß von dem Übereinkommen nun eine Sogwirkung auf die Gewohnheitsrechtsbildung ausgehen wird. Über die Bildung von Gewohnheitsrecht aber könnte das Seerechtsübereinkommen für andere als seine Mitgliedstaaten Verbindlichkeit erlangen. Angesichts der Nachweisprobleme beim Gewohnheitsrecht könnte das Übereinkommen gerade dann eine wichtige Klarstellungsfunktion erfüllen.

INTERNATIONALISIERUNG DER ROHSTOFFGEWINNUNG VOM TIEFSEEBODEN

Ein Ausgangspunkt der Seerechtsreform war der Vorschlag Maltas aus dem Jahre 1967, auf die neue, bisher ungeregelte Nutzungsdimension, den Tiefseeboden, mit dem neuartigen Ordnungsgedanken des „gemeinsamen Erbes der Menschheit" zu reagieren. Der erzhaltige Meeresboden jenseits der Grenzen nationaler Jurisdiktion sollte als eine Art „öffentliche Sache" außerhalb von Meeresfreiheit und küstenstaatlicher Expansion gestellt und der internationalen Gemeinschaft als solcher überantwortet werden. Der ungeteilte Erbgrund sollte von einer internationalen Instanz verwaltet werden, der Erbe also mitwirken, ja entscheiden.[26]

So zukunftweisend dieser Ansatz auch war, in seiner Ausgestaltung durch Teil XI des Seerechtsübereinkommens und dessen Anhänge wurde daraus – trotz zahlreicher technischer Verbesserungen 1981/82 – ein teilweise planwirtschaftliches Instrument. Zwar enthielt das Tiefseebergbauregime etwa in seinen Anti-Monopol- und Anti-Subventionsklauseln auch marktwirtschaftliche Elemente. Es könnte aber zu einem für andere Verhandlungen im Nord-Süd-Verhältnis präjudizierenden Datum werden. Besonders das Bonner Wirtschaftsministerium fürchtete einen Durchbruch in Richtung einer zentralwirtschaftlichen „Neuen Weltwirtschaftsordnung", falls es nicht gelingen sollte, Tiefseebergbauregime einerseits und UNCTAD und UNIDO andererseits auseinanderzuhalten.[27]

---

[26] Vgl. Wolfgang Graf *Vitzthum*, Die Bemühungen um ein Regime des Tiefseebodens, in: *ZaöRV*, Bd. 38, 1978, S. 745 ff.; Elisabeth *Mann Borgese* und Arvid *Pardo*, Die Verwaltung der Meere, in: Der Rio-Bericht an den Club of Rome. Wir haben nur eine Zukunft, Opladen 1977; Elisabeth *Mann Borgese*, The Ocean Regime, Santa Barbara 1968.

[27] Vgl. hierzu Franz *Schoser*, Ordnungspolitische Aspekte des neuen Seerechts aus der Sicht der deutschen Wirtschaft, in: Der Minister für Wirtschaft und Verkehr des Landes Schleswig-Holstein

Kosten, Produktionsbeschränkungen, Technologietransfer

Ein „Parallelsystem" sollte dem operativen Arm der Internationalen Meeresbodenbehörde, dem „Enterprise", den Zugriff auf die Hälfte des Tiefseebodens ermöglichen, wobei das internationale Unternehmen selbst keine Prospektion würde betreiben müssen. Einmal errichtet, würde die Behörde – ebenso wie ihr Unternehmen hinsichtlich seiner Erstausstattung – von den Vertragsstaaten alimentiert werden müssen. Dieses System ging auf einen Kompromißvorschlag des damaligen amerikanischen Außenministers Henry Kissinger aus dem Jahre 1976 zurück.

Die Unterzeichner des Seerechtsübereinkommens vertraten 1982 aber weniger als 50 Prozent des UN-Beitrags. Auch wichtige Technologielieferanten fehlten. Die Kostenfrage verminderte selbst für einige Staaten der Dritten Welt die Attraktivität des Regimes für den Tiefseeboden und damit des Seerechtsübereinkommens. Für den Bonner Haushalt könnte die Behörde im Beitrittsfall eine kostspielige Bürokratie werden, überwiegend in der Hand der Zweiten und Dritten Welt.

Die Produktionsbeschränkungen im Seerechtsübereinkommen zugunsten terrestrischer Produzenten während einer 20jährigen Anlaufzeit (Ausfluß des Bedarfsdeckungs-, nicht des Wettbewerbsprinzips) sollten eine weltweit koordinierte Mengen- und Preispolitik für Tiefseerohstoffe erlauben. Die Parallelen zum Gemeinsamen Fonds der UNCTAD lagen auf der Hand. Auf der Basis der terrestrischen Nickelproduktion konzipiert, half die Festlegung von Produktionsquoten den unterindustrialisierten Kupfer- und Kobaltproduzenten wenig. Das vereinbarte Schema schützte vor allem Australien und Kanada und belastete die Verbraucher, auch die der Dritten Welt. Andererseits sicherte es den Tiefseebergbautreibenden angemessene Preise und einen Markt.

Neben der auch verfassungsrechtlich bedenklichen Regelung über eine Revisionskonferenz, die mit Mehrheit verbindliche Änderungen beschließen kann,[28] wurde die obligatorische Übertragung der Fördertechnik während der ersten zehn Jahre – und zwar sowohl an Industrieunternehmen als auch an Entwicklungsländer – mancherorts als besonders problematisch angesehen. Ohne Verpflichtung zur Weitergabe der Technologie[29] sollten die Antragsteller

---

(Hrsg.), UN-Seerechtskonferenz und deutsche Meeresinteressen, Kiel 1980, S. 19 ff. (21 ff.); *Stalp*, Tiefseebergbau, a.a.O. (Anm. 9), S. 222 ff.; Jochen *Martin*, Rechtsfragen des Tiefseebergbaus, in: *Vitzthum*, a.a.O. (Anm. 13), S. 147 ff. Weniger skeptisch Lothar *Gündling*, Das neue Recht des Meeresbergbaus, in: *Umschau*, Bd. 83, 1983, S. 251 ff.; Rüdiger *Wolfrum*, Die Seerechtskonvention – ein Markstein auf dem Weg zur Staatengemeinschaft?, in: *VN*, 3/1983, S. 69 ff.; Wolfgang *Hauser*, Die rechtliche Gestaltung des Tiefseebergbaus nach der Seerechtskonvention, Frankfurt/M. 1982.

[28] Vgl. Art. 155 Abs. 4 des Seerechtsübereinkommens.

[29] In den Grenzen des Art. 5, Annex IV des Seerechtsübereinkommens. Vgl. den Überblick bei Norbert J. *Prill*, Technologietransfer und Meeresnutzung, in: *ZaöRV*, Bd. 38, 1978, S. 801 ff.

jedenfalls keinen Kontrakt erhalten. Ein kommerzieller Preis für Transferleistungen ist indes Voraussetzung dafür, daß derartiges Wissen und Können im Nord-Süd-Verhältnis handelbar und die angestrebte Verteilung gerecht bleibt.

Tiefseebergbauregime und Gegenseitigkeitsabkommen

Die marktwirtschaftlich orientierten Staaten hofften, daß sich in der mit der Ausarbeitung der Durchführungsbestimmungen („rules, regulations and procedures") zum Tiefseebergbau beauftragten Vorbereitungskommission, die die Seerechtskonferenz gewissermaßen fortsetzt, noch substantielle Verbesserungen oder ein Verschieben des Inkraftsetzens des Tiefseebergbauregimes erreichen ließen. Mitverhandlungs- und stimmberechtigt in der Kommission waren nur die, die das Seerechtsübereinkommen unterzeichnet hatten, also z.B. nicht Washington und Bonn. An der multilateralen Ausgestaltung des Tiefseebergbauregimes war die Bundesrepublik Deutschland also nicht beteiligt.

Es war nicht abzusehen, ob Teil XI des UN-Seerechtsübereinkommens – internationales Regime für den Tiefseebergbau – Wirklichkeit oder (worauf Teile der westlichen Industrie frühzeitig gesetzt hatten) zu einem seerechtlichen „Geisterregime" werden würde. Frankreich, Japan und Kanada akzeptierten zwar das Regime des Übereinkommens und sie mochten eines fernen Tages unter ihm Tiefseebergbau aufnehmen; aber andere westliche Industrieländer, die USA, Großbritannien und die Bundesrepublik Deutschland – ja auch Frankreich, das insofern einer Doppelstrategie folgte –, knüpften am 2. September 1982 erst einmal ein Netz von aufeinander abgestimmten Tiefseebergbaugesetzen.[30] Diese Zwischenlösung wurde von der Seerechtskonferenz für elf Pionierinvestoren, soweit sie konventionstreu sind, autorisiert.[31]

Einige Industrieländer verfolgten hier also zunächst eine zweigleisige Strategie. Es war nicht auszuschließen, daß die USA und letztlich auch weitere Industriestaaten, trotz äußerst kritischer UN-Resolutionen, ein von Teil XI des Seerechtsübereinkommens zunächst unabhängiges Tiefseemodell installieren würden. Sie verhandelten auch 1981/82 über ein Abkommen, in dem sie sich zur gegenseitigen formellen Anerkennung von nach nationalen Gesetzen

---

[30] Text des Übereinkommens über vorläufige Regelungen für polymetallische Knollen des Tiefseebodens abgedruckt in: *Platzöder/Vitzthum*, a.a.O. (Anm. 1), S. 439 ff. Die Unterzeichnung des Seerechtsübereinkommens berechtigt zur Inanspruchnahme des Investitionsschutzes für bereits angelaufene Tiefseebergbauvorhaben (Resolution Nr. II der Seerechtskonferenz = Annex II zur Schlußakte, die ebd., S. 307 ff., abgedruckt ist).

[31] Text der Resolution Nr. II der Seerechtskonferenz abgedruckt in: ebd., S. 331 ff.

erteilten Aufsuchungs- und Gewinnungsberechtigungen unter gleichartigen Konditionen und Kontrollen verpflichteten. Käme es zu diesem „Mini-Vertrag", so würden das globale Regime des Seerechtsübereinkommens und das schon vom Teilnehmerkreis her wesentlich engere der Tiefseebergbaustaaten wohl bestenfalls nach der Jahrhundertwende – wenn der im Tiefseebereich bisher fehlende allgemeine Konsens bis dahin erreicht sein sollte – zu einem einzigen, pragmatischen System zusammengeführt, der Tiefseebergbau also erst dann auf eine einheitliche rechtliche Grundlage gestellt werden können.[32]

Kein Wunder, daß Entwicklungsländer und Ostblock alarmiert waren. Nach Auffassung der Gruppe der 77 war jede wirtschaftliche Tätigkeit auf dem Tiefseeboden durch einen Nichtunterzeichnerstaat völkerrechtswidrig.[33] Westliche Völkerrechtler sahen das anders. Wichtige, speziell an der Materie interessierte westliche Industrieländer – und nicht zuletzt auf ihre Haltung kommt es hier für die Bildung allgemeinen Gewohnheitsrechts an, zieht man den in Artikel 1 der UN-Charta normierten Grundsatz der souveränen Gleichheit der Staaten in Betracht – hatten sich mit der Herausnahme des Tiefseebergbaus aus dem Anwendungsbereich der Freiheit der Meere bisher weder einverstanden erklärt noch abgefunden. Sie verwiesen darauf, daß Teil XI des Seerechtsübereinkommens noch nicht zu rechtlicher Bindekraft erwachsen war.[34] Eine in Rechtsüberzeugung geübte gemeinsame Staatenpraxis lag in der Tat bisher nicht vor. Aber auch innerhalb des Westens waren Konflikte nicht auszuschließen. Fast alle Unternehmen konzentrierten sich 1981/82 auf ein einziges, allerdings 3 000 sm langes Seegebiet zwischen Mexiko und Hawaii: ein potentielles Streitobjekt ersten Ranges.

BEWERTUNG DER SEERECHTSENTWICKLUNG

Angesichts der Wirklichkeitsbindung des Völkerrechts konnte der skizzierte partielle Abschied von der Freiheit der Meere nicht überraschen. Zu groß war das nahezu weltweite Mißtrauen etwa gegenüber unkontrollierter Meeresforschung und massiver Fernfischerei. Während das Interesse der Staatengemein-

---

[32] Vgl. Anthony *D'Amato*, An Alternative to the Law of the Sea Convention, in: *AJIL*, Nr. 2, Bd. 77, 1983, S. 291 ff.

[33] Vgl. etwa UN Document A/34/611, 1979.

[34] Vgl. Günther *Jaenicke*, The Legal Status of the International Seabed, in: Rudolf *Bernhardt* u.a. (Hrsg.), Völkerrecht als Rechtsordnung, Internationale Gerichtsbarkeit, Menschenrechte. Festschrift für Hermann Mosler, Berlin u.a. 1983, S. 429 ff.; E.D. *Brown*, The Impact of Unilateral Legislation on the Future Regime of Deep-Sea Mining, in: *Archiv des Völkerrechts*, Heft 2, Bd. 20, 1982, S. 145 ff. (148 ff.; 176 ff.); Theodore G. *Kronmiller*, The Lawfulness of Deep Seabed Mining, Dobbs Ferry, New York 1980; Ernst-Ulrich *Petersmann*, Rechtsprobleme der deutschen Interimsgesetzgebung für den Tiefseebergbau, in: *ZaöRV*, Bd. 41, 1981, S. 267 ff.

schaft an der Verkehrsfreiheit auf den Meeren nahezu unverändert blieb, trat das nationale Interesse an der Verfügung über die Nahrungs- und Energievorkommen des Küstenvorfeldes und an der Kontrolle der dortigen Meeresforschung in den Vordergrund. Rechtsnormen, Diplomaten und Kanonenboote konnten die Schubkräfte der Geschichte nicht aufhalten. Diese Kräfte aber drängten den Geltungsbereich der Freiheit der Meere räumlich und funktional zurück. Die alte Ordnung hätte sich nur wahren lassen, wenn sich die Bedingungen, unter denen sie gewachsen war, oder wenigstens ihr Klima erhalten hätten. Dies war aber nicht der Fall.

Vorteile und Nachteile des neuen Seerechts

Hielt man das Notwendige auch für das Richtige, so war der Entschluß zur Seerechtsreform richtig. Wollte man „altes Recht" und „neue Lagen" in Harmonie bringen, so ging das ohne Opfer nicht ab. Art und Maß der von der Dritten UN-Seerechtskonferenz geförderten Nationalisierungs- und Internationalisierungstendenzen waren indes kaum eine überzeugende Antwort auf die Chancen und Probleme moderner Meeresnutzung. Der für den Tiefseeboden in die Formel vom „gemeinsamen Erbe der Menschheit" geronnene Gerechtigkeitsanspruch etwa blieb weitgehend unerfüllt. Das Ziel einer durchgängigen Vorzugsbehandlung der Entwicklungsländer und einer vermehrten Solidarität der Dritte-Welt-Länder untereinander wurde kaum erreicht. Bei nüchterner Bewertung erreichten die Konferenz und das Übereinkommen nicht die in sie gesetzten Hoffnungen und Erwartungen.

Dies war aber nur die eine Seite der Dinge. Auf der anderen Seite war das recht umfassende seebezogene Streitbeilegungssystem des Seerechtsübereinkommens zu beachten, einschließlich der Wahl Hamburgs zum Sitz eines künftigen Internationalen Seegerichts.[35] Auch präzisierte das Übereinkommen einige bereits gewohnheitsrechtlich geltende, bisher aber wenig verläßliche Regeln und war ein Zeichen ihrer Existenz. Der Beitritt zum Seerechtsübereinkommen besaß insofern einen eigenständigen Ordnungswert.

Zudem würden, bei einem Scheitern des Übereinkommens, die traditionellen, allgemeinen Bereiche des Seevölkerrechts zu nahezu konturlosen Rechtsgebieten werden. Sie würden einer weitgehend ungeordneten Anwendung und disparaten Rechtsfortbildung überlassen bleiben, etwa die militärstrategisch

---

[35] Vgl. Angela *Daven* und Uwe *Jenisch*, Hamburg als Sitz des Internationalen Seegerichtshofs, in: *EA*, 13/1982, S. 415 ff.; Wilhelm *Kewenig*, Rechtssicherheit und Friedenssicherung durch das neue Seerecht, in: UN-Seerechtskonferenz, a.a.O. (Anm. 27), S. 63 ff. (67 ff.); A.O. *Adede*, Law of the Sea. The Interpretation of the System of Settlement of Disputes under the Draft Convention as a Whole, in: *AJIL*, 72/1978, S. 84 ff.; Rudolf *Bernhardt*, Die Streitbeilegung im Rahmen der Neuordnung des Seerechts, in: *ZaöRV*, Bd. 38, 1978, S. 959 ff.

und wirtschaftspolitisch wichtigen Schiffahrts-, Überflug- und Umweltschutzfragen. Dies galt vor allem für die Begrenzung der küstenstaatlichen Befugnisse. Die Einsatzbereiche der Kriegsflotten wurden nicht eingeschränkt. Durch die Schaffung einheitlicher Umweltstandards sollte Wettbewerbsgleichheit angestrebt werden. Im Seerechtsübereinkommen hatten diese Fragen, bei korrekter Auslegung und Anwendung, eine im großen und ganzen zufriedenstellende, zudem vorbehaltsfeste, überwiegend gerichtlich überprüfbare Antwort gefunden.[36] Ein Beleg dafür war die obligatorische internationale Gerichtsbarkeit zum Schutz der Schiffahrts- und Überflugrechte von Drittstaaten. Die Schiffahrtsnationen hatten praktisch nichts von ihren Interessen geopfert. Viele Staaten, die USA an der Spitze, vereinten in sich eben gegensätzliche Interessen, vor allem Schiffahrts- und zugleich küstenstaatliche Interessen. So behielt die Seeschiffahrt insgesamt ihre Bewegungsfreiheit, das Wasser blieb das große, verbindende Element.

Rechtssicherheit und Wirklichkeitsbezug

Die eindeutige Umschreibung der Außengrenze der Küsten- und Archipelgewässer sowie der Wirtschaftszone gelang. Außerdem sollten die Meere, jedenfalls ihr Grund und Untergrund außerhalb der Grenzen nationaler Jurisdiktion, mit der Internationalen Meeresbodenbehörde erstmals einen „Vogt" erhalten. Das Tiefseebergbauregime ließ für seine künftige Präzisierung und Praktizierung noch einen gewissen Spielraum. Zudem unterwarf das Seerechtsübereinkommen seewärts der Küstengewässer nur die Ressourcen des Küstenvorfeldes dem uferstaatlichen Nutzungsvorrecht. Das Regime der Hohen See blieb dort für die nicht-ressourcenorientierten Nutzungen erhalten, insbesondere für Schiffahrt und Überflug sowie für das Recht, Kabel und Rohrleitungen zu legen und für die übrigen völkerrechtlich zulässigen Nutzungen. In umweltpolitischer Hinsicht wurde die Schiffahrt einem insgesamt abgewogenen Überwachungssystem unterstellt, bei dem Flaggen-, Küsten und Hafenstaat zusammenwirkten.[37] Außerdem wurde der Küstenstaat verpflichtet, an die Internationale Meeresbodenbehörde einen Teil der Lizenzeinnahmen abzuführen, die er aus dem Festlandsockel seewärts der 200-sm-Breitenlinie gewinnen würde.

Insgesamt erfüllte das UN-Seerechtsübereinkommen damit eine Klarstellungs- und Stabilisierungsfunktion. Insofern konnte man froh sein, daß die

---

[36] Vgl. *Prewo,* a.a.O. (Anm. 5), S. 112 ff. Skeptischer Hans Jürgen *Stöcker,* Die „Freiheit der Meere" und die Dritte Seerechtskonferenz der Vereinten Nationen, in: Festschrift Stödter, a.a.O. (Anm. 25), S. 315 ff.

[37] Vgl. Max Ivers *Kehden,* Seeschiffahrt und Meeresumweltschutz, in: *Vitzthum,* a.a.O. (Anm. 5), S. 247 ff.; *Eckert,* a.a.O. (Anm. 10), S. 177 ff.

Seerechtskonferenz noch relativ günstig für alle Beteiligten ausgelaufen war, und daß das Übereinkommen unter Dach gebracht werden konnte, bevor die küstenstaatlichen Expansionen vollständig ausuferten. Eine umfassende Rückkehr zum Status quo ante, zum freiheitlichen europäisch-nordamerikanisch bestimmten Seerecht der fünfziger und sechziger Jahre, war nicht mehr möglich. Die altliberale, umfassende Freiheit der Meere – verstanden als Recht aller Staaten und ihrer Angehörigen zur gleichberechtigten, erlaubnisfreien, weitgehend unbeschränkten Nutzung des Meeres und seiner Vorkommen – war gefallen. Keine Restauration stellte sie wieder her. Für die ressourcenorientierte Nutzung und z. T. auch für die wissenschaftliche Meeresforschung fand sich in der Meeresfreiheit keine zukunftsträchtige Idee mehr. Diese Tatsache mußte zunächst als solche erkannt werden.

Hinzu kam, daß die Grundzüge der neuen Ordnung nicht mehr im Fluß, sondern – jedenfalls was die prinzipielle ressourcenwirtschaftliche Zuordnung eines Drittels der Meere zu den Uferstaaten anging – bereits gewohnheitsrechtlich verfestigt waren. 1982 beanspruchten mindestens 110 Staaten ein Küstenmeer von wenigstens 12 sm Ausdehnung und etwa 85 Länder eine 200 sm breite Fischerei- oder Wirtschaftszone.[38] Die Schiffahrts-, Fischerei-, Festlandsokkel-, Meeresumweltschutz- und Forschungsregime des Seerechtsübereinkommens repräsentierten Ende 1982 die Balance von Rechten und Pflichten, mittels derer der überwiegende Teil der Staaten diese Rechtsfragen geregelt sehen wollte. Indem es dies respektierte, wies das Übereinkommen einen hohen Wirklichkeitsbezug auf. Es legitimierte, präzisierte, befestigte und begrenzte im wesentlichen nur, was bereits geschehen war – ein Zuwachs für Küsten- und Inselstaaten, wie er zu Beginn der siebziger Jahre nicht einmal erträumt werden konnte. Die neuen Ideen, etwa das Konzept des „gemeinsamen Erbes der Menschheit", befanden sich, mittlerweile weitgehend akzeptiert, zudem nicht in Ruhelage. Sie entfalteten sich weiter, verdrängten ältere Konzepte und bildeten darum Elemente der Macht, die es zu berücksichtigen galt.

DIE BUNDESREPUBLIK DEUTSCHLAND UND DAS SEERECHTSÜBEREINKOMMEN[39]

Bonn hatte von dem Weltmeeresthema nur am Rande Notiz genommen. Die Dritte Seerechtskonferenz war in der deutschen Öffentlichkeit überwiegend auf Teilnahmslosigkeit gestoßen. Das Seerechtsübereinkommen, seine jahrelange Herausbildung, sein Inhalt, seine Konsequenzen hatten nur die Experten

---

[38] Vgl. *Prewo,* a.a.O. (Anm. 5), S. 12 f.; Günter *Freericks,* Die lautlose Eroberung der Meere, München u.a. 1982, S. 111 ff.

[39] Vgl. Renate *Platzöder,* Die Seerechtsentwicklung aus deutscher Sicht, in: *Spektrum der Wissenschaft,* Nr. 5, 1983, S. 36 f.; *o.N.,* Seerecht – Alles etwas ins Blaue, in: *Wirtschaftswoche,* Nr. 37/1983, S. 23; Rudolf *Dolzer,* Seerechtskonventionsentwurf und Bundesrepublik Deutsch-

beschäftigt. Der Seerechtspolitik wurde in Bonn lediglich eine nachrangige Rolle eingeräumt. 1982 aber mußte sich die Bundesrepublik Deutschland einfügen in Zusammenhänge, aus denen die Meere und ihr Recht nicht mehr auszuklammern waren. Der Einfluß des Meeres, die Bedeutung der Seerechtsentwicklung für die Verhältnisse zu Lande, wuchs. Bonn mußte sich auf eine Entwicklung einstellen, die sich auf internationaler Ebene nahezu geräuschlos vollzogen hatte und zahlreiche Felder der Außen-, Sicherheits-, Europa-, Wirtschafts- und Entwicklungspolitik beeinflußte. Für Bonn ging es nun vor allem darum, Nachteile der Nationalisierungstendenzen, etwa im Bereich von Hochseefischerei und wissenschaftlicher Meeresforschung,[40] durch verstärkte wissenschaftlich-technische Kooperation im Rahmen globaler und regionaler Organisationen und durch intensivierte Zusammenarbeit mit einzelnen Langküstenstaaten bei seegestützten Projekten aufzufangen. Eine verbesserte Konzentration der Mittel und eine straffere Organisation würden dazu unerläßlich werden.

War es bei dieser Zielsetzung zulässig, den seerechtlichen Schwebezustand, die Nichtentscheidung Bonns über die Zeichnung des Seerechtsübereinkommens, noch lange aufrechtzuerhalten? Wieviel Hebelwirkung ließ sich durch Nichtunterzeichnung erzeugen, etwa in Richtung auf eine Nachbesserung oder Suspendierung des Tiefseeteils des Übereinkommens? Oder würde sich die Entwicklung besser von „innen", durch Zeichnung des Übereinkommens und aktive Mitarbeit in der Vorbereitungskommission, mitbestimmen lassen? Würde also Widerstand durch Mitwirkung am weitesten führen? Würde sich Bonn dem Bindungsanspruch des Übereinkommens auf Dauer überhaupt entziehen können? Würde sich die Bundesrepublik Deutschland als ein

---

land, in: *Vitzthum*, a.a.O. (Anm. 5), S. 269 ff.; Wolfgang Graf *Vitzthum* und Renate *Platzöder*, Pro und contra Seerechtskonvention 1982, in: *EA*, 19/1982, S. 567 ff. Zur deutschen Interessenlage vgl. auch BT/Drs. 7/2856 vom 28.11.1974, 8/661 vom 22.6.1977, 9/1711 vom 22.6.1982; UN-Seerechtskonferenz, a.a.O. (Anm. 27), S. 8 ff.; Deutsches Marine Institut (Hrsg.), Die Seeinteressen der Bundesrepublik Deutschland, Bonn, Herford 1979; Uwe *Jenisch*, Die wirtschaftlichen und territorialen Auswirkungen der 3. UN-Seerechtskonferenz auf die Bundesrepublik Deutschland, Hamburg 1980; Deutscher Bundestag, 8. Wahlperiode, Protokoll Nr. 19 des Auswärtigen Ausschusses und Protokoll Nr. 22 des Ausschusses für Wirtschaft zur Öffentlichen Anhörung von Sachverständigen am 7.12.1974 zum Thema „Probleme der Dritten VN-Seerechtskonferenz unter besonderer Berücksichtigung des Meeresbodenbergbaus"; Renate *Platzöder*, Völkerrechtliche und politische Auswirkungen der Dritten Seerechtskonferenz der Vereinten Nationen auf Nord- und Ostsee, Ebenhausen (SWP-S 266) 1978; Elmar *Rauch*, Warum die Bundesrepublik Deutschland die neue Seerechtskonvention unterzeichnen sollte, in: *Bundeswehrverwaltung*, Heft 10, 1982, S. 234 ff.; Verband Deutscher Reeder, Stellungnahme zur Zeichnung der Seerechtskonvention durch die Bundesrepublik Deutschland, Hamburg 1982.

[40] Vgl. Axel *Borrmann* und Hermann *Weber*, Meeresforschung und Meeresfreiheit, Hamburg 1983, S. 326 ff.; Alfred H.A. *Soons*, Marine Scientific Research and the Law of the Sea, Den Haag 1982, S. 261 ff.; Gotthilf *Hempel*, Aufgabe und Probleme moderner Meeresforschung, in: *Vitzthum*, a.a.O. (Anm. 5), S. 187 f.; Arwed *Meyl*, Meeresforschung und Forschungshilfe, in: *Vitzthum*, a.a.O. (Anm. 13), S. 253 ff.

Zeichnerstaat gegenüber anderen Zeichnerstaaten eher auf die das allgemeine Seevölkerrecht betreffenden Teile des Übereinkommens berufen können als Staaten, die noch nicht unterzeichnet hatten? Welche Alternative eröffnete sich bei definitiver Nichtunterzeichnung? Welche Folgen hätte ein konventionsloser Zustand für seine das allgemeine Seevölkerrecht betreffenden Teile? Inwieweit spiegelten diese Teile bereits Völkergewohnheitsrecht wider?

Bei Beantwortung dieser für die Bundesrepublik Deutschland entscheidenden Fragen waren die nationalen und dabei auch die europäischen und atlantischen Interessen zu berücksichtigen. Zugleich mußte einkalkuliert werden, daß für Bonn nicht all das möglich war, was Washington konnte. Die Fähigkeit, nahezu universale Entwicklungen zu verlangsamen, war für die Bundesrepublik Deutschland im Gegensatz zur Weltmacht USA nicht vorhanden. Die deutschen Interessen konnten nicht allein durch nationale Maßnahmen sowie bilaterale und mehrseitige Abkommen wahrgenommen werden.

Bonn mußte vor allem bedenken, daß in der Seerechtsentwicklung 1981/82 konflikt- und friedensfördernde Elemente unauflösbar verschränkt waren. Gerade in dieser Ambivalenz mußte das UN-Seerechtsübereinkommen von 1982 zum Gegenstand einer Gesamtbeurteilung und Entscheidung gemacht werden. Es war eine Absichtserklärung zum Frieden und Nord-Süd-Ausgleich, in die doch zugleich Verteilungs- und Auslegungsstreitigkeiten bereits einprogrammiert waren. Insofern war die Seerechtsentwicklung, mit dem Seerechtsübereinkommen als ihrem Herzstück, Ausdruck der allgemeinen internationalen Ordnung und Unordnung des Jahres 1982.

IV

DIE KONFLIKTE IM NAHEN UND MITTLEREN OSTEN

DER FORTGANG DES CAMP-DAVID-PROZESSES BIS ZUR RÜCKGABE DES SINAI

Von Arnold Hottinger

ISRAEL UND SEINE ARABISCHEN NACHBARN

Zu Beginn des Jahres 1980 war klargeworden, daß Ägypten und Israel über den zweiten Teil des Camp-David-Abkommens, der die Westbank und Gaza betraf, schwerlich übereinkommen konnten. Die Interpretationen der beiden Staaten, wie der zentrale Begriff „Autonomie" zu verstehen sei, wichen allzu weit voneinander ab. Die Ägypter verstanden darunter eine „territoriale Autonomie", die ein autonomes Gebiet geschaffen hätte; die Israeli wollten nur von einer „personellen Autonomie" sprechen;[1] die arabischen Bewohner der Westbank und des Gaza-Streifens sollten danach gewisse Selbstverwaltungsrechte erhalten. Im wesentlichen hätte die „Autonomie", die Israel den Bewohnern der besetzten Gebiete zuzusichern bereit war, die gleichen Aufgabenbereiche umfaßt, die bisher von den Gemeindeverwaltungen wahrgenommen worden waren.

---

[1] Am 29. 10. 1980 hatte Begin der Knesset ein Autonomieprojekt vorgelegt, das etwas weiter ging und dem vorgeschlagenen Autonomierat auch die Kontrolle über Fragen des Grundbesitzes und der Wasserverteilung überlassen hätte. Dies stieß auf heftige Kritik in der Knesset. Am 1. 2. 1982 veröffentlichte die *Jerusalem Post* die israelischen Autonomievorschläge, die in Verhandlungen mit Ägypten gemacht worden waren. Sie gingen bedeutend weniger weit. Ägypten hatte die Vorschläge u. a. abgelehnt, weil sie die Bewohner von Ost-Jerusalem und der die Stadt umgebenden „Großstadtzone" (Greater Jerusalem), wo ein Fünftel aller arabischen Bewohner der Westbank leben, ausnahmen. (Erklärung in diesem Sinne von Innenminister Yoseph Burg am 10. 1. 1982.)

Es erwies sich auch, daß König Hussein von Jordanien nicht gewillt war, die ihm in dem Vertragswerk zugedachte Rolle eines dritten Partners zwischen Palästinensern und Israeli zu übernehmen. Der König erklärte sich nur bereit, über die Zukunft der Westbank Verhandlungen zu führen, wenn die PLO ihn ersuche, dies zu tun. Seine Haltung war durch den arabischen Gipfelbeschluß von Rabat aus dem Jahr 1974 bedingt;[2] damals hatte der König den anderen arabischen Staatschefs und den Vertretern der PLO zugestanden, daß die PLO „der einzige rechtmäßige Vertreter des palästinensischen Volkes" sei.

Obgleich beide erkannten, daß sie in der Frage der besetzten palästinensischen Gebiete schwerlich zu einer Realisierung des zweiten Teils der Camp-David-Verträge gelangen würden,[3] gingen Menachem Begin und Anwar as-Sadat mit der Durchführung des ersten Vertragsteiles voran. Sadat wollte die Zurückerstattung des Sinai erwirken; Begin war bereit, den Preis der Rückgabe des Sinai für einen Frieden mit Ägypten zu entrichten, den die meisten anderen arabischen Staaten immer mehr als einen Separatfrieden verurteilten, je deutlicher wurde, daß die Abmachungen über die besetzten Gebiete tote Buchstaben bleiben würden.

Unter diesen Umständen war es für Begin aus drei Gründen von Vorteil, in den besetzten Gebieten eine Politik der vollendeten Tatsachen zu treiben: Sie brachte ihn seinem erklärten Ziel näher, diese Gebiete, die als Gaza, Samaria und Judäa angesprochen wurden, dem israelischen Staat einzuverleiben. Eine Politik der vollendeten Tatsachen stellte gleichzeitig den Friedenswillen der Ägypter auf die Probe, bevor der ganze Sinai in ihre Hände zurückgegeben war: Nahm Ägypten sie hin, ohne von seinem „separaten" Frieden mit Israel abzuweichen, vertiefte dies den Graben zwischen Ägypten und den anderen Arabern; hätte umgekehrt Ägypten sich geweigert, sein Friedensverhältnis mit Israel fortzusetzen und zu entwickeln, weil die Anwendung des zweiten Teils der Verträge nicht vorankam, wäre Israel in der Lage gewesen, die restliche Sinai-Halbinsel nicht zurückzugeben. Schließlich empfahl sich eine Politik der vollendeten Tatsachen und des harten Vorgehens gegen „die Araber" aus wahltaktischen Gründen. Die Wahlen standen für Mitte 1981 bevor, und die natürliche Anhängerschaft des Likud-Blockes bestand aus Personen, die Härte gegenüber den Arabern zu schätzen wußten, zumal Begin für sich in Anspruch nehmen konnte, mit Sadat Frieden geschlossen zu haben.[4]

In den Zusammenhang dieser Politik der Härte gehörte wohl auch das Gesetz über Jerusalem, das am 30. Juli 1980 verabschiedet wurde[5] und ganz Jerusalem mit seinen arabischen Teilen und Vorstädten zur verfassungsmäßi-

---

2 Abgedruckt in: *EA*, 23/1975, S. D 614–616.

3 Vgl. *EA*, 2/1979, S. D 47 ff.

4 Am 4.6., kurz vor den Wahlen, traf Begin noch einmal mit Sadat in Sharm el-Sheikh zusammen. Das Treffen ergab kaum diplomatische Resultate, diente aber Begin für die Wahlen, weil es den Nachweis erbrachte, daß das Friedensverhältnis mit Ägypten ungetrübt andauere.

5 Abgedruckt in: *EA*, 21/1980, S. D 603.

gen Hauptstadt Israels erklärte. Der Verfassungsrang dieser Entscheidung sollte ihre permanente Geltung betonen und ein eventuelles Rückgängigmachen erschweren. Auch städtebaulich wurden in Jerusalem vollendete Tatsachen geschaffen, indem die Umbauung der Stadt mit israelischen Sozialsiedlungen und Wohnkolonien stark vorangetrieben wurde.

Einen harten Kurs steuerte Israel auch gegenüber Libanon. Anläßlich einer Krise zwischen den syrischen Befriedungstruppen und den sogenannten Libanesischen Kräften (Milizen der Maroniten unter Führung der Phalanges), bei der es um die Beherrschung der Stadt Zahlé ging, setzten die Syrer Hubschrauber ein, um Truppen in Bergpositionen auf der Libanon-Kette zu bringen. Die Israeli intervenierten und schossen zwei Helikopter ab. In Libanon nahm damals Israel für sich in Anspruch, die Luftherrschaft auszuüben. Wiederholt wurden syrische Kampfflugzeuge abgeschossen, wenn sie sich über Libanon zeigten.[6] Die Syrer reagierten auf den Abschuß der

[6] Am 15.4.1981 erklärte Begin in der Knesset: „Wir haben der christlichen Gemeinschaft in Libanon geholfen und wir werden fortfahren, es zu tun." Die Belagerung von Zahlé dauerte vom 1.4. bis zum 30.6. Vom 25.4. bis zum 30.5. wüteten Kämpfe um die Höhen des Sannine über Zahlé. Beherrschende Höhen waren von den Syrern schon am 25.5. besetzt worden. Israel sah darin eine Gefahr für seine Sicherheit. Am 27.4. warnte Israel Syrien, den „Status quo" nicht zu verändern. Am 28.4. wurden syrische Positionen bombardiert und die beiden syrischen Helikopter abgeschossen. Zwischen dem 29.4. und dem 11.5. brachten die Syrer ihre SAM-6 und SAM-2 nach der Bekaa. Anfänglich waren es nach syrischen Aussagen drei Batterien; am 11.5. standen nach israelischer Mitteilung 14 Batterien in Libanon. Zwischen dem 14.5. und dem 13.6. wurden nach syrischer Quelle sieben israelische Aufklärungsflugzeuge ohne Piloten abgeschossen – drei über Syrien, vier über Libanon. Die Israeli gaben den Abschuß von vier zu.

Zwischen dem 7. und dem 27.5. unternahm Philip Habib als Abgesandter des amerikanischen Präsidenten, begleitet von Morris Draper, eine Rundreise durch den Nahen Osten, um die Lage zu entspannen. Er hielt sich in Beirut, Damaskus und Saudi-Arabien auf. Neben der Krise in Zahlé und in der Bekaa kam es zu heftigen Beschießungen der östlichen (christlichen) Teile von Beirut, hauptsächlich vom 2. bis 27.4. und vom 7.5. bis 8.6. durch die Syrer und ihre libanesischen Verbündeten. Am 17.5. beschlossen die Saudis nach Gesprächen mit Habib, den Syrern die seit Januar unterbrochenen Subventionszahlungen für die Aufrechterhaltung ihrer Truppen in Libanon (sie waren als sogenannte Abschreckungstruppen zur Bewahrung des Friedens im Lande) weiter zu entrichten. Sie betrugen 500 Millionen Dollar im Jahr. Dies ermöglichte eine Beschwichtigung der Spannungen zwischen Syrern und Libanesen.

Doch die Israeli hatten vom 19. April an eine starke Steigerung ihrer Angriffe auf die Palästinenser und ihre Basen in Süd-Libanon begonnen: Angriffe auf Saida, 19. bis 21. und 26./27.4.; 89 Tote. Die Palästinenser antworteten mit Beschießungen von Kiriat Schmonah und Marjayoun (dieses in Libanon, aber unter der Besetzung der Haddad-Milizen). Die Internationale Friedenstruppe in Süd-Libanon (FINUL) verstärkte ihre Soldaten im libanesischen Süden. Am 4., 13., 19.4. sowie vom 25.4. bis 7.5. fanden Beschießungen von Positionen der Haddad-Truppen aus auf die FINUL-Sektoren Süd und Ost statt. Die Israeli klagten, daß FINUL nicht energisch genug für Fernhaltung der PLO sorge. Am 28.5. fand ein Luftangriff auf Damour statt, er diente nach israelischer Angabe der Zerstörung einer SAM-9-Basis der Volksfront für die Befreiung Palästinas-Generalkommando (PFLP-GC unter Ahmad Jibril); am gleichen Tag wurde ein Kommandoangriff zur See auf Na'meh, südlich Beirut, durchgeführt; am 2.6. ein Luftangriff auf die Abu-el-Aswad-Basis bei Tyros; Beschießung von Beaufort. Am nächsten Tag ein Angriff auf

Hubschrauber, indem sie SAM-6-Raketen in der Bekaa-Ebene stationierten. Israel drohte mehrmals, es werde diese Raketen zerstören. Doch konnten Aktionen, die anscheinend schon geplant waren, mehrmals von den Amerikanern verhindert werden. Philip Habib, der Sonderbeauftragte des amerikanischen Präsidenten, konnte schließlich sogar einen inoffiziellen Waffenstillstand zwischen den Syrern, den Palästinensern und den Israeli aushandeln (24. Juli 1981), in dem sich Israel verpflichtete, die Raketen der Syrer nicht anzugreifen. Die Syrer sagten zu, ihre Armee nicht über eine „Rote Linie" vorzuschieben, deren Verlauf vermutlich mit dem Unterlauf des Litani-Flusses zusammenfiel; die Palästinenser versprachen, ihre Feuerüberfälle auf israelische Grenzorte von libanesischem Gebiet aus einzustellen.

Seit 1978 befanden sich internationale Friedenstruppen in Süd-Libanon (FINUL), deren Aufgabe es war, Infiltrationen von Palästinensern in die Grenzgebiete zu verhindern. Israel verfügte darüber hinaus über eine libanesische Hilfstruppe unter Major Saad Haddad, die seit 1976 Israel diente und deren Einflußgebiet an der Grenze anläßlich des israelischen Einmarsches nach Libanon im Jahre 1978 ausgedehnt worden war. Noch bevor die Libanon-Krise mit Hilfe der Amerikaner provisorisch bewältigt war, holte Israel zu einem neuen Schlag gegen die Araber aus. Am 7. Juni 1981 zerstörten israelische Kampfflugzeuge, die über Saudi-Arabien geflogen waren, den im Bau befindlichen Versuchsreaktor „Osirak" in Tammuz bei Bagdad, den der Irak mit französischer Hilfe baute. Israelische Sprecher erklärten, ihre Flugzeuge hätten zuschlagen müssen, bevor spaltbares Material in den Reaktor eingelagert wurde, weil ein Luftangriff danach durch Verstreuung des Materials eine Katastrophe hätte verursachen können. Der Angriff führte zum Verlust von wenigen Menschenleben, weil er an einem Feiertag erfolgte.[7] Doch die

---

die Marine-Basis der PFLP in Nahr al-Bared bei Tripoli. Begin erklärte, die „präventiven Angriffe" würden fortgesetzt.

Im Juli (10. bis 24.) wurden vor allem Luftangriffe durchgeführt; Ziele waren Beirut, Damour, Nabatija und Tyros sowie die Raffinerie von Zahrani. Am 16. 7. gab es 30 Tote und 60 Verwundete; am 17. gegen 200 Tote und 700 Verwundete, als neun israelische Flugzeuge angriffen und nach der israelischen Version die Hauptquartiere von Fatah und PFLP bombardierten, die in dicht bewohnten Stadtteilen von West-Beirut lagen. Am gleichen Tag reiste Habib nach Jerusalem, um einen Waffenstillstand auszuhandeln. Doch am 18. 7. beschossen Palästinenser von Syrien aus israelische Siedlungen im Jordan-Tal. Israel schlug zurück mit einem „Meer von Feuer", das am 19. und 20. 7. auf Süd-Libanon niederging; Luftangriffe und Beschießungen vom Meer her wurden kombiniert. Am 24. 7. konnte Habib einen Waffenstillstand bekanntgeben, der Israeli, Syrer, Palästinenser und Libanesen umfaßte. Jibril setzte mit seinen Gruppen die Beschießung der Haddad-Zone fort. Doch Arafat zwang ihm den Waffenstillstand am 27. 7. endgültig auf.

[7] Ein französischer Fachmann verlor allerdings sein Leben. Es gab zahlreiche diplomatische Nachspiele: Am 11. 6. traten die arabischen Außenminister in Bagdad zusammen (außer Ägypten), forderten Sanktionen gegen Israel und richteten Vorwürfe an die USA. Der Sicherheitsrat tagte vom 12. bis 19. 6.; es kam zu einer einstimmigen Verurteilung Israels, jedoch ohne Schadenersatzforderungen oder Sanktionen. Israel wurde aufgefordert, dem Nichtverbreitungsvertrag beizutreten, und lehnte dies ab. Libyen hielt die arabischen Reaktionen für ungenügend. Dies

Empörung in der ganzen arabischen Welt und in Frankreich war gewaltig. Israel behauptete, der Reaktor hätte dazu dienen können, eine Atombombe zu bauen. Die Franzosen und die Iraker verneinten dies. Frankreich sagte aus, es habe eine genaue Kontrolle auszuüben beabsichtigt. Zu Beginn des irakisch-iranischen Krieges, im Oktober 1980, war bereits ein Angriff gegen den Reaktor bei Bagdad geflogen worden. Damals sagten die Iraki, die Angreifer seien israelische Flugzeuge gewesen; die Israeli behaupteten, es müßten iranische gewesen sein.[8] Bei diesem ersten Angriff war der Reaktor nur teilweise zerstört worden; beim zweiten war die Zerstörung vollständig.

Die Amerikaner zeigten ihre Mißbilligung der israelischen Gewaltaktion, indem sie die Lieferung von vier F-16-Kampfflugzeugen an Israel suspendierten. Doch Präsident Ronald Reagan sprach sich gleichzeitig freundlich gegenüber Israel aus (am 11. und am 16. Juni).

Schon bald erhielten die Vereinigten Staaten Gelegenheit, auf die Suspension der Flugzeuglieferungen zurückzukommen. Israel protestierte gegen den amerikanischen Plan, AWACS-Überwachungsflugzeuge an Saudi-Arabien zu verkaufen. Nach saudischer und amerikanischer Darstellung sollten sie dazu dienen, den Luftraum in der Nähe des Golfes und der Enge von Hormuz zu beobachten und im Falle von Truppenkonzentrationen auf der iranischen Seite Vorwarnung zu geben. Israel hingegen fürchtete, sie könnten von Saudi-Arabien zugleich zur Überwachung des israelischen Luftraumes verwendet werden. Die Amerikaner, die vorläufig die Maschinen fliegen und warten sollten, glaubten garantieren zu können, daß dies nicht geschehen werde. Doch Israel war nicht überzeugt. Die Polemik ging teils öffentlich, teils in den Kulissen hin und her. Am Ende erklärte die amerikanische Regierung am 17. August 1981, sie werde die AWACS liefern, hob aber gleichzeitig die Lieferungsrestriktionen für 16 F-16- und F-15-Kampfflugzeuge an Israel auf. Israelische Flugzeuge verletzten am 9. November 1981 den saudischen Luftraum, um gegen die Präsenz der AWACS in Saudi-Arabien zu protestieren.

Die waghalsige und militärisch erfolgreiche Tat der israelischen Luftwaffe wurde von den Propagandisten des Regierungsblocks in der Wahlkampagne verwendet, die bereits begonnen hatte. Ägypen übte Kritik an dem Überfall auf den Reaktor, weigerte sich aber, seine Haltung gegenüber Israel zu ändern. Die Oppositionsparteien forderten Maßnahmen gegen Israel, wie Abbruch der diplomatischen Beziehungen oder gar Aufkündigung des Friedensabkommens.

Die Wahlen vom 31. Juni 1981 wurden vom Likud-Block mit etwas verminderter Mehrheit gewonnen. Wahlanalysen zeigten, daß ein bedeutender

---

führte zu Streit und später zu einer Versöhnungsmission Arafats zwischen Libyen, Marokko, Algerien, Syrien, dem Irak, Iran und Saudi-Arabien vom 12. bis 30. 6. 1981.

[8] So am 13. 2. 1981 und bei früheren Gelegenheiten.

Teil der Unterstützung Begins auf Wähler aus dem sephardischen Bevölkerungsteil zurückging (Schätzungen bis zu 70 Prozent).[9] Es war den Wahlstrategen von Likud gelungen, die orientalischen, in mancher Hinsicht benachteiligten Juden der sephardischen Gemeinschaft besonders anzusprechen, indem sie einerseits eine harte Hand gegenüber den Arabern zeigten, andererseits die Ressentiments der „orientalischen" gegenüber den „westlichen", askenasischen Juden, die bis 1977 die Führung im Staate innegehabt hatten, ausnützten. Hinzu kamen wirtschaftliche Manipulationen, die bewirkten, daß die einfacheren Leute kurz vor den Wahlen mehr Geld als gewöhnlich in die Hände bekamen und dafür besonders billige Importgüter kaufen konnten.

Nach den Wahlen setzte Begin seine Politik der harten Hand gegenüber den Arabern inner- und außerhalb Israels fort. Ariel Sharon, bisher Landwirtschaftsminister, wurde Verteidigungsminister.[10] Die Libanon-Aktion, die er ein Jahr nach den Wahlen auslösen sollte, muß schon bald nach seiner Ernennung geplant worden sein. Die Zusammenarbeit mit der libanesischen Phalange und ihren Verbündeten, die heimlich vonstatten ging, wurde intensiviert.

Eine neue Politik auf der Westbank wurde vorbereitet und dann durchgeführt. Sie beruhte darauf, daß die bisher bestehende Militärverwaltung aufgehoben und durch eine Zivilverwaltung ersetzt wurde, die Professor Menachem Milson[11] unterstand. Der Professor wollte versuchen, das Land mit Hilfe der sogenannten Dorf-Ligen zu regieren. Diese waren vom israelischen Staat ins Leben gerufen worden, um die Interessen der arabischen Dorfbewohner gegen die weitgehend mit der PLO sympathisierenden städtischen Mittelstandsschichten und besonders deren Jugend auszuspielen. Jordanien drohte, alle Führungspersonen der Dorf-Ligen wegen Landesverrats zum Tod zu verurteilen. Für Angehörige dieser von der Regierung geförderten

---

[9] Vgl. Kenneth *Brown*, Iron and a King. The Likud and Oriental Jews, in: MERIP Report, Nr. 114, Washington, New York, Mai 1983, S. 3–21.

[10] Am 22.12.1981 wurde ein innerer Ministerrat für Verteidigung aus neun Ministern aufgestellt. Offizielle Begründung: „um einer erwarteten syrisch-palästinensischen Offensive die Stirne zu bieten". Eine solche Offensive wurde als Reaktion auf die „Annexion" des Golan erwartet. Der innere Ministerrat dürfte jedoch auch der Vorbereitung des Libanon-Krieges gedient haben.

[11] Milson, Verfasser einer theoretischen Schrift über die Integration der Westbank, wurde am 20.9.1981 beauftragt, die von ihm empfohlenen „Dorf-Ligen" einzurichten. Sie sollten den Einfluß der gewählten Bürgermeister untergraben, die zu großen Teilen der PLO zuneigten. Milson wurde am 1.11. zum Zivilgouverneur in Cis-Jordanien ernannt. Eine Welle von Demonstrationen durchzog die Westbank. Die Universität von Bir Zeit wurde für zwei Monate geschlossen. In Gaza streikten zuerst die Ärzte, dann kam es zu einem Generalstreik vom 27.11. bis zum 16.12. 350 Schüler wurden festgenommen, es gab ein Todesopfer in Rafah am 6.12. Die Armee schritt in Cis-Jordanien und in Gaza energisch ein, um die Streiks und Demonstrationen zu brechen. Die „Dorf-Ligen" erklärten sich für die Politik der israelischen Regierung, und ihre Mitglieder forderten Waffen, um „Selbstverteidigungsgruppen" zu bilden.

Gruppierungen war es relativ leicht, Waffen zu erhalten – im Gegensatz zu „oppositionellen" Arabern.

Noch heftigeren Protest löste bei den Arabern in Israel und außerhalb des Landes die Ausdehnung der israelischen Gesetzgebung auf die Golan-Höhen aus, die am 14. Oktober 1981 von der Knesset beschlossen wurde. Die Araber sahen darin ein Zeichen dafür, daß Israel gedachte, den Golan zu annektieren. Viele Erklärungen, daß die strategischen Anhöhen „nie mehr" an einen arabischen Staat zurückgegeben würden, waren in den Jahren zuvor gemacht worden. Ein Merkmal dafür, daß es sich bei den seit 1967 besetzten arabischen Gebieten (mit Ausnahme Ost-Jerusalems) auch in israelischen Augen nach wie vor um besetzte, nicht annektierte Gebiete handelte, war die Beibehaltung des jordanischen Rechts auf der Westbank, des syrischen und des ägyptischen Rechts auf dem Golan und im Gaza-Streifen gewesen. Änderungen an einzelnen Paragraphen waren freilich durch die Militärregierungen des Besatzungsregimes vorgenommen worden.[12] Die Abschaffung des syrischen und Ausdehnung des israelischen Rechts auf den Golan deuteten unter diesen Umständen in der Tat auf Annexionsabsichten hin. Die arabische Presse sprach offen von „Annexion".

In den Monaten danach kam es zu einem zähen Streik der Drusen[13] auf den Golanhöhen (12. Februar bis 13. März 1982). Sie waren die einzigen arabischen Bewohner, die 1967 nicht geflohen oder evakuiert worden waren. Nun weigerten sie sich, israelische Identitätskarten zu tragen. Die israelischen Behörden wollten sie nicht auf ihre Felder gehen lassen, solange sie keine Identitätskarten hatten. Es kam zu wochenlangen Einschließungen der Drusen in ihre Dörfer, bis der Streik mit Gewalt gebrochen war.

Die Ägypter stimmten in die allgemeine Verurteilung der „Annexion" des Golan ein; doch die Regierung, die nun kurz vor der letzten Phase der gestaffelten Rückgabetermine für den Sinai stand, wollte den Frieden mit Israel nicht in Frage stellen. Die Amerikaner suchten ihre Unzufriedenheit mit dem israelischen Schritt zu demonstrieren, indem sie die Gespräche über eine „strategische Zusammenarbeit" mit Israel unterbrachen. Begin reagierte darauf, indem er dies am 20. Dezember 1981 als „Strafpolitik" bezeichnete und das Abkommen über strategische Zusammenarbeit für annulliert erklärte.[14]

---

[12] Vgl. Rajah *Shehadeh*, Aufzeichnungen aus einem Ghetto. Leben unter israelischer Besatzung, Berlin, Bonn 1983, S. 139, über den Militärerlaß 854.

[13] Es gibt etwa 13 000 Drusen in Golan; 20 000 leben seit 1949 in Israel. In Libanon und in Syrien leben je 200 000–300 000. Statistik und Karte in: *Maghreb/Machrek*, La documentation française, Nr. 95, Paris, Jan., Febr., März 1982, S. 102.

[14] Der Gedanke an eine „strategische Zusammenarbeit" ursprünglich Ägyptens, Israels und der USA, später institutionalisiert zwischen Israel und den USA, war zunächst von Außenminister Alexander Haig auf einer Rundreise durch die Region (2. bis 11. 4. 1981) lanciert worden. Er erwies sich angesichts der arabisch-israelischen Spannungen als politisch unrealisierbar. Zwischen Israel und den USA war am 11. 9. 1981 ein Grundsatzabkommen über strategische Zusammenarbeit abgeschlossen worden.

Die Syrer beklagten sich am 14. Dezember beim Sicherheitsrat, der die Ausdehnung israelischen Rechts auf den Golan für null und nichtig erklärte und Israel aufforderte, sie rückgängig zu machen. Israel weigerte sich.[15] Die Erfahrung der Golan-„Annexion" und der amerikanischen Haltung in dieser Angelegenheit, die darauf hinauslief, daß Washington die Aktion Israels zwar mißbilligte, aber Israel zugleich vor den Folgen seiner Handlungsweise beschützte, dürfte entscheidend dazu beigetragen haben, daß Syrien in den folgenden Jahren bewußt darauf ausging, alle amerikanischen Initiativen im Nahen Osten zu durchkreuzen.[16] Der syrische Staatschef Hafez al-Assad dürfte sich damals davon überzeugt haben, daß die Israeli und die Amerikaner die gleiche Politik „nur mit verteilten Rollen" betrieben. Dies wurde einer der Leitsätze der syrischen Propaganda und Politik.

In den besetzten Gebieten, besonders in Cis-Jordanien, begann eine neue Welle der Agitation im Februar und März 1982. Die Proteste richteten sich vor allem gegen die sogenannte Zivilverwaltung, weil diese als ein Schritt zur Einverleibung der Territorien gesehen wurde. Während einer Welle von Generalstreiks (vom 19. zum 24. März) wurden fünf Araber getötet, teils durch Aktionen der Truppen, teils bewaffneter Siedler. Ein Tadelsantrag in der Knesset gegen die Politik der Regierung in den besetzten Gebieten erhielt 58 Stimmen bei gleichfalls 58 Stimmen für die Regierung. Begin beschloß, weiter zu regieren. Vom 25. bis 28. März traten die israelischen Araber in Nazareth in einen Sympathiestreik. Die Streiks erreichten ihren Höhepunkt am „Tag der Erde", dem 30. März. Sie waren vollständig in Cis-Jordanien, teilweise

---

[15] Dies führte zu einer weiteren Debatte im Sicherheitsrat (6.1. bis 5.2.1982). Die Syrer forderten Sanktionen. Eine jordanische Kompromißresolution, die „wirksame Maßnahmen" gegen Israel verlangte, wurde schließlich von den USA am 20.1.1982 durch ein Veto eliminiert. Die Generalversammlung verurteilte Israel am 5.2. mit 86 gegen 21 Stimmen bei 34 Enthaltungen, darunter die Stimme Ägyptens. Israel veröffentlichte am 6.1. einen Plan zur Bevölkerung des Golan, nach dem zu den dort bereits ansässigen 7500 Israeli 20000 weitere kommen sollten. Am 2.2. erschien in der Zeitung der Armee ein weiterer Plan für die Schaffung von 16 Wehrsiedlungen (mahaz) auf dem Golan und in Cis-Jordanien. (Dokumente zur Golan-„Annexion", in: *EA*, 20/1982, S. D 527 ff.)

[16] Vgl. ein Interview mit Präsident Hafez al-Assad, wiedergegeben in: *Maghreb/Machrek*, a.a.O. (Anm. 13), S. 103. Dort erschien das Konzept eines „fehlenden strategischen Gleichgewichtes", das keinen Frieden erlaube, bevor es wiederhergestellt sei. „Wir könnten den Weg eines gerechten Friedens einschlagen mit seinen Wegmarken und Etappen. Dazu gehört in erster Linie, daß wir ein strategisches Gleichgewicht in der ganzen Region erlangen. Dieser Ausdruck umfaßt viele Einzelheiten, die wir hier nicht diskutieren wollen. Israel kennt sie, die USA auch. Ich habe den amerikanischen Verantwortlichen gesagt: ‚Wenn Sie den Frieden begehrten, würden Sie nicht diese enorme Masse von Waffen und Geld an Israel senden; Sie würden ihm nicht unter allen Umständen Unterstützung gewähren. Denn wir wissen, daß dies das Gleichgewicht zwischen uns und Israel noch weiter aus den Fugen bringt. Je größer das Ungleichgewicht, desto weiter entfernen wir uns von einem gerechten Frieden'." Dies wurde zum obersten politischen Leitsatz der Syrer in den Konfrontationen der folgenden Jahre. (Das Interview ist ursprünglich erschienen in: *ar-Ra'i al-Amm* [Kuwait], 13.12.1981.)

wirksam in den arabischen Gebieten Israels. Im April kam es zu neuen Unruhen, nachdem ein Fanatiker eine Schießerei vor der al-Aksa-Moschee ausgelöst hatte (11. April). Die israelische Repression hinterließ 23 Verwundete. Die Israeli entließen zahlreiche der gewählten Bürgermeister „wegen Verweigerung der Zusammenarbeit mit der israelischen Verwaltung". Sie suchten die „Dorf-Ligen" zu fördern. Doch die Agitation in Cis-Jordanien hörte nicht auf, bis es nach dem Libanon-Krieg zum Rücktritt von Milson, dem „Zivilverwalter", kam, der sich mit seinen Vorgesetzten und Untergeordneten schlecht verstand.

Die beständige Unruhe in Cis-Jordanien war ein wichtiger Grund für die Auslösung der Kriegsaktion gegen Libanon, weil die israelischen Machthaber die PLO für die Agitation verantwortlich glaubten und der Ansicht waren, ihre Zerschlagung in Beirut würde sich auf Cis-Jordanien beruhigend auswirken.[17]

ÄGYPTEN IN DER ISOLIERUNG

Auch Sadat beschloß, sich an die Sinai-Verträge zu halten, die im ersten Teil von Camp David niedergelegt waren, obwohl ihm immer deutlicher wurde, daß die Verwirklichung des zweiten Teils (Autonomie für die Palästinenser der besetzten Gebiete) in einer Form, der Ägypten zustimmen konnte, nicht in den vorgesehenen Zeitgrenzen erreicht werden könnte.[18] Für Sadat war es nicht mehr möglich, sich von dem Camp-David-Prozeß zurückzuziehen, nachdem er einen Friedensvertrag mit Israel unterschrieben hatte. Er hätte sonst einräumen müssen, daß seine spektakuläre, aber von den anderen Arabern

---

[17] Am 22. 8. 1982 (d. h. zu Beginn der Ausreise der Palästinenserkämpfer aus dem belagerten West-Beirut) sollte General Ariel Sharon einen Aufruf an die „Araber von Eretz Israel" (d. h. jene der Westbank und Gazas) richten und sie auffordern, in „Autonomieverhandlungen" einzutreten, nun, da die „Gefahr der PLO reduziert" sei.

[18] Die Verhandlungen hätten nach den Camp-David-Abmachungen bis zum 26. 5. 1980 zu einem Resultat gelangt sein müssen. Doch dies war nicht der Fall. Sadat unterbrach sie kurz darauf. Sie wurden nach der Wahl Reagans im Oktober in Washington wiederaufgenommen, kamen aber nicht voran. Die USA übernahmen die Aufgabe, neue „Ideen" vorzulegen. „Technische" Verhandlungen gab es im November und wieder im Januar 1981. Präsident Reagan ernannte Sol Linowitz als seinen persönlichen Abgesandten für die Verhandlungen. Alexander Haig nahm die Sache auf, als er im April den Nahen Osten bereiste. Im September, in Kairo, wurden die vollen Verhandlungen aller drei Partner wiederaufgenommen. Die Israeli brachten eine Aufstellung von 15 Divergenzpunkten mit. Man stellte einen Verhandlungskalender auf. Vom Oktober bis zum Dezember sprachen die Fachkommissionen miteinander und stellten fest, daß in keinem Punkt Übereinstimmung bestehe. Am 10. 1. 1982 bestätigte der israelische Innenminister Yoseph Burg, daß Israel den arabischen Bewohnern von Jerusalem kein Wahlrecht gewähren werde. Haig suchte die Gespräche auf einem Besuch in beiden Staaten wieder in Gang zu bringen (12. bis 16. 1.). Im März verhandelte man wieder auf „technischer Ebene" in Kairo. Die Grundprobleme wurden nicht überbrückt. (Vgl. hierzu auch den Beitrag von Helmut *Hubel* in diesem Band.)

bekämpfte Friedensaktion seit 1977 ein Fehlschlag gewesen sei. Wenn er aber den Frieden aufrechterhielt, mußte er auch alles tun, um wenigstens die volle Rückgabe des Sinai, die für Ende April 1982 angesetzt war, zu erreichen. Außerdem war er darauf angewiesen, sich von den Vereinigten Staaten finanziell, militärisch, diplomatisch und mit Nahrungsmitteln helfen zu lassen – besonders seitdem die arabische Finanzhilfe (nach dem Friedensschluß vom 26. März 1979) ausgefallen war und die Notwendigkeit bestand, die ägyptische Armee von sowjetischen auf westliche Waffen umzurüsten.[19]

Die politische Grundoption Ägyptens, die sich aus diesen Zwängen ergab, sollte sogar über die Ermordung Sadats im Oktober 1981 hinaus aufrechterhalten werden. Sie lief darauf hinaus, daß Ägypten alles tat, um Israel nicht zu verärgern, gleichgültig wie scharf Israel gegen die anderen Araber und besonders die Palästinenser und Libanesen vorging. Vorsichtige Proteste wurden gelegentlich geäußert. Doch stets blieb man sich in Kairo der alles andere überwiegenden Notwendigkeit bewußt, den Termin der Rückgabe der letzten Teile der Sinai-Halbinsel zu erreichen, ohne mit Israel in einen irreparablen Streit zu geraten und ohne das gute Verhältnis zu Washington zu trüben.

Doch diese Grundhaltung der ägyptischen Regierung unter Sadat brachte das Regime in einen wachsenden Gegensatz zu Teilen der eigenen Bevölkerung, denen der Frieden mit Israel und die „zahme" Haltung ihres Landes gegenüber den Aktionen Israels, die sie als Provokationen empfanden, zutiefst widerstrebte. Durch die fast lückenlose Kontrolle, die der ägyptische Staat seit Nassers Zeiten über sämtliche Informationsmedien ausübte (bis hinab zur Buchproduktion), konnte das Regime das Vorhandensein einer Opposition und ihre Unzufriedenheit mit der „Friedenspolitik" Sadats lange Zeit verbergen und einer massiven Ausbreitung der Oppositionsthesen in der Bevölkerung entgegentreten. Doch dies konnte nur zu dem Preis geschehen, daß die Kontrollen immer schärfer wurden und die Gesetze und Sondervorschriften zur Niederhaltung der Oppositionellen immer schärfer formuliert und energischer angewandt werden mußten.

Weil es praktisch unmöglich war, politische Kritik an den Grundoptionen Sadats (darunter an der Friedenspolitik) öffentlich zu artikulieren, verschmolzen die verschiedenen Gründe der Unzufriedenheit zu einer allgemeinen „Malaise", teils politischer, teils wirtschaftlicher Natur, die kaum je offen diskutiert werden konnte. Es schlug sich unter den Intellektuellen in der

---

[19] Zwischen 1973 und 1979 soll Ägypten nach Schätzungen 18 Milliarden Dollar Hilfe von außen erhalten haben; 7 Milliarden aus der arabischen Welt; 2. Milliarden aus der Sowjetunion und anderen Ost-Ländern; 1,7 Milliarden aus Europa; 0,85 Milliarden aus Iran. 4 Milliarden kamen aus den USA. Seit dem arabischen Boykott (1979) soll Ägypten jedes Jahr 950 Millionen aus den USA erhalten haben, 400 Millionen aus Europa und Japan, 250 Millionen vom Internationalen Währungsfonds und der Weltbank. 1981 stieg die Hilfe aus dem Westen um ein Drittel an und erreichte 2,8 Milliarden Dollar. (Vgl. Pierre *Mirel*, L'Egypte des Ruptures, Paris 1982, S. 139.)

Bildung von „nasseristischen“ und linksgerichteten Kleingruppen nieder, die politisch nie wirklich zum Zuge kamen. Unter der Jugend jedoch griff der islamische Fundamentalismus um sich. Gerade weil keine politischen Alternativen diskutiert werden konnten, mindestens nicht öffentlich und gedruckt, hatte der Fundamentalismus – wie vorher in Iran – eine bedeutende Wirkung. Je auswegloser die Lage schien, desto bereitwilliger wandten Studenten und Schüler sich den fundamentalistischen Predigern zu, die ihnen sagten, man müsse sich nur genau an das Wort der koranischen Gesetze halten und einen Staat zurückweisen, der sich nicht nach ihm ausrichte, um mit Sicherheit erfolgreich, mächtig, angesehen und glücklich zu werden, als Individuum wie auch als Staatswesen. Dies stehe im Buche Gottes selbst zu lesen. Man kann in der Tat Koranzitate in diesem Sinne anführen.[20]

Die islamischen Lehren und Aktivitäten waren Sadat und seinen Sicherheitsorganen lange Zeit unverdächtig und sogar willkommen, weil man in ihnen in erster Linie ein Gegengewicht gegen die kommunistischen und allgemein linksgerichteten Kritiker erblickte, vor denen man sich viel mehr glaubte, in acht nehmen zu müssen. Solange Saudi-Arabien als Geldgeber für Ägypten auftrat, war es auch gut, alle islamischen Tendenzen zu fördern, die den Saudis wohlgefällig waren. (Gewisse Zweige des Fundamentalismus haben einen starken Rückhalt im saudischen Königreich.) Als die Kritik aus „islamischen“ Kreisen (meist fundamentalistischer Ideologie) an seiner proamerikanischen Haltung, seiner Friedenspolitik gegenüber Israel und an seiner liberalen Wirtschaftspolitik („Infitah“), die allerhand Korruption mit sich brachte, immer stärker anwuchs, glaubte Sadat, elastisch ausweichen zu können, indem er „islamische“ Gesetze und Maßnahmen diskutieren und teilweise in die Gesetzbücher aufnehmen ließ. Dies machte aber auf die Fundamentalisten wenig Eindruck. Für sie war das ganze Regime verderblich, und es gab wachsende extremistische Gruppen unter ihnen, die der Ansicht waren, es müsse mit Gewalt, durch einen „Heiligen Krieg“, gestürzt werden.

Neben dem muslimischen gab es auch einen koptischen Aktivismus. Er ging zu wichtigen Teilen auf den Patriarchen Schenuda III. zurück, der die koptische Jugend in der Vorstellung bestärkte, sie müsse aufstehen und ihre Würde zurückgewinnen. Ein anderer wichtiger Einfluß war jener des Paters Matta al-Meskin (Mathias der Arme), eines ehemaligen Apothekers, der 1948 Mönch geworden war und entscheidend zur Wiederbelebung der alten Mönchstradition der Kopten beitrug. Die Aktivisten der Kopten und die Fundamentalisten rieben sich aneinander; seit Jahren gab es Zusammenstöße in den Provinzen Ober-Ägyptens, wo die Konzentration der Kopten am stärksten ist (25 Prozent der Bevölkerung in Assiut, 16,5 Prozent in Sohag, 24 Prozent in Minieh). Meist kam es über den Bau oder die Restauration von

---

[20] Vgl. hierzu auch Arnold *Hottinger*, Ägypten nach der Ermordung Sadats. Die Moslemfanatiker als Ausdruck einer Gesellschaftskrise, in: *EA*, 23/1981, S. 699–708.

Kirchen zu Streit, oft zu Totschlag. Schon 1972 hatte die koptische Kirche ein Schreiben an Sadat gerichtet, um gegen die ungleiche Behandlung zu protestieren, der die Kopten seitens der Verwaltung ausgesetzt waren. Es endete mit dem Satz: „Wir sind nicht bereit, uns in dem Land, das das unsere ist, demütigen zu lassen."[21]

Neben den religiösen Oppositionsgruppierungen gab es auch Versuche einer politischen Opposition. Im Frühjahr 1981 trat sie am entschiedensten auf, weil immer deutlicher geworden war, daß die politischen Grundoptionen Sadats nicht hielten, was sie versprochen hatten. Die Politik der wirtschaftlichen Liberalisierung brachte fast nur Gewinne für die Reichen, Korruption und Inflation; jene des Friedens mit Israel keine Beilegung des Palästinenserproblems, wohl aber eine Isolierung im arabischen Raum; die Abwendung von der Sowjetunion und die enge Zusammenarbeit mit Washington schien gleichfalls nicht die erhofften außenpolitischen Resultate zu zeitigen, und die Demokratisierungsschritte, real zu Beginn des Sadat-Regimes, wurden von Sadat selbst immer mehr zurückgenommen, indem der Staat sich selbst Sondervollmachten erteilte,[22] weil die Opposition unterirdisch anschwoll und das Regime sich verteidigen wollte. Doch die politischen Oppositionspläne scheiterten an der genauen Kontrolle der Polizei im politischen Bereich und an den zahlreichen „offiziellen" Oppositionsparteien wie auch Informationsmedien, die dazu dienten, den Raum einer echten Opposition oder auch nur einer freien Information zu besetzen.

Die wirklichen politischen Kämpfe spielten sich bezeichnenderweise am Rande der (weitgehend vom Regime kontrollierten) politischen Institutionen ab. So kam es im Juli 1981 zu einer aufsehenerregenden Konfrontation Sadats mit dem Berufsverband der Advokaten, der die Regierung seit 1977 immer wieder kritisiert hatte. Sadat ließ seinen Vorsitzenden absetzen und vor den „Sozialistischen Staatsanwalt" zitieren; mit Hilfe von „zahmen" Advokaten, die Stellungen in der Verwaltung bekleideten, wurde ein neuer Vorstand eingesetzt. Das Parlament gab seine Einwilligung zu den Schritten des Staatschefs.[23]

Schon im Juni 1981 war es zu heftigen Zusammenstößen zwischen Kopten und muslimischen Aktivisten in Zawiya al-Hamra, einem Vorort von Kairo, gekommen. Nach offiziellen Darstellungen gab es 14 Tote, 60 Verwundete und

---

[21] Vgl. *Mirel*, a.a.O. (Anm. 19) S. 110.

[22] Besonders verhaßt war bei den Politikern und Intellektuellen (die einfachen Leute hatten wenig Möglichkeiten, sich über die Lage Rechenschaft zu geben) das sogenannte Gesetz „der Scham" vom 29. 4. 1980, das ein Sondergericht der „moralischen Werte" einführte. Sadat hatte die Richter ernannt. Wer „unmoralische" Handlungen beging, hatte sich vor dem Gericht zu verantworten. Unter diese Handlungen fielen u. a. Aufrufe zur Klassenherrschaft; Verbreitung von falschen oder irreleitenden Informationen, Vergehen gegen die Grundoption des Staates. (Vgl. *Mirel*, ebd., S. 196.)

[23] Vgl. ebd., S. 198 f.

166 Verhaftungen. In Wirklichkeit war die Zahl der Todesopfer wahrscheinlich noch höher. Der Streit war darüber ausgebrochen, ob auf einem bestimmten Bauplatz eine Moschee oder eine Kirche errichtet werde. Die Kopten hatten sich bewaffnet, um sich der Überzahl der Muslime zu erwehren. Zuvor hatte es schon religiöse Unruhen in Alexandria gegeben.

Im September schritt Sadat zu einer großen Säuberung, die sich in erster Linie gegen die religiösen Aktivisten, muslimische wie Kopten, richtete, aber gleichzeitig auch politische Gruppen umfaßte, Angehörige der Linksparteien und andere Oppositionelle sowie Intellektuelle, die ihre Kritik an der Politik Sadats ausgedrückt hatten. Insgesamt wurden 1 536 Personen inhaftiert. Die meisten waren Muslimaktivisten, die Bekanntesten aber Intellektuelle und Politiker der Opposition. Dreizehn religiöse Gruppierungen (zwei davon koptisch) wurden verboten; sieben, teilweise einflußreiche, Zeitschriften geschlossen (drei fundamentalistische, zwei koptische, zwei der politischen Opposition); Schenuda III. wurde abgesetzt und in ein Wüstenkloster verbannt. In einer Radioansprache machte Sadat klar, daß er eine Zusammenarbeit der religiösen Opposition mit den Linkskräften gegen sein Regime fürchtete. Er warf den Kommunisten vor, Religionsunruhen heraufbeschworen zu haben, um Ägypten zu erschüttern. Die 40 000 Moscheen der Muslimbrüder wurden enteignet und der staatlichen Verwaltung der Religionsgüter (Waqf) unterstellt. Ein Referendum fand statt, in dem die Wähler mit 99,45 Prozent der Stimmen[24] diesen Maßnahmen zustimmten. Vorschriften zur genaueren Kontrolle der Universitäten wurden erlassen. Verhöre der Festgenommenen begannen. Die Vermischung der politischen und der religiösen Oppositionen diente Sadat dazu, zu unterscheiden, daß seine Aktionen sich nicht gegen „den Islam" richteten (diesen Eindruck zu erwecken wäre gefährlich gewesen), sondern gegen alle Leute, die „Ägypten zerstören" wollten.

Doch die große „Reinigung" bewirkte wahrscheinlich den Tod Sadats. Größere Extremistengruppen der Fundamentalisten waren nicht festgenommen worden. Sie entschlossen sich, den Schlag gegen das Regime, den sie bisher für einen noch unbestimmten Zeitpunkt geplant hatten (Polizeiberichte sprachen damals von einem Zweijahresplan mit vorbereitenden Stufen der Unruhestiftung), zu beschleunigen. Die Gruppe „Jihad" (Heiliger Krieg) hatte Gelegenheit, einen Vertrauensmann in die Parade zur Feier des 8. Jahrestages der Kanalüberquerung von 1973 einzuschleusen. Dies war der ägyptische Scharfschützenmeister, Leutnant Khalid Islambuli, der am 6. Oktober 1981 mit seinen fünf Mittätern Sadat erschoß und später ausrief: „Ich habe den Pharao umgebracht!"

---

[24] Referenden, die immer über 99 % Zustimmung brachten, gehörten zur Regierungstechnik Sadats. Aufstellung bei *Mirel*, ebd., S. 185.

Die Unruhen, die in den folgenden Tagen in Assiut und in Gizeh bei Kairo ausbrachen, wurden von der Elitetruppe der Fallschirmspringer niedergeschlagen, und Vizepräsident Hosni Mubarak konnte Sadat reibungslos nachfolgen. Begin ließ es sich nicht nehmen, persönlich zum Begräbnis seines „Freundes" Sadat zu kommen. Mubarak setzte die politische Linie Sadats fort, besonders in bezug auf den Sinai. Eine bezeichnende Korrektur, die er schon in den ersten Tagen seiner Herrschaft anbrachte, war, daß er alle Polemiken gegen die anderen arabischen Staaten einstellte. Der Ausnahmezustand, der sofort nach dem Mord ausgerufen wurde, ist in den folgenden Jahren unter verschiedenen Vorwänden jeweils um ein Jahr verlängert worden.

Der Sinai-Prozeß ging unter Mubarak weiter. Die Schwierigkeit, internationale Beobachtertruppen zu finden, obgleich die Sowjetunion die Aufstellung einer UNO-Truppe ablehnte, wurde mit Hilfe der Vereinigten Staaten dadurch umgangen, daß eine Reihe von südamerikanischen und anderen fernliegenden Staaten für die Aufgabe gewonnen wurden. Am Ende beteiligten sich vier europäische Staaten[25] (Großbritannien, Frankreich, Italien und die Niederlande), die USA, Australien und Neuseeland, Fidschi, Uruguay und Kolumbien; ein norwegischer General, Frederik Bull-Hansen, übernahm das Kommando. Die Installation der Einheiten begann im November 1981.

Die Normalisierungsschritte zwischen den beiden Staaten, die Israel mehr am Herzen lagen als den Ägyptern, gingen unter israelischem und amerikanischem Drängen voran. Zahlreiche Einzelabkommen auf verschiedenen Gebieten wurden abgeschlossen. Doch war trotz der pflichtschuldigen Beflissenheit der ägyptischen Behörden voranzukommen, recht deutlich, daß die ägyptische Gesellschaft kein großes Interesse an der Zusammenarbeit mit Israel hatte. Sogar der Tourismus verlief meistens in einer Richtung, von Israel nach Ägypten.[26]

---

[25] Die Beteiligung der vier europäischen Staaten bereitete anfängliche Schwierigkeiten, weil Israel der Ansicht war, als Unterzeichner der Erklärung von Venedig ständen sie nicht auf dem Boden der Camp-David-Verträge. Dies mußte durch eine besondere Erklärung, die eine Anerkennung von Camp David beinhaltete, überbrückt werden. (Der Text der Erklärung ist abgedruckt in: *EA*, 20/1982, S. D 527.)

[26] Die sogenannte Normalisierung wurde nach dem 11. Gipfel von Begin und Sadat (in Alexandria, vom 25. bis 28. 8. 1981) beschleunigt. Damals erklärte Begin, die Normalisierung müsse vollendet sein, bevor der Sinai endgültig an Ägypten zurückkehre. Frucht dieser Haltung waren zahllose Besuche von Offiziellen und Fachdelegationen in beiden Richtungen und die Ausarbeitung von Verträgen, Prinzipienabkommen und Protokollen über Themen wie Handel, Tourismus, Verkehr (einschließlich Flugverkehr), Kultur und Sport, Telekommunikation, ein israelisches Forschungszentrum in Kairo. Ob und wieweit sich dies alles mit konkreter Wirklichkeit füllen wird, dürfte jedoch von der politischen Entwicklung zwischen Arabern und Israeli abhängen. Einstweilen wurde die Normalisierung mit Israel von der ägyptischen Gesellschaft im besten Falle als eine Verpflichtung aufgenommen, die man hatte erfüllen müssen, um den Sinai zurückzuerhalten. Für die Oppositionellen der intellektuellen Schichten stellte sie sogar einen Verrat an der arabischen Sache dar, den sie ihrer Regierung vorwarfen.

In einer letzten Phase von Verhandlungen ging es um die praktischen Einzelheiten der Übergabe des letzten Stücks Sinai. Die Ägypter machten mehrmals klar, daß sie keine israelischen Siedler in Sinai dulden würden, und die israelische Regierung sah sich genötigt, die Räumung der israelischen Siedlungen zu befehlen. Es gab eine Widerstandsbewegung unter den israelischen Siedlern, die schließlich durch die Armee gebrochen werden mußte. Die israelische Regierung mußte den Siedlern höhere Kompensationen bezahlen, als sie ursprünglich vorgesehen hatte. Im April kam es noch einmal zu Schwierigkeiten; Staatssekretär Walter Stoessel mußte aus Washington kommen, um sie überbrücken zu helfen. Die israelische Stadt Yamit wurde nach Entfernung der Siedler von den Israeli total zerstört. Eine Streitfrage territorialer Art verblieb im Falle von Taba (südlich von Elath), die auch später keine Lösung mehr finden sollte. Die Übergabe erfolgte am 26. April 1982.

Wenige Tage darauf kam es zur – vorläufig – endgültigen Blockierung der Gespräche über die palästinensische Autonomie. Begin forderte, sie sollten in Jerusalem geführt werden. Mubarak weigerte sich, nach Jerusalem zu kommen. Die Amerikaner mußten vermitteln, doch der Kriegsausbruch in Libanon am 6. Juni 1982[27] führte am Ende dazu, daß Mubarak die Beziehungen zwischen beiden Staaten abkühlen ließ und sie erst wieder aufnehmen wollte, wenn die israelischen Truppen Libanon verlassen hätten.

ARABISCHE UND EUROPÄISCHE FRIEDENSPLÄNE

Der damalige Thronfolger und Erste Vizeministerpräsident von Saudi-Arabien, Prinz Fahd, veröffentlichte am 7. August 1981 einen Friedensplan, den er auf der im November bevorstehenden arabischen Gipfelkonferenz von Fes diskutiert sehen wollte.[28] Der acht Punkte umfassende Plan lief darauf hinaus, daß ein unabhängiger palästinensischer Staat „mit der Hauptstadt al-Quds" auf allen 1967 von Israel besetzten Gebieten geschaffen werden solle. Eine Übergangszeit „von höchstens einigen Monaten" zwischen dem Abzug und der Ausrufung dieses Staates war vorgesehen, in der die Vereinten Nationen die Verwaltung der Gebiete übernehmen sollten. Als Gegenleistung war Fahd bereit, in Punkt 7 eine Art indirekter Anerkennung Israels anzubieten; er lautete: „Bekräftigung des Rechtes der Staaten der Region, in Frieden zu leben."

Die Europäische Gemeinschaft entsandte Lord Carrington nach Saudi-Arabien, wo er zwischen dem 3. und 5. Oktober in Riad die Vereinbarkeit dieses Planes mit der EG-Erklärung von Venedig[29] erforschte. Der Koopera-

---

[27] Vgl. hierzu den Beitrag von Arnold *Hottinger*, Israels Einmarsch in Libanon, in diesem Band.

[28] Text in: *EA*, 20/1982, S. D 521 ff.

[29] Text in: *EA*, 14/1980, S. D 383 f.

tionsrat der Golf-Staaten, der am 10. November in Riad tagte, stimmte dem Projekt zu. Emissäre aus Saudi-Arabien sprachen über ihn mit den arabischen Regierungen. Doch die sogenannten Staaten des Widerstandes (damals fünf: Algerien, Südjemen, Libyen, Syrien und die PLO), die vom 16. bis zum 19. Juli in Bengasi und dann auf der Ebene der Außenminister erneut am 17. und 18. November in Aden tagten, ließen erkennen, daß ihre Politik auf eine Konfrontation aller Araber mit Israel und den Vereinigten Staaten abzielte. Als der arabische Gipfel in Fes, nach einer vorbereitenden Konferenz der Außenminister, am 25. November zusammentrat, überraschte Präsident Assad seine Kollegen durch Nichterscheinen. Die von Syrien entsandte Delegation erklärte sich in geschlossenen Sitzungen dem Vernehmen nach in harten Tönen als keineswegs mit dem Fahd-Plan einverstanden. Der Gipfel wurde noch am gleichen Tag vertagt und beauftragte die Außenminister, eine neue Zusammenkunft vorzubereiten. Diese kam erst nach dem Libanon-Krieg Israels und der Vertreibung der PLO aus Beirut zwischen dem 6. und 9. September 1982, ebenfalls in Fes, zustande. Sie war diesmal gründlicher vorbereitet worden; Präsident Assad erschien. Der Fahd-Plan wurde etwas abgeändert und dann angenommen.[30] Seine endgültige Formulierung enthielt zusätzlich eine Bezugnahme auf die PLO als „einzige rechtmäßige Vertretung der Palästinenser“ und eine neue Formulierung von Punkt 7, der ein indirektes Anerkennungsangebot für Israel, im Falle der Entstehung eines unabhängigen palästinensischen Staates in den besetzten Gebieten, enthielt. Er lautete nun: „Ausfertigung von Friedensgarantien durch den Sicherheitsrat für alle Staaten der Region, einschließlich des unabhängigen palästinensischen Staates.“

Dieser abgeschwächten Form des Fahd-Planes konnte auch Syrien zustimmen. Doch in der PLO-Delegation gab es eine Minderheit, die sich nachträglich mit dem Vorschlag nicht einverstanden erklärte. Sie bestand aus Vertretern von Volksfront und Volksfront-Generalkommando sowie einem Mitglied von Fatah, Nimr Saleh, der später aus dem Exekutivkomitee seiner Gruppe ausgeschlossen wurde und als der politische Chef der „Rebellion“ bekannt werden sollte, die im Mai 1983 in Fatah ausbrach. Die Dissidenten sagten, die Punkte 1 bis 6 der Erklärung würden ja doch nicht erfüllt werden, weil die Israeli und die Amerikaner dagegen seien. Punkt 7 hingegen sei ihr Hauptinhalt. Sie verglichen Punkt 1 bis 6 mit dem Zucker um die bittere Pille von Punkt 7, die die „reaktionären Regime“ der Araber „ihren Völkern zu schlucken geben“ wollten.[31] Die PLO als ganze jedoch nahm die Erklärung an; auch Syrien hat später mehrmals bestätigt, daß es zu ihr stehe. Die Bedeutung des Planes von Fes lag darin, daß er zum erstenmal alle arabischen Regime auf eine Formel festlegen konnte, die immerhin die Möglichkeit einer Existenz

[30] Text in: *EA*, 21/1982, S. D 566 f.

[31] Texte in: *Maghreb/Machrek*, Nr. 98, Paris, Okt., Nov., Dez. 1982, S. 96.

Israels, nach Erfüllung bestimmter Vorbedingungen, einräumte. Israel seinerseits wies den Fes-Plan sofort zurück.

Die Friedenspläne und -diskussionen der EG beruhten auf dem Dokument von Venedig (13. Juni 1980), das in seinen Forderungen weiter ging als die Camp-David-Verträge, weil es in Abschnitt 6 das Selbstbestimmungsrecht für das Palästinensische Volk forderte. Doch es erreichte nicht die vollen Forderungen von Fes, weil es vermied, von einem unabhängigen palästinensischen Staat zu sprechen, der auf allen besetzten Territorien einzurichten wäre, und weil es auch in der Frage Jerusalems offener blieb als die Erklärung von Fes. Israel betrachtete das Dokument von Venedig als einen Versuch, die Camp-David-Verträge zu untergraben, wobei zu berücksichtigen ist, daß dabei die israelische Auslegung dieser Verträge zugrunde lag; denn die ägyptische Auffassung, nach der die „Autonomie" zur Selbstbestimmung und möglichen Unabhängigkeit eines palästinensischen Staates führen könnte, stand nicht im Widerspruch zur Erklärung von Venedig.[32] Die Lancierung des sogenannten Reagan-Planes am 1. September 1982[33] führte dazu, daß die europäischen Mächte ihre Initiative zugunsten dieses Planes zunächst zurückstellten.

---

[32] Kontakte und Gespräche über die EG-Friedensinitiative fanden häufig statt, so besonders anläßlich einer Europa-Reise des israelischen Außenministers Yitzak Shamir vom 17. und 18. 12. 1980, und eines Israel-Besuchs einer europäischen Delegation, geführt von der Präsidentin des Europäischen Parlaments Simone Veil, vom 8. bis 10. 12. 1980. Der israelische Oppositionsführer Shimon Peres reiste seinerseits vom 22. bis 27. 1. 1981 durch mehrere europäische Hauptstädte und kritisierte die europäische Konzeption in Bonn. Der britische Außenminister Lord Carrington besuchte vom 10. bis 17. 1. 1981 Ägypten, und Sir Ian Gilmour, Staatsminister im britischen Außenministerium, Amman, Damaskus und Kuwait, um in ihrer Rolle als Ratspräsident der EG die europäische Initiative neu zu lancieren (28. 2. 1981). Am Jahresende war Carrington in Riad, um über den saudischen und den europäischen Plan zu beraten (3. bis 5. 11. 1981). Der niederländische Außenminister Christoph van der Klaauw unternahm als Vorsitzender des EG-Ministerrats zwischen dem 1. 1. und dem 29. 6. 1981 zahlreiche umfangreiche Besuche in der arabischen Welt und erstattete dann der EG-Kommission Bericht.

[33] Vgl. hierzu den Beitrag von Helmut *Hubel* in diesem Band.

DER ISRAELISCHE ANGRIFF AUF LIBANON

Von Arnold Hottinger

DIE KRIEGSHANDLUNGEN

Der israelische Angriff auf Libanon vom 6. Juni 1982 erfolgte paradoxerweise nach zehn Monaten der Waffenruhe an der libanesisch-israelischen Grenze, die durch einen informellen Waffenstillstand zwischen den Israeli, den Palästinensern, den Syrern und der libanesischen Regierung erreicht worden war. Dieser Waffenstillstand war am 24. Juli 1981 durch Vermittlung des Sonderabgesandten des amerikanischen Präsidenten, Philip Habib, zustande gekommen. Um ihn zu festigen, hatten die Amerikaner im August 1981 auf eine Verstärkung der UN-Friedenstruppe (FINUL) hingewirkt.[1] Doch ein zweiter Programmpunkt der Amerikaner, die Ausbreitung der libanesischen Armee im libanesischen Süden, konnte nicht verwirklicht werden. Die libanesische Armee stieß auf Widerstand der Kräfte des Obersten Saad Haddad, die von Israel abhingen, und war nicht in der Lage, sich gegen sie durchzusetzen.

Der Waffenstillstand war zweimal, im April und Mai 1982, durch größere Krisen gefährdet, die von Israel ausgelöst wurden. Die erste begann mit Drohungen: Nachdem am 3. April der israelische Diplomat Yaakov Barsiman-

[1] Philip Habib befand sich vom 29.11. bis 8.12.1981 im Nahen Osten, um Vorschläge für eine „Regelung der Krise" zu machen. Sie liefen auf eine Verstärkung der Maßnahmen zur Absicherung in Süd-Libanon hinaus (FINUL, libanesische Armee), sowie auf eine „Demilitarisierung" Beiruts. Vorher war es zu Zusammenstößen, Entführungsaktionen und Beschießungen zwischen FINUL und den Milizen Saad Haddads gekommen, die mit israelischer Unterstützung arbeiteten. Die Palästinenser hatten versucht, in die Haddad-Zone einzudringen (Volksbefreiungsfront am 20. 10.), und die reguläre libanesische Armee war in den Arkoub (Fatah-Land) gesandt worden, wo sie sich jedoch nicht halten konnte (ebenfalls 20.10.). Am 11.12. beschossen die Haddad-Milizen den Flecken Aaichiye, was einen ernsthaften Bruch des Waffenstillstands darstellte. Am 20.12. nahmen die Palästinenser sieben Haddad-Milizionäre als Geiseln; Haddad stieß 16 schiitische Dorfbewohner aus ihren Heimathäusern aus. Am 28.10. arrangierte der Bischof von Sur einen Gefangenenaustausch. Im Januar dauerten die Spannungen an. Die Israeli warnten die Palästinenser; der stellvertretende Führer von al-Fatah, Abu Iyad, sprach am 23.1. von einem bevorstehenden israelischen Großangriff. Die Infiltration von drei Freischärlern über das Jordan-Tal am 30.1. wurde von Israel als ein bedenklicher Bruch des Waffenstillstands angesehen. Panzer und Artillerie wurden an der libanesischen Grenze zusammengezogen. Am 25.2. gab der Sicherheitsrat seine Zustimmung zu einer Erhöhung der Zahl der FINUL-Soldaten. Am 11.3. trafen 600 Franzosen und 400 andere Soldaten (aus Irland, Ghana und Fidschi) in Süd-Libanon ein. Vom 26.2. bis 11.3. befanden sich Habib und Morris Draper wieder in der Region (5. Mission Habibs), um den Waffenstillstand zu festigen.

tov in Paris ermordet worden war, drohten Außenminister Yitzak Shamir und Generalstabschef Rafael Eitan mit Gegenschlägen gegen die „Terroristen", wo immer sie zu erreichen seien (Shamir). Eitan machte klar, daß nach seiner Ansicht jede Aktion gegen Israel, gleich wo sie stattfände, als Bruch des Waffenstillstandes gewertet werden müsse. Die Palästinenser gaben kriegerische Gegenerklärungen ab. „Wir sind vorbereitet, sogar auf einen Angriff auf Beirut", erklärte Abu Jihad, der Führer von al-Fatah's militärischer Abteilung, am 6. April, und *Filastin ath-Thaura* schrieb am 11. April, die palästinensische Antwort werde „die Auslösung einer allgemeinen Explosion in der Region" sein. Doch es gelang den Amerikanern, die Lage wieder zu beruhigen. Am 21. April wurde jedoch ein israelischer Soldat, der in Libanon patrouillierte, durch eine Mine getötet. Die Israeli reagierten mit Bombardierungen von Damour und Naamé, die 25 Tote und 60 Verwundete verursachten. Die libanesische Regierung und PLO-Chef Yasser Arafat konnten die Palästinenser von einer Racheaktion abhalten und retteten dadurch den Waffenstillstand. Der Sicherheitsrat trat zusammen und forderte am 23. April alle Beteiligten auf, den Waffenstillstand einzuhalten und zu verstärken.

Am 9. Mai schritt Israel, ohne vorherige Warnung, zur Bombardierung von drei Basen der Palästinenser, bei Damour, bei Saida und bei Zahrani; der Angriff kostete elf Menschenleben und 40 Verwundete. Die Palästinenser beschlossen, zwei Gegenschläge mit Raketen auf Ober-Galiläa zu führen. Es kam zu Truppenmassierungen auf der israelischen Seite und zu Erklärungen der israelischen Verantwortlichen, daß ein „großer Schlag" notwendig sei. Der amerikanische Unterhändler Morris Draper versuchte auf einer Nahost-Reise vom 20. bis 24. Mai, auf der er Riad, Beirut, Damaskus und Jerusalem besuchte, den Waffenstillstand zu retten – vergeblich, wie sich zeigen sollte.

Daß der Waffenstillstand immer brüchiger wurde, hatte tiefere Ursachen: der Anspruch Israels, daß er sich auf alle Handlungen der PLO auf der ganzen Welt beziehen müsse; andererseits die zunehmende Einfuhr schwerer Waffen nach Libanon zur Ausrüstung der PLO-Kämpfer. Gelegentlich sprachen PLO-Führer sogar von der Aufstellung einer „regulären Armee" mit Artillerie und Panzern, während andere sich beeilten, dies zu dementieren. Einige Panzer, Flugabwehrgeschütze und Feldgeschütze wurden, anscheinend vom libyschen Staatschef Muammer el-Khadafi bezahlt, in der Tat nach Libanon gebracht. Doch sie waren durchweg veraltet und den israelischen Waffen in keiner Hinsicht gewachsen.

Die israelische Regierung war wahrscheinlich schon seit mehreren Monaten entschlossen, einen großen Schlag gegen die PLO in Libanon zu führen, und wartete nur auf eine Gelegenheit, ihn auszulösen. Ein wichtiger Grund, der sie zur Aktion trieb, war die Lage in den besetzten Gebieten. Die israelischen Verantwortlichen glaubten, die dortigen Unruhen würden sich legen, wenn die PLO (die ihrer Ansicht nach dafür verantwortlich war) in Beirut „ausgemerzt" werde. Nach der Rückgabe des Sinai an Ägypten am 26. April 1982 war sie fest entschlossen, eine Politik der beschleunigten Einverleibung von Westbank und Gaza zu treiben.[2]

Ausgelöst wurde die israelische Invasion durch einen Mordanschlag auf den israelischen Botschafter in London, Shlomo Argov, bei dem dieser am 3. Juni schwer verwundet wurde. Doch der Anschlag war durch die von der PLO abtrünnige Gruppe Abu Nidals durchgeführt worden.[3] Am 4. und 5. Juni flog die israelische Luftwaffe schwere Bombenangriffe auf die südlichen Vorstädte Beiruts, die Umgebung von Saida und den Süden Libanons. Die Palästinenser antworteten mit einer Beschießung von Ober-Galiläa mit Raketen, die keinen vergleichbaren Schaden anrichten konnte. Am 5. Juni verabschiedete der Sicherheitsrat einstimmig Resolution 508, die eine sofortige Beendigung der Feindseligkeiten forderte. Am 6. begann die israelische Offensive auf drei Achsen sowie zu Luft und zur See. Der Sicherheitsrat verabschiedete am gleichen Tag Resolution 509, die den sofortigen und bedingungslosen Rückzug der israelischen Truppen forderte. Die israelischen Aussagen, nach denen nur eine Inkursion von 40 Kilometer Tiefe geplant sei, um die Grenze von Galiläa zu sichern, erwiesen sich bald als irreführende Zwecklügen.[4] FINUL, die UN-Truppe, war nicht ausgerüstet, dem massiven Einfall Widerstand zu leisten. Am 7. Juni erreichten die israelischen Panzer bereits Sur (Tyrus), Nabatija und die Kreuzritterfestung von Beaufort, die den Palästinensern wegen ihrer strategischen Lage lange Zeit als ein Zentrum gedient hatte. Sie wurde den Truppen des Majors Haddad übergeben. Am nächsten Tag erreichten die Israeli Saida (Sidon), das vor der Besetzung schwer beschossen worden war. Im benachbarten Palästinenserlager Ain Helwe wurde verzweifelter Widerstand geleistet,[5] was jedoch nur zur völligen Zerstörung des

---

[2] Vgl. die Beurteilung von Gabriel *Sheffer*, Israelische Einstellungen zum palästinensischen Problem, in: *EA*, 10/1983, S. 312: Die israelische Regierung „hoffte, sich freie Hand im Westjordanland sichern zu können, wenn sie der PLO in Libanon einen schweren Schlag versetzte, Libanon stabilisierte und einen Friedensvertrag mit Libanon abschlösse; außerdem wollte sie jede Möglichkeit einer Beteiligung der PLO an Autonomieverhandlungen ausschließen...".

[3] Abu Nidal war von der PLO „zum Tode verurteilt". Seine Gruppe hatte mit Syrien und mit dem Irak zur Durchführung zahlreicher Mordanschläge zusammengearbeitet. Manche Beobachter glauben, sogar die israelischen Geheimdienste hätten seine Aktivisten gelegentlich „instrumentalisiert". Die ausgesprochen gemäßigten Elemente der PLO sind mehrfach Opfer seiner Anschläge geworden; so 1983 Dr. Isam Sartawi in Lissabon. Über Abu Nidal vgl. *The Middle East*, Nr. 102, April 1983, S. 16ff., mit einer Liste der (wahrscheinlich) von der Gruppe durchgeführten Mordaktionen (24 gelungene und mißlungene Morde). Vgl. auch *The Middle East*, Nr. 94, August 1982, S. 7f.

[4] Vgl. *Libération*, 8.7.1982, Interview mit General Shlomo Baum: „Die 40 km, die wir zuerst als Grenze der Operation ‚Frieden in Galiäa' angaben, das war nur Quatsch [französisch: c'était du bidon]. Warum sollten wir die Ziele unserer Strategie bekanntgeben?" Der General sprach dann von der „Angst" der USA und der Europäer; man „dürfe sie nicht erschrecken". Abgedruckt in: *Maghreb/Machrek*, Nr. 98, Okt., Nov., Dez. 1982, S. 82.

[5] Es scheint ein schiitischer Geistlicher gewesen zu sein, der den Widerstand in dem Lager übernahm und proklamierte, die Einwohner dürften es nicht verlassen, und alle müßten bis zum

„Lagers" führte. Der Schuf ergab sich am selben Tag (8. Juni). Zwischen dem 6. und dem 10. Juni spielte sich die entscheidende Schlacht gegen Syrien im Nordosten Libanons ab. Die SAM-6- und SAM-9-Raketen der Syrer wurden zerstört, indem die Israeli zuerst „Drohnen" über sie lenkten und die Arbeitsfrequenzen der Radars in Erfahrung brachten.[6] Gleichzeitig wurden zahlreiche Panzer zerstört. Die syrische Luftwaffe verlor viele Kampfflugzeuge – angeblich bis zu 80. Die israelischen Verluste waren im ganzen gering, relativ am größten bei Panzern.[7] Am 11. Juni kam es zu einem Waffenstillstand zwischen Syrien und Israel auf libanesischem Gebiet, der mit leichten Störungen für die folgende Jahre anhalten sollte. Am 10. Juni hatte Leonid Breshnjew dem syrischen Präsidenten Hafez al-Assad ein Telegramm gesandt, in dem er Syrien Unterstützung zusicherte.

Am 9. und 10. Juni bombardierten die Israeli aus der Luft und vom Meer aus die südlichen Vororte von Beirut; zwischen dem 12. und dem 15. Juni wurde Beirut eingekreist. In Khaldé, südlich von Beirut, leisteten die schiitischen Milizen und die Palästinenser bis zum 15. Juni Widerstand. Doch am 13. Juni drang bereits General Ariel Sharon persönlich zum Sitz der libanesischen Präsidentschaft in Baabda vor. Am 15. fiel auch das umstellte Lager von Ain Helwa bei Saida.

In der zweiten Hälfte des Monats Juni, den ganzen Juli hindurch und bis zum 21. August entwickelte sich, was man die „Schlacht um Beirut" genannt hat. Die Palästinenser erklärten zuerst, sie würden bis zum Zusammenbruch Widerstand leisten.[8] Mit ihnen kämpften syrische Truppen, die in West-Beirut stationiert waren, und libanesische Milizen der linken Parteien und der sunnitischen und schiitischen Religionsgruppen. Parallel zu den Kämpfen und den immer heftiger werdenden Bombardierungen der Stadt führte Philip Habib Verhandlungen über einen möglichen Abzug der Palästinenser und der die Stadt belagernden Israeli. Es kam zu zahlreichen Waffenstillständen, die immer wieder gebrochen wurden. Die Israeli steigerten langsam ihren Druck auf West-Beirut und die Bewohner und Kämpfer in der Stadt. Sie begannen am 16., 17. und 21. Juni mit heftigen Beschießungen der Stadt; am 25. steigerten sie diese durch Bombardierungen von der See her und aus der Luft, die mit Artillerie kombiniert wurden. Am 27. schlug Israel vor, die PLO-Kämpfer sollten in einem durch das Internationale Rote Kreuz abgesicherten Konvoi

---

Tode kämpfen. Über die Zerstörung von Ain Helwe (35000 Bewohner) nach den Kämpfen vgl. David *Richardson,* in: *Jerusalem Post,* 9.7.1982.

[6] Vgl. die kompetente Darstellung von Drew *Middleton* in: *NYT,* 19.9.1982.

[7] Der syrische Verteidigungsminister, General Mustafa Tlass, erklärte, die Israeli hätten 188 Tanks verloren, die Syrer 116. Nach Schätzungen der internationalen Beobachter verlor Israel zwischen 50 und 100, Syrien 400 bis 500 Panzer. Vgl. *Maghreb/Machrek,* a.a.O. (Anm. 4), S. 89. Dort auch Schätzungen der anderen Verluste sowie der eingesetzten Truppen und Verluste an Soldaten; ferner eine Liste der von Israel erbeuteten Waffen der Palästinenser.

[8] Arafat proklamierte am 18. Juni: „Wir werden aus Beirut ein arabisches Stalingrad machen!"

nach Syrien abziehen. Die PLO wies dies zurück. Ihr vorausgehender Vorschlag hatte gelautet: beiderseitige Entflechtung, Übernahme West-Beiruts durch die libanesische Armee, Rückzug der Palästinenser in vier Lager bei Beirut; dies war von Israel abgewiesen worden. Schon am 8. Juni hatten sich die Amerikaner bereit erklärt, amerikanische Soldaten im Rahmen einer internationalen Truppe zu entsenden, um den Abzug der Kämpfer zu beaufsichtigen. Dieser Gedanke wurde am 20. Juni von Damaskus aufgegriffen, doch forderte Syrien eine sowjetisch-amerikanische Interventionstruppe.

Zwischen dem 22. und 26. Juni ergriffen die israelischen Truppen die Initiative gegen die Syrer, die auf der Achse Beirut-Damaskus standen, und drängten sie von Jamhour bis Mdeirej (rund 20 km östlich von Beirut) zurück.

Anfang Juli begannen die Israeli, nach West-Beirut einzudringen, und isolierten den westlichen Stadtteil vom 3. Juli ab vollständig, indem sie die Kontrolle der Übergangspunkte nach Ost-Beirut übernahmen. Am 4. Juli erklärten die Palästinenser sich bereit, abzuziehen und nur eine politische Präsenz in Beirut zurückzulassen, sowie zwei Brigaden im Norden und Osten des Landes (unter syrischer Besetzung). Israel wies dies zurück. Am 9. stimmten die Palästinenser dem Gedanken einer internationalen Interventionstruppe zu. Doch die Syrer erklärten, sie wollten die Palästinenser nicht bei sich aufnehmen, es sei denn, das gesamte Palästina-Problem werde gelöst. Zwischen dem 9. und 11., dann wieder zwischen dem 23. und 28. Juli kam es zu schweren Bombardierungen der Stadt. Am 30. Juli wiederholten sich die Beschießungen.

Am 1. August begannen die israelischen Truppen eine Offensive, die den Flugplatz von Beirut in ihren Besitz brachte. Am 4. August unternahm die Luftwaffe Angriffe auf die Stadt, die viele Todesopfer forderten. Die israelischen Truppen setzten zu einem Vordringen in die Stadt auf drei Achsen an; doch dementierten ihre Sprecher, daß sie die Stadt stürmen wollten. Nach öffentlichen Warnungen Reagans an die Adresse Israels und den ersten Anti-Krieg-Demonstrationen großen Ausmaßes in Israel (am 5. August in Jerusalem, am 9. August in Tel Aviv) kam am 10. August ein Grundsatzabkommen über den Abzug der Palästinenser zustande, dem alle Seiten zustimmten. Doch Israel schritt zu neuen schweren Bombardierungen Beiruts am 11. August und zu einer elfstündigen Beschießung und Bombardierung der Stadt am nächsten Tag. Reagan sandte zwei Botschaften an Begin und drohte, die Verhandlungen abzubrechen. Verteidigungsminister Sharon wurde in einer Sondersitzung des israelischen Kabinetts heftig kritisiert. Sudan, beide Jemen, Syrien, Tunesien, Jordanien, der Irak und Algerien erklärten sich bereit, evakuierte PLO-Kämpfer aufzunehmen. Die letzten Detailverhandlungen über die genauen Umstände der Evakuation brauchten eine weitere Woche, vom 13. bis zum 20. August. An diesem Tag wurde der endgültige Vertrag angekündigt.

Der Abzug der Freischärler und die Ankunft der internationalen Truppen vollzogen sich zwischen dem 31. August und dem 3. September. Zwischen dem 28. und 30. August zogen die „regulären" Palästinenserbrigaden „Hittin" und „Qadisiya" auf dem Landwege nach Damaskus; ihnen folgten die syrischen „Zurückweisungstruppen", die in West-Beirut verblieben waren. Diese zogen in die Bekaa-Ebene ab. Die anderen Palästinensereinheiten und -gruppen wurden zu Schiff in die verschiedenen arabischen Gastländer verbracht. Arafat verließ Beirut am 30. August, indem er sich nach Griechenland einschiffte.

UNICEF stellte die folgende Bilanz der „Schlacht um Beirut" (4. Juni bis 21. August) auf: 29 506 Tote und Verwundete; davon 11 840 Kinder; 8 688 Frauen; 2 409 Männer über 60 Jahre; 5 469 erwachsene Männer; 1 100 Kämpfer. Die Zahl der evakuierten palästinensischen Partisanen und „Regulären" betrug 14 736 Mann, die syrischen Truppen ausgenommen.[9]

DAS MASSAKER IN WEST-BEIRUT

Am 24. Juli hatte Béchir Gemayel, zu dieser Zeit noch Oberkommandierender der sogenannten Libanesischen Kräfte (maronitische Milizen unter Führung der Phalangisten) seine Kandidatur für die Präsidentschaft Libanons aufgestellt. Seine Wahl zum nächsten Präsidenten Libanons war ohne Zweifel eines der Kriegsziele Israels. Man kann sich fragen, ob nicht der Zeitpunkt, in dem die Invasion ausgelöst wurde, durch die Notwendigkeit bestimmt war, zur Zeit der Präsidentenwahl (die zweimonatige Wahlperiode begann am 23. Juli) Libanon und besonders Beirut zu beherrschen. Béchir Gemayel war ein alter Verbündeter, mit dem Israel jahrelang geheime Kontakte aufrechterhalten hatte. Es bestanden auch Geheimvereinbarungen, an die sich Gemayel offenbar nicht hielt, nach denen seine Phalange-Milizen in die Schlacht um Beirut eingreifen sollten, um Israel zu helfen.

Die Wahl wurde am 23. August organisiert, nachdem sie am 19. August hatte vertagt werden müssen. Die linken und muslimischen Gruppen riefen zum Boykott der Wahlen auf. Ihr Ziel war, das Zustandekommen eines Quorums zu verhindern. Doch es gelang den rechten und mehrheitlich maronitischen Kräften, durch Drohungen und Druck 18 der 44 muslimischen Abgeordneten zur Teilnahme zu veranlassen, so daß ein Quorum von 62 Parlamentariern

---

[9] Eine Aufstellung der UNO über die abtransportierten Gruppen mit Daten, Zahlen und Bestimmungen ist abgedruckt in: *Maghreb/Machrek*, a.a.O. (Anm. 4), S. 87. Dort auch Schätzungen der militärischen Verluste (S. 88): Ca. 1 000 syrische Gefallene; dazu ca. 2 500 palästinensische, 385 israelische Soldaten; 2 383 verwundete Israeli. Mindestens 6 000 Palästinenser wurden gefangengenommen. Die Zahl der Opfer des ganzen Krieges ist schwer zu ermitteln. Michael *Jansen* diskutiert die verschiedenen Zahlen, die vorgebracht wurden, und gibt eine eigene Schätzung: 12 000–15 000 Tote; nicht weniger als 40 000 Verwundete. In: The Battle of Beirut, London 1982, S. 25.

zustande kam. Die letzten Abgeordneten wurden unter bewaffneter Wache geraume Zeit nach Eröffnung der Sitzung in die Kaserne geführt, in der die Wahl stattfand. Der neue Präsident wurde im zweiten Wahlgang mit 57 Stimmen bei fünf Enthaltungen gewählt. Er rief zur nationalen Versöhnung auf. Doch wurde er am 14. September mit 19 anderen Personen durch eine Bombe getötet, bevor er sein Amt antreten konnte. Die Israeli hatten von ihm erwartet, daß er Israel einen Staatsbesuch abstatten und einen Frieden mit Israel schließen werde.

Sofort nach der Ermordung von Béchir Gemayel marschierten die Israeli in West-Beirut ein und besetzten die Stadt, wodurch sie die von Habib ausgehandelten Verträge brachen. Als Vorwand diente „die Notwendigkeit, den Frieden und die Sicherheit zu gewährleisten". Die internationalen Truppen waren auf Drängen der Amerikaner, die ihre Truppen so kurz wie möglich in Libanon belassen wollten, sofort nach der Evakuierung der Palästinenser abgezogen. Die Israeli schritten zur methodischen Durchsuchung der besetzten Stadtviertel und beschlagnahmten große Mengen von Waffen.[10] Am Donnerstag, dem 16. September, zwischen 17 und 18 Uhr ließen israelische Armee-Einheiten, die die beiden „Lager"[11] von Chatila und Sabra umstellt hatten, Einheiten von Phalangisten in diese Lager ein, die von Elias Hobeika kommandiert waren.[12]

Die Phalangisten mordeten etwa 40 Stunden lang in den Lagern, wobei mehrere Gruppen einander ablösten. Sie wurden von den Israeli verköstigt; nachts beleuchteten die Israeli mit „Flares" das Gelände. Die Phalangisten und

---

[10] Die tatsächlich aufgefundenen Waffen entsprachen nicht den ursprünglich von israelischen Propagandisten gemachten Behauptungen über „ungeheure Waffenmengen" und „hochentwikkelte Waffen". Über die Propagandabehauptungen vgl. *Jansen,* ebd., S. 5. Die schließlich von Israel veröffentlichte Aufstellung ist abgedruckt in: *Maghreb/Machrek,* a.a.O. (Anm. 4), S. 88. Daraus: Individuelle Waffen, in ganz Libanon 32 039; Munition 5 638 t; Tanks und andere Panzerfahrzeuge 139 (ungefähr); Geschütze: FLAB 153; Panzerabwehr 88; Feldgeschütze 88.

[11] Der Begriff „Lager" ist irreführend. Einst waren es in der Tat Zeltlager der Palästinenser. Doch seit 1949 haben sie sich in Hüttensiedlungen verwandelt, die meist einige mehrstöckige Zementgebäude enthalten. In diese „Lager" waren im Verlauf des Bürgerkriegs viele andere Flüchtlinge eingezogen, die keine Palästinenser waren, vor allem Schiiten aus Süd-Libanon, oft auch andere arbeitsuchende Ausländer und Staatenlose, Ägypter, Kurden usw. So kam es, daß ein bedeutender Teil der Opfer von Sabra und Chatila libanesische Staatsbürger waren.

[12] Elias Hobeika war einer der Überlebenden des Damour-Massakers von 1976. (Vgl. hierzu Arnold *Hottinger,* Der Bürgerkrieg in Libanon, in: IP 1975/76, S. 209–220.) Damals hatten Palästinenser über hundert, möglicherweise sogar mehrere hundert Maroniten in Damour erschossen, um Rache für das vorausgegangene Massaker in Quarantaine zu nehmen, bei dem Phalangisten Palästinenser ermordet hatten. Damour war später (August 1976) durch die Phalangisten in Tell Zaatar gerächt worden, wo angeblich mehrere tausend Palästinenser ermordet wurden. Für eine Gesamtdarstellung der Zusammenhänge, die den Israeli bekannt gewesen sein müssen (Hobeika war in Israel ausgebildet worden), vgl. Robert *Fisk,* Damour. The Story of Lebanon Now, in: *The Times,* 16.9.1983.

die israelischen Armee-Einheiten hatten ein gemeinsames Hauptquartier[13] auf dem Dach eines fünfstöckigen Gebäudes, von dem aus die Lager zu überblicken waren. Die Zahl der Lagerbewohner, die ermordet wurden, ist unbekannt. 762 Leichen wurden später geborgen, doch manche Massengräber sind nie ausgegraben worden, und die Zahl der seither verschollenen Menschen wird auf rund 2 000 geschätzt.[14] Frauen, Kinder und Männer wurden ermordet.

Eine Botschaft des nördlichen Hauptquartiers in Beirut, die am 16. September um 23 Uhr im Armee-Hauptquartier Tel Aviv empfangen wurde, erwähnte, der Kommandant der Phalangisten habe erklärt: „Bis jetzt sind 300 Terroristen und Zivilisten getötet worden." Diese Botschaft wurde an 20 Offiziere verteilt, doch Generalstabschef Eitan will sie nie empfangen haben. Der Oberkommandant im Norden, General Amir Drori, und Stabschef Eitan hatten am Freitag, dem 17. September, um 16.30 Uhr ein Treffen mit den Phalange-Kommandanten und erlaubten ihnen, ihre Operation bis Sonnabend, den 18. September, morgens fortzusetzen. Journalisten, die von der Aktion Wind bekamen,[15] versuchten am Freitag, in die Lager einzudringen, doch sie wurden zurückgehalten. Frauen und Kinder, die aus den Lagern ausbrechen wollten, wurden von den israelischen Soldaten mit Gewalt zurückbefohlen.[16] Als am 18. September gegen 10 Uhr die letzten Mördergruppen die Lager verließen, sahen die ersten Korrespondenten, die eindrangen, noch frische Wunden an den umherliegenden Leichen.[17]

Die späteren Untersuchungen sollten ergeben, daß geraume Zeit zuvor Abmachungen auf höchster Ebene (Sharon, Eitan) getroffen worden waren, nach denen die Phalangisten die Lager „reinigen" sollten. Ein Deckname für die Operation war festgelegt worden: Moah Barzel, Eisernes Gehirn. Das israelische Kabinett hatte einen ähnlichen Plan schon am 17. Juli diskutiert und abgelehnt. Doch ein Treffen zwischen General Amir Drori, Brigadier-General Amos Yaron, dem Oberkommandanten der Phalange, Fadi Frem (auch: Fadi Ephraim) und Elias Hobeika (der als Geheimdienstchef der Phalanges beschrieben wird) hatte am 15. September stattgefunden und den Plan

---

[13] Vgl. die Darstellung von Uri *Avineri*, die sich auf den Kahan Report stützt, in: MERIP Report, Nr. 115, Washington, New York, Juni 1983, S. 32.

[14] Vgl. *Jansen*, a.a.O. (Anm. 9), S. 106; *Orient-Le Jour* (Beirut), 14.10.1982. Kapeliouk rechnet mit ca. 3 000 ermordeten Zivilisten. (Amnon *Kapeliouk*, Sabra et Chatila. Une enquête sur un massacre, Paris 1982, S. 93/94.)

[15] Robert Suro von *Time Magazine*, 24.9.1982, sowie Loren Jenekens von der *Washington Post*. Der israelische Korrespondent Ze'ef Shiff unterrichtete am Freitag um 11 Uhr vormittags telefonisch den Minister für Kommunikationen, Mordechai Zipori, daß Berichte über ein Massaker umgingen. Zipori sprach mit Außenminister Shamir. Dieser behauptete, er könne keine Informationen von der Armee erhalten.

[16] Dies beruht auf journalistischen Darstellungen: *Time Magazine*, 4.10., *The Times*, 25.9., *Haaretz*, 23.9.1982.

[17] *The Times*, 20.9.1982.

erneuert.[18] Nachträglich kann kein Zweifel daran bestehen, daß die Phalangisten unter dem direkten Befehl israelischer Offiziere standen.[19]

Als die Untaten und ihre Begleitumstände allmählich in die Weltpresse gelangten, versuchte die israelische Regierung zuerst, alle Verantwortung abzustreiten. Begin sprach von einer „Blutverleumdung gegen Israel"; er wollte von dem Massaker zuerst durch den BBC vernommen haben. Versuche, eine regierungsinterne Untersuchungskommission einzusetzen, stießen in Israel auf Protest. Schließlich kam es am 25. September zu einer Großdemonstration in Tel Aviv, die den Rücktritt der Regierung und eine richterliche Untersuchungskommission forderte. Am 28. September gab die Regierung nach und erlaubte die Bildung einer Kommission mit richterlichen Vollmachten unter dem Vorsitzenden des höchsten Gerichtshofes, Yitzhak Kahan, zur Untersuchung der israelischen Verantwortung für das Massaker.[20]

Zwischen dem 20. und dem 29. September zog sich die israelische Armee schrittweise aus West-Beirut und vom Flugplatz zurück. Die internationalen Truppen waren vom 24. September an zurückgekehrt.[21] Am 21. wurde Amin Gemayel als Nachfolger seines jüngeren Bruders zum Präsidenten gewählt. Unter dem Eindruck des Massakers unterstützten auch die Muslime und Linksgruppen seine Kandidatur; sie schien die bestgeeignete, wenn nicht die einzige Möglichkeit, die fremden Besetzungstruppen - Israeli, Syrer und Palästinenser – aus dem Lande zu entfernen. Amin Gemayel erhielt im ersten Wahlgang 77 Stimmen, bei drei Stimmenthaltungen. Eine neue Regierung, erneut unter Vorsitz von Ministerpräsident Chafik al-Wazzan, wurde am 7. Oktober gebildet.

Am 2. Oktober waren die ersten amerikanischen Militärfachleute nach Beirut gekommen, um die libanesische Armee zu beraten. Die Amerikaner übernahmen es, die Armee neu aufzubauen und auszurüsten. 200 Millionen

---

[18] Das Kabinett billigte nachträglich – am 16. September vormittags – den Entschluß, nach Beirut einzudringen. Zu diesem Zeitpunkt war das Massaker bereits in vollem Gang, und die ersten Informationen darüber waren im Umlauf.

[19] Vgl. *Avineri*, a.a.O. (Anm. 13), S. 31 unten, unter Bezugnahme auf S. 24 und 31 des Kahan Reports. Zu den Umständen des Massakers vgl. auch: *Kapeliouk*, a.a.O. (Anm. 14) sowie *ders.*, Les insuffisances de l'enquête israélienne sur les massacres de Sabra et Chatila, in: *Le Monde Diplomatique*, Juni 1983. Englische Übersetzung des Kahan Reports: The Beirut Massacre. The Complete Kahan Commission Report, New York, 1983. Der Report war in Israel Anfang Februar 1983 erschienen.

[20] Ministerpräsident Begin sah sich zum Nachgeben gezwungen, weil seine Regierungskoalition auseinanderzubrechen drohte.

[21] Die ersten französischen, amerikanischen und italienischen Truppen kamen am 24. September erneut nach Libanon; es waren 3 800 Mann. Später kam eine kleine Gruppe von Engländern dazu (88 Mann, Zustimmung Großbritanniens am 19.10.1982). Die libanesische Regierung versuchte, die Truppe von 3 000 auf 30 000 Mann zu steigern. Viele Länder wurden um Hilfe gebeten, lehnten aber ab: Österreich, Schweden, Belgien, Niederlande, Kolumbien, Portugal, Brasilien. Frankreich stimmte „im Prinzip" zu.

Dollar wurden zur Verfügung gestellt; vom 23. November an gelangten amerikanische Waffen für die Armee nach Libanon. Gemayel machte kein Hehl daraus, daß er gedachte, sich in erster Linie auf die Amerikaner zu stützen, um mit ihrer Hilfe den Abzug der fremden Truppen zu erreichen. Dies war sein politisches Hauptziel. Eine Reise des Präsidenten in die Vereinigten Staaten am 18. und 19. Oktober unterstrich dies. Die Regierung erhielt am 9. Oktober vom Parlament die Vollmacht, für sechs Monate durch Dekrete zu regieren. Auch Saudi-Arabien stattete der Präsident am 14. und 15. November einen Besuch ab, um von dort Unterstützung für sein Land zu erhalten.

Zwischen dem 2. und 15. Oktober drangen libanesische Truppen in West-Beirut ein, forschten nach Waffen und nahmen Personen fest, die sich nicht ausweisen konnten; viele davon waren Palästinenser. Die internationalen Truppen gaben indirekte Unterstützung, indem sie bestimmte Teile der Stadt und der Vorstädte absicherten.

DER ABZUG DER TRUPPEN

Das letzte Viertel des Jahres ging über langwierigen Verhandlungen und Vermittlungen der Amerikaner über einen israelischen Abzug aus Libanon hin. Draper kam nach Beirut, um Verhandlungen zwischen Libanesen, Israeli und Amerikanern in dieser Frage in Gang zu setzen. Er besuchte auch Damaskus, ohne dort viel Zustimmung zu finden. Syrien bestand darauf, daß seine Truppen legal in Libanon seien, die Israels jedoch als Angreifer; deshalb könnten sie nicht gleichbehandelt werden. Vom 19. November bis zum 4. Dezember unternahm Habib eine neue Vermittlungstournee. Israel wollte auf möglichst hohem Niveau verhandeln, Jerusalem und Beirut als Verhandlungsorte durchsetzen und einen politischen Vertrag über Sicherheit und Normalisierung aushandeln. Libanon wollte die Verhandlungen im Rahmen einer Waffenstillstandskommission führen. Diese Schwierigkeiten konnten erst nach neuen Pendelreisen Habibs und Drapers, die in der zweiten Dezemberhälfte stattfanden, überbrückt werden. Am 28. Dezember traten die Unterhändler in drei Delegationen, geleitet von Dia-Allah el-Fattal, David Kimche und Morris Draper, zum ersten Mal in Khaldé bei Beirut zusammen. Doch neue Auseinandersetzungen über die Tagesordnung sollten noch mehrere Wochen in Anspruch nehmen.[22]

Die Syrer waren in der Zwischenzeit von der Sowjetunion neu mit Waffen ausgestattet worden. Schon eine Woche nach der Niederlage der syrischen

[22] Zu einem Abschluß kam es nach langwierigem Tauziehen erst, als sich Außenminister George Schultz am 17.5.1983 persönlich in den Nahen Osten begab. Doch der Vertrag blieb ein wirkungsloses Papier, weil die Syrer sich weigerten, ihrerseits Libanon zu verlassen, solange die Israeli nicht vollständig und ohne „Vorbedingungen" abzögen.

Kampfflugzeuge und Raketen in Libanon, am 17. Juni, besuchte der Stellvertretende Kommandeur der sowjetischen Luftwaffe Damaskus, schon sechs Tage später meldeten die amerikanischen Quellen beschleunigte Waffenlieferungen nach Syrien. Es scheint zu Auseinandersetzungen darüber gekommen zu sein, ob die syrischen Soldaten schlecht ausgebildet oder die sowjetischen Waffen den amerikanischen Waffen der Israeli unterlegen waren. Moskau schnitt diese Diskussion ab, indem es neue Raketen und sowjetische Bedienungsmannschaften sandte. Am 8. Juli sprachen amerikanische Quellen von sechs sowjetischen Frachtern, die seit Juni Kriegsmaterial in syrischen Häfen gelöscht hätten.[23] Am 15. Juli wurden Reservisten aufgeboten und drei syrische Divisionen als Verstärkung in die Bekaa entsandt.[24] Am 15. Oktober meldete die *New York Times*, die Sowjetunion liefere Kriegsmaterial im Wert von 500 Millionen Dollar, darunter auch SAM-2-Raketen, Panzer und Kampfflugzeuge, nach Syrien.[25] Am 29. Oktober wurde ein Protokoll über Zusammenarbeit zwischen der syrischen Baath-Partei und der KPdSU in Moskau unterzeichnet; zwei Tage später eines über wirtschaftliche Zusammenarbeit. Die Beziehungen zu Libyen und zur Südjemenitischen Volksrepublik wurden durch mehrere Staatsbesuche gepflegt.[26] Auch die libanesische Nationale Bewegung erhielt ihre Verbindung mit Damaskus aufrecht (Besuch von Kamal Jumblatt und anderen Delegierten am 15. September).[27] In den Beziehungen zwischen Syrien und Jordanien sowie zwischen Syrien und Arafat gab es Spannungen, weil König Hussein und Arafat im Rahmen des Reagan-Planes[28] in Amman Erkundungsgespräche führten. Syrien polemisierte dagegen.[29]

---

[23] Beobachter glaubten, daß in jener Zeit bereits etwa 15 000 sowjetische Militärspezialisten in Syrien wirkten. Ein Teil waren reguläre Soldaten, die in einer ersten Phase die Bedienung der neuen Raketen vom Typ SAM-9 übernahmen.

[24] Um die Kriegsanstrengungen zu finanzieren, wurden Steuern erhöht: um 10 % für Benzin; 100 % für Reisepässe und für besteuerbares Einkommen.

[25] Ein Teil der Gelder zur Begleichung der syrischen Rechnungen dürfte aus Libyen gekommen sein.

[26] Besuche der Präsidenten beider Jemen fanden am 3. und 4.8.1982 statt. Abdessalam Jalloud, der zweite Mann Libyens, war am 23.8. in Damaskus.

[27] Am 9.11. klagte Radio Damaskus Israel zum ersten Mal an, Kämpfe im Schuf, zwischen den Drusen und neu eingedrungenen Phalangisten-Milizen, zu provozieren. Das Thema sollte angesichts der späteren Ereignisse im Schuf (September 1983) Bedeutung gewinnen.

[28] Vgl. hierzu den Beitrag von Helmut *Hubel* in diesem Band.

[29] Am 11.10. sprach der syrische Informationsminister Iskandar Ahmad Yasser Arafat das Recht ab, im Namen der Palästinenser aufzutreten. Auch dieses Thema war für die Zukunft bedeutend. *NYT*, 11.10.1982. Die damaszener Zeitung *Tischrin* griff am 16.10.1982 den Dialog zwischen Hussein und Arafat besonders bitter an.

DIE REAGAN-INITIATIVE ZUR LÖSUNG DES NAHOST-KONFLIKTS

Von Helmut Hubel

Die Vereinigten Staaten von Amerika haben in ihrer Palästina-Politik seit den späten vierziger Jahren, als sich Großbritannien aus dem arabisch-israelischen Konflikt zurückzog und sie schrittweise dessen Erbe übernahmen, stets eine Kompromißlösung zwischen den sich gegenseitig ausschließenden Zielvorstellungen der Konfliktparteien bevorzugt.[1] Erstmals konkretisierte sich dies im Teilungsplan der Vereinten Nationen für Palästina im Jahre 1947. Nach Israels Sieg im Sechs-Tage-Krieg von 1967 fand die amerikanische Konzeption „Frieden gegen Territorium" Eingang in die Resolution 242 des UN-Sicherheitsrates. Die USA ließen jedoch stets das Ausmaß eines etwaigen israelischen Rückzugs offen, denn seit der Gründung des jüdischen Staates besaß die Sicherung seiner Existenz für jeden amerikanischen Präsidenten obersten Rang. Dies war neben den starken politischen, wirtschaftlichen und kulturellen Verbindungen zwischen den beiden Ländern in erster Linie eine Konsequenz der amerikanischen Innenpolitik. Hier konnte die relativ einflußreiche jüdische Gemeinschaft über ihre Lobby vor allem im Kongreß die Nahost-Politik der USA teilweise maßgeblich prägen. Andererseits war vor allem der exportorientierten Wirtschaft wie auch in der Regel dem State Department daran gelegen, die Beziehungen zur arabischen Welt nicht durch eine allzu starke Bevorzugung Israels zu belasten. Dieser Grundsatz war zumal in Phasen weltpolitischer Spannungen von Bedeutung, in denen die Sowjetunion über Partnerländer ihren Einfluß im Nahen und Mittleren Osten zu verstärken drohte.

So besaß nach der Intervention in Afghanistan die Abwehr einer weiteren Expansion der Sowjetunion für die scheidende Regierung Carter wie für die neue Administration unter Präsident Ronald Reagan zunächst Vorrang. Reagans erster Außenminister, Alexander Haig, bemühte sich vor allem darum, mit sämtlichen Partnern der USA in dieser Weltregion eine „strategische Übereinkunft" zur Abwehr der Sowjetunion herzustellen. Die latenten oder offenen Gegensätze in der Region sollten gegenüber dieser Zielsetzung zurückgestellt werden. Haigs Rücktritt am 25. Juni 1982 war zwar in erster Linie die Folge nicht mehr zu überbrückender Gegensätze innerhalb der amerikanischen Regierung. Israels weit über die zunächst proklamierten Ziele hinausgehende Intervention seit dem 6. Juni 1982 in Libanon[2] bezeichnete

[1] Vgl. hierzu Larry L. *Fabian*, America and Israel. The red Light, in: *FP*, Bd. 50, Frühjahr 1983, S. 53–72.

[2] Vgl. hierzu auch den Beitrag von Arnold *Hottinger*, Der israelische Angriff auf Libanon, in diesem Band.

jedoch auch ein deutliches Scheitern des Haigschen Ansatzes. Nach ihrer zunächst weitgehenden Duldung des israelischen Vorgehens drohte den USA nun ein erheblicher Verlust an Prestige und Einfluß in der arabischen Welt.

Die unter dem neuen Außenminister George Shultz in die Wege geleitete Überprüfung der amerikanischen Nahost-Politik führte zu dem Ergebnis, daß die USA nunmehr die Initiative ergreifen müßten, um den Konflikt zwischen Israel und den Palästinensern auf diplomatischem Weg einer Lösung näherzubringen. Andernfalls würde die israelische Regierung unter Ministerpräsident Menachem Begin ihr Ziel verwirklichen, mittels der Vertreibung der Palästinensischen Befreiungsorganisation (PLO) aus weiten Teilen Libanons die politische Rolle dieser Organisation zu beenden, die eigene Interpretation einer lediglich auf Personen bezogenen Autonomie für die Palästinenser in Gaza und im Westjordanland zu verwirklichen und schließlich die Herrschaft über die besetzten Gebiete zu verewigen. Damit wäre die in den Vereinbarungen von Camp David[3] in der Sache zurückgestellte Einigung über die Lösung des israelisch-palästinensischen Konflikts im Sinne des israelischen Ministerpräsidenten und seiner Konzeption von „Eretz Israel" (jüdischer Staat in den vom alten Testament bezeichneten Siedlungsgebieten) entschieden.[4]

DIE INITIATIVE DES AMERIKANISCHEN PRÄSIDENTEN

Am 1. September 1982 – dem Tag, als die Evakuierung der PLO aus Beirut beendet war und die amerikanischen Marineeinheiten ihre Mission erfüllt zu haben schienen[5] – verkündete Ronald Reagan in Rundfunk und Fernsehen seinen Friedensplan für den Nahen Osten:[6] Der erfolgreiche Abschluß der amerikanischen Friedensbemühungen biete die Chance zu einer sehr viel weiterreichenden Friedensanstrengung. Diese müsse genutzt werden, „solange noch Zeit" dazu sei. Der Krieg in Libanon habe die USA nicht davon abbringen können, den in Camp David begonnenen Prozeß fortzusetzen. Der ägyptisch-israelische Friedensvertrag sei mit der Rückgabe des Sinai im April 1982 erfüllt worden. Auch wenn der nächste Schritt durch mehrere Ereignisse, wie etwa die

---

[3] Wortlaut der Vereinbarungen in: *EA*, 2/1979, S. D 47–54. Vgl. außerdem Christian *Hacke*, Die Suche nach Frieden im Nahen Osten, in: IP 1977/78, S. 81–102, insb. S. 95 ff.

[4] Diese Feststellungen sind ausführlicher begründet in: Helmut *Hubel*, Die USA im Nahost-Konflikt, Bonn 1983 (Arbeitspapier Nr. 23, FI der DGAP), insb. S. 53 ff.

[5] Das am 17./18. 9. 1982 verübte Massaker in den Palästinenserlagern von Sabra und Chatila veranlaßte den amerikanischen Präsidenten, der Bitte der libanesischen Regierung zu entsprechen und die amerikanischen Kontingente der Friedenstruppe auf unbefristete Zeit erneut nach Beirut zu entsenden.

[6] Wortlaut in: *EA*, 21/1982, S. D 557–562.

Ermordung des ägyptischen Staatspräsidenten Anwar as-Sadat oder den Krieg in Libanon, hinausgeschoben worden sei, so sei die amerikanische Regierung immer bemüht gewesen, auch den Autonomieverhandlungen zum Durchbruch zu verhelfen, um dem palästinensischen Volk „die Ausübung seiner legitimen Rechte zu erlauben“. Für einen Weg zum Frieden sei grundlegend, daß einerseits die Ansprüche des palästinensischen Volks auf eine gerechte Weise befriedigt, daß sie andererseits mit den legitimen Sicherheitsanliegen Israels in Einklang gebracht werden müßten.

An Israel gewandt erinnerte Reagan an das Prinzip des Austauschs von Territorium gegen Frieden. In einer zuletzt noch in den Redetext eingefügten Passage suchte er den zu erwartenden Befürchtungen vorzubeugen, indem er betonte, er werde Israel nicht dazu auffordern, zu dem Zustand vor 1967 zurückzukehren, als die Mehrheit der Bevölkerung noch in Artillerie-Reichweite feindlicher Armeen lebte. Die Palästinenser und die arabischen Staaten forderte er auf, die Existenz und Legitimität Israels anzuerkennen. Um den Friedensprozeß voranzubringen, wollten die USA nun eine deutlichere Stellung beziehen, nachdem sie bisher in ihrer Rolle als Vermittler öffentliche Festlegungen vermieden hätten.

Wie in Camp David vereinbart, so führte Reagan weiter aus, müsse den palästinensischen Bewohnern des Westjordanlandes und des Gazastreifens innerhalb eines Zeitraums von fünf Jahren volle Autonomie gewährt werden. Die Vereinigten Staaten würden eine weitere israelische Siedlungstätigkeit nicht unterstützen und betrachteten deren unverzügliche Einstellung als wichtigste vertrauensbildende Maßnahme für Verhandlungen. Nach einer friedlichen und geordneten Übertragung der inneren Verwaltung von Israel auf die palästinensischen Einwohner, die Israels Sicherheitsbedürfnisse nicht beeinträchtigen dürfe, müsse Einigung über den endgültigen Status dieser Gebiete erreicht werden. Nach amerikanischer Auffassung werde ein Frieden nicht durch die Bildung eines unabhängigen palästinensischen Staates, sondern nur durch die Assoziierung mit Jordanien erreicht und gewahrt werden können. Wenn es zwischen Israel und Jordanien zu Verhandlungen über die endgültige Grenze kommen sollte, so werde nach amerikanischer Auffassung das Ausmaß israelischer Gebietsabtretungen von dem dafür im Gegenzug angebotenen „Grad an echtem Frieden, Normalisierung und Sicherheitsvereinbarungen“ abhängen. Schließlich müsse Jerusalem ungeteilt bleiben und sein endgültiger Status in Verhandlungen entschieden werden.

Der Präsident beendete seine Ausführungen, indem er nochmals Amerikas und seine persönliche „unverbrüchliche Verpflichtung“ für die Sicherheit Israels betonte und seine tiefe Hoffnung ausdrückte, daß die Palästinenser und Jordanien die sich nun bietende Chance zu erweiterten Verhandlungen aufgriffen.

Offene Fragen der Friedensinitiative

Mit dieser Rede hatte sich die Reagan-Administration erstmals ausführlich zu Stand und Lösungsmöglichkeiten des Palästina-Konflikts geäußert. Die sorgfältig ausgearbeitete Stellungnahme[7] enthielt in der Substanz zwar keine grundlegende Veränderung gegenüber den Positionen früherer Administrationen. Mit der erstmals eindeutigen Bevorzugung der sogenannten Jordanien-Option präzisierten die USA jedoch ihre Deutung der Vereinbarungen von Camp David. Damit war weiterreichenden Forderungen seitens der Palästinenser und der PLO ebenso eine Absage erteilt wie den langfristigen Zielen der Regierung Begin. Die Initiative entwarf die Grundlinien einer Konzeption, die nach dem bereits in den siebziger Jahren praktizierten Prinzip des Schritt-für-Schritt-Vorgehens eine Lösung des Konflikts bringen sollte. In ihrer langfristigen Ausrichtung war sie jedoch mit zahlreichen Unwägbarkeiten behaftet, von denen der Präsident selbst eine andeutete, als er von der Anstrengung zum Frieden sprach, „solange noch Zeit" dazu sei. In Verbindung mit der späteren Kritik an Israels Siedlungspolitik konnte dies als ein Hinweis darauf gedeutet werden, daß jene Maßnahmen eine Kompromißlösung in nicht allzu ferner Zukunft vielleicht unmöglich machen könnten. Abgesehen von der grundsätzlichen Festlegung auf die „Jordanien-Option" wurden jedoch mehrere kritische Fragen bewußt zurückhaltend angesprochen. So ließ der Präsident das Ausmaß eines etwaigen Rückzugs Israels von den besetzten Gebieten offen. Die zuletzt in den Redetext eingefügte Passage (Israel solle „nicht wie vor 1967" leben) widersprach in gewissem Sinn sogar der Aussage, wonach der Grad von erreichtem Frieden dem Ausmaß eines israelischen Rückzugs entsprechen sollte (und damit bei einem „vollständigen" Frieden eine entsprechende Gebietsabtretung nach sich ziehen würde). Schließlich sprach Reagan bezüglich des besonders heiklen Problems einer endgültigen Regelung des Status von Ost-Jerusalem und der heiligen Stätten lediglich von der „zu wahrenden Einheit der Stadt" und wies weitere Präzisierungen späteren Verhandlungen zu.

Die Initiative demonstrierte das Bemühen, unter Wahrung der grundsätzlichen amerikanischen Position den Palästinensern zu einem gewissen Grad entgegenzukommen und sie dadurch, ebenso wie Jordanien, zur Anerkennung Israels und zur Aufnahme von Verhandlungen zu bewegen. Bedeutsam war

---

[7] Zur Vorbereitung der Initiative wurden auch Persönlichkeiten herangezogen, die unter früheren Administrationen mit der Nahost-Problematik betraut gewesen waren. Dazu zählte u. a. Henry Kissinger, der bereits am 16. 6. 1982 in der *Washington Post* eine Reihe von Prinzipien genannt hatte, die in die Rede vom 1. 9. einflossen. Kissinger gab später einen der ausführlichsten und kenntnisreichsten Kommentare zu Hintergründen und Problemen der Initiative (After Lebanon. A Conversation, in: *Economist*, 13. 11. 1982, S. 19–28). Ausführlich hierzu auch Alan J. *Kreczko*, Support Reagan's Initiative, in: *FP*, Nr. 49, Winter 1982/83, S. 140–153.

außerdem, daß die amerikanische Regierung mit ihren engsten Partnern in der arabischen Welt, Ägypten, Jordanien und Saudi-Arabien, die Initiative zuvor erörtert hatte. Eine entsprechende Konsultation mit der israelischen Regierung unterblieb. Reagans Schritt war demnach eine demonstrative, wenn auch späte Kritik an der von der Regierung Begin in den Wochen und Monaten zuvor verfolgten Politik. Der Präsident entsprach damit dem während des Kriegs in Libanon – zumal angesichts der wochenlangen Belagerung von West-Beirut und dann nach dem Massaker von Sabra und Chatila – in der amerikanischen Öffentlichkeit geäußerten Unmut über Israels Regierung, der sich zu diesem Zeitpunkt sogar einige prominente Vertreter des amerikanischen Judentums angeschlossen hatten.[8]

DIE REAKTION DER BETROFFENEN

Die Haltung der israelischen Regierung

Nachdem Präsident Reagan die Initiative am 31. August zunächst in Briefen den Regierungschefs Ägyptens, Israels, Jordaniens und Saudi-Arabiens vertraulich zur Kenntnis gebracht hatte, sah er sich angesichts der zu befürchtenden Veröffentlichung des Inhalts in Jerusalem zur Ansprache am folgenden Tag veranlaßt. Die ablehnende Reaktion der israelischen Regierung erfolgte prompt und war in ihrer Deutlichkeit kaum zu überbieten. Ministerpräsident Begin rief am 2. September sein Kabinett zusammen, das sich in einer einstimmig verabschiedeten Resolution gegen die Initiative aussprach.[9] Außerdem übersandte Begin dem amerikanischen Präsidenten drei Tage später ein Schreiben, in dem er ohne diplomatische Zurückhaltung Reagan mehrfach widersprach und die Grundintention seiner Vorschläge zurückwies.

Darin äußerte er nicht nur seinen Protest dagegen, daß zwar Jordanien und Saudi-Arabien, nicht aber Israel zuvor konsultiert worden seien, sondern daß Reagans Äußerungen zum Westjordanland auch eine Verhöhnung der Geschichte enthielten: Der Präsident müsse davon ausgehen, daß „Judäa und Samaria niemals wieder die ‚Westbank' des Haschemitischen Königreichs Jordanien sein werden". Israel halte an der Autonomieregelung von Camp David fest; die Frage seiner Sicherheit sei jedoch von äußerster Wichtigkeit. Reagan verlange, zu fast derselben Situation zurückzukehren, als zwei Drittel

[8] So äußerten sich die führenden Repräsentanten der beiden wichtigsten jüdischen Organisationen in den Vereinigten Staaten, der Präsident von B'nai B'rith, Jack J. Spitzer, und der Exekutiv-Direktor des American Israel Public Affairs Committee, Thomas A. Dine, zunächst durchaus zustimmend zu Reagans Initiative. (Vgl. *NYT*, 7. und 9.9.1982.) Zur Rolle des amerikanischen Judentums in der Nahost-Politik der USA vgl. *Hubel*, a.a.O. (Anm. 4), S. 40–43 und 87.

[9] Der Wortlaut ist wiedergegeben in: *NYT*, 3.9.1982.

der israelischen Bevölkerung direkt bedroht gewesen seien. An dem Tag, an dem „Judäa und Samaria" jordanischem Recht unterstellt würden, werde ein palästinensischer Staat entstehen. Dieser würde der Sowjetunion sogleich eine Basis im Herzen des Nahen Ostens eröffnen. Ein „Freund und Verbündeter", wie Reagan und er in den vergangenen zwei Jahren gegenseitig ihr Verhältnis beschrieben hätten, dürfe den anderen nicht schwächen oder gefährden. Dies wäre aber die unvermeidliche Konsequenz, falls die Prinzipien des Schreibens vom 31. August verwirklicht würden.[10]

Außenminister Yitzak Shamir präzisierte in einer Rede vor der Knesset am 8. September die Kritik seiner Regierung. Die Vereinbarungen von Camp David seien nach äußerst schwierigen Verhandlungen zustande gekommen. Während dieser Verhandlungen und bis zum 1. September 1982 hätten sich die USA einer öffentlichen Stellungnahme zum Inhalt der Verhandlungen und Absprachen ausdrücklich enthalten. Der amerikanische Vorstoß weise nicht nur „Widersprüche zu den exakten Formulierungen im Text der Vereinbarung" auf, sondern er versetze der „gesamten Konzeption und inneren politischen Struktur der Camp-David-Vereinbarungen" einen Schlag. Israel hätte diese Vereinbarungen nicht unterzeichnet, wenn die USA damals auf den nunmehr veröffentlichten Positionen bestanden hätten. Die vereinbarte Autonomieregelung betreffe lediglich die Bevölkerung, nicht aber das Territorium; eine künftige Abtretung seitens Israels komme nicht in Frage. Schließlich werde eine Teilnahme der arabischen Bewohner Jerusalems an den Wahlen zur autonomen Körperschaft unweigerlich zur neuerlichen Teilung Jerusalems führen. Auch dies werde Israel niemals hinnehmen. Das israelische Volk wisse, daß es in Existenzfragen keine Alternative habe als seine Positionen „sogar gegen unseren großen Freund, die Vereinigten Staaten, zu behaupten."[11]

Damit war klar, daß die Regierung Israels keinesfalls bereit war, sich auf die vom amerikanischen Präsidenten angestrebte Anbahnung eines neuen, erweiterten Verhandlungsprozesses einzulassen. Auch die in Reagans Rede mehrfach betonte Rücksichtnahme auf Israels Sicherheitsinteressen vermochte daran nichts zu ändern. Das amerikanische Konzept hatte vielmehr den Nerv der von Begin definierten Sicherheitsinteressen seines Landes getroffen.

Neben diesem grundsätzlichen Widerstand gab es jedoch auch andere, vornehmlich durch Israels Innenpolitik bestimmte Gründe, welche die harte Reaktion bestimmten. Israels Bevölkerung war angesichts des Krieges in Libanon, des umstrittenen Vormarsches bis nach Beirut und schließlich nach dem Massaker von Sabra und Chatila so stark wie nie zuvor gespalten.[12]

---

[10] Begin schloß seinen Brief mit dem vielsagenden Bibelzitat: „Um Zions Willen will ich nicht schweigen, und um Jerusalems Willen will ich nicht innehalten." Das Schreiben wurde in vollem Wortlaut u. a. in *Jerusalem Post*, 12.–18. 9. 1982 veröffentlicht.

[11] *EA*, 21/1982, S. D 562–566.

[12] Vgl. zur innenpolitischen Lage Gudrun *Krämer*, Der nationale Konsens in Israel nach dem Einmarsch in Libanon vom Juni 1982, Ebenhausen (SWP-AZ 2355) 1983.

Während sich die zahlenmäßig kleine, für eine Kompromißlösung plädierende Minderheit um die Gruppe „Shalom ahashaw" („Frieden jetzt") für ein Aufgreifen der Reagan-Initiative einsetzte, äußerten sich Vertreter der oppositionellen Arbeiterpartei (Ma'arach) zurückhaltend, aber doch grundsätzlich aufgeschlossen gegenüber dem amerikanischen Vorstoß. Tatsächlich barg die Reagan-Initiative einige Elemente der Konzeption in sich, die innerhalb der Opposition unterstützt wurde und die vor Jahren bereits vom damaligen stellvertretenden Ministerpräsidenten und Außenminister Yigal Allon vorgeschlagen worden war.[13] Aus amerikanischer Sicht bestand so eine – wenngleich vage – Hoffnung, mit einer von der Arbeiterpartei geführten Regierung wenigstens einen Prozeß in Richtung auf eine Kompromißlösung in Gang setzen zu können. Aufgrund der Vorwürfe Begins, der eine „mehrmalige amerikanische Einmischung in die israelische Innenpolitik" beklagte, sah sich Präsident Reagan zu einem öffentlichen Dementi genötigt, er habe mit seiner Initiative zum Sturz der Regierung Begin beitragen wollen.[14] Mit seiner brüsken Ablehnung der amerikanischen Vorwürfe ging es dem israelischen Ministerpräsidenten somit auch um eine Entlastung seiner innenpolitisch bedrängten Position.

Was Israel betraf, so hing ein Erfolg der Reagan-Initiative davon ab, ob in absehbarer Zeit eine nicht zuletzt in der Siedlungspolitik zum Kompromiß bereite Regierung an der Macht sein würde. Andernfalls hätte der amerikanische Präsident lediglich die Option politischen Drucks in der Hand. So hatte die Reagan-Administration bereits in der Vergangenheit die Auslieferung militärischer Güter verzögert, um ihre Unzufriedenheit mit Maßnahmen der israelischen Regierung auszudrücken. Außerdem hätte die Vergabe weiterer finanzieller Hilfe mit politischen Bedingungen verknüpft werden können. Dafür waren aber – wie die folgenden Wochen und Monate erwiesen – wesentliche Voraussetzungen angesichts der weiterhin überwiegend proisraelischen Einstellung insbesondere im Kongreß und in der amerikanischen Bevölkerung nicht gegeben.

Die Reaktion der arabischen Staaten und der PLO

In den Augen der arabischen Bevölkerung galten die USA zunächst als „Komplize des israelischen Angreifers in Libanon". Insbesondere die mit den Vereinigten Staaten befreundete ägyptische Regierung übte am amerikanischen

[13] Allon hatte für eine Abtretung der von Arabern dicht besiedelten Gebiete im Westjordanland, jedoch auch für eine Aufrechterhaltung militärischer Positionen durch Israel plädiert. Vgl. Yigal *Allon*, Israel. The Case for Defensible Borders, in: *FA*, Bd. 55, Nr. 1, Oktober 1976, S. 38–53.

[14] So Reagan in einer Pressekonferenz am 29. 9. 1982. Vgl. hierzu israelische Rundfunkmeldungen, wiedergegeben in: Deutsche Welle, *Monitor-Dienst Nahost,* 13. und 30. 9. 1982.

Verhalten teilweise heftige Kritik und bemühte sich zusammen mit Frankreich darum, eine vollständige Niederlage der PLO in Beirut abzuwenden und ihr auch für die Zukunft eine politische Rolle zu sichern. Während der Vermittlungsbemühungen des amerikanischen Sonderbotschafters Philip Habib um einen friedlichen Abzug der Palästinenser aus Libanon kam es dann aber zu einer engeren Zusammenarbeit zwischen den USA und den Regierungen Ägyptens, Saudi-Arabiens und Syriens.[15] Die dramatischen Ereignisse von Beirut bestärkten dann diejenigen innerhalb der amerikanischen Administration, darunter auch den neuen Außenminister Shultz, die von der Notwendigkeit einer möglichst raschen politischen Lösung des Palästinenser-Problems überzeugt waren.

Die arabischen Regierungen hatten sich nach Israels Intervention in Libanon zunächst ratlos und unfähig zu einer Reaktion gezeigt. Erst als sich ein Erfolg der Vermittlungsbemühungen zur Evakuierung der Palästinenser aus Beirut abzeichnete, bemühten sie sich um eine gemeinsame Position und um einen erneuten Vorstoß zur Lösung des Palästinenser-Problems. Dies sollte auf der Gipfelkonferenz in Fes vom 6. bis 9. September 1982 verabschiedet werden. Präsident Reagans Initiative kurz vor dieser Konferenz verfolgte neben anderen das Ziel, den am ehesten kompromißbereiten Regierungen entgegenzukommen und ihre Position innerhalb der arabischen Welt zu stärken. Denn nur wenn die Gipfelkonferenz nicht prinzipiell ablehnend reagieren würde, konnten es der jordanische König und vielleicht auch die Führung der PLO wagen, in den von den USA angestrebten Verhandlungsprozeß einzutreten.[16]

Auch nach den Ereignissen in Libanon waren die Ansichten innerhalb der arabischen Welt über Lösungsmöglichkeiten des Palästinenser-Problems sehr unterschiedlich. Eine Zustimmung zur amerikanischen Initiative konnte lediglich von den Regierungen erwartet werden, die mit den USA enge Kontakte pflegten. Doch auch unter ihnen gab es von der jeweiligen staatlichen Interessenlage geprägte Unterschiede. Erst konkrete Schritte in den folgenden Monaten konnten erweisen, welche Bedeutung die verbalen Reaktionen auf Reagans Initiative tatsächlich hatten.

Ägyptens Staatspräsident Hosni Mubarak, der in einem Artikel für die Washington Post eine aktive Rolle der USA, die Schaffung eines „homeland" für die Palästinenser, die amerikanische Anerkennung ihres Selbstbestimmungsrechts sowie eine Beendigung der israelischen Siedlungsaktivität gefor-

---

[15] Reagan empfing am 20. 7. 1982 die Außenminister Saudi-Arabiens und Syriens. Wie der saudische Außenminister, Prinz Saud ibn Faisal, im Fernsehen seines Landes am folgenden Tag mitteilte, habe die amerikanische Regierung anerkannt, daß jede Lösung des Palästinenser-Problems schließlich zur Gründung einer nationalen Heimat für sie führen müsse. (Deutsche Welle, *Monitor-Dienst Nahost*, 23. 7. 1982.)

[16] Vgl. zur Gipfelkonferenz von Fes auch die Ausführungen von Arnold *Hottinger*, Der Fortgang des Camp-David-Prozesses bis zur Rückgabe des Sinai, in diesem Band.

dert hatte,[17] ließ deutliche Zeichen der Zufriedenheit erkennen. So war der von Kairo befürwortete Dialog zwischen den USA und den Palästinensern zwar nicht eröffnet, aber doch möglicherweise erleichtert worden. Außerdem hatte Präsident Reagan erstmals deutlich die ägyptische Auslegung der Autonomieformel von Camp David bevorzugt, wenn er auch nicht so weit ging, den Palästinensern ein Recht auf Selbstbestimmung und auf einen eigenen Staat zuzugestehen. In einer Erklärung vom 4. September begrüßte die ägyptische Regierung die „positiven Aspekte der Initiative“, welche den Friedensprozeß wieder in Gang bringen könnten; sie ließ jedoch auch gewisse Vorbehalte erkennen.[18]

Die ersten Reaktionen aus Jordanien vermieden eine Stellungnahme zu der von Reagan befürworteten jordanisch-palästinensischen Verbindung in Form einer Föderation oder Konföderation. Einerseits ließen sie eine gewisse Besorgnis angesichts der Tatsache erkennen, daß ihr Land nun im Rampenlicht stand und zu einer Reaktion genötigt war. Andererseits wurde Erleichterung darüber deutlich, daß Amerikas Präsident die Rolle Jordaniens hervorgehoben hatte. Damit wurden Befürchtungen gegenüber einer internen Destabilisierung seitens von Syrien geförderter radikaler Palästinenser oder auch seitens Israels gemindert.[19] König Hussein deutete später in London an, daß eine Konföderation zwischen Jordanien und einem arabischen Palästina ein mögliches Ergebnis der Friedensbemühungen sein könnte.[20] In den folgenden Wochen und Monaten unternahm er demonstrative Anstrengungen, um mit der Führung der PLO zu einer Einigung zu gelangen. Allerdings wollte er nach außen keine Position beziehen, solange er nicht von der PLO ein eindeutiges Mandat zur Teilnahme an den Autonomieverhandlungen erhalten hatte.

Auch die libanesische Regierung begrüßte, daß die USA nunmehr in der Palästinenser-Frage den Kern des Nahost-Problems sähen. Von seiten Saudi-Arabiens wurde zwar zustimmend vermerkt, daß Reagan eine israelische Souveränität über die besetzten Gebiete ablehnte. Andererseits wurde eine gewisse Reserve gegenüber der vorgeschlagenen „jordanischen Option“ deutlich. Zur Lösung dieser Frage hatte Saudi-Arabien den Fahd-Plan eingebracht, der eine volle Unabhängigkeit für den zu bildenden palästinensischen Staat vorsah.[21]

Innerhalb der PLO äußerten sich gemäßigte Vertreter, wie etwa Farouk Khaddoumi (Leiter der Politischen Abteilung der PLO) und zunächst auch Yasser Arafat, betont zurückhaltend, während die radikalen Führer Na'if Hawatmah und Georges Habash ihre totale Ablehnung verkündeten. Der Zentralrat der PLO lehnte schließlich am 25. November 1982 Reagans

---

[17] *Washington Post*, 22. 8. 1982.
[18] Vgl. *NYT*, 5. 9. 1982.
[19] Vgl. ebd.
[20] Vgl. die Wiedergabe des BBC-Interviews in: *NYT*, 15. 9. 1982.
[21] Vgl. hierzu besonders *Hottinger*, a.a.O. (Anm. 16).

Initiative ab, da sie das Recht auf Selbstbestimmung und auf die Errichtung eines eigenen Staates ignoriere.[22] Arafat war deutlich darum bemüht, die politische Zukunft seiner Organisation zu sichern. Die Gespräche zwischen dem PLO-Führer und König Hussein von Jordanien, die am 9. Oktober 1982 begannen und im April 1983 ihr vorläufiges Ende finden sollten, erwiesen sich dafür als die eigentliche Nagelprobe. Bei diesen Gesprächen ging es vor allem um die Frage, ob König Hussein mit palästinensischer und dann auch arabischer Zustimmung in Verhandlungen über die Zukunft der besetzten Gebiete eintreten könnte. Die PLO hätte ihm hierfür offiziell oder zumindest stillschweigend das ihr 1974 von der arabischen Gipfelkonferenz übertragene Mandat abtreten müssen.

Bereits gegen Ende des Jahres 1982 zeichnete sich ab, daß die PLO ihre auf absehbare Zeit vielleicht letzte Chance zu einem politischen Durchbruch nicht wahrnehmen würde. In ihrer überwiegenden Mehrheit schien diese Organisation zu einer Kompromißlösung weder fähig noch bereit. Ein wesentlicher Grund hierfür war ihre starke Zersplitterung, wodurch es den radikalen Kräften unter Mitwirkung einiger arabischer Staaten, beispielsweise Syriens, immer wieder gelang, die diplomatischen Bemühungen Arafats entscheidend zu stören. Die USA waren weiterhin nicht bereit, mit der Palästinenser-Organisation offizielle Kontakte aufzunehmen, solange diese nicht Israels Existenzrecht anerkannte.

Von seiten Syriens und anderer Staaten der „Ablehnungsfront" konnten die USA ohnehin keinen Beifall erwarten. Im Falle Syriens sollte es sich jedoch später als beträchtlicher Fehler erweisen, daß Präsident Reagan in seiner Rede zwar von einem möglichen Rückzug Israels aus dem Westjordanland sprach, die bereits am 14. Dezember 1981 annektierten Golan-Höhen jedoch völlig unerwähnt ließ. Die Vernachlässigung dieses spezifisch syrischen Interesses dürfte dessen kompromißlose Haltung nicht zuletzt in der Libanon-Krise seit Herbst 1982 wesentlich mitbestimmt haben.[23]

Das Kommuniqué von Fes

Die Arabische Liga verabschiedete am 9. September 1982 in Fes einen Plan zur Lösung des Nahost-Konflikts,[24] der sich weitgehend an den im Jahr zuvor unterbreiteten Fahd-Plan anlehnte. Diese Konferenz war bereits im November

[22] Vgl. Pierre *Rondot*, Difficultés de la politique des Etats-Unis au Levant, in: *Déf. nat.*, 39. Jg., Mai 1983, S. 89–102, hier S. 95 f. Einen ausführlichen Kommentar aus palästinensischer Perspektive geben: Naseer H. *Aruri* und Fouad M. *Moughrabi*, The Reagan Middle East Initiative, in: *Journal of Palestine Studies*, Bd. 12, Nr. 2, Winter 1983, S. 10–30.

[23] So auch der frühere Botschafter der USA in Syrien, Talcott W. *Seelye*, A more careful look at Assad's Syria, in: *IHT*, 21. 7. 1983.

[24] Wortlaut in: *EA*, 21/1982, S. D 566–568.

1981 begonnen, dann aber kurz darauf ergebnislos vertagt worden. Ägypten, dessen Mitgliedschaft weiterhin suspendiert blieb, fehlte ebenso wie Libyen, das dadurch seinen Protest gegenüber jeglichen Friedensbemühungen demonstrierte. Die von der Konferenz verabschiedeten Prinzipien enthielten in Punkt VII zumindest implizit eine Anerkennung der Existenz Israels. Ansonsten forderten die Unterzeichner dessen vollständigen Rückzug aus allen seit 1967 besetzten Gebieten und die Errichtung eines unabhängigen palästinensischen Staates mit Jerusalem („El Kuds") als Hauptstadt. Sie betonten außerdem die Rolle der PLO als einziger legitimer Vertreter des palästinensischen Volkes. Schließlich sollte der Sicherheitsrat der UN die Durchführung dieser Prinzipien überwachen und garantieren. Das Kommuniqué von Fes nahm auf Reagans Initiative keinen Bezug, was amerikanische Diplomaten als Erfolg und Chance für weitere Verhandlungen interpretierten. Inhaltlich widersprachen sich jedoch weiterhin die arabischen und amerikanischen Zielvorstellungen in wesentlichen Punkten. Was die arabische Seite anbetraf, so hingen Fortschritte im Sinne des von den USA angestrebten Friedensprozesses wesentlich davon ab, ob sich die Führung der PLO und der jordanische König auf eine gemeinsame Position würden verständigen können und ob König Hussein zusammen mit noch zu bestimmenden Vertretern der Palästinenser tatsächlich in Verhandlungen eintreten würde. Die Entscheidung hierüber fiel im Frühjahr des folgenden Jahres.

DAS VERHALTEN DER SOWJETUNION

Die UdSSR befand sich im Sommer/Herbst 1982 in der Spätphase der Ära Breshnjew. Ihre offensichtliche Handlungsschwäche während der Ereignisse seit Juni in Libanon konnte jedoch auch damit erklärt werden, daß die sowjetische Führung eine Verwicklung in die israelisch-syrische Konfrontation zu vermeiden suchte. So nahm sie ohne zunächst erkennbare Reaktion die beträchtlichen militärischen Verluste Syriens in Kauf. Erst als Israels Truppen syrisches Territorium direkt bedrohten, suchte die Sowjetunion die israelische Regierung durch Drohungen abzuschrecken. Als eine Antwort auf Israels Intervention beschloß sie jedoch offensichtlich bereits im Herbst 1982, neben der Ersetzung der syrischen Verluste auch moderne Luftabwehr-Raketen des Typs SAM-5 einschließlich weiterer Militärberater dorthin zu entsenden. Diese waren gegen Anfang des Jahres 1983 einsatzbereit.[25] Neben dem Ziel der Abschreckung Israels ging es der Sowjetunion offensichtlich darum, durch eine verstärkte Hilfe für Syrien den Prestigeverlust in der arabischen Welt wettzumachen und außerdem in der libanesischen Krise mitzusprechen.

[25] Ausführlicher hierzu: *Hubel*, a.a.O. (Anm. 4), S. 70 f. und 89 f. sowie Galia *Golan*, The Soviet Union and the Israeli Action in Lebanon, in: *IA*, Bd. 59, Nr. 1, Winter 1982/83, S. 7–16.

Die Initiative des amerikanischen Präsidenten weckte in Moskau eine gewisse Besorgnis, daß es den USA nach ihrer erfolgreichen Vermittlungstätigkeit gelingen könnte, den Camp-David-Prozeß auszuweiten und die Sowjetunion damit weiterhin von den Bemühungen zur Lösung des Nahost-Konflikts fernzuhalten. Kurz vor der arabischen Gipfelkonferenz in Fes ging es der sowjetischen Führung deshalb vor allem darum, die amerikanischen Avancen zu stören. So war ein an die Adresse der Araber gerichteter – nicht gezeichneter – Artikel in der Parteizeitung Prawda vor allem darum bemüht, die angebliche „Komplizenschaft" der Amerikaner mit Israels Intervention und ihre eigentliche Verantwortung für die blutigen Folgen herauszustreichen: Den USA gehe es nur um eine Führungsrolle im Nahen Osten und um die Funktion eines „Schiedsrichters" bei der Lösung des Nahost-Konflikts. Der angebliche Streit zwischen Israel und den USA nach der Rede des Präsidenten sei nur ein Täuschungsversuch, der verbergen wolle, daß die USA den Palästinensern das Recht auf Selbstbestimmung und auf einen eigenen Staat vorenthielten.[26]

Der sowjetische Staats- und Parteichef Leonid Breshnjew verkündete außerdem am 15. September 1982 einen Sechs-Punkte-Plan,[27] der im wesentlichen mit den Prinzipien der Erklärung von Fes übereinstimmte. Er hielt jedoch auch am Existenzrecht eines jeden Staates der Region, also auch Israels, unter Wahrung der Sicherheit aller anderen Staaten fest. Schließlich wiederholte er die alte sowjetische Forderung nach einer internationalen Nahost-Konferenz.

DIE REAKTIONEN IN WESTEUROPA

In den Ländern der Europäischen Gemeinschaft begrüßten offizielle Stellungnahmen und Pressekommentare durchweg die amerikanische Initiative.[28] Insbesondere nahm man befriedigt zur Kenntnis, daß die Reagan-Administration nunmehr die Bedeutung des Palästinenser-Problems erkannt zu haben schien. Außerdem entsprach Reagans Vorstoß mit seinem Appell an Jordanien und an die Palästinenser zu Verhandlungen mit Israel dem Anliegen der europäischen Diplomatie seit der Erklärung von Venedig.[29]

---

[26] Bližnyj Vostok: Kak idti k reguliruvaniju? (Wie gelangt man im Nahen Osten zu einer Regelung?), in: *Prawda*, 6.9.1982. Die grundsätzlich ablehnende Haltung der UdSSR zum Camp-David-Prozeß faßt zusammen: A. K. *Kislov*, Bližnyi Vostok i Kėmp-Dėvidskij tupik (Der Nahe Osten und die Sackgasse von Camp David), in: *SŠA* (*USA*, Zeitschrift des USA-Kanada-Instituts), 3/1982, S. 36–41.

[27] Breshnjew verkündete den sowjetischen Plan bei einer Tischrede anläßlich des Besuchs von Südjemens Staats- und Parteichef Ali Nasser Mohammed in Moskau. (Wortlaut in: *EA*, 21/1982, S. D 568–570).

[28] Vgl. den Überblicksartikel von R. W. *Apple* Jr., Reagan's Plan wins official and editorial Backing in Europe, in: *NYT*, 4.9.1982.

[29] *EA*, 14/1980, S. D 382 f.

Zwar war der amerikanische Präsident mit Rücksicht auf Israel nicht so weit gegangen wie die Europäer, die den Palästinensern im Gegenzug zu einer Anerkennung des jüdischen Staats das Recht auf Selbstbestimmung zubilligen wollten. Dennoch hegten die EG-Staaten die Hoffnung, daß nunmehr eine echte Chance zu einem umfassenden Friedensprozeß gegeben sei. Unter diesen Umständen hielten sie es für ratsam, keine eigenen Vorstöße zu unternehmen, sondern vielmehr die amerikanischen Bemühungen zu unterstützen.[30] Auch bemühten sich die Europäer in ihren Kontakten mit den Konfliktparteien vor allem darum, einen jordanisch-palästinensischen Dialog mit Israel anzubahnen.[31] Allerdings ließ die Abschlußerklärung des EG-Gipfels vom 4. Dezember 1982 in Kopenhagen bereits Enttäuschung darüber erkennen, daß die politische Gelegenheit nach Reagans Initiative und nach dem erklärten „Friedenswillen" der Araber in Fes noch nicht ergriffen worden sei.[32] Unter den Westeuropäern traten auch wieder stärker Meinungsunterschiede über die Form einer etwaigen Lösung des Konflikts hervor. Während sich beispielsweise die Bundesrepublik Deutschland zurückhielt, suchte sich Frankreich dadurch zu profilieren, daß es den Palästinensern nach einer Anerkennung Israels das Recht auf einen eigenen, unabhängigen Staat zuerkennen wollte. Außerdem sollte nach französischer Auffassung eine Friedensregelung durch den Sicherheitsrat der Vereinten Nationen garantiert werden.[33]

Zu Ende des Jahres 1982 verbreitete die amerikanische Regierung zwar weiterhin Optimismus.[34] Die Erfolgsaussichten der Reagan-Initiative waren aber bereits zu diesem Zeitpunkt von der ungelösten Krise in Libanon und von den Problemen insbesondere im Westjordanland überschattet. Angesichts der eher noch beschleunigten Siedlungsaktivität Israels sprachen pessimistische Beobachter von einer Situation „fünf Minuten nach zwölf".

---

30 So begrüßten die Außenminister der zehn EG-Staaten am 20. 9. 1982 in einer Presseerklärung die Initiative Reagans, äußerten sich aber in Form und Inhalt zurückhaltender als bei früheren Anlässen. (Wortlaut der Presseerklärung in: *Le Monde*, 22. 9. 1982.)

31 So u. a. der dänische Außenminister und Vorsitzende des EG-Ministerrats, Uffe Ellemann-Jensen, bei seinem Besuch in Jordanien vom 6.–8. 11. 1982. (Vgl. Deutsche Welle, *Monitor-Dienst Nahost*, 20. 11. 1982.) Frankreichs Staatspräsident François Mitterrand soll eine Delegation der Arabischen Liga bei ihrem Besuch in Paris aufgefordert haben, Israel offiziell anzuerkennen, um den Weg zu Verhandlungen freizumachen (*NYT*, 17. 11. 1982).

32 Vgl. *FT*, 6. 12. 1982.

33 So Außenminister Claude Cheysson in einem Interview mit der *NYT*, 8. 11. 1982. Damit unterstrich Frankreich erneut, daß es als Ständiges Mitglied dieses Gremiums über eine besondere Mitsprache verfügte. Das Recht der Palästinenser auf einen eigenen, unabhängigen Staat im Westjordanland und Gazastreifen hatte der Staatspräsident bereits im Sommer während der Libanon-Krise präzisiert und vor seinem Staatsbesuch in Ägypten Ende November 1982 wiederholt. (Vgl. *SZ*, 24. 11. 1982.)

34 So etwa nach dem Besuch des jordanischen Königs in Washington am 23. 12. 1982. (Vgl. *NYT*, 24. 12.1982.)

DER IRAKISCH-IRANISCHE KRIEG

Von Peter Hünseler

Nachdem sich die militärischen Auseinandersetzungen und Übergriffe an der irakisch-iranischen Grenze im Verlauf des Sommers 1980 stetig intensiviert hatten,[1] wurde es Mitte September offensichtlich, daß eine Ausweitung der Kampfhandlungen kaum noch zu vermeiden war. Am 17. September 1980 kündigte der irakische Präsident Saddam Hussein in einer Rede vor der Nationalversammlung in Bagdad den irakisch-iranischen Vertrag, der 1975 in Algier zwischen dem Schah von Iran, Mohammed Reza Pahlewi, und Hussein geschlossen worden war,[2] und am 22. September 1980 marschierte die irakische Armee in Iran ein.

BESTIMMUNGSFAKTOREN DES KONFLIKTS

Gründe für den Krieg

Die Gründe, die im September 1980 zum Ausbruch des Krieges führten, sind in der Literatur umstritten. Die meisten Beobachter meinen, der Irak habe sich von der iranisch-islamischen Revolution bedroht gefühlt und die innere Schwäche Irans genutzt, um durch den Einmarsch das Regime in Teheran zu Fall zu bringen. Zu dieser (Fehl-)Einschätzung der innenpolitischen Lage Irans im Herbst 1980 habe auch der Rat iranischer monarchietreuer Emigranten, wie der des früheren Ministerpräsidenten Shahpur Bakhtiar oder von Ex-General Gholam-Ali Oweissi, beigetragen.[3] Andere Beobachter neigen der Auffassung zu, daß der Irak mit seinem Einmarsch nach Iran in eine klug vorbereitete Falle getappt sei.[4] Dieser Theorie zufolge zielten die Provokationen und Drohungen der iranischen Revolutionsführung gegen die arabischen Nachbarstaaten, vor allem gegen den Irak, darauf ab, den Irak zu einem Einmarsch zu provozieren, um die iranische Armee, die in ihrer Führung zum großen Teil noch monarchistisch orientiert war, als innenpolitischen Machtrivalen auszuschalten. Demnach hoffte die Revolutionsführung in Teheran außerdem, daß sich

---

[1] Zur Vorgeschichte des Konflikts vgl. Peter *Hünseler*, Der Irak und sein Konflikt mit Iran. Entwicklung, innenpolitische Bestimmungsfaktoren und Perspektiven (Arbeitspapier Nr. 22 des FI der DGAP), Bonn 1982; Arnold *Hottinger*, Die iranische Revolution, in: IP 1979/80, S. 94 f.; Peter *Hünseler*, Der irakisch-iranische Krieg im dritten Jahr, in: *EA*, 13/1983, S. 391 ff.

[2] Vgl. zum Inhalt des Vertrags Peter *Hünseler*, Der irakisch-iranische Konflikt, in: IP 1975/76, S. 227 ff.

[3] Vgl. *Hottinger*, a.a.O. (Anm. 1), S. 95.

[4] Diese These wird vorwiegend von arabischen Autoren vertreten.

die überwiegende Mehrheit der iranischen Bevölkerung aus vaterländischen Motiven hinter die Revolutionsführung stellen und den Machterhalt sichern werde. Demzufolge hatte die irakische Führung keine Möglichkeit, einem bewaffneten Konflikt mit Iran auszuweichen.

Beide Erklärungsansätze enthalten wahrscheinlich Elemente, die die tatsächlichen Motive der irakischen Führung widerspiegeln. Darüber hinaus dürfte aber auch der überlieferte persisch-arabische Gegensatz um eine Vormachtstellung in der Golfregion eine bedeutende Rolle gespielt haben. Für die nichtklerikalen Revolutionsführer in Iran stellte die islamische Revolution ein geeignetes Modell dar, um das in ihren Augen überholte Konzept des arabischen Nationalismus abzulösen.[5] Hierin wurde jedoch nicht nur das Streben nach einer Vormachtstellung in der Region deutlich, sondern zugleich auch eine weitere Dimension der ideologischen Gegensätze zwischen Teheran und Bagdad. Das Konzept der islamischen Revolution als einigendes nationales und überregionales Element stand in scharfem Gegensatz zu dem Konzept des arabischen Nationalismus, wie er von der in Bagdad regierenden Arabischen Sozialistischen Baath-Partei vertreten wurde. Zudem lehnte die Baath-Partei einen religiösen Einfluß auf staatliche Politik strikt ab. Für sie war Politik im Irak, dessen Gesellschaft religiös und ethnisch stark fragmentiert ist, ausschließlich auf einer säkularen Basis möglich. Die Aufrufe Ayatollah Khomeinys seit April 1980 an die irakischen Schiiten, das Baath-Regime in Bagdad zu stürzen, wurden vom irakischen Regime als eine ernsthafte Drohung angesehen.[6]

In seiner Begründung für die Kündigung des Vertrags von 1975 machte Präsident Saddam Hussein geltend, Iran habe kurdische und schiitische Oppositionsgruppen mit Waffen versorgt und damit gegen die Vereinbarung verstoßen, sich nicht in die inneren Angelegenheiten des Irak einzumischen. Darüber hinaus warf er Iran vor, kleinere Grenzgebiete nicht an den Irak zurückgegeben zu haben, die aufgrund der endgültigen Markierung der Grenze dem Irak zustünden. Da Iran somit gegen zwei der drei Kernvereinbarungen des Vertrags von 1975 verstoßen habe, leitete der Irak aus Punkt 4 der Vereinbarung (Anerkennung aller Punkte als unverzichtbare Bestandteile einer allgemeinen Regelung) ab, daß damit die Vereinbarung insgesamt aufgehoben sei.[7] Außerdem forderte der Irak nicht nur die Grenzstreifen zurück, die ihm

[5] Vgl. entsprechende Äußerungen des damaligen Stellvertretenden Ministerpräsidenten Ibrahim Yasdi in: *Dawn* (Karachi), 10. 3. 1979.

[6] Auch wenn die iranischen Aufforderungen an die irakischen Schiiten und der im Juli 1982 versuchte Einmarsch iranischer Truppen in den Irak erwiesen, daß die irakischen Schiiten den iranischen Aufforderungen nicht folgten, so kann dennoch nicht übersehen werden, daß die Schia im Irak für das Regime in Bagdad letztlich ein herrschaftsdestabilisierendes Element blieb.

[7] Präsident Hussein ging allerdings nicht auf die im Vertragswerk vorgesehene Regelung ein, daß im Falle von Vertragsverstößen ein Schiedsgericht angerufen werden müsse, bevor der Vertrag gekündigt würde.

aufgrund der Überprüfung des Grenzverlaufs nach dem Abschluß des Abkommens von 1975 zustanden.[8] Hussein bestand auch auf der Rückgabe der drei vom Schah 1971 eroberten Golfinseln an die Vereinigten Arabischen Emirate. Zudem hielt Bagdad seinen Anspruch auf die iranische Erdölprovinz Khusistan/Arabistan aufrecht. Hussein erklärte, daß mit der Kündigung des Abkommens der Schatt al-Arab in seiner gesamten Breite wieder zum Hoheitsgebiet des Irak gehöre und forderte Iran auf, „jeden Meter irakischen und arabischen usurpierten Bodens aufzugeben".[9] Außerdem fügte er hinzu, der Irak plane keinen Krieg gegen Iran und mache keine Ansprüche auf iranisches Territorium geltend.

Die iranische Regierung reagierte ablehnend auf den irakischen Schritt. In einer Erklärung des Außenministeriums vom 18. September 1980 hieß es, Iran werde die einseitige Aufhebung des Abkommens nicht hinnehmen. Teheran warf dem Irak vor, er habe nicht „gemäß den Prinzipien der guten Nachbarschaft den Weg vernünftiger Verhandlungen, sondern denjenigen der bewaffneten Aggression" gewählt.[10] Am 20. September übernahm Staatspräsident Abol Hassan Bani-Sadr zusammen mit den Kommandanten der Armee, den Revolutionsgarden und dem Verteidigungsminister den Oberbefehl über die Truppen. Gleichzeitig wurde eine allgemeine Mobilmachung und die Einberufung von Reservisten angeordnet. Die Eskalation der Spannungen und der sich abzeichnende offene Konflikt mit dem Irak bewirkte eine Welle der Sympathie und Solidarität der Bevölkerung Irans mit der Führung der islamischen Revolution.

Verlauf der Kriegshandlungen

Am 18. September 1980 leiteten die Hafenbehörden in Basrah erste Maßnahmen zur Ausdehnung der irakischen Hoheit über die gesamte Breite des Schatt al-Arab ein. Die iranische Armee beantwortete dies mit einer Beschießung des irakischen Ufers des Schatt al-Arab. Am 22. September überschritten dann aber neun der zwölf irakischen Divisionen auf einer Breite von 600 km die Grenze zu Iran. Die Angriffe erfolgten im wesentlichen in drei Stoßrichtungen: Im Norden wurden die Grenzstadt Qasr-i-Schirin und im

---

[8] Auch der iranische Präsident Bani-Sadr hatte angedeutet, daß die irakischen Ansprüche auf diese Gebiete zu Recht bestünden. Vgl. Philippe *Rondot*, Irak gegen Iran. Krieg ohne Entscheidung?, in: *EA*, 3/1981, S. 67–76.

[9] Der Wortlaut der Rede Husseins ist abgedruckt in: Saddam *Husain*, Iraq Asserts its Sovereignty, Bagdad 1981.

[10] Zit. nach *AdG*, 1980, S. 23911. Der Irak behauptete, „zahllose" offizielle Noten über iranische Verstöße gegen das Abkommen an Iran adressiert zu haben, ohne Antwort erhalten zu haben. Allerdings hatte es der Irak versäumt, sich gemäß der verpflichtenden Bestimmung des Abkommens von 1975 bei Streitfällen an ein internationales Schiedsgericht zu wenden.

Mittelabschnitt Mahran rasch eingenommen. Die massiertesten Angriffe erfolgten im Süden in der Provinz Khusistan. Am 28. September verlief die Front von Qasr-i-Schirin im Norden (eingenommen) über Gilan-i-Gharb (eingenommen), Desful (umkämpft), Susangerd (umkämpft), Ahwas (umkämpft) nach Khorramschahr und Abadan, die von der irakischen Armee eingeschlossen waren. Aufgrund dieser militärischen Erfolge bot Präsident Hussein am 28. September erstmals einen Waffenstillstand an, mit den Bedingungen: Anerkennung der irakischen Hoheit über den Schatt al-Arab und Rückgabe der drei 1971 von Iran eroberten Golfinseln Abu Musa, Großer und Kleiner Tunb.[11] Teheran wies das Angebot zurück und bekräftigte seine Bereitschaft zur Fortsetzung des Kriegs, bis sich die irakische Armee vollständig aus Iran zurückgezogen habe.

Anfang Januar 1981 setzte dann erstmals eine Gegenoffensive Irans im Raum Ahwas, Susangerd und Abadan ein. Obwohl die iranische Armee durch Einheiten der Pasdaran (Revolutionswächter) verstärkt worden war, handelte es sich hierbei nicht um eine entscheidungsuchende Offensive. Wahrscheinlich diente sie eher einer politischen Entlastung des iranischen Staatspräsidenten Bani-Sadr, dem die religiösen Revolutionsführer mangelnde militärische Initiative vorwarfen. Im März 1981 stieg die Intensität der Kampfhandlungen sprunghaft an, ohne jedoch für eine der beiden Seiten Vorteile zu erbringen. Im September begann sich die Lage an den Fronten dann erstmals zugunsten Irans zu verändern. Es gelang der iranischen Armee, den Belagerungsring um Abadan zu durchbrechen und die irakischen Streitkräfte auf das Westufer des Flusses Karun zurückzuschlagen; entscheidende Veränderungen des Frontverlaufs insgesamt erfolgten 1981 jedoch nicht.

Im Frühjahr 1982 eröffneten die iranischen Verbände eine erneute Großoffensive in der Nähe von Schusch und Desful. Am 31. März eroberten sie eine Reihe von irakischen Stellungen zurück und stießen an mehreren Stellen der Front bis auf unmittelbare Nähe der Grenze vor. Eine weitere Großoffensive Teherans auf Khorramschahr/Muhammarah führte am 24. Mai zur Rückeroberung von Khorramschahr. Angesichts dieser beträchtlichen irakischen Verluste und Niederlagen kündigte Präsident Hussein am 20. Juni 1982 den Rückzug der irakischen Truppen innerhalb von zehn Tagen aus den noch besetzten iranischen Gebieten auf die 1975 vereinbarte Grenze an. Sein Angebot war auch von seinem Wunsch bestimmt, die Konferenz der Bewegung der Blockfreien Staaten Anfang September 1982 durchzuführen, deren Tagung

---

[11] Auszüge aus der Rede Saddam Husseins in: Monitor-Dienst der Deutschen Welle, *Nahost*, 30. 9. 1980.

in Bagdad wegen des Kriegs gefährdet schien.[12] Gleichzeitig bot er Iran einen Waffenstillstand an, den Teheran jedoch ablehnte.

Revolutionsführer Khomeiny machte unmißverständlich deutlich, daß Iran den Krieg fortsetzen werde, bis alle fünf Forderungen Teherans erfüllt seien: die Zahlung von Reparationen in Höhe von 150 Milliarden Dollar, der Sturz Präsident Saddam Husseins und der Baath-Partei, eine internationale Verurteilung des Irak als Aggressor, der Rückzug der irakischen Armee auf die Positionen vor Ausbruch des Krieges und die Rückführung aller rund 30000 irakischen Schiiten, die seit April 1980 ausgewiesen worden waren. Ohne auf die iranische Zurückweisung des angebotenen Waffenstillstands einzugehen, leitete der Irak seinen Rückzug am 20. Juni 1982 ein und schloß ihn am 30. Juni ab. Allerdings bezog die irakische Armee ihre neuen Stellungen entlang der vom Irak vor Ausbruch des Krieges geforderten Grenzlinie, woraufhin Iran mit der Fortsetzung des Krieges drohte.

Hoffnungen, daß der Rückzug der irakischen Truppen doch noch zu Waffenstillstandsverhandlungen führen werde, wurden enttäuscht, als Mitte Juli 1982 iranische Truppenkontingente die Grenze überschritten und in Teheran die Parole ausgegeben wurde, die Zentren der schiitischen Heiligtümer Najaf und Karbala einzunehmen. Es gelang der irakischen Armee jedoch, den iranischen Vorstoß rasch zum Stillstand zu bringen. Auch in weiteren Offensiven im Herbst 1982 gelang es Iran nicht, sich auf irakischem Territorium festzusetzen. Der Krieg war in eine neue Phase getreten.

Nachdem spätestens die Ereignisse vom Sommer 1982 deutlich gemacht hatten, daß weder der Irak noch Iran in der Lage waren, den Krieg mit militärischen Mitteln für sich zu entscheiden, trat der Konflikt nun in eine dritte Phase ein. Obwohl Iran militärisch kaum noch eine zwingende Initiative unternahm, weigerte sich Teheran standhaft, den Konflikt zu beenden. Die iranische Kriegsstrategie lief darauf hinaus, mit militärischen und politischen Mitteln dem Irak möglichst hohe Kriegskosten aufzubürden und ihn wirtschaftlich in die Knie zu zwingen. In einem bedeutenden Schachzug gelang es Iran im April 1982, Syrien zur Schließung von zwei Pipelines zu bewegen, die irakisches Erdöl ans Mittelmeer transportierten. Hierdurch wurden die irakischen Deviseneinnahmen aus dem Erdölexport halbiert. Der Irak seinerseits versuchte mit seiner Luftwaffe, die Zerstörung iranischer Ölinstallationen voranzutreiben und damit den Ölexport Irans zu behindern. Damit sollte Iran

[12] Im August 1982, nur wenige Tage vor dem geplanten Beginn der Konferenz der Blockfreien, mußte der Irak dem Druck anderer Konferenzmitglieder stattgeben und auf die Durchführung der Veranstaltung in Bagdad verzichten. Mehrere schwere Bombenanschläge in Bagdad waren dem vorausgegangen. Die Absage der Konferenz war ein Prestigeverlust für den irakischen Präsidenten, der sich sehr um die Abhaltung der Konferenz in Bagdad bemüht hatte, die ihn innenpolitisch und international stark aufgewertet hätte. Iran hatte darauf hingearbeitet, die Konferenz zu verlegen, mit dem Argument, die Blockfreien könnten nicht in einem Land tagen, das gegen ein Mitglied der Bewegung Krieg führe. Die Konferenz fand dann vom 7.–12. 3. 1983 in Delhi statt.

die Möglichkeit genommen werden, eine Fortsetzung des Krieges finanzieren zu können.

Bis zum Ende des Jahres 1982 waren beide Seiten ihren Zielen nicht entscheidend näher gekommen. Die Kriegsverluste waren dennoch für den Irak und Iran beträchtlich. Genaue Zahlen über die tatsächlichen Todesopfer und Schäden wurden von beiden Seiten nicht veröffentlicht. Einer Schätzung des amerikanischen Außenministeriums vom August 1983 zufolge forderte der Krieg 1981/82 insgesamt zwischen 175 000 und 550 000 Tote auf beiden Seiten, hiervon zwischen 125 000 und 500 000 auf iranischer und rund 50 000 auf irakischer Seite.[13] Von den rund 35 Milliarden Dollar Währungsreserven vor dem Krieg verfügte der Irak im März 1982 nur noch über schätzungsweise 16 Milliarden. Zusätzlich hatte Bagdad circa 24 Milliarden Dollar zinsloser Kredite von arabischen Golfstaaten erhalten.[14] Der Erdölexport des Irak sank von 3,4 Millionen Faß pro Tag vor Kriegsausbruch auf schätzungsweise 700 000 gegen Ende 1982. Die Kriegskosten für den Irak wurden laut eigenen Angaben auf rund 1 Milliarde Dollar pro Monat geschätzt.[15] Dies führte dazu, daß der Irak, der zu Beginn des Krieges noch das Ziel verfolgt hatte, den wirtschaftlichen Aufbau des Landes im gleichen Maße wie vor dem Krieg fortzusetzen, seine Entwicklungsvorhaben drastisch reduzieren mußte und den Import von Konsumgütern drosselte. Der Erdölexport Irans war bereits nach dem Sturz des Schah merklich zurückgegangen. Im Unterschied zum Irak gelang es Iran jedoch, die Ölexporte von 1 Million Faß pro Tag im Jahre 1981 auf zwei Millionen Faß pro Tag zu steigern. Die unmittelbaren Kriegskosten zwischen dem 22. September 1980 und dem 22. September 1982 wurden von Iran auf 136 Milliarden Dollar beziffert. Dieser Wert spiegelte aber ausschließlich die Kosten des öffentlichen Sektors wider und umfaßte nicht den Verlust an Privateigentum.[16]

Die strategischen Ziele beider Länder

Die Hauptstoßrichtung der irakischen Angriffe 1981 hatte sich auf Khusistan/Arabistan gerichtet. Der Irak hatte nach der Revolution von 1958 wiederholt Anspruch auf diese Provinz erhoben und mit historischen, geopolitischen und ethnischen Argumenten untermauert.[17] Die Hintergründe hierfür lagen in den schwierigen und unsicheren Zugängen des Irak zum Persisch-Arabischen Golf. Die beiden einzigen Golf-Häfen des Irak, Basrah

---

[13] Die Zahl der Schwerverwundeten auf beiden Seiten wurde auf 600 000 geschätzt. Vgl. *Die Welt*, 20. 8. 1983.

[14] *NZZ*, 16. 3. 1982.

[15] *IHT*, 19. 3. 1982.

[16] Vgl. Islamic Republic News Agency (Teheran), 7. 5. 1983.

[17] Vgl. hierzu ausführlich *Hünseler*, Der Irak und sein Konflikt mit Iran, a.a.O. (Anm. 1), S. 13–17.

und Umm Qasr, waren nur über Wasserwege zu erreichen, die von den Nachbarländern Iran und Kuwait leicht kontrolliert werden konnten. Die Länge der irakischen Golf-Küste betrug nicht mehr als 70 km und war zudem nicht schiffbar. Der irakische Anspruch auf den Schatt al-Arab in seiner gesamten Breite konnte von Bagdad nur dann strategisch voll ausgeschöpft werden, wenn die irakische Marine auf diesem Zugang zum Golf ungehindert operieren konnte. Deshalb wollte der Irak über das östlich des Schatt al-Arab gelegene Territorium die Kontrolle erlangen. Der Verlauf des Krieges zeigte allerdings, daß Bagdad dieses Ziel nicht erreichen konnte. Einer der wesentlichen Gründe für das Scheitern lag darin, daß auch die arabische Bevölkerung Khusistans/Arabistans einen Einfluß Bagdads auf die Provinz ablehnte.

Iran verfolgte durch den Versuch des Exports der islamischen Revolution in den Irak sowohl eine Stärkung der iranischen Revolutionsführung im Innern als auch die Übernahme einer Führungsrolle in der Golfregion. Es zeigte sich jedoch, daß die irakischen Schiiten nach dem mißlungenen Einmarsch iranischer Truppen in den Irak im Sommer 1982 keine Versuche unternahmen, die Baath-Herrschaft in Bagdad ernsthaft zu gefährden.[18] In Iran erreichte der Machtkampf zwischen den klerikal und nichtklerikal orientierten Revolutionsführern im Jahr 1981 seinen Höhepunkt. Bei den Parlamentswahlen im September 1980 war es der Islamischen Republikanischen Partei (IRP) unter Ayatollah Mohammed H. Beheschti gelungen, die absolute Mehrheit zu erringen. Demgegenüber befanden sich die Anhänger von Staatspräsident Bani-Sadr im Parlament in der Minderheit. Ein bedeutender Teil seiner Gefolgsleute kam aus der Armee. In den folgenden Monaten gelang den IRP-Führern schrittweise die Unterminierung der Autorität des Präsidenten und die Aufwertung des Parlaments, in dem sie über die absolute Mehrheit verfügten, zum maßgeblichen politischen Entscheidungszentrum. Der Höhepunkt des Machtkampfes war erreicht, als das Parlament am 21. Juni 1981 Revolutionsführer Khomeiny empfahl, Bani-Sadr zu entlassen. Angesichts des klaren Abstimmungsergebnisses von 177 gegen eine Stimme bei zwölf Enthaltungen entschloß sich Khomeiny dazu. Am 29. Juli gelang Bani-Sadr mit Hilfe einiger Gefolgsleute in der Armee die Flucht nach Frankreich. Der Machtkampf spielte sich vor dem Hintergrund unüberbrückbar gewordener politischer und ideologischer Gegensätze ab. Während Bani-Sadr die Errichtung einer sozialistischen Gesellschaft mit dem Ferment der islamischen Solidarität verfolgt hatte, waren seine Gegner bemüht, ein politisches Klientel-System, vertreten durch die Macht der Mullahs, auf dem Boden der schiitischen Richtung innerhalb des Islam zu errichten.

---

[18] Trotz des weitverbreiteten Mißtrauens der schiitischen Mehrheit im Irak dominierte ihr Selbstwertgefühl als Araber ihre Identifikation mit der Schia. Zur Schiiten-Frage im Irak vgl. ausführlich *Hünseler*, ebd., S. 75–84; ebenso Hana *Batatu*, Iraq's Underground Shi'a Movements. Characteristics, Causes and Prospects, in: *MEJ*, 4/1981, S. 578–594 und Ali *Al-Wardi*, Soziologie des Nomadentums. Studie über die iraqische Gesellschaft, Neuwied, Darmstadt 1972.

Vermittlungsbemühungen

Eine Reihe regionaler und internationaler Organisationen bemühte sich im Berichtszeitraum, im irakisch-iranischen Konflikt zu vermitteln. Die wichtigsten Vermittlungsbemühungen wurden von der Islamischen Konferenz, den Vereinten Nationen und der Bewegung der Blockfreien unternommen.[19] Aber bis zum Rückzug der irakischen Armee auf die 1975 vereinbarte Grenze im Juni 1982 scheiterten alle Vermittlungsbemühungen an den gegensätzlichen Bedingungen und Interessen der kriegführenden Parteien.

Am „erfolgreichsten" war noch die von der Islamischen Konferenz im März 1981 eingesetzte Kommission. Sie konzentrierte ihre Aktivitäten in erster Linie auf die Herbeiführung eines Truppenentflechtungsabkommens. Ihr Plan sah vor, daß beide Seiten am 12. März 1981 das Feuer einstellen, und die irakischen Truppen sich unter Beobachtung einer Friedenstruppe der Islamischen Konferenz innerhalb von vier Wochen aus den von ihnen besetzten Gebieten zurückziehen sollten. Über die Ansprüche und Forderungen beider Seiten sollte im Anschluß an den irakischen Rückzug ein Schiedsgericht der Islamischen Konferenz befinden. Dieser Vorschlag traf innerhalb der iranischen Führung auf heftige Kontroversen. Während Staatspräsident Bani-Sadr sein Einverständnis andeutete, lehnte Ministerpräsident Mohammed Ali Rajai den Vorschlag kategorisch ab. Er forderte eine Bestrafung und „Befreiung" Iraks. Der Führer der Islamischen Republikanischen Partei, Mohammed H. Beheschti, lehnte den Plan mit der Begründung ab, eine iranische Einwilligung in einen Wafffenstillstand ohne vorherigen Rückzug der irakischen Truppen sei für Iran nicht akzeptabel. Der Irak erklärte sich mit den Vorschlägen der Islamischen Konferenz nur für den Fall einverstanden, daß Iran die irakischen Rechte über den Schatt al-Arab bei einem irakischen Rückzug anerkenne.

Nach dem Rückzug der irakischen Truppen im Juni 1982 und dem daraufhin folgenden Versuch der iranischen Armee, in den Irak einzudringen, waren die Voraussetzungen für Vermittlungsaktionen noch ungünstiger als zuvor. Es war deutlich geworden, daß Iran den Krieg bis zum Sturz Saddam Husseins und/oder der Baath-Partei fortzusetzen gewillt war.[20] Der Irak näherte sich auf Grund seiner sich ständig verschlechternden wirtschaftlichen Lage Ende 1982 einer Situation, in der ein Waffenstillstand und anschließende Friedensverhandlungen ohne jede Vorbedingung im Bereich des Möglichen schienen.

---

[19] Darüber hinaus gab es auch Initiativen einzelner Politiker. So versuchten, allerdings vergeblich, der pakistanische Staatspräsident Zia ul-Haq, PLO-Führer Yasser Arafat und der algerische Außenminister Mohammed Benyahia zu vermitteln. Letzterer wurde auf seiner Vermittlungsreise am 3. 5. 1982 nach Teheran im iranisch-türkischen Grenzgebiet von einem nicht identifizierten Jagdflugzeug abgeschossen und fand den Tod.

[20] Ob nur der Sturz Präsident Husseins das Ziel Teherans war, oder ob generell die Ablösung der Baath-Partei gefordert wurde, ging aus den öffentlichen Äußerungen der iranischen Revolutionsführer nie ganz klar hervor. Man kann allerdings vermuten, daß Iran wegen der ideologischen Gegensätze zur Baath-Partei auf einem Sturz der Partei bestand.

DAS REGIONALE UMFELD

Der irakisch-iranische Krieg wirkte im Beziehungsgefüge der nahöstlichen Staaten wie ein Katalysator. Sowohl Iran als auch dem Irak gelang es, von einer Reihe arabischer Staaten militärische, politische und wirtschaftliche Unterstützung zu erhalten. Das Unterscheidungsmerkmal zwischen den Staaten, die entweder Iran oder den Irak unterstützen, war nicht ideologische Entschlossenheit, sondern die Gemeinsamkeit der Interessen und die Wahrnehmung der Bedrohung durch die islamische Revolution.

Die Staaten der sogenannten Ablehnungsfront, Syrien, Libyen, Algerien, Südjemen sowie die PLO, sympathisierten von Beginn der bewaffneten Auseinandersetzungen mit Iran. Sie warfen dem Irak vor, mit dem Einmarsch nach Iran einen Krieg entfesselt zu haben, der das arabische Lager im Kampf gegen Israel entscheidend schwäche. Der wichtigste arabische Verbündete Irans war zweifellos Syrien. Die syrisch-iranische Zusammenarbeit ergab sich weniger aus der Tatsache, daß der syrische Präsident Hafez al-Assad seine Herrschaft mit Hilfe der alawitischen Minderheit absicherte, einer der Schia nahestehenden Sekte, sondern vielmehr aus dem überlieferten syrisch-irakischen Gegensatz. Bis zum Februar 1982 war die syrische Unterstützung für Iran trotz aller Hilfeleistungen im politischen und militärischen Bereich allerdings eher zurückhaltend. Als im Februar 1982 der Widerstand der syrischen Moslembruderschaften gegen das Regime Assads zu einer akuten Bedrohung anwuchs und offenbar wurde, daß der Irak den Widerstand aktiv unterstützt hatte, nahm die syrisch-iranische Kooperation gegen den Irak für Bagdad gefährliche Formen an. Die im März 1982 in Teheran vereinbarte Schließung zweier irakischer Pipelines an die syrische Mittelmeerküste brachte den Irak in eine ernste Finanznot.

Während Libyen die syrische Haltung im irakisch-iranischen Konflikt bedingungslos unterstützte, versuchte Algerien, im Laufe des Jahres 1981 eine neutrale Position einzunehmen. Als Signatarstaat des Abkommens von 1975 bemühte sich Algerien sogar darum, im Konflikt zu vermitteln. Die PLO war aufgrund der Einflüsse der verschiedenen arabischen Staaten auf ihre Unterorganisationen kaum in der Lage, einen konstanten Kurs gegenüber den beiden Konfliktparteien zu verfolgen. Zunächst hatte die PLO den Fall des Schah als einen Sieg auch der Palästinenser gegen Israel gefeiert, in Übereinstimmung mit den schiitischen Revolutionären. Mit dem Anwachsen von Spannungen zwischen der neuen islamischen Republik und ihren arabischen Nachbarstaaten wuchs allerdings auch das Dilemma der PLO, die einerseits von den reichen Erdölländern am Golf finanzielle Unterstützung erfuhr, andererseits bei einer allzu engen Zusammenarbeit mit Iran in den Verdacht geriet, am Export der iranischen Revolution in die Golfstaaten beteiligt zu sein.

Zum andern vermochte die PLO nicht mit einer Stimme zu reden, da antiirakische Teile der Palästinenser-Organisation offen mit Iran sympathisierten. Als im Mai 1982 bekannt wurde, daß Israel in begrenztem Umfang Waffen an Iran geliefert hatte,[21] begann die PLO offiziell eine Position der Neutralität einzunehmen. Die Palästinenser-Organisation war am stärksten von den negativen Auswirkungen des Konflikts innerhalb der arabischen Welt betroffen. Zum einen absorbierte der irakisch-iranische Konflikt politisches, diplomatisches, finanzielles und militärisches Potential, das die PLO für ihre eigenen Ziele beanspruchte. Zum andern kam die starke Polarisierung innerhalb der arabischen Welt nicht zuletzt infolge des irakisch-iranischen Konflikts im Juni 1982 Israel beim Einmarsch nach Libanon zugute. Israel gelang es, die PLO aus Beirut und Süd-Libanon zu vertreiben, ohne daß die arabischen Staaten hiergegen etwas gemeinsam unternahmen.

Der Irak erhielt Unterstützung vor allem von den arabischen Golfstaaten,[22] Jordanien und Nordjemen. Während sich die Unterstützung der arabischen Golfstaaten für den Irak aus ihrer direkten Bedrohung durch die islamische Revolution in Iran erklärte, unterstützten Jordanien und Nordjemen den Irak, weil sie ihre Sicherheit langfristig von einer Verbreitung der islamischen Revolution in der arabischen Welt bedroht sahen. Die Haltung der einzelnen arabischen Golfstaaten im irakisch-iranischen Krieg war durchaus nicht einheitlich wegen ihrer jeweiligen Interessenlage und ihrer traditionellen Beziehungen zu einer der beiden Konfliktparteien.[23]

Saudi-Arabien war seit Beginn der islamischen Revolution in Iran besorgt, Teheran werde den Führungsanspruch Saudi-Arabiens in der islamischen Welt beanspruchen. Darüber hinaus befürchtete man in Riad, die sozialen und ordnungspolitischen Ideen der islamischen Revolution, die in Iran zur Beseitigung der Monarchie geführt hatten, könnten auch in Saudi-Arabien Fuß fassen. Katar teilte die Befürchtungen Saudi-Arabiens. Kuwait war das von allen arabischen Golfstaaten am meisten gefährdete Land. Es lag nicht nur geographisch den beiden kriegführenden Parteien am nächsten, sondern es stellte auch seine Transportrouten und -einrichtungen für den irakischen Nachschub zur Verfügung. Zudem stand Kuwait auch in der Bewertung der Rolle des Islam dem Irak näher als Iran. Bereits seit geraumer Zeit hatte Kuwait eher ein säkulares als ein islamisches Selbstverständnis angestrebt. Die Vereinigten Arabischen Emirate (VAE) verfügten im Gegensatz zu den anderen arabischen Golfstaaten über historische und wirtschaftliche Verbindungen mit Iran. Sie wirkten im Rahmen der Golfpolitik immer wieder auf ihre arabischen Nachbarn ein, die islamische Republik Iran trotz aller Drohungen

---

[21] Dies wurde erstmals offiziell vom israelischen Verteidigungsminister Ariel Scharon am 27. 5. 1982 bekanntgegeben. Vgl. *Jerusalem Post*, 30. 5.–5. 6. 1982.

[22] Vgl. hierzu das Unterkapitel „Die Entwicklungen in der Golfregion" in diesem Beitrag.

[23] Vgl. John Duke *Anthony*, Regional and Worldwide Implications of the Gulf War, in: M. S. *El Azhary* (Hrsg.), The Iran-Iraq War. An Historical, Economic and Political Analysis, London, Canberra 1984, S. 112–118.

mit dem Export der Revolution als regionalen Machtfaktor nicht aufzugeben.

Von den arabischen Golfstaaten war Bahrain am stärksten direkt bedroht. Mehr als die Hälfte des Inselstaates bekannte sich zur schiitischen Richtung im Islam. Darüber hinaus hatte Iran über Jahrhunderte hinweg einen Anspruch auf Bahrain erhoben: 1957 wurde die Insel zur 14. Provinz Irans erklärt. Dieses Gesetz wurde erst im Mai 1970 aufgehoben, als der Schah den arabischen Golfstaaten Konzessionen machte, um die konservativen arabischen Golfstaaten nach dem Rückzug der Briten aus dem Golf zu einer sicherheitspolitischen Zusammenarbeit mit Iran zu bewegen. Nach dem Sieg der islamischen Revolution in Iran wurden wiederholt Bemerkungen von Mitgliedern der Revolutionsführung bekannt, die sowohl die Unabhängigkeit Bahrains anzweifelten als auch den iranischen Anspruch auf die Insel erneut aufleben ließen.[24]

Oman war von allen arabischen Golfstaaten der einzige Staat, der keine Ausstrahlung der islamischen Revolution in Iran auf eine eigene schiitische Bevölkerungsgruppe befürchten mußte, da der Anteil der Schiiten an der einheimischen Bevölkerung des Landes äußerst gering ist. Die Bedrohungen für Oman waren eher strategischer Natur, denn in Maskat wurde befürchtet, daß die Sowjetunion im Zuge einer Verbesserung der sowjetisch-iranischen Beziehungen eine größere Rolle als zuvor in der Golfpolitik spielen könnte. Insgesamt waren also die Interessenlage und die Perzeption der Bedrohung in den einzelnen arabischen Golfstaaten zu unterschiedlich, als daß sie eine gemeinsame, erfolgreiche Politik gegenüber den Konfliktparteien hätten ausüben und ihren Einfluß für einen Waffenstillstand geltend machen können.

Die Entwicklungen in der Golfregion

Wichtigste Folge des irakisch-iranischen Krieges war die Gründung des „Rates für Zusammenarbeit des arabischen Golfes" (GCC).[25] Die Idee eines regionalen Zusammenschlusses zur gemeinsamen Wahrung der Sicherheit geht zurück in die Zeit unmittelbar nach Ankündigung des britischen Rückzuges aus dem Golf im Jahre 1968. Damals hatte Iran versucht, unter seiner Führung eine Sicherheitsallianz aufzubauen. Die arabischen Golfstaaten lehnten dies aber vor allem aus zwei Gründen ab: Zum einen unterstützte Iran Israel, zum

---

[24] Vgl. entsprechende Äußerungen des iranischen Präsidenten Bani-Sadr in: *Arab News*, 24.3.1980 und Ayatollah Sadeq Ruhanis in: *Kuwait Times*, 19.6.1979.

[25] Vgl. hierzu Frauke *Heard-Bey*, Die arabischen Golfstaaten im Zeichen der islamischen Revolution. Innen-, außen- und sicherheitspolitische Zusammenarbeit im Golf-Rat (Arbeitspapier Nr. 25 des FI der DGAP), Bonn 1983; außerdem Rüdiger *Robert*, Der Golfkooperationsrat. Die arabischen Golfstaaten auf der Suche nach Sicherheit und Stabilität, in: *Orient*, 2/1983, S. 235–259.

andern waren die irakisch-iranischen Beziehungen wegen der Schatt-al-Arab-Frage und der iranischen Hilfeleistungen an die irakische kurdische Opposition stark belastet. Die arabischen Golfstaaten scheuten sich, eine offene sicherheitspolitische Allianz mit einem Land einzugehen, das in der arabischen Welt viele Gegner besaß.

Auch wenn es in den siebziger Jahren nicht zu einem formellen Sicherheitsbündnis in der Golfregion kam, so waren sich die arabischen Golfstaaten bewußt, daß ihre Sicherheit regional von Iran und zum geringeren Teil auch von Ägypten getragen wurde. Als Ägypten 1979 wegen der Unterzeichnung des ägyptisch–israelischen Friedensvertrages aus der arabischen Welt ausgeschlossen wurde und der Schah in Iran stürzte, wurde den Golfstaaten bewußt, daß sie eine neue Basis zur Wahrung ihrer äußeren und inneren Sicherheit benötigten. Aber die arabischen Golfstaaten Saudi-Arabien, Kuwait, Katar, Bahrain, die VAE und Oman lehnten es ab, eine Allianz einzugehen, in die auch der Irak eingebunden war. Die politischen und ideologischen Differenzen zwischen diesen sechs Staaten und dem Irak waren zu gravierend, als daß eine derartige Sicherheitsallianz erfolgreich hätte arbeiten können.

Als im September 1980 der Krieg zwischen dem Irak und Iran ausbrach, sahen die Sechs die Gelegenheit, eine intensivere Zusammenarbeit ohne den Irak zu institutionalisieren. Am Rande der dritten Gipfelkonferenz der islamischen Staaten im Januar 1981 in Taif in Saudi-Arabien trafen sie die grundsätzliche Entscheidung, mit ersten Vorbereitungen zu beginnen. Am 4. und 5. Februar 1981 beschloß eine Außenministerkonferenz der Sechs in Riad die Gründung des GCC; offiziell wurde der Golfrat von den sechs Staatsoberhäuptern am 25. und 26. Mai 1981 in Abu Dhabi gegründet. Zum Generalsekretär des Golfrates wurde Abdullah Yakub Bischara aus Kuwait gewählt. Die Staatschefs vereinbarten in Abu Dhabi folgende Ziele der Zusammenarbeit: Zusammenarbeit, Koordinierung und Integration der politischen Maßnahmen auf allen Gebieten; Verstärkung und Vertiefung der Beziehungen zwischen den Bevölkerungen der Sechs; Abbau der unterschiedlichen Verwaltungsstrukturen auf den Gebieten Finanzen, Handel, Zoll, Transport, Erziehung und Kultur, im Gesundheits- und Sozialsektor, Informationswesen, Tourismus und im Bereich der Justiz, und viertens die Förderung der Industrie, Land- und Seewirtschaft, Gründung wissenschaftlicher Forschungszentren, Förderung der privatwirtschaftlichen Kooperation.[26]

Iran reagierte mit Ablehnung auf die Gründung des Golfrates. Es warf den Sechs vor, den Irak im Krieg mit Iran zu unterstützen. Der Irak kritisierte ebenfalls den Zusammenschluß. Er sah in der Gründung des Golfrates eher eine Abkehr der Sechs vom Irak als eine zukünftige Quelle finanzieller und politischer Unterstützung.

---

[26] Vgl. Keesing's Contemporary Archives 1981, S. 30982.

Im Gründungsdokument vom 26. Mai 1981 wurde eine sicherheitspolitische Zusammenarbeit noch nicht erwähnt. Dies war unter anderem darauf zurückzuführen, daß darüber zwischen den einzelnen Mitgliedsländern, vor allem zwischen Kuwait und Oman, unüberbrückbare Gegensätze vorhanden waren. Während Oman eine sicherheitspolitische und militärische Anlehnung an die USA befürwortete, lehnte Kuwait jede militärische Zusammenarbeit mit den USA strikt ab. Als im Dezember 1981 in Bahrain ein Umsturzversuch aufgedeckt wurde, zu dem Iran mit logistischer Unterstützung beigetragen hatte, wurde den Sechs stärker als zuvor bewußt, daß sie zumindest im Bereich der internen Sicherheit intensiver zusammenarbeiten mußten. Im Dezember 1981 und im Februar 1982 schloß Saudi-Arabien Sicherheitsabkommen mit Bahrain, Oman, Katar und den VAE ab, die unter anderem den Austausch von Informationen über „verdächtige Personen" vorsahen. Am 10. Oktober 1982 trafen sich erstmals die Verteidigungsminister des Golfrates und erörterten Fragen der militärischen Zusammenarbeit. Der Plan eines Aufbaus einer golfeigenen Schnellen Eingreiftruppe wurde verworfen, da Struktur, Ausrüstung und Bewaffnung der verschiedenen Armeen zu unterschiedlich waren: „Auf dem Papier stellten die kombinierten Streitkräfte der sechs Staaten nach Israel die zweitgrößte Militärmacht im Mittleren Osten dar. Sie hatten Ende 1981 etwa 133 000 Mann (etwa 52 000 in Saudi-Arabien) unter Waffen und verfügten über 287 Militärflugzeuge."[27] In der politischen Wirklichkeit des Nahen und Mittleren Ostens stellte der Golfrat in den Jahren 1981/82 jedoch keinen militärischen Machtfaktor dar.

INTERNATIONALE WIRKUNGEN DES KONFLIKTS

Daß sich der irakisch-iranische Konflikt in den Jahren 1981/82 nicht zu einem „Golfkrieg" ausweitete, ist vor allem auf die Tatsache zurückzuführen, daß der Einfluß der Großmächte begrenzt blieb. Die Auseinandersetzungen ließen sich nicht in den Ost-West-Konflikt einordnen, und beide Kriegsparteien wahrten mehr oder weniger gleiche Distanz zu den Supermächten. Die USA bemühten sich zu Beginn des Konflikts um eine Begrenzung des Krieges auf Iran und den Irak. Irakischen Wünschen an Oman, Militäreinrichtungen benutzen zu dürfen, traten die USA entgegen und machten ihren Einfluß in Maskat dagegen geltend. Zusätzlich entsandten die USA vier AWACS-Flugzeuge nach Saudi-Arabien, um ein eventuelles Übergreifen auf die gesamte Golfregion rechtzeitig zu erkennen. Die iranisch-amerikanischen Beziehungen waren wegen der Geiselaffäre derart belastet, daß eine Mittlerrolle für die USA nicht denkbar war. Da Iran für die USA allerdings nach wie vor die strategisch

---

[27] *Heard-Bey*, a.a.O. (Anm. 24), S. 193.

bedeutendere Lage besaß, waren sie bemüht, ihre Beziehungen zum Irak zwar zu verbessern, aber nicht so weit, daß Iran sich gefährdet fühlen konnte.

Die Sowjetunion, die 1972 mit dem Irak einen Freundschaftsvertrag geschlossen hatte, begann schon bald nach Ausbruch der islamischen Revolution mit dem Versuch, ihre Beziehungen mit Teheran zu verbessern. Die schlechten Beziehungen der USA mit Iran stellten für die Sowjetunion eine Verbesserung ihrer Lage im Ost-West-Konflikt dar. Ihr Ziel war es, eine Rückkehr der USA nach Iran zu verhindern und nach Möglichkeit einen eigenen Einfluß in Iran aufzubauen. Moskau befürchtete nämlich ein Überspringen des revolutionären Islam auf die muslimischen Bevölkerungs- und Nationalitätengruppen entlang der iranisch-sowjetischen Grenze. Deshalb verurteilte sie den Ausbruch des irakisch-iranischen Krieges, da er ihrem Ziel nicht dienlich war. In den Jahren 1981/82 versuchte sie, Iran auch durch Rüstungshilfe an sich zu binden.[28] Dies brachte die Gefahr mit sich, daß Moskau seinen Einfluß in Bagdad verlieren und zu einer Umorientierung des Irak zugunsten der USA beitragen könnte. Aber aufgrund der hohen Abhängigkeit des Irak von der Sowjetunion (der Irak war zu 85 Prozent von sowjetischen Waffenlieferungen abhängig) glaubte Moskau, offen mit Iran sympathisieren zu können, ohne gleichzeitig den Einfluß im Irak zu verlieren. Iran war allerdings nicht bereit, der Sowjetunion größere Einwirkungsmöglichkeiten zu gewähren. Die Rolle und der Einfluß der Großmächte blieben begrenzt, so daß der Konflikt weitgehend regionalen Charakter behielt.

[28] Vgl. hierzu Aryeh Y. *Yodfat*, The Soviet Union and Revolutionary Iran, London, Canberra 1984, S. 97 ff.

V

LATEINAMERIKANISCHE KRISEN

DIE ZENTRALAMERIKANISCHE KRISE ALS PROBLEM WESTLICHER AUSSENPOLITIK

Von Heinrich-W. Krumwiede

Seit Amtsantritt der Reagan-Administration am 20. Januar 1981 wurde innerhalb des westlichen Lagers, in Lateinamerika, Westeuropa und nicht zuletzt den USA selbst, zunehmend strittig, wie man auf die „Krise", d. h. die sozialrevolutionäre Herausforderung in Zentralamerika reagieren solle.[1] Die Kontroverse bezog sich vornehmlich auf zwei Länder: El Salvador, in dem die Linksfront FDR/FMLN (Frente Democrático Revolucionario/Frente Farabundo Martí de Liberación Nacional) seit 1980 das bestehende Regime im Bürgerkrieg bekämpfte, und Nicaragua, in dem der FSLN (Frente Sandinista de Liberación Nacional) nach dem revolutionären Sturz der Somoza-Diktatur (Juli 1979) ein linksorientiertes Regime errichtet hatte. Guatemala, das sich zwar in einer vorrevolutionären Situation befand, in dem die sozialrevolutionäre Bewegung aber noch zu schwach war, um das Regime in ernsthafte Gefahr zu bringen, war im weitaus geringeren Maße Gegenstand politischer Strategiedebatten. Costa Rica, Honduras und Panama, die zentralamerikanischen Länder, in denen sich bisher keine sozialrevolutionären Massenbewegungen entwickelt hatten, erhielten in dieser Grundsatzdebatte insofern eine Bedeutung, als man ihre potentielle sozialrevolutionäre Anfälligkeit diskutierte.

---

[1] Zur Vorgeschichte vgl. Wolf *Grabendorff*, Repression und Revolution in Zentralamerika, in: IP 1979/80, S. 291–317.

Konsens herrschte im westlichen Lager darüber, daß man in Zentralamerika sowjetische Einflußversuche eindämmen, die Etablierung kommunistischer Regime kubanischen Zuschnitts verhindern und demokratische Bewegungen und Regime unterstützen müsse. Umstritten war und blieb aber, mit welcher Strategie einer potentiellen „kommunistischen Gefahr" wirksam begegnet werden konnte: mit einer Strategie, die mit militärischen und anderen Mitteln auf eine Niederwerfung der sozialrevolutionären Linken abzielte, oder mit einer Strategie, die über politische Arrangements mit der sozialrevolutionären Linken politische Mäßigung erreichen wollte? Insbesondere die Reagan-Administration machte sich für eine Niederwerfungsstrategie stark, während sich die Regierung Mexikos besonders prononciert für eine Arrangement- bzw. Verhandlungsstrategie einsetzte. Dissens bestand vor allem darüber, ob man die sozialrevolutionäre Herausforderung in Zentralamerika vornehmlich im Rahmen des Ost-West-Konflikts als kommunistische Herausforderung in einer neuen Region begreifen und dementsprechend behandeln müsse, oder ob es sich eher um eine den besonderen regionalen Gegebenheiten entsprechende Krisenerscheinung sui generis handelte, für die eigenständige Lösungen möglich wären.

ZENTRALAMERIKA ALS TESTFALL ANTIKOMMUNISTISCHER „WIEDERBEHAUPTUNG" DER USA

Die Zentralamerika-Politik der Reagan-Administration war als Bestandteil einer globalen außenpolitischen Konzeption der „Wiederbehauptung" (reassertionism) zu begreifen.[2] Charakteristikum dieses Konzepts war es, daß das gesamte Feld der internationalen Politik primär als (Wett-)Kampfstätte zwischen den beiden Supermächten USA und UdSSR um die Verteidigung und Erweiterung von Einflußzonen begriffen wurde. Dementsprechend wurden auch politische Vorgänge in der Dritten Welt vornehmlich in Kategorien des Ost-West-Konflikts gedeutet, so besonders betont in Zentralamerika. Erklärtes Ziel der „Wiederbehauptung" war es, weltweit dem kommunistischen Expansionsstreben durch die Politik militärischer Stärkung und, wo notwendig, militärischer Kampfbereitschaft Einhalt zu gebieten.

Zentralamerika schien sich in der Sicht der Reagan-Administration aus zwei Gründen für eine Demonstration des neuen amerikanischen antikommunisti-

[2] Zum Begriff vgl. Richard E. *Feinberg*, Central America. Options for U.S. Policy in the 1980s, in: Wolf *Grabendorff*, Heinrich-W. *Krumwiede*, Jörg *Todt* (Hrsg.) Political Change in Central America. Internal and External Dimensions, Boulder, Col. (in Vorbereitung). Die Grundlinien der neuen Außenpolitik wurden von Reagan nahestehenden Intellektuellen wie Jeane Kirkpatrick und Norman Podhoretz bereits 1979/80 formuliert. Als Publikationsorgane dienten vor allem die Zeitschriften *Commentary* und *Public Interests*.

schen Behauptungswillens besonders anzubieten:[3] Wenn sich zum einen die USA in Zentralamerika, ihrer traditionellen imperialen Einflußsphäre, ihrem „Hinterhof“, als unfähig erweisen sollten, der „kommunistischen Gefahr“ erfolgreich zu begegnen, dann würde ihre Glaubwürdigkeit als antikommunistische Supermacht weltweit schweren Schaden erleiden. Zum andern ging die Reagan-Administration von der optimistischen Lageeinschätzung aus, in Zentralamerika lasse sich die politische Situation in kurzer Zeit und ohne größere Kosten für die USA gegen die Sozialrevolution wenden.

Die Entwicklungen in El Salvador

Testfall der neuen Politik wurde El Salvador. Die Tatsache, daß der FDR/FMLN mit dem Versuch gescheitert war, noch vor dem Amtsantritt Reagans im Januar 1981 das Regime zu Fall zu bringen, und auch der in diesem Zusammenhang angekündigte „Volksaufstand“ weitgehend ausblieb, verleitete die Reagan-Administration zu dem Schluß, eine deutliche Steigerung der amerikanischen Militärhilfe für die salvadorianische Regierungsjunta sei ausreichend, um sie zu befähigen, den Bürgerkrieg in wenigen Monaten für sich zu entscheiden. Die Reagan-Administration hatte noch keine konkrete Strategie für Nicaragua formuliert, war aber gleichwohl zuversichtlich, daß es nach dem Sieg in El Salvador in einem zweiten Schritt gelingen werde, ohne größere Kosten, d. h. vor allem ohne direkte Militärintervention der USA, den Sturz des sandinistischen Regimes herbeizuführen.

Mit dem anfänglichen Optimismus läßt es sich zumindest teilweise erklären, daß die „kommunistische Gefahr“ in Zentralamerika von der Reagan-Administration in besonders dramatischen und düsteren Farben gezeichnet wurde:[4] Erstens wurden die revolutionären Prozesse in Zentralamerika als von außen, von der UdSSR und ihrem regionalen „Stellvertreterstaat“ Kuba gelenkte Prozesse dargestellt, als Erscheinungsformen „importierten Terroris-

[3] Zur Analyse der Zentralamerika-Politik Ronald Reagans vgl. Piero *Gleijeses*, Tilting at Windmills. Reagan in Central America (SAIS Occasional Papers in International Affairs), Washington, Bologna, April 1982; Laurence *Whitehead*, Explaining Washington's Central American Policies, in: *Journal of Latin American Studies*, Bd. 15, Teil 2/1983, S. 321–363; Paul E. *Sigmund*, Latin America. Change or Continuity, in: *FA*, America and the World 1981, Bd. 60, Nr. 3, 1982, S. 627–657; Alan *Riding*, The Central American Quagmire, in: *FA*, Bd. 61, Nr. 3, 1983, S. 641–659. Zur Dritte-Welt-Politik Reagans vgl. Franz *Nuscheler*, Reaganismus und Dritte Welt. Neue Rhetorik oder entwicklungspolitische Wende?, in: Jahrbuch Dritte Welt, Bd. 1, München 1983, S. 73–86.

[4] Vgl. Abraham F. *Lowenthal*, Central America. Those Linked Myths, in: *IHT*, 2.9.1981: „Der sowjetische Einfluß wird stark übertrieben, zweifellos deshalb, weil ‚sowjetischer Expansionismus‘ dort leichter zu stoppen ist, wo er nicht existiert, als dort, wo er im Vormarsch ist.“

mus" (Ronald Reagan).[5] In dieser Sichtweise galten der nicaraguanische FSLN, der salvadorianische FMLN und die guatemaltekische Guerilla als willige Handlungsgehilfen sowjetischen Expansionsstrebens. Zweitens wurde unterstellt, daß die UdSSR und Kuba im Verein mit den sozialrevolutionären Bewegungen Zentralamerikas die Errichtung weiterer „Kubas" in der Region anstrebten. Nicaragua betrachtete man als eine Art zweites Kuba im Embryonalzustand. Drittens wurde die These verfochten, der Sieg des Kommunismus in einem Land der Region werde einen Dominoeffekt bzw. eine Kettenreaktion erzeugen, die im Süden mindestens bis Panama und im Norden bis Mexiko reichen werde. Diesem düsteren Szenario entsprechend wurde viertens unter Hinweis auf die wirtschaftliche und vor allem strategische Bedeutung der Region behauptet, die dort sich formierende „kommunistische Herausforderung" bedrohe „vitale Interessen" der USA.[6] Der Kampf zentralamerikanischer Regime mit der Linken wurde dann fünftens in quasi manichäischer Manier als Kampf zwischen Demokratie und Totalitarismus interpretiert.[7]

1981 und 1982 konzentrierte sich die politische Aufmerksamkeit der Reagan-Administration innerhalb Zentralamerikas auf El Salvador.[8] Trotz umfangreicher amerikanischer Waffenlieferungen und militärischer Ausbil-

---

[5] Text of President's Address on Aid Program for the Caribbean, in: *NYT*, 25. 2. 1982. Zunächst verfocht die Administration eine „Drahtziehertheorie", die selbst die Entstehungsursachen von revolutionären Prozessen im kommunistischen Ausland und nicht in den sozio-ökonomischen und politischen Bedingungen der betreffenden Länder lokalisierte. Später modifizierte sie ihre Haltung, indem sie den „internationalen Kommunismus" beschuldigte, intern verursachte soziale Unzufriedenheit für eigene strategische Zwecke auszunutzen. Diese Interpretation findet sich z. B. in den zahlreichen Beiträgen von Assistant Secretary of State, Thomas O. *Enders*, in: *Dept. of State B.* (laufende Folgen im Berichtszeitraum).

[6] Ökonomisch war Zentralamerika für die USA von minimaler Bedeutung. Weniger als 2 % des amerikanischen Außenhandels wurden mit Zentralamerika abgewickelt und dort weniger als 2 % der amerikanischen Auslandsinvestitionen getätigt. Vgl. Robert A. *Pastor*, A Question of U.S. National Interests in Central America, in: *Grabendorff/Krumwiede/Todt* (Hrsg.), a.a.O. (Anm. 2). Immerhin passierten aber die Hälfte des Handels, zwei Drittel des importierten Erdöls und über die Hälfte der importierten strategischen Mineralien durch den Golf von Mexiko oder den Panama-Kanal. Zur strategischen Bedeutung der Gesamtregion vgl. Margaret Daly *Hayes*, United States Security Interests in Central America in Global Perspective, in: Richard E. *Feinberg* (Hrsg.), Central America. International Dimensions of the Crisis, New York, London 1982, S. 85–102.

[7] Vgl. z. B. die Reagan-Rede (Anm. 5).

[8] Im Februar 1981 publizierte das State Department ein White Paper über „Communist Interference in El Salvador", das sich allerdings als fehlerhaft erwies. Vgl. Warner *Poelchau* (Hrsg.), White Paper Whitewash, New York 1981; *Gleijeses*, a.a.O. (Anm. 3), S. 9.

dungsprogramme[9] zeigten sich die salvadorianischen Streitkräfte aber als unfähig, die linke Bürgerkriegsarmee entscheidend zu schwächen. Vielmehr gab es Anzeichen dafür, daß die militärische Stärke des FDR/FMLN im Berichtszeitraum wuchs. Als Hauptursache dafür wurden von der Reagan-Administration Waffenlieferungen verantwortlich gemacht, die von Kuba aus über Nicaragua an den FDR/FMLN erfolgten.

Einflußnahme über Nicaragua und Honduras

Es scheint, daß die Reagan-Administration mit ihrer konkreten Politik gegenüber Nicaragua und anderen zentralamerikanischen Ländern primär das Ziel verfolgte, auf Umwegen die militärische Entwicklung in El Salvador zu beeinflussen. Prinzipiell war die Reagan-Administration an einer Isolierung und Destabilisierung des als „marxistisch" eingeschätzten sandinistischen Regimes interessiert. Sie stellte daher gleich nach ihrem Amtsantritt die Wirtschaftshilfe für Nicaragua ein. Gleichwohl offerierte sie der sandinistischen Regierung im August 1981 ein Friedensabkommen, welches dem Vernehmen nach die Anerkennung des machtpolitischen Status quo in Nicaragua und amerikanische Wirtschaftshilfe in Aussicht stellte, falls die Sandinisten auf eine Kooperation mit Kuba und die Unterstützung des salvadorianischen FDR/FMLN verzichteten.[10] Da diese Offerte ohne Ergebnis blieb, wurde die CIA im November 1981 ermächtigt, mit zunächst 19,5 Millionen Dollar den Aufbau und die Aktivitäten antisandinistischer exilnicara-

---

[9] An El Salvador und die anderen zentralamerikanischen Länder ging Militärhilfe (MH) und Wirtschaftshilfe (WH) im folgenden Umfang (in Millionen Dollar):

	1981: MH	WH	1982: MH	WH
El Salvador	35,5	104,5	82,5	186,2
Costa Rica	0,04	13,3	2,06	50,7
Guatemala	–	16,7	–	13,5
Honduras	8,9	36,1	31,3	78,1
Nicaragua	–	59,6	–	6,2

Angaben nach *Whitehead*, a.a.O. (Anm. 3), S. 343. 1982 wurden ein salvadorianisches Bataillon (957 Mann) sowie 477 Offiziersanwärter in den USA trainiert. Vgl. die Angaben von Assistant Secretary of Defense, Nestor D. Sanchez, in: Presidential Certification on El Salvador, Bd. II: Hearings and Markup before the Committee on Foreign Affairs and its Subcommitee on Inter-American Affairs, House of Representatives, 97. Congress, Second Session on H. J. Res. 494, Washington, 2.6. und 22.6., 29.7., 3.8., 10.8. und 17. 8. 1982, S. 48 f. In El Salvador waren maximal 55 amerikanische Militärberater tätig.

[10] Vgl. *Gleijeses*, a.a.O. (Anm. 3), S. 15, *Whitehead*, a.a.O. (Anm. 3), S. 332, Arturo J. *Cruz*, Nicaragua's Imperiled Revolution, in: *FA*, Bd. 61, Nr. 5, 1983, S. 1041 f., *IHT*, 12./ 13. 12. 1981, S. 3.

guanischer paramilitärischer Gruppen zu unterstützen, die vor allem von Honduras aus operierten.[11] Auch über Honduras sollte Druck auf das sandinistische Regime ausgeübt werden. 1981 und vor allem 1982 wurde die amerikanische Militärhilfe für Honduras drastisch erhöht;[12] mit amerikanischen Geldern wurden Militärflughäfen ausgebaut und amerikanisch-honduranische Militärmanöver geplant. Einfälle exilnicaraguanischer paramilitärischer Gruppen von Honduras aus nach Nicaragua mehrten sich, und im Zusammenhang damit häuften sich Zusammenstöße zwischen nicaraguanischen und honduranischen Militäreinheiten.

In welchem Umfang von Kuba aus über Nicaragua Waffenlieferungen nach El Salvador erfolgten und ob sie tatsächlich den Hauptteil der Bewaffnung des FDR/FLMN ausmachten, blieb umstritten.[13] Grundsätzlich läßt sich aber sagen, daß mutmaßlich die schlechte Kampfmoral sowie die geringe Unterstützung in der Bevölkerung dafür verantwortlich waren, daß sich die salvadorianischen Streitkräfte militärisch nicht gegen die revolutionäre Bürgerkriegsarmee durchzusetzen vermochten. Eine militärische Lageanalyse mußte deshalb den Schluß nahelegen, nur mit Hilfe einer direkten Militärintervention der USA lasse sich in absehbarer Zeit der Bürgerkrieg gegen die Linke in El Salvador gewinnen.[14] Schwer zu beantworten schien auch die Frage, wie das militärisch starke und organisatorisch hochmobilisierte sandinistische Regime in Nicaragua anders als durch eine direkte Militärintervention der USA zu Fall gebracht werden könnte.[15] Eine Militärintervention allerdings wurde von der Reagan-Administration öffentlich zwar nicht prinzipiell ausgeschlossen, immer aber als unnötig bezeichnet.[16] Ernsthaft erwogen wurde sie anscheinend nicht. Gegen derartige Pläne sprach, daß der Widerstand gegen eine Militärintervention in Zentralamerika innerhalb der vom Vietnam-Trauma noch stark geprägten amerikanischen Bevölkerung, wie Umfragen belegten[17] und sich auch im Kongreß zeigte, weitverbreitet war. Gegner einer Militärintervention war auch das Pentagon, das durch einen unpopulären und politisch risikorei-

---

[11] Vgl. *Whitehead*, a.a.O. (Anm. 3), S. 332. Vgl. auch *Newsweek*, 8.9.1982 (über die amerikanischen Geheimdiensttätigkeiten gegen Nicaragua von Honduras aus).

[12] Vgl. Anm. 9.

[13] Vgl. *Whitehead*, a.a.O. (Anm. 3), S. 331 f., *Gleijeses*, a.a.O. (Anm. 3), S. 16; Wayne J. *Smith*, U. S. Central American Policy. The Worst-Alternative Syndrome, in: *SAIS-Review*, Nr. 3, 1983, S. 12 f.

[14] Vgl. zur Kostenkalkulation vor allem *Gleijeses*, a.a.O. (Anm. 3). Vgl. auch *ders.*, The Case for Power Sharing in El Salvador, in: *FA*, Bd. 61, Nr. 5, 1983, S. 1048–1063.

[15] Deshalb konnte man die CIA-Operationen gegen Nicaragua von Honduras aus als eine Art „Schweinebucht-Invasion im Zeitlupentempo" bezeichnen.

[16] Vgl. z. B. die Aussagen von Mitgliedern der Administration in: U.S. Policy in the Western Hemisphere. Hearings before the Committee on Foreign Relations, United States Senate, 97. Congress, 2nd Session, Washington, 1., 20., 27., 28. 4. und 4. und 26. 5. 1982, S. 53 und 96.

[17] Im Februar 1982 sprachen sich 89% der Befragten in einer Gallup-Umfrage gegen eine Intervention in El Salvador aus. Vgl. *Whitehead*, a.a.O. (Anm. 3), S. 338.

chen Kriegseinsatz in Zentralamerika die personelle Ausdünnung strategisch bedeutsamerer Regionen und Probleme bei der Bewilligung des Rüstungsprogramms befürchtete.[18]

Der Kongreß

Die Reagan-Administration versuchte, die gesamte revolutionäre Linke Zentralamerikas pauschal als „totalitär", „moskauhörig" etc. zu stigmatisieren. Dieses um Differenzierungen nicht bemühte Feindbild stieß auf einige Skepsis im Kongreß. Als problematisch erwies sich aber vor allem der Versuch der Administration, antikommunistische Bündnispartner in Zentralamerika als demokratische oder doch zumindest potentiell demokratische Kräfte positiv zu stilisieren. Im Gegensatz zu den Erwartungen der Administration blieben menschenrechtspolitische Erwägungen, wie sie für die Carter-Administration typisch waren, im Kongreß unverändert einflußreich. Wegen seiner flagrant die Menschenrechte verletzenden Politik konnte das antikommunistische Regime Guatemalas für eine Militärhilfe nicht in Betracht kommen und hielt sich auch die Wirtschaftshilfe für dieses Land in einem äußerst bescheidenen Rahmen.[19] Eher demokratischen Normen entsprach Honduras, in dem im November 1981 zum ersten Mal nach zehn Jahren ein ziviler Präsident, Roberto Suazo Córdova, nach freien Wahlen die Regierung übernahm. Zugleich wuchs aber im Kongreß die Besorgnis darüber, daß sich im Zeichen amerikanisch unterstützter Aufrüstung und einer aggressiven Politik gegenüber Nicaragua die Macht des honduranischen Militärs unter dem neuen zivilen Mantel noch ausdehnte und im verstärkten Umfang repressive Akte zu verzeichnen waren.[20]

Die Regierungsjunta aus Militärs und Christdemokraten, die El Salvador vom Beginn des Jahres 1980 bis zu den Wahlen zur verfassunggebenden Versammlung im März 1982 regierte, war verantwortlich für eine Politik intensiver Sozialreform und zugleich massiver Repression. Ende 1981 machte der Kongreß seine Zustimmung zur Fortsetzung der amerikanischen Hilfeleistungen für El Salvador davon abhängig, ob der Präsident periodisch nachweisen könne, daß das salvadorianische Regime Fortschritte in der Menschenrechtsfrage erzielt, Sozialreformen, vor allem die Agrarreform,

---

[18] Vgl. ebd., S. 346 f.

[19] Vgl. die Angaben in Anm. 9. Über die Versuche der Reagan-Administration, das Image Guatemalas aufzubessern und die Zusammenarbeit mit dem Regime zu intensivieren, vgl. z. B. *IHT*, 8.5.1981, S. 5; *IHT*, 20./21.6.1981, S. 1; *IHT*, 27.8.1981, S. 5; *IHT*, 26.8.1982, S. 3; *IHT*, 6.12.1982, S. 2.

[20] Vgl. Honduras and U.S. Policy. An Emerging Dilemma, Hearing before the Subcommittee on Inter-American Affairs of the Committee on Foreign Affairs, House of Representatives, 97. Congress, Second Session, Washington, 21.9.1982.

weiter vorangetrieben und sich um Verhandlungen mit dem Gegner über die Abhaltung von Wahlen und die friedliche Beilegung des Bürgerkrieges bemüht habe.[21] Ein Arrangement mit der Linken, d.h. Verhandlungen mit dem FDR/FMLN über eine politische Machtbeteiligung, um auf diese Weise ein Ende des Bürgerkrieges zu erreichen, wurde von der Reagan-Administration beharrlich abgelehnt.[22]

Als „politische Lösung" förderte und pries man dagegen die Wahlen zur verfassunggebenden Versammlung, an denen sich, wie vorauszusehen war, die Linke nicht beteiligte. Auch unter der neuen zivilen Regierung El Salvadors kam es nach den Wahlen nicht zu einer nennenswerten Verbesserung in der Menschenrechtssituation, die Agrarreformmaßnahmen verlangsamten sich, wenn es nicht gar zu ihrem Stillstand kam.[23] Vereinzelt wurde im amerikanischen Kongreß auch bezweifelt, daß das Wahlergebnis als überzeugendes Indiz für einen schwachen Rückhalt der Linken in der Bevölkerung interpretiert werden könnte. Vor allem aber verbesserte sich die militärische Situation keineswegs zugunsten des Regimes. Die Streit- und Sicherheitskräfte blieben die dominierende politische Kraft im Lande. Von der Fortsetzung der Hilfe an El Salvador ließ sich eine Mehrheit des Kongresses, trotz aller Bedenken, nur mit dem pragmatischen Argument überzeugen, eine Einstellung der Hilfe impliziere den Sieg der Linken.[24] Im Dezember 1982 wurde im Kongreß das Boland-Amendment eingebracht. Es schrieb vor, daß Haushaltsmittel von der CIA oder dem Pentagon nicht dazu verwendet werden dürften, um die Regierung in Nicaragua zu stürzen oder militärische Auseinandersetzungen zwischen Nicaragua und Honduras zu provozieren.[25]

Die „Demokratische Gemeinschaft Zentralamerikas"

Als flankierende diplomatische Unterstützung zur Isolierung Nicaraguas und zur Aufwertung El Salvadors war die auf amerikanische Initiative im Januar 1982 gegründete „Demokratische Gemeinschaft Zentralamerikas" (Comunidad Democrática Centroamericana) gedacht, die aus Costa Rica,

---

21 Vgl. Presidential Certification on El Salvador, a.a.O. (Anm. 9).

22 Vgl. die Aussagen von Mitgliedern der Administration in: ebd.; in: U. S. Policy in the Western Hemisphere, a.a.O. (Anm. 16); in: U.S. Policy Options in El Salvador. Hearing and Markup before the Committee on Foreign Affairs and its Subcommittee on Inter-American Affairs. House of Representatives, 97. Congress, First Session on H. Con. Res. 197; H. Con. Res. 212, Washington 24.9., 5.11. and 19.11.1981.

23 Vgl. Presidential Certification on El Salvador, a.a.O. (Anm. 9); Washington Office on Latin America, Common Questions: El Salvador and Certification, Washington, Januar 1983.

24 Vgl. z. B. *IHT,* 5. 2. 1982, S. 1.

25 Aktivitäten, die tatsächlich oder angeblich diesen Zwecken nicht dienten, waren also statthaft. Vgl. *Whitehead,* a.a.O. (Anm. 3), S. 341.

Honduras und El Salvador bestand. Sie war als Rechtfertigungsrahmen für Verteilungskriterien des im März 1982 verkündeten Hilfsprogramms „Caribbean Basin Initiative" gedacht.[26] Innerhalb Zentralamerikas sollte El Salvador den Löwenanteil der Hilfe bekommen, Nicaragua dagegen von ihr ausgeschlossen bleiben. Angesichts der tiefen ökonomischen Krise in Zentralamerika und des enormen Hilfebedarfs der Länder waren die Maßnahmen (234 Millionen Dollar an direkter Hilfe für zentralamerikanische Länder und indirekte Hilfsmaßnahmen) bescheiden projektiert. Es war nicht zu erwarten, mit derart geringem ökonomischem Mitteleinsatz wirksam politische Prozesse in der Region steuern zu können. Auffällig an der Zentralamerika-Politik der Reagan-Administration war die ihrer Glaubwürdigkeit abträgliche Diskrepanz zwischen dem von ihr gezeichneten Bedrohungsszenario sowie ihren hochgesteckten Zielsetzungen auf der einen und den tatsächlichen Handlungen auf der anderen Seite.

ZENTRALAMERIKA ALS NEUE INTERESSENZONE FÜR KOMMUNISTISCHE STAATEN

Versuch der Einflußnahme durch die Sowjetunion

Mit dem Sieg der sandinistischen Revolution 1979 erhielt die UdSSR unverhofft die Möglichkeit, in einer neuen Region, im „Hinterhof" der USA, eine Politik zu betreiben, die darauf abzielte, amerikanischen Einfluß abzubauen und über befreundete Regime und Bewegungen Fuß zu fassen. Zu fragen war allerdings, ob es im Interesse der UdSSR und auch Kubas liegen konnte, in der Region die Errichtung „weiterer Kubas" anzustreben. Plausible Argumente sprachen dafür, aus ihrer Sicht zwar linken und antiamerikanischen, aber nicht orthodox kommunistischen Regimen den Vorzug zu geben. Denn derartige Regime würden weder die UdSSR noch Kuba mit hohen strategischen und finanziellen Kosten belasten.

Es schien, daß durch das *eine* Kuba die strategischen Interessen der UdSSR in dieser für sie peripheren Region weitgehend saturiert waren und „weitere Kubas" nur marginale zusätzliche Vorteile boten.[27] Als Ausgangsbasen für Offensivwaffen, die das Gebiet der USA erreichten, kamen „neue Kubas" so

---

[26] Vgl. dazu: Caribbean Basin Initiative. Hearings before the Committee on Foreign Relations, United States Senate, 97. Congress, Second Session, S. 2237: A Bill to Promote Economic Revitalization and Facilitate Expansion of Economic Opportunity in the Caribbean Basin Region, Washington, 25. 3. und 31. 3. 1982; Mechthild *Minkner*, Krisenherd Zentralamerika, in: Jahrbuch Dritte Welt, Bd. 1, München 1983, S. 150–169.

[27] Vgl. zum Gesamtkomplex *Pastor*, a.a.O. (Anm. 6).

wenig in Betracht wie Kuba selbst.[28] Die für die USA strategisch besonders wichtigen Seefahrtslinien der Region ließen sich am besten von Kuba aus blockieren. Solche Blockadeversuche waren aber ohnehin äußerst unwahrscheinlich, weil sie von den USA militärisch leicht zu unterbinden waren und ein direktes Kriegsrisiko für die UdSSR und Kuba beinhalteten. Dagegen leuchtet die Überlegung bzw. Befürchtung ein, der UdSSR sei daran gelegen, revolutionäre Prozesse in Zentralamerika auszunutzen und zu fördern, um amerikanische politische Aufmerksamkeit, finanzielle und militärische Ressourcen von strategisch zentralen Regionen auf einen Schauplatz von untergeordneter strategischer Bedeutung abzulenken.[29]

Die sowjetische Führung enttäuschte Hoffnungen der sandinistischen Regierung auf eine umfassende Finanzierung des revolutionären Experiments. Sie lieferte für Verteidigungszwecke geeignete Waffen und beschränkte sich auf die Einräumung zwar beachtlicher, gegenüber den tatsächlichen Hilfebedürfnissen des Landes aber gänzlich unzureichender Kredit- und Schenkungsleistungen. Nicaragua blieb ökonomisch weiter von westlichen Ländern abhängig und damit prinzipiell durch sie politisch beeinflußbar.[30]

Die These, die UdSSR setze die sozialrevolutionären Bewegungen Zentralamerikas für ihre eigenen Belange ein bzw. sei prinzipiell ohne weiteres dazu in der Lage, verkannte deren organisatorische und ideologische Heterogenität und überschätzte die Bedeutung eindeutig moskautreuer Gruppierungen.[31] Nur wenn man „Marxismus" (zu einem wie auch immer gearteten Marxismus bekannten sich die meisten linken Gruppierungen Zentralamerikas, vor allem die Guerillaverbände) mit „Sowjethörigkeit" gleichsetzte, konnte diese „Instrumentalisierungsthese" Glaubwürdigkeit für sich beanspruchen.[32]

---

[28] Seit der Raketenkrise von 1962 gab es Abkommen der USA mit der UdSSR, die die Aufstellung von russischen Offensivwaffen auf Kuba untersagten (1962: Mittelstreckenraketen; 1970: Basen für nukleare Unterseeboote). Vgl. William M. *LeoGrande*, Cuba Policy Recycled, in: *FP*, Nr. 46, 1982, S. 112.

[29] Vgl. in diesem Zusammenhang den Aufsatz von Bruce R. *MacColm*, Central America and the Caribbean. The Larger Scenario, in: *Strategic Review*, Bd. 11, Nr. 3, 1983, S. 28–42, der ein düsteres Bedrohungszenario zeichnet. Abgewogener ist Jiři *Valenta*, Soviet and Cuban Responses to New Opportunities in Central America, in: *Feinberg* (Hrsg.), a.a.O. (Anm. 6), S. 127–159.

[30] Nicaragua bezog 1982 nur 11,5 % seiner Importe aus COMECON-Ländern und setzte 6,2 % seiner Exporte in sie ab. Der Anteil der COMECON-Staaten an der gesamten Auslandshilfe für Nicaragua belief sich 1981 auf unter 20 %. 1982 stieg er, u a. weil die Wirtschaftshilfe westlicher Länder abnahm und die Gesamthilfe im Vergleich zum Vorjahr zurückging, auf etwa 40 % an. Vgl. dazu: Nicaragua. Wirtschaftliche Entwicklung 1982, Bundesstelle für Außenhandelsinformationen (Marktinformationen), September 1983.

[31] Vgl. hierzu besonders Henrik *Bischof*, The Socialist Countries and Central American Revolutions, in: *Grabendorff/Krumwiede/Todt* (Hrsg.), a.a.O. (Anm. 2).

[32] Michael H. *Erisman*, Colossus Challenged. U.S.-Caribbean Policy in the 1980's, in: Michael H. *Erisman* and John D. *Martz* (Hrsg.), Colossus Challenged. The Struggle for Caribbean Influence, Boulder, Col. 1982, S. 29 ff. kritisiert diese Annahme. Zur Heterogenität der Linken vgl. die Aussagen des Lateinamerika-Experten Robert S. Leiken vor Untersuchungsausschüssen: U.S.

Der Einfluß Kubas

Wesentlich stärker als der Einfluß der UdSSR war der Einfluß Kubas auf die zentralamerikanische revolutionäre Linke. Die kubanische KP hatte den Kontakt zu zentralamerikanischen Guerillaverbänden nie abreißen lassen, bescheidene materielle Unterstützung und Ausbildungshilfe geleistet und Exilierten Asyl geboten.[33] Nach dem Sturz des Somoza-Regimes engagierte sich Kuba stark in Nicaragua mit umfangreicher Wirtschaftshilfe und der Entsendung mehrerer tausend Berater und Entwicklungshelfer. Auf besondere Kritik der Reagan-Administration stießen verständlicherweise die circa 2000 Militärberater, die Kuba gestellt haben soll, sowie die Staatssicherheitsexperten aus anderen Ostblockstaaten.

In welchem Umfang Kuba über Nicaragua Waffen an den salvadorianischen FDR/FMLN lieferte, ist ebenso strittig geblieben wie die Frage, inwieweit Kuba in Zentralamerika als „Stellvertreterstaat" der UdSSR agiert habe.[34] Kuba setzte zunächst auf einen Sieg des FDR/FMLN in der „Endoffensive" vom Januar 1981. Nach deren Scheitern trat Kuba, dem Anschein nach von der Unmöglichkeit eines militärischen Siegs des FDR/FMLN überzeugt, für eine Verhandlungslösung in El Salvador ein und unterstützte die einschlägigen mexikanischen Initiativen.[35] Präsident Fidel Castro warnte die Sandinisten vor einem übertriebenen Konfrontationskurs mit Washington und einem radikalen politischen, von den ursprünglichen Zielen der Revolution stark abweichenden Kurs. Kuba scheint also gegenüber der revolutionären zentralamerikanischen Linken eher als Advokat der Mäßigung aufgetreten zu sein. Die Errichtung „neuer Kubas" mußte wohl in kubanischer Sicht die mit umfangreicher Wirtschafts- und Militärhilfe belohnte Monopolposition als sowjetischer Klientelstaat in der Region gefährden.

Policy in the Western Hemisphere, a.a.O. (Anm. 16), S. 24 ff., U.S. Policy Options in El Salvador, a.a.O. (Anm. 22), S. 96 ff.

[33] Vgl. zum folgenden vor allem Carla *Robbins*, Cuba's Central American Policy, in: *Grabendorff/Krumwiede/Todt*, a.a.O. (Anm. 2).

[34] Vgl. neben *Robbins*, ebd., auch W. Raymond *Duncan*, Cuba in the Caribbean and Central America. Limits to Influence, in: *Erisman/Martz* (Hrsg.), a.a.O. (Anm. 32), S. 83–119.

[35] W. Raymond *Duncan*, Cuba, in: Robert *Wesson* (Hrsg.), Yearbook on International Communist Affairs 1983, Stanford 1983, S. 83.

DIE POLITISCHE UND WIRTSCHAFTLICHE ENTWICKLUNG IN ZENTRALAMERIKA[36]

Seit 1980 begann sich eine tiefgreifende ökonomische Krise in Zentralamerika abzuzeichnen, von der 1981/82 nur Panama ausgenommen war.[37] Sie äußerte sich in Schrumpfungen des Sozialprodukts, der Zunahme der ohnehin chronischen Arbeitslosigkeit und Unterbeschäftigung, wachsender Inflation sowie einer drastischen Ausweitung der Auslandsverschuldung. Ihre Ursachen waren nicht nur konjunktureller, sondern auch struktureller Natur. Der Preisverfall für die wichtigsten Exportprodukte Zentralamerikas wurde von Preissteigerungen für Importgüter, insbesondere des Erdöls, begleitet. Außerdem zeigte sich, daß die importsubstituierende Industrialisierung, die als Wachstumsmotor gedient hatte, an ihre Expansionsgrenzen gestoßen war. Damit verschärften sich sozio-ökonomische Rahmenbedingungen, die politische Polarisierungen generell begünstigten.

Honduras – obwohl mittelfristig ein potentieller Kandidat für revolutionäre Erschütterungen – blieb im Berichtszeitraum politisch stabil. Mehr als 90 Prozent der Stimmen gingen bei den Präsidentschafts- und Kongreßwahlen vom November 1981 an die beiden Traditionsparteien, und die neu entstandenen Guerillagruppen schienen ohne jeden Massenanhang zu sein. In Nicaragua mußten die Sandinisten Erwartungen auf eine Steigerung des Lebensstandards, wie sie gerade von unterprivilegierten Bevölkerungsschichten an das revolutionäre Regime gerichtet wurden, enttäuschen. Der Versuch, die Revolution durch ökonomische und soziale Leistungen zu legitimieren, stieß auf schwere Probleme. Panama und Costa Rica konnten wegen ihres im zentralamerikanischen Vergleich relativ hohen Lebensstandards, ihrer repressionsfreien politischen Systeme und (vor allem in Costa Rica) wegen der gleichmäßigeren Verteilung von Lebenschancen auch mittelfristig nicht als revolutionsanfällig gelten.[38] In Costa Rica siegte in den Wahlen im Februar

[36] Als Überblick über die politische Entwicklung in den zentralamerikanischen Ländern vgl. Dieter *Boris* und Renate *Rausch* (Hrsg.), Zentralamerika, Köln 1983, sowie Thomas P. *Anderson*, Politics in Central America. Guatemala, El Salvador, Honduras and Nicaragua, New York 1982.

[37] Zu einer Analyse der ökonomischen Krise vgl. *Minkner*, a.a.O. (Anm. 26). Vgl. auch die ökonomischen Analysen in Donald *Castillo* (Hrsg.), Centroamérica. Más allá de la crisis, Mexico 1983. Ausführliche Informationen enthält *Inforpress*, Centro América 1982, Guatemala 1983. Einige Zahlenangaben finden sich in CEPAL, Balance preliminar de la economía latinoamericana en 1983, in: *Notas sobre la economía y el desarollo de América Latina*, Nr. 387/388, Dez. 1983. Die prozentualen Wachstumsraten des Bruttoinlandprodukts pro Kopf betrugen für 1981 und 1982: Costa Rica: –7,2 %, –11,4 %; El Salvador: –11,9 %, –8,0 %; Guatemala: –2,1 %, –6,3 %; Honduras: –3,0 %, –4,0 %; Nicaragua: +5,3 %, –4,6 %; Panama: +2,0 %, +3,2 %.

[38] Zu sozio-ökonomischen Daten über die Länder vgl. die Weltentwicklungsberichte der Weltbank. Verteilungsraten für das Jahr 1978 enthält CEPAL, La probreza y la satisfacción de necesidades básicas en el istmo centroamericano, CEPAL/MEX./SEM. 4/12, Mexico 31. 3. 1981. Danach betrug der Prozentanteil der Armen an der Bevölkerung im Jahre 1978: Costa Rica:

1982, wie erwartet, die sozialdemokratisch orientierte Oppositionspartei PLN.

Innerhalb Zentralamerikas sah sich Nicaragua zunehmend isoliert. Zu den „natürlichen" Gegnern des sandinistischen Nicaraguas, El Salvador und Guatemala, gesellte sich Honduras. Zwischen den Militärs der drei Länder, insbesondere aber denen von El Salvador und Honduras, entwickelte sich eine intensive Zusammenarbeit in den Grenzgebieten. Ihr Hauptziel war es zu verhindern, daß ausländisches Terrain von der salvadorianischen Linken als Ausweich- und Aufmarschgebiet benutzt werden konnte. Die Regierung Costa Ricas, des einzigen zentralamerikanischen Landes ohne Streitkräfte und mit einer genuinen Demokratie, wollte sich nach Möglichkeit aus den Konflikten heraushalten. Sie nahm aber öffentlich eine zunehmend kritische Haltung gegenüber dem sandinistischen Regime ein, ließ sich von der Reagan-Administration für die „Comunidad Democrática Centroamericana"-Initiative gewinnen und unterband nicht den Aufbau paramilitärischer exilnicaraguanischer Oppositionsgruppen an der Grenze zu Nicaragua. Eine Sonderrolle spielte die Regierung Panamas, auch nach dem Tode ihres Caudillo Omar Torrijos im Juli 1981.[39] Sie identifizierte sich weitgehend mit der mexikanischen Position. Beachtung verdiente, daß gerade die Regierungen der beiden Länder, die von der Reagan-Administration als wichtigste Kandidaten kommunistischer Dominoeffekte bezeichnet wurden (Panama wegen seines interozeanischen Kanals; Mexiko wegen seiner wirtschaftlichen und politischen Bedeutung als großer Anrainerstaat der USA), eben diese Dominotheorie nicht stützten.

Nicaragua

Behauptungen oder Befürchtungen, in Nicaragua werde schrittweise ein totalitärer kommunistischer Staat errichtet, mußten sich vor allem auf Spekulationen über vermutete mittel- und langfristige Zielsetzungen der sandinistischen Führung stützen.[40] In seiner Menschenrechtspolitik erreichte

---

24,5 %; El Salvador: 68,1 %; Guatemala: 79,0 %; Honduras: 60,9 %; Nicaragua: 63,7 %; Panama: 58,1 %. Auf die vielfältigen Faktoren, die das Wachstum und die Erfolgsaussichten sozialrevolutionärer Bewegungen in Zentralamerika beeinflussen, kann hier nicht eingegangen werden. Vgl. dazu Heinrich-W. *Krumwiede*, Regimes and Revolutions in Central America, in: *Grabendorff/Krumwiede/Todt* (Hrsg.), a.a.O. (Anm. 2).

[39] Vgl. dazu Marco A. *Gandásegui*, Una década decisiva en las relaciones de Panamá y Centroamérica, in: *Castillo* (Hrsg.), a.a.O. (Anm. 37), S. 357–383. Eine internationale Isolierung konnte Nicaragua allerdings vermeiden. So wurde Nicaragua gegen den Widerstand der USA von der UN-Vollversammlung im Oktober 1982 zum Mitglied des Sicherheitsrats gewählt.

[40] Zu einer Einschätzung der politischen Entwicklungstendenzen und -möglichkeiten Nicaraguas vgl. Heinrich-W. *Krumwiede*, Sandinist Democracy. Problems of Institutionalization, in: *Grabendorff/Krumwiede/Todt* (Hrsg.), a.a.O. (Anm. 2).

das sandinistische Regime nicht den Standard Costa Ricas und Panamas, hob sich aber immer noch vorteilhaft von dem El Salvadors und Guatemalas sowie partiell von dem in Honduras ab.[41]

Bereits vor dem Sturz Somozas hatte sich der FSLN zusammen mit der bürgerlichen antisomozistischen Opposition auf drei Grundprinzipien einer Neuordnung festgelegt: politischer Pluralismus, gemischtwirtschaftliche Ordnung und Blockfreiheit. Hoffnungen der nicaraguanischen bürgerlichen Opposition und des westlichen Auslands allerdings, mit oder auch gegen den FSLN lasse sich in Nicaragua eine parlamentarische Demokratie des costari-

---

[41] Das sandinistische Regime respektierte, im Gegensatz zu den Regimen der drei oben genannten Länder, das wichtigste Grundrecht, das Recht auf Leben. Gewaltlose politische Oppositionelle lebten in Nicaragua in einem Zustand der Rechtsunsicherheit; mehrere Hundert wurden in Haft (zumeist Kurzzeithaft) genommen. Sie waren aber nicht Verfolgung, Folter, Mord oder „Verschwinden" ausgesetzt. Vgl. als unparteiische Informationsquelle für die zentralamerikanischen Länder: Amnesty International, Jahresbericht 1982, Frankfurt 1982 und *ders.*, Jahresbericht 1983, Frankfurt 1983. Es ist auffällig, daß hier nur Verhaftungen von Miskito-Indios erwähnt werden, aber kein Hinweis auf etwaige Massaker erfolgt. In einem Bericht des Freedom House, der sich auf Aussagen antisandinistischer Indios berief, war von umfangreichen Massakern berichtet worden. Vgl. dazu: Human Rights in Nicaragua. Hearings before the Subcommittee on Western Hemisphere Affairs of the Committee on Foreign Relations, United States Senate, 97. Congress, 2nd Session, Washington, 25. 2. 1983 und 1. 3. 1983.

Für die UNO-Botschafterin der USA, Jeane J. Kirkpatrick, war dies Anlaß, Nicaragua den ersten Rang als „Menschenrechtsverletzer" in der Region zuzuerkennen, obwohl sich später diese Vorwürfe als unhaltbar erwiesen. Amnesty International schrieb im Jahresbericht 1983, S. 168, über El Salvador, „daß alle Abteilungen der Sicherheitskräfte, darunter paramilitärische zivile Verteidigungsgruppen unter Militärkontrolle und in Aufstandsbekämpfung neu ausgebildete Bataillone, an systematischen und weitverbreiteten Folterungen, Entführungen, Morden und Massenmorden an Männern, Frauen und Kindern beteiligt waren". Ähnliches wurde für Guatemala konstatiert. Robert White, ehemaliger Botschafter der USA in El Salvador, schätzte, daß rechter und linker Terror 1980 in El Salvador im Verhältnis von 4 zu 1 bzw. 5 zu 1 für Gewaltopfer verantwortlich war.

Nach Untersuchungsberichten der UN-Menschenrechtskommission wurden 1981 in El Salvador „Anschläge auf Personen und deren Freiheit und Sicherheit ‚in Mehrheit, aber nicht nur, von Mitgliedern des Staatsapparates und gewalttätigen Gruppen der extremen Rechten verübt'" (*NZZ*, 4. 12. 1982, S. 5). Für 1982 hieß es, „‚fast alle' politischen Morde gingen auf das Konto von Armee, Nationalgarde und Polizei" (*NZZ*, 13./14. 2. 1983, S. 2). Umstritten waren auch Zahlenangaben über politische Gewaltopfer. Der amerikanische Botschafter in El Salvador, Deane R. Hinton, nannte in einer aufsehenerregenden Rede im Oktober 1982 eine geschätzte Zahl von 30 000 politischen Gewaltopfern in den letzten drei Jahren (*IHT*, 6./7. 11. 1982).

Für Guatemala gab es unter Berufung auf unterschiedliche Quellen Berichte über extrem hohe Opferzahlen. Für 1981: 11 000 (*IHT*, 5./6. 12. 1982, S. 1, Berufung auf „religiöse Führer"). Für 1982: 15 000 bis 20 000 (*FR*, 30. 12. 1982, S. 2, Berufung auf „Council on Hemispheric Affairs"), 14 000 (*NZZ*, 16. 7. 1983, S. 5, Berufung auf Amnesty International). Ende März (Regierungsübernahme durch Ríos Montt) bis Jahresende 1982: 12 000 (*FAZ*, 31. 1. 1983, S. 1, Berufung auf guatemaltekische Menschenrechtskommission); 8 000 (*FR*, 2. 7. 1983, S. 2, ohne genaue Quellenangabe). Januar bis September 1982: 7 000 (*FR*, 9. 5. 1983, S. 13, Berufung auf Paz y Justicia-Kommission); Ende März bis Ende September 1982: 2 600 Indios und Bauern (*NZZ*, 14. 10. 1982, S. 3, Berufung auf Amnesty International).

censischen Typus durchsetzen, wurden enttäuscht. Die Abhaltung von Wahlen wurde auf 1985 vertagt. Der FSLN errichtete 1979/80 ein Regime, das weder totalitär noch genuin pluralistisch war.[42] Es beanspruchte für sich Kompetenzen, wie sie für Hegemonialparteienregime typisch sind. Nichtsandinistische Organisationen wie Parteien und Interessengruppen wurden zwar nicht verfolgt und unterdrückt, ihre Entfaltungs-, Mitwirkungs- und Kritikmöglichkeiten aber erheblich eingeschränkt.

1981/82 blieb dieses Regime in seinen Grundzügen erhalten. Wirtschaftspolitisch hielt der FSLN weiter an der Konzeption einer gemischtwirtschaftlichen Ordnung fest, enthielt sich größerer Verstaatlichungsmaßnahmen und praktizierte eine keineswegs radikale Agrarreform. Das wirtschaftliche Notstandsgesetz vom Mai 1981, das nicht nur Investitionsboykotts, sondern auch Streiks sowie Land- und Fabrikbesetzungen verbot und mit Strafe belegte, war eher unternehmerfreundlich als -feindlich. Öffentliche Bekenntnisse sandinistischer Führer zum Marxismus,[43] die Intensivierung der Zusammenarbeit mit kommunistischen Staaten, vor allem im militärischen und Sicherheitsbereich, das Ausbleiben jeglicher Kritik an der Unterdrückung der „Solidarität" in Polen, konnten als Indizien für Abweichungen von einem Kurs der Blockfreiheit gesehen werden. Im Zeichen zunehmender Aktivitäten antisandinistischer Guerillas von Honduras und Costa Rica aus, steigender Furcht vor dem Ausbrechen eines Kriegs mit Honduras (begleitet möglicherweise von einer Intervention der USA), erfolgte eine verstärkte militärische Aufrüstung. Sie diente offensichtlich Verteidigungs-, nicht Angriffsabsichten.[44] Im Grenzge-

---

[42] Analysen des sandinistischen Regimes finden sich in Heinrich-W. *Krumwiede*, Nicaragua, in: Peter *Waldmann* (Hrsg.), Politisches Lexikon Lateinamerika, 2. Aufl., München 1982, S. 224–238; Manfred *Wöhlcke*, Gegenwärtige Tendenzen des sozio-ökonomischen und politischen Wandels in Nicaragua. Sozialistisch nach innen, blockfrei nach außen?, Ebenhausen (SWP) 1982; Thomas W. *Walker* (Hrsg.), Nicaragua in Revolution, New York 1981; Wolfgang *Lutterbach*, Nicaragua, in: Dieter *Nohlen* und Franz *Nuscheler* (Hrsg.), Handbuch der Dritten Welt, Bd. 3, Hamburg 1982, S. 152–175; George *Black*, Triumph of the People. The Sandinist Revolution in Nicaragua, London 1981. Ähnlichkeiten und Unterschiede der kubanischen und nicaraguanischen Entwicklung in den ersten Revolutionsjahren arbeitet heraus: Fernando *López Alves*, Cuba and Nicaragua. A Comparative Perspective (Paper des Department of Political Science), University of California, Los Angeles 1983.

[43] Besonderes Aufsehen erregte in dieser Hinsicht die Rede von Verteidigungsminister Humberto *Ortega S.*, La principal tarea del pueblo es prepararse militarmente para defender su poder, Managua 1981. Nach der internationalen Kritik wurde eine „gereinigte" Fassung mit gleichem Titel veröffentlicht.

[44] Siehe dazu den informativen Bericht von Lt. Col. John H. *Buchanan*, in: Honduras and U.S. Policy. An Emerging Dilemma, a.a.O. (Anm. 20), S. 50ff., der die militärische Unfähigkeit Nicaraguas zum Angriffskrieg nachweist. Die Erfassung der Bevölkerung in Milizen konnte auch als Mittel innenpolitischer Kontrolle verstanden werden. Zahlenangaben über den Umfang der nicaraguanischen Streitkräfte waren strittig. Nach Thomas O. *Enders*, Revolution, Reform, and Reconciliation in Central America, in: *SAIS-Review*, Bd. 3, Nr. 2, 1983, S. 1, umfaßte die Sandinistische Volksarmee Ende 1982 20000 Soldaten, gestützt von Milizen und Reserven mit 80000 Angehörigen.

biet zu Honduras wurden Indianergemeinschaften der Stämme Miskito, Rama und Sumo zwangsumgesiedelt. Aus Protest gegen die Zwangsumsiedlung schlossen sich mehrere tausend Indianer antisandinistischen Kampfverbänden in Honduras an.

Mit der militärischen Bedrohung wurde auch die Ausrufung des Ausnahmezustandes im März 1981 gerechtfertigt, die unter anderem eine strikt gehandhabte Pressezensur zur Folge hatte. Das sandinistische Regime verlor einige wichtige kritische Freunde und viele ursprünglich kooperationsbereite Gegner. Ein nicht unbeträchtlicher Teil der Opposition verließ, überzeugt davon, daß das sandinistische Regime sich nicht gemäß ihren Zielsetzungen von innen transformieren lasse, das Land und beteiligte sich im Ausland am Aufbau ziviler und militärischer Gruppierungen, die den Sturz des sandinistischen Regimes beabsichtigten. Somit erhielt das Kontingent der sich bereits im Ausland, vor allem in Honduras, befindlichen Somozisten (darunter Tausende von ehemaligen Nationalgardisten) wichtige neue Verbündete mit antidiktatorischer, demokratischer Vergangenheit. So emigrierte die Führungsmannschaft der reformistischen Partei MDN mit Alfonso Robelo, einem ehemaligen Mitglied der Regierungsjunta, an der Spitze nach Costa Rica. Zusammen mit Edén Pastora, populärer Kriegsheld der sandinistischen Revolution, Comandante und ehemaliger Vizeminister der Verteidigung, sowie anderen Politikern gründete Robelo im September 1982 die Oppositionsfront ARDE.

El Salvador

Der Strategie militärischer Niederwerfung der Linken, wie sie von der Reagan-Administration unterstützt wurde, blieb in El Salvador der Erfolg versagt. Angesichts dieser Situation mußten Forderungen nach einer Beendigung des Bürgerkriegs auf dem Wege der Verhandlungen mit dem FDR/FMLN an Plausibilität gewinnen. Seit der gescheiterten „Endoffensive" im Januar 1981 sprach sich der FDR/FMLN öffentlich für eine Verhandlungslösung aus. Gegenstand der Verhandlungen sollte seine Beteiligung an der politischen Macht sein. Er lehnte Wahlen als Ersatzlösung für Verhandlungen stets ab, erklärte aber seine Bereitschaft zur Teilnahme an Wahlen, sobald man sich in Verhandlungen auf einen Modus der Machtteilung geeignet habe. Innerhalb des FMLN scheint es Widerstände gegen eine Verhandlungslösung gegeben zu haben.[45] Im Oktober 1982 kam es zu einer von allen Guerillaführern unterzeichneten Verhandlungsinitiative, in der keine Vorbedingungen für die Gegenseite aufgeführt wurden. Frühere Verhandlungsangebote hatten noch Vorbedingungen genannt. Für eine Verhandlungslösung sprach aus der

---

[45] Vgl. *Latin American Weekly Report,* Nr. 42, 29.10.1982, S. 1.

Sicht des FDR/FLMN vor allem, daß der militärisch vielleicht mögliche Sieg über die Streitkräfte die Gefahr einer Militärintervention der USA in El Salvador heraufbeschwören würde.

Präsident Napoleón Duarte und seine christdemokratische Partei schienen 1981 zeitweilig bereit zu sein, Verhandlungen mit dem FDR/FMLN aufzunehmen. Sie setzten dann auf die Wahlstrategie. In den Wahlen zur verfassunggebenden Versammlung am 28. März 1982 siegten die Rechtsparteien, wenn auch die christdemokratische Partei die relativ meisten Stimmen auf sich vereinigte. Ob diese Wahlen, an der sich die gesamte Linke nicht beteiligte, trotz der sehr hohen Wahlbeteiligung den Schluß zuließen, der FDR/FMLN sei ohne größeren Rückhalt in der Bevölkerung, blieb strittig.[46] Jedenfalls veränderten die Wahlen in keiner Weise die militärische Situation. Nur dem Drängen der Reagan-Administration und des salvadorianischen Militärs war es zu verdanken, daß die Rechtsparteien bereit waren, den parteilosen Zivilisten Alvaro Magaña als Präsidenten zu wählen und die christdemokratische Partei an der neuen Regierung zu beteiligen.[47]

Die Militärs setzten sich auch im Verein mit der Reagan-Administration dafür ein, daß es nicht zu einer Rücknahme der unter Duarte initiierten sozialen Reformpolitik kam, wie es die Rechtsparteien wollten. Ein nennenswerter Rückgang des Terrors gegenüber der Zivilbevölkerung war allerdings nicht zu verzeichnen, für den Militär, Polizei und die von ihnen tolerierten und zum Teil direkt unterstützten Todesschwadronen die Hauptverantwortung trugen. Mit jeweils Tausenden von politischen Terroropfern war das salvadorianische Regime 1982 wie 1981 eines der repressivsten Lateinamerikas. Amerikanischer Druck erwies sich als unzureichend und weitgehend wirkungslos.

Guatemala

Die These der Reagan-Administration, der Kampf gegen die revolutionäre Linke Zentralamerikas sei nicht nur ein Kampf gegen den Totalitarismus, sondern auch für die Demokratie, hatte sich schon im Fall El Salvadors als problematisch erwiesen. In noch stärkerem Maße galt dies für Guatemala. Das vom Militär beherrschte Regime Guatemals gehörte seit Mitte der sechziger

---

[46] Zu einer Interpretation der Wahlen mit Verweis auf die relevante Literatur vgl. Heinrich-W. *Krumwiede*, Zur innen- und außenpolitischen Bedeutung der Wahlen zur Verfassunggebenden Versammlung in El Salvador vom 28. 3. 1982, in: *Zeitschrift für Parlamentsfragen*, Heft 4, 1982, S. 541–548.

[47] Vgl. z. B. *IHT*, 19. 4. 1982, S. 13, *IHT*, 22. 4. 1982, S. 2. Der Vorsitzende der rechtsextremen ARENA, Roberto d'Aubuisson, vom ehemaligen amerikanischen Botschafter White der Urheberschaft des Mordes an Erzbischof Oscar A. Romero bezichtigt, wurde zum Parlamentspräsidenten gewählt.

Jahre zu den repressivsten Lateinamerikas.[48] Unter der Regierung des Generals Lucas García (1978–1982) wurde, Amnesty International zufolge, „politischer Mord zum Regierungsprogramm“ erhoben.[49] Es schien, als wolle das Regime der sozialrevolutionären Herausforderung durch einen Bürgerkrieg von oben begegnen und nicht nur die sozialrevolutionäre, sondern auch die sozialreformistische, demokratische Regimeopposition vorbeugend vernichten. Anders als in El Salvador setzte man nicht auf Repression und Sozialreform, sondern auf präventiven Terror. Nach gefälschten Wahlen im März 1982, aus denen der Kandidat des Generalstabs als Sieger hervorging, fand auf Initiative junger Offiziere im selben Monat ein Putsch statt. Innerhalb der neuen Militärjunta setzte sich General Ríos Montt als Präsident durch. Die anfänglich durch Versprechen und einige Taten geweckte Hoffnung, die Militärregierung werde mit der Praxis des Terrors brechen, erfüllte sich nicht. Offensichtlich gab es keine größere demokratische und sozialreformistisch orientierte Fraktion innerhalb des guatemaltekischen Militärs. Weitgehend verschont vom Terror blieben bis Ende 1982 Führer sozialreformistischer Parteien und Interessengruppen. Dafür wurde aber die Landbevölkerung in den von Guerilla infiltrierten Gebieten zum leidenden Objekt einer massiven Counter-Insurgency-Kampagne, die Tausende von Opfern, vor allem in Indio-Gemeinschaften, forderte.

DIE ZENTRALAMERIKA-POLITIK REGIONALER MITTELMÄCHTE

Auch die vier regionalen Mittelmächte, Mexiko, Venezuela, Kuba und Kolumbien, versuchten, auf die politische Entwicklung in Zentralamerika Einfluß zu nehmen. Auf Kuba wurde bereits eingegangen. Mexiko und Venezuela waren als Erdöllieferanten für die Region bedeutsam. Seit 1980 lieferten sie allen zentralamerikanischen Staaten Öl zu Vorzugsbedingungen. Demgegenüber blieb der kolumbianische Einfluß gering. Auch unterstützte die Regierung des liberalen Präsidenten Julio C. Turbay generell Positionen der Reagan-Administration, ohne eigene Akzente zu setzen.

[48] Vgl. Gabriel *Aguilera Peralta*, Jorge *Romero Imery* u.a., Dialéctica del terror en Guatemala, San José 1981. Zu einer Darstellung der politischen Strukturen der guatemaltekischen Fassadendemokratie vgl. Heinrich-W. *Krumwiede* und Peter *Waldmann*, Guatemala, in: *Waldmann* (Hrsg.), a.a.O. (Anm. 42), S. 137–150.

[49] Amnesty International, Guatemala. Politischer Mord als Regierungsprogramm, Bonn 1981.

Die Haltung Mexikos

In deutlicher Abgrenzung von der Reagan-Administration trat die Regierung Mexikos für eine Strategie des Arrangements mit der sozialrevolutionären Linken in Nicaragua und El Salvador ein.[50] Sie wandte sich gegen die These, die revolutionären Prozesse in Zentralamerika seien in einer Ost-West-Perspektive als Produkt eines „importierten (kommunistischen) Terrorismus" zu begreifen, der „vitale Interessen" der USA bedrohe und einen bis Mexiko reichenden Dominoeffekt erzeugen könne. Als Ursache der revolutionären Krise identifizierte sie vielmehr länderspezifische Faktoren (tiefgreifende soziale Ungerechtigkeit; reformfeindliche, repressive Regime). Sie schätzte den nicaraguanischen FSLN und den salvadorianischen FDR/FMLN als kompromißbereite Verhandlungspartner ein, nicht zuletzt deshalb, weil sie deren Marxismus nicht mit Kommunismus oder gar Sowjethörigkeit gleichsetzte. Die Politik der mexikanischen Regierung war darauf gerichtet, Verhandlungslösungen zu fördern, die prinzipiell für die USA wie für die zentralamerikanische revolutionäre Linke akzeptabel waren. Sie wollte Provokationen der Reagan-Administration vermeiden und kritisierte deren Zentralamerika-Politik als eine Art entschuldbares, der Korrektur bedürftiges „Mißverständnis". Einfluß auf den FSLN und den FDR/FMLN im Sinne einer Mäßigung radikaler Tendenzen erhoffte sich die mexikanische Regierung von einer Politik der Kooperation, der Einbindung. Eine wichtige Rolle in dieser Arrangement-Strategie war Kuba zugedacht, dessen Interessenlage Mexiko gänzlich anders einschätzte als die Reagan-Administration. Castro sollte gemäß dieser Konzeption radikale Gruppierungen innerhalb des FSLN und des FDR/FMLN auf einen Kurs des Kompromisses und der Mäßigung verpflichten.

Bereits im Frühjahr 1981 erkannte die mexikanische Regierung zusammen mit der französischen den FDR/FMLN als „repräsentative politische Kraft" in El Salvador an und forderte seitdem eine Verhandlungslösung, die auch den Grundinteressen des FDR/FMLN Rechnung tragen sollte. Die Wahlen zur verfassunggebenden Versammlung im März 1982 in El Salvador wurden als untaugliches Mittel zur Beendigung des Bürgerkriegs kritisiert. Nach Nicaragua flossen Kredite und Investitionssummen größeren Umfangs. Die Regierung wandte sich gegen Pläne zur Isolierung und Destabilisierung des sandinistischen Regimes, forderte aber gleichzeitig den FSLN auf, nicht von den ursprünglichen Zielen der Revolution abzurücken und auf eine in der

---

[50] Vgl. zum folgenden Bruce *Bagley*, Mexico in Central America. The Limits of Regional Power, in: *Grabendorff/Krumwiede/Todt* (Hrsg.), a.a.O. (Anm. 2); René *Herrera Zúñiga*, La politica exterior mexicana hacia Centroamérica, in: *Castillo* (Hrsg.), a.a.O. (Anm. 37), S. 331–344; *ders.* und Mario *Ojeda*, Mexican Foreign Policy and Central America, in: *Feinberg* (Hrsg.), a.a.O. (Anm. 6), S. 160–186.

Region als bedrohlich empfundene Forcierung der Militarisierung zu verzichten. Der FSLN sowie die Mitgliedspartei des FDR, der sozialdemokratische MNR (Movimiento Nacional Revolucionario), wurden als Vollmitglieder des von der mexikanischen Regierungspartei PRI (Partido Revolucionario Institucional) geschaffenen lateinamerikanischen Parteienbundes COPPAL[51] anerkannt. Beobachter hatten den Eindruck, daß die mexikanische Strategie implizit die antikommunistische Haltung der US-Administration als notwendiges Element zur Mäßigung der revolutionären Linken (etwa im Sinne „glaubwürdiger Abschreckung") einplante.

Die Politik Venezuelas

Die venezolanische Regierung des Christdemokraten Herrera Campíns wandte sich konstant gegen eine Politik der Isolierung Nicaraguas und lieferte zusammen mit Mexiko auch an Nicaragua Öl zu Vorzugskonditionen.[52] Bis zu den Märzwahlen 1982 in El Salvador unterstützte sie aber weitgehend die El-Salvador-Politik der Reagan-Administration. Zusammen mit der Regierung Kolumbiens initiierte sie Protestnoten lateinamerikanischer Länder gegen die mexikanisch-französische quasi-diplomatische Anerkennung des FDR/FMLN. Sie ergriff für die salvadorianische Regierungsjunta wohl nicht zuletzt deshalb Partei, weil der Christdemokrat Duarte als Präsident fungierte und sie auf einen Wahlsieg der Schwesterpartei setzte. Enttäuscht über den in ihrer Sicht unzureichenden Einsatz der Reagan-Administration für die christdemokratische Partei El Salvadors, in Anpassung an Wählerstimmungen und als Reaktion auf die amerikanische Haltung im Falkland-Krieg,[53] vollzog sie einen Kurswechsel und unterstützte zusammen mit Mexiko eine Verhandlungslösung für El Salvador und Friedensinitiativen zur Beilegung des honduranisch-nicaraguanischen Konflikts.

---

[51] Der PRI gründete die Ständige Konferenz Politischer Parteien Lateinamerikas (COPPAL) 1979; ihr gehören 26 Parteien, in der Mehrzahl sozialreformistische, aus 18 Ländern an. Die Beziehungen Mexikos mit Guatemala waren, schon wegen der Belize-Frage, gespannt. Im Falle Guatemalas vermied es aber die mexikanische Regierung, Position zum Konflikt zwischen dem Regime und der revolutionären Linken zu beziehen.

[52] Vgl. hierzu vor allem Demetrio *Boersner*, Venezuelan Policies towards Central America, in: *Grabendorff/Krumwiede/Todt* (Hrsg.), a.a.O. (Anm. 2).

[53] Vgl. hierzu auch den Beitrag von Michael *Ehrke* in diesem Band.

DER FALKLAND (MALWINEN)-KRIEG UND SEINE INTERNATIONALEN FOLGEN

Von Michael Ehrke

Am 2. April 1982 besetzten argentinische Truppen die zu Großbritannien gehörenden Falkland-Inseln (Malwinen).[1] Der Operation waren ein 150jähriger völkerrechtlicher Disput[2] und ein 13jähriger ergebnisloser bilateraler Verhandlungsprozeß vorausgegangen.

HINTERGRUND, VERLAUF UND ERGEBNISSE DES KRIEGES

Vorgeschichte des Konflikts

Die Falkland-Inseln (Malwinen) waren 1764 von dem französischen Forscher und Seefahrer Louis de Bougainville entdeckt und für Frankreich in Besitz genommen worden. 1765 landete dann unter der Führung John Byrons eine britische Expedition, die den Archipel im Namen Großbritanniens besetzte. Beide Expeditionen hatten offensichtlich voneinander keine Kenntnis. Der französische und der britische Anspruch standen im Widerspruch zu der im Vertrag von Tordesillas (1493) anerkannten Vorherrschaft Spaniens im südlichen Atlantik. Während sich Frankreich jeder Kontroverse entzog, indem es seine Ansprüche 1767 an Spanien verkaufte, zogen sich die Briten erst 1774 zurück, da die Kosten einer dauerhaften Okkupation nicht durch den Nutzen der Inseln gerechtfertigt schienen. Formell gab Großbritannien seinen Besitzanspruch auf die Inseln jedoch nie auf.

1820 waren die Falklands (Malwinen) von den „Vereinigten Provinzen des Rio de La Plata“, den Vorläufern der heutigen Republik Argentinien, in Besitz genommen worden. 1833 vertrieb ein britisches Expeditionskorps die wenigen argentinischen Siedler und nahm den Archipel wieder für Großbritannien in Besitz. Die Besetzung wurde ex post mit dem Argument gerechtfertigt, die „Vereinigten Provinzen“ seien als international nicht anerkannte politische Einheit nicht befugt gewesen, Rechtsakte mit internationaler Wirkung wie die Inbesitznahme der Falklands (Malwinen) zu vollziehen. Der britischen Interpretation zufolge besetzte das Expeditionskorps 1833 nicht argentinisches Territorium, sondern Niemandsland, das keinem rechtmäßigen Souverän

---

[1] Die Sprachregelung „Falklands (Malwinen)“ orientiert sich am offiziellen Sprachgebrauch der UNO.

[2] Vgl. hierzu besonders Albrecht *Randelzhofer*, Der Falkland-Konflikt und seine Bewertung nach geltendem Völkerrecht, in: *EA*, 22/1983, S. 685–694 sowie die dort angegebene weiterführende Literatur.

unterstand. Diese Interpretation ist freilich unstimmig: Da die „Vereinigten Provinzen“ als Rechtsnachfolger Spaniens auftraten, bedeutete ihre Nicht-Anerkennung, daß Großbritannien spanisches Territorium annektiert hatte. Die Annexion war zu jener Zeit ein völkerrechtlich gültiger Gebietserwerbstitel. Großbritannien stützte seine Ansprüche in der Folgezeit jedoch weniger auf die Rechtmäßigkeit der Annexion als auf die 150jährige effektive Souveränitätsausübung und Besiedlung der Inseln sowie auf das Selbstbestimmungsrecht der Falkländer. Für Argentinien dagegen blieb die Annexion von 1833 ein Rechtsbruch.

Die internationale Aufwertung der Falklands (Malwinen)

In der Debatte um die Falklands (Malwinen) prallten seither zwei entgegengesetzte völkerrechtliche Prinzipien aufeinander: Während sich Großbritannien immer wieder auf das Selbstbestimmungsrecht der Völker berief und auf das Interesse der britischstämmigen Falkländer an einer weiteren Zugehörigkeit zu Großbritannien verweisen konnte, relativierte die argentinische Position das Interesse der Falkländer zu einem bloßen „Wunsch“, der völkerrechtlich unverbindlich sei. Für Argentinien verletzte die britische Souveränität über die Falklands (Malwinen) die eigene territoriale Integrität.

Über 140 Jahre lang war die Kontroverse ohne jede politische Bedeutung. Die britische Hoheit über die wirtschaftlich wenig attraktiven Inseln, die von nie viel mehr als 2 000 Menschen besiedelt waren und deren Bevölkerung sich in den letzten Jahrzehnten rückläufig entwickelt hatte, störte kaum die in wirtschaftlicher wie politischer Hinsicht guten britisch-argentinischen Beziehungen bis in die Zeit des Zweiten Weltkriegs. In den sechziger Jahren des 20. Jahrhunderts jedoch setzte ein Prozeß der internationalen Aufwertung der Falklands (Malwinen) ein, der in folgenden Schritten verlief:

– Schon seit 1960 forderte die UN-Vollversammlung Argentinien und Großbritannien zu bilateralen Verhandlungen auf, die den zukünftigen Status der Inseln gewaltlos definieren sollten. Die UNO erkannte die Existenz eines Territorialkonflikts an und forderte dessen Lösung im Rahmen des weltweiten Dekolonisierungsprozesses. Großbritannien wurde am 14. Dezember 1973 ermahnt, die Verhandlungen über die Zukunft der Inseln zügig fortzusetzen, „um die Kolonialsituation zu beenden“.[3] Der bilaterale Konflikt wurde zum Teil der globalen Auseinandersetzung zwischen den Staaten der Dritten Welt und den ehemaligen Kolonialmächten. In der Folge konnte Argentinien auf die Unterstützung der Entwicklungsländer rechnen, deren internationales

[3] Vgl. Resolution 3160 (XXVIII) der UNO-Generalversammlung vom 14. 12. 1973, abgedruckt in: UN General Assembly, Official Records, Supplement Nr. 30 (A/9030), S. 108 f.

Gewicht im Rahmen der Nord-Süd-Auseinandersetzungen zuzunehmen begann.

– Im Zuge der weltweiten Energie- und Rohstoffkrise in den siebziger Jahren gewannen u. a. auch die noch kaum erschlossenen Rohstoffressourcen des südamerikanischen Festlandsockels an Bedeutung. Im Kontext der internationalen Seerechtsdebatten wurden die an sich wirtschaftlich bedeutungslosen Falklands (Malwinen) wichtig für die Verfügung über umfang- und ressourcenreiche Seegebiete und potentielle Stützpunkte für den off-shore Rohstoffabbau sowie Ausgangspunkt für die zukünftige Nutzung der Antarktis.

– Die politischen Entwicklungen im südlichen Afrika – d. h. der Zusammenbruch des portugiesischen Kolonialreichs, der Sieg der als prosowjetisch eingestuften MPLA im Bürgerkrieg Angolas sowie die sowjetische Marinepräsenz an der westafrikanischen Küste – bewirkten von seiten des Westens im Zuge der globalen sowjetischen Marine-Aufrüstung in den siebziger Jahren eine strategische Aufwertung des Südatlantik und damit auch der Falklands (Malwinen) als einem potentiellen militärischen Stützpunkt, von dem aus die Seeverbindung zwischen Atlantik und Pazifik kontrolliert werden konnte.

Die internationale Aufwertung der Falklands (Malwinen) ist nicht die einzige Erklärung dafür, warum die argentinischen Streitkräfte die Inseln okkupierten und einen zwischenstaatlichen Krieg bewußt riskierten.[4] Innenpolitische Faktoren, insbesondere die bedrohte politische Einheit der Streitkräfte, müssen ebenfalls zur Erklärung herangezogen werden.[5] Die Aufwertung der Falklands (Malwinen) bildet den Hintergrund, vor dem allein

---

[4] Vgl. hierzu auch Malcolm *Deas* und Mariano C. *Grondona*, Der Falkland-Konflikt und seine Folgen. Bewertung aus der Sicht beider Seiten, in: *EA*, 23/1982, S. 698 ff.

[5] Nach dem Militärputsch von 1976 genügte den Militärs der Hinweis auf die „Bedrohung des Landes" durch die Guerilla sowie der Hinweis auf die für das „Chaos" der Jahre 1973 bis 1976 „verantwortlichen" zivilen politischen Kräfte, um eine politische Einheit der Streitkräfte zu konstituieren. Nach der Vernichtung und Vertreibung der Guerilla und anderer oppositioneller Kräfte war diese Einheit jedoch einem ständigen Erosionsprozeß ausgesetzt. Die innerhalb der Streitkräfte am heftigsten umstrittenen Probleme waren zum einen die liberale Wirtschaftspolitik, die auf den Widerstand nationalistischer Militärs stieß, und zum andern die Bedingungen und Fristen der Machtübergabe an eine Zivilregierung. Die Differenzen nahmen an Schärfe zu, als sich die Diktatur als unfähig erwies, die Wirtschaft des Landes zu stabilisieren und Politiker zu finden, die das gesellschaftspolitische Programm der Militärs im Rahmen einer zivilen Regierung hätten fortsetzen können. Verschärft wurden die traditionellen Spannungen innerhalb der einzelnen Waffengattungen auch dadurch, daß widerstreitende zivile Interessen – peronistische Gewerkschaften, Unternehmerorganisationen, politische Parteien – Zugang zu den von Militärs besetzten Ministerien fanden und ihre Interessendifferenzen auf die Streitkräfte übertrugen.

Auf die politische Einheit der Streitkräfte war aber gerade die Regierung des Präsidenten Leopoldo Galtieri angewiesen, die die Machtübergabe an eine Zivilregierung (im Gegensatz zu den Absichten des Ende 1981 gestürzten Staatspräsidenten Roberto Eduardo Viola) in unbestimmte Ferne verschieben wollte. Die Besetzung der Falklands (Malwinen) wurde von ihm als geeignetes Mittel angesehen, den bedrohten inneren Konsens der Streitkräfte durch eine gemeinsame Aktion wiederherzustellen. Sie schien zudem geeignet, auch außerhalb der Streitkräfte politische Unterstützung zu mobilisieren.

verständlich wird, warum Argentinien gerade die militärische Okkupation der Inseln als ein Mittel zur Lösung innenpolitischer und innermilitärischer Probleme erscheinen konnte.

Verlauf des Falkland (Malwinen)-Kriegs

Eine militärische Aktion der argentinischen Streitkräfte war anscheinend schon seit Anfang 1982 geplant. Offen war freilich, zu welchem Zeitpunkt sie stattfinden und welche Ausmaße sie annehmen sollte. Argentinisch-britische Verhandlungen um den Status der Inseln waren im Februar 1982 auf Anfang April vertagt worden. In einem einseitigen Kommuniqué hatte die argentinische Regierung im Februar angekündigt, daß sie sich für den Fall des Scheiterns der Verhandlungen andere Mittel zur Rückgewinnung der Falklands (Malwinen) vorbehalte. Auf britischer Seite rechnete das Foreign Office mit Feindseligkeiten erst zu einem Zeitpunkt nach den Verhandlungen, höchstwahrscheinlich Anfang 1983, als sich die britische Annexion zum 150. Mal jährte.

Am 19. März 1982 landeten – offenbar von der Kriegsmarine organisiert – argentinische Arbeiter auf Süd-Georgien und hißten die argentinische Flagge. Da auf Süd-Georgien eine britische Forschungsstation lag, wurde die Aktion sofort entdeckt und führte zu diplomatischen Spannungen mit Großbritannien, das umgehend sein einziges im Südatlantik stationiertes Kriegsschiff, den Eisbrecher „Endurance", nach Süd-Georgien verlegte. Die Ereignisse auf Süd-Georgien wurden in Argentinien in einer Pressekampagne ausgeschlachtet. In dieses Klima fiel – offensichtlich auf Betreiben der Marine – die Entscheidung der Militärjunta, die Spannungen für eine militärische Aktion auf höchstem Niveau auszunutzen.

Nachdem der sich abzeichnende Konflikt im Südatlantik bereits am 1. April zum Gegenstand des Sicherheitsrats der Vereinten Nationen geworden war, besetzten argentinische Truppen am Morgen des 2. April die Falklands (Malwinen). Nach einer weiteren Sitzung am 3. April forderte der Weltsicherheitsrat den „unverzüglichen Abzug" der argentinischen Streitkräfte. In einer Sondersitzung des Ständigen Rates der Organisation Amerikanischer Staaten (OAS) am 5. April bekundete die Mehrheit der lateinamerikanischen Staaten zwar ihre Solidarität mit dem argentinischen Anspruch auf die Falklands (Malwinen), dachte aber keineswegs an kollektive politische oder gar militärische Aktionen, etwa im Rahmen des Interamerikanischen Beistandspakts. In Großbritannien trat der britische Außenminister Lord Carrington zurück und wurde von Francis Pym am 5. April abgelöst. Zwischen dem 7. und 27. April legte der amerikanische Außenminister Alexander M. Haig drei Vermittlungsvorschläge vor, die jedoch am Widerstand sowohl Argentiniens als auch Großbritanniens scheiterten.

Seit dem 1. Mai bestimmten die militärischen Ereignisse die Entwicklung des Konflikts: Britische Flugzeuge bombardierten den Flughafen der Hauptstadt, Port Stanley, am 2. Mai versenkte ein britisches U-Boot außerhalb der von Großbritannien um die Inseln deklarierten militärischen 200-Meilen-Sperrzone den argentinischen Kreuzer „General Belgrano" mit 1 000 Mann Besatzung. Einen Tag später wurde der britische Zerstörer Sheffield durch eine Exocet-Rakete versenkt. Damit war jeder diplomatischen Lösung endgültig der Weg versperrt. Am 20. Mai landeten britische Truppen auf Ost-Falkland und bildeten einen Brückenkopf, am 28. Mai besetzten sie die Orte Port Darwin und Goose Green, am 2. Juni begannen sie mit dem Beschuß argentinischer Stellungen um Port Darwin. Am 14. Mai schließlich führte die vollständige Einnahme der Inseln durch britische Truppen zur Beendigung der Kampfhandlungen.

Die internationalen Reaktionen

Die internationalen Reaktionen auf die Invasion waren vom argentinischen Militär nicht vorhergesehen worden: Großbritannien rüstete eine Kriegsflotte aus, um die Inseln zurückzuerobern; die USA stellten sich nach erfolglosen Vermittlungsversuchen durch Außenminister Haig (vom 7. bis 27. April) am 29. April auf die Seite Großbritanniens und verhängten gegen Argentinien militärische und wirtschaftliche Sanktionen; die Europäische Gemeinschaft stellte sich schon am Tag der Besetzung einstimmig hinter Großbritannien[6] und sprach am 10. April einen Handelsboykott gegen Argentinien aus.[7]

Auch von den internationalen Organisationen hatten die argentinischen Militärs eine günstigere Reaktion erwartet: Der Weltsicherheitsrat hatte Argentinien am 3. April zum Abzug seiner Truppen aufgefordert; anders als erwartet blockierte die UdSSR diese Resolution nicht mit ihrem Veto, sondern enthielt sich lediglich der Stimme. Die innerhalb der OAS bekundete lateinamerikanische Solidarität mit dem argentinischen Souveränitätsanspruch auf die Falklands (Malwinen) erwies sich in dem Augenblick als zweitrangig, als der Konflikt von der diplomatischen auf die militärische Ebene überging.

Die Reaktionen der lateinamerikanischen Staaten auf den Krieg belegen eher den Vorrang eines nationalstaatlichen als den eines regionalen Bezugssystems. Obwohl fast alle Staaten die grundsätzliche Berechtigung der argentinischen Ansprüche auf die Falklands (Malwinen) anerkannten, wurde die konkrete politische Reaktion auf den Ausbruch der Feindseligkeiten – d. h. die

---

[6] Die Falkland-Inseln (Malwinen) sind seit Beitritt Großbritanniens zur EG am 1. 1. 1972 durch Artikel 24 der Akte über die Beitrittsbedingungen und die Anpassung der Verträge mit der Europäischen Gemeinschaft assoziiert.

[7] Vgl. *EA*, 16/1982, S. D 395.

Intensität, mit der die Sache Argentiniens unterstützt wurde – von den in der Vergangenheit etablierten Mustern informeller Allianzen vorgeformt: Bolivien, Peru und Venezuela stellten sich eindeutig auf die Seite Argentiniens, einschließlich des Angebots militärischer Hilfeleistungen; Brasilien und Chile dagegen nahmen eine wohlwollend bis distanziert neutrale Haltung ein. Damit bestätigte sich das in der Vergangenheit etablierte Modell zwischenstaatlicher Allianzen auch unter den Ländern, die keine gemeinsame Grenze haben.

Die eher ambivalente als einhellige Reaktion Lateinamerikas auf den Falkland (Malwinen)-Konflikt hing eng mit dem Gegenstand der Auseinandersetzungen zusammen: Die Besetzung der Falklands (Malwinen) durch argentinische Streitkräfte bedeutete nicht nur eine Herausforderung für Großbritannien, sondern auch eine Verschiebung des ohnehin instabilen Kräftegleichgewichts im Süden Lateinamerikas, die u. a. die Nachbarn Argentiniens, Brasilien und Chile, auch mit Besorgnis zur Kenntnis nahmen. Die Invasion der argentinischen Streitkräfte war daher kaum ein Anlaß für die Nachbarn, mehr als rhetorische Solidarität zu üben.

DIE FOLGEN DES KONFLIKTS FÜR LATEINAMERIKA

Hintergrund, Verlauf und Ergebnisse des Krieges sind zum Gegenstand einer ganzen Reihe von Analysen und Kommentaren geworden.[8] Seine internationalen Konsequenzen begannen sich erst im Laufe des Jahres 1983, und auch dann noch undeutlich, abzuzeichnen. Im Verlauf des Krieges und den ersten Monaten nach Kriegsende sind seine möglichen internationalen Folgen z. T. dramatisiert worden: Eine 180-Grad-Wende der argentinischen Außenpolitik, einschließlich einer Hinwendung des Landes zur UdSSR, wurde von einigen Beobachtern ebenso befürchtet wie der Zusammenbruch des interamerikanischen Systems und eine Abgrenzung fast ganz Lateinamerikas von

[8] Aus der Vielzahl von Veröffentlichungen seien an dieser Stelle erwähnt: Annegret *Haffa* und Nikolaus *Werz*, Falkland-Konflikt und interamerikanische Beziehungen, in: *Außenpol.*, 2/1983, S. 182–198; Hermann *Weber*, Recht und Gewalt im Südatlantik. Der Streit um die Falklandinseln (Malwinen) als Völkerrechtsproblem, in: *VN*, 3/82, S. 77–82; Falkland Islands. The Origins of War, in: *Economist*, 19. 6. 1982, S. 41–49; Helio *Jaguaribe*, Reflexões sobre o Atlântico Sul. América Latina e Brasil ante a desarticulacão do sistema Interamericano, Rio de Janeiro 1982; Susan *Kaufman Purcell*, War and Debt in South America, in: *FA*, Bd. 61, Nr. 3/1983, S. 660–674; Lawrence *Freedman*, The War of the Falkland Islands 1982, in: *FA*, Bd. 61, 1/1983, S. 196–210; North American Congress on Latin America = NACLA (Hrsg.), Surprise in the South Atlantic. NACLA-Report, New York, Mai–Juni 1982; Carlos J. *Moneta*, Malvinas. Efectos en el Sistema Internacional, in: *Nueva Sociedad*, Nr. 62, Sept.–Okt. 1982, S. 25–42. Eine kritische Besprechung der in Großbritannien zum Thema Falklands/Malwinen vorliegenden Literatur gibt Lawrence *Freedman*, Bridgehead revisited. The Literature of the Falklands, in: *IA*, Bd. 59, Nr. 3, Sommer 1983, S. 445–452.

Westeuropa und den USA.[9] In Lateinamerika wurde die Gründung einer OAS ohne die USA gefordert: Vertreter der regionalen Organisationen versuchten, die von den USA und der EG gegen Argentinien ausgesprochenen Sanktionen zum Ausgangspunkt einer intensivierten regionalen Wirtschaftsintegration zu machen.[10] Die Wirklichkeit hat sich später als weniger dramatisch erwiesen: In Lateinamerika, Europa und den USA war man daran interessiert, die Folgekonflikte des Krieges auf möglichst niedrigem Niveau zu halten. Das interamerikanische System löste sich nicht auf, Argentinien knüpfte seine Beziehungen zu Westeuropa und den USA neu, und die vielversprechenden Ankündigungen einer intensivierten regionalen Wirtschaftskooperation verblaßten vor der Wirklichkeit einer schweren Wirtschaftskrise des gesamten Kontinents. Weniger aufregend als erwartet, dafür aber möglicherweise auf längere Sicht um so tiefgreifender, hat der Krieg um die Falklands (Malwinen) allerdings Risse in den internationalen Beziehungen erzeugt.

Die Optionen Argentiniens

Unmittelbar nach der Niederlage der argentinischen Streitkräfte am 15. Juni 1982 bildeten sich innerhalb der argentinischen Militärführung zwei entgegengesetzte Optionen heraus: Während eine Gruppe führender Offiziere um den Staatspräsidenten, General Leopoldo Fortunato Galtieri, für die Fortsetzung der Feindseligkeiten eintrat, votierte die Mehrheit der Armeeführung für die Beendigung der militärischen Auseinandersetzungen und die Suche nach einer diplomatischen Lösung des Konflikts. Beide Optionen hatten konträre Folgen für die Position Argentiniens im internationalen System: Die Fortsetzung der Feindseligkeiten hätte Argentinien gezwungen, sich neue internationale Bündnispartner zu suchen. Es hätte seine seit 1976 eindeutige prowestliche Orientierung aufkündigen und in Lateinamerika, unter den blockfreien und sozialistischen Staaten, um politische, wirtschaftliche und auch militärische Unterstützung nachsuchen müssen. Die Option für eine Beendigung des Konflikts bzw. für dessen Verlagerung auf die diplomatische Ebene war dagegen mit der internationalen Haltung vereinbar, die Argentinien vor Kriegsausbruch eingenommen hatte.

---

[9] Vgl. Gregorio *Selser*, El Occidente que se les perdió a los milites argentinos, in: *Le Monde Diplomatique* (span. Ausgabe), 5. 8. 1982; Romeo *Rey*, Die Briten kostet es den letzten Hosenknopf, in: *FR*, 27. 8. 1982; Argentina's Crisis Makes Waves for the Rest of the Region (Latin America Regional Reports/Southern Cone), London, 25. 6. 1982.

[10] Vgl. Anne Marie *Mergier*, El caso de las Malvinas impulsa proyectos regionales de integración, in: *Proceso* (Mexico), 6. 9. 1982; Carlos Andrés *Pérez*, Una amenaza contra toda Latinoamérica, in: *Clarín* (Buenos Aires), 17. 4. 1982; Níco *Schvarz*, Requiem para el TIAR, in: *El Día* (Mexico), 29. 4. 1982; Tristão de *Athayde*, O malogro da OEA, in: *Jornal do Brasil* (Rio de Janeiro), 7. 5. 1982; Malvinas. Cuestionada política norteamericana, in: *Infopress Centroamericana* (Guatemala), 13. 5. 1982.

Die erste Führungsgeneration der 1976 an die Macht gekommenen Militärs um General Jorge Rafael Videla optierte für eine Rückkehr zum etablierten Muster der argentinischen Außenpolitik: für die prowestliche Orientierung, die Betonung des christlich-abendländischen Charakters Argentiniens sowie für besonders enge Beziehungen zu den USA. Diese Haltung war nicht zuletzt wirtschaftlich motiviert: Die enge Kooperation mit den USA schien dieser Gruppe der einzige Weg zu sein, auf dem die wirtschaftliche und finanzielle Krise Argentiniens überwunden werden konnte.[11] Eine Modifikation dieser zweiten Option bestand darin, die Feindseligkeiten einzustellen, die Entspannung der Beziehungen aber auf dem Minimum zu halten, das notwendig war, um die dringendsten wirtschaftlichen Probleme zu lösen. Eine Politik, die Entspannung bei gleichzeitig niedrigem Profil der Beziehungen zu den Industrienationen anstrebte, eröffnete den Spielraum für eine Reorientierung Argentiniens an die Blockfreien. Diesen Weg beschritt nach dem Rücktritt Galtieris am 18./19. Juni 1982 die neuernannte Regierung unter Staatspräsident Reynaldo Bignone: Vor den Foren der Blockfreien bereitete sie eine diplomatische Offensive vor, in deren Verlauf sich die argentinische Diplomatie der demonstrativen Solidarität auch Kubas und der PLO versicherte.[12]

Mit der Kombination aus wirtschaftlich motiviertem Pragmatismus und außenpolitischer Wende nahm die Regierung Bignone die Außenpolitik der Zivilregierung vorweg, die im Oktober 1983 gewählt werden sollte. Die „Multipartidaria", die Versammlung aller relevanten politischen Parteien, die an der Wahl vom Oktober 1983 teilnehmen sollten, hatte bereits im Februar 1982 ein Dokument verabschiedet, in dem die außenpolitische Linie der künftigen Zivilregierung vorgezeichnet war. In ihm wurden die Unabhängigkeit Argentiniens von den beiden Supermächten, ein verstärktes Engagement für die Blockfreien,[13] die Intensivierung der Beziehungen zu den lateinamerikanischen Staaten, die Kooperation im SELA[14] und in der Gruppe der 77 sowie die Verstärkung der argentinischen Position in der Antarktis und im Südatlantik betont.[15] Der Krieg wurde damit zum Ausgangspunkt einer wenig dramatischen, aber profunden außenpolitischen Wende bereits vor der

---

[11] Vgl. Carlos *Moneta*, Las fuerzas armadas y el conflicto de las Malvinas. Su importancia en la política argentina y en el marco regional, in: *Foro Internacional* (Mexico), Bd. 23, Nr. 3, Jan.–März 1983, S. 266–286.

[12] Vgl. die Dokumentation: Lateinamerika und die Blockfreien (Dokumentationsleitstelle Lateinamerika), Hamburg 1983.

[13] Argentinien war 1973 der Blockfreien-Bewegung beigetreten. Die Mitgliedschaft wurde auch von der Militärregierung nach 1976 nicht aufgekündigt, obwohl sich die argentinische Außenpolitik immer weiter von den Prinzipien der Blockfreienbewegung entfernte.

[14] SELA = Sistema Económico Latinoamericano. 1975 gegründetes lateinamerikanisches Wirtschaftssystem.

[15] Vgl. La Multipartidaria, La propuesta de la Multipartidaria, Buenos Aires 1982, S. 155–157.

Machtübernahme einer Zivilregierung. Die Wende basierte auf einem breiten Konsens nicht nur unter den zivilen Kräften, sondern auch zwischen der zivilen Gesellschaft und einem relevanten Teil des Militärs.

Das interamerikanische System

Das Eindringen der britischen Flotte in von Argentinien beanspruchtes Hoheitsgebiet stellte formell eine Verletzung des Interamerikanischen Beistandspaktes (TIAR)[16] dar, der 1947 in Rio de Janeiro geschlossen worden war. Der TIAR hat das Prinzip der kollektiven Verteidigung der westlichen Hemisphäre zur Grundlage. Ihm zufolge soll der Angriff einer extrakontinentalen Macht auf *ein* Land der westlichen Hemisphäre als Angriff auf *alle* Länder bewertet und mit kollektiven Verteidigungsanstrengungen beantwortet werden. Auf der Basis des TIAR schien Argentinien berechtigt zu sein, die amerikanischen Staaten zu militärischer Unterstützung aufzurufen und die probritische Haltung der USA als Bruch des Verteidigungsabkommens zu denunzieren. Da der TIAR der politischen Organisation der westlichen Hemisphäre, der Organisation Amerikanischer Staaten (OAS), angegliedert ist, bestand auch die formelle Voraussetzung, die Haltung der USA als den OAS-Prinzipien entgegengesetzt zu interpretieren und ihren Ausschluß aus der Organisation zu fordern.[17] Die Anrufung des TIAR durch Argentinien war allerdings illusorisch: Zum einen wurde die Operation der britischen Flotte nicht nur von den USA als Antwort auf die Invasion der Falklands (Malwinen) durch argentinische Streitkräfte und damit als „legitime Verteidigung" klassifiziert, die den TIAR-Mechanismus nicht auslösen konnte. Zum andern – und dies ist der wichtigere Aspekt – hatten sich die formalen Prinzipien des TIAR und die ihm zugrunde liegende politische Realität (Wirtschaftskooperation mit den USA) schon lange vor dem Falkland (Malwinen)-Krieg so weit voneinander entfernt, daß die Anrufung des TIAR nur noch rhetorische Bedeutung hatte.

Die Forderungen nach Gründung einer rein lateinamerikanischen OAS sind ebenfalls in den Bereich der politischen Rhetorik zu verweisen. Es gibt keinen Ersatz für die bestehende OAS; ihre Auflösung würde den Vorrang des Bilaterialismus in den interamerikanischen Beziehungen fördern und das Gewicht Lateinamerikas eher verringern. Wohl aber trug der Falkland (Malwinen)-Krieg zur Profilierung eines lateinamerikanischen Blocks *inner-*

---

[16] TIAR = Tratado Interamericano de Asistencia Recíproca (Interamerikanischer Vertrag zum gegenseitigen Beistand).

[17] Vgl. Enrique *Alonso*, Hitos de la conciencia hemisférica, in: *Clarín* (Buenos Aires), 17.4.1982; Alfredo *Vázquez Carrizosa*, La ONU y la OEA en el conflicto de las Malvinas, in: *El Día* (Mexico), 6.5.1982.

halb der OAS bei, eines Blocks freilich, dessen Bestehen schon lange vorher zur Kenntnis genommen werden mußte – so 1979, als der Vorschlag der USA, den Bürgerkrieg in Nicaragua mittels der Entsendung einer internationalen Friedenstruppe zu beenden, auf den geschlossenen Widerstand der lateinamerikanischen Staaten traf. Der Krieg um die Falklands (Malwinen) leitete daher keine neue Entwicklung der interamerikanischen Beziehungen in die Wege, verstärkte aber wohl bestehende Tendenzen.

Nationalismus und Integrationsbestrebungen in Lateinamerika

Die Sanktionen, die die EG und die USA gegen Argentinien nach der Invasion der Falklands (Malwinen) verhängten, riefen in ganz Lateinamerika Reaktionen hervor, die die Intensivierung der wirtschaftlichen und auch politischen Integration anzukündigen schienen. So traten die lateinamerikanischen Wirtschaftsorganisationen SELA, ALADI[18] und Andenpakt geschlossen gegen die Sanktionen auf und präsentierten die regionale Wirtschaftsintegration als langfristig adäquate Gegenstrategie.[19] Die Glaubwürdigkeit der Ankündigungen wurde durch die Tatsache erhöht, daß die lateinamerikanischen Staaten und Regionalorganisationen seit längerem ihre handelspolitische Diskriminierung durch die EG beklagten;[20] der Krieg um die Falklands (Malwinen) traf damit auf ein Klima ohnehin gespannter europäisch-lateinamerikanischer Beziehungen und hätte so zum Katalysator eines lateinamerikanischen Isolationismus werden können.

Angesichts der allgemeinen Wirtschafts- und Finanzkrise hatten jedoch die lateinamerikanischen Integrationsbestrebungen ungünstige Ausgangsbedingungen: Die Staaten der Region brauchten Devisen, um ihre internationalen Schulden zurückzahlen zu können; diese Devisen konnten sie nur von den Industrieländern erhalten. Jedes Land mußte daher bemüht sein, auch auf Kosten seiner Nachbarn Marktanteile in den Industrieländern zu erobern oder zu halten. Die wirtschaftliche Integration stand damit immer in der Gefahr, vom Eigeninteresse der Staaten ausgehöhlt und in den Bereich wohlmeinender aber irrealer Deklamationen verwiesen zu werden. Diese Situation schloß eine partielle Verstärkung der regionalen Kooperation – etwa zwischen Argentinien und dem Andenpakt – nicht aus. Als Lösungsansatz der Wirtschaftskrise blieb

---

[18] ALADI = Asociación Latinoamericana de Desarollo e Integración (Lateinamerikanische Entwicklungs- und Integrations-Assoziation). 1980 gegründete Nachfolgeorganisation der lateinamerikanischen Freihandels-Assoziation ALALC.

[19] Vgl. die entsprechenden Resolutionen der ALADI vom 31. 5. und 16. 6. 1982, des SELA vom 15. 4. 1982 und des Andenpakts vom 17. 4. 1982, abgedruckt in: *Síntesis ALADI* (Montevideo), Bd. 2, Nr. 2, April–Juni 1982, S. 3–7.

[20] Vgl. die umfangreiche Analyse des SELA (Hrsg.), Impacto de la segunda ampliación de la CEE sobre las exportaciones latinoamericanas, Caracas 1981.

sie jedoch im Verhältnis zu den Nord-Süd-Beziehungen zweitrangig. Wie die bestehenden intraregionalen Spannungen und Rivalitäten den politischen Nationalismus förderten, der sich auch in der Vergangenheit als stärker erwiesen hatte als die Integrationsbestrebungen,[21] so begünstigte die Wirtschaftskrise den ökonomischen Nationalismus anstelle der regionalen Integration. Auch der Falkland (Malwinen)-Krieg änderte dieses Verhältnis zunächst nicht.

Neue Formen der Bedrohung für Lateinamerika

Trotz unterschiedlicher Reaktionsmuster auf den Ausbruch des Falkland (Malwinen)-Kriegs hat der Konflikt ein neues Bedrohungsszenario in Lateinamerika eingeführt, das eine langfristige Veränderung der Beziehungen zwischen Lateinamerika und den westlichen Industrienationen zur Folge haben könnte. In der Vergangenheit waren die lateinamerikanischen Streitkräfte auf drei Konflikttypen eingestellt gewesen: den Krieg gegen die innere Opposition („Subversion"); den Krieg mit den Nachbarstaaten und zum dritten eine zweitrangige Rolle in einem möglichen Konflikt zwischen den großen Militärblöcken NATO und Warschauer Pakt.

Der Krieg um die Falklands (Malwinen) rückte erstmals die Möglichkeit eines militärischen Konflikts zwischen einem lateinamerikanischen Staat und einer westlichen Industrienation ins Bewußtsein. Dies war der Anlaß, die gesamte Bündnis- und Rüstungspolitik der Vergangenheit einer Revision zu unterziehen. Der Falkland (Malwinen)-Krieg verdeutlichte den lateinamerikanischen Militärs die Problematik der Abhängigkeit von Waffentransfers aus den Industrieländern im Konfliktfall; die Problematik einer Waffenverkaufspolitik der Industrieländer, die den Staaten der Dritten Welt in erster Linie Systeme überlassen, die durch technisch weiterentwickelte Systeme neutralisiert werden (die Tatsache, daß Argentinien über sechs Exocet-Raketen verfügte, wurde von den lateinamerikanischen Militärs eher als „Unfall" registriert); sowie die Problematik einer Waffenversorgung auf dem Schwarzen Markt in einer Konfliktsituation, in der die kontinuierliche Versorgung mit Ersatzteilen unterbrochen oder behindert werden kann.[22]

Als Ausweg aus dieser bedrohlich empfundenen Abhängigkeit wurde die systematische Entwicklung einer eigenen Rüstungstechnologie gesehen, ein

---

[21] Vgl. Edward S. *Milenky*, Problems, Perspectives and Modes of Analysis. Understanding Latin American Approaches to World Affairs, in: Ronald G. *Hellmann* und H. Jon *Rosenbaum*, Latin America. The Search for a New International Role, New York 1975, S. 93–114.

[22] Vgl. hierzu den Aufsatz des peruanischen Generals Edgardo Mercado *Jarrín*, Enseñanzas del conflicto de las Malvinas, in: *Geosur*, Bd. 4, Nr. 4, August 1983, S. 37–41; *Moneta*, a. a. O. (Anm. 11), S. 282 ff.; *o. N.*, Naciones latinoamericanas revisarían exhaustivamente su estrategia militar, in: *El Comercio* (Lima), 30. 7. 1982.

Weg, den Argentinien und auch Brasilien bereits seit längerer Zeit beschritten hatten.[23] Der Krieg um die Falklands (Malwinen) hat diese Entwicklung bestärkt und führte für ganz Lateinamerika zu weiterreichenden Konsequenzen: 1. Das Militär, das in der Vergangenheit meist als Vertreter prowestlicher Orientierungen aufgetreten war, optierte zunehmend für nationalistische Strategien. 2. Da die Entwicklung einer lokalen Rüstungsindustrie, die den Industrieländern annähernd gleichwertige Waffensysteme produzieren sollte, erhebliche industrielle Vorleistungen erforderte – so den Ausbau der nationalen Investitionsgüter- und Grundstoffindustrien sowie die Intensivierung der technologischen Forschung und Entwicklung –, traten die Militärs deutlicher als Vertreter einer nationalistischen Industriepolitik auf, eine Haltung, die sich von den neoliberalen Modellen der vorhergehenden Jahre deutlich abhob und insgesamt das Klima für nationalistische Wirtschaftsstrategien verbesserte. 3. Da der Aufbau einer technologisch hochwertigen Rüstungsindustrie die wirtschaftliche und technologische Kapazität einiger lateinamerikanischer Staaten weit überforderte, begannen auch Teile des Militärs als Verfechter einer begrenzten regionalen Industriekooperation aufzutreten, die in gewissem Gegensatz zum Nationalismus in der Außenhandelspolitik stand.

LEKTIONEN FÜR DEN WESTEN

Der Krieg um die Falklands (Malwinen) war der erste Seekrieg zwischen einem Land der Ersten und der Dritten Welt,[24] d. h. auch der erste Krieg auf der Nord-Süd-Achse, in dem der Staat der Dritten Welt nicht die politische Kontrolle seiner Bevölkerung als letztlich kriegsentscheidende Ressource einsetzen konnte,[25] ein Krieg schließlich, der fern von den Bevölkerungszentren des Entwicklungslandes in erster Linie „technologisch" ausgetragen wurde. Die britische Flotte stieß im Südatlantik auf modern ausgerüstete Streitkräfte, die über komplexe, aus Westeuropa und den USA bezogene Waffensysteme verfügten. Ihre Niederlage darf nicht die Möglichkeit vergessen lassen, daß unter anderen geographischen und politischen Bedingungen ein ähnlicher Nord-Süd-Konflikt zu einem entgegengesetzten Resultat führen könnte.

Der Krieg warf ein neues Licht auf die militärische Dimension des Nord-Süd-Verhältnisses. Er wurde gleichsam als Lehrstück für Auseinander-

---

[23] Vgl. Edward S. *Milenky*, Arms Production and National Security in Argentina, in: *Journal of Inter-American Studies and World Affairs*, Bd. 22, Nr. 3, August 1980, S. 267–288; Renato P. *Dagnino*, Brasil exportador de armas, in: *Cuadernos de Marcha*, Bd. 4, Nr. 21, S. 13–22.

[24] Vgl. Norman *Friedman*, Falkland Lessons Learned and Mislearned, in: *Orbis*, Winter 1983, S. 907–940.

[25] Der von Argentinien behauptete antikolonialistische Aspekt des Krieges hatte keine Auswirkungen auf die Kriegsführung an sich.

setzungen mit einer modern ausgerüsteten Dritte-Welt-Armee interpretiert[26] und lieferte in den Augen militärischer Experten grundlegendes Anschauungsmaterial für die Konzeption einer „Schnellen Einsatztruppe“ (Rapid Deployment Force), die für Konflikte in der Dritten Welt bestimmt ist. Darüber hinaus stellte der Krieg auch die Waffentransferpolitik der Industrieländer vor eine neue Alternative: entweder gelänge es, den Export hochmoderner Rüstungsgüter an Länder der Dritten Welt einzuschränken, oder es müßte eine eigene Nord-Süd-Rüstungsspirale in Gang gesetzt werden mit der Konsequenz, daß für jedes verkaufte System ein neutralisierendes Gegensystem entwickelt werden müßte – eine Möglichkeit, die von den lateinamerikanischen Militärs bereits wahrgenommen wird.

Die Sicherheit des Südatlantik

Dem Falkland (Malwinen)-Krieg war eine strategische Aufwertung des Südatlantik vorausgegangen. Gründe hierfür waren die zunehmende Bedeutung der „Kap-Route“ für die Erdölversorgung der westlichen Industrieländer; die Aufwertung des südatlantischen Rohstoff- und Energiepotentials; die im Westen als bedrohlich wahrgenommene sowjetische Marineaufrüstung in den siebziger Jahren und der Sieg der als prosowjetisch eingestuften MPLA (Movimento Popular de Libertaçao de Angola) im Bürgerkrieg Angolas[27] und die Präsenz einiger sowjetischer Kriegsschiffe an der Küste Westafrikas.

Diese Präsenz sowjetischer Kriegsschiffe, aber auch die zivilen Aktivitäten der UdSSR im Südatlantik (Handelsschiffahrt, Fischerei, Ozeanographie, Forschungsstationen in der Antarktis) wurden von einer Koalition konservativer Kräfte aus Südafrika, Südamerika und den USA zum Anlaß genommen, von der amerikanischen Regierung eine besondere, auf den Südatlantik bezogene Sicherheitspolitik zu fordern. Hinter der Forderung stand meist das politische Interesse an einer militärisch-sicherheitspolitischen Allianz, die als ein Mittel zur Aufwertung der internationalen Position der Südatlantik-Anrainer bzw. zur Durchbrechung ihrer internationalen Isolation gesehen wurde. Die von den USA geforderte Allianz hätte die Form eines kollektiven Verteidigungsbündnisses – einer der NATO parallelen Südatlantik-Allianz (SATO) – oder auch die der bilateralen Militärkooperation einiger Südatlantik-Anrainer mit den USA annehmen können.[28]

---

[26] Vgl. *Friedman*, a. a. O. (Anm. 24), S. 907. Vgl. auch das Forum: Navies in Foreign Policy, in: *Orbis*, Herbst 1982, S. 568–589.

[27] Vgl. hierzu Franz-Wilhelm *Heimer*, Die Beendigung der portugiesischen Kolonialherrschaft, in: IP 1975/76, S. 255–258 und S. 268–274.

[28] Vgl. den Sammelband von Carlos J. *Moneta* (Hrsg.) Geopolítica y política de poder en el Atlántico Sur, Buenos Aires 1983; sowie Daniel *Waksman Schinca*, El proyecto de la OTAS, in: *Nueva Política*, Bd.2, Nr. 5–6, April–Sept. 1977, S. 331–352.

Die Debatten um eine südatlantische Allianz implizierten die mögliche Ausweitung des Ost-West-Konflikts auf eine Region, die traditionell durch das Fehlen stabiler Konflikt-Konstellationen gekennzeichnet ist. Häufige 180-Grad-Wenden in der Außenpolitik einiger südamerikanischer Staaten und in der Folge schnell wechselnde Konflikt- und Kooperationsbeziehungen auf der Grundlage einer Reihe ungelöster Territorialkonflikte (Beagle-Kanal, Falklands/Malwinen, der La-Plata-Raum, Patagonien, Seerechtskonflikte, Antarktis) machten das sicherheitspolitische und militärische Gleichgewicht im Cono Sur Südamerikas zu einer ebenso komplexen wie fragilen Angelegenheit. Die mögliche Ausweitung des Ost-West-Konflikts auf die Region erhöhte die Komplexität des regionalen Gleichgewichts und die Unkalkulierbarkeit der außen- und sicherheitspolitischen Akteure.

Dabei ließen sich seit Mitte der siebziger Jahre zwei konträre Grundhaltungen südamerikanischer Staaten zur südatlantischen Sicherheitspolitik nachweisen: Brasilien verfolgte eine Politik, die zum Ziel hatte, die großen Militärblöcke aus dem Südatlantik, der als eigener Sicherheitsperimeter wahrgenommen wurde, herauszuhalten. Brasilien lehnte daher jede südatlantische Allianz, an der die USA beteiligt waren, ab. Hinter dieser Haltung standen auch wirtschaftliche Interessen an den afrikanischen Staaten, deren Aufrechterhaltung eine Außenpolitik zur Voraussetzung hatte, die sich von den grundlegenden Forderungen der Blockfreien nicht allzu weit entfernte.[29]

Argentinien und in zweiter Linie Uruguay und Chile setzten dagegen auf eine enge militärische und sicherheitspolitische Kooperation mit den USA, mit der sie wirtschaftliche Zugeständnisse zu erringen hofften, in der sie aber auch eine Chance sahen, ihr Gewicht in der regionalen Kräftekonstellation zu erhöhen. Für Argentinien schien diese Strategie erstmals erfolgreich zu sein, als die Regierung Reagan nach der Ächtung des argentinischen Militärregimes durch die Carter-Administration nicht nur die Beziehungen zu Argentinien neu knüpfte, sondern dem Land eine besondere sicherheitspolitische Stellung in Südamerika beimaß.[30]

Die Niederlage der argentinischen Streitkräfte und der Ausbau der umstrittenen Inseln zur „Fortress Falklands", zur britischen Festung,[31]

---

[29] Vgl. Jürgen *Glembotzki*, Brasiliens Wirtschaftsbeziehungen zu afrikanischen und vorderasiatischen Ländern 1970–1981 (Institut für Iberoamerika-Kunde, Arbeitsunterlagen Nr. 18), Hamburg, Dez. 1982; Wolf *Grabendorff*, La política exterior brasileña entre el primer y el tercer mundo, in: *Moneta* (Hrsg.), a. a. O. (Anm. 28), S. 147–160.

[30] Vgl. Wolf *Grabendorff*, De país aislado a aliado preferido? Las relaciones entre la Argentina y los Estados Unidos 1976–1981, in: Peter *Waldmann* und Ernesto *Garzón Valdés* (Hrsg.), El poder militar en la Argentina (1976–1981), Frankfurt/M. 1982, S. 155–168; Charles *Maechling*, The Argentine Pariah, in: *FP*, Nr. 45, Winter 1981–1982, S. 69–83.

[31] Seit Ende der Kampfhandlungen hat sich Großbritannien strikt geweigert, den Status der Inseln wieder zum Gegenstand bilateraler Verhandlungen zu machen. Auf der anderen Seite stellte auch Argentinien die Feindseligkeiten formell nicht ein. Somit wurde die Aufrechterhaltung der „Festung Falklands" für Großbritannien zu einer teuren Angelegenheit: Ende 1982 waren rund

machten jeden neuen Ansatz einer südatlantischen Sicherheitspolitik, die die südamerikanischen Staaten einbezogen hätte, auf absehbare Zeit hinfällig. Die Spannungen nach dem Krieg betrafen nicht nur die argentinisch-britischen Beziehungen, sondern auch die regionale Vormacht Brasilien. Wie schon skizziert, reagierte die brasilianische Außenpolitik auf die argentinische Invasion der Falklands (Malwinen) ambivalent. Ein Erfolg der Operation hatte keineswegs im Interesse Brasiliens gelegen, da dadurch nicht nur die argentinische Position auf Kosten Brasiliens gestärkt, sondern möglicherweise auch das argentinische Militär zur Austragung anderer Territorialkonflikte mit militärischen Mitteln ermuntert worden wäre.[32] Aber auch der Erfolg Großbritanniens lag nicht im brasilianischen Interesse: Durch ihn wurde die Präsenz einer NATO-Macht in einer Zone verstärkt, die als eigener Einflußbereich betrachtet wurde. Die britische Politik der „Fortress Falklands" zeichnete so künftige Konfliktsituationen vor.

---

4 000 britische Soldaten auf den Inseln stationiert (bei einer Bevölkerung von 1 800); die Kosten ihrer Anwesenheit wurden für 1983 auf 424 Millionen Pfund geschätzt. Für den Bau eines Militärflughafens mußten weitere 215 Millionen Pfund veranschlagt werden. Die wirtschaftlichen Perspektiven der Inseln dagegen erwiesen sich als wenig attraktiv, so daß man davon ausgehen kann, daß die britische Regierung in den kommenden Jahren umfangreiche Mittel aufbringen muß, um die Inseln vor dem wirtschaftlichen Zusammenbruch zu bewahren. (Vgl. vor allem die Vorschläge an die britische Regierung in: Falkland Islands Economic Study 1982. Chairman: Lord Shackleton, London 1982, Cmnd. 8653, sowie The Franks Report: Falkland Islands Review. Report of a Committee of Privy Counsellors, London 1983, Cmnd. 8787, und The Falklands Campaign. The Lessons, London 1982, Cmnd. 8758.)

[32] Vgl. *Haffa/Werz*, a. a. O. (Anm. 8).

VI

UNRUHEHERDE IN AFRIKA

CHANCEN EINES NEUBEGINNS IM SÜDLICHEN AFRIKA

Von Klaus Frhr. von der Ropp

Nach Jahren der Selbstzweifel trat die Regierung in Pretoria um die Jahreswende 1980/81 wieder mit dem früheren Selbstbewußtsein auf. Eine ganze Reihe von Entwicklungen machten ihr diese Haltung möglich: Etwa um diese Zeit hatte Pretoria (vorerst) die Oberhand über die rebellierenden schwarzen und braunen Schüler, Studenten und Arbeiter zurückgewonnen. Damit kehrte auch das Vertrauen westlicher Investoren und sonstiger westlicher Geschäftspartner in die Stabilität der Kap-Republik zurück. Die People's Liberation Army of Namibia (PLAN), die Guerillaarmee der Befreiungsbewegung SWAPO, und damit der bewaffnete Kampf um die Zukunft Südwestafrikas (SWAs)/Namibias waren weitgehend durch die South African Defence Forces (SADF) in das nördliche Nachbarland, die Volksrepublik Angola, abgedrängt worden. Die fast vier Jahre alte Initiative der „westlichen Fünf" (USA, Bundesrepublik Deutschland, Kanada, Großbritannien und Frankreich) zur Lösung des SWA/Namibia-Konflikts, die aufgrund der großen politischen Stärke der SWAPO bei korrekter Abwicklung zur Übernahme der Regierungsverantwortung durch sie in Windhoek geführt hätte, war gescheitert.

Dazu hatte nicht nur die starre und zugleich geschickte Diplomatie Südafrikas, sondern auch das häufig wenig professionell anmutende Vorgehen der westlichen Fünf geführt.[1] Die neben den Regierungen in Bonn und Ottawa

---

[1] Vgl. hierzu Klaus Frhr. von der *Ropp*, Konfliktherde im südlichen Afrika. Rhodesien, Namibia, Südafrika, in: IP 1977/78, S. 269–285, hier bes. S. 279–282; *ders.*, Südafrika und Namibia, Das Scheitern der Friedensinitiativen, in: IP 1979/80, S. 338–357; *ders.*, Konflikte im Umfeld der Republik Südafrika, in: *Außenpol.*, 1/1983, S. 80–92, hier bes. S. 80–87.

schärfste Kritikerin der südafrikanischen Politik der Apartheid, die Administration von Präsident Jimmy Carter, hatte ihre Aufmerksamkeit zunehmend Ost-West-Fragen zugewandt; die Regierung Margaret Thatchers hatte die relativ harte Kritik der Regierung James Callaghans an der Politik der Apartheid abgeschwächt; schließlich konnte Pretoria mit guten Gründen davon ausgehen, daß die neu gewählte Regierung Präsident Ronald Reagans ihre „antikommunistische" Politik zu schätzen wußte und schon von daher, anders als ihre Vorgängerin, den „kommunistischen" Befreiungsbewegungen SWAPO und ANC (African National Congress) keine Positionsgewinne einräumen würde.

So konnte Pretoria damit rechnen, daß es gelingen werde, die für Anfang 1981 von den Vereinten Nationen nach Genf einberufene „Pre-Implementation-Conference" zur weiteren Behandlung des SWA/Namibia-Konflikts zum Scheitern zu bringen, ohne daß Südafrika daraus Nachteile erwachsen würden. Konkrete Aufgabe dieser Konferenz hatte die Aushandlung eines Waffenstillstands sein sollen und die weitere Vorbereitung der Implementierung der Resolution 435 des Sicherheitsrats der Vereinten Nationen. Diese seit September 1978 vorliegende Resolution hatte den Plan zur Entlassung der früheren deutschen Kolonie in die international anerkannte Unabhängigkeit festgelegt.

Die Genfer SWA/Namibia-Konferenz

Diese Konferenz, die vom 7. bis 14. Januar 1981 stattfand, begann mit einem Streit über die Frage des rechtlichen und politischen Status der teilnehmenden „internen" Parteien SWA/Namibias, darunter als der relativ stärksten Kraft die Demokratische Turnhallen Allianz (DTA). Die letztere beantragte, daß ihre Delegation als eine rein namibische, also nicht südafrikanisch/namibische, denselben Status wie die SWAPO genießen solle. Wäre ihrem Antrag stattgegeben worden, so hätte darin die Anerkennung der Vereinten Nationen gelegen, daß auch die „internen" Parteien Repräsentanten des Volkes von SWA/Namibia seien. Die UN hätten dann nicht mehr, wie u. a. in zahllosen Resolutionen von UN-Vollversammlungen festgestellt, die SWAPO als den „einzigen und authentischen" Vertreter der Bevölkerung von SWA/Namibia anerkannt.

Die SWAPO widersprach mit Erfolg: Sie argumentierte, daß es sich bei der DTA und den anderen „internen" Parteien um Marionetten Pretorias handele. Sie könnten daher, unter der südafrikanischen Flagge, nur als Mitglieder der Delegation Pretorias teilnehmen. Und so geschah es. Auch die westlichen Fünf sowie die sechs afrikanischen Frontstaaten, ferner Nigeria und die OAU wohnten der Konferenz als Beobachter bei. Immerhin hatten die Vertreter der internen Parteien, fast vier Jahre nach Beginn der westlichen SWA/Namibia-

Initiative, erstmals Gelegenheit zu einer direkten politisch-diplomatischen Auseinandersetzung mit der SWAPO.

Trotzdem zogen Pretoria und die „internen“ Parteien zu Recht aus diesem Gerangel um Statusfragen abermals den Schluß, daß die UN zugunsten der SWAPO voreingenommen seien. Verhängnisvoller für den Erfolg ihrer Anstrengungen war jedoch die Parteilichkeit der Fünf zugunsten der SWAPO. Ihr lag die zutreffende Erkenntnis zugrunde, daß SWAPO die bei weitem gefolgschaftsstärkste und noch dazu einzige Partei nationalen Zuschnitts in SWA/Namibia war, was auch den politisch Interessierten unter den Weißen in SWA/Namibia bewußt war.[2] Durch die bevorzugte Behandlung der SWAPO erwarben sich die Fünf, vor allem der in der SWA/Namibia-Initiative oft federführende Bundesaußenminister Hans-Dietrich Genscher, deren Vertrauen. Zugleich jedoch verloren sie das Vertrauen der Regierung in Pretoria, ohne deren aktive Mitwirkung die Entlassung SWAs/Namibias in die Unabhängigkeit auf friedlichem Weg nicht zu bewerkstelligen war. Es schien, als hätten etliche westliche Unterhändler von Anfang an diese starke Position Pretorias nicht erkannt: So hatten sie über Jahre mit der SWAPO (und Südafrika) intensiv verhandelt, die Schützlinge Pretorias in Windhoek jedoch nur am Rande konsultiert, in der Regel sogar nur informiert. Auch verfehlte der Besuch des SWAPO-Vorsitzenden Sam Nujoma in Bonn, wo er von Genscher ähnlich einem Staatsgast im Oktober 1980 empfangen wurde, nicht seinen Eindruck auf Pretoria und die internen Parteien.

Vor diesem Hintergrund war verständlich, daß die DTA sich in Genf sehr lautstark zu Wort meldete. Ihre scharfen Angriffe auf die „terroristische Mörderbande“ SWAPO und die „zugunsten der SWAPO-Rassisten parteiischen UN“ vermochten allerdings nur wenige zu überzeugen. Wohl auch nicht jene der DTA sonst sehr nahestehenden und gleichfalls in Genf anwesenden Vertreter der „Interessengemeinschaft Südwester Deutscher“ (IG), die in Genf dank der Vermittlung des Bonner Außenministers Genscher erstmals mit den Spitzenfunktionären der SWAPO zusammentrafen. Diese Gespräche wurden später in Paris und Harare (Simbabwe) fortgeführt.

So sehr die Frage der Parteilichkeit der UN im Vordergrund stand, so scheiterte die Konferenz doch an einer anderen Frage: Pretoria und seine Windhoeker Vasallen weigerten sich, zum 30. März 1981 in SWA/Namibia einen Waffenstillstand in Kraft zu setzen, auf den die Implementierung der Resolution 435 gefolgt wäre. Mit Recht führte der spätere Washingtoner Botschafter in Südafrika, Herman W. Nickel, später aus: „Tatsache ist, daß, als die Reagan-Administration ihr Amt antrat, die Verhandlungen über die Implementierung von Resolution 435 tot im Wasser trieben.“[3] Die SWA/Namibia-Initiative war Anfang 1981 auf der ganzen Linie gescheitert.

[2] Vgl. dazu das Interview mit Kosie Pretorius, NP-leier sien 'n Swapo-sege, in: *Beeld* (Johannesburg), 18. 1. 1982, S. 9.

[3] Ansprache vor der amerikanischen Handelskammer in Johannesburg vom 16. 2. 1983.

DIE WESTLICHE POLITIK NACH DEM AMERIKANISCHEN REGIERUNGSWECHSEL

In Erinnerung daran, daß die Probleme dieser Region in der Amtszeit von Präsident Jimmy Carter eine Zeitlang ganz oben auf der amerikanischen außenpolitischen Prioritätenliste gestanden hatten,[4] wurde die Frage einer möglichen Neuorientierung Washingtons unter dem im Januar 1981 angetretenen Ronald Reagan überall intensiv diskutiert. Niemand vermochte sich vorzustellen, daß Reagan, der das starke, auch persönliche Interesse Carters an den innenpolitischen Problemen Südafrikas nicht teilte, die Politik seines Vorgängers fortführen würde. Die alsbald von der Regierung Reagan vorgenommene Bestandsaufnahme ergab, daß die vier Verbündeten trotz aller nicht zu übersehenden Mißerfolge an der Resolution 435 als dem ihres Erachtens einzigen Weg zur Lösung des SWA/Namibia-Konfliktes festhielten, aber gegenüber Südafrika keine einheitliche Haltung einnahmen. Zwar waren sie sich darin einig, daß das System der Apartheid unhaltbar sei und diese Ordnung in Südafrika über kurz oder lang zur großen Katastrophe führen werde, doch trennten sich die Wege Bonns und Ottawas einerseits und die Londons und Paris andererseits genau dort, wo versucht wurde, die alle anderen Problemkreise dominierenden Fragen zu beantworten: Welche gesellschaftliche Ordnung kann in Südafrika an die Stelle der Apartheid treten? Wie ist dort ein Zusammenleben von Menschen aus extrem unterschiedlichen Kulturkreisen zu organisieren?

Die frühere amerikanische Regierung und hier insbesondere Vizepräsident Walter Mondale, UN-Botschafter Andrew Young und Präsident Carter – dieser allerdings nur in nicht publizierten Äußerungen –, hatten stets die Auffassung vertreten, daß die amerikanische Staatsform auf Südafrika zu übertragen sei. Dies war auch die Meinung der Kanadier und des Bundesaußenministers Genscher, der sich hier besonders stark engagierte. In Anknüpfung an die Ordnung, die man seinerzeit für SWA/Namibia gefunden zu haben glaubte („Ein-Mensch-eine-Stimme in einem Staat"), äußerte Genscher u. a. vor dem UN-Sicherheitsrat, daß diese Problemlösung für das südliche Afrika (das war vor allem die Republik Südafrika) Modellcharakter habe.[5] Diese

---

[4] Vgl. dazu Peter *Weilemann*, Die Vereinigten Staaten und das südliche Afrika. Überlegungen zum Verhältnis von Innen- und Außenpolitik, in: *Zeitschrift für Politik*, 1/1982, S. 66–90.

[5] Vgl. dazu das Interview mit Andrew Young in: *Deutsches Allgemeines Sonntagsblatt*, vom 28. 1. 1979, S. 8. Vgl. ferner den Text einer Pressekonferenz mit Walter Mondale im Mai 1977 in Wien, abgedruckt in: Colin *Legum* (Hrsg.), Africa Contemporary Record. Annual Survey and Documents 1977–78, New York, London 1979, S. C 27–31. Unter den zahlreichen Reden Genschers zu dieser Problematik vgl. vor allem seine Ansprache vor dem UN-Sicherheitsrat vom 27. 7. 1978, in: *Bulletin*, 1. 8. 1978, S. 797–798: „Wir hoffen und wünschen, daß Namibia zu einem Modell des friedlichen Zusammenlebens und Zusammenwirkens aller Bevölkerungsteile und -gruppierungen wird." Vgl. ebenfalls seine Rede vor demselben Gremium vom 29. 9. 1978, in: *Bulletin*, 13. 10. 1978, S. 1084–1085: „Wir wollen [Namibia] zu einem Modell des Friedens für das

Auffassung betrachteten selbst liberale Weißafrikaner mit Fug und Recht als eine Zumutung.[6] Angesichts der extremen Heterogenität der Bevölkerung Südafrikas verwarfen verantwortliche Franzosen und Briten – wie auch der Bundesgeschäftsführer der SPD, Egon Bahr, und der CDU-Politiker Volkmar Köhler –[7] das Modell des „Ein-Mensch-eine-Stimme in einem Staat". Bahr forderte dazu auf, „ein bisher unbekanntes Modell des gleichberechtigten Zusammenlebens mit besonderem Schutz für Minderheiten" in Südafrika zu entwickeln. Köhler bemerkte im September 1982 in einem Vortrag vor dem Südafrikanischen Institut für Internationale Angelegenheiten in Johannesburg: „Nur derjenige vermag dem schwarzen Südafrika die Freiheit zu bringen, der auch das Existenzrecht der dort lebenden weißafrikanischen Nation absichert... Wer das nicht sieht, der bewirkt wenig mehr, als daß er Südafrika an einen Abgrund schrecklicher Gewalt führt." Diese Äußerungen gaben präzise die weißafrikanischen Mindestpositionen, die Vorstellungen radikal-liberaler weißer Südafrikaner wieder. Der Kern dieser Aussagen fand sich auch in zahlreichen Aufsätzen des amerikanischen Stellvertretenden Außenministers für Afrikanische Angelegenheiten, Chester A. Crocker.[8]

---

südliche Afrika machen... Verhindern Sie einen Rassenkrieg." Vgl. auch die Ansprache des Ständigen Vertreters der Bundesrepublik Deutschland bei den Vereinten Nationen in New York, Rüdiger von *Wechmar*, Erklärung über Namibia, 26.4.1978, in: *Bulletin*, 29.4.1978, S. 385–388. Auf S. 387 wird eine Rede von Genscher vom 25.2.1978 zitiert, demnach „Namibia ein Modell sei, in dem Schwarze und Weiße friedlich und gleichberechtigt zusammenleben".

[6] Dazu Klaus Frhr. von der *Ropp*, Der Süden Afrikas im Zeichen des Umbruchs, in: *liberal*, 12/1980, S. 940–948; *ders.*, Südafrika 1982: Revolution von oben – Revolution von unten?, in: *liberal*, 11/1982, S. 845–856.

[7] Egon *Bahr* in: *Deutsches Allgemeines Sonntagsblatt*, 10.7.1977, S. 8, Volkmar *Köhler*, Europe's Role in Africa. A German View, in: *International Affairs Bulletin* (Braamfontein), Bd. 6, Nr. 3/1982, S. 35–45.

[8] Vgl. vor allem: Chester *Crocker*, South Africa. Strategy for Change, in: *FA*, 2/1980–81, S. 323–351; *ders.*, A U.S. Policy for the 80s, (SA Institute of International Affairs), Johannesburg 1981; *ders.*, A Mid-Term Assessment of the Carter Administration's Policies in Africa, in: *International Affairs Bulletin*, 6/1979, S. 15–26. Crocker ist hervorragender Sachkenner. Gegen seine Berufung hatte sich – vergeblich – der rechte Flügel der Republikaner im Senat gewandt, denen Crockers Vorstellungen als „zu liberal" galten. In der zweiten Hälfte der siebziger Jahre bekundete er reges Interesse an jenen Debatten und schriftlichen Arbeiten, in denen Südafrikaner, Niederländer und Deutsche nach Kompromißformeln für eine neue politische Ordnung für den Mehrvölkerstaat Südafrika gesucht hatten. Vgl. hierzu vor allem Theodor *Hanf*, Heribert *Weiland*, Gerda *Vierdag* (unter Mitarbeit von Lawrence *Schlemmer*), Südafrika. Friedlicher Wandel? Möglichkeiten demokratischer Konfliktregelung. Eine empirische Untersuchung, München, Mainz 1978; Arend *Lijphart*, Majority Rule versus Democracy in deeply divided Societies, in: *Politikon* (Pretoria), 2/1977, S. 113–126; Jürgen *Blenck* und Klaus Frhr. von der *Ropp*, Republik Südafrika. Teilung als Ausweg?, in: *Außenpol.*, 3/1976, S. 308–324; *dies.*, Republic of South Africa. Is Partition a Solution?, in: *South African Journal of African Affairs* (Pretoria), 1/1977, S. 21–32; Klaus Frhr. von der *Ropp*, Power Sharing versus Partition in South Africa, in: *Australian Outlook* (Canberra), 2/1981, S. 158–168; Gavin *Maasdorp*, Forms of Partition, in: Robert I. *Rotberg* und John *Barratt* (Hrsg.), Conflict and Compromise in South Africa, Lexington u. a. 1980, S. 107–146; Wolfgang H. *Thomas*, Südafrika zwischen Teilung und Integration, in: *Außenpol.*, 3/1979, S. 301–322.

Im Einklang mit den Regierungen in London und Paris und im Widerspruch zur Carter-Administration (und damit auch den Regierungen in Ottawa und Bonn) war Crocker der Meinung, daß es „nicht unsere Absicht sein sollte, amerikanische Institutionen auf Südafrika zu übertragen, daß (die USA) aber anbieten könnten, Erfahrungen zu teilen, eigene Vorstellungen zu übermitteln und so die Schaffung südafrikanischer Institutionen ... zu erleichtern."[9] Ziel dieses Gedankenaustausches sollte sein, in Südafrika zu einem System der Teilung der Macht unter den Bevölkerungsgruppen oder, von Crocker nur am Rande erwähnt, einer „ausgehandelten (geographischen) Teilung" des Landes zu gelangen.

Zunächst hatte es den Anschein, als werde sich die Kluft zwischen Washington einerseits und Bonn/Ottawa andererseits noch weiter vertiefen. Ausgeprägt konservative Mitglieder der neuen amerikanischen Regierung, wie die UN-Botschafterin Jeane Kirkpatrick, der Stellvertretende Außenminister William P. Clark und Richard Allen, Vorsitzender des Nationalen Sicherheitsrats, suchten Crockers Vorstellungen im Sinne einer Annäherung an die Positionen Pretorias zu beeinflussen. Im ganzen aber richtete die Reagan-Administration ihr Augenmerk in der Dritten Welt vornehmlich auf die Probleme Zentralamerikas, den Nahen Osten und auch SWA/Namibia, nicht aber auf Südafrika. Trotz ihrer so unterschiedlichen Sicht kam es zwischen Washington, Ottawa und Bonn nicht zu offenen Auseinandersetzungen; auch nicht, als die Bundesregierung weiter auf Distanz zu Pretoria ging, indem sie der Eröffnung von Verbindungsbüros von ANC und SWAPO in Bonn zustimmte und der Bundesaußenminister Chief Gatsha Buthelezi – den einzigen moderaten und doch gefolgsstarken schwarzen Politiker Südafrikas – Ende März 1982 nur „durch die Hintertür" empfing.[10] Immerhin führten diese Meinungsverschiedenheiten aber dazu, daß die amerikanische Regierung bei der Monate währenden Bestandsaufnahme und Neuformulierung ihrer Politik im südlichen Afrika eng mit London und Paris zusammenarbeitete, die Bonner Regierung jedoch nur ganz am Rande konsultierte und informierte. Das Gewicht der Bundesrepublik bei der Formulierung gemeinsamer westlicher Positionen im südlichen Afrika – seit dem Scheitern der SWA/Namibia-Konferenz von Pretoria im Oktober 1978 ohnehin im Schwinden begriffen – war stark reduziert.

In der Folgezeit gab es dann allerdings in der Politik der USA einige Entwicklungen, die auch die Regierungen in London und Paris vor den Kopf stießen. Sie waren wahrscheinlich mehr das Werk der Ideologen um Reagan als das Crockers: vor allem der (vergebliche) Antrag der Administration an den Kongreß, das sogenannte Clark-Amendment aufzuheben. Dieses 1976 von

[9] Vgl. Chester *Crocker*, South Africa ..., ebd., S. 349.

[10] Zur Rolle Buthelezis in Südafrika vgl. Gatsha M. *Buthelezi*, Die Rolle des Westens im Befreiungskampf der Schwarzen im südlichen Afrika, in: *EA*, 17/1983, S. 517–526.

Senator Dick Clark initiierte Gesetz verbot Washington, angolanische Rebellengruppen (u. a. die UNITA und FNLA) zu unterstützen. Überall waren auch Gerüchte zu hören, Washington und Pretoria berieten über eine mögliche militärische Zusammenarbeit oder gar, unter Einschluß einiger südamerikanischer Staaten, über die Gründung einer „South Atlantic Treaty Organisation".[11] Alle Dementis der USA, alle Hinweise, die jetzt praktizierte amerikanische Politik des „konstruktiven Engagements" diene dem Abbau und schließlich der Beseitigung rassistischer Ordnungen in SWA/Namibia und Südafrika, wurden nicht geglaubt. Zu sehr hatte sich das schwarze Afrika während der Carter-Administration an vermeintliche Versprechungen aus Washington gewöhnt, als daß es jetzt Crockers verschwiegener, aus einer konservativ-liberalen Grundhaltung heraus formulierten Diplomatie vertraut hätte. Dies um so mehr, als im Lauf der Zeit auch diesem Versuch, auf Pretoria Einfluß zu nehmen, ein Durchbruch versagt blieb.

SWA/Namibia auf dem Weg in die Unabhängigkeit?

Anfang März 1981 nahm die 35. Vollversammlung der Vereinten Nationen mit einer ausführlichen SWA/Namibia-Debatte ihre Arbeit nochmals auf. Der (vergebliche) Versuch Pretorias, von seinem Recht auf Teilnahme an der Sitzung Gebrauch zu machen, das Scheitern der Genfer Konferenz sowie das große Mißtrauen vor allem der OAU-Länder gegenüber Reagans Afrika-Politik sorgten von vornherein für eine militante Atmosphäre. Verbreitet war die berechtigte Sorge, die USA seien bestrebt, von Resolution 435 abzurücken und würden jetzt erwägen, das SWA/Namibia-Problem bei einer Konferenz nach Art der Lancaster-House-Konferenz von Ende 1979, die den Rhodesien-Konflikt beilegte, zu behandeln. Entsprechend einer Empfehlung der Vollversammlung trat dann in der zweiten Aprilhälfte 1981 der UN-Sicherheitsrat zu einer SWA/Namibia-Debatte zusammen. Die OAU-Länder waren u. a. aus Opposition zu Inhalt und Ton der Debattenbeiträge von Botschafterin Kirkpatrick, die wenig mit denen ihrer Vorgänger Young und Donald McHenry gemein hatten, nicht mehr zum Einlenken bereit. Sie präsentierten Resolutionsentwürfe, die auf die Interessen der westlichen Staaten kaum noch Rücksicht nahmen. So wurden Forderungen laut, gegen Pretoria Zwangsmittel gemäß Kapitel VII der UN-Charta zu verhängen. Daraufhin legten die USA, Großbritannien und Frankreich ihr Veto ein und brachten so vier Resolutionen zu Fall.

[11] In Washington war kurz nach Amtseinführung der neuen Regierung der Besuch von fünf hochrangigen südafrikanischen Offizieren, darunter der Chef des südafrikanischen militärischen Abschirmdienstes, bekannt geworden. Die offizielle Begründung Washingtons lautete, bei der Erteilung der Einreisevisa sei der berufliche Hintergrund der südafrikanischen Besucher nicht bekannt gewesen.

Zwei Monate nach Amtsantritt Reagans trat Mitte März 1981 die westliche Kontaktgruppe in London erstmals wieder zusammen. Gesprächsgegenstand waren die Reaktionen, die Crocker kurz zuvor bei einer ausgedehnten Afrika-Reise auf seine neuen Ansätze in der SWA/Namibia-Politik erhalten hatte. Von Interesse waren vor allem die (eindeutig negativen) schwarzafrikanischen Antworten auf seine Vorstellung, im Sinne einer allgemeinen Flurbereinigung den Abzug der Südafrikaner aus SWA/Namibia mit dem Abzug der kubanischen Soldaten (ca. 15 000–20 000) zu verknüpfen. Auch die vier Verbündeten der USA blieben gegenüber der Idee eines solchen „linkage" ablehnend. Sie bestanden auf Resolution 435, waren jedoch bereit, über die Anregung Crockers nachzudenken, die „Fünf" sollten in enger Konsultation mit den Konfliktparteien und den sonstigen Interessierten zentrale Elemente der Verfassung einer unabhängigen Republik Namibia erarbeiten.

Die USA auf der Suche nach neuen Lösungsansätzen

In den folgenden Monaten aber gingen die USA im bilateralen Kontakt mit Pretoria unter Außerachtlassung ihrer vier Partner ihre eigenen Wege. Auf teils deutliche Kritik stießen sie, außer im schwarzen Afrika, vor allem in Bonn sowie bei der im Mai 1981 ins Amt gewählten französischen Regierung unter François Mitterrand. Letztere führte zwar die vorsichtige und abwägende Südafrika-Politik der Regierung Giscard d'Estaing fort, übernahm jedoch die Bonner SWA/Namibia-Politik, indem sie die Suche nach einer Lösung des SWA/Namibia-Problems gemäß Resolution 435 forcierte. Da die neuen amerikanischen Unterhändler im Gegensatz zu ihren Vorgängern eine verschwiegene Diplomatie trieben, konnte über die zwischen ihnen und Pretoria diskutierten Problemkreise nur spekuliert werden. Vermutlich ging es um das Verhältnis der SWAPO und des African National Congress (ANC) zur Sowjetunion; die Position der UdSSR im übrigen südlichen Afrika; die Lage in Angola, Mosambik und Simbabwe; Pretorias immer härter werdende Politik gegenüber diesen Nachbarländern; die internen Entwicklungen in der Republik Südafrika; wirtschaftliche Hilfsprogramme der USA für Staaten im südlichen Afrika; die Ersetzung von Resolution 435 durch einen neuen Lösungsansatz sowie, als Gegenleistung für politische Zugeständnisse Pretorias, Möglichkeiten militärischer Zusammenarbeit zwischen Südafrika und den USA.

Die OAU-Staaten, das schwarze SWA/Namibia, das schwarze Südafrika und Dritte betrachteten diese geheimen Kontakte („rassistische Verschwörung") um so mißtrauischer, als die Südafrikanischen Verteidigungskräfte (SADF) erst wenige Monate zuvor im Januar 1981 erstmals Dienststellen des ANC in Matola/Maputo (Mosambik) bombardiert hatten, ferner die von Pretoria großzügig geförderte Befreiungsbewegung Resistencia Nacional

Moçambicana (RNM), eine die Regierung in Maputo bekämpfende Rebellenbewegung, immer erfolgreicher agierte und schließlich Angola immer häufiger und intensiver Opfer der die SWAPO verfolgenden SADF wurde. Die Befürchtungen der OAU erreichten nahezu hysterische Ausmaße, als die Tageszeitung *The Windhoek Observer* am 1. Oktober 1981 meldete, Washington sei tatsächlich, im Austausch gegen den Rückzug Südafrikas aus SWA/Namibia, bereit, Pretoria ein Recht auf militärische Intervention in einem unabhängigen Namibia für den Fall zu garantieren, daß dessen (SWAPO-)Regierung den ANC unterstützte. Auch werde in Washington bei einer Aufgabe SWAs/Namibias durch Pretoria an eine militärische Zusammenarbeit mit Südafrika gedacht. Was tatsächlich verhandelt wurde, und woran auch diese Verhandlungen allem Anschein nach scheiterten, blieb im dunkeln. Ähnliches gilt auch für die Gespräche, die der Führer der Uniao Naçional Para a Independençia Total de Angola (UNITA), Jonas Savimbi, im Dezember 1981 im amerikanischen Außenministerium mit Crocker und anderen Regierungsvertretern führte. Die Wirkung jedoch war die gleiche: Auch sie vertieften die Kluft zwischen den schwarzen Afrikanern und der Regierung Ronald Reagans.

Die Rückbesinnung der USA auf Resolution 435

Im Herbst 1981 äußerte Lord Carrington nach Beratungen der Außenminister der „Fünf" am Rande der UN-Vollversammlung, man stehe wieder auf dem Gleis, aber es stünde noch eine weite Reise bevor. Dazu hatte gewiß beigetragen, daß die westdeutsche und später auch die französische Regierung immer wieder klarmachten, daß an Resolution 435 als dem einzig tauglichen Lösungsansatz festgehalten werden müsse. Deutlich war das vor allem bei den SWA/Namibia-Diskussionen der „Fünf" am Rande der NATO-Ministerratstagung (Mai 1981 in Rom) geworden und beim Wirtschaftsgipfel in Ottawa (Juli 1981). Dort war den USA immerhin das Zugeständnis abgerungen worden, Resolution 435 sei eine „solide Basis" für eine Lösung der SWA/Namibia-Frage.

In der Erkenntnis, daß die Einberufung einer „Lancaster-House-Konferenz" zur Erarbeitung einer Verfassung für SWA/Namibia am Widerstand der SWAPO und der Frontstaaten scheitern würde, entwickelten die Fünf dann den Plan, zentrale Elemente einer Verfassung für Namibia in enger Zusammenarbeit mit der SWAPO, den internen Parteien, Südafrika und den Frontstaaten zu erarbeiten. Dies geschah in den folgenden Monaten. Die Vorschläge enthielten u. a. einen Grundrechtskatalog, die Verankerung des Prinzips der Gewaltenteilung wie auch andere wesentliche Bestandteile einer westlich-demokratischen Ordnung sowie Überlegungen zu einer „gerechten" Repräsentanz aller ethnischen Gruppen des Landes in den staatlichen

Organen.[12] Die von den Fünf konsultierten Staaten und sonstigen Parteien stimmten zu. Dies dürfte fast allen unter ihnen um so leichter gefallen sein, als sie vermutlich davon ausgingen, daß diese Verfassungselemente, die Ausdruck westlichen, nicht aber afrikanischen Denkens sind, im politischen Alltag der künftigen Republik Namibia keine Rolle spielen würden. Keine Einigung vermochte man hingegen in der Frage des Wahlrechts für eine Verfassunggebende Versammlung zu erreichen, obwohl darüber besonders intensiv verhandelt wurde. Die SWAPO und die Frontstaaten widersetzten sich dem Vorschlag der Fünf, hier eine Mischung von Persönlichkeits- und Verhältniswahlrecht („Ein-Mensch-zwei-Stimmen") einzuführen. Die „internen" Parteien und Südafrika stimmten ihm jedoch zu.

Die Verhandlungen der Fünf wurden dadurch erschwert, daß die Südafrikaner ab Herbst 1981 verschiedentlich mit Luftwaffen- und Heereseinheiten tief nach Angola vorstießen (Operationen „Protea", „Daisy" und „Super") und große Teile des Nachbarlandes von da an selbst kontrollierten oder der mit ihnen kooperierenden UNITA zur Kontrolle überließen.[13] Außer Angehörigen der PLAN wurden immer wieder reguläre angolanische Soldaten in die Kämpfe verstrickt. Die Operation „Protea", die auch unter den sowjetischen Beratern Opfer forderte, hatte vor dem UN-Sicherheitsrat ein diplomatisch-politisches Nachspiel: Diesmal verhinderte nur noch das Veto der USA die Verurteilung Südafrikas. Das Argument der „antikommunistischen Gralshüter" in Pretoria, durch die Operation „Protea" sei ein zweites „Afghanistan" verhindert worden, dürfte allerdings selbst in Washington niemanden überzeugt haben.[14]

Nach einem weiteren Besuch Nujomas in Bonn kam dank der Vermittlung Genschers im Juni 1982 ein erstes Treffen des SWAPO-Vorsitzenden mit Crocker zustande. Es überraschte, daß sich der Afrikaner anschließend sehr zuversichtlich gab. Einmal mehr schien eine Konfliktlösung in Sicht. In den folgenden Monaten widmete sich die amerikanische Diplomatie dann ganz den Verhandlungen mit Angola, mit dem die USA allerdings auch weiterhin keine diplomatischen Beziehungen unterhielten. Auch über den Inhalt dieser Verhandlungen wurde nichts bekannt. Angenommen wird, daß die von den Südafrikanern übernommene amerikanische Vorstellung diskutiert wurde,

---

[12] *Wireless Bulletin*, 29.10.1981, S. 6–7.

[13] Vgl. dazu Theodor *Wernerus*, Angola, eine vergessene Tragödie, in: ISS-INFO (Konrad-Adenauer-Stiftung, Bonn), 20.9.1982, S. 1–14, sowie Fred *Bridgland*, Auf dem Savimbi-Pfad in Angola, in: *NZZ*, 18.6.1983, S. 37–39.

[14] Am 24.10.1982 erklärte beispielsweise der südafrikanische Veteidigungsminister General Magnus Malan: „Wir können uns nicht aus dem Operationsgebiet im Süden Angolas in den südlichen Teil Namibias oder das Nord-Kap zurückziehen. Das würde dazu führen, daß die rote Flagge über Windhoek weht. Ich glaube, daß die SWAPO eine kommunistische Bewegung ist." Zit. nach: Focus on Namibia. Implications of General Malan's Speech, in: *Ecunews* (Johannesburg), 11/1982, S. 5.

parallel zum Rückzug der Südafrikaner aus SWA/Namibia die kubanischen Truppen aus Angola abzuziehen. Auch ist vermutlich über den amerikanischen Wunsch einer Beteiligung der UNITA an der Regierung in Luanda und schließlich über westliche Hilfsprogramme für Angola gesprochen worden.

Die amerikanischen Unterhändler erfuhren in Luanda, was Vizepräsident George Bush im Herbst 1982 in jeder der zahlreichen von ihm besuchten schwarzafrikanischen Hauptstädte erfahren hatte: das „Cuban linkage" war kein Thema! Es bildete aber sicher einen wichtigen Gegenstand der Gespräche, die Crocker im Dezember 1982 nach Moskau führten. Ohne sichtbares Ergebnis blieben auch die Diskussionen, die Vertreter Südafrikas Anfang Dezember 1982 in der Republik Kap Verde erstmals mit hochrangigen Vertretern der angolanischen Regierung führten. Möglicherweise wurden hier bereits Elemente eines „Antisubversionspaktes" besprochen. Etliche Anzeichen sprechen dafür, daß Pretoria in jener Zeit auch mit Mosambik und Lesotho über derartige Geheimabkommen verhandelte, oder solche Abkommen zumindest erwogen worden sind. Die vertragschließenden Parteien verpflichteten sich in geheimen Absprachen, die Regierung des anderen nur begrenzt oder überhaupt nicht zu destabilisieren.

Die internen Entwicklungen in SWA/Namibia

Die Entwicklung in SWA/Namibia ist im Berichtszeitraum gekennzeichnet durch den Fortgang des von beiden Seiten mit großer Brutalität geführten Buschkrieges im Norden des Territoriums, die unverminderte Stärke der SWAPO[15] sowie das sich abzeichnende Ende der seit eh und je schwachen, von der DTA gestellten Windhoeker Regierung. Nach dem Scheitern der Genfer Konferenz wurde die Windhoeker DTA-Regierung in Pretoria vorstellig und drängte darauf, daß ihr weitere Kompetenzen übertragen würden. So wurde u. a. der Aufbau der South West African Territorial Force verstärkt vorangetrieben: Allem Anschein nach wurden aus Angola und Simbabwe stammende, in den dortigen Kolonialkriegen erprobte Berufssoldaten in größerer Zahl aufgenommen. Auch wurde der Aufbau eines eigenen Polizeicorps beschleunigt.

Wann immer die internationalen Verhandlungen über SWA/Namibia einen gewissen Erfolg versprachen (das war Mitte 1981 und Mitte 1982 der Fall), mußte die schwache DTA-Regierung bestrebt sein, sich von Pretoria zu lösen, um ein eigenes Profil zu gewinnen. Sie mußte „regieren", um sich überhaupt eine Chance in einer gegen die SWAPO zu bestehenden Wahl ausrechnen zu können. Pretoria dürfte die Situation der DTA sehr nüchtern gesehen haben.

---

[15] Vgl. dazu: Bericht der Südafrikanischen Bischofskonferenz zur Lage in Namibia, in: *Stimmen der Weltkirche*, 14. 5. 1982, S. 21–25.

Und dennoch: Die in der Nasionale Party van Suidwes-Afrika organisierte Mehrheit der weißen Südwester verstand es geschickt, durch Ausnutzung der ideologischen Flügelkämpfe in Pretoria zu verhindern, daß der in ihren Augen linken DTA wichtige Zugeständnisse gemacht wurden. Pretoria hätte sich aber vermutlich über diese Proteste hinweggesetzt, wenn die DTA durch Mehrung ihrer Kompetenzen zu einer wirklichen Alternative zur SWAPO hätte werden können. Das aber war nicht der Fall: Die DTA ist nie mehr als das wenig erfolgreiche Ziehkind Pretorias gewesen.

Daran vermochten auch gewisse außenpolitische Erfolge der DTA nichts zu ändern: Crocker und Clark hatten die DTA Anfang 1981 erstmals in die amerikanische Diplomatie einbezogen und sie damit den Fünf als gleichberechtigten Partner zur Seite gestellt. Daraufhin hatte übrigens auch Genscher erstmals offizielle Vertreter der DTA in Bonn empfangen. Bei ihren Gesprächen mit ausländischen Politikern wiesen die Namibianer u. a. auf die für sie unerträgliche Parteilichkeit der UN wie auch die ihres Erachtens bestehende Gefahr hin, daß die in Angola stationierten Kubaner den Ausgang der Wahlen in SWA/Namibia zugunsten der SWAPO beeinflussen würden.

Bereits Ende 1981 wurden starke Spannungen in der DTA, der nur lockeren Allianz von elf ethnischen Parteien, deutlich sichtbar. Vor allem Pastor Peter Kalangula, Vorsitzender der (Ovambo) National Democratic Party, kam zu der Erkenntnis, daß seine Partei innerhalb der DTA bei einer Wahl gegen die SWAPO keinerlei Chancen haben werde. Nicht ohne Grund stand die von Dirk Mudge und seiner Republikanischen Partei beherrschte DTA nach wie vor im Verdacht, wichtige Elemente der sozialen und politischen Apartheid bewahren zu wollen. Wohl auch unter dem Einfluß südafrikanischer Militärs, die die Bedeutungslosigkeit der DTA sahen, zog sich Kalangula im Februar 1982 aus der DTA zurück.[16] Allerdings setzte Kalangula eine Kommission ein, die die auch von der Südafrikanischen Katholischen Bischofskonferenz erhobenen Vorwürfe[17] prüfte, die Streitkräfte Pretorias und Windhoeks führten im Norden des Landes wahllos Folterungen durch. Auch diese Vorkommnisse schwächten die Autorität der auf Unterstützung Pretorias und seiner SADF angewiesenen DTA. Ihre Angriffe auf Pretoria („Pretoria propagiert Apartheid-Ideale für SWA/Namibia") vermochten offenbar niemanden zu überzeugen. Zum Ende des Jahres verlängerte Pretoria die Legislaturperiode der vier Jahre zuvor gewählten Nationalversammlung und damit auch die Amtszeit der DTA-Regierung. Doch zeichnete sich bereits damals ab, daß das „Experiment Turnhalle" sehr bald ein unrühmliches Ende finden würde.

---

[16] Vgl. hierzu ausführlich Leon *Kok*, The DTA Drama. Behind the Scenes, in: *The Windhoek Advertiser*, 19. 2. 1982, S. 10–11. Später gründete Kalangula im Owambo die Christian Democratic Action for Social Justice, die aber politisch nie eine Rolle gespielt hat.

[17] Vgl. hierzu: Bericht der Bischofskonferenz, a. a. O. (Anm. 15), S. 17–21.

SIMBABWE IN EINER PHASE DER BEWÄHRUNG

Von den ersten Tagen ihres Bestehens an war die Republik Simbabwe mit einer großen Zahl kaum lösbar scheinender Aufgaben konfrontiert.[18] Eine der dringendsten war eine Neuordnung des Wirtschaftslebens, die zwar die krassen sozialen und wirtschaftlichen Unterschiede zwischen Schwarz und Weiß behob, jedoch nicht dazu führte, daß die für den Fortbestand der hochentwikkelten Volkswirtschaft unentbehrlichen Weißen zur Flucht nach Südafrika veranlaßt wurden. Angola und Mosambik waren warnende Beispiele. Andere Aufgaben waren die Reintegration von Zehntausenden von Guerillakämpfern, von denen sehr viele Zugang zu verborgenen Waffenlagern hatten; die Rücksiedlung von Hunderttausenden von Bauern, die aus den ländlichen Gebieten Simbabwes in städtische Zentren oder in die Nachbarstaaten geflohen waren; die Koexistenz der miteinander verfeindeten, überwiegend tribalistisch geprägten Parteien ZANU (Robert Mugabe) und ZAPU (Joshua Nkomo). Und dies alles in der unmittelbaren Nachbarschaft zu dem instabilen und bankrotten Mosambik und dem in der ersten Phase eines Guerillakrieges befindlichen Südafrika.

Ministerpräsident Mugabe sprach nach dem SADF-Angriff auf ANC-Dienststellen in Matola Ende Januar 1981 von Südafrikas „Akt nackter Aggression gegen unsere friedliebenden Nachbarn."[19] Kurze Zeit zuvor hatte er ausgeführt: „Wenn das Botha-Regime nicht aus der Geschichte (Simbabwes) lernen kann, dann muß es in viel bitterer Form lernen, denn die Menschen in Südafrika werden es dem Apartheid-Regime nicht erlauben, sich noch viel länger zu behaupten. Wir werden an der Seite der Mitglieder der OAU unsere Rolle spielen und den in Südafrika kämpfenden Menschen moralische, praktische und politische Unterstützung geben."[20] Mehr noch als die Verantwortlichen in den anderen Frontstaaten war Mugabe von der Politik der Reagan-Administration enttäuscht und kritisierte sie scharf.[21]

Auch die seinerzeit ca. 70000 Mitglieder starke Lobby der „Ex-Rhodesier" in Südafrika, alle nach wie vor Anhänger des ehemaligen Ministerpräsidenten Ian Smith, haben dafür gesorgt, daß Pretoria hart antwortete: zunächst die – allerdings später revidierte – Aufkündigung des Handelsabkommens, das Simbabwe gestattete, viele Konsumgüter zollfrei nach Südafrika zu exportieren; die Rückforderung von Lokomotiven, die Pretoria der simbabwischen Eisenbahnverwaltung zur Verfügung gestellt hatte, was Simbabwe in Engpässe

---

[18] Vgl. zur Anfangsphase Gerald *Braun*, Simbabwe. Von der weißen Rebellenkolonie zum schwarzafrikanischen Nationalstaat, in: IP 1979/80, S. 319–337.

[19] *Sunday Mail* (Harare), 1. 2. 1981, S. 1.

[20] Ebd., 1. 3. 1981, S. 1.

[21] Vgl. etwa die Rede, die Mugabe Anfang Januar 1983 bei einer Tagung des African-American Institute in Harare hielt. Sie ist in Auszügen abgedruckt in: *Africa Report* (New York), Nr. 3–4, 1983, S. 39–41.

auf dem Transportsektor stürzte; das Zurückhalten von Dieselöl, das in den großen (weißen!) landwirtschaftlichen Betrieben Simbabwes dringend benötigt wurde. Auch belasteten Anschläge der Pretoria verbündeten RNM in Mosambik die Nutzung des nachbarlichen Verkehrsnetzes durch Simbabwe. Schließlich warf die in Aussicht genommene Ausweisung von 20 000 schwarzen Arbeitern simbabwischer Nationalität aus Südafrika für Salisbury zusätzliche wirtschaftliche Probleme auf.

Im September 1982 zeigte sich deutlich, daß Pretoria um die Destabilisierung Simbabwes bemüht war: Drei früher nach Südafrika ausgewanderte rhodesische Berufssoldaten wurden in einem Gefecht mit Regierungstruppen im Südosten Simbabwes getötet. Zum Zeitpunkt ihres Todes trugen sie südafrikanische Uniformen; eine Bestätigung für die Behauptung, Südafrika unterhalte Sabotagetrupps gegen Simbabwe. Auch bei Anschlägen auf ein Munitionsdepot der Hauptstadt Harare (ehemals Salisbury) im August 1981 sowie im Juni 1982 auf die Residenz Mugabes und schließlich im Juli 1982 auf den größten Luftwaffenstützpunkt des Landes in Gweru fiel der erste Verdacht stets auf Pretoria. Als Täter kamen freilich auch Befürworter des alten Regimes und Parteigänger Nkomos in Betracht. Der Marsch aufständischer Einheiten der früheren Guerillaarmee Nkomos aus dem Gwai River Camp nach Bulawayo ließ Anfang 1981 sogar die Sorge aufkommen, in Simbabwe werde abermals ein Bürgerkrieg ausbrechen.[22] Diese Vorkommnisse führten schließlich zu einer beschleunigten Entwaffnung der Ex-Guerillakämpfer. Etliche von ihnen hatten aber zuvor bereits ihre Standorte verlassen und zogen als marodierende Banden durch das Land.

Einen weiteren Höhepunkt erreichten die Auseinandersetzungen zwischen Mugabe und Nkomo, als Nkomo – um diese Zeit ohnehin nur noch Minister ohne Geschäftsbereich – im Februar 1982 von Mugabe entlassen und auf das schärfste attackiert wurde. In der Folge der Entmachtung Nkomos kam es in dessen Hochburg, Matabeleland, zu schweren Ausschreitungen. Anlaß für die Entlassung Nkomos waren umfangreiche Waffenfunde auf Farmen, die seiner Partei gehörten. Mugabe, der stets der abwägende, kluge und souveräne Regierungschef blieb, verstand es zu verhindern, daß die Auseinandersetzungen die Stabilität Simbabwes ernsthaft bedrohten. Dabei war ihm eine große Hilfe, daß die Mehrheit der weißen Simbabwer erkannte, sie und ihre Kinder würden in Simbabwe nur dann eine Chance haben, wenn sie jetzt Mugabe stützten. Dazu bekannte sich auch die Hälfte der weißen Parlamentarier, die sich von der Republikanischen Partei von Ian Smith gelöst hatten, um enger mit den Gefolgsleuten Mugabes zusammenzuarbeiten. Der Premierminister bewies somit vielen Zweiflern, daß sie keinen Grund gehabt hatten, gegen ihn und seine Gefolgsleute über sieben Jahre lang Krieg zu führen.

---

[22] Vgl. dazu: *The Herald* (Harare), 13. 2. 1981, S. 1, 2; 14. 2. 1981, S. 1 und 16. 2. 1981, S. 1.

SÜDAFRIKA ZWISCHEN WEISSER SELBSTBEHAUPTUNG UND SCHWARZEM PROTEST

Ministerpräsident Pieter W. Botha kündigte Anfang 1981 vorgezogene Neuwahlen zum Kapstädter Parlament an, die dann Ende April stattfanden. Die regierende Nasionale Party (NP) gewann 131 (gegenüber 134 bei der vorherigen Wahl) von 165 Sitzen. Die der NP inzwischen sehr nahestehende, traditionell das englischsprachige weiße Südafrika repräsentierende New Republic Party (NRP), die viele Wähler an die NP verlor, kam nur noch auf acht Mandate. Die restlichen 27 Sitze gingen an die streitbaren Liberalen, an die Progressive Federal Party (PFP) des Afrikaaners Frederik van Zyl Slabbert. Auch die PFP profitierte vom Niedergang der NRP. Wirklicher Gewinner der Wahl aber war die extremistische Herstigte Nasionale Party (HNP) des Afrikaaners Jaap Marais, obwohl sie nicht ein einziges Mandat gewann. Ihr gelang es, weitgehend zu Lasten der NP, ihren Wähleranteil von 3 Prozent (1977) auf 11 Prozent zu steigern. Dank des Einflusses der vornehmlich in Natal lebenden Ex-Rhodesier war sie jetzt erstmals auch für englischsprachige Weiße wählbar.

Der Kampf der HNP für eine Rückkehr zur rigiden Apartheid des Dogmatikers Hendrik F. Verwoerd überzeugte viele weiße Afrikaner, und sie mußte von daher für die NP als ein sehr gefährlicher Gegner gelten. So hatte es in der Folgezeit oft den Anschein, als orientiere sich Botha mehr an den Vorstellungen des Zentralorgans der HNP, *Die Afrikaner*, als an den Forderungen derjenigen Parteifreunde, die, wie etwa die herausragenden Journalisten Ton Vosloo und Willem de Klerk, einer Politik des fundamentalen Wandels das Wort redeten. Die letzteren, wie natürlich auch van Zyl Slabbert, galten vielen in der NP als überspannt („oorbeligt"). Die Rücksichtnahme Bothas auf die HNP und ihre latenten Wähler prägte in der Folgezeit das Ringen um die neue Verfassung.

Die Verfassungsdiskussion in Südafrika

Im Februar 1981 nahm der von der Regierung Botha eingesetzte „Präsidialrat" seine Arbeit offiziell auf. Seinen weißen, gemischtrassigen und indienstämmigen Mitgliedern oblag insbesondere die Erarbeitung von Vorschlägen für eine neue Verfassung. Vor allem aus Protest gegen den Ausschluß der Schwarzen aus diesem Gremium verweigerten (außer der PFP) alle repräsentativen Gruppen der Braunen ihre Mitarbeit.[23] Der Präsidialrat nahm seine

[23] Das galt für das bedeutungsvolle „Aktionskomitee für Wohnungsfragen in der Kap-Region" (CAHAC), die Arbeiterpartei der Farbigen, die Kirchen der Farbigen wie auch den gemäßigten und den militanten Flügel der Natal Indian Congress-Partei. Sie alle hatten Sorge, es ginge den weißen Afrikanern (ca. 17 % der Gesamtbevölkerung in Höhe von etwa 30 Millionen) nur darum, die Coloureds (ca. 10 %) und Inder (ca. 3 %) auf ihre Seite zu ziehen, um besser gegen die kommende Revolte des schwarzen Südafrikas (ca. 70 %) bestehen zu können.

Arbeit gleichwohl auf. Mit seinen weißen Mitgliedern debattierten von seiten der Braunen fast ausschließlich Quislinge. Allerdings stand dem Verfassungskomitee des Präsidialrats mit Denis Worrall ein sehr fähiger Wissenschaftler vor. Er strebte für die weißen und braunen Südafrikaner eine konkordanzdemokratische Ordnung, ein System institutionalisierter Machtteilung zwischen weißen, gemischtrassigen und indienstämmigen Afrikanern an.

Dem suchte der ehemalige Innen- und spätere Verfassungsminister Chris Heunis (NP) von außerhalb des Präsidialrats entgegenzuwirken. Heunis dürfte im Kabinett wie auch in der Fraktion der NP viele Sympathisanten gehabt haben, denn die Furcht, der Kurs Worralls (der selbst lange für die NP im Kapstädter Parlament gesessen hatte) werde zu einer Spaltung der NP führen, war sehr verbreitet. Genau dazu aber kam es im März 1982. Unter Führung des Vorsitzenden der NP von Transvaal, Andries Treurnicht, verließen 16 Abgeordnete der NP die Partei und gründeten kurze Zeit später die nicht nur latent sehr starke Konserwatieve Party. Unmittelbarer Anlaß für die Trennung zwischen den Lagern des erzkonservativen Botha und des reaktionären Treurnicht war ein Artikel des Abgeordneten Jan Groblar (NP) in einer Propagandabroschüre seiner Partei.[24] Groblar hatte dort einem System „gesunder Machtteilung“ das Wort geredet. Treurnicht wollte weder ein Regierungssystem der gesunden Machtteilung noch gar ein System der „ungesunden Machtteilung“, wie es die PFP propagierte, die auch die Schwarzen an der Regierungsverantwortung beteiligen wollte. Die im Mai 1982 veröffentlichten Verfassungsvorschläge,[25] die deutlich die Handschrift Worralls trugen, wurden nicht in die Tat umgesetzt, da Heunis Worrall seines Amts entheben ließ.

Wichtiger als die von Worrall vorgelegten Vorschläge waren dann die fundamentalen Veränderungen, die sie im Juli 1982 bei einem Bundeskongreß der NP in Bloemfontein erfuhren. Diese Entwicklung wurde anschließend durch die Vorlage eines zweiten Berichts des Verfassungsausschusses des Präsidialrates bestätigt. Die NP war durch den Schritt Treurnichts gewarnt worden. Jetzt galt folgendes:[26] Für jede der drei Bevölkerungsgruppen sollte ein separates Parlament geschaffen werden. Zusammen sollten sie die Erste Kammer bilden. Jedes dieser Parlamente war für die spezifischen Angelegenheiten der jeweiligen Bevölkerungsgruppe allein zuständig. Über Fragen von nationalem Interesse sollten die drei Parlamente gemeinsam entscheiden. Wenn aber ein Konsens nicht zu erzielen war, sollte die Zweite Kammer („Präsidi-

---

[24] Jan *Groblar*, Die nuwe uitdaging, in: *Nat 80s* (Kapstadt), 2/1982, S. 5.

[25] Vgl. Eerste Verslag van die Grondwetkomitee van die Presidentsraad, Kapstadt 1982.

[26] Vgl. dazu Michael R. *Sinclair*, The proposals of the constitutional committee of the President's Council, in: *International Affairs Bulletin*, 1/1982, S. 26–40.

alrat“) die endgültige Entscheidung treffen. Deren Mitglieder – teils von den Mehrheitsparteien in der Ersten Kammer gewählt, teils vom Staatspräsidenten ernannt, würden stets mehrheitlich Weiße sein. Das letzte Wort lag also stets bei den weißen Afrikanern.

An der Spitze der künftigen Exekutive sollte ein indirekt gewählter, dem Parlament nicht verantwortlicher Präsident stehen. Der Verfassungsentwurf übertrug ihm gleichwohl eine unbegrenzt erscheinende Machtfülle. Niemand bezweifelte, daß immer ein weißer Afrikaner dieses Amt bekleiden würde. Nur ihm, also nicht dem Parlament, sollte das Kabinett verantwortlich sein, dem außer weißen auch gemischtrassige und indienstämmige Südafrikaner angehören sollten. Die Macht wurde zentralisiert, nicht aber geteilt.[27]

Der kompromißlose Widerstand der nicht-weißen Bevölkerung gegen die propagierte Ordnung machte zweierlei deutlich: Das schwarze Südafrika, so sehr zerstritten es im übrigen auch war, lehnte das „Reformwerk“ Bothas kompromißlos ab. Und die harte Opposition der Mehrheit der Angehörigen der beiden braunen Gruppen zeigte, wie sehr sie sich von den Weißen entfernt, vielleicht sogar den militanten Schwarzen (vor allem im ANC) angenähert hatten.

Die gemischtrassigen Südafrikaner hatten bereits im Juni 1981 in Johannesburg und weiteren Orten des Transvaals ihre militante Opposition gegen die Vorstellungen der Weißen bekundet. Ihre Rebellion war aber durch den Einsatz von Polizei und Militär niedergeschlagen worden. Schon zu diesem Zeitpunkt war deutlich geworden, daß den gemischtrassigen Südafrikanern mit Allan Boesak eine starke Führungsfigur heranwuchs. Boesak, von Hause aus Pastor der Niederdeutsch Reformierten Kirche der Coloureds („sendingskerk“), hatte bereits bei der Gründung des Bruderkreises („broederkring“), einer Gemeinschaft regierungskritischer Pfarrer, sowie bei der Ausrufung der Allianz der Schwarzen Reformierten Christen im südlichen Afrika (Abrecsa) eine Schlüsselrolle gespielt. Broederkring und Abrecsa wurden zu Zentren des kirchlichen Widerstandes. Auch die häufig von den Behörden gebannte, dem CAHAC nahestehende Monatszeitung *Grassroots* (Kapstadt) bekämpfte die Verfassungsvorschläge militant.[28] Sie propagierte, vielleicht nicht ohne Erfolg, ein Zusammengehen des schwarzen und des braunen Widerstandes. Schon bei den Wahlen zum sogenannten South African Indian Council hatten Ende 1981 die indienstämmigen Südafrikaner die Absichten Pretorias durchkreuzt, denn nach einer vom Natal Indian Congress getragenen Boykottkampagne[29] hatten nur 10 Prozent der Wahlberechtigten von ihrem Wahlrecht Gebrauch gemacht.

---

[27] So Sheena *Duncan* von der Bürgerrechtsorganisation Black Sash, Reform. Quo Vadis?, in: *South Africa International*, 10/1982, S. 100.

[28] Vgl. etwa den Beitrag: Reject President's Council, in: *Grassroots*, Juni 1982, S. 8–9.

[29] Vgl. den Beitrag: Boycott SAIC elections. Mahatma would have done the same, in: *The Leader* (Durban), 18. 9. 1981, S. 1.

Demgegenüber wog nicht schwer, daß die nunmehr unwichtig gewordene Coloured Labour Party und die von Anfang an irrelevante Indian Democratic Party den Vorstellungen Pretorias zustimmten. Ihnen fehlte es an Rückhalt in der Bevölkerung.

Unter den gegebenen Machtverhältnissen war verständlich, daß der alternative Verfassungsvorschlag, den die sogenannte Buthelezi-Kommission im März 1982 (zunächst nur) für Natal vorlegte,[30] nicht die ihm gebührende Aufmerksamkeit fand. Die Kommission, deren Arbeit von NP und ANC boykottiert wurde, der aber hervorragende südafrikanische Politiker aller Bevölkerungsgruppen sowie ausgewiesene in- und ausländische Wissenschaftler angehörten, befürwortete für Natal eine konkordanzdemokratische Ordnung.[31] Dieser Vorschlag, der nach einer Phase der Bewährung in Natal auch im übrigen Südafrika realisiert werden sollte, schloß, anders als die Pläne Pretorias, die schwarz-südafrikanische Mehrheit ein. Offenbar aber hat außer der Mehrheit der Weißen auch die Mehrzahl der Schwarzen diese Überlegungen verworfen.

Entschiedenen Widerstand setzten die Schwarzen den Vorstellungen des Präsidialrats, der ihnen nichts zu bieten hatte, entgegen. Treibende Kraft bei der Opposition waren der ANC[32] und seine Guerillaarmee. Sie vermochten nicht, was ausländische Beobachter oft übersahen, die Regierung der weißen Afrikaner zu gefährden, aber sie brachten sie immer wieder in Verlegenheit. Im Berichtszeitraum gab es drei Gelegenheiten, bei denen man den kraftvoller gewordenen schwarzen Widerstand deutlich beobachten konnte: den 20. Jahrestag der Ausrufung der (weißen) Republik Südafrika am 31. Mai 1981, den Raketenüberfall auf den Militärkomplex Voortrekkerhoogte/Pretoria im August 1981 sowie Anfang 1982 die Erinnerungsfeiern zur Gründung des (seit 1960 illegalen) ANC vor 70 Jahren. Überall im Lande kam es zu Protesten, Akten der Sabotage und anderen Gesten des Widerstandes.[33]

---

[30] Der siebenbändige Buthelezi Commission Report wurde im März 1982 in Durban veröffentlicht.

[31] Unter konkordanzdemokratischer Ordnung versteht man ein System institutionalisierter Machtteilung unter der Bevölkerung. Vgl. hierzu Theodor *Hanf* und Heribert *Weiland*, Konkordanzdemokratie für Südafrika? Zur Bedeutung der neueren verfassungspolitischen Debatte, in: *EA*, 23/1978, S. 755–770.

[32] Zur Rolle des ANC in dieser Frage vgl. u. a. J. Hennie P. *Serfontein*, Research by Newspaper Group Supports Resurgence of A. N. C., in: *Ecunews*, 2/1982, S. 21–25.

[33] Mit einiger Wahrscheinlichkeit standen dem ANC auch die (in der Regel) schwarzen Gewerkschaften nahe, die Anfang der achtziger Jahre wohl zum wichtigsten politischen Faktor im schwarzen Südafrika geworden sind. Auch vereinzelte Weiße unterstützten den ANC, darunter der Arzt und ehrenamtliche Gewerkschaftsfunktionär Neil Aggett, der sich – so die wenig glaubwürdige offizielle Version – im Februar 1982 im Polizeigewahrsam das Leben nahm. Sowohl seine Beerdigung in Johannesburg als auch die Gedenkfeiern in den anderen Industriezentren des Landes wurden zu wütenden Protestdemonstrationen schwarzer Arbeiter und der wenigen mit ihnen sympathisierenden weißen Intellektuellen. Bei all diesen Kundgebungen waren die Symbole des ANC weder zu übersehen noch zu überhören.

Die Politik Pretorias für das schwarze Südafrika

Pretoria hielt an der Politik der Apartheid fest. Streiks und Boykott-Aktionen, Sabotageakte, Proteste ausgleichsbereiter und militanter schwarzer Führer, all das vermochte Pretoria nicht von dem als richtig erkannten Pfad abzubringen. So wurde etwa im Dezember 1981 die Ciskei als viertes Reservat in eine von der Außenwelt nicht anerkannte Schein-Unabhängigkeit entlassen. Wer berücksichtigt, daß das benachbarte East London ein Zentrum des militanten Gewerkschaftswesens ist, kann sich ein Bild von der Zukunft dieses stark übervölkerten und besonders unterentwickelten Reservats machen.[34] Die Schwarzen würden sich hier nicht widerstandslos von den Homeland-Marionetten Pretorias einpferchen lassen. Bemerkenswert war, daß es auch in den übrigen „unabhängigen" Reservaten zu Unruhen kam, für die häufig der ANC verantwortlich zeichnete.[35] Der Versuch Pretorias, Teile des noch abhängigen Reservats KwaZulu sowie des gleichfalls abhängigen Reservats KaNgwane (und damit deren ca. 800 000 Einwohner) Swaziland einzuverleiben, scheiterte am Votum südafrikanischer Gerichte, sorgte aber Mitte 1982 für zusätzliche Bitterkeit unter moderaten Schwarzen.

Die Lebensfähigkeit aller Reservate, die ohnehin gering ist, wurde dadurch noch weiter bedroht, daß Pretoria unproduktive oder als nutzlos eingestufte Schwarze aus dem „weißen" Südafrika in die Reservate vertrieb. Das geschah nahezu jeden Tag, ohne daß darüber in den Medien berichtet worden wäre.[36] Für Aufsehen sorgten Mitte 1981 aber Polizeiaktionen gegen Schwarze, darunter besonders viele Frauen und Kinder, die sich teils „legal", teils „illegal" im „weißen" Südafrika aufhielten und in den Siedlungen Nyanga, KTC und Crossroads in der Nähe des Kapstädter Flughafens notdürftige Lager eingerichtet hatten. Hier wurden Menschen verhaftet, bestraft und nach Transkei und Ciskei deportiert – wo sie keinen Lebensunterhalt finden konnten. So kehrten sie zurück, woraufhin sie abermals verhaftet, bestraft und deportiert wurden. Dieses Verfahren wiederholte sich. Gelegentlich begnügte sich die Polizei auch damit, die elenden Unterkünfte dieser Menschen niederzuwalzen, um die schwarzen Südafrikaner dadurch zu verunsichern. Sie sollten von sich aus in die Reservate ziehen; zumindest sollten nicht weitere Schwarze aus den Reservaten in das „weiße" Südafrika überwechseln.[37] Entwürfe von Gesetzen – zu nennen ist hier insbesondere das „Gesetz über

---

[34] Vgl. *South African Outlook*, 1/1982, S. 2–16: Ciskei.

[35] Vgl. Patrick *Laurence*, Transkei. Lurking Threat of the ANC, in: *Rand Daily Mail*, 7. 9. 1981, S. 7. Vgl. ferner: *Serfontein*, EKD Delegation to Venda allege Torture of Detainees, in: *Ecunews*, 19. 2. 1981, S. 3–4.

[36] Vgl. hierzu Ethel *Walt* (Hrsg.), South Africa. A Land divided, Johannesburg 1982.

[37] Vgl. u. a. *Serfontein*, Trauma in Nyanga, in: *South African Outlook*, 9/1981, S. 130–148 und *ders.*, War on the Poor, in: ebd., 11/1982, S. 170–184; *Grassroots*, Juli/August 1982, S. 5, sowie die regelmäßige Berichterstattung in: *Diakonia* (Durban).

ordnungsgemäßen Zuzug und Niederlassung von Schwarzen" –, die in Zukunft ein noch härteres Vorgehen der Behörden ermöglichen sollten, wurden Mitte 1982 vom Kapstädter Parlament zwar diskutiert, aber dann nicht verabschiedet.

Solche Vorgänge lösten außer unter den schwarzen und gemischtrassigen Südafrikanern auch in Kirchen der Weißen viele Proteste aus. Weiße und nicht-weiße Christen klagten häufig übereinstimmend an. Dennoch gab es einen wichtigen Unterschied: Die Schwarzen und solche Braunen, die Allan Boesak nahestanden, forderten ein System der Mehrheitsherrschaft für Südafrika. Ihre Hoffnung war der ANC. Nahezu alle Weißen, die sich hier zu Wort meldeten, verbanden mit ihrem Protest die Furcht einer jeden Minderheit vor der übergroßen, ihr ganz fremden Mehrheit. So mischte sich in ihre Anklagen die Furcht vor der Herrschaft der schwarzen Revolutionäre. Selbst die katholische Kirche, deren Klerus sich mehr als der jeder anderen christlichen Gemeinschaft um die soziale Integration bemühte, war allem Anschein nach überfordert:[38] Es heißt, daß es damals selbst in ihren Klöstern zu unerträglichen Spannungen zwischen Schwarz und Weiß gekommen ist.

Schlußbetrachtungen

Der Triumph Pretorias über die Westmächte in der SWA/Namibia-Frage sowie die äußerst milde Kritik der Ideologen um Präsident Reagan an der südafrikanischen Innen- und Außenpolitik ließen die weißen Afrikaner jetzt auch nach außen noch härter vorgehen. Kein Staat in der Region, selbst die Tausende von Kilometern entfernten Seychellen, der dem ANC Unterstützung gewährte oder sonst die Pläne Pretorias beeinträchtigte, konnte damit rechnen, ungestraft die Interessen der regionalen Supermacht zu durchkreuzen. Pretoria schlug allenthalben zu, notfalls selbst dann, wenn am Tage danach Gesprächsrunden mit den Fünf oder Sitzungen von Organen der Vereinten Nationen, die sich mit SWA/Namibia- oder Südafrika-Fragen befaßten, vorgesehen waren. So griffen beispielsweise Einheiten der SADF Anfang Dezember 1982 aus heiterem Himmel in Maseru (Lesotho) ein von ANC-Angehörigen bewohntes Gebäude an. Außer ANC-Mitgliedern wurden auch Staatsangehörige Lesothos getötet.

Doch wurde auch Pretoria die Grenze seines Handelns im Dezember 1982 aufgezeigt. Nicht durch den Sicherheitsrat der Vereinten Nationen, der Südafrika eine Woche später in einer hart formulierten Resolution einstimmig – also mit der Stimme der USA – verurteilte, sondern durch den ANC: Es gelang

[38] Vgl. dazu etwa: *Serfontein*, Black Priest's Sermon Rocks white Congregants, in: *Ecunews*, 2/1981, S. 3–4.

der Befreiungsbewegung, vom schwarzen Südafrika laut bejubelt, in den in Koeberg/West Kap noch im Bau befindlichen ersten Kernkraftwerken des Landes an sensiblen Stellen vier Feuer zu legen. Die Feuer seien, so erklärte ein Sprecher des ANC in Dar-es-Salaam, ein Gruß „an alle unsere Helden und eingekerkerten Kameraden, darunter auch jene, die heute nachmittag in Maseru begraben werden".

SPANNUNGEN AM HORN VON AFRIKA

Von Udo Steinbach

Ende 1982 war das Horn von Afrika von politischer Stabilität weit entfernt. Verglichen mit 1977/78 war zwar die Krise weniger dramatisch,[1] doch ist keines ihrer Elemente einer Lösung näher gebracht worden.[2] Zwar konnte die unmittelbare Gefahr eines Auseinanderfallens Äthiopiens gebannt werden, aber es gelang der Zentralregierung in Addis Abeba nicht, die vollständige Kontrolle über alle Provinzen zu erringen. Besonders in Eritrea, Tigre und Ogaden dauerten Kämpfe zwischen Truppen der Zentralregierung und den ethnischen „Befreiungsbewegungen" an.

Das Regime Siad Barres in Somalia sah sich einem doppelten und wachsenden Druck ausgesetzt: einmal durch die Opposition im Innern, zum andern zufolge einer Allianz der „Demokratischen Front zur Rettung Somalias" (Democratic Front for the Salvation of Somalia = DFSS) mit Äthiopien von außen. Die an der äthiopisch-somalischen Grenze im Ogaden seit 1980 immer wieder aufflammenden Kämpfe drohten im Sommer 1982 zu einem offenen Krieg zwischen beiden Ländern zu eskalieren. Im Sudan schließlich, wo mit Beginn der achtziger Jahre die alten Spannungen zwischen dem arabischen Norden und dem afrikanischen Süden wieder auflebten, beschleunigte sich mit der Verschärfung der Wirtschaftskrise der Autoritätsverfall der Regierung von General Jaafar Mohammed al-Nimairy. Demgegenüber nahm sich Djibouti, an dessen politischer Überlebensfähigkeit zum Zeitpunkt der beginnenden Unabhängigkeit (1977) erhebliche Zweifel bestanden, geradezu wie eine Insel der Stabilität aus.[3]

Unter dem Aspekt der internationalen Politik ließen die sowjetische Invasion in Afghanistan und die seither zunehmende Rivalität um die Region zwischen Golf und Rotem Meer auch das Horn von Afrika nicht unberührt. Der Abschluß der somalisch-amerikanischen Vereinbarung zur Nutzung militärischer Einrichtungen in Somalia im August 1980 sowie die Lieferung amerikanischer Waffen auf dem Höhepunkt der somalisch-äthiopischen Krise im Sommer 1982 waren ebenso Beweis hierfür, wie der Abschluß des

---

[1] Vgl. Udo *Steinbach*, Machtverschiebungen am Horn von Afrika, in: IP 1977/78, S. 229–242. Einen Überblick über die Krisenentwicklungen am Horn von Afrika gibt die Publikation: Horn von Afrika. Brennpunkt oder Nebenschauplatz des Ost-West-Konflikts? (Friedrich-Ebert-Stiftung), Bonn 1982. Diese Broschüre enthält die Zusammenfassung von Konferenzpapieren, die veröffentlicht wurden in: Horn of Africa. From „Scramble for Africa" to East-West-Conflict (Friedrich-Ebert-Stiftung), Reihe Entwicklungsländerforschung, Nr. 106/107, März 1983.

[2] Als Chronologie für die Entwicklungen am Horn von Afrika vgl. Colin *Legum* (Hrsg.), Africa Contemporary Record (ACR) 1979/80 ff., London 1980 ff.

[3] Vgl. Alain *Fenet*, Djibouti. A Mini State on the Horn of Africa, in: Horn of Africa, a. a. O. (Anm. 1), S. 59–69.

„Dreierbundes" vom August 1981 zwischen Libyen, Äthiopien und dem Südjemen, also drei Staaten, die – jeder auf seine Weise – enge Beziehungen zur Sowjetunion unterhielten. Die Supermachtrivalität hat also zu einer Polarisierung der Regionalmächte geführt, die eine Annäherung zwischen diesen weiter erschwert.

PREKÄRE STABILITÄT IN DER REGION

Äthiopien

In den Jahren 1979/80 gelang es dem äthiopischen Regime, seine Macht spürbar zu konsolidieren. Nach der blutigen Ausschaltung rivalisierender Parteien und Gruppen außerhalb des Nationalen Koordinierungskomitees (Provisional Military Administrative Council = PMAC oder, in seiner amharischen Bezeichnung, Derg) und mit den militärischen Erfolgen über die „Befreiungsbewegungen" unterschiedlicher ethnischer und politischer Ausrichtung im Jahre 1978 sah das Regime nunmehr die Notwendigkeit, seine Basis im Volk zu verbreitern. Damit gewann die Gründung einer neuen Partei, die wiederholt angekündigt, aber nicht verwirklicht worden war, weitere Dringlichkeit. Die Schwierigkeit für den Derg und vor allem für seinen Vorsitzenden, Mengistu Haile Mariam, bestand freilich darin, diese einerseits mit realen politischen Funktionen auszustatten und in ihr „die Massen" glaubhaft zu repräsentieren, andererseits aber die Macht nicht aus der Hand zu geben.

Mengistu zeigte mit dem Instinkt für Macht, der ihn an die Spitze des Staates gebracht hatte, daß er sich der Schwierigkeiten dieses Balanceakts bewußt war. Im Dezember 1979 wurde eine „Organisationskommission für die Partei des Arbeitervolkes von Äthiopien" (Commission for Organizing the Party of the Working People of Ethiopia = COPWE) unter seinem Vorsitz ins Leben gerufen. Sie hielt im Juni 1980 ihren ersten Kongreß ab.[4] COPWE war gleichsam die erste Etappe auf dem Weg zur Parteigründung. Die Aufgabe von COPWE sollte es sein, potentielle Mitglieder der Partei auf ihre „Eignung" hin zu prüfen.[5] An der Tatsache, daß die eigentliche Macht in Händen des auf sieben Mitglieder reduzierten Militärrats lag, änderte sich durch die Gründung von COPWE nichts.[6]

Der äthiopischen Zentralregierung erwuchsen von seiten des ethnischen Widerstands gegen das „amharische Kolonialregime" in Addis Abeba weit

---

[4] Vgl. ACR 1979/80, S. B 185–B 188.

[5] Zu den streng ausgesuchten Mitgliedern von COPWE, deren Zahl nicht bekanntgegeben wird, gehörten offiziell (Anfang 1983) 22 % Arbeiter und 3 % Bauern; die Mehrheit entfiel auf Militärs, Funktionäre und Beamte. *NZZ*, 20./21. 3. 1983.

[6] Mengistu selbst trat an die Spitze des Exekutivkomitees.

größere Schwierigkeiten als von einer politischen Opposition, die keine Möglichkeit hatte, sich zu organisieren. Zwar konnten die größten Probleme der Jahre 1977/78 weitestgehend gelöst werden: Sowohl in Eritrea als auch im Ogaden hatte die Regierung die Kontrolle zurückgewinnen können. Doch gelang es der Regierung nicht, die separatistischen oder auf weitgehende Autonomie gerichteten Bewegungen vollständig zu unterdrücken; vor allem in der Provinz Eritrea erwies sich dies als schwierig. Von den drei dort operierenden Befreiungsbewegungen „Eritrean Liberation Front" (ELF), „Eritrean Liberation Front/Popular Liberation Forces" (ELF/PLF) und „Eritrean People's Liberation Front" (EPLF) hatte sich letztere seit Ende der siebziger Jahre als die stärkste Gruppierung herausgebildet.[7] Bemühungen um eine Beilegung des Konflikts durch Verhandlungen, die 1980 insbesondere von der ELF/PLF ausgegangen waren,[8] führten zu keinen Ergebnissen.

Anfang 1982 unternahm die Regierung schließlich entschlossenere Anstrengungen, das Problem langfristig zu lösen: Am 25. Januar kündigte Mengistu selbst in Asmara, der Hauptstadt Eritreas, die Operation „Roter Stern" an und prophezeite erneut die „endgültige Auslöschung der sezessionistischen Banditen" in einem Blitzkrieg von nur acht Tagen.[9] Die militärische Zerschlagung sollte das Vorspiel für einen umfassenden wirtschaftlichen Wiederaufbau der Provinz sein, deren Unabhängigkeitskampf zu jener Zeit bereits 21 Jahre dauerte. 90 000 Mann konzentrierten sich um das Sahel-Gebirge, in dem sich – in der Ortschaft Nakfa – die auf 22 000 Kämpfer geschätzte EPLF eingegraben hatte. Weitere 30 000 Mann wurden zum Schutz der Städte und Nachschubwege eingesetzt; der Armee standen rund 400 sowjetische Militärberater zur Seite. Es heißt, ihre Helikopter und Mig-Flugzeuge seien von Südjemeniten und Libyern geflogen worden. (Die etwa 12 000 Kubaner hielten sich wie auch früher aus den Kämpfen in Eritrea heraus und waren vornehmlich im Ogaden stationiert.) Aber es gelang Mengistu auch in dieser Offensive nicht, den eritreischen Widerstand auszulöschen.

Die Konzentration der militärischen Kräfte auf Eritrea hat offenbar anderen Befreiungsbewegungen größeren Handlungsspielraum gegeben: Die mit der EPLF eng verbündete „Tigre People's Liberation Front" (TPLF) machte 1982 durch eine Reihe von militärischen Aktionen von sich reden und schien einen Teil der Provinz Tigre wirksam kontrollieren zu können. Mit Beginn der achtziger Jahre war auch unter den Oromos – der mit circa 16 Millionen Menschen stärksten Völkerschaft in Äthiopien – eine „Befreiungsbewegung" auf die politische Bühne getreten. Während die Bewegungen Eritreas und

[7] In ihr ist der Anteil der Christen besonders groß. Ihr politisches Programm ist auf den Marxismus gegründet.

[8] Vgl. Udo *Steinbach*, Spannungsherd Horn von Afrika. Ansätze zu einem neuen Pragmatismus in der Region, in: *EA*, 8/1981, S. 247–256, hier bes. S. 250 f.

[9] Vgl. *NZZ*, 25. 9. 1982, S. 37–39.

Tigres im wesentlichen vom Sudan aus operierten, saß die Führung der „Oromo Liberation Front" in Mogadischu. Auch die von Somalia unterstützte „Western Somali Liberation Front" (WSLF), die im Ogaden für das Selbstbestimmungsrecht der dort lebenden somalischen Mehrheit kämpfte, setzte trotz der Niederlage vom Frühjahr 1978 ihren Kampf fort und vermochte weite Gebiete zu kontrollieren. Erst 1982 scheint es der Regierung in Addis Abeba gelungen zu sein, den Aktionen der „Front" stärkeren Widerstand entgegenzusetzen.[10] Ähnlich wie in Eritrea, das trotz des zwar lokal begrenzten, aber andauernden Kampfes weitgehend befriedet war, begann die Regierung im Ogaden nun mit der Durchführung von Entwicklungsprogrammen, die auf die Wiederansiedlung von Flüchtlingen zielte, die aus Somalia zurückkehrten.

Somalia

Der Ausgang des Ogaden-Abenteuers von Anfang 1978 hatte Präsident Siad Barres Stellung erheblich erschüttert. Nach der Unterdrückung von Unruhen in der Armee sah sich das Regime 1979 gezwungen, eine breitere Grundlage für seine Legitimation zu suchen. In diesem Zusammenhang wurde 1979 ein wichtiger innenpolitischer Schritt unternommen: Eine Verfassung wurde eingeführt, die am 25. August mit überwältigender Mehrheit angenommen wurde. Trotz liberaler Grundzüge bei den Grundrechten und der Teilung der Gewalten blieb die letzte exekutive Macht jedoch beim Präsidenten. Der Verfassungsprozeß wurde mit der Wahl zu einem somalischen Parlament am 30. Dezember abgeschlossen. Die 1 074 Kandidaten für die 171 Sitze wurden von der Einheitspartei, der „Somali Revolutionary Socialist Party" nominiert. Am 27. Januar 1980 wurde dann Siad Barre zu seinem ersten Turnus von sechs Jahren als Präsident im Rahmen der neuen Verfassung gewählt und eingeschworen.[11] Bereits Mitte 1980 sollte sich indessen erweisen, daß die Liberalisierung lediglich ein kurzes Zwischenspiel gewesen ist. Anwachsender innenpolitischer Druck zwang den Präsidenten im Oktober, den Ausnahmezustand zu erklären. Mit der erneuten Machtübernahme des „Supreme Military Council" kehrte das Land wieder zur Militärherrschaft zurück, unter der es seit 1969 gelebt hatte.

Die rasche Verschlechterung der inneren Situation in Somalia läßt sich auf drei Faktoren zurückführen:

1. Auf die fortgesetzte Belastung der Wirtschaft Somalias durch die Präsenz von Flüchtlingen aus dem Ogaden. Obwohl die Zahlen erheblich differierten

---

[10] Ausführlich über die Aktivitäten der Befreiungsbewegungen vgl. ACR 1981/82, S. B 155–B 163. Grundsätzlich zur ethnischen Problematik in Äthiopien vgl. Ulrich *Braukämper*, Ethnische Probleme in Äthiopien, in: Horn of Africa, a. a. O. (Anm. 1), S. 111–128.

[11] Vgl. ACR 1979/80, S. B 306–B 309.

(die somalische Regierung hat versucht, durch übertriebene Zahlen verstärkt internationale Hilfe zu erhalten), kann man davon ausgehen, daß tatsächlich etwa 700 000 Menschen für längere oder kürzere Zeit in Lagern untergebracht wurden und ernährt werden mußten.[12]

2. Auf die Wiederbelebung des Stammeswesens als Faktor der Innenpolitik. Die seit 1969 unternommenen Versuche der Militärregierung, Stammesloyalitäten zu unterdrücken, haben insgesamt keine tiefgreifenden Erfolge gezeitigt. Dies zeigte sich in aller Deutlichkeit, als Siad Barres zunächst relativ breite politische Basis nach seiner Niederlage im Ogaden abzubröckeln begann. In wachsendem Maße war er seither gezwungen, sich auf die schmale Basis seiner eigenen Stammesgruppe, der Marehan, zu verlassen, aus der sich der innere Kern seines Regimes rekrutierte und der die stärkste Opposition aus der Stammesgruppe der Mijertein erwuchs.[13]

3. Auf die verstärkte Aktivität der vom Ausland, namentlich von Äthiopien unterstützten Opposition. Diese gewann ein neues Moment durch den Zusammenschluß der stärksten Oppositionsbewegung der „Somali Salvation Front“, mit zwei kleineren Gruppen im Oktober 1981 zur „Democratic Front for the Salvation of Somalia“ (DFSS). Die Grundzüge des Programms der DFSS unterschieden sich praktisch kaum von denen der zweiten größeren Oppositionsbewegung, des im April 1981 in London gegründeten „Somali National Movement“ (SNM). Im Mittelpunkt stand die Forderung nach dem Sturz Siad Barres, der Wiederherstellung eines demokratischen Systems, einer blockfreien Außenpolitik, vertiefter freundschaftlicher Beziehungen mit der arabischen Welt und nach Friedensverhandlungen mit Äthiopien.

Im Verlauf des Jahres 1982 eskalierte der von den Befreiungsbewegungen ausgehende Druck an verschiedenen Punkten. Im Norden (unter anderem in Hargeisa) kam es zur Rebellion von Teilen der somalischen Armee, bei der zahlreiche Soldaten und Offiziere getötet worden sein sollen.[14] Im Juli desselben Jahres erreichten die Unruhen einen Höhepunkt, als es im Grenzgebiet zwischen Somalia und Äthiopien zu Kämpfen kam, in die somalische und äthiopische Truppen verwickelt waren. Aus den zum Teil widersprüchlichen Berichten läßt sich entnehmen, daß es sich im wesentlichen um einen von Äthiopien unterstützten Angriff von Kämpfern der DFSS gehandelt hat. Während die somalische Regierung auf der Feststellung beharrte, daß es sich um äthiopische Invasionstruppen mit sowjetischen und kubanischen Beratern handelte, behauptete die DFSS, daß ihre Kämpfer, deren

---

[12] Vgl. ACR 1981/82, S. B 262–B 264.

[13] Vgl. David *Laitin*, Changes in the Idea of the Somali Nation, in: Horn of Africa, a. a. O. (Anm. 1), S. 135–141 (mit weiterführenden Literaturangaben).

[14] Die Meldungen hierüber sind mit Vorsicht zu betrachten, da sie im wesentlichen aus Kreisen der Opposition kommen. Vgl. *Le Monde*, 15. 2. 1982; *Kuwait Times*, 13. 2. 1982. Zu einem Dementi der Regierung vgl. Deutsche Welle, *Monitor-Dienst Afrika*, 16. 2. 1982.

Zahl sie mit 10000 angab, aus eigener Kraft und mit Unterstützung der einheimischen Bevölkerung Teile Somalias „befreit" hätten. Bei den Kämpfen handelte es sich um die schwersten Auseinandersetzungen seit dem Ogaden-Krieg von 1977/78, der mit einem somalischen Angriff auf Äthiopien begonnen hatte.[15]

Sudan

Wenn auch der Sudan geographisch nicht zu den Ländern des Horns von Afrika im engeren Sinne gezählt werden kann, so ist er als Nachbar Äthiopiens ein wichtiger Faktor der politischen Konstellation der Region. Wie im Falle Somalias und Äthiopiens hatten die innenpolitischen Entwicklungen darauf unmittelbare Auswirkungen. Der Prozeß der Erosion der Stellung von Präsident Nimairy, der seit 1976 zu bemerken war, setzte sich auch Anfang der achtziger Jahre fort. Mit der Berufung des früheren Führers der sudanesischen Muslimbrüder, Hassan at-Turabi, im August 1977 zum Generalstaatsanwalt (entspricht dem Justizminister) erreichte der Prozeß der „nationalen Versöhnung" ein neues Stadium; die Weichen für eine Angleichung des bestehenden (vornehmlich britischen) Rechts an das islamische Recht (shari'a) wurden gestellt. Zugleich bedeutete dies auch eine weitere Entfremdung des christlichen (bzw. heidnischen) Südens des Landes, dessen Beziehungen zum Norden aufgrund der sich verschlechternden Gesamtlage ohnehin kontinuierlich prekärer geworden waren. Zwei Maßnahmen der Regierung waren es vor allem, die die Spannungen zwischen der Regierung und dem Süden verschärften: das Projekt einer administrativen Aufgliederung der Südregion in drei Provinzen und der Bau einer Raffinerie im nordsudanesischen Kosti für das im Süden gefundene Erdöl. Mit der wachsenden Unzufriedenheit lebte auch die Rebellenorganisation Anyanya wieder auf, die zwischen 1955 und 1972 (Abkommen von Addis Abeba) für die Sezession des afrikanischen Südens vom arabischen Norden gekämpft hatte.[16]

Ungelöste Wirtschaftsprobleme und die Flüchtlingsbewegung

Über die politischen Schwierigkeiten der Regionalstaaten hinaus – und teils auch diese noch verschärfend – waren zwei Faktoren wirksam, die die ohnehin fragilen lokalen Strukturen und das regionale Beziehungssystem weiter belasteten: die wirtschaftliche Lage[17] und das Flüchtlingsproblem. Trotz

---

[15] Vgl. *NZZ*, 18.7. und 18.8.1982; *Le Monde*, 17.7.1982; *Arab News*, 31.7.1982.

[16] Vgl. ACR 1981/82, S. B 97–B 100.

[17] Zu den Einzelheiten vgl. jeweils die entsprechenden Abschnitte in den Länderkapiteln des ACR.

erheblicher ausländischer Unterstützung (namentlich im Falle des Sudan und Somalias) zeichnete sich in keinem der Länder eine Tendenz zur Verbesserung der wirtschaftlichen Lage ab. Die Verschuldung wuchs weiter an, was nicht zuletzt auch auf sinkende Exporterlöse für landwirtschaftliche Produkte zurückzuführen war. Auch die Tatsache, daß Somalia – zur Unterstützung der im Ogaden operierenden WSLF – und Äthiopien zur Bekämpfung der separatistischen Bewegung erhebliche Mittel in den militärischen Bereich fließen ließen, engte den Rahmen für Entwicklungsanstrengungen ein. Die anhaltende Trockenheit schließlich tat das ihre.

Die ungelösten Probleme der Region haben zudem riesige Flüchtlingsströme gezeitigt, die sich über Teile des Horns ergossen. Ausgangspunkt der Flüchtlingsbewegung war im wesentlichen Äthiopien, dort insbesondere die Gebiete Eritrea und Ogaden. Zwischen 500 000 und 700 000 (somalische Angaben sprechen von einer Million) Flüchtlinge stammen aus dem Ogaden und befinden sich in Somalia; 35 000 Flüchtlinge sind in Djibouti und 500 000 vornehmlich aus Eritrea stammende Flüchtlinge sind im Sudan. Mit dem Wiederaufleben der Kämpfe im Süd-Sudan sollen Ende 1982 circa 25 000 Sudanesen auf äthiopisches Gebiet geflüchtet sein. Wenn auch die internationale Flüchtlingshilfe mit erheblichen finanziellen Mitteln für die Flüchtlinge aufkam, so stellen diese doch eine schwere Belastung für die schwachen wirtschaftlichen Grundlagen und politischen Strukturen der Aufnahmeländer dar.

FORTWIRKEN REGIONALER SPANNUNGEN

Die zwischenstaatlichen Beziehungen in diesem Teil der Welt waren von Spannungen gekennzeichnet. Ende der siebziger Jahre schien sich zunächst ein regionaler Entspannungsprozeß abzuzeichnen: Die vom somalischen Irredentismus ausgehende Bedrohung führte zu einer Annäherung Kenias und Äthiopiens. Im Kommuniqué zum Abschluß des Besuchs von Mengistu in Nairobi (Anfang Dezember 1980) wurde Somalia die Verantwortung für die Instabilität am Horn von Afrika zugeschoben und Mogadischu aufgefordert, „ohne Vorbehalte auf die territorialen Ansprüche gegenüber Äthiopien, Kenia und Dschibuti zu verzichten“.[18] Somalia reagierte scharf und erklärte, dieses Ultimatum stelle einen kriegerischen Akt dar.[19]

Als ein Wendepunkt von großer Tragweite erschien zunächst die Verbesserung der sudanesisch-äthiopischen Beziehungen. Seit der sudanesische Präsident Nimairy Anfang 1977 das Regime in Addis Abeba beschuldigt hatte, an einem Putschversuch in Khartum (1976) beteiligt gewesen zu sein, hatten sich

[18] Deutsche Welle, *Monitor-Dienst Afrika*, 10. und 11. 12. 1980.
[19] Ebd.

die Beziehungen bis an den Rand bewaffneter Zusammenstöße verschlechtert; Khartum hatte überdies die eritreischen und andere „Befreiungsbewegungen" aktiv unterstützt. Für sudanesische Vermittlungsangebote hatte Mengistu stets taube Ohren gehabt. Noch im Februar 1979 war das Gipfelgespräch der beiden Staatsoberhäupter in Freetown (Sierra Leone) gescheitert. Die Veränderung der innerarabischen Stellung des Sudan im Gefolge des ägyptisch-israelischen Friedensvertrages, die Bürde der Präsenz von einer halben Million äthiopischer Flüchtlinge sowie die Konsolidierung des äthiopischen Regimes führten jedoch Ende 1979 zu einer Annäherung. Zum Höhepunkt wurden die Besuche Mengistus in Khartum (Mai 1980) und Nimairys in Addis Abeba (November 1980).

Anläßlich Nimairys Besuch wurde eine Erklärung unterzeichnet, in der beide Seiten sich verpflichteten, „subversive Aktivitäten zu unterbinden, namentlich wenn sie über die gemeinsame Grenze gerichtet sind".[20] Meldungen zufolge soll der Sudan seine Grenze für die Versorgungskonvois für die Eritreer geschlossen haben, während eine neue äthiopische Offensive in Eritrea anlief.[21] Mitte Dezember 1980 besuchte der kenianische Staatspräsident, Daniel T. arap Moi, Khartum. Damit schien sich ein regionaler Dreibund zwischen Kenia, Äthiopien und dem Sudan abzuzeichnen, der unter Isolierung Somalias – des einzigen auf Veränderung des territorialen Status quo gerichteten Staates der Region – ein Element der Stabilisierung am Horn hätte bilden können.

Schließlich war es dem Regime in Addis Abeba gelungen, die Isolierung auch in seinem regionalen arabischen Umfeld zu durchbrechen. Dies galt nicht nur im Hinblick auf Südjemen, mit dem im Dezember 1979 ein „Vertrag über Freundschaft und Zusammenarbeit" und ein „Protokoll über militärische Kooperation" geschlossen wurde. Auch die Beziehungen mit Nordjemen verbesserten sich. Im April 1980 besuchte der nordjemenitische Außenminister Hassan Makki Addis Abeba. Im Kommuniqué zum Abschluß des Besuchs wurde nicht nur das gemeinsame Interesse an der Vermeidung von Konflikten in der Region des Roten Meeres ausgedrückt; vielmehr unterstützte Nordjemen Äthiopiens Kampf zur Verteidigung seiner Revolution sowie seiner territorialen Integrität und Einheit.[22]

Aber schon 1981 zeigte sich, daß eine gewisse Gemeinsamkeit von Interessen als Grundlage einer Annäherung und Stabilisierung nicht ausreichend war. Weltanschauliche Gegensätze, verschärft durch die mit der Präsenz der Supermächte gegebene Polarisierung, führten zu einer destabilisierenden Dynamik. Im August 1981 trafen sich die Staatsoberhäupter Äthiopiens, der Demokratischen Volksrepublik Jemen (Südjemen) und Libyens in Aden und unterzeichneten einen Vertrag über Freundschaft und Zusammenarbeit. Daß

---

[20] Ebd., 2.12.1980; *FAZ*, 26.11.1980.
[21] Vgl. *Le Monde*, 31.12.1980.
[22] Vgl. Deutsche Welle, *Monitor-Dienst Afrika*, 16.4.1980.

dieses Abkommen auf die Beziehungen Äthiopiens zum Sudan negative Auswirkungen haben würde, war naheliegend: In Khartum lebten alte Einkreisungsbefürchtungen wieder auf, die bereits 1976/77 zu Spannungen zwischen beiden Ländern geführt hatten. Wenn sich auch die äthiopische Regierung diesmal bemühte, den politischen Schaden zu begrenzen, so war der Versöhnungsprozeß zwischen beiden Ländern, der die Grundlage der Beilegung des ethnischen Problems und damit ein Schritt in Richtung auf die Herstellung innerer Stabilität in beiden Ländern hätte sein können, zunächst unterbrochen. Darüber hinaus boten sich, mit dem Aufleben des bewaffneten Kampfes der Anyanya-Rebellen im Süd-Sudan, der äthiopischen Regierung Möglichkeiten, den Widerstand gegen die Zentralregierung in Khartum als politisches Druckmittel gegen Nimairy zu benutzen.

Die zweite Konstellation, die immer wieder die Stabilität am Horn von Afrika gefährdete, war der äthiopisch-somalische Konflikt. Trotz anderslautender Beteuerungen von seiten der Regierung in Mogadischu hat diese die Guerillaaktionen der WSLF kontinuierlich unterstützt; tatsächlich hatte diese noch 1981/82 weite Teile des Ogaden kontrolliert. An den Kampfhandlungen, die im wesentlichen von der von Addis Abeba unterstützten DFSS getragen wurden, war – trotz der Dementis aus Addis-Abeba – nach glaubhaften Meldungen äthiopisches Militär nicht zuletzt auch bei Einsätzen der Luftwaffe beteiligt. Die Gründe dafür dürften zum einen Vergeltung für die somalische Unterstützung der WSLF und zum andern ein verstärkter Druck auf die Regierung von Präsident Siad Barre gewesen sein – zu einer Zeit, da dieser durch den wachsenden Widerstand seiner Gegner innenpolitisch angeschlagen zu sein schien. Daß die äthiopische Führung dabei dem Wunschdenken im Exil lebender somalischer Oppositioneller aufsaß, kann nicht ausgeschlossen werden.

DIE ROLLE DER SUPERMÄCHTE

Die Rolle der Supermächte am Horn von Afrika war ambivalent. Zwar war auf seiten der USA und der Sowjetunion der Wille spürbar, nach dem Ende der Kämpfe von 1977/78 ihre jeweiligen Klienten von erneuten politischen Abenteuern abzuhalten. 1980 machte Moskau den Versuch einer Vermittlung zwischen den eritreischen Bewegungen (insbesondere der ELF/PLF und der äthiopischen Regierung). Der Grund dafür mag in erster Linie in den – finanziellen und politischen – Kosten zu suchen sein, die das sowjetische Engagement für die äthiopische Zentralregierung mit sich brachte. Die gewaltigen Kosten der Waffenlieferungen (bis Ende 1982 auf circa 2 Milliarden Dollar geschätzt) waren im Austausch gegen eine Reihe landwirtschaftlicher Produkte (vor allem Kaffee) kaum abzudecken. Hinzu kam die Präsenz von 6 000 sowjetischen Experten (davon 3 000 im militärischen Bereich) und 12 000

Kubanern (davon 9000 Soldaten).[23] Auch die politischen Belastungen waren keineswegs unerheblich; dies gilt vor allem für die negativen Rückwirkungen des sowjetischen Frontwechsels von den eritreischen Bewegungen, die Moskau jahrelang unterstützt hatte, zur Zentralregierung in Addis Abeba.[24] Die USA auf der anderen Seite zeigten sich bemüht, alles zu vermeiden, das den Eindruck auf somalischer Seite hätte erwecken können, sie unterstützten die Ziele Mogadischus im Ogaden; auch waren sie bestrebt, keine militärischen Güter zu liefern, die als Hilfe an die WSLF hätten weitergeleitet werden können.[25]

Gleichwohl ließ sich nicht übersehen, daß die Präsenz der beiden Supermächte in der Region eine weitere Belastung der ohnehin fragilen politischen Strukturen darstellte. So waren die Bemühungen Moskaus unverkennbar, Äthiopien wirtschaftlich wie politisch in eine tiefere Abhängigkeit zu bringen. Berichte, daß die Sowjetunion „Fazilitäten" auf den Dahlak-Inseln vor der eritreischen Küste ausbaue, deuten darauf hin, daß Moskau auch langfristig seine strategisch-militärische Stellung in der Region stärken möchte.

Mit der sowjetischen Invasion Afghanistans 1979/80 war auch für Washington die Notwendigkeit gegeben, seine militärische Präsenz am Horn als einer strategisch wichtigen Anrainerregion am Indischen Ozean und am Eingang zum Roten Meer anzuheben. So handelte es mit Oman und Kenia Abkommen über Versorgungseinrichtungen für die „Schnelle Eingreiftruppe" (Rapid Deployment Force) aus. Mit Somalia wurde am 21. August 1980 durch einen Notenaustausch vereinbart, daß den USA in ähnlicher Weise „stärkerer Zugang zu Somalias Häfen und Flughafenanlagen", namentlich in Form der Marinestützpunkte in Berbera eingeräumt würde.[26]

Die amerikanische Regierung unter Präsident Ronald Reagan wandte dem Horn von Afrika gesteigerte Aufmerksamkeit zu, ohne freilich die Vorsicht gegenüber Somalia aufzugeben. In Washingtons Auffassung stellten sich „die Ereignisse am Horn, wie in Südasien, am Persischen Golf und im südlichen Afrika" – auch das im August 1981 geschlossene Dreierbündnis zwischen Äthiopien, Libyen und Südjemen – „als Teil einer ominösen, koordinierten sowjetischen Strategie gegen ... lebenswichtige Versorgungslinien des Westens" dar.[27] Während Washington seine Wirtschaftshilfe an befreundete afrikanische Staaten erhöhte, blieb es mit der Verwirklichung seiner mit Abschluß der oben genannten Vereinbarung zugesagten Militärhilfe (in Höhe von 40 Milliarden Dollar) zurückhaltend. Erst im Zusammenhang mit den Kampfhandlungen vom Sommer 1982 an der somalisch-äthiopischen Grenze

---

[23] Vgl. *NZZ*, 10.3.1983.

[24] Vgl. *Steinbach*, Spannungsherd Horn von Afrika, a.a.O. (Anm. 8), S. 251.

[25] Vgl. James *Mayall*, Nationalismus und Separatismus am Horn von Afrika, in: *EA*, 18/1983, S. 569–575.

[26] Vgl. *FAZ*, 22.8.1980; *Le Monde*, 23.8.1980.

[27] *Mayall*, a.a.O. (Anm. 25), S. 574.

richteten die USA eine kleine Luftbrücke zur Lieferung von Verteidigungsgerät ein; dies ist dann unter dem bestehenden Abkommen abgewickelt worden.

Perspektiven

Die Unterstützung der beiden Supermächte für „ihre“ regionalen Klienten wirkte insofern konfliktverschärfend, als sie diese in dem Versuch bestärkten, Legitimationsdefizite durch die Erzeugung äußerer Konflikte zu überspielen, und indem sie ihnen die erforderlichen Waffen lieferten. Die Gefährlichkeit einer Politik der weiteren Polarisierung wurde deutlich, bei der der Westen seine Aufmerksamkeit auf Somalia und Kenia sowie eventuell auf den Sudan konzentrierte, wodurch der Sowjetunion Äthiopien und Südjemen noch tiefer in die Arme getrieben würden. Diese Politik mußte früher oder später den Ansatz pragmatischen Verhaltens zerstören, der die regionale Politik einiger Staaten am Horn charakterisierte: Der Sudan, obgleich mit Somalia Mitglied der Arabischen Liga, suchte den Ausgleich mit dessen „Erzfeind“ Äthiopien. Äthiopien, das gegen amerikanische Stützpunkte in Somalia protestierte, suchte enge Beziehungen mit Kenia, das den USA in Mombasa Fazilitäten eingeräumt hat. Und Djibouti war es gelungen, sich (mit Unterstützung Frankreichs) politisch und wirtschaftlich zu konsolidieren sowie nach außen ausgewogene Beziehungen sowohl zu Äthiopien als auch zu Somalia herzustellen. Als das wirksamste Instrument einer auf Reduzierung der Polarisierung gerichteten Politik des Westens zeichnete sich die Verstärkung der wirtschaftlichen Zusammenarbeit ab – dies um so mehr, als die wirtschaftliche Unterstützung seitens des Ostblocks im Falle Äthiopiens weit hinter den Erwartungen und Versprechungen zurückgeblieben war.

VII

WANDLUNGSPROZESSE IM ÖSTLICHEN ASIEN

DIE VOLKSREPUBLIK CHINA INNERE KONSOLIDIERUNG UND AUSSENPOLITISCHER WANDEL

Von Joachim Glaubitz

DIE ENTWICKLUNGEN IM INNERN

Anfang der achtziger Jahre rückte die Volksrepublik China weiter von den gesellschafts- und wirtschaftspolitischen Idealen der Ära Mao Zedongs ab. In der Wirtschaftspolitik wurde wegen fortbestehender Schwierigkeiten die Periode der Anpassung, die 1982 abgeschlossen sein sollte, um fünf Jahre verlängert, doch blieb die „Politik der offenen Tür“ weiterhin bestimmend für die Außenwirtschaftsbeziehungen. In der Außenpolitik setzte sich im Verlaufe des Jahres 1982 eine Modifizierung der bis dahin einseitig antisowjetischen Linie durch, ohne daß deshalb die guten Beziehungen zu den westlichen Industriestaaten eingeschränkt wurden.

Der Prozeß gegen die „Viererbande“

Um die Jahreswende 1980/81 stand der Prozeß gegen die „Lin-Biao- und Jiang-Qing-Cliquen“ im Zentrum des innenpolitischen Interesses. Der Prozeß gegen die zehn Hauptangeklagten hatte am 20. November 1980 begonnen und schloß mit der Verkündung der Urteile am 25. Januar 1981 ab. Zwei der Angeklagten – Jiang Qing, die Witwe Mao Zedongs, und Zhang Chunqiao,

Mitglied des Ständigen Ausschusses des Politbüros – wurden zum Tode mit zweijähriger Bewährungsfrist verurteilt. Die übrigen Angeklagten, darunter auch Maos langjähriger persönlicher Sekretär Chen Boda und vier hohe Militärs, erhielten Gefängnisstrafen zwischen 16 und 20 Jahren. Folgende vier Verbrechen wurden den Angeklagten zur Last gelegt: Verleumdung und Verfolgung von Partei- und Staatsführern und Konspiration mit dem Ziel, die politische Macht der Diktatur des Proletariats zu stürzen; Verfolgung und Unterdrückung einer großen Zahl von Funktionären und einfachen Menschen; Konspiration zur Ermordung Mao Zedongs und zur Durchführung eines bewaffneten konterrevolutionären Staatsstreiches sowie die heimliche Planung einer bewaffneten Rebellion in Schanghai.

Jiang Qing wies alle Schuld von sich und beschimpfte das Gericht. Wiederholt berief sie sich darauf, sich an keine Einzelheiten der ihr zur Last gelegten Vergehen erinnern zu können, oder behauptete, alles, was sie während der Kulturrevolution getan habe, sei von Mao Zedong gebilligt worden. Zhang Chunqiao verweigerte jede Aussage, indem er beharrlich schwieg. Eine Verteidigung der Angeklagten existierte praktisch nicht; auch gab es kein Recht auf Berufung.

Neubewertung der Rolle Mao Zedongs

Allgemein verstärkte der Prozeß die Zweifel an den Führungsqualitäten Maos ab 1957, insbesondere aber während der Kulturrevolution. Dieser Trend setzte sich auf dem 6. Plenum des 11. Zentralkomitees im Juni 1981 fort. Das Plenum verabschiedete eine „Resolution über einige Fragen in unserer Parteigeschichte seit Gründung der Volksrepublik China“.[1] Dieses Dokument enthielt eine Neubewertung sowohl der Parteigeschichte seit 1949 als auch der Rolle Mao Zedongs, seines Nachfolgers Hua Guofeng und anderer Parteiführer. Die Neuinterpretation war klar in ihren Feststellungen, aber verhältnismäßig maßvoll in der Verurteilung vergangener Fehlentwicklungen. Im Falle Maos wurde zwischen seinen politischen Handlungen und den „Mao-Zedong-Ideen“ unterschieden. Während die Resolution die Mao-Zedong-Ideen als richtungweisende Ideologie der Partei bezeichnete, kritisierte sie den „Genossen Mao Zedong und viele führende Genossen“ für ihre Selbstgefälligkeit und Ungeduld während des „Großen Sprungs vorwärts“ 1958 und warf ihnen „‚linke‘ Fehler“ vor.

Schärfer fiel die Kritik an Maos Rolle in der „Kulturrevolution“ aus. Hier warf ihm die Resolution theoretische und praktische Irrtümer in bezug auf den Klassenkampf vor, verwarf Maos „Theorie der fortgesetzten Revolution unter der Diktatur des Proletariats“ als „linke“ Abweichung, die unvereinbar sei mit den Mao-Zedong-Ideen und stellte fest, „seine persönliche Willkür untergrub

---

[1] Abgedruckt in: *Beijing Rundschau*, Nr. 27, 7.7.1981, S. 8–40.

den demokratischen Zentralismus im Parteileben, und sein Personenkult wurde immer größer". Im allgemeinen versuchte die Resolution zwischen Mao Zedong einerseits und der sogenannten Viererbande andererseits zu unterscheiden. Doch die Hauptverantwortung für den schweren „linken" Irrtum der „Kulturrevolution" (die Resolution setzte diesen Begriff stets in Anführungszeichen) wurde allein Mao zugesprochen. Nach dieser Schuldzuweisung hieß es dann jedoch abschwächend: „Aber trotz allem, es war der Irrtum eines großen proletarischen Revolutionärs." In der Gesamtbeurteilung des einstigen Großen Vorsitzenden wurden seine Verdienste als vorrangig und seine Fehler als sekundär bezeichnet.

Mit scharfer Kritik bedachte die Resolution auch Maos Nachfolger Hua Guofeng. Linke Irrtümer, undifferenziertes Eintreten für jegliche politische Entscheidung Maos, Personenkult und Übereile in der Wirtschaftspolitik lauteten die Vorwürfe. Dem offiziellen Bericht zufolge bat Hua Guofeng auf dem 6. ZK-Plenum, von seinem Amt als Parteivorsitzender und als Vorsitzender der Militärkommission beim ZK entbunden zu werden. Das Amt des Ministerpräsidenten hatte er bereits 1980 an Zhao Ziyang abgeben müssen. Zwar blieb Hua noch Mitglied des höchsten Führungsgremiums der Partei, des aus sieben Personen bestehenden Ständigen Ausschusses des Politbüros, aber sein Weg ins politische Abseits war besiegelt und sollte sich fortsetzen: Auf dem 12. Kongreß der KP Chinas im September 1982 verlor Hua auch noch seinen Sitz im Politbüro und wurde damit schlichtes Mitglied des Zentralkomitees.

Im Vorsitz der wichtigen Militärkommission wurde Hua auf dem 6. ZK-Plenum von Deng Xiaoping abgelöst, der damit die entscheidende Position zur politischen Lenkung der Volksbefreiungsarmee (VBA) übernahm. Die Führung der VBA stand der Kritik an Mao, dessen politische Theorien im wesentlichen auf militärstrategischen Überlegungen beruhten, ablehnend gegenüber. Sie befürchtete – nicht zu Unrecht, wie sich bald herausstellte – an politischem Einfluß und an sozialem Prestige zu verlieren. Die neue Landwirtschaftspolitik der nachmaoistischen Führung verringerte nämlich die Attraktivität der Armee, da mit der Freigabe des Landes zur Bewirtschaftung durch Familien nach Erfüllung der Produktionsverpflichtung die landwirtschaftliche Tätigkeit auch für den wehrfähigen Chinesen lukrativer geworden war als der Militärdienst. Dies war der Grund für den schließlich erfolglosen Widerstand einzelner militärischer Führer gegen Dengs neue Agrarpolitik.

Erhöhung der Einkommen und Hebung des Lebensstandards sowohl der ländlichen wie der städtischen Bevölkerung waren prominente Ziele der Politik Deng Xiaopings. Dies führte dazu, daß von den „vier Modernisierungen", die einmal als das Ziel der achtziger Jahre herausgestellt worden waren, nur noch selten zu hören war.[2]

---

[2] Vgl. *Far Eastern Economic Review*, Asia Yearbook 1982, S. 132 f.

Korrekturen im Wirtschaftsbereich

Die Entwicklung der Wirtschaft stand auch im Mittelpunkt der Erörterungen und Entschließungen der 4. Tagung des 5. Volkskongresses, die vom 30. November bis 13. Dezember 1981 abgehalten wurde. In seinem Bericht legte Ministerpräsident Zhao Ziyang ein Zehn-Punkte-Programm für die weitere Entwicklung der Volkswirtschaft vor. Darin wurde an erster Stelle die beschleunigte Entwicklung der Landwirtschaft genannt. Sie sollte sich moderner Methoden von Wissenschaft und Technik bedienen, um die unzureichende Anbaufläche effizienter zu nutzen. Bereits an zweiter Stelle stand die Förderung der Konsumgüterindustrie; darauf folgte der Ausbau der Energieerzeugung und des Transportwesens. Für die Wirtschaftsbeziehungen mit dem Ausland wurde erneut die Politik der offenen Tür bekräftigt und gefordert, daß sich Chinas Produkte der internationalen Konkurrenz aussetzen sollten.

Der Bericht verzichtete auf ideologisches Formelwerk. Er bot eine illusionslose Bestandsaufnahme und nüchterne Perspektivzeichnung chinesischer Wirtschaftsentwicklung. Ein sehr rasches Wachstum der Wirtschaft während des 6. Fünfjahrplans (1981–1985) hielt Zhao für unmöglich. Erst für die zweite Hälfte der achtziger und vor allem für die neunziger Jahre stellte er ein rapideres Wachstum in Aussicht. Aufgrund der konkreten Entwicklung sah sich Zhao gezwungen, die Periode der wirtschaftlichen Anpassung um weitere fünf Jahre zu verlängern.[3]

Derartige Korrekturen war der Beobachter der chinesischen Wirtschaft seit Jahrzehnten gewohnt. Neu war, daß die Nachfolger Maos die Korrekturen im allgemeinen nicht mehr stillschweigend vornahmen, sondern die Mängel beim Namen nannten und Fehlkalkulationen eingestanden. Auch Deng Xiaoping korrigierte Mitte 1981 seine Ankündigung von 1979, China werde bis zum Ende des Jahrhunderts das Nationaleinkommen pro Kopf auf jährlich 1 000 Dollar anheben. Er gestand, damals „ein Amateur in Wirtschaftsdingen" gewesen zu sein und hoffe nun am Ende des Jahrhunderts auf ein Pro-Kopf-Einkommen von 800 Dollar.[4]

Eine bedeutende Veränderung in der Wirtschaftspolitik des Landes war Ende 1981 zu vermerken, als Zentralkomitee und Staatsrat das Monopol des Staates in der städtischen Beschäftigungspolitik aufgaben. Seither hatten Arbeiter das Recht, sich ihre Arbeit selbst zu suchen; damit endete allerdings auch die seit 1951 bestehende Garantie auf einen staatlich vermittelten Arbeitsplatz. Mit dieser Maßnahme sollten die Lösungsmöglichkeiten für das Beschäftigungsproblem in den Städten vermehrt und eine Belebung der Wirtschaft erreicht werden. Insbesondere die Jugendarbeitslosigkeit in den

---

[3] Vgl. *The China Quarterly*, Nr. 89, März 1982, S. 133.
[4] *The China Quarterly*, Nr. 88, Dezember 1981, S. 723.

Städten sollte damit abgebaut werden. Die Entschließung zur Beschäftigungspolitik gestand den Unternehmen nun auch das Recht zu, Leute unter Umständen zu entlassen. Dabei war vor allem an „Bummelanten" gedacht. Als Beispiel führte die Presse einen Arbeiter der Zhengzhou-Eisenbahn an, der seit 1974 rund 1 000 Tage, also fast drei Jahre, unerlaubt der Arbeit ferngeblieben war.[5]

Probleme des Bevölkerungswachstums

Die große Zahl überschüssiger Arbeitskräfte und das Wirtschaftswachstum des Landes standen in engem Zusammenhang mit dem Bevölkerungswachstum, das die Führung bisher nur unvollkommen unter Kontrolle hatte bringen können. Anfang 1982 äußerte sich die Stellvertretende Premierministerin Chen Muhua besorgt darüber, daß die Bevölkerung 1981 über die geplante Begrenzung hinaus zugenommen habe. Während in der Zeit zwischen 1971 und 1979 ein Geburtenrückgang zu verzeichnen gewesen sei, habe jüngst erneut ein Wachstum eingesetzt, und zwar insbesondere auf dem Lande.[6] Die am 1. Juli 1982 vorgenommene Volkszählung ergab 1,008 Milliarden Menschen (ohne Taiwan, Hongkong und Macao). Daraus wurde für den Zeitraum zwischen 1964 und 1982 eine jährliche Geburtenrate von 2,1 Prozent errechnet. Familienplanung wurde von der Führung als ein grundlegender Bestandteil der nationalen Politik angesehen: Es war ihr erklärtes Ziel, die Bevölkerung am Ende des Jahrhunderts unter 1,2 Milliarden zu halten.[7] Da rund 80 Prozent der Gesamtbevölkerung auf dem Lande lebte, wo eine restriktive Familienpolitik auf stärker traditionsbedingte Widerstände stieß als in den Städten, war es eher zweifelhaft, daß sich die Bevölkerung unter der genannten Größe halten lassen würde.

Reorganisation in der KP Chinas

Das wichtigste innenpolitische Ereignis des Jahres 1982 war der 12. Kongreß der KP Chinas vom 1. bis zum 11. September. Er schaffte gemäß dem neuen Parteistatut das Amt des Parteivorsitzenden ab, so daß künftig an der Spitze der Partei der Generalsekretär des ZK stand. Dieses Amt übernahm der 67jährige Hu Yaobang. Neu geschaffen wurde eine aus 172 Mitgliedern bestehende Zentrale Beraterkommission, deren Vorsitz Deng Xiaoping innehatte. Dieses vor allem aus älteren, von anderen Posten zurückgetretenen Funktionären

[5] *Renmin Ribao*, 25. 9. 1981, zit. nach: *The China Quarterly*, Nr. 89, März 1982, S. 137.
[6] *The China Quarterly*, Nr. 90, Juni 1982, S. 345.
[7] Vgl. *The China Quarterly*, Nr. 93, März 1983, S. 189.

zusammengesetzte Gremium sollte über die Tagespolitik hinausweisende Fragen erörtern. Deng blieb ferner Mitglied des aus sechs Personen bestehenden Ständigen Ausschusses des Politbüros und Vorsitzender der Militärkommission beim ZK. Damit war er weiterhin einflußreichster Mann in der chinesischen Führung. Trotz einer gewissen Unzufriedenheit in den Reihen der militärischen Führung gelang es ihm, seinen politischen Kurs personell und institutionell weiter zu verankern. Ihren Sitz im Politbüro verloren sechs prominente Führer, darunter Maos einstiger Nachfolger Hua Guofeng. Die wiederholt angekündigte Verjüngung der Parteispitze hatte der 12. Parteikongreß nicht zuwege gebracht.

Das programmatische Hauptreferat von Generalsekretär Hu Yaobang umriß den Kurs der Partei in der Innen-, Wirtschafts- und Außenpolitik. Wiederum war von „linken Irrtümern" die Rede, die auch noch nach der „Kulturrevolution" begangen worden seien. Sie wurden mit Hua Guofeng in Verbindung gebracht, ohne daß dessen Name fiel. Die Bemerkungen über die innerparteiliche Lage ließen die Probleme nur ahnen, mit denen sich die Führung auseinanderzusetzen hatte. Den Zustand der Wirtschaft beschrieb Hu mit ebenso nüchternen wie ernüchternden Worten. Dies bewies, daß die Führung die Hindernisse, die einem raschen Produktivitätsanstieg entgegenstehen, nicht unterschätzte. Ausdrücklich nannte Hu den wachsenden Widerspruch zwischen einer großen Landbevölkerung und dem Mangel an kultivierbarem Boden. In der Beurteilung der Modernisierungschancen Chinas ließ dieses ernste Problem wenig Raum für Optimismus. Die entschiedene Kontrolle des Bevölkerungswachstums, der Schutz der landwirtschaftlichen Ressourcen, die Erhaltung des ökologischen Gleichgewichts und die Verbesserung der landwirtschaftlichen Produktion waren einige Gegenmaßnahmen, die der Generalsekretär forderte. Auch Hu nannte als oberste Grenze der Bevölkerung bis zum Jahre 2000 die Zahl von 1,2 Milliarden.[8]

In der innenpolitischen Entwicklung verdienen schließlich noch zwei Ereignisse die Aufmerksamkeit des ausländischen Beobachters: die Beendigung einer seit längerer Zeit geplanten Umstrukturierung von Regierungs- und Parteiorganen und die Ausarbeitung und schließlich Verabschiedung einer neuen Verfassung – der vierten seit Gründung der Volksrepublik 1949.

Strukturreform und Verfassung

Über den Abschluß der Strukturreform berichtete Ministerpräsident Zhao Ziyang auf der 23. Sitzung des Ständigen Ausschusses des Volkskongresses im April 1982. Als Ergebnis wurden die ursprünglichen 52 Ministerien oder Kommissionen auf 41 verringert. Aus den Daten geht hervor, daß z. B. die

[8] Vgl. *EA*, 24/1982, S. D 644–654.

Anzahl der Minister und Vizeminister von 505 auf 167 reduziert und dabei gleichzeitig ihr Durchschnittsalter von 64 auf 58 Jahre gesenkt werden konnte. Zu den sich daraus ergebenden Aufgaben gehörte die Fürsorge für die ausscheidenden alten Funktionäre, von denen einige die Rolle von Beratern übernahmen.[9]

Auf der gleichen Sitzung wurde auch der Entwurf für eine neue Verfassung erörtert, die schließlich auf der 5. Tagung des V. Nationalen Volkskongresses am 4. Dezember 1982 angenommen wurde. Zu den wichtigsten Veränderungen in dieser vierten Verfassung der VR China gehörten die Wiedereinführung der Ämter eines Präsidenten und Vizepräsidenten der Volksrepublik (Art. 79), die Schaffung einer Staatlichen Zentralen Militärkommission (Art. 93), die Übertragung der Leitungsvollmachten von den Volkskommunen auf lokale staatliche Organe (Art. 107) und die Regelung, daß die führenden Repräsentanten des Staates ihre Ämter nur für zwei aufeinanderfolgende Amtsperioden innehaben dürfen (Art. 79, 87 und 130). Dabei wurde faktisch die lebenslange Amtszeit in den staatlichen Führungspositionen abgeschafft.[10]

DIE AUSSENPOLITISCHE SITUATION

In der Außenpolitik behielt China auch in den Jahren 1981/82 den seit Anfang der siebziger Jahre eingeschlagenen Kurs im wesentlichen bei: den Antagonismus gegenüber der Sowjetunion und die Bereitschaft zur Zusammenarbeit mit den USA und ihren Verbündeten. Allerdings ließ sich im Verlaufe des Jahres 1982 erkennen, daß China neue Akzente setzte, ohne dieses Grundmuster seiner Außenpolitik prinzipiell zu verändern. Dieser Vorgang fand auch in der Präambel der Ende 1982 angenommenen neuen Verfassung seinen Niederschlag. Wurde in der Präambel der Verfassung von 1978 noch zwischen einer sozialimperialistischen und einer imperialistischen Supermacht – gemeint waren die Sowjetunion und die USA – unterschieden, so fand sich 1982 nur noch der Aufruf zum Kampf gegen Imperialismus und Hegemonismus. Weder von der Bildung einer breitestmöglichen Einheitsfront gegen den Hegemonismus der Supermächte noch vom proletarischen Internationalismus oder der Theorie von den drei Welten – alles Begriffe, die 1978/79 noch zum außenpolitischen Vokabular der chinesischen Führung gehört hatten – war 1982 noch die Rede.

Hingegen hielt man unverändert an den Fünf Prinzipien der Friedlichen Koexistenz als der Grundlage der Außenbeziehungen Chinas fest. Als neuer Begriff, der auch Eingang in die Präambel der Verfassung von 1982 fand, erschien die Vorstellung von einer „unabhängigen und selbständigen Außen-

---

[9] Zu den Einzelheiten vgl. *The China Quarterly*, Nr. 91, September 1982, S. 542 ff.

[10] Text der Verfassung in: *China aktuell*, Februar 1983, S. 121–143.

politik" Chinas.[11] Zwar ist ein Verfassungstext kein Katalog außenpolitischer Zielvorstellungen, aber auch die sparsamen Formulierungen, die schließlich als längerfristige Festlegungen anzusehen waren, gaben im Kontext mit anderen Erklärungen Aufschluß über beabsichtigte oder bereits vollzogene Richtungsänderungen und Akzentsetzungen.

Taiwan als Störfaktor in den chinesisch-amerikanischen Beziehungen

Das beherrschende Thema chinesischer Außenpolitik im Berichtszeitraum war im Verständnis Pekings ein Problem seiner Innenpolitik: Taiwan. Auch in diesem Fall ist ein Vergleich der Verfassungen aufschlußreich. Sprach die Präambel 1978 von der Entschlossenheit, „Taiwan zu befreien und so das große Werk der Vereinigung des Vaterlands zu vollenden", so war 1982 von „Befreiung" nicht mehr die Rede. Vielmehr wurde es nun „zur heiligen Pflicht des ganzen chinesischen Volkes, einschließlich der Landsleute in Taiwan, die große Aufgabe der Wiedervereinigung des Vaterlandes zu vollbringen".

Am Vorabend des 1. Oktober 1981, dem Nationalfeiertag der VR China, gab Marschall Ye Jianying einen neuen Neun-Punkte-Vorschlag für eine Vereinigung Taiwans mit dem Festland bekannt und bot der Regierung auf Taiwan Verhandlungen an. Die neun Punkte enthielten zwar keine Elemente, die nicht schon bei früheren Gelegenheiten offeriert worden waren, aber als Vorschlagspaket hatte die chinesische Geste politisch-psychologische Bedeutung. Mit demonstrativer Friedfertigkeit und Verhandlungsbereitschaft sollte die Notwendigkeit amerikanischer Waffenlieferungen an Taiwan untergraben werden. Das Angebot enthielt unter anderem die Garantie, das Gesellschafts- und Wirtschaftssystem Taiwans zu erhalten; ferner sollte es der Insel gestattet sein, ihre eigenen Streitkräfte zu unterhalten. Taiwan wies den Vorschlag sofort als „Propaganda-Trick" zurück und wiederholte seine Forderung, China solle den Kommunismus aufgeben.[12]

Das Taiwan-Problem war von Anfang an ein Hindernis für eine rasche Normalisierung der Beziehungen zwischen China und den USA. Zwar verstanden es beide Seiten aufgrund gemeinsamer Interessen an einer Eindämmung der Sowjetunion, ihre Beziehungen zueinander fortlaufend zu verbessern; doch als die Vereinigten Staaten und China 1979 volle diplomatische Beziehungen aufgenommen hatten, China also ein wichtiges Teilziel erreicht hatte, stand Washington vor der Frage, wie es ab 1981, nach Beendigung des Verteidigungsvertrags mit Taiwan, weiterhin dessen Sicherheit gewährleisten könne. Der noch unter Präsident Jimmy Carter 1980 angenommene „Taiwan

---

[11] Vgl. hierzu Joachim *Glaubitz*, Akzentverschiebungen der Außenpolitik Chinas, in: *EA*, 17/1983, S. 527 ff.

[12] *The China Quarterly*, Nr. 88, Dezember 1981, S. 737.

Relations Act" erneuerte das Engagement der USA zum Schutze Taiwans; ferner waren aus der Umgebung Präsident Ronald Reagans kraftvolle Erklärungen über die Notwendigkeit guter und solider Beziehungen zu Taiwan zu vernehmen. Diese Vorgänge und die schon während Reagans Wahlkampf angekündigte Fortsetzung der Lieferung von amerikanischen Rüstungsgütern an Taiwan stießen in Peking auf immer härtere Ablehnung.

Als China Anfang 1981 seine Beziehungen zu den Niederlanden auf die Ebene von Geschäftsträgern herabstufte, weil Den Haag sich trotz chinesischer Proteste entschlossen hatte, zwei Unterseeboote an Taiwan zu liefern, war erkennbar, daß dieser Schritt auch als Warnung an die Adresse der USA gedacht war. Außenminister Alexander Haigs Angebot vom Sommer 1981, auch China Zugang zu modernen Waffen zu gewähren, rief in Peking nur eine kühle Reaktion hervor. Die Taktik Washingtons, sich Chinas Duldung des Waffengeschäfts mit Taiwan durch ähnliche Lieferungen zu erkaufen, war zu durchsichtig. Die Entschlossenheit der chinesischen Führung, unter Umständen auch eine drastische Verschlechterung der Beziehungen zu den USA in Kauf zu nehmen, bewirkte, daß die USA auf die geplante Lieferung moderner Jagdbomber vom Typ FX an Taiwan verzichteten und schließlich das Problem der Waffenlieferungen zum Gegenstand chinesisch-amerikanischer Verhandlungen machten, deren Ergebnis am 17. August 1982 in Form eines Kommuniqués veröffentlicht wurde.[13]

Die wohl wichtigste Aussage des Kommuniqués war die Erklärung der amerikanischen Seite, keine langfristige Politik der Waffenverkäufe an Taiwan anzustreben, die Lieferungen qualitativ wie quantitativ unter dem Niveau zu halten, das nach der Aufnahme diplomatischer Beziehungen zu China erreicht wurde, und sie bis zu einer endgültigen Lösung allmählich zu reduzieren. Damit hatten sich die Vereinigten Staaten darauf festgelegt, ihre militärische Unterstützung für Taiwan eines Tages zu beenden. Die chinesische Seite machte dagegen nur minimale Konzessionen. Sie mußte zwar ihre Forderung nach einem genauen Termin für das Auslaufen der amerikanischen Waffenlieferungen fallen lassen, legte sich aber in der für Washington zentralen Frage des Lösungsmodus nicht auf einen Gewaltverzicht fest. Obwohl China das Streben nach einer friedlichen Wiedervereinigung zu seiner grundlegenden Politik erklärt hatte, war damit formell kein Verzicht auf eine militärische Lösung ausgesprochen.

Die divergierenden offiziellen Interpretationen des Kommuniqués in Peking und Washington ließen erkennen, daß im Grunde gegensätzliche Auffassungen nur mühsam und mit mehrdeutigen Formulierungen vertuscht worden waren. Beide Seiten setzten ihre Akzente dort, wo dies ihren politischen Interessen am meisten entsprach: Die Chinesen betonten die Prinzipien der Normalisierung, denen zufolge die USA die Regierung in Peking als einzige legitime Regierung

---

[13] Abgedruckt in: *EA*, 18/1982, S. D 468 ff.

und Taiwan als einen Teil Chinas anerkannt hätten. Sie hoben ferner hervor, daß das amerikanische Waffenangebot an Taiwan schrittweise reduziert werde, um schließlich eine endgültige Lösung zu finden. Präsident Reagan hingegen stellte die Fortsetzung der Waffenlieferungen gemäß dem Taiwan Relations Act und das Interesse der USA an einer ausschließlich friedlichen Lösung der Taiwan-Frage in den Mittelpunkt seiner Stellungnahme. Die Regierung in Taipei wiederholte ihren Standpunkt, wonach sie jegliches Abkommen zwischen den Regierungen in Washington und Peking für null und nichtig betrachtet.[14]

Die hier skizzierten Meinungsverschiedenheiten dürfen allerdings nicht zu dem Urteil verführen, die chinesisch-amerikanischen Beziehungen hätten sich insgesamt verschlechtert. Das Taiwan-Problem lehrte lediglich, daß die Hinterlassenschaft früherer Phasen amerikanischer China-Politik bei unangemessener Behandlung die Beziehungen zu Peking ernsthaft belasten konnte. Das grundsätzliche Interesse Chinas an entspannten und intensiven Beziehungen zu den Vereinigten Staaten blieb davon unberührt. China gab zwar die zwischen 1978 und 1980 propagierte Einbeziehung der USA in eine gemeinsame Front zur Eindämmung der Sowjetunion auf, als es die Aufnahme diplomatischer Beziehungen erreicht hatte: Es stellte die USA wieder der Sowjetunion als Supermacht an die Seite und bezichtigte sie gleichermaßen des Hegemoniestrebens.

Aber von einer neuen Politik des gleichen Abstands gegenüber den beiden Supermächten konnte nicht die Rede sein, auch wenn die formelhafte Sprache der Propaganda manchmal diesen Eindruck zu suggerieren schien. Das tatsächliche Bild war ein anderes: 1982 erreichte das Volumen des chinesisch-amerikanischen Handels den Wert von 5,2 Milliarden Dollar, während sich Chinas Handel mit der Sowjetunion auf einem Niveau von circa 200 Millionen Dollar bewegte. Etwa 10000 chinesische Studenten studierten 1982 an amerikanischen Hochschulen. Zwischen China und der Sowjetunion aber bestanden seit den sechziger Jahren keine akademischen Kontakte mehr.

Die chinesische Politik gegenüber der Sowjetunion

China gab im Verlauf des Jahres 1982 die Politik des starken Antisowjetismus auf und erklärte sich bereit, den Anfang 1980 als Reaktion auf den sowjetischen Einmarsch in Afghanistan abgebrochenen Gesprächskontakt wieder aufzunehmen, obwohl sowjetische Streitkräfte weiterhin Afghanistan besetzt hielten. Allerdings wartete China stets neue sowjetische Normalisierungsvorschläge ab, bis es zurückhaltendes Interesse an einer Entspannung

[14] Vgl. hierzu ebd., S. D 467–472.

bekundete und schließlich der Aufnahme von Konsultationen zustimmte. Die erste Gesprächsrunde fand vom 5. bis 21. Oktober 1982 in Peking statt.

Für die Normalisierung der Beziehungen präsentierte China der sowjetischen Seite drei Bedingungen: eine Reduzierung der an der gemeinsamen Grenze und in der Mongolischen Volksrepublik stationierten sowjetischen Streitkräfte; die Beendigung der Unterstützung Vietnams bei dessen Besetzung Kamputscheas sowie den Rückzug der Streitkräfte aus Afghanistan.[15] Die Präsenz bzw. das Engagement der Sowjetunion in den drei genannten Gebieten bezeichnete China als Bedrohung seiner Sicherheit. Da die von China aufgeworfenen Probleme jeweils auch dritte Staaten betrafen, war es für die Sowjetunion schwierig, auf die Forderungen einzugehen. Die Gespräche in Peking brachten keine Fortschritte in der Sache; beide Seiten einigten sich aber darauf, die Konsultationen zu einem späteren Zeitpunkt in Moskau fortzusetzen. Mit der neuerlichen Aufnahme der Konsultationen wurde auch der Umgangston zwischen den beiden kommunistischen Großmächten wieder sachlicher. Die Polemik verschwand, obwohl China gegenüber der Außenpolitik der Sowjetunion unverändert kritisch blieb. Zur Versachlichung der Beziehungen gehörten auch die Wiedereröffnung des Grenzhandels und die Wiederaufnahme des Austausches von Wissenschaftlern, Sportlern und Touristen.

Für China gab es eine Reihe von Gründen, die Konfrontation mit der Sowjetunion abzubauen; an erster Stelle dürften sicherheitspolitische Überlegungen gestanden haben. Der überlegenen konventionellen Rüstung der Sowjetunion hatte China nichts Vergleichbares entgegenzusetzen. Die Modernisierung seiner veralteten Rüstung war neben den gewaltigen zivilwirtschaftlichen Entwicklungsaufgaben nicht zu leisten. So mußte es sich noch für unabsehbare Zeit auf den natürlichen Schutz verlassen, den ihm die geographischen und demographischen Gegebenheiten boten. Chinas nukleare Rüstung fügte dem zwar ein gewisses Abschreckungselement hinzu, doch wäre dies im Konfliktfall gegenüber der Sowjetunion völlig unzureichend gewesen. In dieser Lage erhöhte die Bereitschaft zu Gesprächen mit der Sowjetunion die Sicherheit Chinas ohne nennenswerten Aufwand. Wenn dabei in Hanoi Nervosität über einen eventuellen sowjetisch-chinesischen Interessenausgleich entstand, so war das für China ein willkommener, vielleicht sogar bewußt erstrebter Nebeneffekt.

Zum zweiten gewann China durch die Aufgabe des starren Antisowjetismus größeren Bewegungsspielraum für seine Außenpolitik. Es unterstützte nicht mehr alles, was antisowjetisch war, sondern entschied pragmatisch, wann Kritik an der Sowjetunion angebracht war. Drittens machte die vorsichtige Entspannung mit der Sowjetunion bei gleichzeitiger politischer Distanzie-

---

[15] Vgl. hierzu Dieter *Heinzig*, Entspannung zwischen Moskau und Peking, in: *EA*, 8/1983, S. 243–250.

rung von den USA – der „Hegemonismus" beider Supermächte wurde wieder angeprangert – Chinas Bekenntnis zur Dritten Welt glaubwürdiger. Schließlich beobachtete man auch in Peking, daß sich das Verhältnis zwischen den USA und der Sowjetunion in ernster Weise verschlechterte. Zu enge Beziehungen zu den USA bei gleichzeitiger Konfrontation mit der Sowjetunion bargen im Falle eines amerikanisch-sowjetischen Konflikts für China die Gefahr der Verwicklung.

Das Verhältnis zu Japan

Die weitaus engsten wirtschaftlichen und politischen Beziehungen unterhielt China zu Japan. Mit vollem Recht kann hier von einem Sonderverhältnis gesprochen werden, insbesondere wenn man sich vor Augen hält, daß Japan ein nichtkommunistisches Land ist, mit einem Gesellschaftssystem, das zwar in asiatischen Traditionen wurzelt, sich aber mit westlichen Wertvorstellungen identifiziert. Die Jahre 1981/82 waren zwar nicht frei von Belastungen; das Verhältnis bewies aber insgesamt seine Stabilität und Dauerhaftigkeit.

Anfang 1981 kündigte China Lieferverträge über Anlagen zur Stahlerzeugung und zur petrochemischen Produktion im Gesamtwert von 1,5 Milliarden Dollar. Die Verträge waren 1979 und 1980 geschlossen und in einigen Fällen bereits bis zu 50 Prozent erfüllt worden. Japans Geschäftswelt, sofern sie in Wirtschaftsbeziehungen mit China engagiert war, war ernüchtert. Dennoch reagierten die japanische Regierung und die Medien diszipliniert und vermieden damit, daß zu den materiellen Verlusten noch psychologischer Schaden kam. Nach siebenmonatigen Verhandlungen erklärte sich China bereit, Kompensationszahlungen in Höhe von 46 Millionen Dollar zu leisten.

Noch während die Verhandlungen über die Bereinigung der Vertragsstornierungen liefen, ließ China die japanische Seite wissen, daß es an weiteren Krediten interessiert sei und präzisierte seinen Bedarf auf 600 Milliarden Yen (2,6 Milliarden Dollar) zu „weichen" Bedingungen. Mit diesen Mitteln sollten die Arbeiten an den z. T. stillgelegten Projekten wiederaufgenommen werden.[16] Ende 1981 einigten sich beide Seiten darauf, daß Japan mehr als die Hälfte der gewünschten Kreditsumme (rund 360 Milliarden Yen) zur Verfügung stellen werde. Die japanische Presse ließ erkennen, daß es für Japan vernünftig sei, China zu unterstützen, solange dieses ein offenes Wirtschaftssystem unterhielt, das eine stabile Entwicklung anstrebte. Auch wollte Japan alles vermeiden, was China erneut zu enger Zusammenarbeit mit der Sowjetunion veranlassen könnte, wodurch Japan für China bis zu einem

---

[16] Dazu im einzelnen: Schwerpunkte und Tendenzen der Außenpolitik Japans 1981/82, in: Manfred *Pohl* (Hrsg.), Japan 1981/82. Politik und Wirtschaft, Hamburg 1982, S. 96–100.

gewissen Grade erpreßbar wurde. Andererseits war in der Tat eine bescheidene Modernisierung Chinas ohne das Engagement der Japaner kaum erreichbar. Diese wechselseitige Abhängigkeit war eine Ursache für die Dauerhaftigkeit der Beziehungen zwischen China und Japan.

1982 jährte sich zum zehnten Mal die Aufnahme voller diplomatischer Beziehungen zwischen China und Japan. Aus diesem Anlaß fand ein Austausch von Besuchen der Ministerpräsidenten beider Länder statt. Zhao Ziyang, der Anfang Juni nach Japan reiste, schlug drei Prinzipien vor, die künftig die Grundlage für die beiderseitigen Beziehungen bilden sollten: Frieden und Freundschaft, Gleichheit und gegenseitiger Nutzen, langfristige Stabilität. Entgegen früheren Äußerungen chinesischer Politiker verneinte Zhao bei dieser Gelegenheit die Absicht seines Landes, mit Japan militärisch zusammenarbeiten zu wollen.[17] Die gute Atmosphäre, in der der Besuch des chinesischen Ministerpräsidenten abschloß, wurde dann allerdings durch eine Affäre getrübt, die die Unbekümmertheit Japans gegenüber seiner jüngsten Vergangenheit beleuchtete: der sogenannte Schulbuchstreit.

Ende Juli 1982 kritisierte die chinesische Parteizeitung die Revision japanischer Geschichtslehrbücher, in denen die japanische Invasion auf dem chinesischen Festland in den dreißiger Jahren nicht mehr als „Aggression", sondern als „Vorrücken" bezeichnet wurde. Diese „Entstellung der Geschichte der japanischen Aggression in China" veranlaßte das Außenministerium in Peking sogar zu einer offiziellen Protestnote, in der der japanischen Seite vorgeworfen wurde, den Geist der Gemeinsamen Erklärung von 1972 verletzt zu haben. Auch in anderen asiatischen Ländern, insbesondere in Korea, brach ein Sturm der Entrüstung gegen die japanischen Textmanipulationen los. Nach langem Zögern und Verschleierungsmanövern entschloß sich Ministerpräsident Zenko Suzuki zu einer öffentlichen Entschuldigung. Die japanische Regierung gab die Zusicherung, bis 1985 für eine Revision der abgeschwächten Texte zu sorgen. Damit gab sich die chinesische Seite schließlich zufrieden.

Leichten Herzens konnte Ministerpräsident Suzuki dann Ende September 1982 zum 10. Jahrestag der Aufnahme diplomatischer Beziehungen zwischen Japan und China nach Peking reisen. In China waren inzwischen die Ermutigungen für eine Stärkung der japanischen Verteidigungskapazität verstummt, statt dessen waren gelegentlich Warnungen vor einer Wiederbelebung des japanischen Militarismus zu hören. Doch bedeuteten diese Hinweise keine Trübung des im ganzen freundschaftlichen Verhältnissen zwischen diesen beiden wichtigen asiatischen Ländern.

---

[17] Vgl. Summary of World Broadcasts: The Far East, Nr. 7043 und 7044, 4. bzw. 5. 6. 1982.

Die Beziehungen zu Westeuropa

Ereignisse in Europa verfolgte China stets mit Aufmerksamkeit und kommentierte sie mit dem ihm eigenen Sinn für strategisch bedeutsame Entwicklungen. Einer starken NATO und einem politisch einigen Westeuropa hatte China wegen der sich daraus ergebenden Bindung sowjetischer Kräfte im Westen immer Sympathie entgegengebracht. Warnungen aus Peking an die Adresse der Europäer vor sowjetischen Spaltungsversuchen gehörten zu den Merkmalen chinesischer Außenpolitik seit 1969. 1981 diente die Friedensbewegung in Europa, insbesondere in der Bundesrepublik, zum Anlaß solcher Warnungen. China befürchtete, daß es der Sowjetunion gelingen könne, einen Keil zwischen Europa und die USA zu treiben.[18]

In den Wirtschaftsbeziehungen Chinas mit den europäischen Industriestaaten stand die Bundesrepublik stets an erster Stelle, als viertgrößter Handelspartner Chinas überhaupt. Beim Besuch von Außenminister Hans-Dietrich Genscher im Oktober 1981 standen Fragen des beiderseitigen Handels im Mittelpunkt der Erörterungen, denn von den Vertragsstornierungen war die Bundesrepublik fast ebenso stark betroffen wie Japan. Im Juni 1982 kam Außenminister Huang Hua zu einem Gegenbesuch nach Bonn. Im Oktober 1982 reiste Bundespräsident Karl Carstens zu einem Staatsbesuch nach China. Peng Zhen, Stellvertretender Vorsitzender des Ständigen Ausschusses des Nationalen Volkskongresses, erklärte bei dieser Gelegenheit, daß es weder Konflikte fundamentaler Interessen zwischen beiden Ländern noch Probleme gebe, die die Geschichte hinterlassen hat. In Schanghai eröffnete Carstens das erste westdeutsche Generalkonsulat in der VR China. Ein weiteres konkretes Ergebnis des Besuches war die Unterzeichnung eines Abkommens über technische Zusammenarbeit. Diesem Abkommen zufolge sollte die Bundesrepublik Experten nach China entsenden, chinesisches technisches und Managerpersonal ausbilden und Ausrüstungen für die technische Zusammenarbeit zur Verfügung stellen.[19] In Gesprächen mit ihrem westdeutschen Besucher bekräftigte die chinesische Führungsspitze erneut ihre Unterstützung für die Wiedervereinigung Deutschlands ohne Einmischung von außen.

Mit Premierministerin Margaret Thatcher besuchte im September 1982 ein anderer hochrangiger westeuropäischer Gast die VR China. Ergebnis ihrer Diskussionen mit Deng Xiaoping war die Übereinkunft, Gespräche über das Schicksal Hongkongs einzuleiten mit dem Ziel, die Stabilität und Prosperität des Stadtstaates zu erhalten. (1997 laufen die drei im 19. Jahrhundert geschlossenen Verträge über die britische Verwaltung Hongkongs aus.) Zu einer chinesisch-britischen Verstimmung kam es, als die Premierministerin im

---

[18] Vgl. *The China Quarterly*, Nr. 89, März 1982, S. 143.

[19] Vgl. zu dem Besuch im einzelnen: *China aktuell*, Oktober 1982, S. 563 f.

Anschluß an ihren China-Besuch in Hongkong erklärte, die drei Verträge aus dem 19. Jahrhundert seien noch immer gültig, und beide Seiten hätten sie weiterhin einzuhalten. China widersprach dieser Feststellung auf das schärfste und stellte fest, die drei „ungleichen" Verträge seien China als „Ergebnis imperialistischer Kanonenboot-Politik" seinerzeit aufgezwungen und vom chinesischen Volk nie akzeptiert worden.

SPANNUNGEN IN SÜDOSTASIEN

Von Oskar Weggel

Die Jahre 1981/82 brachten zwar keine so spektakulären Ereignisse für Südostasien wie die Zeitspanne zwischen 1975 und 1979, doch gab es auch diesmal einige zukunftsträchtige Entwicklungen.[1] In den drei Ländern Indochinas fanden Parteitage statt, bei denen langfristige Perspektiven entwickelt wurden. In New York tagte vom 13. bis 17. Juli 1981 die Internationale Kambodscha-Konferenz. Im September 1981 wurde zwischen mehreren kambodschanischen Widerstandsgruppen die „Dreierallianz des Demokratischen Kamputschea" vereinbart; dazu kam es in Laos und Vietnam zu einer Entfaltung des inneren Widerstands.

Die ASEAN-Länder bekräftigten ihre Forderung, daß Vietnam all seine Truppen aus Kambodscha zurückziehen müsse. Sie verstärkten angesichts der wachsenden sowjetischen Präsenz in der Region ihre militärischen Anstrengungen, und sie forcierten darüber hinaus Formen der gegenseitigen Zusammenarbeit, die langfristig sogar zu Modellen einer generellen Süd-Süd-Zusammenarbeit werden könnten.

DIE ENTWICKLUNGEN IN VIETNAM, KAMBODSCHA UND LAOS

Die innenpolitische Lage

Vom 26. bis 29. Mai 1981 tagte in Phnom Penh der IV. Kongreß der „Revolutionären Volkspartei Kamputscheas" (RVPK); ein Jahr später fanden der III. Parteikongreß der laotischen KP (27. bis 30. April 1982) und der V. Kongreß der KP Vietnams (27. bis 31. März 1982) statt. Die Synchronisation der beiden letzten Kongresse war Ausdruck der „Sonderbeziehungen" zwischen Hanoi und Vientiane. Er wurde dadurch verstärkt, daß in Vietnam und Laos gleichzeitig Fünf-Jahres-Pläne gebilligt wurden, die sich in ihren Grundzügen weitgehend ähneln. Alle drei Parteitage führten zu personellen Umbesetzungen, brachten eine Bestätigung der schon vorher bedächtig eingeleiteten Reformmaßnahmen, befürworteten den verstärkten Kampf gegen

---

[1] Statt zahlreicher Fußnoten verweist der Autor auf seine regelmäßige Indochina-Berichterstattung, die bis September 1982 in der Monatszeitschrift *China aktuell* erschien und die seitdem in der Zweimonatszeitschrift *Südostasien aktuell* fortgeführt wird. In *Südostasien aktuell* werden auch die anderen Länder Südostasiens systematisch abgehandelt. Die Erkenntnisse in beiden Zeitschriften beruhen fast ausschließlich auf Primärmaterial, das ausgiebig zitiert wird. Beide Zeitschriften werden herausgegeben vom Institut für Asienkunde, Hamburg.

Wirtschaftskriminalität und segneten nochmals die bereits seit Jahren eingeschlagene außenpolitische Linie ab, die sich mit zwei Stichworten umreißen läßt: „Sonderbeziehungen“ zwischen den drei „indochinesischen“ Ländern (der Ausdruck „Indochina“ wird besonders gern von Vietnam gebraucht) und Bindung an die Sowjetunion sowie an das „Sozialistische Lager“.

Die RVPK bemühte sich darüber hinaus, die Normalisierung in ihrem Herrschaftsbereich zu unterstreichen und jeden Ansatz in dieser Richtung zu fördern. So fanden beispielsweise am 1. Mai 1981 Wahlen in der Volksrepublik Kamputschea (VRK) statt; im Juni 1981 wurde die neue Verfassung verabschiedet. Beim IV. Parteikongreß trat im übrigen die RVPK zum ersten Mal als Kommunistische Partei auf, und zwar unter Hinweis auf eine „Tradition“, die bis zum Jahr 1951 zurückreicht: Damals sei diese Partei von der im Jahre 1930 gegründeten Kommunistischen Partei Indochinas abgenabelt worden. Seitdem gebe es eine selbständige kambodschanische Kraft in Parteiform. Der II. Kongreß habe 1960 stattgefunden. Er habe eine Strategie entworfen, die den Kampf gegen die feudale Klasse, repräsentiert durch Prinz Norodom Sihanouk, und gegen den wachsenden US-Imperialismus in den Vordergrund gestellt habe. In der Zwischenzeit sei die Partei aber durch die „völkermörderische Pol Pot-Ieng Sary-Khieu Samphan-Clique“ gespalten worden. Erst nach der Liquidierung dieser Gruppe im Zuge des vietnamesischen Kambodscha-Feldzuges habe dann im Jahre 1979 der III. Parteikongreß tagen können, der die Grundlinien für den Staatsaufbau und für die Verteidigung gegen die „Pol-Pot-Reste“ festlegte. Der nunmehr stattfindende IV. Parteitag müsse der endgültigen Konsolidierung des Landes dienen.

Auf dem IV. Parteitag wurde der 45jährige Pen Sovan zum Parteichef gewählt. Er gewann damit zu seiner Position als Ministerpräsident noch die zweite Schlüsselposition hinzu. Pen Sovan, der 16 Jahre lang in Hanoi gelebt hatte, galt damals als der Mann Vietnams. Schon wenige Monate später freilich wurde er wieder durch den für kurze Zeit ins Hintertreffen geratenen Heng Samrin verdrängt – ein Vorgang, der Rückschlüsse auf den Machtkampf in der RPVK-Führung und überdies die Vermutung zuläßt, daß Sovan in der Zwischenzeit offensichtlich zu nachdrücklich die sowjetische Karte gespielt hatte, so daß Hanoi seine Absetzung für ratsam hielt.

Als weitere „Normalisierungs“-Signale seien hier die Buddhistenkonferenz vom Mai 1982 in Phnom Penh, ferner eine Serie von Tagungen der Nationalversammlungen und zahlreiche neu erlassene Gesetze, nicht zuletzt aber auch der von ausländischen Besuchern registrierte „Babyboom“ genannt. Die Politiker bemühten sich des weiteren, den Antiguerillakampf und die innere Sicherheit stärker zu „kambodschanisieren“, sich hier also nicht mehr ausschließlich auf vietnamesische Hilfe zu verlassen.

Bei den vietnamesischen und laotischen Parteitagen fallen vor allem die Personalumbesetzungen sowie die neuen Wirtschaftspläne ins Auge. Vietnams 53 Jahre alte Kommunistische Partei (KPV) war bisher nur mit zwei

Vorsitzenden (Ho Chi Minh und Le Duan), die 38 Jahre alte Regierung mit einem einzigen Premierminister (Pham Van Dong), die 38 Jahre alte Volksarmee mit zwei Oberkommandierenden (General Vo Nguyen Giap bis 1980, danach Van Tien Dung) ausgekommen. Solide war auch die Abgrenzung der Zuständigkeiten: Die KPV stand unter der Führung des 74jährigen Le Duan, die Nationalversammlung unter Leitung des 75 Jahre alten Truong Chinh. Über die Geschicke Kambodschas bestimmte der 73jährige Le Duc Tho, rechte Hand Le Duans und bekannt durch seine Verhandlungen mit Henry Kissinger. Zuständig für Südvietnam war der 71jährige Pham Hung.

Diese jahrzehntealte monolithische Struktur erhielt beim V. Parteitag einen jähen Sprung. Die Reihenfolge der ersten fünf blieb zwar unverändert, doch gleich hinter ihnen wurden fünf weitere Spitzenmitglieder, nämlich die bisherigen Nr. 6 (General Giap), 7, 8, 11 und 12 abgewählt. Altersgründe allein können dafür nicht ausschlaggebend gewesen sein, da die Betroffenen durchweg jünger waren als etwa Parteichef Le Duan. Vielmehr dürfte ihnen mangelnde politische Fortune, vor allem aber Skepsis und Opposition gegenüber der Politik des Le-Duan-Flügels zum Verhängnis geworden sein. Beachtung verdient der Aufstieg des Militärs, das seinen Anteil (bisher 4 von 17) auf 5 von 15 steigern konnte. Verteidigungsminister Van Tien Dung rückte auf den 6. Platz vor und Le Duc Anh, der Oberkommandierende der vietnamesischen Truppen in Kambodscha, konnte Platz 12 besetzen. Weitere Aufsteiger waren der Wirtschaftssachverständige Vo Van Kiet (Platz 11) und Außenminister Nguyen Co Thach, der die heikle vietnamesische Außenpolitik bisher mit viel persönlichem Charme hatte „verkaufen" können.

Die wichtigsten Ergebnisse des Parteitages waren stichwortartig: Kontinuität der Le-Duan-Politik, Straffung des Führungsapparates (nur noch 15 statt 17 Politbüromitglieder), eine gewisse Verjüngung und „Pragmatisierung", letzteres vor allem im Bereich der Wirtschaft, die künftig nicht mehr starr nach stalinistischer Manier geführt, sondern reformerisch umgestaltet werden sollte. Dabei sollten das Vertragssystem, die Gewährung materieller Anreize und überhaupt die Belohnung der Leistung in den Vordergrund treten. Hauptprobleme Vietnams blieben für die nächsten Jahre die kritische Ernährungslage (der neue Fünf-Jahres-Plan wurde dieser Erkenntnis angepaßt), die Arbeitslosigkeit in den Städten (in naher Zukunft sollten etwa eine Million Arbeitslose in den sogenannten „Neuen Ökonomischen Zonen" angesiedelt werden), die Aushöhlung der Moral im Kaderstamm (seit 1979 läuft deshalb eine Säuberungswelle in Form einer „Parteibuch-Austausch-Aktion") und das Anwachsen des inneren Widerstands in Form der sogenannten FULRO (Front Unifié de Lutte de la Race Opprimée).

Hauptträger dieser schon Mitte der sechziger Jahre entstandenen, dann aber wieder in ihrer Bedeutung zurückgegangenen Bewegung, die 1981 eine Renaissance erfuhr, sind Minderheiten aus dem zentralvietnamesischen

Hochland, die bis 1975 unter südvietnamesischer Kontrolle gestanden hatten.[2] Vielleicht noch mehr Kopfzerbrechen als die FULRO bereitete der Führung in Hanoi die Integration des früheren Süd-Vietnam (Nam-Bo-Problem), die bisher nicht recht gelungen war.

Die außenpolitischen Entwicklungen

Mit dem Sieg der Le-Duan-Linie wurde auch der Grundkurs der Außenpolitik langfristig festgeschrieben, dessen „zwei Grundsäulen" bereits genannt wurden. Folge dieses Kurses war die Konfrontation mit dem nördlichen Nachbarn China, das sein Verhalten auf „zwei Rituale" reduzierte: auf Anschuldigungen, die von drohendem Unterton begleitet wurden, und auf den Austausch von Gefangenen nach Grenzscharmützeln, der von Zeit zu Zeit in frostiger Atmosphäre stattfand. Des weiteren warf China die Frage der Natuna-Inseln im Südchinesischen Meer erneut auf.[3]

Aus chinesischer Sicht versuchte die Sowjetunion, sich in den drei Indochina-Ländern festzusetzen, und vor allem Basen in Cam Ranh, Kompon Som und Ream anzulegen. Wolle die UdSSR – so Beijing – eine Marineverbindung zwischen dem Schwarzen Meer und ihren fernostpazifischen Gebieten herstellen, so müsse sie einen „bogenförmigen Seeweg" einrichten, der das Mittelmeer, das Rote Meer, den Indischen Ozean, den Südwestpazifik und das Japanische Meer durchlaufe und die drei Kontinente Europa, Asien und Afrika miteinander verbinde. Das nahe der Malakka-Straße liegende Cam Ranh sei eine der wichtigsten Relais-Stationen auf dieser See-Linie. Moskau versuche, der US-Marine den Weg zum Indik abzuschneiden, die amerikanischen Fernostkräfte aus dem Pazifik abzudrängen und dann am Ende China von See her zu bedrohen. Im schlimmsten Fall könnten die sowjetischen „Expansionisten" die Verkehrslinien von Fernost nach Ozeanien und Europa absperren, China einkreisen, den Japanern ein Halseisen umlegen und die USA zurückdrängen.

Südostasien sei für die Sowjetunion aber nicht nur strategisch, sondern auch wegen seiner Rohstoffe langfristig höchst interessant. Die sowjetische „Infiltration" in dieser Subregion sei allseitig. Ende der sechziger bis Mitte der siebziger Jahre habe die UdSSR das Indochina-Engagement der USA ausgenutzt und sich in der Region festgesetzt. Gleichzeitig habe sie 1968 ihren Vorschlag eines sogenannten „kollektiven Sicherheitssystems für Asien" aufgetischt, um zumindest Südostasien in ihre Einflußsphäre einzubeziehen. Die ASEAN-Länder seien darauf nicht eingegangen, wohl aber – de facto – Vietnam. Letzteres sei gewonnen worden durch militärische Hilfe und durch

---

[2] Vgl. hierzu auch Oskar *Weggel*, Der Konflikt in Südostasien, in: IP 1979/80, bes. S. 369 f.
[3] Vgl. hierzu ebd., S. 386/387.

wirtschaftliche Maßnahmen, vor allem in Form von Hilfeleistungen, die sich inzwischen auf täglich rund 6 Millionen Dollar beliefen, durch verstärkten Außenhandel und Gründung gemeinsamer Betriebe. (Im Gegenzug entsandte Vietnam Arbeitskräfte in die unter Arbeitskräftemangel leidende Sowjetunion.) In Vietnam seien 10 000 sowjetische Militärberater tätig. Mit Unterstützung Vietnams versuche Moskau, die ASEAN-Länder durch ständige „Dialoge" aufzuweichen, zu spalten und zu desorganisieren.

Einige dieser Vorwürfe mögen zwar von China nicht so ernst gemeint gewesen sein, wie sie vorgetragen wurden; doch verwundert es nicht, daß eine Änderung der sowjetischen China-Politik von den Chinesen zu einer der drei Bedingungen für eine „Normalisierung" des beiderseitigen Verhältnisses zwischen Moskau und Beijing erhoben wurde.[4]

Dies war das Dilemma Vietnams: Es hatte sich durch seine letztlich von Sicherheitsüberlegungen motivierte Kambodscha-Politik so sehr mit dem Westen angelegt, daß ihm in seiner wirtschaftlichen Misere nur noch die Einbahnstraße zur Sowjetunion hin blieb. Diese begann nun ihrerseits für das kostspielige Indochina-Engagement einen Preis zu verlangen, der langfristig mit eben jenen Sicherheits- und Unabhängigkeitsinteressen Vietnams unvereinbar war, für die dieses Land 30 Jahre lang gekämpft und u. a. Kambodscha besetzt hatte. Das Kambodscha-Abenteuer zog die Anlehnung an die Sowjetunion nach sich, die nun ihrerseits nichts unterließ, um Vietnam in seiner Kambodscha-Politik zu bestärken – und dadurch zugleich auch die vietnamesisch-chinesische Feindschaft sowie die Isolation Vietnams an der Seite der Sowjetunion zu perpetuieren.

Für Vietnam schien es nur einen Ausweg aus diesem Dilemma zu geben: den Verzicht auf seine bisherige Kambodscha-Politik. Der vollständige Rückzug der vietnamesischen Truppen aus dem Nachbarland wurde bisher nicht nur durch drei Beschlüsse der UNO-Generalversammlung, sondern auch durch die Internationale Kambodscha-Konferenz der Vereinten Nationen vom Juli 1981 sowie vor allem durch die ASEAN-Staaten gefordert. Die Internationale Kambodscha-Konferenz schlug folgende Schritte vor: Abschluß eines Waffenstillstandsabkommens zwischen allen am Konflikt beteiligten Parteien unter Aufsicht der Vereinten Nationen, wobei offen blieb, ob es sich hierbei um eine Friedens- oder um eine Beobachtertruppe handelte; sodann Ergreifung „geeigneter Maßnahmen", um sicherzustellen, daß keine kambodschanische Fraktion die Wahlen stören konnte; ferner „geeignete Maßnahmen" für die Aufrechterhaltung von Gesetz und Ordnung in Kambodscha in der Zeit zwischen dem Rückzug der ausländischen Truppen und der Errichtung einer neuen Regierung, und schließlich – viertens – Abhaltung freier Wahlen unter UNO-Aufsicht.[5]

---

[4] Vgl. hierzu auch den Beitrag von Joachim *Glaubitz* in diesem Band.

[5] So die Gemeinsame Erklärung der rund 80 Teilnehmer der Konferenz vom 17. 7. 1981, abgedruckt in: *Dept. of State B.*, Bd. 81, Nr. 2053, August 1981, S. 87.

Einige weitere Elemente wurden – vor allem auf Intervention Chinas – nicht aufgenommen, so zum Beispiel die Forderung, daß die Kräfte des Demokratischen Kamputschea (DK) entwaffnet werden müßten und eine „interimistische Verwaltung“ in Kambodscha einzurichten sei, da es bereits eine legitime kambodschanische Regierung, nämlich die des DK gebe.

Hanoi und Phnom Penh verwarfen die New Yorker Beschlüsse und brachten eine Reihe von Gegenvorstellungen ein,[6] die sich in fünf Punkten zusammenfassen lassen: freiwilliger Teilrückzug der vietnamesischen Truppen aus Kambodscha; Errichtung einer Sicherheitszone entlang der kambodschanisch-thailändischen Grenze; Einberufung einer internationalen Konferenz über Südostasien; „Politik des leeren Stuhls“ in der UNO und Überwachung der Friedensmaßnahmen entlang der kambodschanisch-thailändischen Grenze durch UNO-Einheiten.

Das DK, China und Thailand bezeichneten dieses Angebot als „taktischen Trick“. Sogenannte „Teilrückzüge“ liefen am Ende auf eine Truppenrotation hinaus; die „Sicherheitszone“ diene nur dazu, den Khmer-Rouge-Truppen den Teppich unter den Füßen wegzuziehen; die neue „Indochina-Konferenz“ ziele ferner auf eine Beteiligung – und damit diplomatische Anerkennung – des „Marionettenregimes“ der VRK ab; der Vorschlag des „leeren Stuhls“ gehe an der Tatsache vorbei, daß der Kambodscha-Stuhl ja bereits – mit Billigung der UNO-Mehrheit – vom DK besetzt sei. Die Kambodscha-Frage war – mit anderen Worten – weder in New York noch in Ho-Chi-Minh-Stadt der Lösung auch nur einen Schritt nähergebracht worden.

Während die Verhandlungen im diplomatischen Bereich scheiterten, suchten die Gegner an der politischen und militärischen Front eine Lösung. Bis Ende 1982 freilich hatten die DK-Truppen bereits vier Trockenzeiten überstanden und schickten sich in der nun beginnenden vierten Regenzeit an, Gelände zurückzuerobern, das sie in den vorausgegangenen Monaten verloren hatten. Obwohl die Khmers Rouges auch weit im Landesinnern operierten, lagen ihre eigentlichen Stellungen doch entlang der Grenze nach Thailand, wohin sie sich notfalls – unter dem „Flüchtlings“-Etikett – zurückziehen konnten, und zwar mit stiller Einwilligung Thailands, das aus eben diesem Grunde von Vietnam immer wieder angeprangert und einige Male sogar militärisch angegriffen wurde.

Der vielleicht wichtigste Schachzug aber gelang den Khmers Rouges mit chinesischer und ASEAN-Unterstützung im September 1981, als drei antivietnamesische Widerstandsgruppen, nämlich die Khmers Rouges-, die „bürgerlichen“ Son-Sann- und die Sihanouk-Verbände in Singapur ein Vier-Punkte-Kommuniqué unterzeichneten, aufgrund dessen der Kampf gegen die vietna-

[6] Beschlossen auf der 6. Indochinesischen Außenministerkonferenz am 6./7.7.1982 in Ho-Chi-Minh-Stadt, dem früheren Saigon.

mesische Besatzung künftig gemeinsam geführt werden sollte. Nach mehreren Monaten des Tauziehens zwischen den drei Parteien wurde am 22. Juni 1982 das endgültige Dreier-Koalitionsabkommen geschlossen. Auf seiner Grundlage wurde eine „Koalitionsregierung des Demokratischen Kamputschea" gebildet, an der Vertreter aller drei Partner paritätisch beteiligt sein sollten. Präsident des DK wurde Prinz Sihanouk, Ministerpräsident Son Sann, und stellvertretender Präsident sowie Außenminister Khieu Samphan.

Son Sann hatte während der vorausgegangenen Verhandlungen versucht, die in der Vergangenheit am meisten kompromittierten Khmer-Rouge-Spitzenpolitiker zum freiwilligen Exil zu veranlassen; außerdem sollten die wichtigsten Ministerposten seiner „Front National de Libération du Peuple Khmer" (FNLPK) übertragen und überdies die Khmer-Rouge-Truppen ebenfalls dem Oberbefehl der FNLRK unterstellt werden. Son Sann drang aber am Ende mit keiner dieser Vorstellungen durch. Er mußte in den „sauren Apfel beißen", um nicht jeder Hilfe von seiten Chinas und der ASEAN-Staaten, vor allem Thailands, verlustig zu gehen.

Die Khmers Rouges zogen sich stillschweigend in die zweite Linie zurück und überließen vor allem dem international anerkannten Sihanouk die Vertretung bei der UNO sowie die Initiativen bei der Blockfreien-Konferenz in Neu-Delhi. Des weiteren versuchten sie – genauso wie die VRK-Führung – den Anschein einer Re-Normalisierung zu erwecken. Im Januar 1982 gaben sie bekannt, daß die kommunistische Partei an ihrer Spitze sich aufgelöst habe. In Zukunft solle es in Kambodscha wieder Privateigentum, freie Marktwirtschaft und all jene Errungenschaften und Grundrechte geben, die dem demokratischen Westen teuer sind. Im gleichen Monat auch wurden die Ränge in der Armee wieder eingeführt – kurzum: Der Khmer Rouge wollte die „schrecklichen vier Jahre" (1975 bis 1978) vergessen machen. Obwohl sich die früheren Spitzenrepräsentanten Pol Pot und Ta Mok nach außen hin „zurückgezogen" hatten, blieben sie doch insgeheim die „Grauen Eminenzen" in der DK-Politik. Pol Pot blieb zum Beispiel weiterhin Oberbefehlshaber der Armee – und hatte damit de facto den stärksten Posten inne, den das DK vergeben konnte.

Der vietnamesische Außenminister Thach wollte zwar in der Dreierkoalition – ebenso wie in den Khmer-Rouge-Truppen – lediglich eine „Hautkrankheit" sehen, doch kam es nicht so sehr auf die Koalition als Einzelkraft, als vielmehr auf den gesamtindochinesischen Kumulationseffekt an. Überall in den drei Indochina-Ländern begann sich nämlich während des Berichtzeitraums der organisierte Widerstand zu regen – und dies obendrein mit Unterstützung einiger ASEAN-Länder, vor allem aber der Volksrepublik China. Langfristig mußte die Bildung der DK-Koalition den Vietnamesen auch deshalb Kopfzerbrechen bereiten, weil dem Durchschnitts-Kambodschaner, der bisher noch gezögert hatte, dem Khmer Rouge seine Unterstützung zu gewähren, nunmehr – im Zeichen der Präsidentschaft Sihanouks – die Entscheidung erleichtert wurde, an der Seite der DK-Truppen gegen die in Kambodscha so unbeliebten Vietnamesen zu kämpfen.

ENTWICKLUNGEN IM ASEAN-BEREICH

Die Lage im Innern

In *Indonesien* fanden am 4. Mai 1982 (und zwar zum vierten Mal seit 1955) allgemeine Parlamentswahlen statt, die an der bisherigen Machtstruktur nichts änderten. An den Wahlen durften insgesamt nur drei Parteien teilnehmen, nämlich die sogenannte GOLKAR, ferner die „Vereinigte Entwicklungspartei", die aus vier früher selbständigen islamischen Parteien zusammengesetzt ist, und die „Demokratische Partei Indonesiens", die aus fünf früher ebenfalls selbständigen nichtmuslimischen Parteien besteht.[7] Die GOLKAR errang bei den Wahlen von 1982 64,3 Prozent aller Stimmen (246 Sitze), die „Vereinigte Entwicklungspartei" 27,8 Prozent (94 Sitze) und die Demokratische Partei Indonesiens 7,9 Prozent (24 Sitze). Bei den letzten Parlamentswahlen im Jahre 1977 hatte das Verhältnis noch 61,2 Prozent zu 27,8 Prozent zu 8,6 Prozent gelautet. Der überwältigende Wahlsieg der GOLKAR ließ sich darauf zurückführen, daß sie zum einen wirtschaftliche Erfolge während des letzten Fünf-Jahres-Plans (Repelita III) vorzuweisen hatte; zum andern war sie als Regierungspartei vor allem durch ihre Bürgermeister auch in den entferntesten Dörfern noch permanent anwesend, und drittens fehlte es den beiden anderen Parteien an äußerer und innerer Geschlossenheit.

In *Malaysia* trat im Juli 1981 ein neuer Ministerpräsident, Dato Seri Mahathir, sein Amt an. Mahathir wollte von Anfang an frischen Wind in die malaysische Politik bringen. In der Außenpolitik änderte sich die Prioritätenliste: Vor allem sollten die Verbindungen zum früheren kolonialen Mutterland Großbritannien gelockert werden. Die neue Reihenfolge lautete: ASEAN-Staaten, islamische Länder, Blockfreie und Staaten des Commonwealth. Besonderes Interesse galt den erst jüngst unabhängig gewordenen Staaten des Südpazifik. Vor allem aber verkündete Mahathir die „Look-East"-Politik: Von jetzt an sollte das Modell Japan – vom Arbeitsethos über die Industrie-

---

[7] Alle drei Gruppen sind genau genommen keine „Parteien" im Sinne des westlichen Demokratieverständnisses. Die beiden letzteren waren durch mehr oder weniger sanften Druck der Regierung 1973 zu „synthetischen" Einheitsformationen zusammengefügt worden, deren Spannweite von der früheren Nationalistischen Partei Sukarnos bis hin zu christlichen Interessenvertretungen reicht. Die GOLKAR andererseits war seit ihrer Gründung 1966 ein Sammelbecken funktioneller Grupen aus verschiedenen Berufen, Regionen und Ethnien. Praktisch ist sie der politische Arm der Streitkräfte und damit Träger der seit 1965 verkündeten „Neuen Ordnung" Suhartos. Erst seit 1982 bestehen Versuche, die GOLKAR in eine echte Partei umzuwandeln.

organisation bis hin zur verstärkten Partnerschaft – maßgebend sein. Hauptadressat der „Look-East"-Politik waren offensichtlich die Malaien: Aus bequemen Bürokraten und sorglosen Reisbauern, die sie waren, sollten effiziente und fleißige Geschäftsleute werden. Die chinesische Minderheit in Malaysia zeigte sich angesichts dieser Entwicklungen beunruhigt – nicht zuletzt auch deshalb, weil die Regierung Mahathir verstärkt den Islam förderte.

Auf den *Philippinen* waren 1982 vor allem Anzeichen dafür zu spüren, daß sich die Politik auf die Zeit nach Ferdinand Marcos einrichtete. Auch verstärkten die kommunistischen Guerillakämpfer ihre Aktivitäten: Sie griffen nicht nur in größeren Einheiten an, sondern nahmen Kontakte zu den muslimischen Moros im Süden auf. Die Regierung fühlte sich nicht zuletzt dadurch an ihre alten Reformversprechungen gemahnt. Die 1972 eingeleitete „Bodenreform" wurde so weit vorangetrieben, daß Ende 1982 rund ein Viertel aller potentiell von den ursprünglichen Reformgesetzen angespochenen Bauern den ihnen gesetzlich zustehenden Boden erhielten.

Das wichtigste Ereignis in *Thailand* während des Berichtszeitraums war die Massenunterwerfung kommunistischer Widerstandskämpfer in den letzten Monaten des Jahres 1982. Gründe für den Zerfall der KPTh gab es genug: Da waren zum einen die Konflikte zwischen den jungen nationalistischen Intellektuellen, die infolge des blutigen Staatsstreichs vom Oktober 1976 massenhaft in den Dschungel geflohen waren, sich dort aber mit der alten maoistischen KP-Garde nicht arrangieren konnten. Hauptgrund freilich dürfte die Feindschaft zwischen China und Vietnam und die daraufhin erfolgende Annäherung Pekings an die Regierung in Bangkok gewesen sein.

Birma, das einzige „abseits stehende" Land in Südostasien, zeigte in den Jahren 1981/82 einen bemerkenswerten Wirtschaftsaufschwung von 6,7 Prozent pro Jahr. Hauptgrund dafür war die Erhöhung der Ankaufspreise für Landwirtschaftsprodukte, die zwar bereits auf das Jahr 1976 zurückging, die aber erst jetzt richtig zu „ziehen" begann. Gleichzeitig machten sich – seit dem Rücktritt General Ne Wins – Tendenzen für ein Abrücken vom außenpolitischen Isolationismus bemerkbar.

ASEAN und Indochina

Die fünf ASEAN-Staaten traten gemeinschaftlich vor allem in drei Rollen auf: als außenpolitischer „Block" (vor allem im Bereich einer gemeinsamen Indochina- und Europa-Politik), ferner als wirtschaftliche Interessengemeinschaft und schließlich als antikommunistisches Bündnis. 1981/82 kam noch eine vierte Rolle dazu, nämlich der erste Ansatz einer Verteidigungsgemeinschaft. Seit Indochina 1975 unter kommunistische Herrschaft geraten war, hatten die fünf ihre Verteidigungshaushalte laufend erhöht, und zwar auf 7,6

Milliarden Dollar bis Ende 1982 (dies ist gegenüber 1975 eine Steigerung von 170 Prozent). Mit Ausnahme Singapurs erhielten alle vier ASEAN-Staaten amerikanische Militärhilfe. Malaysia und Singapur sind im Militärbündnis mit Großbritannien, Australien und Neuseeland verflochten. Die militärische Zusammenarbeit beschränkte sich vorerst auf Standardisierung der Waffensysteme und der Strategien, auf gemeinsame Militärübungen und auf Personalaustausch. Während Vietnam ungefähr eine Million Mann unter Waffen hielt und 1 500 Tanks sowie 500 Kampfflugzeuge besaß, beliefen sich die ASEAN-Truppen zusammen auf nur rund 800 000 Mann mit wesentlich geringerer Ausrüstung. Freilich war weniger an eine direkte Konfrontation mit Vietnam als vielmehr an die Abwehr von Widerstandsbewegungen im Innern gedacht, deren Unterstützung Vietnam angedroht hatte.

Auch Vietnam hielt den Gedanken einer militärischen Konfrontation mit den ASEAN-Staaten für absurd und verwies auf seine „Sieben Punkte", die mit den Prinzipien der „Zone of Peace, Freedom and Neutrality in South-East Asia" (ZOPFAN) der ASEAN-Staaten bestens vereinbar seien. Diese „Sieben Punkte" vom 28. September 1981 lauten stichwortartig: fünf Prinzipien der friedlichen Koexistenz, bilaterale Verhandlungen über alle Streitigkeiten, Verstärkung der Zusammenarbeit zwischen beiden Ländergruppen (ASEAN- und Indochina-Staaten), friedliche Lösung aller Grenzstreitigkeiten, Respektierung der südostasiatischen Unabhängigkeit durch Staaten außerhalb der Region, Einrichtung eines gemeinsamen Organs zum Zwecke eines permanenten Dialogs zwischen beiden Ländergruppen. Neu an diesem Vorschlag waren vor allem drei Besonderheiten, nämlich das Eingeständnis von Grenzstreitigkeiten im maritimen Bereich (die vor allem zwischen Vietnam und Indonesien bestanden), ferner der Vorschlag, Verhandlungen zwischen den „beiden" südostasiatischen Ländergruppen zu führen, vor allem aber die Anregung der Institutionalisierung des gemeinsamen Dialogs.

Die ASEAN-Staaten hielten, ganz im Gegensatz zu Vietnam, die sieben Punkte und das ZOPFAN-Konzept für unvereinbar, weil Vietnam nicht nur gewaltsam zwei Nachbarstaaten besetzt halte und damit gegen die Prinzipien der friedlichen Koexistenz verstoße, sondern darüber hinaus auch einer fremden Großmacht Basen gewähre. Überdies verlangte es die Beteiligung der von den ASEAN-Ländern nicht anerkannten VRK-Regierung an dem „gemeinsamen ständigen Organ". Vietnam möge doch – so die ASEAN-Staaten – zuerst diese drei Hindernisse beseitigen, dann sei auch der Weg für eine ZOPFAN-Regelung frei.

Was die „Gefahren"-Perzeption anbelangt, so hielten Singapur die Sowjetunion, Thailand und Malaysia dagegen Vietnam, und Indonesien die Volksrepublik China für die zukünftige Hauptgefahr. Nach außen hin traten sie zwar alle fünf mit einer Stimme auf, wobei sich vor allem die thailändische Perzeption als offizielle Meinung etablierte. Nach innen dagegen gab es Interessendivergenzen, die sich u. a. darin äußerten, daß beispielsweise

Indonesien – trotz seiner maritimen Konflikte mit Vietnam – am liebsten mit Hanoi ein antichinesisches Bündnis eingegangen wäre, während Thailand gerade umgekehrt einem antivietnamesischen Bündnis an der Seite Chinas das Wort redete.

Im übrigen aber neigten nach wie vor alle fünf ASEAN-Staaten zu engen Bindungen mit den USA, Japan und der EG, während das Verhältnis zur Sowjetunion und zu China höchst differenziert war.

Die wachsende intraregionale Zusammenarbeit der ASEAN

Obwohl das kombinierte Bruttosozialprodukt (BSP) der fünf ASEAN-Staaten (1980 circa 170 Milliarden Dollar) nur etwa dem BSP der Niederlande oder aber einem Viertel des bundesrepublikanischen BSP entspricht, ragten die Wirtschaftserfolge der Fünfergemeinschaft doch durch ihre hohen Wachstumsraten hervor. Zusammen mit Nordostasien sowie den Westküstenstaaten Nordamerikas bildete das ASEAN-Wirtschaftsgebiet einen der drei großen internationalen Wachstumspole, wie vor allem in den Jahren 1981/82 deutlich wurde.

An der Spitze steht der Stadtstaat Singapur, der praktisch den Status eines Industrielandes erreicht hat und der innerhalb der ASEAN zu einem Verkehrs-, Industrie-, Handels- und Finanzzentrum aufgestiegen ist. Wirtschaftlich das Schlußlicht ist Indonesien, das erst 1981 die Pro-Kopf-BSP-Schwelle von 500 Dollar überschritten hat. Aufgrund seiner gewaltigen Bevölkerung (circa 150 Millionen) und seines Ressourcenpotentials kommt dem Archipelstaat aber trotzdem ein natürliches Übergewicht in der Region zu. Die drei restlichen ASEAN-Staaten liegen zwischen den beiden Extremen Singapur und Indonesien. Zwischen 1980 und 1981 hatten alle fünf ein Wachstum von 5 bis 10 Prozent aufzuweisen. Erst 1982 ergab sich angesichts der internationalen Wirtschaftskrise auch hier ein Rückgang.

Im Berichtszeitraum begannen jene spezifischen Kooperationsformen zu greifen, die zum Teil schon in den Jahren 1977 bis 1979 vereinbart worden waren, die aber noch eine Anlaufzeit hinter sich hatten bringen müssen:

– Die Zollpräferenzen wurden zwischen den fünf Mitgliedern im Jahre 1982 fast auf 9000 Produkte ausgedehnt, ohne daß allerdings die gegenseitigen protektionistischen Schranken ganz fielen.

– Das ASEAN-Industrial-Projects-Schema (AIP) umfaßte 1982 fünf Großprojekte, so eine Fabrik für Dieselmotoren in Singapur, eine Sodaaschefabrik für Thailand, ein Superphosphatprojekt für die Philippinen und Stickstoffdüngerfabriken in Indonesien und Malaysia. 70 Prozent der beim Aufbau benötigten Finanzen sollten durch staatliche Kredite aufgebracht werden; inzwischen kam die japanische Regierung mit einem Kredit von einer Milliarde Dollar zu Hilfe. Die mit Schwung begonnene AIP-Bewegung kam 1981/82 allerdings ins Stocken: Singapur und die Philippinen wollten auf Alternativprojekte umsteigen; Thailand konnte sich über den Standort des Werks nicht klar werden; bei den malaysischen und indonesischen Projekten ergaben sich erneut Finanzierungsschwierigkeiten.

– Vielleicht am meisten Interesse erweckte international die AIC-Vereinbarung (ASEAN Industrial Complementation Scheme). Im Gegensatz zum AIP sollten hier nicht zentrale Projekte errichtet, sondern vielmehr dezentralisierte Fabrikationsketten hergestellt werden. Am interessantesten ist hier das ASEAN-Auto-Projekt. Nach einem Abkommen auf Regierungsebene, in dessen Rahmen vor allem Privatfirmen tätig wurden, sollten Ford-Cortina-Karosserieteile auf den Philippinen, Deutz-Dieselmotoren in Indonesien und Getriebeteile in Malaysia gefertigt werden.

– Schließlich war noch an ASEAN-Joint Ventures und multinationale Gesellschaften mit ASEAN-Charakter gedacht.

Solche Formen der Zusammenarbeit, die eines Tages vielleicht vorbildlich für die Süd-Süd-Kooperation überhaupt werden könnten, wurden von den wichtigsten Partnern der ASEAN, nämlich Japan, den USA, der EG und – nicht zuletzt – auch der Volksrepublik China gefördert, zum Teil finanziell, zum Teil – wie im Falle Chinas – durch politischen Applaus. Der mit Abstand stärkste Handelspartner, Investor und Entwicklungshilfegeber der ASEAN-Staaten ist nach wie vor Japan. Etwa ein Drittel aller ASEAN-Importe kommt aus Japan, während umgekehrt fast zwei Drittel der ASEAN-Exporte nach Japan gehen. Der Handel war 1981/82 gekennzeichnet durch einen wachsenden Überschuß der ASEAN-Länder, da Japan von dort her einen Großteil seiner Rohstoffe bezog. Aus Japan kamen auch zwei Fünftel aller ausländischen Investitionen. Zweitwichtigster Handelspartner waren im Berichtszeitraum die USA, während die EG erst auf Platz drei folgte.

DIE WACHSTUMSZENTREN IN SÜDOSTASIEN HONGKONG, SINGAPUR, TAIWAN, SÜDKOREA

Von Hermann Sautter

Wenige Länder haben in kurzer Zeit einen so tiefgreifenden Industrialisierungsprozeß durchlaufen wie Hongkong, Singapur, Südkorea und Taiwan. Nimmt man die Veränderung des Pro-Kopf-Einkommens als Bewertungsmaßstab, so war diese Industrialisierung ein unbestreitbarer Erfolg (vgl. Tabelle). Er war zu einem großen Teil der weltmarktorientierten Wachstumsstrategie dieser Länder zu verdanken, wie die Steigerungsraten der Exporte und die Veränderung der Exportstruktur verdeutlichen (Tabelle). Die Schattenseiten dieser Entwicklung bestanden u. a. in einer Einschränkung politischer Freiheiten und – insbesondere im Falle Südkoreas – in eklatanten Menschenrechtsverletzungen.

Mit dieser stichwortartigen Skizzierung sind bereits die unterschiedlichen Beurteilungsmöglichkeiten der vier Länder angedeutet. Einige Beobachter sehen darin Belege für den Erfolg einer marktwirtschaftlichen Entwicklungsstrategie, für andere sind sie Beispiele für die Inhumanität einer technokratischen Wachstumsdiktatur. Urteile dieser Art sind schnell zur Hand, wenn man nur an der Bestätigung vorgefaßter Bewertungsmaßstäbe interessiert ist. Doch dabei werden die historischen und kulturellen Determinanten dieser Entwicklung übersehen, und auch den vielfältigen Erscheinungsformen des wirtschaftlichen und sozialen Wandels der sogenannten „newly industrializing countries" wird man auf diese Weise kaum gerecht.

Tabelle: Entwicklung des Pro-Kopf-Einkommens und der Exporte in Hongkong, Singapur, Südkorea und Taiwan

Pro-Kopf-Einkommen in Dollar[a]

	1950	1960	1970	1980
Hongkong	..	424	781	2321
Singapur	..	573	914	2332
Südkorea	84	205	273	790
Taiwan	182	188	388	1082
Durchschnitt aller Entwicklungsländer	..	186	230	486

[a] Zu konstanten US-Preisen des Jahres 1970

Wachstumsraten des realen Pro-Kopf-Einkommens

	1950/60	1960/70	1970/80
Hongkong	4,4	7,2	7,1
Singapur	0,6	6,7	6,8
Südkorea	3,1	5,9	7,5
Taiwan	4,0	6,2	5,6
Durchschnitt aller Entwicklungsländer	2,2	2,9	3,3

Wachstumsraten der Exporte

	1950/60	1960/70	1970/80
Hongkong	..	12,7	9,4
Singapur	..	4,2	12,0
Südkorea	7,1	34,1	23,0
Taiwan	9,3	21,7	15,7 (1970/77)
Durchschnitt aller Entwicklungsländer	..	5,2	1,7

Anteil der industriellen Erzeugnisse[b] an den Gesamtausfuhren

	1960	1970	1980
Hongkong	83,5	93,0	93
Singapur	29,4	30,5	54
Südkorea	19,3	76,8	90
Taiwan	46,0	76,2	.
Durchschnitt aller Entwicklungsländer	15,4	25,8	..

[b] Warengruppen 5 bis 9 (industrielle Erzeugnisse) außer Warengruppe 68 (verarbeitete NE-Metalle) der „Standard International Trade Classification"
.. = keine Angaben

Quellen: World Bank (Hrsg.), World Tables (1976, 1980) Washington, D. C. sowie Weltentwicklungsbericht 1982; UN (Hrsg.), Handbook of International Trade and Development Statistics, 1981, Supplement, New York 1982, sowie Handbook of International Trade and Development Statistics 1983, New York 1983, und Statistical Yearbook 1979/80, New York 1981; IWF (Hrsg.), International Financial Statistics, Supplement on Price Statistics, Nr. 2, Washington, D. C. 1981.

Zur Vorgeschichte des exportorientierten Industrialisierungsprozesses

Befaßt man sich etwas näher mit dem Industrialisierungsprozeß dieser Länder, so ist zunächst festzuhalten, daß seine Ausgangsbedingungen äußerst ungünstig waren. Alle vier Staaten sind vergleichsweise arm an natürlichen Ressourcen. In extremer Weise gilt dies für die beiden Stadtstaaten Hongkong und Singapur, die sowohl in der Versorgung mit Nahrungsmitteln als auch in der Zulieferung von Rohstoffen vollständig auf Importe angewiesen sind. Auch die politische Vorgeschichte der vier Staaten war nicht dazu angetan, einen eigenständigen Industrialisierungsprozeß zu fördern. Alle vier waren als Teile eines kolonialen Imperiums den Interessen einer fremden Macht untergeordnet. Singapur war lange Zeit ein britischer Handels- und Militärstützpunkt, Hongkong ein Zentrum des britischen China-Handels, Korea und Taiwan standen von 1905 bis 1945 unter japanischer Verwaltung. Den jeweiligen Kolonialmächten lag es fern, aus ihren Kolonien selbständige Industriezentren zu entwickeln.

Die als Konsequenz des Zweiten Weltkrieges entstandene Unabhängigkeit brachte für Südkorea, Taiwan und Singapur keineswegs einen wirtschaftlichen Aufschwung. Südkorea wurde durch die von den Siegermächten verfügte Teilung entlang des 38. Breitengrades von dem stärker industrialisierten Norden des Landes abgeschnitten und dadurch in seiner wirtschaftlichen Entwicklung zurückgeworfen. Dem Krieg mit Nordkorea in den Jahren 1950 bis 1953 fielen etwa drei Viertel der vorhandenen Produktionskapazitäten zum Opfer. Der Wiederaufbau wurde lange Zeit durch innenpolitische Wirren behindert. Erst als sich Anfang der sechziger Jahre die politischen Verhältnisse unter einer Militärdiktatur „stabilisierten", begann das eigentliche „Wirtschaftswunder" des Landes.[1] In Taiwan kam es nach 1945 zu Aufständen, nachdem die Insel durch die Alliierten wieder dem chinesischen Festland zugesprochen worden war. Singapur stand in den Jahren 1948 bis 1960 unter dem Einfluß der Guerillakämpfe im benachbarten Malaysia.[2] Hongkong schließlich hatte mit einem wachsenden Flüchtlingsstrom und dem während des Korea-Krieges verhängten Embargo auf den China-Handel zu kämpfen.

Hat man die Armut an natürlichen Ressourcen, die Belastungen durch das koloniale Erbe und die teilweise chaotischen Zustände der Nachkriegszeit vor Augen, dann erscheint der wirtschaftliche Aufschwung der vier Länder um so bemerkenswerter. Wirtschaftspolitisch gesehen ist dieser Aufschwung dem einzigen „Produktionsfaktor" zu verdanken, über den diese vier Länder in relativ reichlichem Maße verfügen, den „human resources". Damit sind die Lernfähigkeit, der Fleiß, die Intelligenz und die (freiwillige wie erzwungene) Arbeitsdisziplin der Bevölkerung ebenso gemeint wie die Dynamik der Unternehmerschaft und die Effizienz der öffentlichen Verwaltung. Die Bedeutung dieses Faktors läßt sich ohne Exkurs auf das sozio-kulturelle Erbe dieser Länder nicht verstehen.[3]

Alle vier Länder gehören zum Einflußbereich der chinesischen Kultur. Diese

---

[1] Von einem „Wirtschaftswunder" spricht z. B. Jon *Woronof*, Korea's Economy. Man-Made Miracle. Seoul, Arch Cape (Oregon) 1983.

[2] Zu den Ausgangsbedingungen des Industrialisierungsprozesses in Hongkong und Singapur vgl. vor allem: Theodore *Geiger* und Frances M. *Geiger*, The Development Progress of Hongkong and Singapur, London u. a. 1976.

[3] Siehe dazu den Überblick bei *Geiger/Geiger*, ebd., Kap. II.

ist wesentlich vom Konfuzianismus geprägt worden, einer von ihren Ursprüngen her leistungsorientierten und diesseitsbezogenen Philosophie, die die Vorbedingungen für eine Reihe bemerkenswerter technischer und wissenschaftlicher Leistungen schuf. Der Konfuzianismus hat auch wesentlich zur traditionellen chinesischen Hochschätzung der Familie beigetragen. Die Gesellschaft des alten China besaß darüber hinaus ein vergleichsweise hohes Maß an sozialer Mobilität, u. a. hervorgerufen durch häufige Naturkatastrophen, Hungersnöte, Kriege und Aufstände. Nicht unerwähnt bleiben soll auch die „frontier"-Mentalität, die während der Ausdehnung des Reiches nach Süden und Osten entstanden war.

Die Aufgeschlossenheit für eine technisch-ökonomische Rationalität, eine leistungsbezogene Ethik, die Verantwortung für die Familie und die „frontier"-Erfahrungen aus der eigenen Geschichte sind also wesentliche Elemente im kulturellen Erbe. Man kann die auffallend große Zahl selbständiger Klein- und Mittelbetriebe im heutigen Taiwan ohne Rückgriff auf diese Tradition ebensowenig erklären wie die Dynamik, Sparsamkeit und Risikobereitschaft tausender kleiner Familienunternehmen in Hongkong. Das traditionelle patriarchalische Prinzip und die Nachwirkung konfuzianischer Ideale lassen auch die autoritär-technokratische Führungsstruktur der vier Staaten in einem anderen Licht erscheinen, als wenn man nur das individualistisch-pluralistische System des Westens als Beurteilungsmaßstab heranzöge. Kurzum, wirtschaftliche Erfolge und politische Schwächen stehen auf dem Boden einer alten Kultur, deren Einfluß zwar nicht nur auf diese vier Länder beschränkt war, die aber hier unter extremen politischen und wirtschaftlichen Herausforderungen eine besondere Dynamik entfalten konnte.

WIRTSCHAFTSPOLITISCHE STRATEGIEN

Auch die stärkste Privatinitiative führt nicht zu einer anhaltenden Wirtschaftsentwicklung, wenn es an einer Wirtschaftspolitik fehlt, die dafür geeignete Rahmenbedingungen setzt. Die Politik der vier Länder entsprach dieser Anforderung in hohem Maße. Dabei wurden, teilweise bedingt durch die unterschiedliche Größe der Binnenmärkte, durchaus verschiedene Wege gewählt.

Hongkong überließ das wirtschaftliche Geschehen weitestgehend dem freien Spiel der Marktkräfte. Kein anderes Land der Welt näherte sich dabei so stark dem „Laissez-faire"-Ideal an. Singapur betrieb dagegen eine aktive Geld- und Fiskalpolitik nach keynesianischem Muster. Die Steuersätze lagen hier deutlich höher als etwa in Hongkong, und die Regierung schreckte auch nicht vor der Einführung eines Zwangssparsystems zurück, mit dem die Bevölkerung zur stärkeren Beteiligung am Kapitalbildungsprozeß herangezogen werden sollte. Die Flächenstaaten Taiwan und Südkorea erweiterten, dem größeren Bewegungsspielraum für eine konjunkturelle Steuerung entsprechend, ihr wirtschaftspolitisches Instrumentarium noch stärker. In beiden Ländern wurde eine makroökonomische Planung betrieben, die allerdings nur einen indikativen Charakter besaß und sich in geschickter Weise der Marktkräfte bediente.

Das wirtschaftspolitische Instrumentarium der Länder war also unterschiedlich. Aber auch dort, wo sich der Staat in stärkerem Maße engagierte, besaß der Gesichtspunkt der ökonomischen Effizienz eine hohe Priorität und wurde der Initiative in- und ausländischer Privatunternehmen ein verhältnismäßig großer Freiraum geboten. Insofern kann davon gesprochen werden, daß alle vier Länder eine marktwirtschaftliche Ordnung besaßen.

Die erste Phase einer bewußten Industrialisierungspolitik stand in Taiwan und Südkorea unter dem Zeichen einer Importsubstitutionsstrategie. Dabei wurde das übliche Instrumentarium eingesetzt: ein relativ hoher Zollschutz für „junge" inländische Industrien, eine Überbewertung der einheimischen Währung, Zinszuschüsse und Steuervergünstigungen für in- und ausländische Unternehmen. Doch im großen und ganzen wurde diese Politik pragmatischer betrieben als in vielen anderen Ländern, und sie wurde beendet, als sie an ihre Grenzen stieß. Der Übergang zu einem exportgetriebenen Wachstum war deshalb mit vergleichsweise geringen Schwierigkeiten verbunden.[4]

Dieser Wechsel in der entwicklungspolitischen Strategie begann Anfang der sechziger Jahre. Hongkong stützte seine Industrialisierung von Anfang an auf den Export, und Singapur wählte diesen Weg, nachdem seine politische Union mit Malaysia Mitte der sechziger Jahre auseinandergebrochen war. Alle vier Länder erkannten, daß ihnen ihre Armut an natürlichen Ressourcen keine andere Wahl ließ, als aktiv am Welthandel teilzunehmen, und daß ihre einzige Exportchance zunächst darin lag, unter relativ starker Nutzung des reichlich vorhandenen Faktors „Arbeit" einfache Konsumgüter herzustellen. Erzeugnisse wie Hemden, Hosen, Strickwaren, Reiseartikel, Papier- und Lederwaren gehörten deshalb zur „ersten Generation" der Exporterzeugnisse.

Mit steigendem Lohnniveau und zunehmenden Erfahrungen verschob sich dann die Struktur der komparativen Vorteile in Richtung auf technisch anspruchsvollere Erzeugnisse. Zur „zweiten Generation" der Exportgüter gehörten humankapitalintensive Produkte wie Radio- und Fernsehgeräte, Taschenrechner, Fotoapparate und Tonbandgeräte. Hohe Spar- und Investitionsquoten verbesserten zudem die relative Sachkapital-Ausstattung und schufen dadurch die Möglichkeit, auch sachkapitalintensiv hergestellte Güter zu exportieren.

Später arbeiteten die vier Staaten an der Entwicklung einer „dritten Produktgeneration". Taiwan brachte z. B. numerisch gesteuerte Werkzeugmaschinen, Computer und Textverarbeitungsgeräte, medizinische Diagnosegeräte und andere technisch hochwertige Erzeugnisse auf den Markt. Singapur sah

---

[4] Vgl. dazu Ching-Yuan *Lin*, Industrialization in Taiwan 1946–72, New York u. a. 1973.

seine Wachstumschancen u. a. im Export von technischen und wissenschaftlichen Dienstleistungen in benachbarte asiatische Länder. Ähnliche Bemühungen um eine Entwicklung humankapitalintensiver Produkte waren auch in Hongkong und Südkorea im Gange. Mit bemerkenswerten Resultaten verfolgten dabei die vier Schwellenländer die Strategie, „Japan auf den Fersen zu bleiben". Dieses generelle Bild einer erfolgreichen Exportoffensive muß wegen der besonderen Verhältnisse in den einzelnen Ländern differenziert werden.

Hongkong[5]

Hongkong erzielte seine ersten Exporterfolge bereits Anfang der fünfziger Jahre. Bereits 1958 erreichten die Textil-Exporte nach Großbritannien ein Ausmaß, das den Widerstand der britischen Textil- und Bekleidungsindustrie herausforderte. Hongkong mußte schon damals eine Erfahrung machen, die sich in den künftigen Jahren häufig wiederholen sollte: Der Protektionismus in den Importländern machte sogenannte „freiwillige Exportselbstbeschränkungen" notwendig. Doch die Unternehmen des Stadtstaates waren immer wieder erfinderisch genug, um mit diesen Schwierigkeiten fertigzuwerden: Der erschwerte Zutritt zu einzelnen Märkten führte zur Erschließung neuer Märkte; die Erschöpfung von Exportquoten Hongkongs veranlaßte die Unternehmer der Kronkolonie zur Gründung neuer exportorientierter Produktionsstätten in anderen asiatischen Ländern; die geringen Exportquoten für Massenbekleidungsware wurden zum Anlaß für die Entwicklung höherwertiger Exporterzeugnisse.

Die Industriegüterexporte, die den wirtschaftlichen „Wachstumsmotor" der Kronkolonie darstellten, zogen vielfältige Aktivitäten im Dienstleistungsbereich nach sich. Zahlreiche ausländische Banken ließen sich in Hongkong nieder, um von hier aus ihre Interessen in ostasiatischen Ländern wahrzunehmen. Die geordneten Rechtsverhältnisse und die liberale Politik des Stadtstaates boten dafür ideale Voraussetzungen. Neben Singapur entwickelte sich damit Hongkong zu einem Zentrum des Asien-Dollar-Marktes.

Eines der ungelösten Probleme, das Anfang der achtziger Jahre die Wirtschaft Hongkongs in zunehmendem Maße überschattete, war die politische Zukunft der Kronkolonie. Im Jahre 1997 läuft der Pachtvertrag für die „New Territories" ab, den die britische Regierung 1898 mit dem chinesischen Kaiserreich abgeschlossen hatte. Die britischen Besitzrechte über die weiteren Teile des Stadtstaates werden von der Volksrepublik China nicht anerkannt. Es

[5] Zur politischen, wirtschaftlichen und sozialen Entwicklung Hongkongs vgl. u. a. Tzong-Bian *Lin*, Rance P. L. *Lee*, Udo-Ernst *Simonis* (Hrsg.), Hongkong. Economic, Social and Political Studies in Development, White Plains, Folkstone 1979, sowie *Geiger/Geiger*, a.a.O. (Anm. 2).

bleibt abzuwarten, auf welche Lösung sich die beiden beteiligten Regierungen einigen werden. Für die Volksrepublik geht es um die Abwägung zwischen politischem Prestige und ökonomischem Interesse. Was dabei letztlich den Ausschlag geben wird, hängt im wesentlichen von der innenpolitischen Machtkonstellation in der Volksrepublik ab.

Singapur

Anders als im Falle Hongkongs spielte in Singapur die politische Führung von Anfang an eine entscheidende Rolle bei der Initiierung des exportgetriebenen Wachstums. Sie war Mitte der sechziger Jahre davon überzeugt, daß die einheimische Wirtschaft, auf sich allein gestellt, nicht in der Lage sein würde, innerhalb kürzester Zeit eine genügend große Zahl wettbewerbsfähiger Arbeitsplätze bereitzustellen. Die Lösung des Problems sah sie in der Ansiedlung ausländischer Unternehmen, die nicht nur Kapital und technisches Know-how mitbrachten, sondern auch die für den Export erforderlichen Weltmarktbeziehungen besaßen. Die Regierung des Stadtstaates versuchte daher, durch ein umfangreiches Programm von Investitionsanreizen ausländische Unternehmen zur Eröffnung von Produktionsstätten in Singapur zu gewinnen. Zu diesem Zweck wurde erschlossenes Industriegelände („Industrieparks") zu günstigen Bedingungen zur Verfügung gestellt, die Infrastruktur verbessert und an besonders förderungswürdige Unternehmen ein „Pionierstatus" verliehen, der mit weitgehenden Steuererleichterungen verbunden war.

Alle diese Maßnahmen waren geeignet, das „Investitionsklima" des Stadtstaates zu verbessern.[6] Die von der Regierung erhofften Erfolge blieben nicht aus. Zahlreiche europäische, amerikanische und japanische Produktionsfirmen, Handelshäuser und Banken ließen sich in Singapur nieder. Zwar dominierten auch in Singapur immer noch die von Chinesen geführten Familienbetriebe, doch anders als in Hongkong entfiel schon zu Beginn der exportorientierten Industrialisierung ein höherer Produktionsanteil auf ausländische Unternehmen.[7]

Die Regierung war bestrebt, die gesamte Bevölkerung an den Erfolgen des wirtschaftlichen Wachstums partizipieren zu lassen. So wurden z. B. Mindest-

---

[6] Zweifellos hat dazu die Zerschlagung oppositioneller Gewerkschaften beigetragen. Zum Verhältnis zwischen Gewerkschaften und politischer Führung in Singapur vgl. Frederic C. *Deyo*, Dependent Development and Industrial Order, New York 1981.

[7] Die zukunftsträchtige elektronische Industrie, auf die etwa 20 % der Beschäftigten und der Wertschöpfung entfallen, besteht zu 95 % aus Niederlassungen ausländischer Unternehmen. Vgl. Wolfgang *Hillebrand* u. a., Industrial Restructuring in Singapore. Technological Decision-Making and International Cooperation in the Electronics Industry (German Development Institute), Berlin 1981.

einkommen an Bedürftige gezahlt, Kindergärten eingerichtet und Gesundheitsstationen eröffnet.[8] Innerhalb eines Jahrzehnts konnte die Kindersterblichkeit auf die Hälfte reduziert werden.[9] Im übrigen schien die politische Führung ziemlich deutliche Vorstellungen von der anzustrebenden „Lebensqualität" Singapurs zu haben. Eine Zensur von Radio- und Fernsehprogrammen, drastische Strafen für Drogenhändler, hohe Steuern für alkoholische Getränke und ähnliche Maßnahmen sollten die Bevölkerung vor einem moralischen Verfall bewahren und Werte wie „Sauberkeit", „Disziplin" und „Fleiß" festigen helfen. Man sprach in diesem Zusammenhang von einer Politik des „puritanischen Paternalismus", die deutliche Anklänge an alte konfuzianische Ideale besaß. Von einer „Laissez-faire"-Haltung war die Regierung des Stadtstaates jedenfalls weit entfernt.[10]

Taiwan[11]

Die Exportoffensive Taiwans konnte an die Ergebnisse der vorangegangenen Importsubstitutionspolitik anknüpfen, der es gelungen war, ein vergleichsweise ausgewogenes Verhältnis von Landwirtschaft und Industrie zu verwirklichen. Es war deshalb kein Zufall, daß Frucht- und Gemüsekonserven neben Bekleidungsartikeln die wichtigsten Exportprodukte der „ersten Generation" darstellten. Das rapide Exportwachstum[12] führte dazu, daß bereits Ende der sechziger Jahre die Arbeitskräftereserven erschöpft waren und das Lohnniveau deutlich anstieg. Dies führte zu einer weiteren Verbesserung der personalen Einkommensverteilung, die schon in den davorliegenden Jahren vergleichsweise ausgewogen war.[13] Auf die untere 40-Prozent-Gruppe der Einkommensbezieher entfielen Anfang der siebziger Jahre 21,9 Prozent des Volkseinkommens; ein beispielsweise deutlich höherer Anteil, als er für Entwicklungsländer, wie etwa Birma und Tansania, ausgewiesen wurde, die sich für eine sozialistische Politik entschieden hatten.[14]

---

[8] Vgl. *Geiger/Geiger*, a.a.O. (Anm. 2), S. 213 ff.

[9] Die Rate sank von vier auf zwei Sterbefälle pro 1 000 Kinder im Alter von ein bis vier Jahren (1960–1970). Quelle: World Bank (Hrsg.), World Tables, Washington, D. C., 2. Aufl. 1980.

[10] Vgl. *Geiger/Geiger*, a.a.O. (Anm. 2), S. 201–216. Zur Rolle der „Peoples Action Party" in der politischen Struktur Singapurs vgl. Hans Ulrich *Luther*, Ökonomie, Klassen und Staat in Singapur, Frankfurt/M. 1980.

[11] Zur wirtschaftlichen Entwicklung Taiwans vgl. u. a. Anton *Gälli*, Taiwan. Ökonomische Fakten und Trends, München, London 1980; Walter *Galenson* (Hrsg.), Economic Growth and Structural Change in Taiwan, Ithaca, London 1979.

[12] Taiwan hat dabei als erstes Land spezielle „Exportveredlungszonen" eingerichtet. Vgl. dazu Phulk S. *Chen*, Exportveredlungszonen in Taiwan als Instrumentarium für die wirtschaftliche Entwicklung (Diss.), Frankfurt/M. 1978.

[13] Vgl. John C. H. *Fei*, Gustav *Ranis*, Shirley W. Y. *Kuo*, Growth with Equity. The Taiwan Case, New York u. a. 1979.

[14] Die entsprechenden Anteile für diese Länder lauten 16,5 % und 14 %. Vgl. Weltbank (Hrsg.), Weltentwicklungsbericht 1980, Washington, D. C. 1980, Tabelle 24.

Das steigende Lohnniveau signalisierte die Notwendigkeit, über eine verstärkte Kapitalbildung die internationale Wettbewerbsfähigkeit des Landes zu erhalten. Auch dabei erzielte Taiwan bemerkenswerte Erfolge. Die gesamtwirtschaftliche Sparrate, die in den fünfziger Jahren noch bei etwa 10 Prozent gelegen hatte, stieg kontinuierlich an und erreichte Ende der siebziger Jahre ein im internationalen Vergleich außerordentlich hohes Niveau von 30 Prozent (für die Gesamtgruppe der Entwicklungsländer wurde für 1977 eine durchschnittliche Sparrate von 20,1 Prozent ausgewiesen).[15]

Dieser Kapitalbildungsprozeß ermöglichte einen zügigen Ausbau der Schwerindustrie, insbesondere im petrochemischen Bereich. Neben einem Produktionskomplex, der das heimische Erdgas verarbeitet – der einzige Rohstoff, bei dem Taiwan bis etwa Ende der achtziger Jahre autark sein dürfte – entstand ein zweiter Komplex auf der Basis von importiertem Rohöl. Nach Japan und der Volksrepublik China wurde damit Taiwan zum drittwichtigsten Chemieproduzenten in Fernost. Mit Nachdruck wurde ferner der Ausbau eines integrierten Stahlwerkes und eines Kernkraftwerkes betrieben.

Südkorea[16]

Der Übergang zum exportorientierten Wachstum verlief in Südkorea in ähnlicher Weise wie in Taiwan. Die Zölle wurden gesenkt und vorhandene Wechselkurskontrollen schrittweise beseitigt. Im Jahre 1964 erfolgte eine größere Abwertung des koreanischen Won. Die Regierung versuchte ferner mit Erfolg, durch Steuererleichterungen und kreditpolitische Anreize den Aufbau von exportorientierten Industrien zu fördern. Um ausländische Investoren anzulocken, stellte sie vorbereitetes Industriegelände zur Verfügung und schuf – nach dem Vorbild Taiwans – spezielle Exportzonen, denen Zollfreiheit zugestanden wurde. Das wirtschaftspolitische Motto hieß: „export first".

Auch im Falle Südkoreas wurde diese Entwicklung durch eine bemerkenswerte Erhöhung der inländischen Sparquote möglich gemacht. Innerhalb von zwei Jahrzehnten stieg der Anteil der Ersparnisse am Bruttoinlandsprodukt von weniger als 2 Prozent auf über 20 Prozent. Ähnliche Ergebnisse wurden auch für Singapur und Hongkong nachgewiesen.[17] Wenn man nach den

[15] Vgl. World Bank (Hrsg.), World Tables, a.a.O. (Anm. 9).

[16] Zur südkoreanischen Entwicklung vgl. u. a. Sung-Jo *Park*, Taiwhan *Shin*, Ki Zun *Zo*, Economic Development and Social Change in Korea, Frankfurt/M., New York 1980; Charles R. *Frank* jr., Kwang Suk *Kim*, Larry E. *Westphal*, Foreign Trade Regimes and Economic Development. South Korea, New York, London 1975; Korea Exchange Bank (Hrsg.), The Korean Economy, Seoul, 5. Aufl. 1983; Paul W. *Kuznets*, Economic Growth and Structure in the Republic of Korea, New Haven, London 1977; Larry L. *Wade* und Byong Sik *Kim*, Economic Development of South Korea, New York u. a. 1978.

[17] Vgl. World Bank (Hrsg.), World Tables, a.a.O. (Anm. 9).

Gründen für den Wachstumserfolg der vier Länder fragt, dann liegt hier eine der Antworten. Eine weitere Erklärung ist im forcierten Ausbau des Schulwesens zu suchen. Südkorea schien es dabei im Unterschied zu vielen anderen Entwicklungsländern gelungen zu sein, die Qualifikationsstruktur der Arbeitskräfte den Erfordernissen des Entwicklungsprozesses anzupassen. Die überwiegende Zahl der Studenten war beispielsweise in technischen und naturwissenschaftlichen Disziplinen eingeschrieben.

Im Zuge des industriellen Wachstums stieg das Pro-Kopf-Einkommen in den siebziger Jahren auf etwa das Dreifache (vgl. Tabelle S. 346). Die Änderung einiger sozialer Indikatoren zeigt, daß dieses Wachstum von einer allgemeinen Verbesserung der Lebensverhältnisse begleitet war. Die Kindersterblichkeit sank von einer Rate von 9 pro 1 000 im Jahre 1960 auf eine Rate von 2 pro 1 000 im Jahre 1981 (übrigens dieselbe Verbesserung, die auch für Nordkorea ausgewiesen wird), die durchschnittliche Lebenserwartung stieg im gleichen Zeitraum von 54 auf 65 Jahre, und hinsichtlich seiner Einkommensverteilung wies Südkorea ein Ergebnis auf, das im Vergleich zu anderen Ländern als günstig anzusehen war. Auf die untere 40-Prozent-Gruppe der Einkommensbezieher entfiel 1976 ein Einkommensanteil von 16,9 Prozent.[18]

Das schnelle Wachstum ermöglichte eine deutliche Verringerung der Arbeitslosenquote. Allerdings war dies nicht ausreichend, um die Vollbeschäftigungsgrenze zu erreichen.[19] Ein weiteres Problem, das Anfang der siebziger Jahre mit aller Deutlichkeit sichtbar wurde, war das der regional ungleichen Entwicklung. Die Industrialisierung hatte sich auf die städtischen Ballungsgebiete um Seoul und Pusan konzentriert, die ländlichen Gebiete aber vergleichsweise unberührt gelassen. Die Regierung versuchte, diesem Trend durch eine integrierte Entwicklung ländlicher Gebiete Einhalt zu gebieten.

Diese Skizzierung des Industrialisierungsprozesses macht deutlich, daß die soziale Entwicklung der vier Länder zumindest nicht unausgewogener war als diejenige der meisten anderen Entwicklungsländer; eher trifft das Gegenteil zu. Doch es ist zugleich unbestreitbar, daß das staatliche System der sozialen Absicherung noch unterentwickelt war. In Taiwan beispielsweise gab es keine allgemeine Sozialversicherungspflicht, in Südkorea war die Arbeitsschutzgesetzgebung völlig unzureichend, und gewerkschaftlichen Aktivitäten zur Verbesserung der Arbeitsbedingungen waren in allen vier Ländern enge Grenzen gesetzt.

---

[18] Vgl. Weltbank (Hrsg.), Weltentwicklungsbericht 1982, Washington, D. C., 1982, Tabelle 21 und 24. (Die Kindersterblichkeitsziffern beziehen sich auf die Altersgruppe von ein bis vier Jahren.)

[19] Axel J. Halbach und Mitarbeiter nennen für 1978/79 eine Arbeitslosenquote von 5,8 %, weisen aber darauf hin, daß damit die tatsächliche Arbeitslosigkeit wahrscheinlich unterschätzt wird. Axel J. *Halbach* u. a., Wirtschaftsordnung, sozio-ökonomische Entwicklung und weltwirtschaftliche Integration in den Entwicklungsländern (Forschungsauftrag des Bundesministeriums für Wirtschaft), Bonn 1982, S. 127 f.

Dies mag in jenen Fällen ohne soziale Unruhen und ohne eine verschärfte politische Unterdrückung abgehen, wo das System der intrafamiliären Fürsorge noch intakt ist. Die traditionelle Selbstverantwortung der Familienmitglieder bildet dann ein „soziales Netz", das dem einzelnen einen verläßlichen Schutz bietet und zugleich der Produktionsstruktur ein hohes Maß an Elastizität verleiht. Doch Anfang der achtziger Jahre mehrten sich die Anzeichen, daß diese Voraussetzungen nicht mehr in derselben Weise erfüllt waren wie zu Beginn der Industrialisierung. Der Verstädterungsprozeß hatte die innerfamiliären Beziehungen gelockert und dadurch die Möglichkeiten einer familiären Eigenfürsorge geschmälert. Mehr und mehr war deshalb der Staat dazu gezwungen, sich um den Aufbau eines öffentlichen Netzes sozialer Absicherungen zu bemühen.

DIE STELLUNG DER VIER SCHWELLENLÄNDER IN DER WELTWIRTSCHAFT

In mancher Hinsicht sind die vier Wachstumszentren Pioniere innerhalb der Gruppe der Entwicklungsländer. Sie haben in rascher Folge einige typische Phasen des Industrialisierungsprozesses durchlaufen, die in mehr oder weniger ausgeprägter Form auch für andere Länder charakteristisch sein werden. Aus dieser Rolle ergeben sich eine Reihe von Fragen: Sind diese Länder zu strukturellen Anpassungen bereit, die sie im Blick auf die Exportkonkurrenz durch weniger entwickelte Länder vornehmen müssen? Inwiefern besitzen sie einen Modellcharakter für die übrigen Entwicklungsländer? Welche Konsequenzen ergeben sich aus ihrem Industrialisierungserfolg für den Nord-Süd-Dialog?

Auf die erste Frage wurde bereits eingegangen. Gemessen an ihrer verbesserten Ausstattung mit Sach- und Humankapital, besaßen die vier Länder Anfang der achtziger Jahre ihre komparativen Kostenvorteile nicht mehr in der Herstellung einfacher Massenbekleidungsware, die mit einer relativ hohen Beschäftigung ungelernter Arbeitskräfte hergestellt werden kann. Sie hatten also ihre weltwirtschaftliche und entwicklungspolitische Aufgabe zumindest teilweise erfüllt, schrittweise alte Produktionskapazitäten aufzugeben und neue kapitalintensivere Produktionsrichtungen zu entwickeln. Doch bei aller Dynamik war nicht zu übersehen, daß sich hier auch strukturerhaltende Tendenzen bemerkbar machten, die zwar beschäftigungspolitisch gesehen nicht weniger verständlich waren als die protektionistischen Strömungen der alten Industrieländer; die aber in ihrer Tendenz den Exportchancen der übrigen Entwicklungsländer nicht weniger entgegenwirkten als jene.

Die Frage nach dem Modellcharakter wird häufig gestellt. Wie oben dargelegt, ist der ökonomische Pragmatismus der autoritären Führer („konfuzianische Technokratie") in den vier Schwellenländern in einem gemeinsamen kulturellen Erbe verwurzelt. Dasselbe gilt für die Arbeitsdisziplin, den Lerneifer und den Familiensinn der Bevölkerung dieser Länder. Diese kulturelle Tradition ist nicht übertragbar. Doch andere Länder können aus dem Beispiel lernen, auf welche Qualitäten es bei einem „gelenkten Kulturwandel" ankommt, wie man den Prozeß der wirtschaftlichen Entwicklung bezeichnet hat. Dies muß nicht bedeuten, daß alle Merkmale der vier Länder als Vorbild dienen sollten. Die innenpolitische Repression Südkoreas wird man keinem anderen Land zur Nachahmung empfehlen wollen. Doch eine Umverteilung des Bodenbesitzes und ein Ausbau des Erziehungssystems sind Maßnahmen, welche die Bevölkerung motivieren und auf die andere Entwicklungsländer nur zum Schaden ihrer eigenen Entwicklung verzichten können.

Auch die besonderen Vorteile, die aus der weltwirtschaftlichen Stellung der vier Länder resultieren, können nicht verallgemeinert werden. Sie sind „klein", gemessen an ihrem Produktionspotential. Insofern konnte ihre exportorientierte Industrialisierung von den Industrieländern strukturpolitisch noch einigermaßen verkraftet werden – und auch dies nur, nachdem die Industrieländer auf „freiwillige" Exportbeschränkungen gedrängt hatten. Wollten größere Länder wie etwa Indien oder die Volksrepublik China dieselben Exportquoten ihrer Bekleidungsindustrie anstreben wie Hongkong oder Taiwan, dann würden sie auf unüberwindbare Grenzen in der Aufnahmefähigkeit der Weltmärkte stoßen. Größere Länder können also nicht damit rechnen, daß eine Expansion arbeitsintensiver Exportindustrien denselben Beitrag zur Lösung des Beschäftigungsproblems leistet, wie dies in den vier Ländern der Fall war. Damit wird allerdings die Erkenntnis nicht entwertet, daß jedenfalls tendenziell eine weltmarktoffene Industrialisierungspolitik von einem gewissen Stadium an den Vorzug vor einer binnenmarktorientierten Industrialisierungspolitik verdient. Dies ist eine Lehre, die jedes Entwicklungsland aus der Erfahrung der vier Länder in Südostasien ziehen kann.

Hinsichtlich der möglichen Konsequenzen für den Nord-Süd-Dialog läßt sich folgendes sagen: Im Blick auf die internationale Rohstoffpolitik entspricht die Interessenlage der vier Länder eher derjenigen der Industrieländer als derjenigen der „Gruppe der 77". Auch in den Fragen des internationalen Technologietransfers, der Weiterentwicklung des GATT und der internationalen Währungsordnung tendieren die vier zu marktwirtschaftlichen Lösungen, wie sie von der Gruppe der Industrieländer propagiert werden. Doch ob dies den festgefahrenen Nord-Süd-Dialog in Bewegung bringen könnte, muß zumindest bezweifelt werden. Taiwan mußte sich aus allen internationalen Organisationen zurückziehen, in denen die Volksrepublik China vertreten ist, Hongkong besitzt in diesen Organisationen keinerlei Verhandlungsmandat, Singapur ist politisch gesehen zu unbedeutend, als daß es die Nord-Süd-Verhandlungen spürbar beeinflussen könnte, und auch Südkorea besitzt weltpolitisch gesehen nur ein geringes Gewicht. Mit bedeutsamen Verhandlungsinitiativen dieser Länder wird deshalb in nächster Zukunft kaum zu rechnen sein.

Dies bedeutet, daß weltwirtschaftliche Bedeutung und weltpolitisches Gewicht deutlich voneinander abweichen können. Ihr begrenzter außenpolitischer Handlungsspielraum konnte die vier Länder offenbar nicht daran hindern, auf wirtschaftlichem Gebiet außerordentlich dynamisch zu sein. Eher schien das Gegenteil zuzutreffen: Die Unmöglichkeit, durch außenpolitische Initiativen eine Lösung wirtschaftlicher Probleme zu erreichen, führte zu verstärkten ökonomischen Eigenanstrengungen. Insofern boten die vier Länder Beispiele für eine besondere Art von „self reliance".

ANHANG

LITERATURHINWEISE

I Die Weltmächte in der Pause des Bilateralismus

Die USA unter Ronald Reagan

America's Security in the 1980s. P.1.2. London: The International Institute for Strategic Studies 1982. 52 + 59 S. (Adelphi Papers. No 173 + 174.)

Barnet, Richard J.: Real Security. Restoring American Power in a Dangerous Decade. New York: Simon & Schuster 1981. 127 S.

Beres, Louis René: Mimicking Sisyphus. America's Countervailing Nuclear Strategy. Lexington: Heath 1983. 142 S.

Blechman, Barry M. (Ed.): Rethinking the U.S. Strategic Posture: A Report from the Aspen Consortium on Arms Control and Security Issues. Cambridge, Mass.: Ballinger 1982. 308 S.

Capitanchik, David & Richard C. *Eichenberg*: Defence and Public Opinion. London: Routledge & Kegan Paul 1983. 98 S.

Crawford, Alan: Thunder on the Right. The "New Right" and the Politics of Resentment. New York: Pantheon Books 1980. 381 S.

Duignan, Peter & Alvin *Rabushka* (Eds.): The United States in the 1980s. Stanford: Hoover Institution Press 1980. 868 S.

Evans, Rowland and Robert *Novak*: The Reagan Revolution. New York: Dutton 1981. 256 S.

Fallows, James: National Defense. New York: Random House 1981. 204 S.

Finn, James & Peter *Kielmannsegg*: Friedensbewegungen in den USA und in der Bundesrepublik Deutschland. Aus amerikanischer und deutscher Sicht. In: Die Zukunft der deutsch-amerikanischen Beziehungen. 2. Deutsch-amerikanische Konferenz des Sozialwissenschaftlichen Forschungsinstituts der Konrad-Adenauer-Stiftung. Melle: Knoth 1983. S. 52–66.

Hoffmann, Stanley: Etats-Unis: Du reaganisme au «Freeze». In: Pierre *Lellouche* (Ed.), Pacifisme et dissuasion. Paris: Institut Français des Relations Internationales 1983. S. 287–308.

Huntington, Samuel P.: American Politics: The Promise of Disharmony. Cambridge, Mass.: The Belknap Press 1981. 303 S.

Huntington, Samuel P. (Ed.): The Strategic Imperative. New Policies for American Security. Cambridge, Mass.: Ballinger 1982. 360 S.

Klarheit des ethischen Standpunktes im Nuklearzeitalter. Laienbrief amerikanischer Christen. In: Argumente für Frieden und Freiheit. Melle: Knoth 1983. S. 13–24.

Kleinsteuber, Hans J.: Die U.S.A. Politik, Wirtschaft, Gesellschaft. Hamburg: Hoffmann & Campe 1984. 308 S.

Krell, Gert & Dieter S. *Lutz* (Hrsg.): Die Rüstung der USA. Gesellschaftliche Interessen und politische Entscheidungen. Baden-Baden: Nomos Verlagsges. 1981. 288 S.
Lefever, Ernest W. & E. Stephen *Hunt* (Eds.): The Apocalyptic Premise. Nuclear Arms Debated. Washington: Ethics and Public Policy Center 1982. 417 S.
Merseburger, Peter: Die unberechenbare Vormacht. Wohin steuern die USA? München: Bertelsmann 1983. 281 S.
No First Use. A Report by the *Union of Concerned Scientists.* Chairman: John Marshall *Lee.* Cambridge, Mass. 1983. 69 S.
The Nuclear Weapons Freeze and Arms Control. Proceedings of a Symposium Held at The American Academy of Arts and Sciences, January 13–15, 1983. Cambridge, Mass.: Center for Science & International Affairs. Cambridge, Mass.: Harvard University 1983. 210 S.
Pechman, Joseph A. (Ed.): Setting National Priorities. The 1982 Budget. Washington: The Brookings Institution 1981. 275 S.
Schulze, Peter W.: Reaganism. Die Aufkündigung des Konsensus? Bonn: Friedrich-Ebert-Stiftung 1982. 48 S.
Steinbruner, John D. & Leon V. *Sigal* (Eds.): Alliance Security. NATO and the No-First-Use Question. Washington: The Brookings Institution 1983. 222 S.
Wasser, Hartmut: Die Vereinigten Staaten von Amerika. Portrait einer Weltmacht. Stuttgart: DVA 1980. 591 S.
Wohlstetter, Albert: Bishops, Statesmen, and Other Strategists on the Bombing of Innocents. In: Commentary, June 1983. S. 15–35.

Die Bedeutung der Ära Breshnjew für die Sowjetunion

Bialer, Seweryn: The Domestic Context of Soviet Foreign Policy. Boulder: Westview Press 1981. 441 S.
Bialer, Seweryn & Thane *Gustafson* (Eds.): Russia at the Crossroads. Boston, London: Allen & Unwin 1982. 223 S.
Bialer, Seweryn: Stalin's Successors. Leadership, Stability, and Change. Cambridge, London: Cambridge UP 1980. 312 S.
Bräker, Hans: The Implications of the Islam Question for Soviet Domestic and Foreign Policy: Köln: Bundesinstitut für ostwissenschaftliche und internationale Studien 1983. 34 S. (Berichte. 12/1983.)
Breslauer, George W.: Krushchev and Brezhnev as Leaders: Building Authority in Soviet Politics. London: Allen & Unwin 1982. 318 S.
Brown, Archie & Michael *Kaser* (Eds.): Soviet Policy for the 1980s. Bloomington: Indiana UP 1982. 282 S.
Carrère d'Encausse, Hélène: Le pouvoir confisqué. Gouvernante et gouvernés en U.R.S.S. Paris: Flammarion 1980. 302 S.
Gasteyger, Curt: Die Sowjetunion als Weltmacht. Einige Bemerkungen zum Verhältnis zwischen globalpolitischen Aspirationen und innenpolitischen Zwängen. In: Urs *Altermatt* u.a. (Hrsg.): Innen- und Außenpolitik. Primat oder Interdependenz? Bern: Haupt 1980. S. 271–282.
Hoffmann, Erik P. & Frederic J. *Fleron* (Eds.): The Conduct of Soviet Foreign Policy. 2nd Ed. New York: Aldine Publ. Co. 1980. 761 S.
Hough, Jerry F.: Soviet Leadership in Transition. Washington: The Brookings Institution 1980. 175 S.
Kelley, Donald R.: Soviet Politics in the Breshnev Era. New York: Praeger 1980. 269 S.
Loewenhardt, John: Decision Making in Soviet Politics. London: Macmillan 1981. 238 S.
Löwenthal, Richard und Boris *Meissner* (Hrsg.): Der Sowjetblock zwischen Vormachtkontrolle und Autonomie. Köln: Markus Verl. 1984. 339 S.

Meissner, Boris: Innenpolitische Bestimmungsfaktoren der sowjetischen Außenpolitik. In: Urs *Altermatt* u.a. (Hrsg.): Innen- und Außenpolitik. Primat oder Interdependenz? Bern: Haupt 1980. S. 255–270.

Meissner, Boris: Sowjetische Kurskorrekturen. Breshnew und seine Erben. Zürich: Ed. Interfrom; Osnabrück: Fromm 1984. 143 S.

Nerlich, Uwe (Hrsg.): Die Einhegung sowjetischer Macht. Baden-Baden: Nomos Verlagsges. 1982. 500 S.

Ruffmann, Karl-Heinz: Die Sowjetunion 1917–1981. Bonn: Bundeszentrale für politische Bildung 1981. 60 S.

Schulz, Eberhard & Gerhard *Wettig:* Chancen für einen Wandel in Osteuropa? Generationswechsel im Kreml als Herausforderung für die Politik des Westens. Bonn: Europa Union Verl. 1982. 52 S. (Arbeitspapiere zur Internationalen Politik. 21.)

Volten, Peter M.E.: Brezhnev's Peace Program. A Study of Soviet Domestic Political Process and Power. Boulder: Westview Press 1982. 368 S.

Die Rüstungskontroll-Verhandlungen

Alting von Geusau, Frans A.M. (Ed.): Allies in a Turbulent World. Lexington: Heath 1982. 174 S.

Arms Control, East-West Relations and the Atlantic Alliance: Closing the Gaps. Washington: The Atlantic Council of the United States 1983. 70 S.

Barth, Peter et al.: Sicherheitspolitik und Bundeswehr. Frankfurt/M.: Haag + Herchen 1981. 381 S.

Bruns, Wilhelm & Eckhard *Lübkemeier:* Stand und Probleme der INF-Verhandlungen in Genf. Bonn: Forschungsinstitut der Friedrich-Ebert-Stiftung 1982. 36 Bl.

Burt, Richard (Ed.): Arms Control and Defense Postures in the 1980s. Boulder: Westview Press 1982. 230 S.

Carlton, David & Carlo Schaerf (Eds.): The Arms Race in the 1980s. London: Macmillan 1982. 338 S.

Eberwein, Wolf-Dieter und Catherine M. *Kelleher* (Hrsg.): Sicherheit zu welchem Preis? Die Zukunft der westlichen Allianz. München, Wien: Olzog 1983. 338 S.

Farwick, Dieter & Gerhard *Hubatschek:* Die strategische Erpressung. Eine sicherheitspolitische Analyse. München: Verl. für Wehrwissenschaften 1981. 256 S.

Freedman, Lawrence: Arms Control in Europe. London: The Royal Institute of International Affairs 1981. 59 S. (Chatham House Papers. No 11.)

Freedman, Lawrence (Ed.): The Troubled Alliance. Atlantic Relations in the 1980s. London: Heinemann 1983. 170 S.

Frei, Daniel (Hrsg.): Sicherheit durch Gleichgewicht? Zürich: Schulthess Polygr. Verl. 1982. 180 S.

Gray, Colin S.: The MX ICBM and National Decision. New York: Praeger 1981. 173 S.

Griffith, William E.: The Superpowers and Regional Tensions. The USSR, the United States and Europe. Lexington: Heath 1982. 135 S.

Hagen, Lawrence S. (Ed.): The Crisis of Western Security. London: Croom Helm 1982. 247 S.

Hodgden, Louise: The MX Missile System: The Decision-Making Process and Implications for Arms Control. Santa Monica. Cal.: California Seminar on International Security and Foreign Policy 1981. 62 S.

Holst, Johan J.: INF and Political Equilibrium in Europe. Oslo: Norsk Utenrikspolitisk Institutt 1983. 8 S.

Hoover, Robert A.: The MX Controversy. A Guide to Issues & References. Claremont, Cal.: Regina Books 1982. 116 S.

Huntington, Samuel P. (Ed.): The Strategic Imperative. New Policies for American Security. Cambridge, Mass.: Ballinger 1982. 360 S.

Kaufmann, William W.: Defense in the 1980s. Washington: The Brookings Institution 1981. 51 S.

Kegley, Charles W. & Pat *McGowan* (Eds.): Foreign Policy USA/USSR. Beverly Hills: Sage 1982. 320 S.

Keliher, John G.: The Negotiations on Mutual and Balanced Force Reductions. The Search for Arms Control in Central Europe. New York: Pergamon Press 1980. 204 S.

Lutz, Dieter S. (Hrsg.): Sicherheit am Scheideweg? Bonn: Bundeszentrale für politische Bildung 1982. 780 S.

McGraw Olive, Marsha & Jeffrey D. *Porro:* Nuclear Weapons in Europe. Modernization and Limitation. Lexington: Heath 1983. 167 S.

Mutz, Reinhard (Hrsg.): Die Wiener Verhandlungen über Truppenreduzierungen in Mitteleuropa (MBFR). Chronik, Glossar, Dokumentation, Bibliographie 1973–1982. Baden-Baden: Nomos Verlagsges. 1983. 444 S.

Neidle, Alan F. (Ed.): Nuclear Negotiations. Reassessing Arms Control Goals in U.S.-Soviet Relations. Austin: The Lyndon B. Johnson School of Public Affairs 1982. 166 S.

Nuclear Arms Reduction Proposals. Hearings before the Committee on Foreign Relations US Senate, April 29, 30, May 11, 12 and 13, 1982. Washington: USGPO 1982. 402 S.

Overview of Nuclear Arms Control and Defense Strategy in NATO. Hearings before the Subcommittees on International Security and Scientific Affairs and on Europe and the Middle East of the Committee on Foreign Affairs House of Representatives Feb. 23, March 18 and 22, 1982. Washington: USGPO 1982. 225 S.

The Problem of Nuclear Weapons in Europe. Report Submitted on Behalf of the Committee on Defence Questions and Armaments by Joseph *Mommersteeg,* Rapporteur. Paris: Assembly of WEU 1982. 45 S. (Document 918.)

Ruehl, Lothar: MBFR: Lessons and Problems. London: The International Institute for Strategic Studies 1982. 37 S. (Adelphi Papers. No 176.)

Scoville, Herbert: MX. Prescription for Disaster. Cambridge, Mass.: The MIT Press 1982. 231 S.

Segal, Gerald et al.: Nuclear War and Nuclear Peace. London: Macmillan 1983. 162 S.

Strategic Force Modernization Programs. Hearings before the Subcommittee on Strategic and Theater Nuclear Forces of the Committee on Armed Services US Senate, October 26, 27, 28, 29, 30 and November 3, 4, 10, 12, 13, 1981. Washington: USGPO 1981. 457 S.

Tatu, Michel: La bataille des euromissiles. Paris: Stratégique 1983. 125 S.

Wettig, Gerhard: Umstrittene Sicherheit. Friedenswahrung und Rüstungsbegrenzung in Europa. Berlin: Berlin Verl. 1982. 192 S.

Winkler, Theodor H.: Arms Control and the Policy of European Security. London: The International Institute for Strategic Studies 1982. 43 S. (Adelphi Papers. No 177.)

Yost, David S. (Ed.): NATO's Strategic Options. Arms Control and Defense. New York: Pergamon 1981. 258 S.

Zinner, Paul E.: East-West Relations in Europe. Observations and Advice from the Sidelines, 1971–1982. Boulder: Westview Press 1984. 164 S.

Zur Lage Europas im globalen Spannungsfeld. Hrsg.: Deutsche Gesellschaft für Friedens- und Konfliktforschung. Baden-Baden: Nomos Verlagsges. 1983. 651 S. (DGFK Jahrbuch 1982/83).

II Europa im Spannungsfeld zwischen den beiden Weltmächten

Tendenzen zu größerer Eigenständigkeit Westeuropas

Alting von Geusau, Frans A.M. & Jacques *Pelkmans* (Ed.): National Economic Security. Perceptions, Threats and Policies. Tilburg: John F. Kennedy Institute 1982. 253 S.

Braun, Hans-Gert et al. (Hrsg.): The European Economy in the 1980s. Aldershot: Gower 1983. 257 S.

Deudney, Daniel & Christopher *Flavin:* Renewable Energy. The Power to Choose. New York: Norton 1983. 431 S.

Donges, Jürgen B.: Erfahrungen mit internationalen Handelssanktionen. Kiel: Institut für Weltwirtschaft 1982. 16 S.

Eastern Europe's Economic Crisis and East-West Relations. Köln: Bundesinstitut für ostwissenschaftliche und internationale Studien 1983. 126 S.

Engels, Benno: Die Zukunft des Embargos in den internationalen Beziehungen. Hamburg: Deutsches Übersee-Institut 1981. 42 S.

Hardt, John P. & Kate S. *Tomlinson:* Economic Interchange with the U.S.S.R. in the 1980s. Potential Role of Western Policy Toward Eastern Europe in East-West Trade. Washington: The Library of Congress 1982. 48 Bl.

Jacobsen, Hanns-Dieter: Die Ost-West-Wirtschaftsbeziehungen als amerikanisch-deutsches Problem. Ebenhausen: Stiftung Wissenschaft & Politik 1983. 206 S.

Jahrbuch der Europäischen Integration. Hrsg.: Werner *Weidenfeld* und Wolfgang *Wessels.* Jg. 1981 und 1982. Bonn: Europa Union Verl. 1982 und 1983. 640 + 535 S.

Maull, Hanns W.: Erdgas und wirtschaftliche Sicherheit. Zukunftsprobleme für die Bundesrepublik und den Westen. Bonn: Forschungsinstitut der Deutschen Gesellschaft für Auswärtige Politik 1981. 66 S. (Arbeitspapiere zur Internationalen Politik. 17.)

Müller, Friedemann et al.: Wirtschaftssanktionen im Ost-West-Verhältnis. Rahmenbedingungen und Modalitäten. Baden-Baden: Nomos Verlagsges. 1983. 234 S.

Müller, Harald & Reinhard *Rode:* Osthandel oder Wirtschaftskrieg? Die USA und das Gas-Röhren-Geschäft. Frankfurt/M.: Haag + Herchen 1982. 70 S.

Ørvik, Nils & Charles *Pentland* (Eds.): The European Community at the Crossroads. Kingston: Centre for International Relations, Queen's University 1983. 301 S.

Ost-West Wirtschaftsbeziehungen. Ihr politisches und ökonomisches Umfeld in der Gegenwart. Wien: Internationales Institut für den Frieden 1983. 164 S.

Royen, Christoph: Sicherheit und Entspannung in Europa vor dem Hintergrund der polnischen Krise. In: Boris *Meissner* und Axel *Seeberg* (Hrsg.), Kontinuität und Wandel in den Ost-West-Beziehungen. Köln: Markus Verl. 1983. S. 251–284.

Stern, Jonathan P.: East European Energy and East-West Trade in Energy. London: Policy Studies Institute & Royal Institute of International Affairs 1982. 94 S. (Energy Paper. No 1.)

Stern, Jonathan P.: International Gas Trade in Europe. London: Heinemann 1984. 204 S.

Wörmann, Claudia: Der Osthandel der Bundesrepublik Deutschland. Politische Rahmenbedingungen und ökonomische Bedeutung. Frankfurt/M.: Campus Verl. 1982. 289 S.

Innere Wandlungen in Westeuropa

Alternativen europäischer Friedenspolitik. Berlin: Arbeitskreis Atomwaffenfreies Europa 1981. 333 S.

Bruns, Wilhelm und Christian *Krause:* Überlegungen zu einer europäischen Friedensordnung. Bonn: Forschungsinstitut der Friedrich-Ebert-Stiftung 1982. 32 Bl.

Colard, Daniel: Les mouvements pacifistes en Europe. In: Arès 1982. Défense et sécurité. Grenoble: Université des Sciences Sociales 1983. S. 63–88.

Friedensbewegung. T. 1–3. Hamburg: Deutsche Presse Agentur 1981. 18, 18, 12 Bl.

Lutz, Dieter S. und Annemarie *Große-Jütte* (Hrsg.): Neutralität – eine Alternative? Zur Militär- und Sicherheitspolitik neutraler Staaten in Europa. Baden-Baden: Nomos Verlagsges. 1982. 279 S.

Pestalozzi, Hans A., Ralf *Schlegel* (Hrsg.): Frieden in Deutschland. Die Friedensbewegung: wie sie wurde, was sie ist, was sie werden kann. München: Goldmann 1982. 375 S.

Problems for European Security Arising from Pacifism and Neutralism. Report Submitted on Behalf of the General Affairs Committee by Pierre *Lagorce.* Paris: WEU 1982. 15 S. (Document 934.)

Wettig, Gerhard: Die Funktion der westeuropäischen Friedensbewegung in sowjetischer Sicht. Köln: Bundesinstitut für ostwissenschaftliche und internationale Studien 1983. 62 S. (Berichte. 49/1983.)

Die „interne Lösung" in Polen

Bingen, Dieter: Die polnische Kirche, der Papst und die polnische Krise. Köln: Bundesinstitut für ostwissenschaftliche und internationale Studien 1982. 57 S. (Berichte. 34/1982.)

Brus, Wlodimierz, Ferenc *Fehér,* Adam *Michnik:* Polen. Symptome und Ursachen der politischen Krise. Hamburg: VSA-Verl. 1981. 222 S.

Developments in Poland. Report Submitted on Behalf of the General Affairs Committee by Charles *Hanin,* Rapporteur. Paris: WEU 1981. 16 S. (Document 870.)

Evolution of the Situation in Poland. Report Submitted on Behalf of the General Affairs Committee by Joseph *Michel,* Rapporteur. Paris: WEU 1982. 26 S. (Document 915.)

Hough, Jerry F.: The Polish Crisis: American Policy Options. Washington: The Brookings Institution 1982. 80 S.

Kößler, Reinhart: Zwischen Systemveränderung und Intervention: Polen im Sommer 1981. In: Ulrich *Albrecht* & Klaus J. *Gantzel* (Hrsg.), Weltpolitik. Jahrbuch für Internationale Beziehungen. Jg. 1. Frankfurt/M.: Campus Verl. 1981. S. 63–81.

Osadczuk-Korab, Bogdan-Alexander: Haltung der Sowjetunion in den Krisen des polnischen Kommunismus. In: Richard *Löwenthal* & Boris *Meissner* (Hrsg.), Der Sowjetblock zwischen Vormachtkontrolle und Autonomie. Köln: Markus Verl. 1984. S. 115–132.

Polen 1982. Analysen der innenpolitischen Situation und der internationalen Auswirkungen. Köln: Bundesinstitut für ostwissenschaftliche und internationale Studien 1982. 191 S.

Pusylewitsch, Teresa: Rechtsquellen zur gegenwärtigen Situation in Polen. Kiel: Institut für Recht, Politik und Gesellschaft der sozialistischen Staaten der Universität Kiel 1981. 218 S.

Staniszkis, Jadwiga: Pologne. La révolution autolimitée. Paris. PUF 1982. 334 S.

Überblick über das während des Kriegsrechts in Polen Erreichte. Warschau: Polnische Agentur Interpress 1982. 16 S.

Uschakow, Alexander (Hrsg.): Polen – Das Ende der Erneuerung? Gesellschaft, Wirtschaft und Kultur im Wandel. München: Beck 1982. 275 S.

Weydenthal, Jan B. de, Bruce D. *Porter* & Kevin *Devlin:* The Polish Drama, 1980–1982. Lexington: Heath 1983. 351 S.

Die KSZE-Folgekonferenz von Madrid

Frei, Daniel & Dieter *Ruloff:* East-West Relations. Vol. 1.2. Cambridge, Mass.: Oelgeschlager, Gunn & Hain 1983. 229 + 333 S.

Miko, Francis T.: The Madrid Conference on Security and Cooperation in Europe: In: East European Economic Assessment. P. 2: Regional Assessment. Washington: USGPO 1981. S. 784–801.

Rotfeld, Adam Daniel (Ed.): From Helsinki to Madrid. Conference on Security and Co-operation in Europe. Documents 1973–1983. Warszawa: Polish Institute of International Affairs 1983. 346 S.

Schlotter, Peter: Die Zukunft der KSZE-Politik. Eine Analyse der Madrider KSZE-Folgekonferenz. Frankfurt/M.: Hessische Stiftung Friedens- und Konfliktforschung 1982. 38 S.

Wettig, Gerhard: Das Problem der Rüstungssteuerung im Ost-West-Verhältnis. Eine Betrachtung anläßlich des Madrider KSZE-Folgetreffens. In: Georg *Brunner* & Horst *Herlemann* (Hrsg.), Sicherheitspolitik und internationale Beziehungen der Sowjetunion. Berlin: Berlin Verl. 1982. S. 27–54.

III Die Weltwirtschaftsordnung in der Krise

Stagnation und Rezession in den westlichen Industrieländern

Bergsten, C. Fred et al.: From Rambouillet to Versailles: A Symposium. Princeton, N.J.: Princeton University, Dept. of Economics, International Finance Section 1982. 48 S.

Bergsten, C. Fred & William R. *Cline:* Trade Policy in the 1980s. Washington: Institute for International Economics 1982. 84 S. (Policy Analyses in International Economics. 3.)

Camps, Miriam with the Collaboration of Catherine *Gwin:* Collective Management. The Reform of Global Economic Organizations. New York: McGraw-Hill 1981. 371 S.

GATT Activities in 1981 and 1982. Geneva: GATT 1982–1983. 61 + 87 S.

Hellmann, Rainer: Weltwirtschaftsgipfel wozu? Baden-Baden: Nomos Verlagsges. 1982. 213 S.

Jackson, John H.: The General Agreement on Tariffs and Trade. In: The Year Book of World Affairs 1983. London: Stevens 1983. S. 224–239.

Kitahara, Hideo, Robert S. *Strauss,* Edmund *Wellenstein:* Intra-trilateral Trade Tensions and Strengthening the GATT System. New York, Tokyo, Paris: The Trilateral Commission 1982. 39 S.

Menil, George de & Anthony M. *Solomon:* Weltwirtschaftsgipfel. Bonn: Europa Union Verl. 1983. 130 S. (Arbeitspapiere zur Internationalen Politik. 26.)

Olthof, Günther: Weltwirtschaftsgipfel und ihre Ergebnisse. Hamburg: Deutsche Presse Agentur 1983. 13 Bl.

Putnam, Robert D. & Nicholas *Bayne:* Hanging Together. The Seven-Power Summits. London: Heinemann 1984. 262 S.

Regnier, Philippe, Jacques de *Watteville,* Laurent *Zang:* Problèmes de commerce international. Genève: Institut Universitaire de Hautes Etudes Internationales 1983. 140 Bl.

Ushiba, Nobuhiko, Graham *Allison,* Thierry de *Montbrial:* Sharing International Responsibilities among the Trilateral Countries. New York, Tokyo, Paris: The Trilateral Commission 1983. 102 S.

Die Zukunft des Welthandels. Protektionismus oder offener Welthandel? Mit Beiträgen von Raymond *Barre* u.a. Baden-Baden: Nomos Verlagsges. 1983. 95 S.

Hohe Kreditverschuldung in der Welt

Basagni, Fabio (Ed.): International Debt, Financial Stability and Growth. Paris: The Atlantic Institute for International Affairs 1983. 60 S. (The Atlantic Papers. No 51.)

Betz, Joachim: Verschuldungskrise der Dritten Welt? in: Joachim *Betz* und Volker *Matthies* (Hrsg.), Jahrbuch Dritte Welt. Jg. 1. München: Beck 1983. S. 30–44.

Bond, Daniel L.: CMEA Growth Projections for 1981–85 and the Implications of Restricted Western Credits. In: The CMEA Five-Year Plans 1981–1985 in a New Perspective. Brussels: NATO; Economics and Information Directorate 1982. S. 257–273.

Clausen, Alden W.: Die Verschuldung der Dritten Welt und die weltweite Gesundung. Washington: Weltbank 1983. 28 S.

Eaton, Jonathan & Mark *Gersovitz:* Poor Country Borrowing in Private Financial Markets and the Repudiation Issue. Princeton, N.J.: Princeton University, Dept. of Economics; International Finance Section 1981. 44 S.

Gefährdete Weltfinanzen. Verschuldungsproblematik und internationale Finanzpolitik. Bonn: Verl. Neue Gesellschaft 1980. 291 S.

Hankel, Wilhelm: Die Finanzkrise zwischen Nord und Süd. Gründe, Lehren, Schlußfolgerungen. Berlin: Wissenschaftszentrum; Internationales Institut für Management und Verwaltung 1983. 70 S.

Koetz, Axel G.: Optimale Staatsverschuldung. Ein Beitrag zur Analyse der langfristigen Konsequenzen der öffentlichen Kreditaufnahme. Berlin: Duncker & Humblot 1983. 208 S.

Loehr, William & John P. *Powelson:* Threat to Development. Pitfalls of the NIEO. Boulder: Westview Press 1983. 170 S.

Saint Phalle, Thibaut de (Ed.): The International Financial Crisis: An Opportunity for Constructive Action. Washington: Center for Strategic and International Studies 1983. 44 S.

Saunders, Christopher T. (Ed.): East-West-South. Economic Interaction Between Three Worlds. London: Macmillan 1981. 382 S.

Standkovsky, Jan: Die Bedeutung des Osthandels im internationalen Vergleich. Wien: Wiener Institut für Internationale Wirtschaftsvergleiche 1983. 92 S.

Stremlau, John J. (Ed.): The Foreign Policy Priorities of Third World States. Boulder: Westview Press 1982. 174 S.

Tetzlaff, Rainer: Der Internationale Währungsfonds und die Ursachen von Verschuldungskrisen in der Dritten Welt – Überlegungen zu den Möglichkeiten einer entwicklungskonformen Stabilisierungspolitik. In: Hans-Dieter *Evers* u.a. (Hrsg.), Auf dem Weg zu einer Neuen Weltwirtschaftsordnung. Baden-Baden: Nomos Verlagsges. 1983. S. 239–268.

Yergin, Daniel & Martin *Hillenbrand* (Eds.): Global Insecurity. A Strategy for Energy and Economic Renewal. Boston: Houghton Mifflin 1982. 427 S.

Die Veränderung des Nord-Süd-Dialogs

Barnett, A. Doak: China's Economy in Global Perspective. Washington: Brookings Institution. 1981. 752 S.

Brandt, Willy (Hrsg.): Hilfe in der Weltkrise. Common Crisis, North-South: Cooperation for World Recovery. Ein Sofortprogramm. Der 2. Bericht der Nord-Süd-Kommission. Reinbek: Rowohlt 1983. 171 S.

Dritte Welt und Weltmächte. Internationales Symposium der Friedrich-Ebert-Stiftung. Bonn, 10.–11. Mai 1982. Bonn-Bad Godesberg 1982. Getr. Pag.

East-West Trade: The Prospects to 1985. Studies Prepared for the Use of the Joint Economic Committee. Congress of the United States. Joint Economic Committee (United States / Congress). Washington: USGPO 1982. VII, 330 S., Tab.

Ebinger, Charles K. (Ed.): The Critical Link: Energy and National Security in the 1980s. A Report of the International Resources Division, Energy and National Security Staff. / Project on Energy and National Security (Georgetown University). Cambridge, Mass.: Ballinger 1982. 260 S.

EG-Politik der Zusammenarbeit mit Entwicklungsländern. Perspektiven im Lichte des Wandels der Nord-Süd-Beziehungen und der EG-Fortentwicklung. Köln: Weltforum Verl. 1982. 176 S.

Faulwetter, Helmut: Entwicklungsländer und Neue Internationale Wirtschaftsordnung. Analyse und Perspektive. Berlin: Staatsverlag der DDR 1982. 158 S.

Gälli, Anton; Helmut *Helmschrott*, Wolfgang *Ochel*: Wechselwirkungen von Entwicklungspolitik, Handels-, Struktur- und Beschäftigungspolitik. Dargestellt am Beispiel Textil- und Bekleidungsindustrie, Stahlindustrie, Schiffbau, Feinmechanik und Optik sowie Uhrenindustrie. Köln: Weltforum Verl. 1982. 384 S.

Gusy, Christoph: Völkerrecht und Politik im Prozeß der friedlichen Beilegung des Nord-Süd-Konflikts. Königstein/Ts.: Athenäum Verl. 1981. 72 S.

Khan, Khushi M.: Nord-Süd-Dialog und die Solidarisierung innerhalb der Dritten Welt. Hamburg: Deutsches Übersee-Institut 1981. 67 S.

Maizels, Alfred: Selected Issues in the Negotiation of International Commodity Agreements: An Economic Analysis. Geneva: UNCTAD 1982. IV, 54, 9 S.

Mayrzedt, Hans & Mario *Ernst*: Perspektiven des Nord-Süd-Dialogs und internationale Verhandlungsmechanismen. München: Weltforum Verl. 1981. 263 S.

Müller, Elmar: Das GATT und die Entwicklungsländer. Die Handelsprobleme der Dritten Welt und ihre blockierte Lösung. – Frankfurt/Main: Lang 1983. 118 S.

Park Sung Jo & *Yu* Cheung Lieh (Eds.): Chinas Integration in die Weltwirtschaft. Reformen, Binnenmarkt, Exportmöglichkeiten, Auslandinvestitionen. Frankfurt/Main: Campus 1982. 216 S.

Pfaller, Alfred: Industrieexporte aus Entwicklungsländern im weltwirtschaftlichen Interessenkonflikt. Opladen: Westdeutscher Verlag 1981. 236 S.

Sauvant, Karl P. (Ed.): Changing Priorities on the International Agenda: The New International Economic Order. Oxford: Pergamon Press 1981. 319 S.

Sokoloff, Georges & Françoise *Lemoine*: China and the U.S.S.R.: Limits to Trade with the West. Paris: Atlantic Institute for International Affairs 1982. 70 S.

Stellungnahme zu den Vorschlägen des zweiten Brandt-Berichts. Vorgelegt vom Wissenschaftlichen Beirat beim Bundesministerium für wirtschaftliche Zusammenarbeit. Ausschuß Nord-Süd-Kommission. Bonn 1983. 32 S.

Turner, Louis & Neil *MacMullen*: The Newly Industrializing Countries: Trade and Adjustment. London: Allen & Unwin 1982. 290 S.

Wiemann, Jürgen: Selektiver Protektionismus und aktive Strukturanpassung. Handels- und industriepolitische Reaktion Europas auf die zunehmende Wettbewerbsfähigkeit der Entwicklungsländer – dargestellt am Beispiel der Textilpolitik der EG. Berlin: Deutsches Institut für Entwicklungspolitik 1983. 348 S.

Das Seerechtsübereinkommen der Vereinten Nationen

Borrmann, Axel & Hermann *Weber:* Meeresforschung und Meeresfreiheit. Hamburg: Verl. Weltarchiv 1983. 479 S.

Dolzer, Rudolf et al.: Das neue Seerecht. Die Bundesrepublik Deutschland vor der Entscheidung. Expertengespräch der Politischen Akademie der *Konrad-Adenauer-Stiftung* am 8. Oktober 1982 in Schloß Eichholz. Melle: Knoth 1982. 90 S.

Freericks, Günter: Die lautlose Eroberung der Meere. Grundzüge des neuen Seevölkerrechts. Hrsg.: *Deutsches Marine-Institut.* Karlsfeld bei München: Jüngling 1982. 120 S.

Kewenig, Wilhelm A.: Common Heritage of Mankind – politischer Slogan oder völkerrechtlicher Schlüsselbegriff? In: Ingo von *Münch* (Hrsg.), Staatsrecht, Völkerrecht, Europarecht. Berlin: de Gruyter 1981. S. 385–405.

Neuverteilung der Meere. DIHT-Symposium zur 3. UN-Seerechtskonferenz. Bonn: Deutscher Industrie- und Handelstag 1981. 124 S.

Platzöder, Renate & Wolfgang Graf *Vitzthum:* Seerecht. Law of the Sea. Textausg. Stand: 31. 10. 1983. Baden-Baden: Nomos Verlagsges. 1984. 500 S.

Prewo, Wilfried et al.: Die Neuordnung der Meere. Eine ökonomische Kritik des neuen Seerechts. Tübingen: Mohr 1982. 265 S.

Rauch, Elmar: Politische Konsequenzen und Möglichkeiten der Seerechtsentwicklung nach New York 1981. Köln: Bundesinstitut für ostwissenschaftliche und internationale Studien 1981. 72 S. (Berichte. 25/1981.)

Die See im Blickpunkt der achtziger Jahre. Vorträge und Diskussionsbeiträge eines Symposiums des *Deutschen Marine Instituts.* Redaktion: Eckart *Busch.* Herford: Mittler 1982. 139 S.

IV Der Nahe und Mittlere Osten

Der Fortgang des Camp-David-Prozesses

Basheer, Tahseen: Reflections on the Middle East Peace Process. Washington: American Enterprise Institute for Public Policy Research 1981. 24 S.

Bayle, Pierre: Les relations secrètes Israélo-Palestiniennes. Paris: Balland 1983. 365 S.

Bernstein, Reiner, Yasmin *Hamdan* u.a. (Hrsg.) Der Palästinakonflikt. Bad Wörishofen: Sachon 1983. 384 S.

Bourgi, Albert & Pierre *Weiss:* Liban. La 5e guerre du Proche-Orient. Paris: Publisud 1983. 314 S.

Büren, Rainer: Ein palästinensischer Freistaat? Zur internen, regionalen und internationalen Dimension der Palästinafrage. Baden-Baden: Nomos Verlagsges. 1982. 347 S.

Chubin, Sharam: The Role of Outside Powers. Aldershot: Gower 1982. 180 S.

Cobban, Helena: The Palestinian Liberation Organisation. People, Power, and Politics. Cambridge, London: Cambridge UP 1984. 305 S.

Les Crises du Liban, 1958–1982. Chronologie commentée. Ed.: *Institut français de Polémologie.* Paris: La Documentation Française 1983. 111 S. (Notes et Etudes Documentaires. Nos. 4694–4695.)

Dawisha, Adeed I.: Saudi-Arabien und seine Sicherheitspolitik. München: Bernard & Graefe 1981. 96 S.

Dawisha, Adeed I.: Syria and the Lebanese Crisis. London: Macmillan 1980. 208 S.

Devlin, John F.: Syria. Modern State in an Ancient Land. Boulder: Westview Press; London: Croom Helm 1983. 140 S.

Eban, Abba: The New Diplomacy. International Affairs in the Modern Age. New York: Random House 1983. XIV, 427 S.

Fahmy, Ismail: Negotiating for Peace in the Middle East. London: Croom Helm 1983. 331 S.

Final Report of the Israeli Commission of Inquiry into the Events at the Refugee Camps in Beirut (Excerpts). In: Journal of Palestine Studies, Beirut. Vol. 12. No 3, S. 89–116.

Fischer, Georges: Le bombardement par Israël d'un réacteur nucléaire irakien. In: Annuaire français de droit international. T. 27/1981. Paris: Ed. du Centre National de la Recherche Scientifique 1982. S. 147–168.

Frangi, Abdallah: PLO und Palästina. Vergangenheit und Gegenwart. Frankfurt/M.: Fischer 1982. 312 S.

Garfinkle, Adam M.: Western Europe's Middle East Diplomacy and the United States. Philadelphia: Foreign Policy Research Institute 1983. 118 S.

Gordon, David C.: The Republic of Lebanon. Nation in Jeopardy. Boulder: Westview Press 1983. 171 S.

Hanf, Theodor: Der Krieg im Libanon und die Entstehung der Zweiten Libanesischen Republik. In: Joachim *Betz* & Volker *Matthies* (Hrsg.), Jahrbuch Dritte Welt. Bd. 1. München: Beck 1983. S. 101–118.

Hassan bin Talal: The Role of Political Centrism in Search of Peace. Vortrag geh. in Bonn am 12. Januar 1982. Bonn: Deutsche Gesellschaft für Auswärtige Politik 1982. 12 S.
Hubel, Helmut: Die Krisenregion Naher/Mittlerer Osten und der Ost-West-Konflikt. In: Zur Lage Europas im globalen Spannungsfeld. Baden-Baden: Nomos Verlagsges. 1983. S. 309–328.
Hubel, Helmut: Die USA im Nahost-Konflikt. Bonn: Europa Union Verl. 1983. 91 S. (Arbeitspapiere zur Internationalen Politik. 23.)
The Iraqi Nuclear Threat – Why Israel Had to Act. Jerusalem: Government of Israel 1981. 61 S.
Jakovlev, A.I.: Saudovskaja Arabija i zapod. Moskva: Izd. Nauka 1982. 206 S.
Johnson, Nels: Islam and the Politics of Meaning in Palestinian Nationalism. London: Kegan Paul International 1982. 110 S.
Karpat, Kemal H. (Ed.): Political and Social Thought in the Contemporary Middle East. Rev. Ed. New York: Praeger 1982. 557 S.
Koehler, Wolfgang: Der Bürgerkrieg im Libanon. In: Khushi M. *Khan* & Volker *Matthies* (Hrsg.), Regionalkonflikte in der Dritten Welt. München: Weltforum Verl. 1981. S. 385–550.
Koszinowski, Thomas (Hrsg.): Saudi-Arabien: Ölmacht und Entwicklungsland. Hamburg: Deutsches Orient-Institut 1983. 365 S.
Legum, Colin (Ed.): Middle East Contemporary Survey 1981–82. London, New York: Holmes & Meier 1983. 894 S.
Libanon – innere Konflikte, internationale Krise. Hamburg: Deutsche Presse Agentur 1983. 24 Bl.
Linde, Gerd: Gemäßigte Araber zwischen den Großmächten. Köln: Bundesinstitut für ostwissenschaftliche und internationale Studien 1982. 51 S. (Berichte. 19/1982.)
Linde, Gerd: Libanon 1982: Die isolierte PLO. Köln: Bundesinstitut für ostwissenschaftliche und internationale Studien 1982. (Berichte. 28/1982.)
Linde, Gerd: Die sowjetisch-syrischen Beziehungen im regionalen Umfeld. Köln: Bundesinstitut für ostwissenschaftliche und internationale Studien 1982. 43 S. (Berichte. 7/1982.)
McLaurin, R.D., Don *Peretz,* Lewis W. *Snider:* Middle East Foreign Policy. New York: Praeger 1982. 325 S.
Peri, Yoram: Between Battles and Ballots. Israeli Military in Politics. Cambridge, London: Cambridge UP 1983. 344 S.
Piscatori, James P.: Islamic Values and National Interests: The Foreign Policy of Saudi Arabia. In: Adeed *Dawisha* (Ed.), Islam in Foreign Policy. Cambridge: Cambridge UP 1983. S. 33–53.
Quandt, William B.: Saudi Arabia in the 1980s. Washington: The Brookings Institution 1981. 190 S.
Rabinovich, Itamar: Syria. In: Edward A. *Kolodziej* and Robert E. *Harkavy* (Hrsg.), Security Policies of Developing Countries. Lexington: Heath 1982. S. 267–282.
Rustow, Dankwart A.: Oil and Turmoil. America Faces OPEC and the Middle East. New York: Norton 1982. 320 S.
Sandler, Shmuel & Hillel *Frisch:* Israel, the Palestinians, and the West Bank. Lexington: Heath 1984. 190 S.
Saunders, Harold H.: U.S. Policy for the Middle East in the 1980s. Washington: American Enterprise Institute for Public Policy Research 1982. 101 S.
Sharaf, Shamil: Die Palästinenser. Geschichte der Entstehung eines nationalen Bewußtseins. Wien: Braumüller 1983. 214 S.
Steinbach, Udo: Kein Friede in Nahost. In: Joachim *Betz* & Volker *Matthies* (Hrsg.), Jahrbuch Dritte Welt. Bd. 2. München: Beck 1984. S. 99–115.
Die syrische Besatzung im Libanon. Analyse eines Völkerrechtsbruches. Bonn: Résistance libanaise 1983. 52 S.
Tahir-Kheli, Shirin (Ed.): U.S. Strategic Interests in Southwest Asia. New York: Praeger 1982. 230 S.

Tillman, Seth P.: The United States in the Middle East. Interests and Obstacles. Bloomington: Indiana UP 1982. 333 S.

Timerman, Jacobo: Israels längster Krieg. Tagebuch eines verlorenen Sieges. München: Hanser 1983. 169 S.

Vance, Cyrus: Hard Choices. Critical Years in America's Foreign Policy. New York: Simon & Schuster 1983. 541 S.

Wolffsohn, Michael: Politik in Israel. Entwicklung und Struktur des politischen Systems. Opladen: Leske & Budrich 1983. 767 S.

Zu dem Schlußbericht 1983 der Kommission zur Untersuchung der Vorkommnisse in den Flüchtlingslagern in Beirut. In: Beiträge zur Konfliktforschung, Köln. Jg. 13. H. 2. 1983. S. 123–164.

Der irakisch-iranische Krieg

Cooperation Council for the Arab States of the Gulf: On the Occasion of the 2nd Anniversary May 25, 1981 – May 25, 1983. London: Gulf Information & Research Centre 1983. o.P.

Dessouki, Ali E. Hillal (Ed.): The Iraq-Iran War. Issues of Conflict and Prospects for Settlement. Princeton, N.J.: Center for International Studies, Woodrow Wilson School of Public and International Affairs 1981. 119 S.

Farid, Abdel Majid (Ed.): Oil and Security in the Arabian Gulf. London: Croom Helm 1981. 182 S.

Grummon, Stephen R.: The Iran-Iraq War. Islam Embattled. New York: Praeger 1982. 103 S.

Heard-Bey, Frauke: Die arabischen Golfstaaten im Zeichen der islamischen Revolution. Innen-, außen- und sicherheitspolitische Zusammenarbeit im Golf-Rat. Bonn: Europa Union Verl. 1983. 239 S. (Arbeitspapiere zur Internationalen Politik. 25.)

Hünseler, Peter: Der Irak und sein Konflikt mit Iran. Bonn: Europa Union Verl. 1982. 149 S. (Arbeitspapiere zur Internationalen Politik. 22.)

Der iranisch-irakische Konflikt: Ein Krieg ohne Gewinner. Expertengespräch in Bonn, 11. und 12. Juni 1981. Bonn: Forschungsinstitut der Friedrich-Ebert-Stiftung 1982. 135 S.

The Iraq-Iran Conflict. Paris: Ed. du Monde Arabe 1981. 328 S.

Ismael, Tareq Y.: Iraq and Iran. Roots of Conflict. Syracuse: Syracuse UP 1982. 226 S.

Ismael, Tareq Y.: The Iraq-Iran Conflict. Toronto: Canadian Institute of International Affairs 1981. 20 S.

Linde, Gerd: Der Krieg am Persischen Golf und die UdSSR. Köln: Bundesinstitut für ostwissenschaftliche und internationale Studien 1981. 44 S. (Berichte. 27/1981.)

Robert, Rüdiger: Der iranisch-irakische Konflikt. Krieg am Persisch/Arabischen Golf. In: Joachim *Betz* & Volker *Matthies* (Hrsg.), Jahrbuch Dritte Welt. Jg. 1. München: Beck 1983. S. 119–133.

Saint-Prot, Charles: La guerre de Golfe. Pourquoi la France choisi l'Irak. Paris: Proche-Orient et Tiers Monde 1983. 158 S.

Tahir-Kheli, Shirin & Shaheen *Ayubi* (Eds.): The Iran-Iraq War. New Weapons, Old Conflicts. New York: Praeger 1983. 210 S.

V Lateinamerika in wachsender Unruhe

Die zentralamerikanische Krise

Ameringer, Charles D.: Nicaragua: The Rock that Crumbled. In: Robert *Wesson* (Ed.), US Influence in Latin America in the 1980s. New York: Praeger 1982. S. 141–166.

Armstrong, Robert & Janet *Shenk:* El Salvador. The Face of Revolution. Boston: South End Press 1982. 283 S.

Bye, Vegard: Revolusjonen i Nicaragua. En Dokumentasjon og Analyse. Oslo: Norsk Utenrisk-politisk Institutt 1981. 110 S.

Guerilla-Bewegungen in Lateinamerika. T.1.2. Hamburg: Deutsche Presse Agentur 1983. 20 + 17 Bl.

Guy, James: El Salvador: Revolution without Change. Toronto: Canadian Institute of International Affairs 1981. 23 S.

Minkner, Mechthild: Krisenherd Zentralamerika. In: Joachim *Betz* & Volker *Matthies* (Hrsg.), Jahrbuch Dritte Welt. Bd. 1. München: Beck 1983. S. 150–169.

Minkner, Mechthild: Nicaragua – ein zweites Grenada? In: Joachim *Betz* & Volker *Matthies* (Hrsg.), Jahrbuch Dritte Welt Bd. 2. München: Beck 1984. S. 85–98.

Montgomery, Tommie Sue: Revolution in El Salvador. Origins and Evolution. Boulder: Westview Press 1982. 252 S.

Nohlen, Dieter: Regimewechsel in Lateinamerika? Überlegungen zur Demokratisierung autoritärer Regime. In: Klaus *Lindenberg* (Hrsg.), Lateinamerika. Herrschaft, Gewalt und internationale Abhängigkeit. Bonn: Verl. Neue Gesellschaft 1982. S. 63–86.

Pearson, Neale J.: Costa Rica, Honduras, and Panama. In: Robert *Wesson* (Ed.), Communism in Central America and the Caribbean. Stanford: Hoover Institution Press 1982. S. 94–116.

Rivera-Damas, Arturo: Gewalt und Gegengewalt und die Bemühungen um soziale Gerechtigkeit in El Salvador. In: Anton *Rauscher* (Hrsg.), Soziale Verantwortung in der Dritten Welt. Köln: Bachem 1983. 181 S.

Schulze, Peter W.: Die zentralamerikanische Revolution im Zugriff der Supermächte. In: Zur Lage Europas im globalen Spannungsfeld. Baden-Baden: Nomos Verlagsges. 1983. S. 279–308.

Villagran Kramer, Francisco: The Background to the Current Political Crisis in Central America. In: Richard E. *Feinberg* (Ed.), Central America. International Dimensions of the Crisis. New York: Holmes & Meier 1982. S. 15–35.

Weber, Henri: Nicaragua. La révolution sandiniste. Paris: Maspero 1981. 184 S.

Werz, Nikolaus: Die Beziehungen zwischen Kirche und Revolutionsregierung in Nicaragua. Freiburg: Arnold-Bergstraesser-Institut 1983. 39 Bl.

Wöhlcke, Manfred: Gegenwärtige Tendenzen des sozio-ökonomischen und politischen Wandels in Nicaragua: sozialistisch nach innen, blockfrei nach außen? Ebenhausen: Stiftung Wissenschaft & Politik 1982. 184 S.

Zentralamerika. Perspektiven nach dem Volksaufstand in Nicaragua. Expertengespräch in Bonn 11.–13. März 1981. Bonn: Forschungsinstitut der Friedrich-Ebert-Stiftung 1981. 48 S.

Der Falkland (Malwinen)-Krieg

Barnett, Anthony: Iron Britannia. London: Allison & Busby 1982. 160 S.

Bayer, Oswaldo, Michael *Ehrke* & Luis *Quinterosa-Yánez*: Überlegungen zum Falkland/Malwinen-Konflikt. Hamburg: Institut für Iberoamerika-Kunde 1982. 73 S.

Britain and the Falkland Crisis. A Documentary Record. London: Central Office of Information 1982. 94 S.

Charters, David A. & Norman *Friedman:* Lessons to Be Learned from the Falkland War. In: Brian *MacDonald* (Ed.), War in the Eighties. Toronto: Canadian Institute of International Affairs 1983. S. 24–51.
La controversia anglo-argentina: Falkland o Malvina. Roma: Circolo di Studi Diplomatici 1982. 38 S.
Dicke, Christian: Der Streit um die Falkland-Inseln oder Malvinen. In: Norbert *Achterberg* u.a. (Hrsg.), Recht und Staat im sozialen Wandel. Berlin: Duncker & Humblot 1983. S. 429–440.
The Disputed Islands. The Falkland Crisis – a History & Background. London: HMSO 1982. 36 S.
Dupuy, René Jean: L'impossible agression: les Malouines entre l'O.N.U. et l'O.E.A. In: Annuaire Français de Droit International. T. 28/1982. Paris: Ed. du Centre National de la Recherche Scientifique 1983. S. 337–357.
Ehrke, Michael: Argentinien und der Krieg im Südatlantik. In: Joachim *Betz* und Volker *Matthies,* Jahrbuch Dritte Welt. Bd. 1. München: Beck 1983. S. 134–149.
The Falkland Campaign. The Lessons. London: HMSO 1982. 45 S. (Cmnd. 8758.)
The Falkland Crisis. Report Submitted on Behalf of the Committee on Defence Questions and Armaments by Stefano Cavaliere. Paris: WEU 1982. 38 S. (Document 935.)
The Falkland Dispute: International Dimensions. London: The Royal Institute of International Affairs 1982. 47 S. (Chatham House Special.)
The Falkland Islands. The Facts. Produced for the Foreign and Commonwealth Office by the *Central Office of Information.* London: HMSO 1982. 11 S. Ktn.
Falkland Island Review. Report of a Committee of Privy Counsellors. Chairman: Lord Franks. London: HMSO 1983. 105 S. (Cmnd. 8787.)
Lebow, Richard N.: Der Krieg, den keiner wollte. Fehlwahrnehmungen im Falkland-Konflikt. Frankfurt/M.: Hessische Stiftung Friedens- und Konfliktforschung 1982. 63 S.
Wagner de Reyna, Alberto: Lateinamerika nach dem Falkland-Konflikt. München: Gesellschaft für Auslandskunde 1982. 16 S.
Weber, Hermann: „Falkland Islands" oder „Malvinas"? Der Status der Falkland-Inseln im Streit zwischen Großbritannien und Argentinien. Eine völkerrechtliche Fallstudie. Frankfurt/M.: Metzner 1977. 193 S.

VI Unruheherde in Afrika

Chancen eines Neubeginns im südlichen Afrika

Ansprenger, Franz: Die SWAPO. Profil einer afrikanischen Befreiungsbewegung. Bonn: Katholischer Arbeitskreis Entwicklung und Frieden 1983. 186 S.
Barratt, John: The Namibian Dilemma. Factors Preventing a Settlement. Braamfontein: The South African Institute of International Affairs 1982. 14 S.
Bekenntnis und Widerstand. Kirchen Südafrikas im Konflikt mit dem Staat. Hamburg: Evangelisches Missionswerk im Bereich der Bundesrepublik Deutschland und Berlin West 1983. 560 S.
Bericht der Südafrikanischen Bischofskonferenz zur Lage in Namibia. Bonn: Deutsche Bischofskonferenz 1982.
Buthelezi-Report. Der Hauptbericht. Aus dem Engl. Sankt Augustin: Richarz 1982. 185 S.

Carter, Gwendolen M. & Patrick *O'Meara* (Eds.): International Politics in Southern Africa. Bloomington: Indiana UP 1982. 270 S.
Chaliand, Gérard: The Struggle for Africa. Conflict of the Great Powers, London: Macmillan 1982. 121 S.
Clough, Michael (Ed.): Changing Realities in Southern Africa. Implications for American Policy. Berkeley: University of California, Institute of International Studies 1982. 318 S.
Cooper, Carol: Strikes January–June 1982 and June-December 1982. Johannesburg: The South African Institute of Race Relations 1982–1983. 34 + 55 S.
Crocker, Chester A.: A U.S. Policy for the 80s. Braamfontein: The South African Institute of International Affairs 1981. 20 S.
Davenport, T.R.H.: Black Grahamstown. The Agony of a Community. Johannesburg: The South African Institute of Race Relations 1980. 65 S.
Davidow, Jeffrey: Dealing with International Crises: Lessons from Zimbabwe. Muscatine, Iowa: The Stanley Foundation 1983. 22 S.
Gann, Lewis H. & Peter *Duignan:* Africa South of the Sahara. The Challenge to Western Security. Stanford: Hoover Institution Press 1981. 114 S.
Geldenhuys, Deon: The Diplomacy of Isolation. South African Foreign Policy Making. Braamfontein: Macmillan South Africa 1984. 295 S.
George, Alexander L.: Missed Opportunities for Crisis Prevention: the War of Attrition and Angola. In: Alexander L. *George* et al.: Managing U.S.-Soviet Rivalry. Boulder: Westview Press 1983. S. 187–224.
Giliomee, Hermann: The Parting of the Ways: South African Politics 1976–82. Capetown: Philip 1982. 165 S.
Gowa, Joanne & Nils H. *Wessell:* Ground Rules: Soviet and American Involvement in Regional Conflicts. Philadelphia: Foreign Policy Research Institute 1982. 104 S.
Gruchy, John de & Charles *Villa-Vicencio* (Eds.): Apartheid Is a Heresy. Cape Town, Johannesburg: Philip 1983. 184 S.
Hanf, Theodor: Südafrika zwischen Konfliktregelung und Konfliktverschärfung. In: Daniel *Frei* (Hrsg.), Konflikte unserer Zeit – Konflikte der Zukunft. Zürich: Schulthess Polygr. Verl. 1981. S. 87–120.
Hosmer, Stephen T. & Thomas W. *Wolfe:* Soviet Policy and Practice Toward Third World Conflicts. Lexington: Heath 1983. 318 S.
James, Deborah: The Road from Doornkop. A Case Study of Removals and Resistance. Johannesburg: The South African Institute of Race Relations 1983. 63 S.
Jaster, Robert S.: A Regional Security Role for Africa's Front-Line States: Experience and Prospects. London: International Institute for Strategic Studies 1983. 45 S. (Adelphi Papers. No 180.)
Klinghoffer, Arthur Jay: The Angolan War: A Study in Soviet Policy in the Third World. Boulder: Westview Press 1980. 229 S.
Kühne, Winrich: Die Politik der Sowjetunion in Afrika. Baden-Baden: Nomos Verlagsges. 1983. 299 S.
Lemarchand, René (Ed.): American Policy in Southern Africa. The Stakes and the Stance. Washington: University Press of America 1981. 500 S.
Lodge, Tom: Black Politics in South Africa Since 1945. Johannesburg: Ravan Press 1983. 389 S.
Loewis of Menar, Henning von: Namibia im Ost-West-Konflikt. Köln: Verl. Wissenschaft & Politik 1983. 175 S.
Meer, Y.S. & M.D. *Mlaba*: Apartheid – Our Picture. Durban: The Institute of Black Research 1982. 296 S.
Napper, Larry C.: The African Terrain and U.S.-Soviet Conflict in Angola and Rhodesia. Some Implications for Crisis Prevention. In: Alexander L. *George* et al., Managing U.S.-Soviet Rivalry. Problems of Crisis Prevention. Boulder: Westview Press 1983. S. 155–185.

Randall, Peter (Ed.): Not Without Honour. Tribute to Beyers Naudé. Johannesburg: Ravan Press 1982. 107 S.
Rogers, Barbara & Brian *Bolton:* Sanctions Against South Africa. Exploring the Myths. Manchester: Manchester Free Press 1981. 104 S.
Rotberg, Robert I. (Ed.): Namibia. Political and Economic Prospects. Lexington: Heath 1983. 133 S.
Rotberg, Robert I.: Suffer the Future. Policy Choices in Southern Africa. Cambridge, Mass.: Harvard UP 1980. 311 S.
Second Report of the Constitutional Committee of the President's Council on the Adaption of Constitutional Structures in South Africa. Capetown 1982. 117 S.
Serfontein, J. Hennie P.: Apartheid Change and the NG Kerk. Emmarentia: Taurus 1982. 295 S.
Sitte, Fritz: Schicksalsfrage Namibia. Graz: Verl. Styria 1983. 235 S.
South Africa: Time Running Out. The Report of the *Study Commission on U.S. Policy Toward Southern Africa*. Berkeley: University of California Press 1981. 517 S.
Spandau, Arnt: Südafrika und der Westen. Reutlingen: Harwalik 1983. 62 S.
Survey of Race Relations in South Africa 1981 & 1982. Johannesburg: The South African Institute of Race Relations 1982–1983. 480 + 650 S.
Vanneman, Peter & W. Martin *James:* Soviet Foreign Policy in Southern Africa. Pretoria: Africa Institute of South Africa 1982. 57 S.
Van Vuuren, D.J. & D.J. *Kriek* (Eds.): Political Alternatives for Southern Africa. Principles and Perspectives. Durban, Pretoria: Butterworth 1983. 639 S.
Walt, Ethel (Ed.): South Africa – A Land Divided. Johannesburg: Black Sash Publ. 1982. 38 S.

Spannungen am Horn von Afrika

Bowman, Larry W.: African Conflict and Superpower Involvement in the Western Indian Ocean. In: Larry W. *Bowman* & Ian *Clark* (Eds.), The Indian Ocean in Global Politics. Boulder: Westview Press 1981. S. 87–103.
Braun, Dieter: Der Indische Ozean: Konfliktregion oder „Zone des Friedens". Globalpolitische Bezüge und regionalspezifische Entwicklungen. Baden-Baden: Nomos Verlagsges. 1981. 250 S.
Clapham, Christopher: The Soviet Experience in the Horn of Africa. In: E.J. *Feuchtwanger* & Peter *Nailor* (Eds.), The Soviet Union and the Third World. London: Macmillan 1981. S. 202–224.
Cudsi, Alexander S.: Islam and Politics in the Sudan. In: James P. *Piscatori* (Ed.), Islam in the Political Process. Cambridge, London: Cambridge UP 1983. S. 36–55.
Dougherty, James E.: The Horn of Africa: A Map of Political-Strategic Conflict. Cambridge, Mass.: Institute for Foreign Policy Analysis 1982. 74 S.
Gorman, Robert F.: Political Conflict on the Horn of Africa. New York: Praeger 1981. 243 S.
Halliday, Fred: Threat from the East? Soviet Policy from Afghanistan and Iran to the Horn of Africa. Harmondsworth: Penguin 1982. 149 S.
Henze, Paul B.: Russians and the Horn: Opportunism and the Long View. Marina del Rey: European-American Institute for Security Research 1983. 53 S.
Das Horn von Afrika. Vom „Scramble for Africa" zum Ost-West-Konflikt. Bonn: Friedrich-Ebert-Stiftung; Abteilung Entwicklungsländerforschung 1983. 204 S.
LeoGrande, William M.: Cuba's Policy in Africa, 1959–1980. Berkeley: Institute of International Studies; University of California 1980. 82 S.
Napper, Larry C.: The Ogaden War: Some Implications for Crisis Prevention. In: Alexander L. *George* et al., Managing U.S.-Soviet Rivalry. Boulder: Westview Press 1983. S. 225–253.

Ottaway, Marina: Soviet and American Influence in the Horn of Africa. New York: Praeger 1982. 187 S.

Patman, Robert: Ideology, Soviet Policy and Realignment in the Horn. In: Adeed *Dawisha* & Karen *Dawisha* (Eds.), The Soviet Union in the Middle East. London: Heinemann 1982. S. 45–61.

Remnek, Richard B.: Soviet Policy in the Horn of Africa: The Decision to Intervene. In: Robert H. *Donaldson* (Ed.), The Soviet Union and the Third World: Successes and Failure. Boulder: Westview Press 1981. S. 125–149.

Selassie, Bereket Habte: Conflict and Intervention in the Horn of Africa. New York: Monthly Review Press 1980. 211 S.

Sinclair, M.R.: The Strategic Significance of the Horn of Africa. Pretoria: Institute for Strategic Studies, University of Pretoria 1980. 87 S.

Warburg, Gabriel: Islam, Nationalism and Communism in a Traditional Society. London: Frank Cass 1978. 253 S.

Weinstein, Warren & Thomas H. *Henriksen* (Eds.): Soviet and Chinese Aid to African Nations. New York: Praeger 1980. 184 S.

Wirz, Albert: Krieg in Afrika. Die nachkolonialen Konflikte in Nigeria, Sudan, Tschad und Kongo. Wiesbaden: Steiner 1982. 640 S.

VII Schwelende Konfliktherde in Asien

Konsolidierung und Wandel in der VR China

China in den 80er Jahren. Protokollband. Internationales Symposium „China in den 80er Jahren“, Karl-Marx-Stadt, 22.–24. April 1981. Berlin 1982. 444 S.

Menon, Rajan: China and the Soviet Union in Asia: The Dynamics of Unequal Competition. In: Roger E. *Kanet* (Ed.), Soviet Foreign Policy in the 1980s. New York: Praeger 1982. S. 127–143.

Mey, Harald (Hrsg.): China im Kampf um die Modernisierung. Frankfurt/Main: R. G. Fischer 1982. 190 S.

Phillips, David A.: China's Modernisation: Prospects and Problems for the West. London: Institute for the Study of Conflict 1984. 34 S.

Pollack, Jonathan D.: The Sino-Soviet Rivalry and Chinese Security Debate. Santa Monica, Cal.: RAND 1982. 112 S.

Tien Hung Mao: Mainland China, Taiwan, and U.S. Policy. Cambridge, Mass.: Oelgeschlager, Gunn and Hain, 1983. 270 S.

Tsunoda, Jun: The Role of China in the World Balance of Power Equation. In: Global Collective Security in the 1980s. Richmond: Foreign Affairs Publishing 1982. S. 124–129.

Yahuda, Michael B.: Towards the End of Isolationism. China's Foreign Policy after Mao. London: Macmillan 1983. 279 S.

Der zwölfte Parteitag der Kommunistischen Partei Chinas. Dokumente. Chinese Communist Party Convention 12. (September 1–11, 1982). Beijing: Verlag für fremdsprachige Literatur 1982. 186 S.

Spannungen in Südostasien

Heinzig, Dieter: Die Sowjetunion in südostasiatischer Sicht. Köln: Bundesinstitut für ostwissenschaftliche und internationale Studien 1983. 37 S. (Berichte. 37/1983.)

Huxley, Tim: Indochina and Insurgency in the ASEAN States, 1975–1981. Canberra: Australian National University; Strategic and Defence Studies Centre 1983. 58 S.

Pye, Lucien W.: The China Factor in Southeast Asia. In: The *American Assembly* & *Council on Foreign Relations* (Eds.), The China Factor: Sino-American Relations and the Global Scene. Englewood Cliffs, N.J.: Prentice-Hall 1981. S. 216–256.

Rau, Robert L.: Southeast Asian Security in the 1980s. An Intraregional Perspective. In: William T. *Tow* & William R. *Feeney* (Eds.), U.S. Foreign Policy and Asian-Pacific Security. Boulder: Westview Press 1982. S. 89–114.

Sakonjo, Naotoshi: Security Problems in Southeast Asia and the Role of the Great Powers. In: Japan and Indonesia in a Changing Environment. Jakarta: Centre for Strategic and International Studies 1981. S. 63–74.

Scalapino, Robert A. & Jusuf *Wanandi* (Eds.): Economic, Political, and Security Issues in Southeast Asia in the 1980s. Berkeley: Institute of East Asian Studies; University of California 1982. 229 S.

Simon, Sheldon W.: The ASEAN States and Regional Security. Stanford: Hoover Institution Press 1982. 161 S.

Somers Heidhues, Mary F.: Politik in Südostasien. Grundlagen und Perspektiven. Hamburg: Institut für Asienkunde 1983. 260 S.

Suh, Mark B.M. (Ed.): The Association of Southeastasian Nations. Regional Cooperation in the Ascendant? Berlin: Fachbereich Politische Wissenschaft, Freie Universität Berlin 1982. 243 S.

Tajima, Takashi: China and South-east Asia: Strategic Interests and Policy Prospects. London: International Institute for Strategic Studies 1981. 38 S. (Adelphi Papers. No 172.)

Theeravit, Kien & MacAlister *Brown* (Eds.): Indochina and Problems of Security and Stability in Southeast Asia. Bangkok: Chulalongkorn University 1981. 228 S.

Weinstein, Franklin B.: The U.S. Role in East and Southeast Asia. In: Ramon H. *Myers* (Ed.), A U.S. Foreign Policy for Asia. The 1980s and Beyond. Stanford: Hoover Institution Press 1982. 144 S.

Die Wachstumszentren in Südostasien

Ahn, Suck-Kyo: Ausländische Privatinvestitionen in Südkorea. Voraussetzungen und Auswirkungen auf die sozialökonomische Entwicklung – eine Fallstudie. München: Kaiser; Mainz: Grünewald 1980. 154 S.

Asia-Pacific in the 1980's. Toward Greater Symmetry in Economic Interdependence. Jakarta: Centre for Strategic and International Studies 1980. 178 S.

Baumann, Jörg: Determinanten der industriellen Entwicklung Hong Kongs 1945–1979 unter besonderer Berücksichtigung wirtschaftspolitischer Aspekte. Hamburg: Institut für Asienkunde 1983. 449 S.

Gälli, Anton: Taiwan: Ökonomische Faktoren und Trends. München: Weltforum Verl. 1980. 178 S.

Hsiung, James C. et al. (Ed.): The Taiwan Experience 1950–1980. 2nd Ed. New York: The American Association for Chinese Studies 1983. 518 S.

Lee, Chae-Jin & Hideo *Sato:* U.S. Policy Toward Japan and Korea. A Changing Influence Relationship. New York: Praeger 1982. 208 S.

Luther, Hans Ulrich: Südkorea (k)ein Modell für die Dritte Welt? Wachstumsdiktatur und abhängige Entwicklung. München: Simon & Magiera 1981. 232 S.

Norton, Roger D. & Soung Yoon *Rhee:* A Macroeconometric Model of Inflation and Growth in South Korea. In: William R. *Cline* and Sidney *Weintraub* (Eds.), Economic Stabilization in Developing Countries. Washington: The Brookings Institution 1981. S. 407–463.

Park, Sung-Jo: Die ostasiatische Wirtschaftsintegration im amerikanisch-japanischen Interessenkonflikt – unter besonderer Berücksichtigung der Entwicklung Koreas. Offenbach: Korea Forschungsgemeinschaft 1983. 29 S.

Schulze, Peter W.: Südkorea. Ein Entwicklungsmodell in der Sackgasse? Bonn: Forschungsinstitut der Friedrich-Ebert-Stiftung 1981. 48 S.

Song, Du-Yul: Südkorea: Auf den Spuren der Japaner? Offenbach: Korea Forschungsgemeinschaft 1984. 15 S.

Song, Hee-yhen: Economic Miracles in Korea. In: Lawrence B. *Krause* & Suee *Sekiguchi* (Eds.), Economic Interaction in the Pacific Basin. Washington: The Brookings Institution 1980. 269 S.

Wirtschaftliche Entwicklung der Republik China auf Taiwan. Perspektiven aus europäischer Sicht. Taipei: Euro-Asia Trade Organization 1981. 212 S.

Yoo, Jong Youl: The Republic of Korea and the NIEO. In: Jorge A. *Lozoya* & A.K. *Bhattacharya* (Eds.), Asia and the New International Economic Order. New York: Pergamon Press 1981. S. 28–38.

PERSONENREGISTER

SACHREGISTER

AUTOREN

Ehrke, Michael, Wissenschaftlicher Mitarbeiter im Institut für Iberoamerika-Kunde, Hamburg.

Forndran, Prof. Dr. Erhard, Seminar für Politische Wissenschaft und Politische Bildung, Abteilung für Politische Wissenschaft, Technische Universität Braunschweig.

Geipel, Dr. Ute, Mitarbeiterin im Stab des Sachverständigenrats zur Begutachtung der gesamtwirtschaftlichen Entwicklung, Wiesbaden.

Glaubitz, Prof. Dr. Joachim, Wissenschaftlicher Mitarbeiter im Forschungsinstitut für Internationale Politik und Sicherheit, Stiftung Wissenschaft und Politik, Ebenhausen bei München.

Hottinger, Dr. Arnold, Korrespondent der Neuen Zürcher Zeitung für die arabischen Länder, Nicosia.

Hubel, Dr. Helmut, Wissenschaftlicher Mitarbeiter im Forschungsinstitut der Deutschen Gesellschaft für Auswärtige Politik, Bonn.

Hünseler, Peter, Wissenschaftlicher Mitarbeiter im Forschungsinstitut der Deutschen Gesellschaft für Auswärtige Politik, Bonn.

Krumwiede, Dr. Heinrich-W., Lehrstuhl für Politische Wissenschaft II, Universität Mannheim.

Nunnenkamp, Peter, Wissenschaftlicher Mitarbeiter am Institut für Weltwirtschaft, Universität Kiel.

Ropp, Dr. Klaus Frhr. von der, Leiter des Bonner Büros der Stiftung Wissenschaft und Politik, Ebenhausen.

Royen, Christoph, Wissenschaftlicher Mitarbeiter im Forschungsinstitut für Internationale Politik und Sicherheit, Stiftung Wissenschaft und Politik, Ebenhausen bei München.

Rüddenklau, Dr. Harald, Wissenschaftlicher Mitarbeiter im Forschungsinstitut der Deutschen Gesellschaft für Auswärtige Politik, Bonn.

Ruehl, Dr. Lothar, Staatssekretär im Bundesministerium der Verteidigung, Bonn.

Sautter, Prof. Dr. Hermann, Professor für Volkswirtschaftslehre – insbesondere Außenwirtschaft und Ökonomie der Entwicklungsländer, Johann-Wolfgang-Goethe-Universität, Frankfurt/Main.

Scharrer, Dr. Hans-Eckart, M.A. Leiter der Abteilung Internationale Währungspolitik, HWWA-Institut für Wirtschaftsforschung, Hamburg.

Schulz, Prof. Dr. Eberhard, Stellvertretender Direktor des Forschungsinstituts der Deutschen Gesellschaft für Auswärtige Politik und Honorarprofessor für Politische Wissenschaften an der Universität Bonn.

Steinbach, Dr. Udo, Direktor des Deutschen Orient-Instituts, Hamburg, und Lehrbeauftragter an den Universitäten Münster und Hamburg sowie an der Hochschule der Bundeswehr in Hamburg.

Vitzthum, Prof. Dr. jur. Wolfgang Graf, Juristische Fakultät, Universität Tübingen.

Volle, Dr. Angelika, Wissenschaftliche Mitarbeiterin im Forschungsinstitut der Deutschen Gesellschaft für Auswärtige Politik, Bonn.

Wasser, Prof. Dr. Hartmut, Professor für Politikwissenschaften an der Pädagogischen Hochschule Weingarten.

Weggel, Dr. Oskar, Wissenschaftlicher Referent am Institut für Asienkunde, Hamburg.